1917

趣味橫生的時光

我的二十世紀人生

艾瑞克·霍布斯邦 著　周全 譯

Interesting Times

2012

Eric J. Hobsbawm

Eric J. Hobsbawm

Interesting Times

序文
PREFACE

自傳作者必須也是自傳讀者。我在撰寫本書的過程中不斷感覺詫異，原來我所認識的人們裡面，已有許多男男女女出版了關於自己生平的作品。更遑論那些通常來說較為傑出或更加可恥的人士，早就有別人捉刀幫他們著書立傳了。我甚至還沒有把許多當代人物所寫的、以小說形式加以包裝，實則為自傳的那些著作計算進來。或許我不應該驚訝才對，反正以寫作與溝通為業的人，總是習慣和同類打交道。況且各種文章、訪談、印刷品、錄音帶甚或錄影帶，以及與本書相似的著作當中，有驚人的數量是由在大學任教的男男女女所完成的，可見我並非特例。

儘管如此，有個問題仍值得思考。為什麼像我這樣的人應該寫出自傳？更要緊的是，為什麼那些與我並無特別關係，甚至在書店看見本書封面以前根本不曉得我的人，會想花心思來閱讀它？倫敦的書肆當中，至少有一家連鎖書店在「傳記」這個類別下面，又特別將某些人納入一個稱做「人物」(Personalities)的小類別。套用今天的行話，那叫做「名流」(Celebrities)，而我無緣名列其間——「名流」也就是那些不論基於何種理由而名聞遐邇的人士，並且正是他們的名氣才使得眾人對其生平產生了好奇心。我也不屬於那些有過參與公共事務的經歷，故而得以將自傳稱做「回憶錄」的人。那一類的人物通常不論男女，都在公共舞台上涉足頗深，有許多事蹟需要記載下來或加以辯護；要不然就是他們與發生過的重大事件關係密切，甚至他們所做的決定影響了重大事件的發展，但我從來就不是其中的一員。

或許我的名字會被列入一、兩個專業領域的歷史著作，像是二十世紀馬克思主義和相關史料集，或者出現於某些討論二十世紀英國知識文化界的書籍裡面。除此之外，縱使我的名字因為某種理由而完全消失不見，一如我父母在維也納中央公墓的墓碑一般（五年前我曾費心尋覓卻無結果），以二十世紀為主題的論述也不致出現明顯闕漏——無論在英國或其他地方皆如此。

另外，這本書並不是以當前銷路甚廣的懺悔錄風格來撰寫的，原因之一是只有天才才有資格自說自話，而我既非聖奧古斯丁，也不是盧梭。另一個理由則為，每當自傳作者開誠布公談論其他在世者的隱私時，難免會以不恰當方式傷害到某些人的感受。我沒有理由要這麼做，因為那屬於死後才出版的傳記，而非自傳所該做的事情。無論如何，不管我們對那些事情再怎麼好奇，歷史學家不是傳播流言蜚語的專欄作家。將軍們的戰功並非依據他們在床上做了什麼事（或做不了什麼事）來判斷的。所有想從凱因斯和熊彼得二人多彩多姿的性生活來推斷其經濟學理論的嘗試，終將歸於失敗。而且我猜想那些喜愛閱讀風流韻事傳記的讀者，將會發現我的生活是多麼地令他們失望。

本書也不是打算為作者的生平提出辯解而寫的。如果你不想真正瞭解二十世紀，可以去閱讀那些替自己做出解釋、幫自己出庭辯護的人所寫的自傳；或者亦可反其道而行，閱讀那些幡然悔改者所寫的自傳。這些類型的著作都好比是在法庭驗屍的時候，由死者來冒充驗屍官一般。一位知識分子的自傳必須涉及他自己的理念、態度與作為，而非只是一份自我宣傳的東西。我相信這本書多少回答了新聞記者和其他人士經常向我提出的問題。令他們感興趣的是一個不大尋常的故事——一位終身不渝卻非典型的共產主義者，亦即「霍布斯邦這位馬克思派的歷史學家」。然而我的目的並不在於向他們提出答覆。歷史可以評斷我的政治信念（它其實已經大致做出了斷語），讀者們可以評斷我的書籍，我所追尋的則是對歷史的認知，而非打算得到同意、認可或同情。

儘管如此，除了出於人類對別人的好奇心之外，這本書或許還有其他值得被閱讀的理由。我的人生經歷幾乎完全涵蓋了人類歷史上最奇特，也最可怕的世紀。我在好幾個國家生活過，並且看見了三大洲許多其他國家的事物。或許我在漫長的一生當中並未留下任何顯著成就（我倒是在紙上留下了不少書面紀錄），但由於我在十六歲時便立志當歷史學家，我親眼目睹並親身耳聞了其間大多數的事件，並設法瞭解我這個時代的歷史。

當我撰寫完畢從十八世紀末葉至一九一四年之間的世界歷史以後，終於著手探討我所稱的《極端的年代，一九一四－一九九一》[1]。我認為這項工作的優勢在於，我不僅以學者的身分進行寫作，同時也是人類學家口中「親身參與的觀察者」。而這表現於兩方面：我個人對那些發生於遙遠時空的事件之各種回憶，有助於讓年輕讀者更加貼近二十世紀的歷史，同時我的敘述也再次喚醒年長讀者本身的回憶。儘管我必須嚴格遵守史學研究的要求，但比起我其他的著作，那本書是以更大的熱情——正是屬於極端年代的那種熱情——來撰寫的，不論是年輕的讀者或年長的讀者都曾經如此告訴過我。除此之外，那本書試圖以較為深刻的方式，展現個人生活與所處時代之間的相互交織；我希望同時對個人生活與所處時代的觀察能有助於形塑一種超脫於兩者的歷史分析。

這也是一本自傳所能做到的事情。就某種意義而言，本書是《極端的年代》之對照面：但所依據的並非是從單一個人經驗來闡釋世界的歷史，而是世界的歷史正在形塑個人的經驗——更恰當的說法或許是，歷史不斷提供一組變化多端但又總是有所限制的選擇機會。從這些選擇機會裡，套用馬克思的用語來說，「人類創造自己的生活，但是他們無法隨心所欲創造人生，也無法按照自己選擇的環境來創造人生，只能依據直接遭遇到的、源自過去並延伸至今的環境來創造人生。」或許我們還可以補充一句：按照圍繞在他們周遭的世界來創造人生。

就另外一種意義來說，歷史學家的自傳是他或她自己研究工作裡面重要的一環。除了對理性的信仰以及辨別事實與虛構的能力以外，自知之明——亦即從自身的內在和外在來進行觀察——也是歷史科學與社會科學從業者所需要的一項技能，特別是像我這種憑著直覺隨機挑選各種研究主題，最後才將它們整合成為具有前後一貫整體性的歷史學者。其他歷史學家們或許只在意我書中那些較專業的層面。不過我希望其他人閱讀本書的時候，能夠把它當作一本入門書，透過一段不可能發生於其他世紀的個人人生旅程，來認識世界史上最特殊的一個世紀。

正如我的同事，哲學家阿格尼絲·海勒[2]所言，「歷史著作是由外部來觀察已發生的事件，而自傳則是從內在來進行觀察。」這本書沒有一般學術著作慣用的那種致謝詞，而只是純粹表達感謝和歉意。最需要感謝的人，莫過於我的太太瑪蓮。她陪伴我度過人生大半歲月、閱讀了全書的每一個章節，並提出善意的批評。她的丈夫因為努力將過去的事件撰寫成書，往往心不在焉、脾氣暴躁、有時還灰心喪志，並且生活在古代的時候遠比現代來得多；而這一切她都長年累月容忍承受了下來。我也要感謝史都華·普洛菲特這位編輯界的泰斗[3]。這些年來，我曾經向許多人請教過與這本自傳有關的問題；其中有幾位在我開始動筆之後已相繼去世，由於他們的人數過於龐大，以致無法一一列出致謝，但他們都應該知道我表示感謝的理由。

我還必須向瑪蓮和我的家人說一聲抱歉。本書很可能並不是他們原本所想要的那種自傳。儘管自從他們進入我的人生，以及我進入他們人生的那一刻開始，他們都一直在我心中。但這本書所談論的大多還是公眾的生活，而非個人的私生活。我當然也應該向那些不曾出現於書中的朋友、同事、學生……等人致歉——他們原本或許期待會在這裡看見自己的事蹟，或是以較長的篇幅受到談論。

最後，我將本書安排成三個部分。在一篇簡短的序文之後，第一章到第十六章大致是以編年紀事的順序，來討論關於我個人及政治的事件。所涵蓋的時間範圍從我有記憶開始（即一九二〇年代初期），一直到一九九〇年代初期。但我無意將之寫成直線前進式的編年史。第十七和十八章敘述我的專業歷史學者生涯。第十九章到二十二章所談論的，則是那些與我的人生長期結合在一起的國家或地區（我自己的中歐和英國故鄉除外），包括法國、西班牙、義大利、拉丁美洲、第三世界其他地區以及美國。這個部分的章節由於涵蓋了我和那些國家的互動關係，以致無法輕易納入本書的編年敘事主軸當中，即便它們與主軸略有重覆，但我認為最好還是將這些內容單獨成章。

艾瑞克・霍布斯邦

倫敦，二〇〇二年四月

第一章

前奏
OVERTURE

一九九四年秋，我正任教於紐約「社會研究新學院」，我的妻子瑪蓮則留在倫敦處理信函。有一天她打電話給我，表示收到一封來自漢堡的信件，但那是用德文寫的，所以她看不懂。發信人署名「梅莉塔」，這封信值得轉寄給我嗎？我在漢堡並無熟人，但我毫不遲疑地立刻知道是誰寫信過來，雖然我已將近四分之三個世紀沒見過那位署名人了。那只可能是維也納索伊特別墅的小莉塔——她實際上比我大一歲左右——寫來的。結果證明我是對的。

她在信中寫道，無意間在德國自由派知識分子閱讀的《時代週報》上面看見了我的名字。她立刻推斷，我一定是很久很久以前跟她們姐妹一起玩耍的那個艾瑞克。她翻遍自己的相簿，找到了隨函附上的那張照片。照片中五個小朋友和他們各自的保姆一起站在別墅露天階梯看台上，小女孩們頭上都戴著花環，或許連我也戴了吧。那五個小孩分別是莉塔、她的妹妹露絲和伊娃（我們習慣稱之為「彼得」的蘇西當時尚未出生），以及我和我的妹妹南茜。她的父親在照片背面寫下了時間：一九二二年。莉塔還詢問起南茜的近況如何。但她怎麼可能曉得，小我三歲半的南茜早已過世好些年了呢？我上次去維也納的時候，造訪了我們從前住過的房子，並拍下一些照片送給南茜。當時我還以為，能夠共享索伊特別墅生活回憶的人只剩下了她而已。現在往事卻重新歷歷在目。

我也有那張照片。輾轉傳到我手中的家族相簿裡面（我是家中唯一還活著的人，父母和妹妹均已逝世），這張來自索伊特別墅的快照是我生平的第二份圖像紀錄，同時是舍妹南茜的第一張照片——她在一九二〇年出生於維也納。我在自己的第一張照片中還是小嬰兒，躺臥在一個用柳條編成的巨大嬰兒車內，身旁沒有大人或其他可供辨認的事物。我猜想那張照片應該拍攝於亞歷山大港（我在一九一七年六月出生於該地），以便請當地英國領事館的職員為我辦理出生登記——然而登記得一塌糊塗，因為他們不但把日期搞混，就連姓氏也拼錯了[1]。

幾個不同英國外交單位分別主管了我的受孕與誕生，因為當初是另一所英國領事館（位於瑞士蘇黎世）批准了我父母親的婚事，此事並承蒙外交大臣格雷爵士親筆簽署特許狀。他允許英國國王喬治五世的臣民李奧波德．珀西．霍布斯邦，迎娶奧匈帝國皇帝法朗茲．約瑟夫的臣民妮莉．格林為妻，而當時兩國正處於交戰狀態。從兩國之間衝突的角度來說，我未來的父親出現了英國愛國情操後遺症，我未來的母親則嗤之以鼻。一九一五年時英國尚未引進徵兵制，但母親已經明白告訴父親，萬一英國實施徵兵制的話，他必須正式登記為「基於良心而拒服兵役者」[i]。我真巴不得批准他們婚事的人，就是湯姆．史托普《諧謔劇》裡面的那位領事主角[2]。我也非常期待，當他們在蘇黎世等待格雷爵士放下手頭緊迫的工作、撥冗處理其婚禮相關事宜的時候，能夠順便結識當時也待在同一座城市的流亡者，像是列寧、喬伊斯，以及那位創立達達主義的藝術家。可惜他們倆看來未曾有過那樣的遭遇，而且幾乎可確定的是，他們在當時情況下對結識那些人根本不感興趣，他們顯然更關心自己即將前往盧加諾度蜜月一事。

假如年方十八歲的格林小姐，維也納一個家境尚可的珠寶商三位千金之一，未曾和一個較年長的英國男子——他在八名子女中排行第四，其父為移民至倫敦的猶太裔家具木工——於一九一三年在亞歷山大港相戀的話，我的人生將是何模樣呢？格林小姐很可能會嫁給一名來自中歐的中產階級猶太青年，她未來的小孩則是奧地利人。由於幾乎所有年輕奧地利猶太人的最後下場都是移居國外或成為難民，我接下來的人生應該不至於差別很大——那些人多半也都前往英國，在此地上大學並成為學者。但是我將不可能持英國護照來到英國，並在英國長大成人。

我的父母親無法生活在交戰中的英國或奧匈帝國，因而途經羅馬和那不勒斯返回亞歷山大港。那裡是他們最早相遇的地方，也是他們在兩國開戰前定下婚約的所在。他們都各自有親戚住在該地：我母親的舅舅亞伯特在當地開設了一家「新奇百貨店」（我還有一張那家商店和員工的照片）；我父親的哥哥厄尼斯特則替埃及郵政電報局工作，而我便使用了他的名字[3]。（由於每個人的私人生活都是歷史學家和小說家的素材，我曾將父母親相識的經過寫入我的歷史著作，導出《帝國的年代》一書之內容。）

戰爭才剛結束，他們就立刻帶著兩歲大的兒子移居維也納。這正是為什麼儘管官方資料把我一輩子跟埃及綁在一起，它卻不屬於我人生一部分的原因。或許除了努扎動物園關在籠中的小鳥，以及應該是一位希臘裔保姆哼唱過的走調兒歌外，我對埃及缺乏絲毫印象和記憶。我從未動過念頭打算一探自己出生地的究竟，只曉得那一帶叫做「體育俱樂部」，位於亞歷山大市中心通往拉姆勒的電車路線上。但依據佛斯特[4]的記載——他幾乎在同一個時候和我父母親待在亞歷山大港——當地沒什麼值得談論的事物。他所撰寫的《亞歷山大港：歷史與旅行指南》一書中，對體育俱樂部有軌電車站的全部描述只是：「鄰近賽馬場大看台，左側為海水浴場。」

因此，埃及並不屬於我人生的一環。我不曉得生命中的記憶始於何時，但大部分的記憶都無法回溯到兩歲時的光景。自從搭乘「赫魯安號」輪船離開亞歷山大港駛往的里亞斯特以後，我就未曾再去過那裡。的里亞斯特當時剛被奧地利割讓給義大利，但我已經記不得我們抵達時的任何情況了。無論

---

i 本段及以下幾段敘述參考了家母一九一五年五月寫給其姐妹的信件。

如何，那裡是各種語言和種族匯聚之處，城內到處是咖啡館、船長多如過江之鯽，而且保險業巨擘爵能拉理保險公司的總部也設於此地——該公司的商業帝國很可能就對「中歐」這個概念做出了最佳詮釋。八十年以後，我在的里亞斯特當地朋友們陪伴下，有機會實地發現這座城市。那些朋友當中特別值得一提的，就是克勞迪歐·馬格利斯這位不凡人物[5]，他讓人重新回味起中歐風情，以及認識了那個交融揉合日耳曼、義大利、斯拉夫和匈牙利文化的亞德里亞海角落。我的外祖父當年曾來此與我們會合，然後陪我們搭乘「南方鐵路」的火車前往維也納。維也納從此成為我展開有意識生命的地點。我們起先與外祖父母共住了幾個月，父母親則利用那段時間尋找自己的公寓。

父親初抵維也納的時候，手頭存有強勢貨幣——當時沒有任何貨幣會比英鎊來得強勢。在這個貨幣不斷貶值到幾乎崩盤的貧困國度，他充滿了自信，而且相形之下還頗為富裕。索伊特別墅似乎正是理想的居家選擇，它也是我生命中第一個讓我感覺是「我們自己的」地方。

任何搭乘火車從西方進入維也納的人，現在仍會經過索伊特別墅。當火車駛近維也納西郊的許特多夫－哈金車站時，如果你從右手邊的窗戶向外張望，不可能看不見那棟傲然聳立於山腰的寬闊建築物，以及其厚實高塔之上的四邊形圓頂。它是在法朗茲·約瑟夫皇帝（1848-1916）執政後期，由一位成功的企業家所興建的。其範圍向下延伸至奧霍夫街，那條馬路則順著昔日皇家狩獵場——萊因策動物園——的圍牆往西延伸，然後與一條狹窄的上坡路交會（它那時名叫文岑茨－赫斯巷，現在則稱做索伊特巷）。街道的盡頭當時還只是一排用茅草搭蓋的農舍。

我童年記憶中的索伊特別墅，泰半是「Hobsbaum」一家大小共用的那個部分（不管亞歷山大港領事館的職員搞出了什麼名堂，那才是我們姓氏的正確拼法）。霍布斯邦家庭租下了別墅二樓的一間公寓，果德一家人則承租我們樓下底層的公寓。我對那裡的記憶，主要就是以屋旁的露天階梯為中心，因為兩家人不同世代之間的社交活動大都進行於此。有一條現在回想起來相當陡峭的小徑，從這個階梯看台通往最底下的幾座網球場（它們上面現在已經蓋了房子）。途中會經過一棵小男孩眼中的大樹，但它的枝條其實低得可供我們攀爬。我記得曾向一個小男孩展示過大樹的秘密，而他是從德國某個叫做雷克林豪森的地方轉來我們學校就讀的。我們被要求應該好好照顧他，因為他原來生活的地方已經陷入困境。除了那棵樹和他的家鄉——今日位於北萊茵－西發利亞邦——我對他已經完全沒有印象。他很快就回去了。雖然我還並不曉得此事的意義，但它確實是我第一次接觸到的二十世紀重大歷史事件。那個事件就是法國在一九二三年佔領了魯爾區，而暫時被送離危險家園、由奧地利善心人士予以照料的眾多孩童之一，便成為我接觸此事件的管道。（當時全體奧地利人都自視為德國人，要不是由於第一次世界大戰結束後，制定和約的一方予以否決，早就投票同意加入德國了。）

我至今仍印象鮮明地記得，當初我們如何在樓下某個鋪滿乾草的馬廄嬉戲。可是當我上一次和瑪蓮一起訪問維也納的時候，我們雖曾在別墅裡裡外外仔細搜尋過，還是無法在馬廄原來可能所在的位置發現任何東西。說來也奇怪，我對索伊特別墅屋內的事物缺乏記憶，只是隱約記得它既不很明亮，也不很舒適。除了還記得天花板或許很高之外，我完全想不起我們家和果德家公寓內的任何事情。

五個（稍後變成六個）學齡前的兒童——或頂多只是小學低年級生——同在一個園子裡玩耍，這是維繫兩個家庭互動關係的最佳黏著劑。霍布斯邦和果德兩家人相處融洽，儘管二者的家世背景大不相同，因為「果德」雖然看起來像是猶太名字，他們似乎並非猶太人。無論如何，他們繼續留在奧地利欣欣向榮，換句話說，那是在希特勒合併奧地利之後的大德意志國。果德先生和太太都來自西格哈茨基先，下奧地利州一個名不見經傳的小聚落。果德先生是該地唯一的客棧老闆兼農場主人的兒子，果德太太則是村中唯一商店（從襪子到農耕用具都賣）店主的女兒。兩家人與故鄉的聯繫非常緊密。他們在一九二〇年代家境已經相當寬裕，足以請人為自己繪製肖像。我眼前就擺著一幅從肖像畫翻拍而來的黑白雙人照片——大約一年以前，仍在世的兩位果德女孩之一把它寄給了我。畫像上面那位相貌嚴肅、身穿深色日常便服、衣領漿得挺直的紳士，無法為我帶來任何回憶。當我還是小男孩的時候，確實未曾與他有過親密接觸，雖然他曾經向我展示自己在帝國瓦解之前戴過的軍官帽，而且他是我所知道唯一真正去過美國的人（他去那裡是為了談生意）。他從那邊帶了一張留聲機唱片回來，而今天我可以確認那首旋律叫做《花生小販》。除此之外，他還透露當地有一家名叫「別克」的汽車製造商，但我基於說不出來的理由並不相信會有這種名字[6]。

在另一方面，畫中那位貌美而脖子修長、短髮向兩側波浪起伏、以神色端莊但不十分自若的目光搭配袒露的肩膀來觀察世界的女士，立刻又栩栩如生地浮現於我的心頭。這是因為媽媽們較頻繁出現於幼兒生活中的緣故。我的母親妮莉天資聰穎、見過國際世面，並受過教育；而安娜・果德（我們稱她為「安琪」）在學校待過的時間不長、對自己的鄉下背景始終難以釋懷。但她們很快就成為最要好的朋友，而且終其一生未曾改變。依據安娜之女梅莉塔的講法，妮莉果真是她母親唯一的閨中密友。這或許解釋了，為什麼縱使霍布斯邦家族早已不為果德後代子孫知曉，其照片仍出現於果德夫婦住在維也納的外孫所保留的家庭相簿中。一位果德家的女孩以幾乎和我同樣鮮明的方式回憶起，她如何陪伴自己的母親於家母在世最後幾天內前往探病。當時安琪哭著向她表示：「以後我們再也看不到妮莉了。」

兩個幾乎和「短暫的二十世紀」一樣老邁的人，就這麼一起展開了人生，然後在上個世紀既離奇又可怕的世界中，各自走上不同的道路。因此我回顧這漫長一生的時候，以一張照片意外勾起的回憶做為楔子。那張照片同時出現於兩個家庭的相簿中，但那兩家人缺乏共通之處，唯一的例外是他們的生活曾在一九二〇年代短暫交會於維也納。在此共同分享兒時回憶的人，一個是退休的大學教授和雲遊四海的歷史學者，另一個是退休的女演員、電視節目主持人，以及兼職翻譯人（她對此的說法是：「就跟令堂一樣！」），但這些僅僅是兩位當事者感興趣的私事。即便如此，那些回憶也只不過細如游絲，串起了七十年之間的廣大時空。其間的人生完全分離、互不關連、不知對方去向，甚至未曾有過一刻想起彼此。這正是生活於二十世紀的歐洲人所擁有的特殊經歷，他們的人生就以這種方式連結在一起。那一段重新發掘的共同童年時光、一份在晚年重新接續起來的關係，生動地描繪出我們所處時代的面貌：荒謬、諷刺、超現實和詭異，但那卻不是他們自己創造出來的。

這五名幼兒一同凝視照相機十年以後，我的父母親都去世了。果德先生則成為經濟動盪下的犧牲者——一九三一年的時候，中歐所有的銀行幾乎都處於倒閉邊緣。他帶著家人前往波斯，在當地的銀行業服務，那是因為該國君主寧可讓來自既遙遠又戰敗的帝國的人擔任銀行家，也不願動用就在隔鄰的危險人物[7]。拍攝這張照片的十五年以後，我在一所英國大學就讀，果德家的女孩子們則從位於設拉子[8]的宮殿返回奧地利，而且她們都在那個即將成為希特勒大德意志國的地方，分別走上了演藝事業。攝影二十年以後，我在英國穿上英軍制服；舍妹南茜在千里達為英國官方檢查郵件；莉塔則在我方炸彈轟擊下，於戰時柏林的諧星卡巴萊進行表演。她的觀眾裡面或許有人圍捕過我的親戚，以便把他們送入集中營，而那些親戚當中說不定有人曾經在索伊特別墅輕輕拍過果德女孩們的頭。又過了五年，我在倫敦被轟炸出來的廢墟中開始擔任教職，那時果德家的雙親均已過世。果德先生很可能死於飢餓，時間是在戰敗後的被佔領時期，果德太太則於戰爭結束之前被疏散到阿爾卑斯西部山區，結果在那裡病逝。

「過去」就是另外一個國度，但它已經在那些曾生活於該地者的身上留下了印記。而且它也在那些因為年紀太輕，以致還不認識它的人們身上留下印記——除了透過「傳聞」這種方式之外，若是在一個具有歷史結構的文明社會裡面，大家甚至可套用流行於二十世紀末期一款桌遊的名稱，以「打破砂鍋問到底」[9]的方式來看待過去。不過，對撰寫自傳的歷史學者而言，其任務不單單是重遊故地，更需要將路徑標示出來。因為若缺少了這麼一份標示清楚的地圖，我們怎麼有辦法在探索人生道路時，從不斷變幻的場景中找出沿途的軌跡？怎麼有辦法曉得為何以及在何時，我們既猶豫不決又步履蹣跚？怎麼有辦法理解，我們如何在那些與我們的人生相互糾葛、相互依賴的人們中間生活了下來？因為這些事情不僅點明了個人生活，同時也點明了整個世界。

所以當我以歷史學家的身分，嘗試在崎嶇的二十世紀旅途中追溯出一條軌跡時，不妨以此做為出發點：八十年前，有五個小小孩於大人陪伴下，站在維也納的一個露天看台擺姿勢。他們渾然不知（與他們的父母相反），自己身邊正圍繞著戰敗解體的帝國與經濟崩潰所製造出來的瓦礫堆，而且還沒有意識到（其父母也一樣），他們將必須在歷史上最凶險、變動最劇烈的年代走出自己的路。

第二章

維也納的童年時光

A CHILD IN VIENNA

我在一個大帝國的貧窮首都內度過了童年。自從帝國崩潰以來，那座城市附屬於一個面積狹小、鄉土味十足、風景美得出奇，但不認為自己應該存在的共和國。除了極少數特例，奧地利人在一九一八年以後都認為自己應該是德國的一部分，卻被那些制定中歐和平規範的強權橫加阻撓。我童年時期出現的種種經濟困境，更無法強化他們對這第一個「奧地利聯邦共和國」的信心[1]。該共和國才剛剛經歷過一場革命，在一個由神職人員出面領導的教會反動政府統治下，暫時穩住了局面[2]。該政府的權力基礎來自於信仰虔誠、非常保守的鄉間居民之選票。它所面臨的反對勢力，則是令人憎惡的「革命馬克思主義派」社會主義者；這股敵對勢力在維也納（它不僅是首都，也是聯邦共和國的自治州）廣泛獲得支持，而且幾乎每一個自視為「勞動者」的人也都擁護它。除了由政府控制的警察與軍隊之外，雙方都和一些準軍事團體有所瓜葛，而那些準軍事團體都認為內戰只不過暫時中斷罷了。奧地利不僅是一個原本就不想存在的國家，它更處於難以為繼的困境。

它確實無法存續下去，但奧地利第一共和的最終下場，在我一九三一年離開維也納之後才逐步發生：社會民主黨於一場短暫內戰後遭到摧毀、支持天主教的總理於納粹叛亂事件中遭到刺殺[3]，最後希特勒在萬眾歡呼聲中勝利進入維也納。我一直要等到一九六〇年才舊地重遊。同一個國家依舊由天主教徒和社會主義者構成同樣的兩黨政體，然而它已經變成了一個相當穩定、極為繁榮並維持中立的小共和國，非常滿足於——某些人或許會認為是太過滿足於——自己的地位。

但這只是一個歷史學者的回顧。一九二〇年代時，維也納中產階級家庭子弟的童年時光到底是何模樣呢？問題在於應如何區分，什麼是我們此後新學會的事物、什麼是當代人舊有的認知與想法，以及什麼是成年人的經驗和反應、什麼是孩提時代的經驗和反應。一九一七年出生的孩童對二十世紀初期事件——戰爭、崩潰、革命、通貨膨脹——所產生的認識，來自大人們的告知；或許更佳的講法為，那是我們無意間從他們談話中聽來的。這些事件在我們父祖輩的心中是如此印象鮮明，而我們對它們所握有的唯一直接證據，卻是郵票上不斷變換的圖案。儘管那未必是理所當然的事情，但在一九二〇年代，集郵是瞭解一九一四年以後歐洲政治史的入門良方。對一個僑居海外的英國男童來說，它呈現出戲劇化的對比：英國郵票上面一直印著喬治五世的頭像，其他地方的郵票卻不斷出現雜亂加蓋上去的圖樣、新的人名和新的貨幣稱呼。另一個與歷史直接的關連，就是經濟瓦解時期不斷更換的硬幣和鈔票。那時我年紀夠大，足以意識到貨幣單位已從「克朗」改為「先令」和「格羅先」；原本上面印滿許多「零」的鈔票，現在變成了清爽的紙鈔和硬幣。此外我還曉得，在「克朗」之前一直都使用「古爾盾」[4]。

儘管哈布斯堡帝國已經消逝，我們仍仰賴它的公共基礎設施來過日子。而且有點令人詫異的是，我們甚至假裝一九一四年以前的中歐情況仍繼續存在。我母親一位好友的丈夫——亞歷山大．薩納博士——住在維也納，但令他太太操心的是，他在多瑙河順流而下三十公里外的一家德語報社工作。至於報社所在的那座城市，我們稱之為普雷斯堡，匈牙利人把它叫做波茲索尼，新成立的捷克斯洛伐克共和國將之改稱布拉提斯拉瓦，成為斯洛伐克的首府。（今日它是主權獨立的斯洛伐克共和國之首都）[5]。除了昔日的匈牙利官員已遭驅離之外，該城在兩次世界大戰之間尚未採取種族淨化措施，仍然維持多種語言和多元文化的人口結構，其中包括了日耳曼人、匈牙利人、捷克人、斯洛伐克人、被西方同化的虔誠喀爾巴阡山猶太人、吉普賽人及其他人等。

那時它尚未真正成為一座由布拉提斯拉瓦人居住的斯洛伐克城市；直到第二次世界大戰以前，城內生活於殘存記憶中的百姓依舊認定自己是普雷斯堡人。薩納博士始終搭乘普雷斯堡線的電車往返該地，而這條有軌電車路線就從維也納市中心的一條馬路，一直通往普雷斯堡主要大街上的電車交會站。這條路線啟用於一九一四年春天，當時兩座城市還隸屬於同一個帝國。它象徵著現代科技的成就，繼續日復一日行駛下去。著名的歌劇院列車情況也很類似：摩拉維亞地區布魯諾市有教養的居民很喜歡搭乘這班火車，前往幾個小時車程外的維也納觀賞晚場歌劇。我的里夏德舅舅更同時住在維也納和馬里安巴德[6]，在後者開設了一家精品店。當時國界還不難穿越，直到戰爭摧毀了普雷斯堡電車跨越多瑙河的大橋為止。這座橋樑的殘骸在一九九六年仍舉目可見——當時我正協助製作一個與它有關的電視節目。

維也納中產階級所生活的世界——猶太人當然也包括在內，因為他們在市民當中佔了很大比例——仍然廣泛具備多種語言。過去八十年間，來自各地的移民使得維也納擁有兩百萬人口，成為歐洲大陸從巴黎到列寧格勒之間僅次於柏林的大都會。我們的親戚來自，或者當時仍居住於許多不同地點，諸如畢里茲（現屬波蘭）、喀紹（現屬捷克斯洛伐克），或格羅斯瓦戴因（現屬羅馬尼亞）[i]。我們的食品雜貨商人和公寓清潔工幾乎一定是捷克人，女傭和保姆也都並非維也納本地人：我仍然記得一位斯洛維尼亞保姆告訴我的狼人故事。他們沒有任何人覺得自己漂泊不定或遠離故土，那是不同於美國歐洲移民之處。因為對這些待在大陸上的歐洲人而言，只有海洋才會帶來分離。反之，每個人都已經習慣於搭乘火車前往非常遙遠的地點旅行。就連我那神經兮兮的外婆都認為，出遠門探望她住在柏林的

i 我刻意使用了那些地方的德語地名，因為那是我們曾經習慣使用的稱呼——雖然在奧匈帝國大多數地區，每個城鎮不論大小都有二至三種不同的名稱。

女兒沒什麼大不了。

維也納是個多種族，但並非多文化的社會。德語是它通用的語言（帶著當地腔調）；德國文化是它的文化（帶著當地色彩），那也是它接觸古代和現代世界文化的管道。我的親戚們應該能夠體會，為何偉大的藝術史家恩斯特·宮布利希[7]一度陷入激憤：曾經有人要求他迎合二十世紀末的口味，把自己維也納家鄉的文化描繪成猶太文化。所以這裡的文化純粹是一種維也納式的中產階級文化，即便其要角有許多猶太人，而且每當他們面對該地特有的反閃族主義時，也都清楚自己是猶太人——其中有些人來自摩拉維亞（佛洛伊德與馬勒）、有些來自加里西亞或布可維納（約瑟夫·羅特）[8]，甚或來自保加利亞多瑙河畔的魯塞（艾里亞斯·卡內提）[9]。前述做法就彷彿刻意在艾文·柏林[10]的歌曲裡，或是在大製片廠時代拍攝的好萊塢電影中尋找猶太元素一般，根本是毫無意義的舉動。那些都是猶太移民的事業，而他們成功實現的目標，正是要創作出百分之百屬於美國風格的音樂和電影。

在一個前帝國首都，身為「高級文化語言」的使用者，孩童們自然而然會有一種文化優越感，即便那已經不再是政治優越感。捷克人說德語的方式（波希米亞腔）讓我們覺得拙劣，因此覺得好笑；對於明顯由一堆子音連接起來並讓人聽得不知所云的捷克語，我們也有著同樣感覺。我們雖然不認識義大利人、對他們完全缺乏概念，但還是多少帶點蔑視地稱之為「外勞」。已獲解放並被同化的維也納猶太人提起東歐猶太人時，就彷彿在談論其他種族的人一般。（我還記得很清楚，有次我向家中一位長輩問出了讓他尷尬的問題：那些東歐猶太人的姓氏是否與我們相同？如果相同的話，他們到底又有哪些姓氏？因為他們顯然跟我們很不一樣。）在我看來，這似乎大致說明了奧地利人為何如此樂意被併入希特勒的德國：這麼一來就可以恢復他們的政治優越感。但那時我只注意到，我中學同學裡面有一、兩個人支持納粹。儘管我在文化上跟奧地利人沒啥兩樣，但我畢竟是英國小孩，所以那種情況顯然對我並無直接影響。不過它把我帶入了政治方面的問題。

由於我年紀輕輕就感染了典型的二十世紀激情（此即對政治的獻身投入），而且又感染得如此之久，看來有必要探討一下，其中究竟有多少源自一九二〇年代的維也納童年時光，然而想重現往日情景是很困難的事情。我們生活在一個充滿政治味的時代，但如同前文所述，發生於廣闊世界中的事物，主要是透過無意間聽到的成人談話傳到我們這邊，而且其涵義是小孩子所無法完全領會的。我還記得兩次這樣的成人談話，時間大約都在一九二五年前後。其中之一發生於一家阿爾卑斯山區的療養院，當時我不知生了什麼病被送往該地靜養（反正我們小孩子老是容易生病）。我的葛蕾特姨媽同樣在那裡養病，於是負起照顧我的責任。某天有位女士問道：「托洛茨基究竟是何許人也？」現在我只隱約記得她是一個母親模樣的中年婦人，但對聽到的答案仍然心中暗暗好笑：「只不過是一個名叫布隆施泰因[11]的猶太男孩而已。」我們都聽說過「俄國革命」那回事，可是又有誰曉得它到底是何名堂？第二次談話則發生於我的叔父（但也可能是家父）帶著我參加運動員集會的時候。此事之所以難忘，是因為我首次看見黑人短跑健將，他名叫卡托，而且會場上有人對話表示：「你表示目前沒有任何地方發生戰爭，但敘利亞可不是剛好發生叛亂了嗎？」

但這又能對我們產生多少意義？我們只曉得不久前有過一場世界大戰，那就好像任何出生於一九四四年的英國男孩，長大以後也都曉得不久前有過一場世界大戰一樣。對我而言，我有兩位英國叔伯參軍作戰，而我們的鄰居果德先生曾向我展示他當軍官時戴過的高冠。我最要好的朋友更因為戰爭變成了孤兒——他的母親還一直把丈夫的佩劍掛在牆上。但無論是英國人還是奧地利人，我所認識的人們都不把那場戰爭當作英雄事件。奧地利的學校甚至對此避而不談。部分原因在於那涉及另外一個時代的另外一個國家（古老的哈布斯堡帝國），部分理由或許也在於奧地利部隊並無太多光榮表現。我一直要等到前往柏林以後，才從曾經當過軍官的老師那邊領教到，他是多麼以自己曾在前線服役為傲。在此之前，我對大戰最強而有力的印象，來自卡爾・克勞斯《人類的末日》[12]那部精采萬分的超級寫實劇。它在一九二二年出版以後，家母和葛蕾特姨媽立刻各自買了一本來閱讀，我至今仍擁有母親的那一本，並不時重讀一遍。

除此以外，我們對自己所生活的時代又瞭解了多少呢？維也納學童都認為，大家本來就只能在兩個政黨之間做出選擇——基督社會黨或社會民主黨（也稱作「紅派」）。而依據我們再簡單也不過的唯物辯證法，如果你是房東的話，就該把選票投給前者；如果你是房客的話，就該投票支持後者。既然維也納的居民多半是房客，維也納理所當然是一座紅色城市。但直到一九三四年內戰結束之前，共產黨的地位完全無足輕重，以致許多黨性最堅強的人士選擇去國外發揮所長。他們主要前往德國，而那些人裡面包括了著名的艾斯勒家庭之成員：作曲家漢斯、共產國際的黨工格哈特，以及他們那位可怕的姐姐埃爾芙麗德——她以「露絲・費雪」之名著稱，曾於短時間內擔任過德共領導人[13]。但他們也有人前往捷克斯洛伐克，其中的代表性人物是艾恭・艾文・奇許[14]。（許多年以後，一位名叫格奧爾格・艾斯勒的畫家成為我最要好的朋友，他的父親就是漢斯・艾斯勒）。我不記得自己曾經留意過格林姐妹朋友圈子內唯一的共產黨員——此人的筆名是利奧・拉尼亞[15]。他當時還很年輕，宣稱左拉的小說《作品》是他最心愛的書籍，而尤金・奧涅金和斯巴達克斯分別為其在文學上和歷史上最崇拜的英雄。我們自己的家庭則當然既非「黑色」亦非「紅色」，因為「黑派」是反閃族主義者，而「紅派」同情工人、不支持我們這個階級。更何況我們是英國人，那些事情都跟我們扯不上關係。

然而，自從由小學升上中學、由幼兒期進入青春期之後，我還是在一九二〇年代末期的維也納產生了政治意識，那就跟意識到自己的性別同樣自然。一九三〇年夏天，母親在上奧地利州一個叫做魏耶爾的鄉村接受肺疾治療，令群醫束手無策。我在該地結識了哈勒爾，彼得，他是我們當地房東的兒子（我這麼稱呼他的理由是，官僚主義當道的國家提起人名的時候，總是習慣把「姓」放在「名」的前面）。我們兩個一起外出釣魚和偷闖果園；我本來以為我妹妹也喜歡這種活動，可是她過了許多年以後才告訴我，當初她嚇得半死。彼得的父親是鐵路工人，所以他當然來自一個紅色家庭：那個時代的奧地利，尤其在鄉間地區，凡是與農業無關的勞動人口都會做這樣的選擇。彼得年紀與我相仿，他儘管看起來對公共事務不感興趣，卻理所當然認定自己是紅派。不知怎的，當我向鱒魚丟石頭與偷摘蘋果之際，也做出了這樣的結論：我想成為紅派的一員。

我還記得此前三年的另一個暑假，地點是下奧地利州一個名叫雷騰艾格的村落。那一年對我的個人生活無關痛癢，卻具有特別的歷史意義。當時父親和往常一般沒有跟我們一道出遠門，繼續留在維也納工作。但就在一九二七年夏天，一些曾於騷亂中殺害社會主義者的右派人士獲判無罪。維也納工人憤而舉行大規模街頭抗議，並將位於維也納舊城區環城大道的司法大廈焚毀。在那次行動中，他們的成員有八十五人被打死。我的父親似乎也遭到暴動波及，幸好得以全身而退。我相信大人們一定熱烈討論過那個事件（家母當然更不例外），但我無法表示該事件對我造成了任何衝擊，不過我對父親的另外一件往事可就印象深刻了：故事發生於一九〇八年前往埃及途中，當他搭乘輪船通過西西里島附近海域時，恰好發生了梅西納大地震[16]。至於一九三〇年暑假真正留給我的記憶，就是觀察當地工匠如何在我們住處門外製造一艘小艇，以及我如何獨自前往山上的杉樹林探險。當時我一直走到一處伐木地點，那邊的工人順手把自己賴以在林間果腹的濃稠穀物粥分了一些給我。前往那邊的半路上，我有生以來首度看見一隻大型黑啄木鳥。牠鮮紅色羽冠下面有著長達一點五英尺的身軀，正在敲擊林中空地殘餘的樹幹，宛如一個發了瘋的小隱士獨處於寂靜的樹木之間。

以上種種仍不足以表示，那個待在魏耶爾的夏天讓我開始對政治感興趣。唯有事後回顧起來，我的童年時代才可看成是一個政治化的過程。在那個時候，遊玩與學習、家庭與學校決定了我的生活，就跟它們決定了一九二〇年代大多數維也納兒童的生活完全沒有兩樣。我們所經歷的每一件事幾乎都透過那些管道來到我們身邊，或者成為那些管道的一部分。

構成我大部分生活的兩個網絡當中，家庭顯然是最持久的一個。它較大的成分是一個維也納家族，也就是我外祖父母那一方的親戚們；較小的則是英國－奧地利那個部分，其成員包括格林家庭二姐妹（家母及其妹葛蕾特），以及娶了她們的霍布斯邦兩兄弟（家父及其弟悉德尼），而且兩兄弟在一九二〇年代主要在維也納定居。就學校而言，我們要年滿六歲以後才入學。等到入學以後，因為我們不斷更換住址，以致我上過兩所小學和三所中學，而我的妹妹——她未滿十歲便離開了維也納——也曾經在兩所小學念書。在此情況下，來自學校的友誼也就相當短暫。維也納五所學校的熟人當中，除了一個人之外，其他人都已經從我後來的生命中消失得無影無蹤。

另一方面，家庭則是一個持續運作的網絡，讓它得以維繫於不墜的原因除了母子之間、祖孫之間、兄弟姐妹之間的心心相印外，同時也出於經濟上的需要。一九二〇年代的社會福利國家幾乎未曾照顧到中產階級家庭，那是因為其成員僅有少數人在外面上班領工資的緣故。那麼到底該由誰來向他們伸出援手呢？當親戚陷入絕境的時候，即便他們再不受喜愛，其他的親戚又怎能見死不救呢？這未必是猶太家庭獨有的特色，但母親在維也納的娘家無疑深深感受到，整個家族——或至少是住在維也納的男女家族成員——構成了一個整體。我還記得他們不時舉辦既冗長又無聊的聚會，並且總是一大夥人坐在某家露天咖啡館擺放在一起的許多圓桌旁邊，時而對家族事務做出決議，時而只是在那邊閒聊八卦。我們小孩子還有冰淇淋可吃，只可惜短暫的快樂無法彌補沒完沒了的單調乏味。

若說其中有任何獨具猶太風味之處，那就是他們每個人都認定：家族應該是一個跨越國界和海洋的網絡、在國與國之間移居屬於正常生活的一環，而且對於主要是依靠做買賣為生的猶太家庭來說，自從文明在一九一四年八月崩潰以來（特別是值此中歐動盪不安的年代），能否賺錢過活已經沒把握了。隨後的發展更證明出來，霍布斯邦－格林的家庭成員當中，沒有任何人會比我父母親更加需要家族體系提供的安全網。尤其自從父親去世以後，原已不斷折磨著我們家的財務危機進而演變成一場災難，但直到那一刻來臨以前——對我個人而言是在十一歲出頭的時候——我們小孩子幾乎察覺不出家中的困窘。

在我們所處的年代，就連坐計程車都彷彿是鋪張浪費的行為，必須有特別理由才說得過去，即便家境相當寬裕者也不例外。我們家表面上擁有各種必需品（至少我是如此），而且我們做著跟朋友們完全相同的事情。有一天才終於露出破綻，讓我感覺到情況有多麼艱難。那時我剛升級進入中等學校（位於費希特納街的聯邦第十三文科中學）。擔任新年級導師的那位「教授」——中學老師都自動成為「教授先生」，正如同我們從此自動像大人一般被稱為「您」，而非像小孩子那樣被叫做「你」[17]——發給了我們一份待購圖書的清單。地理課所需的書籍是《科岑地圖集》[18]；那本圖冊版面很大，顯然價格不低。我的母親於是問道：「這本書很貴，難道你非買不可嗎？」假如問題的答案不是那麼肯定的話，她詢問時的口氣不一定會讓我感染到危機感。書當然非買不可，母親怎麼可能會看不出來呢？那本書還是買了下來，但此次經歷讓我覺得家中做出了極大犧牲，而且那種感覺一直延續至今。或許正因為這個理由，那本地圖集今天仍然擺在我的書架上。它已經略嫌破爛、裡面寫滿了初中學生的塗鴉和註記，但依舊是一本很好的地圖集，供我不時取出查閱。

或許與我同年齡的其他兒童，更能夠體會我們在物質上所面臨的問題。童年時期的我卻不大留意周遭現實環境，而且我不把大人們當成實際生活的一部分，除非他們的活動和興趣剛好與我出現重疊之處。無論如何，當時我多半時間生活於這麼一個世界，在那裡現實事物、閱讀時的發現，以及憑空想像出來的東西之間缺乏了明確界線。不過即便是比較能夠冷靜看待現實的小孩——例如我的妹妹——也無法看清我們的處境，更何況這種認知根本不屬於我們的童年世界。比方說吧，我從來都不曉得父親從事什麼行業。沒有人想花功夫向兒童解釋這方面的事情，反正我父親和叔父藉以謀生的方式始終讓人摸不著頭緒。他們的職業難以明確描述出來，跟《快樂家庭》卡片上面的人物大不相同：醫生、律師、建築師、警察、商店經理等等。每當有人問起父親從事哪個行業的時候，我只能含混地口頭或書面表示：「商人。」雖然我心知肚明那是說了等於沒說，而且幾乎可確定是錯誤答案。但除此之外我還能怎麼表示呢？

我們（至少是我）之所以對自家財務狀況缺乏認知，有一大半理由必須歸咎於我的維也納家族不想面對現實——錯了，那是拒絕面對現實。原因倒不在於他們有意堅守中產階級破落戶的最後防線：打腫臉充胖子。其實他們十分清楚自己家道中落到了何種地步。例如外婆看見她姪女的盛大婚禮排場以後，曾寫信向自己的女兒表示：「當我們正窮困潦倒、淪為無產階級的時候，此情此景著實令人精神大振」。她一點也不覺得難過，因為新郎送給新娘「一枚非常精美昂貴的戒指，而且那是我們家的產品」。但戒指來自以往家境寬裕的年代。外公格林先生歷經二〇年代初期的惡性通貨膨脹以後，一生的積蓄已經嚴重縮水，現在僅僅相當於依利翁咖啡屋一杯咖啡外加一塊蛋糕的價錢。他只得重操年輕時代的舊業，再度當一個流動小販，穿梭於鄉下小鎮和阿爾卑斯山村之間兜售廉價飾物。奧地利中產階級人士泰半面臨相同的窘境。他們因為戰爭和戰後的衰敗而陷入貧困，必須勒緊褲帶過著比「和平時期」簡單許多的生活（「和平時期」指的是一九一四年以前，一九一八年之後的一切都不能算是「和平」）。他們發現無錢可用是非常辛苦的事情，並一口咬定自己日子過得比工人還要辛苦，因為後者反正早就習慣了那種狀況。（後來我在青少年時期開始熱烈支持共產主義，而葛蕾特姨媽因為我拒絕接受那種在她眼中不證自明的論點，曾忍不住大搖其頭。）格林姐妹的英國丈夫們日子過得也沒有比較好。其中有兩個人顯然無法適應市場經濟的叢林法則：我的父親與威爾福瑞德・布朗先生——布朗先生是一位相貌英俊的戰時被拘留者，後來娶了格林家的大姐（咪咪）。霍布斯邦兄弟當中只有悉德尼叔父懂得如何經商謀生，但就連他也必須在二〇年代大多數的時候，從一個已失敗的廢墟跳入另一個同樣時運不濟的事業。

我的維也納家族實際上一直認為，不同於一九一四年以前的生活方式根本無法想像，於是逆來順受地繼續按照老辦法過日子。如此一來，我的母親縱使已經付不出食品店的帳單——更別說是房租和其他日常開銷了——卻仍然雇用僕人。只不過那些僕人留下來的時間，都不像海琳娜・德慕特那般長久（她與卡爾・馬克思一家人合葬於高門墓園）[19]。中產階級女士所面臨典型的僕役問題是，必須不斷請介紹所仲介年輕女子。她們停留的時間通常只有一、兩個月，其中有些人是罕見的「明珠」，有些人則是手腳不大靈活的鄉下姑娘，不但從未見過瓦斯爐，更不曉得電話是什麼玩意兒。母親在一九二五年首度前往英國，以便照顧住在巴羅因弗內斯[20]、當時生了病的咪咪姨媽。她曾寫信向葛蕾特姨媽表示，在那裡做家事時的高度效率、冷靜自若和有條不紊令她印象深刻（「截然不同於維也納的猶太家庭……」），但更加令她訝異的是，這一切竟然不需要傭人就可以辦到：「在這裡妳會發現，女士們凡事都親自動手，她們自己照顧小孩，甚至自己洗衣服，卻仍能保持淑女風度。」[ii]

縱使有過那種經驗，她還是從未把英國選項認真列入考慮。當她的妹妹抱怨自己在柏林面臨財務

ii 妮莉・格林於一九二五年三月二十三日寫給其妹葛蕾特的信函。

危機的時候，她以「一個具有多年破產經驗者」的身分寫信表示：

> 讓我向妳提出一個重要建議，而且我極力主張妳應該認真加以看待。千萬別以為縱使沒有女傭妳也照樣撐得下去！反正時間久了以後，妳絕對應付不來沒有她們的日子。因此最好的做法還是馬上認定，女傭就跟食物或頭上的屋頂一樣不可或缺。跟損失掉的健康、舒適，尤其是跟妳精神上所受的折磨比較起來，妳能夠省下來的錢根本不算什麼：當事情變得更糟糕以後，你只會更需要女傭。固然不久以前我還考慮過是否該辭退瑪莉安，但我無法在聖誕節以前辦妥此事，反正為時已晚，況且她的表現始終很好。我之所以考慮辭退她的唯一理由是，一旦她發現我付不出雜貨店等等的帳單，我會覺得非常羞愧。但我在內心深處十分明白，厚著臉皮把她留下來才是上策。[iii]

除了注意到父母親之間出現爭吵以外，我們對這一切都不清楚，甚至完全缺乏理解。他們爭吵的次數似乎日益頻繁，可是誰家的父母不吵架呢？更何況那發生於中歐冬日冰冷的室內。（話要說回來，假如當時我們住在英國，還處於使用燃燒煤炭的壁爐的時代——那極可能是效率最低的室內加溫方式——冷冰冰的房間未必表示我們沒錢購買冬季燃料。）

我們家族的物質基礎非常不穩固，這連帶使得家族內部變得堅實而具有凝聚力，並把整個世界——以及我的生活——劃分成兩個部分：「裡面」和「外面」。對我們小孩子來說，整個家族及家族的好朋友共同構成了（或決定了）實際上的成人世界。這個世界的成員是我所認識的「人物」，而非只是隨機出現的服務提供者，不是我們人生舞台上額外的跑龍套角色。（那個世界進而決定了，哪些小孩子將一直成為我們生活中的一部分，而我們又將成為哪些小孩子生活中的一部分，像果德家的女孩們或薩納家的女兒都是其中的例子。）我所認識的大人幾乎完全來自親戚，否則他們就是我父母和親戚的朋友。以母親帶著我去求診的那位牙醫師為例，那邊的經歷固然非常令人難忘，但他從未在我心中留下「人物般」的記憶，因為他並不屬於母親「認識」的人物。換個角度來看，我還記得史特拉瑟爾醫生那位「真實的人物」，那想必是因為我們的家庭認得他本人和他家人的緣故。說來也奇怪，直到我待在維也納的最後一年為止，老師們顯然都不屬於我眼中由成人所組成的世界。此外，他們唯有和我建立起個人關係以後，才進而成為「人物」，但那已經是我抵達柏林之後的事情了。

學校完全屬於「外面」，而那邊缺乏成為「真實人物」的成人，於是「外面」就成了其他兒童所構成的世界。不論在「裡面」還是「外面」，兒童的世界都是大人所無法真正瞭解的，正如同我們也不曉得大人到底在做些什麼。在最佳情況下，代溝的雙方仍可接受另一方的所做所為，於是出現了「就跟小孩子一樣」或者「那是大人才做的事情」之類的講法。要等到我進入青春期以後，這兩個世界之間的壁壘才開始動搖，此時剛好是我待在維也納的最後一年。

兩個世界之間當然還是有重合之處。例如我所閱讀的資料，尤其是英文讀物，多半是大人提供的。有些親戚更出於好意從倫敦寄來亞瑟·米依[21]主編的《兒童週報》，但我覺得其內容既無趣又難以理解，但我很早就狼吞虎嚥地讀遍了以鳥類生活和動物生態為題材的德文書，它們都是大人送給我的禮物。小學畢業以後，我更熱衷於閱讀大人幫我訂購、由「宇宙：大自然之友協會」——那是一個以傳播科普知識（主要涉及生物學和進化論）為職志的德國協會——所發行的各種出版品。我們很小的時候就

iii 妮莉·格林於一九二八年十二月五日寫給其妹葛蕾特的信函。

被大人帶著一起上劇院，觀賞一些我們可能會喜歡，而大人們也稱許的劇作，席勒的《威廉・泰爾》即為其中之一，歌德的《浮士德》卻不包括在內。我們也欣賞了十九世紀早期維也納通俗劇作家的作品，例如賴蒙德既迷人又多愁善感的魔幻劇，以及約翰・內斯特羅[22]那位大師極為風趣的喜劇，縱使當時我們還聽不懂他的苦澀幽默。我們還跟其他的小學生一起被送去看早場電影，前往今天已不存在的馬克沁－比歐電影院。我們觀賞了卓別林與傑基・庫根[23]合演的短片，並且出人意外地也看了弗里茲・朗[24]所拍攝的《尼伯龍根之歌》長片。但我在維也納的經驗是：大人從不跟小孩一起上電影院。

除此之外，聰明的兒童會主動從父母或親戚的書架上找書來看，在家中聽到的言論可能會影響到他們的決定，但又未必完全如此，這兩個世代只在某些時刻才具有若干共同的口味。但從另一個角度來看，長輩為我們挑選的兒童讀物，一般都不被認為是成年人真正感興趣的東西。然而老師們可就不同了。與我們有所往來的全體大人裡面，只有他們在意我們這些十三歲少年對袖珍版偵探冒險故事的熱愛（但反對我們閱讀那種東西）。那些書本總是出現相同的英文人名，它們就在我們班級內來回傳閱。其標題包括《世界大偵探福爾摩斯》（與原著並無關係）、「塞克斯頓・布雷克」系列的《法蘭克・艾倫：被剝奪繼承權的復仇者》，以及最受大家歡迎的柏林偵探「鯊魚湯姆」和他的夥伴「彼特強」[25]。「鯊魚湯姆」的工作基地是柏林市莫茲街——凡是讀過克里斯多福・伊薛伍德[26]作品的人應該都聽過這個街名，但它在維也納學童心目中就跟《福爾摩斯》書中的貝克街一樣遙遠。

一九二〇年代中葉的維也納學童仍然學寫老式的哥德字體[27]，他們在鑲著木框的書寫板上面塗鴉，接著用小塊海綿把字擦掉。由於一九一八年以後的教科書多半以新引進的羅馬字體印出，我們顯然也學會如何閱讀這種字體，後來並改用這種寫字方式，但我已記不得實際情況。反正當我們從十一歲開始接受中學教育的時候，已經掌握了讀、寫、算等「基本三會」。除此之外我們還在小學學會什麼，那就比較不清楚了。但小學生活顯然相當有趣，因為我只要一回想起那段時光就會出現快樂的感覺，在心中浮現各式各樣關於維也納的故事，以及我們前往市郊具有田園風味的地點尋找樹木、植物和動物時的情景。我推測那一切應該都與「鄉土學」課程有關，但德文「鄉土」（Heimat）一詞找不到意思完全吻合的英文字眼，那個教學科目頂多只能翻譯成「有關我們故鄉的知識」。

現在我發現那其實是不錯的歷史學家養成教育，因為傳統歷史上發生於維也納市區及周圍一帶的重大事件，變成了維也納學童認識自己所在地時一併認識的事項。例如阿斯本不僅是奧地利人擊敗拿破崙時的戰役名稱（距此不遠的瓦格蘭姆則為奧軍慘敗之處，但該地不屬於集體記憶的一部分）[28]，它還是位於多瑙河對岸、當時仍未併入市區的偏遠地帶；人們很喜歡前往舊河道在那邊留下的牛軛湖游泳，並探訪黑貂和水鳥出沒的荒野。土耳其人對維也納進行包圍戰所產生的重大意義則在於，土耳其人以繳獲物資的方式把咖啡引進維也納，使得我們從此有了咖啡屋[29]。

我們在歷史課程上面佔了很大便宜，因為奧地利舊帝國時代的官方歷史已從我們眼前消失，只剩下了一堆老建築物和紀念碑，而一九一八年以後的新奧地利還沒有自己的歷史。只不過政治上的連貫性促成了一種傾向，以致讓學校歷史課縮減成一連串制式化的日期、統治者人名和戰役名稱。就我記憶所及，我童年時期的維也納學校只慶祝過一個歷史事件，那就是貝多芬逝世一百週年紀念。老師們自己都曉得，在新的時代就應該有不一樣的學校，可是他們還不清楚到底該怎麼做才對。（當時——一九二五年——我們學校的歌唱課本上面還寫著：「新式教學法之內容尚未完全獲得澄清」。）等到進入還沒有擺脫傳統教學方式的中學以後，我才必須接觸《一〇六六與諸如此類的一切》那種風格的歷史[30]。這當然無法令人感覺振奮。德文、地理、拉丁文、希臘文等課程看來更對我的胃口（希臘文是我最後學習的科目，但因為前往英國而必須放棄），不過數學課和物理課則不合乎我的口味，唉！

至於宗教學，那更是不提也罷。在我的印象中，小學時代尚未出現過這方面的困擾，但升上中學以後就不同了。非天主教徒固然獲准不必參加班上的宗教課程——他們是路德教派、福音教派，以及零星出現的希臘東正教之信徒，不過主要還是猶太人。留給我們這些少數派的替代性選擇，就是前往另一個市區，參加由一位摩根斯特恩小姐及其接任者為猶太人開設的下午班。那實在令人興味索然。我們不斷聽人複述《摩西五書》裡面的聖經故事[31]，並不斷接受口頭考問。我還清楚記得，當輪到我回答誰是雅各最重要兒子的時候，我的答案所製造出來的騷動。我想來想去都無法確定那到底是誰，於是做出對約瑟不敬的表現，脫口說出：「猶大」(Judah)。畢竟我的想法是這樣的：全體猶太人(Juden)不都是因為「猶大」而得名的嗎[32]？那個答案當然錯了。

我也認識了希伯萊印刷字體，但學會之後便遺忘殆盡。除此之外，我曉得了猶太人最重要的祈禱詞《聽啊，以色列》[33]（我們一直使用「阿許肯納吉」的拼音方式，而非錫安主義者強加過來的「塞法爾迪」拼音[34]）。我還掌握了《為何今夜不同於其他夜晚》的片斷內容——那是一個在逾越節宗教儀式上問出的問題，並由家中最年幼的男性將答案背誦出來[35]。只不過我們家族裡面沒有人慶祝逾越節、無人在意安息日和其他的猶太節日、都不遵守猶太教的飲食規範，所以我學來的那些知識根本英雄無用武之地。我知道，在聖殿裡面應該把頭頂遮蓋起來，可是我只有參加婚禮或葬禮時才會踏入猶太教堂。我曾經觀察一位同學如何祭出全套宗教儀式向上主祈禱，只見他圍起祈禱披肩、搬出經文匣和其他物品，但我純粹是出於局外人的好奇心看著他那麼做。除此之外，假如我們家也舉行同樣儀式的話，每週一小時的學校課程非但多此一舉，更無法藉此學會所需的相關技能。

我們固然完全不遵從那些生活習俗，但我們依舊曉得自己是誰，而且無法擺脫猶太人的身分。我們畢竟有二十萬人住在維也納，佔全城人口的百分之十。大多數維也納猶太人都冠上了被同化後的名字，但有異於盎格魯撒克遜地區的做法是，他們難得更改自己的姓氏，仍可被辨識為猶太人。我在童年時期可確定，我所認識的人們當中沒有人改信基督教義。大致說來，無論在奧地利哈布斯堡，還是在普魯士霍亨佐倫王朝統治下，非常成功的猶太家庭都願意為了社會地位和出任公職而付出代價，放棄自己的信仰改信其他宗教。但自從社會崩潰以後，即便那些家庭也看不出改變宗教信仰的好處何在，更何況格林家庭從未有過跟他們同樣遠大的目標。

維也納猶太人無法直截了當地，把自己想像成是一批用特殊方式來敬神（或不敬神）的德國人。他們連做夢也想像不到，除了身為許多種族當中的一個族群之外，還能夠有任何不同的命運。從來就沒有人給過機會，讓他們屬於一個國家，因為根本就沒有那樣的東西存在。法朗茲．約瑟夫皇帝統轄下的帝國，其奧地利的一半截然不同於匈牙利那一半，奧地利這一半缺乏單一的國家及理論上認同該國的「國族」[36]。於此情況下，讓猶太人成為德國人已非政治上或民族上的工作，而是文化上的方案。其意義在於走出東歐猶太小鎮與猶太教堂的落後和孤立，邁入現代化的世界。例如在居民百分之八十為猶太人的布洛迪[37]（位於加里西亞），城內的耆老曾於多年前向皇上提出請願，希望學校以德語進行教學。思想開通的布洛迪居民並非打算變成暢飲啤酒的條頓人，而是不想跟那些哈西迪一樣[38]，也擁有能夠變出奇蹟的「神奇拉比」，以及用意第緒語來鑽研《塔木德經》的正統猶太小學男童。正基於同樣的理由，父輩或祖父輩來自波蘭、捷克及匈牙利腹地的維也納中產階級猶太人，才會將自己與東歐猶太人劃分得那麼清楚。

現代錫安主義是由一個維也納新聞記者所發明的，這是毫不令人意外的事情。最晚從一八九〇年代開始，全體維也納猶太人都曉得自己生活在一個反閃族主義的世界，甚至是在一個具有潛在危險性的街頭反猶太主義的世界裡面。「謝天謝地，不是猶太人幹的」，卡爾．克勞斯以這句話做為《人類的末日》那部傑作的開場白，描繪出一個猶太行人在維也納環城大道上，聽見賣報小販吆喝費迪南大公遇刺消息時的立即反應。到了一九二〇年代，能夠讓人保持樂觀的理由甚至更少。大多數百姓都了然於心，當時執政的基督社會黨反猶太之程度，與其創黨者——著名的前維也納市長卡爾・魯埃格爾[39]——不相上下。我仍然記得（那時我還未滿十三歲），當長輩們聽到有關一九三〇年德國國會大選的新聞，曉得希特勒的國家社會主義黨成為第二大黨之後，心頭所出現的驚懼。他們明白其中的含義何在。

簡言之，我根本沒辦法忘記自己是猶太人。雖然我不記得遭遇過針對個人而發的反閃族行為，但那是因為英國國籍至少在學校內給了我另一種身分，轉移了別人對我猶太身分的注意力。或許我也因為英國人的身分，幸運免於陷入猶太民族主義的誘惑，即便當時中歐年輕猶太人所信奉的錫安主義，通常都具備溫和社會主義或革命社會主義的觀點。那些中歐猶太人當中的例外，則是亞博廷斯基的追隨者，他們曾經從墨索里尼那邊得到啟發，今日以「利庫德黨」之名成為以色列執政黨[40]。錫安主義比較盛行於赫茨爾[41]的城市，而非在其他地方（例如德國）土生土長的猶太人之間：希特勒登場以前，錫安主義只能在德國吸收到一些缺乏代表性的邊緣人物。至於對家父和悉德尼叔父而言，無論是反閃族主義，還是以白藍二色做為標幟的「哈科阿」足球球會[42]，均為令人無法視而不見的事實。尤其當該隊迎戰客隊——英國「博爾頓流浪者」足球隊——的時候，他們二人更因為忠誠度而陷入兩難。但無論如何，絕大多數開明的猶太人或出身自中產階級的猶太人，在希特勒當政以前都從未變成錫安主義者。

我們仍然缺乏概念，不曉得猶太人即將面臨何種危難。沒有人有過，而且也不可能有過那些概念。縱使在喀爾巴阡山脈的東歐部分，以及波蘭－烏克蘭平原某些充滿了集體殺害猶太人事件的幽暗角落（那正是維也納第一代猶太移民的老家），系統化的種族屠殺仍舊是不可思議的事情。每當大難臨頭之際，老一輩人士和經驗老到者便挺身而出，呼籲大家保持低姿態、採取迴避行動，並且站對邊投靠正確的威權（此即力足以保護猶太人、或許有興趣這麼做，否則至少也有意重建法律與秩序的一方），就算是條件對己方再不公平也無所謂。年輕人與革命派則呼籲進行抵抗，並積極採取自衛行動。年長者曉得，事情遲早總會有塵埃落定的一天；年輕人心中則夢想著全面的勝利（例如世界革命），可是他們又哪能想像得到，那將是全面的毀滅呢？

那兩派人其實都無法想像，一個現代國家竟然將持續掃除境內全部的猶太人——自從一四九二年西班牙這麼做了以後，就再也沒有出現過類似情況。至於集體滅絕猶太人的行動，那就更加令人覺得不可思議了。況且實際上只有錫安主義者才著眼於有計劃地將猶太人集體遷移出去，前往一個由單一種族所構成的民族國家，並讓自己以往的家園「清除了猶太人」（這是套用納粹的用語）。當人們在希特勒上台之前，甚至在他執政的最初幾年內談論反閃族主義有多麼危險的時候，都認為它只不過加劇了猶太人一向承受的痛苦：歧視、不公平待遇、任人宰割，以及強勢者於自負與輕蔑之下對弱勢者的威脅恫嚇，甚或時而果真做出的殘暴行為。但他們還沒有，而且更不可能想到奧許維茨集中營。「種族滅絕」這個名詞在一九四二年以前還沒有被創造出來。

對一個明理的英國－維也納男童而言，在一九二〇年代「身為猶太人」究竟意味著什麼呢？況且他從未親身經歷反閃族主義、遠離了傳統猶太教的習俗與信仰，甚至直到進入青春期以後，尚未察覺到自己受過割禮。或許「身為猶太人」這個問題只在一件事上產生影響：我十歲左右的時候，從母親那邊學會一個簡單的原則。事情的來由我已經記不得了，但我一定曾經說出（甚或重覆表示）自己對一位舅舅的行為所做的負面觀察，並稱之為「標準的猶太人作風」。她隨即以非常堅決的態度告訴我：「你永遠不可以做出這樣的表現，或者看起來好像做出了這樣的表現，以致讓別人覺得你恥於當猶太人。」

從此我努力試著奉行這個原則，雖然這麼做的時候，所承受的壓力有時令人難耐，尤其是在面對以色列政府之所作所為的時候。家母的原則使得我——很懊悔地——沒有宣稱自己「無宗教信仰」，雖然在奧地利人人有權於年滿十三歲之後這麼做。這讓我一輩子扛起沈重的包袱、擁有一個拗口的姓氏，教人禁不住想把它改成較實用的「霍布森」（Hobson）或「奧斯邦」（Osborn）。從今而後，它足以標明我的猶太人身分，並讓我出於自願，成為已故好友伊薩克．多伊徹口中的「非猶太化猶太人」[43]，而非各種宗教出版品或民族主義刊物所指稱的「厭棄自我的猶太人」。我對祖傳的宗教信仰並無情感上的責任，更遑論是對那個面積狹小、奉行軍國主義、在文化上令人失望、在政治上具有侵略性的民族國家——儘管出於種族理由我應當與它團結一致。

我甚至無須擺出世紀更迭之際最時髦的「受難者」姿態，以猶太裔「迫害下的犧牲者」之身分，宣稱自己享有獨一無二的資格來喚醒世人良知——所憑藉的理由就是大浩劫，再加上猶太人於此時代以史無前例的方式，在世上做出的獨特貢獻與成就，以及在公共領域內所獲得的認可。但「正確」或「錯誤」、「正義」或「不義」的事物，都既不會在身上配戴種族標籤，也不會在手中揮舞國旗。身為歷史學者，我所在乎的是：一個於紀元二〇〇〇年佔全球人口百分之零點二五的族群（並且我生而為其中一員），是否有正當理由來宣稱自己是「神的選民」或特殊的人群。那種講法的依據，並非建立於該民族在猶太人隔離區內做了什麼，或是在特定領域內做了什麼——不論那出於他們自己的選擇，還是受到別人強迫，也不論那是在過去、現在，還是將來。那種講法的依據，建立於他們以不成比例的方式，在世界各地對人類做出的驚人貢獻，而且那主要發生在猶太人獲准離開、並自願走出隔離區之後的兩百年內[44]。

正如同吾友理查．馬林斯特拉斯——他是波蘭猶太人、法國反抗軍戰士、意第緒文化捍衛者，以及法國首席莎士比亞專家——的著作標題所言，我們是《一個離鄉背井的民族》。而最可能的情況就是，我們仍將如此繼續下去。但我們不妨發揮想像力來假設一下：萬一赫茨爾的夢想不幸變成了事實，那麼所有的猶太人都將落腳於一個小而獨立的地域性國家，同時該國不允許生母非猶太人者獲得完整的公民權。對其他人類而言，此事成真的一天將是個壞日子——對猶太人自己來說也一樣。

第三章

艱困時期
HARD TIMES

一九二九年二月八日星期五，父親懷著愈來愈絕望的心情，再度前往城裡尋找賺錢或借貸的機會。他在夜幕低垂之際踏上歸途，結果於家門外不支倒地。母親從樓上窗內聽見了呻吟聲。她打開窗戶以後，那年嚴冬的阿爾卑斯冰冷空氣中傳來父親對她的呼喚。父親在幾分鐘內就斷了氣，我推測他應該是死於心臟病發作。父親去世時年僅四十八歲。他的驟逝不啻宣判了母親的死刑。母親無法原諒自己在丈夫生前最後幾個可怕的月份，尤其是在最後幾天內，對他的「苛刻待遇」。

父親過世後，母親在首次寫給姨媽的信中表示，她感覺自己的心已經碎了：

我直到現在還是無法談論此事。妳可以想像出來，當時的每一句惡言和每一個惡念，今天是多麼地像一把利刃不斷刺痛我的心。葛蕾特，我實在悔不當初！要是早知道會發生這種事情，我就絕不至於做出過去那些行為……就算他那時只能再多病一天，我也會好好照顧他，再度對他充滿愛意。……最起碼我可以陪伴他，不讓他孤單地死去。

然而這無法撫平傷痛。

兩年半以後，她也抑鬱而終，得年只有三十六歲。我一直認為，她的不斷自責和屢屢在寒冬衣衫單薄地走到父親墳上，是導致她罹患致命肺疾的主要原因。

喪夫之初的那段可怕日子裡，母親的自我控制已瀕臨崩潰。但毫不令人意外的是，她以超人般的毅力隱藏了一切，不讓孩子們看見自己的傷痛。自從這對年輕夫妻當初帶著少量幣值穩定的英鎊積蓄，從埃及來到陷入惡性通貨膨脹的奧地利以後，就未曾有過好日子。我一直想不通，父親打算如何在一個他連語言都講不好的國家謀生。當然，我更不清楚他去埃及之前，究竟從事何種行業。在埃及，一個儀表端正、口才便給、聰明伶俐但無高深學識、在運動方面有不錯表現的二十來歲年輕人，無需大費周章便可在英國僑民區的船公司或貿易行找到一份差事。父親或許猜想自己既然身為英國人，這一套在維也納必定也行得通，儘管此地英國僑民的圈子很小（但他們還是在維也納組織了好幾支足球隊）。我唯一可以確定的是，他印製了列出抬頭如下的信紙：「L．珀西．霍布斯邦。維也納。電報收件代號：『霍比』，電話號碼……」。一九二〇年的時候，母親一度還可以寫信向她的姐妹表示，我們請了幾個僕人：包括廚子和女傭各一名。不過他們幾乎都立刻消失了。

情況從此開始急轉直下。我們從索伊特別墅遷至鄰近的奧伯聖法依特郊區，搬進一棟顯然儉樸許多的公寓。從一九二〇年代中葉開始，我們全家只能一直過著捉襟見肘的生活，幾乎不曉得該拿什麼來支付日常生活開銷。我推測正因為這個緣故，母親開始認真嘗試靠寫作來賺錢，並為此投入越來越多的時間與精力。但不管她的文學工作為家庭收入做出了多少貢獻，我們在一九二八年時已經日益處於災難邊緣，房東在年底下達最後通牒。我們必須費盡唇舌才得以避免家中瓦斯斷氣。聖誕節前兩天，母親寫信向她的妹妹表示：「今天已經是星期五，我卻連一件禮物都還沒買。如果珀西明天再不帶錢回家，我真的不知道該怎麼辦了。」

新的一年並未帶來轉機。父親去世三天前，母親還向她的妹妹抱怨：家中的處境一天比一天糟糕，房租和電話費都付不出來，而且「我在家裡面通常連一個先令也沒有」。她始終一籌莫展，不曉得被迫遷出以後，我們全家該前往何處棲身。這就是父親最後一次出門時所面臨的情況，而現在他已經撒手人寰。幾天以後，他被安葬於維也納中央公墓的猶太人墓區。我對他去世經過的唯一記憶，就是妹妹和我在暗夜中被領出自己的房間，半睡半醒走入父母的臥室；接著有人語焉不詳地告訴我們，家裡發生了不幸的事情。此外我只記得墓穴封土之前不斷向我們身上襲來的刺骨寒風。

或許做兒子的人現在應當進行一項艱鉅的任務，撰文敘述父親的生前行誼。這是一個困難得異乎尋常的任務，因為我對父親幾乎毫無記憶。那也就是說，我顯然早已做出選擇，要遺忘自己或許還記得的大多數事情。我仍知道父親的外貌：他中等身材、肌肉發達、戴著一副無框夾鼻眼鏡、黑色頭髮中分、前額橫著一道皺紋。不過就連這點印象，也有相當大的成分是得自於相片，而非來自我自己的回憶。在我心中虛擬的童年家庭相簿內，父親的影像大概不超過六個，我相信它們全部來自住在奧伯聖法依特的那幾年：父親穿著維也納罕見的蘇格蘭呢西裝；父親帶我去參觀一場業餘足球賽；父親參加網球男女混合雙打比賽時由我擔任球童——地點就在從我們家前往昔日皇家狩獵場萊因策動物園的半路上；父親哼唱著英國敘事小調；父親帶著我在住家附近山坡散步時所留下短暫而鮮明的畫面。

剩下來的其他一二個影像就不那麼令人愉快了。其中之一是父親教我打拳，而且顯然很不成功（他沒有堅持下去）。另一個畫面比較特殊，呈現出父親正在面向隱居路的花園內大發雷霆。當時我大概正就讀小學高年級，年約九歲或十歲上下。父親叫我去拿一把鎯頭過來敲釘子，他很可能是打算將一張摺疊椅鬆脫的部分敲緊。那個時期我對史前故事深感興趣，或許是因為正在閱讀《穴居兒童》三部曲第一卷的緣故。那本書的作者是松萊特納爾[1]，講述兩個沒有親戚關係的孤兒，如何在人跡罕至的阿爾卑斯山谷重新過著史前生活——書中除了舊石器時代風貌之外，還看得見奧地利農家生活的影子。我沉迷於他們所處的石器時代，於是製作出一根石器時代的鋤頭，並很仔細地給它綁上一個木頭握把。我將那根鋤頭交給父親以後，沒料到他竟然暴跳如雷。曾經有人告訴我，父親從此經常對我大動肝火。實情很可能果真如此，但我早就把這部分的記憶從腦海中刪除了。我只能回想起一個與父親工作有關的畫面，此即他某天帶了一件未能銷售出去的玩意兒回家（他難得推銷成功）。那是一塊店鋪招牌，上面的字眼閃閃發亮，寫的可能是某種產品或某家零售店的名稱，從街上望去就好像照鏡子一般。或許父親有意跟一位訪客討論這種商品的前景，而那位訪客幾乎可確定是他的弟弟，因為就我記憶所及，他在維也納沒有自己的朋友。

其他人跟我一樣，也記不得任何關於他維也納朋友的事情。不過我倒曉得父親年輕時代在倫敦和埃及的一些趣聞逸事，而且那多半涉及他的超強體能和異性緣（儘管如此，我從未聽說過一絲有關他對妻子不忠的謠言）。當時每一個倫敦東區的猶太家庭，至少都需要一名俗稱可以「出來撐場面」的兄弟，由他挺身對付當地的愛爾蘭人。在霍布斯邦家，這就是父親被賦予的角色。對出身自倫敦東區貧困人家的孩子來說——肌肉發達、身手靈活的猶太少年也包括在內——拳擊場是快速取得認可的途徑之一，父親便這麼成為非常傑出的拳擊手。雖然他始終只打業餘，還是有兩座獎盃見證了他的成功紀錄。那是他在一九〇七和〇八年左右贏得的埃及業餘輕量級拳擊冠軍，他當時的手下敗將應該都是佔領埃及的英國軍人。兩座拳擊獎盃就擺在我們奧地利家中的書架上，因為那裡既無壁爐也沒有壁爐架。後來妹妹把它們珍藏於自己的住宅；她對自己心目中的父親帶著深深的孺慕之情，雖然父親過世時她只有八歲。據說，父親還曾經救過他差點在游泳時溺水的哥哥——厄尼斯特。母親曾經撰寫一本小說，描述一位在一九一四年以前生活於埃及的少女；小說中有一個半人半神的全能運動員角色，那幾乎可確定就是以父親做為藍本。

然而父親在定居維也納的那些年頭，卻沒有成為家族軼聞和趣談中的人物。他似乎跟岳父母相處不來，與岳母更是明顯失和。除此之外，母親在寫給她妹妹的長信裡面確實也難得談起父親——父親被提到的次數甚至遠遠少於他的弟弟悉德尼。無論是父親的計劃、工作和疏失，或者是夫妻倆一起做過哪些事情、去過哪些地方，母親在信中幾乎隻字未提。父母親都過世以後，悉德尼叔父和葛蕾特姨媽的家中難得再談起父親，尤其是關於他在維也納那幾年的一切。父親就彷彿完全從我們的生命中消失了。

事情的真相是，維也納的那些年頭對父親而言根本是一場災難。套用母親的講法，那是：「充滿了憂慮、充滿了不幸、充滿了失望，最後甚至還以那種方式結束了。」其實，父親若能夠擁有一份收入還穩定、要求不太高的工作，應該可以成為快樂的人、一個迷人的伙伴，而且無論在任何崇尚運動、音樂與生活樂趣的環境中，他都會是個受人喜愛的同伴。可惜對一個家無恆產、缺乏專業技能的人來說，這只適用於大英帝國正式或非正式的海外屬地，在戰後的維也納卻是不可能的事情。一九一四年以前，父親或許還可以在那個已經一去不返的遙遠世界，透過岳家當時繁榮興旺的商業活動獲得一份工作。畢竟照顧女婿是天經地義的事情，即便他有一點「不上道」。可惜在人人自顧不暇的一九二〇年代，父親只能自求多福。然而我所認識的人們當中，難得有誰像父親那般不適合在一個冷酷無情的世界謀生。結果就是再也沒有人相信他，導致父親幾乎完全對自己失去了信心。他去世以後，母親只能靠著一個念頭暫時尋得慰藉：「反正將來的情況不會好轉，日子只會愈來愈糟，而他已經得到解脫。」

除了拳擊獎盃、貼著照片的維也納公車月票和不少英文書之外，父親沒有留下許多東西。他收藏的英文書籍多半是德國陶赫尼茨出版社所發行[2]、專供英國以外地區銷售的平裝版。因此我推測它們應該是在埃及時購買的。我不記得家中在維也納添購過陶赫尼茨，那很可能是因為缺錢的緣故。在我的印象裡面，那些書籍多半是維多利亞女王時代後期與愛德華七世時期的作品。裡面有不少吉卜林筆下的故事（《金姆》卻不在其中），我把它們讀得很起勁，但無法理解書中的含義[3]。此外有幾本出版於一九一八年以前、由較不知名作家撰寫的旅行和冒險故事，例如一本今日已被遺忘的古典捕鯨小說《抹香鯨的巡航》。同時還有一些精裝本的書籍，其中包括HG・威爾斯的《布萊特林先生看透了》，但我從來就沒有把它翻開來看過[4]。最後更有一本厚厚的丁尼生詩選集，它看起來像是禮物或學校的獎品。父親傳授給我的東西就來自這些書籍，它們很可能都經過他特別挑選，或者是刻意選擇保存下來的（不論母親是否曾參與挑選的工作）[5]。他是否為我朗讀過丁尼生的〈復仇號〉呢（「在亞速群島的弗洛瑞斯島，理查・格蘭維爾爵士正碇泊……」）？那首詩再加上〈輕騎兵隊的衝鋒〉、〈落日與晚星〉——當然還有〈夏洛特的少女〉——都是當時我從丁尼生選集中學會的詩篇。如果父親為我朗讀過的話，那應該是他在知識方面與我唯一有過的直接接觸。

儘管與父親一生有關的文件難得保存下來，我還是擁有一份書面資料。那是他在一九二一年為自己的弟媳婦在相簿首頁寫下的自白問答。此類自問自答方式當時仍然流行，或至少在中歐如此。這份紀錄或許可視為父親的墓誌銘，它是這麼寫的：

最欣賞的男性特質：強健的體魄
最欣賞的女性特質：忠貞
眼中的快樂是：一切心想事成
眼中的不快樂是：倒楣

最擅長和最不擅長的事情：擅長錯過機會，不擅長把握機會

最喜愛的科學：無

最偏好的藝術風格：現代藝術

最喜歡的社交生活：我的家庭

最痛恨的事物：現代社會

最欣賞的作家／作曲家：——

最喜歡的書籍和樂器：鋼琴

最崇拜的小說英雄或歷史人物：窩立克伯爵[6]

最喜歡的顏色和花朵：玫瑰

最喜歡的食物和飲料：——

最喜歡的名字：——

最喜歡的運動：拳擊

最愛玩的遊戲：橋牌

你生活的方式：安靜地

你的性情與主要個人特質：謬誤的理想主義者，愛作夢

座右銘：今日事今日畢，不要為明天煩惱。

可是就連這個謙卑的目標，他都無法實現。

父親的死，讓家中處境更加艱困、頓失所依。幾天以後，我需要一雙新鞋，因為我現有的鞋子抵

擋不住那個可怕冬天的嚴寒。我還記得當我沿著環城大道行走時，兩腳凍得發痛讓我忍不住哭了出來。結果母親必須從猶太慈善機構那邊替我張羅新鞋。親戚們也竭力幫忙，然而大家都沒有錢。無論如何，母親唯一同意接受的現金饋贈，就是哈利叔叔從倫敦寄來的十英鎊。這個金額幫助不小，再加上出版商預付的潤筆費和幾篇書評的稿酬，母親認為這湊合起來足夠供我們家支撐兩個月。

儘管母親有諸多合理的顧慮，但由於我們無處可去，還是不得不搬回她的娘家。我們三個人擠進那個三房公寓的小邊間過夜，而且母親必須設法賺錢維持生計。母親一些家境較寬裕的朋友為了顧全她的面子，便假借請我當英語家教的名義來接濟我們。我非常確定自己生平賺取的第一筆收入，就是在那幾個月裡面，替媽媽一位摯友準備報考初中的女兒補習功課所得來的。別人就以這種方式，很有技巧地幫母親省下了給我的零用錢。我至少還記得一個真正增加我們收入的小學生，她姓「帕帕齊揚」，是一位亞美尼亞商人的女兒。

幸好母親已經建立起自己在出版界的人脈。她從一九二四年開始與黎可拉出版社（後來的史派德爾印書館）有所往來，而且這家維也納小出版社也發行了她畢生唯一的一部小說。出版社的老闆朔伊爾曼先生非常幫忙，他顯然十分肯定母親的翻譯能力。母親曾經替他翻譯過一本小說，那是一位現在已被遺忘的北歐裔美國中西部作家的作品。現在朔伊爾曼先生又請她翻譯另一本書，並主動提議與母親建立更加固定的合作關係。我依稀記得朔伊爾曼先生身材高大，有點駝背。母親在翻譯的同時，也向英國和德國期刊出售她所撰寫或翻譯的英文短篇故事。這固然能夠帶來若干收入，卻遠遠不足以糊口。（母親去世以後，咪咪姨媽於一再面臨財務窘境的情況下，甚至一度返回維也納試著銷售母親的遺作。）

最後，她不得不去找一份固定的工作。她憑著優異的英文能力，在總部分別設於維也納和布達佩斯的亞歷山大．羅森貝格公司謀得一職，代理英國紡織產品。母親獨自在家操勞了許多年之後，上班生活變成一大享受，況且她的人緣向來不錯。這份工作更讓她有機會喘一口氣，暫時避開與外婆共同生活於擁擠公寓內所形成的緊張關係。在此之前，她頂多只能藉著到咖啡館待上一小時，享受一點屬於自己的時間。那時母親卻可以帶我前往辦公室向同事炫耀，這是我還記得的事情。

一九二九年底，母親開始咯血。到了四月初，醫生宣佈她一邊的肺部已經萎縮。她人生最後一年半的緩慢死亡之路，是在醫院和療養院內度過的。母親肺疾的確實病因始終不得而知。儘管診斷出來的結果是當時很常見，而且具有致命性的肺結核，但她的症狀並不完全相符。不管她實際上得的是什麼病，醫藥始終無法明顯延緩病情惡化。好在她曾經有過一份收入固定的職業，因而被納入「紅色維也納」[7]的社會保險體系。當時母親終於體會了那個制度的好處。要是沒有它的話，真無法想像該如何支付醫療費用。

母親病了以後，我們的情況出現巨變。她從此再也無力照顧一個十二歲男童和一個九歲女童。但她兩個小孩幸運的地方是，悉德尼叔父終於在一九二九年春天找到賺大錢的機會——那是按照霍布斯邦與格林家族一九二〇年代的低規格標準。他在環球影業柏林分公司謀得一職，儘管那並非鐵飯碗，而且業務範圍不很明確，但既有收入又可增長見聞。他不但得以實現自己希望參與藝術創作的一貫夢想，更從此有能力與葛蕾特一同負起責任，照顧他哥哥和她姐姐的兩個無父孤兒。因此，我們必須感謝卡爾．萊默爾先生[8]形塑了我們的未來——他是好萊塢的電影明星世界與環球影業之締造者。但那時我必須跟妹妹南茜分離。她立刻被接去柏林，我則繼續留在維也納，直到母親於一九三一年七月去世為止。

我不知道其中的理由何在。或許悉德尼和葛蕾特覺得，家中一下子多出兩個小孩會讓他們應付不來。但也有可能是因為很難立刻在柏林找到適合的學校，讓我從維也納的中學三年級半路轉學過去。很明顯的是，母親在兄妹二人當中確實比較依戀我，而且她已經習慣於這樣的想法：既然看樣子再也無法繼續撫養兩個小孩，那麼她就必須失去我們。無論如何，母親一直認為如果可能的話，我最後還是應該去英國接受教育，以道地英國人的身分來開創事業。大多數中歐猶太中產階級家庭都曾經傾向於把英國理想化，覺得那是一個穩定、強大、枯燥乏味但凡事沉著以對的國家。格林三姐妹也不例外，最確鑿的證據就是她們都嫁給了英國人。縱使撇開擇偶不談，母親也是個熱烈得不同凡響的英國迷。她曾在寫給自己妹妹的信中表示，光是想到替老闆羅森貝格先生起草的信件已被寄往哈德斯菲爾德[9]，就足已讓她對英國興奮莫名了。母親堅持我們在家只准說英語，不僅與父親溝通時如此，對她說話的時候也一樣。她會糾正我的英文，並設法提升我的字彙能力，使之超出家中日常溝通的範圍。她的夢想是，或許我有朝一日可以在印度行政機構覓得一官半職。若能進入印度林務單位那就更理想了，一則是因為我對鳥類特別感興趣，同時又可以讓我（還有她自己）更加接近她所心儀的《叢林故事》書中天地。

直到父親去世為止，那些都還只是遙不可及的夢想。送我去英國的機會現在卻突然擺在眼前，因為咪咪姨媽邀請我過去小住——她和丈夫剛剛在蘭開郡經營了一間小型家庭旅舍，地點就在南港市郊柏克代爾高爾夫球場附近。我在一九二八／二九學年度結束後啟程，那是我首度前往英國，也是我第一次單獨旅行。（我抵達以後，咪咪姨媽的第一個動作就是把我身邊的金錢搜刮一空。因為她經常手頭拮据，而當時她的現金流通剛好又處於停滯狀態。）母親有一陣子希望我能夠在那邊長住下來。她要我打聽學校開學的時間，以及：「你是否必須補學很多東西，才有辦法趕上同年級男生的進度」。她在另外一封來信中表示：「我迫不及待想知道你接下來打算在秋天怎麼做，尤其想知道咪咪阿姨為你擬訂了什麼樣的計劃。」她還寫道：「為了你好，我希望你能夠留在英國，而且我確信這也是你自己的願望。」我無從得知母親認為那種可能性會有多大，但很明顯的是，從來就沒有過具體的相關計劃。那只是空中樓閣而已，反正既自由任性又老是缺錢的咪咪姨媽，不管有沒有她那位一表人才但生財無道的丈夫，都絕不可能為我提供固定歇腳處。於是我在學校收假之前回到了維也納。

當時的我究竟想不想留在英國，或者我對那種可能性抱持什麼看去，現在都已經記不得了。不過，造訪英格蘭、參觀倫敦以及認識哈利叔叔和貝拉嬸嬸，尤其是大我五歲的隆尼堂哥，確實非常令人興奮。然而我覺得南港是個死氣沉沉的地方，在溫特斯加斯小鎮與寄宿房客一起度過的日子更是無聊至極。我從英國帶回來的東西，除了記憶中通往倫敦道路兩旁綿延不絕的黃灰色磚房，以及發覺蘭開郡人的英語母音讀法跟我們很不一樣時所出現的驚訝之外，還有兩大發現。其中之一是英國工人家庭子弟特別愛閱讀的《巫師》、《冒險》等少年週刊——它們跟英國親戚當初篩選後不時寄到維也納的刊物很不一樣。我如饑似渴、滿心歡喜地閱讀它們，不但把所有的零用錢都花在上面，還蒐集了一大堆帶回維也納。（它們並不貴，如果我記得沒錯的話，一本只要兩便士。）當時我還沒有意識到，閱讀這些以深灰色版面印出的奇幻冒險故事，使得我第一次成為真正的英國人。因為它們至少讓我在若干期間內，與大多數同年齡層的英國少年有了相同的溝通波段。

在英國的第二項發現是童子軍。世界童軍大會當時正好舉行於南港附近，我被帶去參觀以後立刻著迷起來，還帶了一本貝登堡[10]撰寫的《童子警探》回家，並且決定要加入童子軍團。第二年，我在維也納實現了這個願望。當地童子軍組織的競爭對手是身穿藍衫、由奧地利社會民主黨所組織的紅鷹團。我曾因為他們壯觀的營火活動而有意加入，不過在母親勸說下打消了那個念頭——她認為我年紀還太小，不適合接觸到他們背後的馬克思主義。於是我在十四歲那年首度踏入公共生活時，所參加的並非革命造反活動，而是一場童子軍列隊遊行。其成員主要是維也納猶太中產階級家庭的子弟，大閱官則是一個表面上看不出來、實則無可置疑的反閃族主義者：當時的奧地利總統米克拉斯[11]。

我成為一個懷抱高度熱忱的童子軍，還在同班同學當中吸收了一些新團員，儘管野地求生和團體生活都非我所長。在童子軍團裡面，我結交到從喪父至喪母那段期間最要好的朋友。我們始終保持聯繫，直到他去世為止。這位朋友於希特勒佔領奧地利之後逃往英國，起初在倫敦的阿富汗公使館擔任門房，後來成為醫療技師（我們的童子軍小隊長則終老於澳大利亞）。假如德國也有貝登堡童子軍組織的話，我在母親去世以後應該也會加入當地的童軍團。但那邊就是沒有，更何況當時除此之外，德國甚至連一支具國際水準的足球隊也沒有（今天當然很難再這麼講）。那邊雖然也有類似奧地利紅鷹團的各種組織，但它們隸屬於一個比較無法振奮人心，並完全不具革命色彩的德國社會民主黨，馬克思主義陣營因而缺乏競爭者。

我從英國返回維也納之後那兩年內，過著一種奇特的半獨立生活。母親住院後，我不可能繼續跟罹患精神疾病、已經殘廢了一半的外婆住在一起。於是有好幾個月的時間就由維可托．弗里德曼舅公和艾莎舅婆負責照顧我，至少他們家裡還有一個孩子——比我大幾歲的赫爾塔表姐。（赫爾塔的哥哥奧圖借住在悉德尼和葛蕾特的柏林家中，照顧我也算是還這個人情）。那個學年度剩下來的時間內，我只得每天通車，從他們維也納第七區的公寓前往老城區另一端，到我位於第三區的中學上課[12]。學校正對面就是哲學家維根斯坦替自己修建的房子，只不過當時我還不曉得而已。一九三〇年夏天，我和葛蕾特姨媽、南西和彼得堂弟，一同來到上奧地利州恩斯河畔的魏耶爾那個阿爾卑斯山村小住，以便就近探視被送往當地療養院的母親。凡是讀過湯瑪斯．曼《魔山》那部小說的人都知道，山中空氣是肺結核病患的良藥，不過它對我母親一點幫助也沒有。

我獨自度過了在維也納上學的最後一年。說得更明確些，我是一個以服務來換取住宿的男童。那時有人找到一位上校軍官的遺孀，艾芬貝格太太。她就像許多維也納上流人士一般，出身波希米亞南部（她來自皮賽克小鎮）。她比我小兩、三歲的兒子剛好想學英文，於是她以補習英文做為交換條件，或許還酌收了少許費用，願意照顧我的生活起居。由於她住在維也納郊外的威靈[13]，我不得不在三年內第三度轉學，進入位於修道院路的聯邦第十八文科中學就讀。此際母親剛好離開了魏耶爾療養院，被轉診到距威靈不遠的一所醫院。於是我每星期都去那裡探望她。那年冬天，悉德尼叔父和葛蕾特姨媽邀請我到他們家，和妹妹一起過聖誕節。但在平常的日子裡，坐在母親病榻旁邊已是我和家人唯一的固定來往。對母親而言，我就是她歷經了一生的辛勞和夢想之後，最後還伸手可及的唯一寄託。

時至一九三一年初夏，大人們都十分清楚母親已經來日無多。葛蕾特不得不趕赴維也納，並且留了下來。母親被轉入維也納西郊普爾克斯多夫的一所花園療養院，我到那邊探望她以後就去參加童子軍露營活動，結果那成為我們母子的最後一面。我已經忘記了當時的細節，但依然記得母親憔悴的病容。當時房內還有別人，我不知道該說些什麼，於是將目光飄向窗外，無意間發現了一隻蠟嘴雀。蠟嘴雀的鳥喙強勁有力，可以啄破櫻桃核，我一直都在尋找那種鳥，可是之前從來都不曾見過。所以母親留給我的最後記憶並不哀傷，反而帶著意外看見珍禽時的喜悅。

母親逝世於一九三一年七月十二日，於是我從露營地被叫了回來。喪禮在炎炎夏日舉行完畢之後，母親與父親安眠於同一座墓穴，我則永遠離開了維也納，前往柏林和妹妹團聚。悉德尼叔父和葛蕾特姨媽，還有他們的兒子——當時才六歲的彼得——從此成為我們的家人。不過母親的去世，並非我們在那十年內最後一次與親人永別。

或許現在到了應該稍稍回顧母親生平的時候。

她是格林三姐妹當中個頭最小的一個，也是最聰明、最有天分的一個，但享受生命的天分並不包括在內。母親長得沒有她的妹妹葛蕾特——格林家族之花——那麼漂亮大方和儀態自然，也不像她的姐姐咪咪那般叛逆和具有冒險性格。就許多方面而言，她可說是三姐妹當中最傳統的一個。母親十八歲時與父親訂婚，而且比姐妹們更早出嫁——據她信中所述，婚前仍保有童貞之身。她在第一次世界大戰結束後回到維也納，已經是一個孩子的媽媽，腹中還懷了第二個。母親抵達維也納的時候，她的姐妹和許多朋友已在未婚及缺乏交往對象的情況下，歷盡千辛萬苦撐過了巨變和解放、世界大戰，以及戰爭末期的崩潰與革命。但這並不表示母親完全錯過了那場戰爭。

母親等待前往瑞士，以便在英國駐蘇黎世領事館辦理結婚手續的時候，曾於一座軍醫院擔任幾個月的自願護士。她在那裡知道了傷患只能躺在鋪得完全平坦的床單上，否則會痛得無法忍受（後來她曾經教過我那種特殊的鋪床技巧）。某天她為了安慰一名垂死的魯森尼亞士兵[14]，還從一本書中挑選句子讀給他聽；她發現那些句子翻譯自格林兄弟的童話故事，很輕易就可以把它們回復成德語。撇開照顧傷患時的辛苦不談，埃及亞歷山大港內的僑民社區儘管充滿異國情調，仍可看出那是一九一四年以前歐洲生活方式的縮影。不過當她重返離開了四年的維也納之後，卻發現生活已經完全走樣。

就許多方面而言，她仍停留在一九一四年以前維也納中產階級的老觀念。像我曾經在前面敘述過，家中沒有佣人的日子如何讓她覺得不可思議，以及她如何驚訝於英國婦女竟然可以沒有佣人，有辦法在自己動手煮飯、做家事的情況下保持淑女風度。她認為已婚女性理應把丈夫和孩子擺在第一位，所以對咪咪姨媽凡事優先考慮自己的作風大不以為然。但母親未嘗因此成為特別成功的媽媽。多年以後，我曾與妹妹交換對兒時的想法並達成共識：我們的父母和許多代替父母照顧過我們的人，其實都不勝任那個角色，他們既無這方面的天賦又缺乏相關訓練。他們對此都不十分在行，而且大家沒有任何理由來期待他們對此在行。更何況他們自己的父母親做得也不好。母親並不打算坦然接受世上的新環境，但最後還是不得不做出讓步。她一直等到一九二四或二五年才剪掉長髮，卻因為似乎無人注意到她剪了頭髮而深感失望。

維也納的生活難以令她滿足，於是母親曾經在筆記本裡寫道（標題為「告白」），她心目中的快樂就是「凝視熊熊爐火，心中別無所求」，而且她最喜愛的書本就是《安徒生童話集》。在我看來，她並非一個既有效率又熱心投入的家庭主婦，更不是管理者的角色。不過她顯然從親自動手做衣服和一再修改衣服當中得到不少樂趣——因為家裡預算有限，她必須想辦法讓不斷長高的孩子有衣服可穿。每天與生活搏鬥的日子，讓她好幾次興起罷工的念頭。她曾經寫道：「這時我就進城上咖啡館，在那邊想著：『萬一我走了的話……』。」她寫下那句話的同一天，洗衣店剛好將送衣服回來，可是家裡剩下的錢已不夠支付洗衣費了，她只能趕赴兩個朋友家借錢，不巧她們都出門在外。有時她乾脆獨自跑去看電影，企圖忘卻煩惱。否則母親就在日益頻繁的情況下，藉著埋頭寫作來麻醉自己，最起碼寫作還有物質上的好處，可以賺點錢貼補家用。在那段時光中，來自好朋友們（包括她妹妹）的情誼，成為母親極大的精神支柱。而對後者來說，她們也信賴母親的友情與愛戀，同時對她心生敬意。

說來奇怪的是，母親並不怎麼喜歡閱讀當代文學作品。二〇年代中期，姨媽在住院的時候問她有什麼書籍值得一讀。母親向她表示，自己那一陣子除了莎士比亞以外幾乎未曾看其他的書，而且她已經很久沒有逛書店了。

那個時代的中歐，女作家還相當少見，不像英國女性已經在小說界扮演了重要角色。那麼母親何時興起了寫作的念頭，希望成為作家呢？她什麼時候給自己取了「妮莉．荷爾登」這個筆名？一九二四年時，她已經向黎可拉出版社交付書稿，並至少已完成一本小說的初稿——全書想必是以她自己的經歷為背景，道出了亞歷山大港一位少女的故事。黎可拉在一九二六年出版了這本小說，書名是《伊莉莎白．克里桑提斯》。母親的另一本小說撰寫於父親過世那段期間，但令她不滿的是，出版社反應冷淡並要求她改寫一遍，結果那本書從未出版。我們可以想像得到，假使母親有時間繼續工作下去的話，那本書應該早就出來了。可惜今天甚至連手稿都已不知去向。我無從得知，母親是否曾經認真看待過她為報章雜誌撰寫的短篇小說。不過有目共睹的是，她對自己在翻譯上的專業素養和文字造詣非常自豪，而且她確實有理由這麼做。

那麼她是一位優秀的作家嗎？我等到母親去世許多年以後才閱讀了她的小說——年輕時我因為某種說不出來的理由，始終避開那本書。她的寫作態度非常認真，文筆典雅、抒情、和諧，是經過深思熟慮之後寫出來的德文。對一個仰慕卡爾．克勞斯那位文學大師、固定參加其朗讀會的維也納年輕知識分子而言，那或許是理所當然的事情。儘管如此，坦白說來我並不認為母親是第一流的作家。她也寫過一些後來已散佚的詩作。我十幾歲時曾經讀過它們，並且以令葛蕾特姨媽震驚的方式告訴她，我對那些詩篇的評價不高。因為當時我心中的原則就已經是：即便談論起自己生命中最在意的人物或事情的時候，我們也不應該自欺欺人。

這一切都是一個垂垂老人的回憶，而且他於公於私仍然秉持這項原則。無論如何，那位影響我一生最深遠的人物與我之間的關係，不會因為此處的敘述而出現任何改變。母親於三十六歲那年去世，現在的我則已經老得足以當她那時候的祖父了。可是等到我們在冥河彼岸重逢時，應該不會出現一種荒腔走板的情況，以致她將以年輕女子的面貌與我見面，或者我將把她當成年輕女子看待。她始終是我的母親。我期待她問我在這一生當中做了什麼。而我準備告訴她，我至少部分達成了她對我的期盼，並且至少從若干跡象看來，我已經獲得了公眾的某些肯定。我希望那麼告訴她，是因為我相信她聽了以後會覺得欣慰。而且我認為，當我如此表示的時候，在誠實的程度上與以撒・柏林[15]難分軒輊。他接受了爵士頭銜之後習慣做出的辯解是：那麼做的理由，只不過是為了取悅於他的母親。令我毫不懷疑的是，一個可驗證的事實為家母帶來的喜悅，應該更甚於她在短暫人生最後十年內的任何事物，那個事實是：當初她一心一意想栽培成道地英國人的那個男童，後來被接納為英國最高官方文化機構的成員[16]。

我想母親主要是在道德觀那方面影響了我。在她臥病的最後階段，我心中產生推動力，使我絕不願意傷害她或違逆她的期望。所以即便當她責怪我的表現時，我都百般順從。我對她一向認真看待，而且我相信，是她的誠實和自尊令我折服。她沒有宗教信仰，而且心不甘情不願地成為猶太人，但為了取悅於她的母親，當初她除了一般結婚儀式之外也舉行了猶太教婚禮。更何況，如同我在前一章所回憶的，她讓我持續正視自己身為猶太人這個事實——這使得別人在難以置信之餘，感覺不解與困惑：為何自我否定的態度竟可成為自我認同的基礎。或許母親讓我延遲決定了自己的政治信仰，因為她曾經告訴我，即便非常聰明的孩子也需要時間來慎重思考和增廣見識，那就好像我們要等到年紀比較大了以後，才會有辦法理解某些偉大作家的著作。由於母親總是對我實話實說，我相信了她的講法。

不過，即便排除年齡所造成的差距之後，我倆在知識方面還是有不一樣的見解。比方說，她非常熱衷於「泛歐運動」。那個略嫌保守的運動在一名奧地利貴族——庫登霍佛－卡雷爾基伯爵[17]——倡導之下，主張歐洲應擁有單一國體（但將俄羅斯排除在外）。她對此的熱忱從未對我產生過感染力，因為那只不過是一個自由而不具政治色彩的心靈，在政治領域內進行的漫遊而已。另一個截然不同的看法是，母親覺得她好朋友葛蕾特・薩那的丈夫，那位遍遊各地的亞歷山大・薩那先生，寫出了非常無趣的文章，因為他所報導的是自己在俄國（極具批判性）、北非和其他地區所進行的政治與社會之旅。

我對他講述的採訪經驗卻聽得興味盎然，那無疑也是因為薩納先生非常大方，會把他辦公室來自世界各地信件上的郵票送給我。拜這些記憶之賜，一九三八年劍橋大學提供免費海外旅行的機會給我時，我選擇了北非。我對卡爾・克勞斯的仰慕，則很顯然受到母親影響。但她有一次堅持我務必坐在外公外婆家的收音機前面（我不記得我們家中有過收音機），從頭到尾聽完聖桑的《參孫與達麗拉》歌劇，結果那個舉動讓我隨後好幾年都遠離了古典音樂。

我還記得坐在母親病榻旁邊，兩個人互相傾聽對方時的情景。當時我正準備長大，而她正準備邁向死亡。她很想活下去，並向我表示：「我真希望能夠相信那本書上所寫的」。她指的書，是一位朋友探病時帶給她、由艾迪夫人[18]撰寫的《基督教科學會聖經》。我還記得母親說道：「假如我有了那種信仰的話，它對我的病情說不定會比醫生還要來得有效。然而我就是沒辦法相信它。」母親去世前不久，曾一度想像自己的身體正在好轉，甚至認為有機會康復。有人告訴我，那是標準的迴光返照現象。

回顧喪父到喪母之間的那些年頭，記憶中浮現的是悲傷、創痛、失落和不安全感。對兩個歷經此事的孩子來說，那必定會在生命中留下深刻的痕跡。實際情況確也如此，像我妹妹顯然花了許多年的時間才走出陰霾，終於擺脫喪父之後不被瞭解的童年，以及因為持續面對逆境與憂患而忿恨不平的青少年時代。無庸置疑的是，在我內心深處的某個角落，一定也隱藏著那些灰暗歲月所帶來情感上的傷痕。然而我並不認為自己曾經意識到它們的存在。那很可能是出於個人的錯覺，以致像電腦一般具有「資源回收桶」的功能，能夠把令人不快或拒絕保留的資料刪除，但別人或許有辦法事後回復檔案的內容。當然我並不相信這是唯一的解釋理由，足以說明為何我在那些年頭雖不怎麼快樂，卻也沒有感覺到特別的痛苦。或許那是因為實際發生的事件與我擦身而過，同時我大半時間都生活於真實世界之外。但那並非夢想中的世界，而是一個充滿好奇、探索、獨自閱讀、觀察、比較和實驗的世界。例如我在那段時間內，做出了有生以來唯一的一台自製收音機（使用雪茄煙盒就很容易就可以製造礦石收音機）。

雖然我參加童子軍那幾年至少結交了一位長年的好友，但我和別人的互動並不緊密。每當回想起自己在母親生前最後一年內的生活，我的腦海只浮現出三個畫面。一是獨自坐在艾芬貝格夫人花園內的鞦韆上，試著記住樹上黑鳥的歌聲，以及牠們曲調中的轉折。二是接獲母親送給我的生日禮物，一輛非常廉價的二手腳踏車；它曾為我帶來只有十幾歲青少年才會出現的沒面子感覺，因為其車身顯然經過重新上漆，而且已經嚴重彎曲。第三就是某天下午經過一家設有鏡面櫥窗的商店時，發現了我的臉部從側面望去是何模樣。我的長相果真如此缺乏吸引力嗎？儘管依據克雷奇默爾[19]所描繪的三種體型（那是我從「宇宙：大自然之友協會」一本科普書籍中學來的），我顯然屬於腓特烈大帝那般的瘦長型，老了以後應該會比較好看，但那種論點一點也無法讓我感到寬慰。但就跟當時和稍後的許多情況一樣，我沒有把自己的感覺洩露出去。

在往後的人生歲月中，我難得回想起那段日子。自從一九三一年離開維也納以後，我再也沒有見過父母親的墳墓。一九九六年，我配合一個電視節目回去探訪父母的墓地。節目主題是透過一個中歐兒童的親身經歷，來檢視兩次世界大戰之間的歷史。然而經過六十多年的世事滄桑，再也無法找到那塊墓地，以及母親生前花了四百先令所訂購，用於覆蓋於墓穴上的石板。攝影組員拍下了我尋覓墓址時的身影。好在主管維也納中央公墓猶太人墓園的單位未雨綢繆，預先針對美國觀光客可能的需求製作出電子資料庫。檔案中紀錄著，曾安葬於該墓穴者計有：李奧波德・珀西・霍布斯邦，卒於一九二九年二月八日；妮莉・霍布斯邦，卒於一九三一年七月十二日；以及——完全出乎我意料之外——我的外婆艾妮絲汀娜・格林，卒於一九三四年。

第四章

柏林：威瑪共和滅亡

BERLIN: WEIMER DIES

我在一九六〇年首度重返維也納，離開將近三十年後，一切似乎仍未改變。我們住過的房子和讀過的學校都還在那裡，即便如今看起來顯得小了許多。各條街道仍可辨認，就連電車路線的號碼和名稱也跟從前一樣，過去的痕跡依然具體存在。柏林的情況可就大不相同了。我第一次返回柏林的時候，曾經來到威爾默斯多夫區的阿沙芬堡街，佇立於我們昔日住宅大概所處的位置。在地圖上面，那條馬路依舊從布拉格廣場通往巴伐利亞廣場。而巴巴羅薩街的起點，應該就正對著我們家公寓大樓的前門，沿著它一路走下去即可抵達我妹妹的學校。然而一切已經消失得無影無蹤。街道兩旁固然都還是房子，我卻根本不認得它們。那裡讓我迷惘失落、宛如陷入惡夢一般的情況是，我非但找不到任何熟悉的事物，甚至不知道該向何處走才能夠回到往常的去處。我讀過的中學已是一座廢墟，它還聳立於格魯納瓦德街旁邊，但歷經戰爭的摧殘早已人去樓空。叔父位於市中心的辦公室所在地，甚至連地圖上都找不到了。那是因為萊比錫廣場和波茨坦廣場一帶的整個地區，恰好是東西柏林之間毀於轟炸的無人地帶，它在戰爭結束後連地名都沒有恢復過來[1]。在柏林，往事的具體痕跡，已在第二次世界大戰期間被炸彈抹除。基於意識型態上的考量，不論是冷戰時期的兩個德國，還是一九九〇年代統一後的德國，都無意讓此地恢復舊觀。這座城市身為新創立的柏林共和國之首都，正如同冷戰時期的西柏林一般，在政府補貼下成為財富與自由價值的櫥窗，如今是一個建築學上的樣板。「德意志民主共和國」則對蓋房子不怎麼在行，其最雄心勃勃的建築計劃除了史達林大道[2]之外，就是柏林圍牆。東德也不擅長修復，但曾經竭盡所能來整建柏林市中心非常美麗的舊普魯士建築景觀——當時它們恰巧位於該國境內。總而言之，我度過生命中最具決定性兩個年頭的那座城市，現在只繼續存在於我的記憶之中。

但這並不表示，威瑪共和末年的柏林建築藝術值得大書特書。柏林市快速成長於十九世紀——更精確地說，那主要是在維多利亞女王時代晚期（德語則稱之為「威廉時代」[3]）。然而它缺乏維也納環城大道的皇家造型和緊湊的都市風格，也不具備像布達佩斯那般的城區規劃。它大致延續了精緻的新古典主義路線，但這只涵蓋市區的一小部分而已。由於柏林曾經是工業中心，因此盡是這樣的景色：在無產階級聚居的東半部是巨大而簡陋的出租樓房，矗立於沒有路樹的街道兩旁；在綠意盎然、由中產階級所居住的西半部，則是更講究裝潢和舒適性的公寓。威瑪共和時期的柏林，基本上仍停留於德皇威廉二世時代。它除了面積遼闊之外，很可能是非巴爾幹半島歐洲國家首都當中最不具特色的一個，或許僅次於馬德里。無論如何，帝國時代刻意搞出來的紀念性建築物——例如國會大廈與緊鄰其側的勝利大道——不大可能讓智力發達的十幾歲青少年心生感動。像勝利大道就是一條光怪陸離的街道，路旁豎立著三十二尊歷代霍亨佐倫家族統治者的雕像，用於展現軍事上的榮耀。那些雕像全部擺出一成不變的姿勢，一腳在前一腳在後地站著，反倒成為柏林人不斷拿來大開玩笑的素材。它們在第二次世界大戰結束以後，被打了勝仗但缺乏幽默感的盟軍悉數摧毀。那應該是同盟國滅絕普魯士的配套措施之一[4]，同時藉此讓有關普魯士的一切，在一九四五年以後永遠從德國人的記憶中消失。那些雕像只留下了一件與其本身同樣詭異的文學遺產。一九五三年時，前東德官方日報的總編輯魯道夫・赫恩施塔特[5]受到社會主義統一黨整肅。他被指控支持貝利亞[6]——已遭處決的前蘇聯秘密警察負責人——於是被逐出黨內高層，下放到普魯士國家檔案處工作。（在此必須講句公道話，該政權的惡劣名聲固然無可辯駁，但其所謂的「黨內叛徒」從未有人遭到處決，縱使於史達林主義當道的年代也不例外。）赫恩施塔特在那兒以寫作自娛，並依據自己發現的檔案資料，整理出一部絕妙的諷刺文選：《霍亨佐倫的雙腿》。書中收錄了一批中學生的作文，它們都是某個班級參觀那些當時剛建造完畢、用於宣揚普魯士愛國情操的紀念碑之後[7]，老師迫不及待想進行機會教育而指派給學生的作業。全班學生行文探討的主題為：「雕像的姿勢如何顯現出各統治者生前轄下臣民之性格」。結果收到忠君愛國的效果顯然好得出奇，於是德皇要求將作文呈閱給他本人過目，並親手揮動御筆加以批改。柏林在威瑪共和時代的作風，差不多也就是那個樣子。

一九三一至一九三三年，我在柏林住了兩年。對於像我這樣一個出身中產家庭的少年而言，柏林是一個適合在城內四處走動，但不宜駐足凝視的地方。其引人之處在於街道而非建築物，比方說莫茲街和德皇大道不僅是伊薛伍德和埃里希．凱斯特納[8]的通衢，同時也是我少年時期出入的所在。那些街道在我們大多數人心目中的重要性，來自於它們往往通向這座城市真正值得緬懷的部分：那些環繞著柏林的湖群與樹林，例如格魯納瓦德森林以及林間許多狹長的湖泊。柏林是一個相當寒冷的城市，在冬天的時候，我們就沿著施拉赫騰湖和克魯默朗克湖凍結的湖面一路滑冰下去，來到對面的策倫多夫，那裡是通往柏林西郊景色絕美的萬湖水系之門戶。位於柏林市東半部的湖泊則不屬於我們日常生活的一部分。柏林西部是高級住宅區，有錢人家就居住在茂密樹木之間的灰色石造豪宅內。對柏林而言並不矛盾的是，格魯納瓦德地區最初由當地一個猶太富豪家庭所開發，而且這家人頗以自己悠久的左派政治傳統為榮。該傳統可追溯到他們一位熱衷收藏書籍的祖先：一八四八年他在巴黎皈依了革命，並買來一本馬克思與恩格斯初版的《共產黨宣言》[9]。到了我所處的年代，那家人的代表就是羅伯特．庫欽斯基先生的兒女們。庫欽斯基先生是一位卓越的人口統計學家，一九三三年以後在倫敦政經學院找到了避難所。他們一家人終生都是共產黨員，其中最出名的莫過於露絲[10]。她曾經長年替蘇聯情報單位從事冒險行動，任務之一就是擔任克勞斯・富克斯[11]在英國的聯絡人。另一位著名人物則為風流倜儻、永遠充滿希望的于爾根[12]。他是一位才高八斗的經濟史學家，極力捍衛馬克思的「無產階級貧困化」理論，並將龐大的家族藏書帶回東柏林。他逝世時享壽九十三歲，乃其專業領域內的宗師，而且他或許是我所認識學者當中撰著最多的一位。即便扣除他那本厚達四十二冊的巨作——《資本主義制度下的工人狀況史》——情況依然如此。他壓根兒沒有辦法停止閱讀和寫作。由於他們家族照舊擁有西柏林的格魯納瓦德地區，他極可能是東柏林最富裕的市民。這個條件使得他除了繼續擴大家族藏書外，並每年捐出十萬東德馬克獎助學金，鼓勵年輕學者進行經濟史方面的研究。拜他所賜，東德在經濟史這門學問上表現得相當突出。德意志民主共和國解體後他還健在，之前他曾不斷發表溫和的反對意見，但從未惹來麻煩。畢竟其忠誠度無可置疑，更何況他加入共產黨的時間早於任何東德的統治者。

柏林就跟紐約曼哈頓一樣（它在威瑪時代很喜歡將自己與後者相提並論），是一個政治立場中間偏左的城市。它缺乏世居於此的本地資產貴族，因而比較歡迎猶太人。（普魯士宮廷、軍方與政府的貴族傳統，則無論對任何色彩的中產階級都不屑一顧。）這座城市對狂言囈語的覺察能力很強，並對社會歧視觀點和濫情的民族主義論調抱持懷疑態度。儘管納粹宣傳部長戈培爾博士曾經無所不用其極，企圖讓柏林從左傾轉而支持希特勒，它始終沒有成為一座真心誠意的納粹城市。柏林與維也納兩地的方言具有不同特徵。維也納上起皇帝下至清道夫，每個人開口講出來的大致完全是同一種腔調。柏林方言則源自北德平原的「低地德語」，是把講話的速度提高、加入俏皮話之後演變而成的都市版本。它主要是一種通俗的土話，用於將尋常百姓與大人先生們區隔開來，不過基本上大家都聽得懂。

柏林土話堅持使用的特殊文法規則雖然在方言中正確無誤，對學校所教的德語而言卻錯得離譜，光憑這一點就足以使它難登大雅之堂。但不難想像的是，我們那所古典學制中學裡面的中產階級家庭子弟，都很喜歡講柏林土話。那就彷彿巴黎貴族中學的學生都愛使用市內販夫走卒的俚語一般。而自從德意志民主共和國覆亡後，前東柏林地區的居民以憤懣與驕傲兼而有之的心情，堅持使用柏林腔（也就是最土氣的方言）。他們有意透過這種做法，把自己跟那些從西邊跑到德國這一邊來統治他們的人隔開。柏林方言使用一種自信十足、質樸無華、針鋒相對的表達方式，我也有樣學樣熱衷於那麼說話——只不過我的德語口音直到現在都還洩露出維也納的背景。縱使今天在街頭已經難得聽見純正的柏林方言，但它總能夠讓我回想起那段不僅塑造了二十世紀，同時也決定了我一生的歷史性時刻。

我在一九三一年夏末來到柏林，當時全球經濟已告崩潰。我抵達幾個星期之後，過去一個世紀以來都是世界經濟軸心的英國，放棄了金本位制與自由貿易。中歐地區則由於美國要求償還貸款，一場經濟災難正在醞釀之中；兩家大銀行在那年夏天倒閉，更使得危機提前引爆。金融風暴未曾對我這個離鄉背井的青少年造成太多直接衝擊，然而急劇惡化的失業問題——德國勞動市場失業率在一九三二年已高達百分之四十四——也波及到我的家人。曾經借住於悉德尼和葛蕾特家中，現仍不時回來拜訪的奧圖表哥失業了。他所做出的反應就是加入共產黨，而且他不是唯一那麼做的人，因為一九三二年的時候，德國共產黨有八成五的黨員都是失業者。看見高大英挺、深得女性歡心的奧圖表哥，現在配戴著繡有「青年共產國際」俄文縮寫的臂章，我心中留下了深刻印象。他應該是我這輩子實地認識的第一個共產黨員：奧地利幾乎沒有那樣的政黨，所以一般年輕人不會動念加入共產黨。這種情況一直要等到一九三四年奧地利內戰結束，以及社會民主黨的領導人信譽掃地之後才出現改變。

就某種程度而言，全球經濟的崩潰只是中產階級年輕人透過媒體報導所讀到的消息，而非直接的親身經歷。不過全球經濟危機就好比是一座火山，會在政治上噴發出來。那是我們無法逃避的現實，因為它主宰了我們的天際線。正如同維蘇威火山、埃特納火山、倍雷火山[13]等等真正的火山一般，其不時冒煙的火山錐高高聳立於周邊城市上方。它隨時可能在我們呼吸的空氣中爆發，而且從一九三〇年開始，它的象徵物就已經讓人非常熟悉：紅底、白圈、黑色的納粹萬字標記。

凡未曾在中歐經歷過二十世紀這段「災難的年代」之人，很難想像何謂生活在一個根本再也無法繼續下去的世界裡面。那甚至還不能真正稱做「世界」，只能說是一個臨時停靠站，一個介於已經死亡的過去和尚未誕生的將來之間的過渡狀態。或許除了深陷於革命的俄國之外，沒有任何其他地點能夠像臨終時的威瑪共和那般，把這種情況展露無遺。

威瑪共和國在一九一八年誕生的時候，沒有人真心想要它。即便那些後來接受了它、甚至轉而積極支持它的人，頂多也只把它看成是退而求其次的妥協——那至少比社會革命、布爾什維克主義和無政府狀態要來得好（若支持者來自溫和右派陣營的話），或者至少勝過了普魯士帝國（若支持者來自溫和左派陣營的話）。當時人人心懷疑慮，不知它能否撐過建國最初五年的種種災難：那個受到德國人不分黨派，幾乎一致加以譴責的懲罰性和約；極右派勢力發動的流產軍事政變與恐怖暗殺行動；極左派勢力徒勞無功建立的地方性蘇維埃共和國，以及失敗的暴動；法國出兵強佔德國的工業心臟地帶；尤其是一九二三年那場令大多數人覺得匪夷所思，縱使以今日標準來看也都無可比擬的惡性通貨膨脹。不過到了一九二〇年代中期，威瑪共和曾經在好幾年內看似走得下去。馬克的幣值已趨穩定（它在一戰以前始終保持穩定，然後從一九四八年開始再度回穩，一直持續到它消失為止[14]）；歐洲最強大的經濟體已從戰爭創傷中復元，重新恢復了活力，就連政治上的穩定也首度變得彷彿伸手可及。只可惜它仍然逃不過——而且不可能逃過——華爾街股市大崩盤和經濟大蕭條。一九二八年時，瘋狂的極右派勢力已近乎絕跡。那一年國會大選中，希特勒的納粹黨只得到百分之二點五的選票，其國會席次下降為十二席。那甚至還不如最忠誠支持威瑪共和、勢力正日益衰頹的民主黨。但納粹黨兩年後捲土重來，一舉在國會攻佔一〇七席，成為僅次於社會民主黨的第二大黨。威瑪共和殘存的部分，從此只能透過總統頒佈的緊急行政命令來統治。一九三〇年夏天至一九三二年二月之間，國會議事的時間加起來總共還不到十個星期。失業率不斷攀升之際，各種激進革命勢力乃趁勢而起：極右派的國家社會主義，以及極左派的共產主義。這就是我一九三一年夏天抵達柏林時當地所處的狀況。

我住進了悉德尼和葛蕾特位於阿沙芬堡街的家，跟南西和時年七歲的堂弟彼得待在一起。那棟公寓是向一位家道中落的老寡婦租來的。我對它的記憶不多，只記得公寓內相當明亮，而且從我的臥房聽得見大人們晚上與訪客餐桌談話的內容。悉德尼和葛蕾特過著相當活躍的社交生活，所來往的對象主要為生意上的熟人，以及從維也納過來拜訪、或同樣定居於柏林的親戚朋友——那是因為奧地利在兩次世界大戰之間又小又窮，其小場面無法讓維也納人施展交際天分。但我們年紀太小，還無法積極參與他們的活動。當時家裡訂閱了《福斯日報》[15]，我的姨媽主要是喜歡這份報紙的文藝版，並且經常剪報。令我記憶猶新的則是柏林市的大型電影院，以及電影院外面停放的精美豪華轎車——邁巴赫、西斯班諾－瑞士、伊速達－弗拉西尼、科德等等[16]。

我抵達幾天以後，悉德尼在南茜就讀的沙米索小學附近、從公寓步行可達的距離內，替我找到了上學的機會。於是我進入位於舍內貝格區的亨利親王文科中學，及時參加了「上三年級」的課程。德國的中學與奧地利和英國不同，年級是倒數過來的：中學生從「第六年級」開始讀起，最後在「上一年級」[17]時參加高中畢業會考。我前往劍橋之前的十三年求學生涯當中，總共讀過七所學校，其中又以待在亨利親王中學的十九個月留下了最深刻的人生印象。對我而言，這段時間的經歷使得我當時就已經意識到，自己正處於二十世紀歷史上的關鍵時刻。除此以外，當我經歷那些事件的時候，感覺上已不再是一個從奧地利過來的孩子（雖然我住在維也納的最後一年才剛進入青春期），反倒像是剛發現新大陸的哥倫布，正迫不及待以青少年的熱情與知識來探索新世界。那種生活經驗令我終生難忘。許多年後，一位老朋友把我引薦給當時的西德駐英國大使君特·馮·哈澤先生[18]。我的名字被說出來以後，他立刻回想起我是他的中學同班同學；而我也馬上把他的名字跟課堂上一張熟悉的臉孔聯想到一起。但我們只同班了短短十幾個月，而且幾乎可確定的是，在一九三三年以後的漫長人生中，我們彼此都不曾想起對方。我們只是同學，根本算不上朋友。可是我們曾一起待在那裡，共同經歷了各自生命當中，以及在歷史上都無法被遺忘的時代。同樣的人名把那段時光重新拉回我們眼前。在我自己毫不起眼的求學階段，亨利親王中學就像一座山脊那般巍然挺立。我離開柏林後的最初幾年內，在英國的生活教人無法提起真正的興趣。

可是，我的柏林學校果真像事後回憶起來那般，佔有如此重要的地位嗎？其實威瑪就像大砲一般，從四面八方轟擊一個心中充滿期待的十四歲男孩。比方說吧，直到今天仍在我心目中代表著柏林的一些歌曲，都不是學校教的——例如從那些來自布萊希特與魏爾《三毛錢歌劇》當中的曲調，一直到恩斯特·布許以銅鈴般的嗓音所唱出埃里希·魏納特[19]的《橡皮圖章之歌》（失業救濟金之歌）。那段期間發生的各種大事，諸如布呂寧政府垮台[20]、一九三二年的三次全國大選[21]、巴本和施萊歇爾的內閣[22]、希特勒的上台、國會大廈失火這些事情，我也都不是從學校，而是透過街上張貼的號外，以及報紙和家中的期刊所得知的。（但說來奇怪的是，我對收音機新聞報導的記憶，反倒不像在維也納時那般清楚。）至於那些決定了威瑪風貌並構成威瑪內涵的傑作——馬立克出版社所發行的書籍——我對它們的記憶則來自西方百貨公司[23]的圖書部門。那家美妙的百貨公司位於陶恩齊恩街，是極少數得以從我少年時代的柏林一直延續至今的事物之一。當時那邊擺滿了名家作品，例如特拉文、依利亞・愛倫堡、阿諾德・茨威格[24]，以及風格與之截然不同的湯瑪斯・曼和里翁・福伊希特萬格[25]。

那些書籍當中，有許多顯然一定是到了我們家再傳到我這邊的。悉德尼叔父當時任職於環球影業公司，正在享受人生中難得一見的經濟寬裕。他們公司在路易斯・邁爾斯東[26]執導下，將埃里希・雷馬克的反戰小說《西線無戰事》改編搬上銀幕，結果成為威瑪文化政策的箭靶。納粹發動群眾示威，要求禁演該片。尤有甚者，公司的老闆卡爾・萊默爾「伯伯」果真讓《西線無戰事》下片——他是好萊塢電影大亨中唯一來自德國的人，而且每年都回德國一次，相當瞭解當地狀況。他雖然沒有很高的文化素養，但行家可以看得出來，環球影業公司最著名的電影除了《西線無戰事》之外，《科學怪人》和《德古拉》等恐怖片也都很清楚地呈現出德國表現主義前衛派的風格。

沒有人知道悉德尼是怎麼進入電影這行的，反正他在一九二九年前後說動了別人，於是在環球影業謀得一份工作。他的職務並不明確，而且缺乏保障。不過當他還保得住那個飯碗的時候，似乎受到了賞識——儘管他只不過是收到一份來自卡爾伯伯的禮物：由其本人親筆簽名的自傳。自傳的捉刀者是一位名叫約翰・德林克沃特，以英王喬治時代風格進行撰著、今日已被遺忘的英國作家兼二流詩人。（萊默爾在HG・威爾斯拒絕為他作傳以後，便找上了德林克沃特。他當然不可能聽過那個名字，而他之所以這麼做的理由，是有人告訴他那位作家曾寫過一本林肯傳記）。這本自傳於賣面子的情況下，總共在英國售出了一百六十四本[i]。我們那一本則承受不住霍布斯邦家庭在二十世紀的顛沛流離，早已下落不明。

i 布萊森，《我在萊默爾身邊的日子》(James V. Bryson, *My life with Laemmle*)，倫敦，一九八〇年，頁 56-7。德林克沃特對好萊塢實務完全缺乏概念，以致所獲得的稿酬，實際上只有萊默爾的代理人獲准支付金額的一半。

我從來都不曉得，悉德尼在環球影業公司究竟從事何種工作。我的外婆曾經在一封來函中提到，一九三一年秋季有人提供機會，讓他前往巴黎分公司工作；不過他回絕了，理由是葛蕾特認為孩子們（指的是妹妹和我）尚未適應柏林的新學校。正是這種一時的家庭決定左右了命運。如果我們在一九三一年去了巴黎，往後又將是什麼情況呢？我可以確定悉德尼在環球公司做過的一件工作，就是替北極探險電影《冰山呼救》準備道具和裝備。那部片子的男主角是經常在雪原冰山探險片擔綱演出的路易斯．特倫克，以及空戰英雄恩斯特．烏德特[27]。烏德特起初只能靠表演飛行特技為生，直到德國重整軍備之後，他才在希特勒的空軍出任要職。那部電影並請來阿爾弗雷德．韋格納[28]探險隊的隊員擔任技術顧問。其中一人曾經來到我們家裡，向我講述了有關大陸漂移的理論，以及他在格陵蘭冰原全部腳趾頭凍壞了的經過。悉德尼至少曾有一次親自把好萊塢電影引進歐洲。說得更明確一點，就是把《科學怪人》推銷到波蘭市場。那次的行動讓他非常得意，其中並包括以口耳相傳的方式來散播謠言（目的在於迎合當時為數眾多的猶太百姓）——他表示波里斯．卡洛夫的本名平淡無奇，叫做「普拉特」，而其藝名只不過是把「巴路克．卡洛夫」略加異教化之後搞出來的結果[29]。悉德尼在波蘭應該有若干人脈，因為一九三二年夏天，他曾一度考慮前往波蘭長期任職。他甚至已開始為我們做出行前教育，解說當地迥然不同的生活方式。我們原本打算定居華沙，而他告訴我的訊息為：波蘭人是一個意氣用事的民族，並且自尊心特強、動不動就想跟別人決鬥。只不過我始終缺乏機會實地驗證他的說法。

但不管怎麼樣，我的家庭並沒有像學校那般，也在柏林拋錨停泊下來。今天已經一清二楚的事情是，霍布斯邦家庭當時所居住的地點並非柏林，而是一個跨國世界。那個世界還有其他人跟我們一樣，不斷從一個國家移動到另一個國家尋覓謀生機會，縱使一九三〇年代的局勢使之日形困難。我們的根或許在英格蘭或維也納，但柏林只是複雜旅程的中繼站，而旅途幾乎可以把我們帶往蘇聯以西的任何歐洲地區。在柏林的家甚至還缺少了我在柏林的學校所提供的延續性——我在十八個月內總共有過三個不同的住址和兩個不同的家庭成員組合。於此情況下，亨利親王中學[ii]便成為我的窗口，供我觀察這個陷入危機的世界。

那是一所全然遵循普魯士保守傳統的學校，為了因應學區內中產階級人口的快速成長而在一八九〇年所創辦的。其命名對象乃德皇威廉二世之弟亨利親王。亨利親王是海軍要員，這多少說明了為何該校以自己位於小萬湖湖畔的划船社為傲。（以「施普瑞森林風格」[30]製作的划船社船屋模型，一九〇八年曾在布魯塞爾世博會上榮獲金獎）。它確實令人自豪，因為划船社提供良好訓練，出發點與類似的英國團體不同，並未特別著重於競賽求勝。尤其它提供了極佳機會，使得年長和年幼的學生可在公平條件下一同參加活動。划船社還在限制釣魚的薩克羅湖那個小湖的岸邊取得一片草地，將之暱稱為「我們的莊園」。那兒的唯一通路是一條狹窄水道，必須申請特別許可方可前往。社員們經常呼朋引伴一同划船過去，或是週末到那兒聚會；大夥兒談天說地、仰望夏日晴空、游泳穿越碧波，直到夜幕低垂才返回城內。那是我這輩子第一次、也是唯一一次能夠理解體育社團存在的必要性。有一位老校友——沃爾夫岡．翁格爾博士——負責照顧新進社員的訓練活動。他是施潘道醫院的內科醫生，而據我所知，他在一九三四年由於種族因素被醫院革職，最後他以自殺結束了生命，因為他不願意離開自己的國家——德國。

一所與軍方有所關連的普魯士學校，免不了會具備基督教精神、強烈的愛國意識及保守色彩。我們這些不符合那種類型的人，無論是天主教徒、猶太人、外國人、和平主義者或左派分子，都感覺自

---

ii 以下有關該校的資訊大多依據海因茲．施塔爾曼（Heinz Stallmann）私人編撰的《舍內貝格區的亨利親王中學，一八九〇——一九四五》，以及本人和弗里茲．路斯提希（Fritz Lustig）先生的回憶。

已共同構成了一個少數團體[iii]。縱使如此，我們並未感到任何排斥，況且它畢竟不是一所納粹學校。（我所認識的男同學裡面，除了庫柏之外，幾乎沒有人對希特勒或是褐衫隊[31]特別感興趣。庫柏異常愚鈍，他的父親是希特勒手下的布蘭登堡省黨部負責人，曾經為了讓學校開除一名文學教師而無所不用其極。他指控那位老師「優待」校內殘存的猶太學生，並且以威瑪共和時代的頹廢文學做為主要教材。此人後來在戰爭期間成為白俄羅斯佔領區聲名狼藉的督察長，直到被他當地的愛國情婦暗殺為止[32]。）該校非但不是納粹學校，而且不管校方是否曾嚮往過希特勒所許諾的國族復興遠景，最後還是逃不過大整肅。我離開德國前往英國不久以後，備受敬愛的校長瓦爾特．宣布隆博士即遭撤換。新政權無法容忍他的政治立場，於是強行指派一名深受師生痛恨的代理校長。平心而論，亨利親王中學在一九三〇年代算不上是個異議思想的中心，那裡卻出現了一些發人深省的事件。例如學校穿堂曾經懸掛一幅法朗茲．馬爾克的畫作《藍馬塔》[33]，後來新校長以那是頹廢藝術為理由而加以查禁。有一班學生卻把它從儲藏室搶救出來掛到自己教室裡面。備受同學愛戴的數學與科學老師畢恩鮑姆先生遭到解雇時，也曾引起學生出面抗議。他們甚至發動簽名請願，要求校方收回成命。一九三六和三七年之交的冬天，「下一年級」全體學生仍相約前往他位於羅森海姆街的住所探望。（他在柏林一直倖存至一九四三年，然後與妻子被送上第三十六班「東向運輸」專車，那列火車的目的地想必就是奧許維茨集中營[34]。）確實有若干證據顯示，當時校方刻意違反當局的政策，仁慈對待了猶太裔學生和老師——至少是當他們還能夠留下來的時候。對於像我這種自詡為革命分子的青少年來說（我寧可頭戴船員的軟便帽也不想戴上學校的鴨舌帽），無論這所中學的政治立場再怎麼令人難以接受，它仍然是所中規中矩的學校。

這無疑必須歸功於校長宣布隆博士（我們稱之為「老闆」）的個人態度，亦即希特勒政權在他身上發現的威瑪時代在社會上所呈現的可疑傾向與反威權精神。這表現於幾個方面，划船社即為其一。其二是強調學生自治，並讓學生參與訂定懲戒措施。其三則為各班級令人永難忘懷，在布蘭登堡邊區和梅克倫堡[35]郊遊，以及在露營地或青年旅舍過夜時所進行的活動。（無怪乎宣布隆博士除了同時有資格教德文、拉丁文、希臘文和數學之外，還發表了一本書名難以從德文翻譯成其他語言的著作：《藉遠足使青年產生文化成熟度》。）我個人對這位體型矮小、在無框眼鏡下面露出銳利眼神、髮際線不斷後退的校長並無特別好感。況且他參加我們的遠足一日遊，或是帶領全校一起長途旅行的時候，甚至穿著燈籠褲。（但話要說回來，凡是讀過《丁丁歷險記》[36]的人都曉得，那時歐洲剛好處於燈籠褲的年代）。他看不慣我崇拜卡爾・克勞斯及其《火炬雜誌》的做法，並當面向我表示：「那個『火炬克勞斯』是一名死要面子的饒舌者」——現在回想起來，其說法並非百分之百沒有道理。他還批評我的散文文體，覺得那過於裝腔作勢。

或許我早就原諒了他，假如當時我已經曉得他愛慕「新即物主義」[37]建築學的話。他認為其整齊的線條，以及現代文學創作特意表現的簡潔風格，共同「呈現出重返新古典主義的跡象」。對於像他這樣的古典希臘文老師而言，那正合乎了阿波羅式的高尚精神。他並把路德維希・雷恩[38]那位共產主義者所撰寫的《戰爭》那部小說，視為此種新古典主義的例證。（校長當然跟我們大多數的老師一樣，也參加過一九一四年爆發的大戰）。我即便對他不完全具有好感，卻非常尊敬他，而且他努力想達成的目標——「終於讓真正的現代文學作品進入學校圖書館」——毫無疑問使我獲益良多。他實現那個目標的時候，是我來到格魯納瓦德街的前一年。

---

iii 一九二九年時，該校學生計有三九九名新教徒、四十八名天主教徒、三十五名猶太人及六名其他類型的學生。參見：Stallmann, p. 47.

那些藏書有許多本形塑了我的一生。例如我在一套大型的當代德國文學作品百科入門當中，發現了貝爾托特．布萊希特的詩作（風格截然不同於他的歌詞和劇本）。而且當初正是一位氣沖沖的老師要我去上圖書館的——他的名字叫做威利．波區，但除此之外我對他一點也記不得了。當我表示自己信仰共產主義以後，他怒不可遏地對我說道：「顯然你根本不清楚自己講的是什麼東西，趕快去圖書館找些相關資料看看。」他的意見非常正確，於是我照著他的話去做，就這麼找到了《共產黨宣言》……

至於我究竟在課堂上正式學到些什麼，便沒有那麼清楚了。我可以確定，教室並非學校經歷中特別重要的部分，但那裡能夠提供機會來觀察和捉弄一些反應不過來的成年人，有時還可以測試他們的自制力與權威性。在我看來，他們多半都彷彿是來自漫畫裡的德國學校老師：國字臉、掛著一付眼鏡、還沒禿髮的人清一色理平頭，而且年紀一大把了——通常已經四十好幾或五十出頭。他們每個人感覺上都像是狂熱保守的愛國分子。其中不加掩飾者無疑都是這樣的人物，但其餘沒特別突顯出來的大多數人應該也不例外。他們裡面又以艾米爾．西蒙教授最接近格奧爾格．格羅斯[39]漫畫中的人物。他的希臘文課培養了我們轉移焦點的技巧。我們不時在課堂上問道，維拉莫維茨[40]可能會對某一段文字持何看法（這種做法至少可奏效十分鐘，讓他不斷歌頌那位最偉大的德國古典學家）；或者還可以採取更有效的措施，鼓勵他回想起世界大戰時的情景。這麼一來，大家就不必再剖析荷馬《奧德賽》裡面的句子，光是聽他在那邊唱獨腳戲，滔滔不絕講述前線士兵的經歷、軍官的職責、戰後回歸秩序的必要性、俄國的野蠻、十月革命與「契卡」的恐怖，以及身為列寧忠實衛隊的「拉脫維亞步槍兵團」[41]等等。此外他還不忘提醒一下：斯巴達克斯[42]跟那些無知工人想像中的不一樣，絕非出身自無產階級，而且該人成為奴隸之前其實享有很高的社會地位。過了幾十年以後，現在我終於辨認出來，那是一九八〇年代用於為第三帝國緩頰的一種論點之前身。按照那種說法，當時必須抵禦布爾什維克主義以便維持社會秩序；可見希特勒時代的恐怖措施非但受人期待，還從紅色俄國的恐怖行為那邊得到了啟發。但據我所知，艾米爾．西蒙並非納粹，只是一個喜歡回憶起以往「好日子」的德國保守派人物——像他那樣的言論，在中產階級固定聚會的酒館桌邊到處都聽得到。當時我們每個人都拋開自己的政治立場，一起拿那位老師大開玩笑，而且對他跟我們同班的兒子深表憐憫。那個蒼白瘦弱的男生必須坐在教室前排一次扛起三個包袱：身為艾米爾．西蒙的兒子、當他的學生，並見證我們如何在背後取笑他的父親。

無論如何，生活實在太有趣了，令人無法把全部精力投入學校課業。那段時間我的在校成績不怎麼出色。而事情的真相是，老師們至少跟我這個學生各說各話。在歷史課堂上，我除了一學就忘的德國歷代皇帝名號和年代之外，完全沒有學到任何東西。那門課程的老師是身材肥短、年紀頗大、綽號叫「小水桶」的魯班松先生[43]。他講課時在教室內快步走動，一面用米達尺逐一指著我們，一面提出類似這樣的要求：「趕快，說出『捕鳥者亨利』的年代[44]！」現在我曉得，他跟我們一樣覺得這種練習枯燥至極。他其實是校內最傑出的學者：寫過探討古希臘艾留西斯和薩摩色雷斯祕教儀式的專論、替權威性的《保利－維索瓦古典學百科全書》撰稿，而且在一戰爆發許多年之前，就已經是普受肯定的愛琴海古典考古學家兼紙草古文專家。假如我是在高年級聽他講課的話，說不定會有辦法發現他的不凡，因為那時的學校教育已不再著重死背硬記。但直到當時為止，其教學方式所收到的主要功效，就是至少讓一個日後的歷史學者對歷史課失去了興趣。無怪乎我在柏林求學期間的學習方式，主要是自我吸收而非透過他人傳授。儘管如此，我還是有收穫的。

待在柏林那十幾個月，讓我成為終生的共產黨員，或者最起碼讓我變成這樣一種人：假如失去了中學時代即已獻身投入的那個政治理念，他的生命將變得空虛而缺乏意義，儘管那個政治理念後來失敗得一塌糊塗，而且如同我現在所曉得的，它一開始就已經注定會失敗。可是對十月革命的夢想依舊留在我的內心深處，就好像被刪除的文字一般，正等待專家從電腦硬碟的某個角落重新把它還原出來。我放棄了那個夢想——不對，我拒絕了它——卻始終未能忘懷。直到今天，我發現自己仍以寬宏大量的態度來看待與蘇聯有關的記憶和事物，不過我對共產中國沒有同樣的感覺。那是因為我屬於把十月革命當作世界希望的那一代人，而蘇聯國旗上的鎚子與鐮刀就代表著這個希望，共產中國卻從未產生過此種意義。但究竟是什麼原因讓柏林市的一個中學生變成了共產黨員呢？

撰寫自傳，就是要以之前未曾真正採用過的方式來回顧自我。針對我的案例而言，那就是要刮除四分之三個世紀下來所堆積的「地質沉澱物」，以便重新找到，或者是挖出並重建一個已被埋葬的陌生人。當我回頭觀察過去的自己、試著瞭解這個既遙遠又陌生的小孩子的時候，我所獲致的結論為：要是他生活在另外一個歷史環境中，沒有人會預料到他將成為一個政治狂熱分子；雖然幾乎每位旁觀者皆可看出，那個人日後將成為某種類型的知識分子。但顯而易見的是，他對人類——不論是個人也好，群體也罷——並不怎麼感興趣，而且他對鳥類的興趣絕對遠甚於此。他看起來確實以非比尋常的方式遠離了塵世間的事務。沒有任何個人的理由足以使他摒棄當時的社會秩序，而且他即便處於中歐反閃族主義的氛圍下，也從未覺得自己是受害者。那是因為他金髮藍眼，同時其身分並非「那個猶太人」，而是「那個英國人」的緣故。身為英國人而在一所德國中學為了《凡爾賽和約》遭受指責，那固然可以是非常討厭的事情，但還不至於感到人格被貶低了。毫無疑問的是，我在校內覺得非常快活，而且那些讓我不由自主受到吸引的活動，跟政治一點也扯不上關係：文學社、划船社、博物學，全校穿越布蘭登堡邊區和梅克倫堡的美妙郊遊活動，以及在露營地或青年旅舍內，與同學們躺在草墊上興致勃勃地促膝夜談。那麼我們談些什麼呢？談話內容從真理的本質到自我的意義、從性到更多的性、從文學到藝術、從玩笑到命運，天南地北無所不包。但我們不談當前的政治議題，至少就我記憶所及，那些令人難忘的夜晚裡沒有政治議題。我也不記得曾經和兩位最要好的朋友討論過政治，更遑論是為了政治而出現齟齬。其中之一叫做恩斯特・維默爾，另外一位名叫漢斯－海因茲・施洛德，他是我們班上的詩人，在二戰期間陣亡於俄羅斯。我無法確定自己跟他們有哪些共同點。我只不過注意到，我們班級在一九三六拍攝畢業合照的時候，相片上的二十三位同學和兩位老師當中，僅有四人穿著衣領敞開的襯衫紀錄下畢業時的模樣——其中也包括他們兩個。我和他們二人的共同之處絕非在政治方面。例如其中一人稱不上是民族主義者，而我們的共通話題是克里斯提安・摩根斯特恩[45]的胡謅詩作，以及一般的世事。另一人則以普魯士傳統方式表達對腓特烈大帝的崇拜；我對此雖不表反對，而且腓特烈大帝在某些方面或許確有值得景仰之處[46]，不過我對他被奉為軍人表率的理由則無法苟同。

簡言之，若發揮想像力把那段時期的我放入另一個時空——像是一九五〇年代的英國或是一九八〇年代的美國——我應該不會如此輕易就一頭栽進狂熱的世界革命理念。

然而，僅僅從這個想像中的時空轉移即可看出，柏林在一九三二至三三年之間的情況多麼令人無法想像。但還是有人繼續想像了下去，例如一位流亡海外、名叫弗瑞德・烏爾曼的律師。他在比我多幾歲的年紀時就離開了德國，從此拾起畫筆將威爾斯鄉間的荒涼景色繪製成哀傷畫作，並以半自傳體形式寫出一本後來被拍攝成電影的小說——《重逢》[47]。書中刻畫出德國南部一所與我們學校相當類似的中學內，一個不知大難將至的猶太男孩和一個亞利安人貴族子弟之間的校園友情，在希特勒新政權統治下所承受的劇烈衝擊。那種故事情節或許有可能發生於斯圖加特市，可是在一九三二至三三年之間危機四溢的柏林市，這種對政治完全無知的狀況根本不可能發生。我們宛如置身於鐵達尼號郵輪，每個人都知道它即將撞上冰山。唯一不確定之處，就是冰山撞船以後將出現何種情況、誰將出面提供一艘新船?想自外於政治是不可能的事情。但威瑪共和體制內的各個政黨甚至連如何操作救生艇都不曉得,我們又怎能支持它們呢?一九三二年舉行總統大選時,那些政黨完全缺席。角逐選戰者包括了希特勒、共產黨候選人恩斯特·台爾曼,以及興登堡那位老邁不堪的帝國時代元帥。興登堡被視為阻擋希特勒上台的唯一憑藉,因而受到所有非共產黨員的共同支持(沒想到幾個月後,他就任命希特勒出任總理)。不過對於像我這樣的人來說,真正的選擇只有一個。德意志民族主義不可能成為一個英國猶太人的選項,不論是亨利親王中學傳統形式的民族主義,還是希特勒國家社會主義的民族主義,情況都沒有兩樣。我固然可以理解,為何德意志民族主義對其他人產生了吸引力,但共產黨只可能是我唯一的選擇。更何況我來到德國之前,在情感上就已經偏左。

進入一九三二/三三學年以後,我們已經有了非常深切的感受,曉得自己正處於危機的終極階段,否則至少也意識到巨變來臨在即。一九三二年那個不祥的年頭舉行了許多次大選,首先是五月的總統大選[48],當時威瑪共和體制內的政黨已經出局。總統選舉之後不久,布呂寧領導的最後一任共和政府就垮台了,把位子讓給一小撮貴族反動派[49]。那個由巴本總理領導的團隊非但無法掌握國會過半席次,甚至幾乎完全不受國會支持,只能仰仗總統頒佈的行政命令來治國。新政府上任後立即派出一個小單位的部隊,強行解散了普魯士政府——在此之前,那個德境最大的邦國由社會民主黨和中央黨組成執政聯盟,大致仍維持了民主政體[50]。

巴本試圖延攬希特勒入閣,於是撤銷新近才頒佈的禁止納粹「突擊隊」穿著他們褐色制服的禁令,而部長們就像綿羊一般乖乖俯首聽命。從此以後,納粹「突擊隊」耀武揚威的遊行隊伍變成了日常街景。不同黨派身穿制服的衛隊每天都當街鬥毆,光是在七月就有八十六人死於納粹和共黨之間的衝突,受重傷者更數以百計。希特勒為了增加自己的籌碼,迫使政府在七月舉行大選。納粹獲得了一千四百萬張選票（得票率為三成七五），其國會席次增加至兩百三十席，實力只略少於擁護威瑪共和的所有黨派之總合（他們包括了社民黨、中央黨和幾已消失不見的各個民主派政黨）。共產黨則獲得五百多萬張選票，攻佔八十九席。威瑪共和至此已經名存實亡，只剩下為它舉辦葬禮的方式還有待商榷。然而在總統、軍方、反動勢力和希特勒（他堅持要總理職位，否則一切免談）達成協議之前，威瑪共和國的遺體遲遲無法下葬。

這就是那個學年開始時的情況。若說我在柏林第一年的記憶是彩色的話，那麼最後六個月的記憶就是色調日趨黯淡的灰色，並帶著幾抹紅色。那樣的變化不僅反映在政治上，也反映於我的個人生活。

隨著一九三二年的局勢演變，我們在柏林的前景日益蒙上陰霾。我們並沒有成為希特勒的犧牲品，卻成為「大危機」之下的受難者。說得更具體一點，那是一項新法案對我們造成的危害。政府打算抑制高失業率，於是採取徒勞無功的做法，強制規定外國製片公司（當然也包括其他類型的外國企業）所聘雇員工當中，德國公民的人數不得少於百分之七十五。悉德尼叔父顯然並非不可或缺的員工——至少那是隨後發展的最合理解釋。波蘭的工作機會始終沒有下文，到了一九三二年秋天，悉德尼就連在柏林的飯碗也已經不保。於是他帶著葛蕾特和當時才七歲的彼得前往巴塞隆納。至於那是為環球影業出差還是去當地尋覓新的機會，我就說不上來了。但我非常懷疑那邊有任何可長可久的工作機會，否則我們早就全家一起搬過去了。接下來的發展是，我和南茜暫時留在柏林繼續上學，直到事態明朗為止。位於利希特菲德的花園住宅也隨之成為過去——那是我們搬離阿沙芬堡街之後新遷入的高級郊區，隔壁鄰居是一位音樂界人士，擁有一座僅供自家使用的豪華小型游泳池。於是我和南茜跟著格林家的第三個姐妹一起搬家。那個人就是四海為家的咪咪姨媽，她在不同英國鄉下小城的生意已經再三受挫（「債務還沒有多到值得宣佈破產的地步，所以我們不得不繼續下去。」[iv]），現在她也來到柏林，住進了哈倫湖區鐵路沿線的一棟分租公寓。而且她在那兒就跟往常一樣，也收費招待房客，並且為英國籍的房客上德語課。那個位於選侯大道盡頭的城區，就是我們在柏林最後幾個月的住處，在此目睹了「第三帝國」的來臨。

或許我和妹妹南茜在一生當中，只有這麼一次共同生活於沒有家人照料的情況下。咪咪姨媽向來是左手進右手出，而且從來就沒有過照顧小孩的習慣（她自己未曾生育），所以很難算得上是家人。我只能大致猜測出來，柏林最後幾個月內缺乏代理父母的那段日子，對南茜造成了何種影響。但令我相當確定的是，假如悉德尼和葛蕾特還待在柏林的話，我應該不至於如此積極投入政治活動。我比妹妹大了三歲半，覺得自己必須負起照顧她的責任，因為我們身邊已經沒有別人了。之前讓我擔心的倒還不是她該怎麼上學，而是自己每天的惡夢：必須騎著一輛讓我覺得丟臉的車子，從利希特菲德前往學校上課，而且這種沒面子的感覺只會出現在十幾歲青少年身上。那是母親去世前不久送我的生日禮物，一輛重新漆成黑色、車體已經扭曲的二手腳踏車。（我害怕被別人看到，於是每天都提前半小時抵達校內的車棚，放學以後則刻意待到很晚了才偷偷摸摸騎回家。）

現在，我和妹妹每天結伴上下學。那是因為哈倫湖離威爾默斯多夫頗有一段距離，而且亨利親王中學幾乎就在南茜就讀的巴巴羅薩學校隔壁。我們想必是一同搭電車往返，但現在我只記得，那年十一月初柏林運輸業進行四日大罷工的時候，我倆必須踩著看似走不完的漫漫長路徒步上下學。我們是兩個孤苦伶仃的孩子。當她過十二歲生日的時候，我覺得自己有責任為她「啟蒙」（這是德語的表達方式），也就是向她解說她自稱還不曉得的生活現實。她很可能是太過含蓄才沒有告訴我，其實她早就曉得那些事情了，更確切地說那是關於女性生理期的部分，因為對一個即將進入青春期的女孩子而言，那無論如何都是當時最迫切的問題。

也無法說是那幾個月的相依為命，讓我們這一對歷盡人生巨變的兄妹從此更加親近。理由是我倆除了那些創痛經驗外，幾乎沒有其他共通之處。我對知識的專注以及對人類世界的缺乏興趣，都在我身上產生了保護作用。妹妹卻不然，她的興趣和生活方式與我不同，況且我的生活正日益受到政治支配。我甚至不清楚她在學校內的情形，也不知道她交了哪些朋友，或者她到底有沒有朋友。我只記得，我們或許曾暗中針對咪咪姨媽和那些房客說三道四、晚上一起玩牌，並寫信寄往西班牙。我還精心編寫了一些故事寄給彼得欣賞，故事內容綜合了修．羅夫亭的《怪醫杜立德》，以及克里斯提安．摩根斯特恩的《鼻行獸》——那是他筆下一種用鼻子走路的哺乳動物。

我們的公寓位於腓特烈斯魯街，該地在我記憶中只留下了一片灰暗，否則就是燈光下的畫面。這或許是因為那幾個月裡面，我們白天大多數時候都不在家的緣故。到了晚上，大家一起坐在客廳，那裡擺放著房東留在架上的書籍，讓我首度有機會閱讀湯瑪斯．曼的《崔斯坦》，以及柯萊特[51]的短篇小說。咪咪姨媽對那種燈下情景再熟悉也不過了，而且她對寄宿房客的生活表現出濃厚興趣，於是使出自己慣用的社交儀式，透過看手相或其他方式來做出性格分析和算命，並以例證導入有關超自然現象那方面的話題。為了省錢，她會購買整袋裝的馬鈴薯存放於地窖，等到必要時再差遣我下樓取出——這是難得能夠深植我心的哈倫湖生活細節之一。但不管再怎麼省錢，她的生活始終捉襟見肘。而馬鈴薯存放太久之後已開始發芽，我們只得很小心地把嫩芽挖掉，當作沒這回事。

iv 摘自咪咪．布朗一九三一年十二月三日寫給恩妮斯汀．格林的信函。她在信中宣佈自己計劃離開英國，擬前往地點尚未確定——拉古薩（即「杜布羅夫尼克」）？柏林？

第五章

柏林：褐色與紅色

BERLIN: BROWN AND RED

這時我的革命傾向已經從理論走向實踐。最先努力讓此傾向變得更加明確的人，是一個比我年長、屬於社會民主派的男生——格哈特·維騰貝格。我和他一起通過了二十世紀社會主義知識分子典型的入門儀式，曇花一現地嘗試去閱讀與瞭解卡爾·馬克思的《資本論》，而且是從第一頁開始讀起。但這種嘗試在我人生的那個階段並沒有持續很久。除此以外，儘管我們倆一直是朋友，我既未受到德國社會民主主義吸引（它截然不同於奧地利的社會民主黨），也不曾被格哈特的錫安主義影響。格哈特在錫安主義引導下，於希特勒掌權後移民到巴勒斯坦的一個「基布茲」[1]。據我所知，後來他返回德國進行救援猶太人的任務，結果半途遭到殺害。（激進的猶太復國主義者那時當然壓倒性地都是社會主義分子，而且多半分屬不同的馬克思主義派系）。

吸收我加入共黨組織的人也比我年長。我已經想不起來當初我們如何取得了聯繫，但不無可能的是，八成有人告訴過他，校內「下二年級」有個英國人曾經談到自己的紅色理念。就我印象所及，那位魯道夫（羅爾夫）·雷德爾髮色很深、個性陰鬱、愛穿皮夾克，而且顯然把共產黨理想中的蘇維埃布爾什維克幹部當作楷模。他與雙親居住在柏林市弗里德瑙，我還記得他小房間內的狹窄角落有兩三個書架，上面擺滿了關於共產主義和蘇聯的書籍。由於我讀過一些一九二〇年代的蘇聯小說，當時他一定借了幾本給我，否則我還能向誰借來那些書呢？其中沒有一本能夠讓人感受到，革命時期的俄國有過特別烏托邦式的人生觀。就這方面而言，它們與所有撰寫於史達林時代之前的蘇維埃小說並無二致。可是當我開口向羅爾夫表示（我還記得當時的對話），共產主義必然將因為俄羅斯的落後而陷入問題時，他馬上勃然大怒說道，蘇聯是不可以批評的。透過他的協助，我買來厚厚一本慶祝「十月革命」十五週年的特刊，它裡面有許多文字資料和照片，標題叫做《十五個鋼鐵步伐》。我仍然擁有這本外觀呈質樸灰色，封面由約翰·哈特菲爾德[2]所設計的精裝書；書上空白扉頁還保留了我用青少年筆跡所寫下（當然是以德文書寫）、摘錄自列寧《共產主義左傾幼稚病》的語句。這本精裝書再加上一本已毀損殆半的平裝小冊子，便成為我獻身投入政治的最早紀錄——那本小冊子印出了革命曲調的歌詞，名曰《紅旗之下的戰歌》。

羅爾夫·雷德爾自認為跟我們學校的資產階級環境格格不入。後來他於自傳中聲稱：自己是在街頭加入了「共產黨青年聯盟」的陣營（時間只不過比他招募我的時候早了一年多而已）；令他引以為傲的是，當那個內戰潛伏期，同志們面對警察和身著褐衫的納粹突擊隊之際，他以街頭行動來證明自己，因而贏得柏林工人階級紅色青年的接納[i]。怪的是，當時他並未建議我加入「共產黨青年聯盟」，反倒勸我參加一個顯然比較不具無產階級色彩、專門為爭取中學生而成立的組織——「社會主義學生聯盟」。我那麼做了，而羅爾夫從此走上自己的路。我離開柏林以後就再也沒有見過他。最後他於一九九六年去世[3]。

然而我們的生命卻很奇怪地糾結在一起。過了許多年，我在一本以「作家與共產主義」為主題的西德著作裡面，發現德意志民主共和國文學界有位相當顯赫的人士，詩人斯提凡·赫爾姆林，本名叫做魯道夫·雷德爾。後來我從他的自傳獲悉，當初他是以非法身分留在德國，其家人原本打算送他去劍橋，但他拒絕，結果被關入集中營好幾個月。他在一九三五年前往法國，隨即先後參加了西班牙內戰和法國反抗軍，然後在一九四六年回到德國的蘇聯佔領區，接著在東德展開寫作生涯而打響名號。

我讀了他的作品以後，覺得他是一個好的詩人，卻非傑出的詩人。說不定他更適合從事翻譯或改寫其他詩人的作品，不過他那本簡短而具隱喻性的回憶錄——《暮色》[i]——倒是備受推崇。換個角度來看，在一個既庸俗又專制的政權底下身為文化界要人[4]，他表現得很好，非但進行抗議、保護別人，還動用自己與何內克[5]的友誼來對抗「史塔西」（秘密警察）。他就像是德國古代諺語中所說的「好人未必是好音樂家」，但這句話在此不該被解讀為污衊藝術家的用語，而是對公眾人物的讚揚。

某次我大概是因為關心「作家聯盟」的緣故，寫了一封信給赫爾姆林，順便詢問他是否就是我所認識的雷德爾。結果我收到一封簡短回函，表明他就是雷德爾，但他已經不記得我了。之後我在柏林的朋友們曾向他提起我，但他並未做出回應。反正這兩名柏林高中學生如今已在不同國家的不同領域，成為左翼文化界知名人物。一九三二年時二人之間的短暫接觸，似乎在一九八九年以後的東德吸引了記者與讀者們的注意，而且我經常發現有人向我問及此事。

魯道夫．雷德爾這段插曲還有一個詭異的後續發展。他過世前不久，一位對赫爾姆林懷有敵意的西德文學偵探——卡爾．柯林諾[6]——追查其公開發表的自傳，發現書中內容多屬自由發揮，往往只能勉強跟事實扯上關係[ii]。例如雷德爾不可能拋棄他那「富裕、有文化、收藏藝術品、愛好音樂，並兼具英德兩國背景的高尚資產階級家庭」，來為工人奮鬥。他的父親是羅馬尼亞人，後來成為無國籍的生意人，娶了一個移民至英國的加里西亞人（她因而擁有英國護照），並曾在通貨膨脹的年代一度大發利市，隨即又一敗塗地。其父未曾在第一次世界大戰期間服役，也沒有死於集中營，而是在一九三九年平安抵達倫敦。赫爾姆林本人從未進過集中營，即使是再短的時間也沒有。他不曾到過西班牙。

---

i 斯提凡．赫爾姆林，《暮色》（Stephan Hermlin, *Abendlicht*），萊比錫，一九七九年，頁32, 35, 52。

ii 卡爾．柯林諾，〈自吹自擂的文學作品〉，《時代週報》（"*Dichtung in eigener Sache*", Die Zeit），一九九六年十月四日，頁9-11。

沒有證據足以顯示他曾經為法國反抗軍工作。諸如此類不一而足。那是一種非常有效並令人信服的毀滅性說法，儘管其中明顯攙雜了作者本身及某些資料來源的偏頗立場。

雷德爾當然不是自傳作者（和女作者）裡面的特例，並非只有他打算讓自己在世上扮演更具傳奇性或更加重要的角色，於是據此修改了人生劇情。但我們如果接受追查者的證據，認為雷德爾一九四六年回到柏林之前的實際生活——包括學校生活——其實很平凡，更會覺得他把自己的人生美化了。事情其實雷德爾大多數的時候並非捏造，而是做出修飾或者把自己原本打算做的事情改寫成實況。事情的真相是，他確實辭掉了在特拉維夫的工作（但赫爾姆林並未在自傳中表示自己曾短暫移居巴勒斯坦），還公開宣佈準備加入西班牙的「國際縱隊」。他原本大有可能前往西班牙，參加那場幾乎稱得上是自殺的行動，不過當他即將離開巴勒斯坦的時候，他的太太懷孕了。他的父親的確在短時間內當過百萬富翁、收藏過藝術品，還曾經請馬克斯·李伯曼為其妻作畫，也請洛維斯·柯林特為自己繪製肖像[7]。更何況在一九三〇與一九四〇年代，任何來到國外的德國猶太難民於填寫表格、回答問卷的時候，都有不少機會來美化過去的經歷，而且有許多誘因讓人想這麼做。

毫無疑問的是，我一九三二年認識他以前，他已經當了一陣子共產黨員，而且一輩子對黨效忠，直到共產黨隨著東德覆亡消失為止。此外他還為自己的共產主義信仰付出了代價。這一點又以奇特的方式，將我們的生命重新結合在一起。因為柯林諾的說法如果正確無誤的話，雷德爾之所以被趕出自己的中學，是因為他寫了一篇煽動性的文字，發表於社會主義學生聯盟一九三二年一月號的刊物——他不久以後延攬我加入了那個組織，而那份刊物名正言順就叫做《校園鬥爭》。假如此事果真在一九三一至一九三三年之間發生於亨利親王中學的話，我無法想像自己居然沒聽說過那回事。最有可能的情況是，他先被另外一所高中開除，後來才在一九三二和三三年之交進入亨利親王中學。因此我們兩人都是校內的過客。我不清楚他是如何及為何離開該校的，但他絕對沒有畢業[8]。

在德國或其他地方的共產主義歷史上，我所參加的那個組織只佔有微不足道的地位，不像其創始人奧爾佳・貝納里歐那般顯赫[9]。這位活力充沛的年輕女性，是慕尼黑一個富裕資產階級家庭的女兒。一九一九年曇花一現的「慕尼黑蘇維埃共和國」結束後，她投身革命，並與一位曾活躍於該共和國的年輕老師——奧圖・布勞恩——交往了許多年。一九二八年，她率領一群年輕共產黨員衝進柏林法院，把因為叛亂罪而出庭受審的奧圖・布勞恩釋放出來。兩人一起逃之夭夭，從此成為亡命之徒，並加入共產國際與蘇聯紅軍的行動單位。貝納里歐來到莫斯科以後，被指派為路易斯・卡洛斯・普雷斯特斯的顧問。普雷斯特斯是一位長年率領反叛軍的巴西軍官，曾於一場著名的長征中，行軍穿越該國的邊遠蠻荒林區。此時他正準備加入巴西共產黨，成為該黨領袖。貝納里歐嫁給了普雷斯特斯、協助他進行籌劃工作，並與他連袂參加一九三五年災難性的起義行動。結果貝納里歐遭到逮捕，被巴西政府遣送回希特勒的德國。一九四二年，她在拉文斯布呂克集中營遇害。與此同時，奧圖・布勞恩已經向東方而非西方發展，成為唯一實際參加中國紅軍「長征」的歐洲人[10]（但他很明顯地對毛澤東缺乏熱情）。後來他退休於東柏林，在一九八〇年代出版了回憶錄。當我加入「社會主義學生聯盟」替世界革命效勞的時候，還不清楚該組織與某些重大戰役之間的歷史淵源。但我一點也不懷疑，一九三二年在柏林加入共產黨的人，將面對一個充滿危險、迫害與動亂的未來。

貝納里歐投身世界革命時比較不戲劇化的一面，就是號召成立了「社會主義學生聯盟」[iii]。該聯盟似乎發源自新克爾恩，那是柏林工人階級聚居的市區當中，最深紅色的地帶之一。當地參加政治組

---

iii 我的相關資訊來自Felix Krolokowski, "*Erinnerungen: Kommunistische Schülerbewegung in der Weimarer Republik*"（對威瑪共和中學生共產運動之回憶），我應該是在一九九六年前往萊比錫的時候從作者手中得到了這份文字。

織的社民黨與共產黨工人階級子弟，都就讀於所謂的「銜接學校」——那類學校得到普魯士政府資助，讓精挑細選出來的孩童皆可接受完整中學銜接教育，最後並得參加高中畢業會考。貝納里歐在一九二六年來到新克爾恩，成為煽動暨宣傳部門新進的活躍幹部。她鼓勵在學年輕共產黨員採取類似現有共產黨大學生支部的做法，也在各銜接學校成立「共產黨中學生支部」iv。由於那些學校的學生來自兩個工人階級政黨，因而決定成立一個更廣泛的團體來同時涵蓋社民黨和共產黨，於是有了社會主義學生聯盟。但不可避免的是，自從社會民主黨人成為共產國際眼中的社會法西斯分子以後，這種團結精神已經所剩無幾。社會主義學生聯盟於是成為共產黨的附屬組織。到了一九二八年，該聯盟的勢力範圍已拓展到柏林紅色地區之外，在柏林市的中區和西區（亦即在類似我所就讀的那些中產階級學校），以及德國的其他地區都設有團隊。社會主義學生聯盟並於此前不久開始發行《校園鬥爭》那份刊物。

當我在一九三二年秋天加入的時候，聯盟實際上已處於最後掙扎階段。主要是因為在經濟危機時期財務援助遭到大幅刪減，使得「銜接學校」日益面臨困境，而此類學校依然是社會主義學生聯盟的主要支柱。到了一九三二年下半年，某些分部或已解散，或只是不定期聚會而已。協調一致的行動已經不再可能。即便在這個聯盟的若干穩固據點，例如新克爾恩區的卡爾·馬克思中學，一九三二年底的氣氛也是既沮喪又無奈。有些人認為《校園鬥爭》在一九三二年五月以後即已停止發行，但我認為這指的是印刷品部分。因為我仍然保存了它發行於此後的一期，而且那顯然是由不怎麼熟悉複印設備的同志拷貝出來的。但不管怎麼樣，我們位於柏林西區的聯盟小組並未氣餒。

我們起先在一位成員父母親的公寓中召開小組會議，後來則定期集會於哈倫湖附近一家共產黨酒館的秘室。德國和法國的草根性工人運動都不怎麼節制飲酒，其歷史多半是在小酒館內寫下來的。同志們通常在酒吧外邊的房間碰面，同時舉杯暢飲葡萄酒，或者像是在柏林那般大喝啤酒；較嚴肅的會議則在秘室圍繞著桌子舉行。大家當然可以在前面房間點酒，然後帶入秘室飲用，但這種行為不受鼓勵。由於我們是個照規矩行事的團體，所以有一位「組織領導」——他是一個姓「沃爾夫海姆」的男生，我想他的教名應該是「瓦爾特」。同時我們還有一位政治領導（即政委），他姓「波爾」，我還記得他長得圓嘟嘟的。德國與俄國的各種組織都偏好使用「音節」而非「字母」來縮寫，例如「共產國際」（Komintern）、「集體農場」（Kolkhoz）和「古拉格」（Gulag）便是如此；開會時使用一個人的「姓」而非「名」，則可增加會議的正式性。

此外唯一還讓我有印象的小組成員，是一個既英俊又時髦的俄國人，名叫根納地・卜布立克；他穿著俄羅斯罩衫參加會議，他父親則工作於柏林的一家俄國機構。我相信當時我們一定聊到了不同學校內的情況，以及擬吸收對象或「接觸對象」。但是到了一九三二年尾，國內政局的迫切性未免讓一般問題顯得微不足道（比方說，俾斯麥中學「下一年級」來了一位反動的老師）。所以政治議題毫無疑問變成了我們談話內容的主軸，波爾政委並向我們指示應當遵循的路線。

那麼我們自己的想法如何呢？如今普遍得到接受的觀點是，德國共產黨於希特勒發跡期間所採取的政策——走的是共產國際路線——已經愚蠢到了自殺的地步。該政策所依循的假定是：自從資本主義於二十世紀中葉所處的短暫穩定期結束以後，新一波的階級對抗與革命浪潮正日益迫近；但立場溫和的社民黨人構成其間最大的障礙，因為他們掌控了絕大多數工運團體，使得勞動群眾無法在共產黨領導下，朝著勢在必行的激進路線前進。這些假設原本並非完全不可信，然而主要從一九三〇年代開始，卻有另一派看法認為：基於前述理由，社會民主主義的危險性大於希特勒的崛起，甚至可稱之為

iv「Kopefra」是「Kommunistische Pennäler-Fraktion」的縮寫。「Pennäler」（中學生）這個字眼衍生自德國學童俗稱的「中學」（Penne）。

社會法西斯主義。那種看法已幾近政治上的精神錯亂[v]。它實實在在牴觸了直覺、常識，以及社民黨與共產黨勞工（或學童）的社會主義傳統——那兩派人馬十分明白，他們彼此之間的共同處多過了與納粹的相通點。

尤有甚者，當我抵達柏林的時候，德國最重要的政治議題顯然是：應該如何阻止希特勒上台掌權。的確，就連最基本教義派的共黨路線也向現實做出了某種妥協，儘管所採取的只是些空洞不實的做法。例如我們在領口配戴的並非鎚子與鐮刀標誌，而是反法西斯的徽章，藉此呼籲同心協力來對抗法西斯主義。但這當然只意味著與工人聯合行動，不理會他們那些因權力而腐化，並且背叛了階級利益的領導人。無論社會主義者或共產主義者都曉得，僅僅從義大利的案例即可看出，法西斯政權的首要目標就是要毀滅他們。

保守派分子甚或中間派人士低估了希特勒，以為僅需將他納入聯合政府便可控制大局。社會主義者與共產黨人卻十分明白，想要與國家社會主義妥協或共存，對已對彼都是不可能的事情。我們採取了不同方法來削弱納粹的威脅，然而我們跟其他所有的人一樣，也嚴重低估了納粹的危險性。我們認為，如果納粹執政的話，馬上就會被德國共產黨領導下的激進工人階級推翻，因為這支大軍的人數已經多達三十萬至四十萬人之譜。自從一九二八年以來，共產黨得票率增加的速度不是幾乎和納粹一樣快嗎？當納粹的得票率在一九三二年底下滑時，共產黨的得票率不還是繼續急遽上升嗎[11]？但我們一點也不懷疑，直到推翻納粹以前，法西斯政權的狼群將被鬆綁，並向我們直撲而來。情況確也如此：「第三帝國」最初成立的幾座集中營，主要就被設計來囚禁共產黨人。

關於共產國際的瘋狂路線，儘管當時已有社會主義者、異議人士或被迫封口的共產黨員抱持反對立場，但毫無疑問當時還是找得到藉口來為之辯護。過了七十多年以後，從歷史學者後見之明的專業角度來觀察，我們已不像一九三〇年代那般樂觀，以為僅需聯合所有的反法西斯主義力量即可阻止希特勒上台。無論如何，到了一九三二年，國會已不再可能出現中間偏左的多數派；縱使果真出現了一種具有雙重不可能性的情況，結果仍將如此——比方說，共產黨竟然願意加入該陣營，而社會民主黨（更遑論是天主教的中央黨）竟然願意接納共產黨。威瑪共和已隨著布呂寧總理下台而走上末路。隨後進行接管的總統、國防軍、各式各樣的專制反動勢力和工商界人士，原本確有能力阻止希特勒，況且他們絕不至於打算淪落到一九三三年一月三十日以後的那種下場[12]。事實上，一九三二年夏天納粹選舉獲勝後，他們確已阻遏了希特勒和納粹運動向上竄升的動能。導致希特勒被任命為總理的那些事件，原本並非無法避免。但至此無論是社會民主黨或共產黨，都不可能對此有所作為。

即便如此，事後回顧起來，共產國際的路線還是毫無道理可言。但我們可曾對它做出任何批評？當然幾乎沒有。因為我們所想要的，是既激烈又一勞永逸的改變。納粹黨和共產黨都是年輕一代的政黨，那主要是由於年輕人不排斥著眼於行動、忠誠和激進主義的政策；他們跟那些把政治當作「可行性的藝術」的人不一樣，還沒有被既卑劣又虛偽的妥協態度所污染。（國家社會主義未曾保留太多的公領域給婦女發揮。唉，我方陣營雖然熱烈支持婦女權益，在那個階段卻只能吸引到傑出女性當中的少數人，無法爭取更多婦女投入受到男性主宰的共產運動。）好戰的「共產黨青年聯盟」實際上就是共產國際的馬前卒，負責向那些往往態度消極的黨內成年領導人施壓，迫使他們採取激進的「階級對抗階級」策略。納粹固然是我們在街頭的敵人，但警察也一樣，更何況柏林警方的高層來自社會民主黨，而且其手下曾在一九二九年國際勞動節當天打死了將近三十人。那個事件被德國共產黨列為社民

v 從一個例子即可曉得那種看法多麼可笑。義大利共黨領袖陶里亞蒂（Plamiro Togliatti）必須在一九三三年做出「自我批判」，因為他得出的觀察結果為（至少墨索里尼的義大利如此）：社會民主主義不可能構成「主要危險」。

黨背叛階級的標誌。反正還會有誰尊重威瑪共和國的法律規範與政府體制呢？——它們大致依然維持帝國時代的面貌，只不過沒有了德皇而已。

就此而言，我們顯然類似一九六八年時的年輕激進分子，但也有四個主要不同之處。首先，我們並非由激進異議分子組成的少數派團體，而且既不是生活於前所未見的繁榮社會，又缺乏高度穩定的政治體系。一九三二年時，在經濟動盪、政治脆弱的德國，以偏激態度拒絕接受現狀的人佔了多數。第二個有異於一九六八年激進學生的地方是，我們不分左派或右派皆非抗議者，而是一場實為革命鬥爭的政治奪權行動之參與者。說得更精確一點，我們都是紀律嚴明、旨在壟斷國家權力的群眾政黨。不管將來會發生什麼事情，奪權都是不可或缺的首要步驟。第三，在我們極左派陣營中，知識分子的人數比較少。其中主要的理由是，即便像德國這般擁有完善教育體制的國家，仍有百分之九十以上的年輕人從未接受過中等教育。在年輕知識分子之間，我們左派更是不起眼的少數。高中學生幾乎都是右派，雖然他們——例如在我們學校——未必是認同國家社會主義的那種右派。但在大學生當中，支持希特勒的力量已經強大到惡名昭彰的地步。

第四個差別在於，共黨知識分子不是文化界的異議人士。當時有異於搖滾樂時代之處為，文化上的主要分水嶺並非世代之間的隔閡，反而是立場不同者之間的政治衝突。其中的一方支持，另一方則反對納粹所謂的「文化布爾什維克主義」（亦即使得為期十四年的威瑪共和時代，成為藝術史及科學史上一個非凡年代的幾乎一切事物）。至少在柏林，我們和長輩共享這種文化、認同史達林主義時代之前的共產主義。而且當我們明確區分路線「正確」或「錯誤」的作家與藝術家的時候，還不至於排斥前衛文化界的男女成員——他們公開頌揚「十月革命」，並和德國共產黨一樣厭惡艾伯特與興登堡的共和國[13]。日後的「社會主義現實主義」當時尚未浮出檯面。對布萊希特、包浩斯與格奧爾格・格羅斯的愛好，不會在父母和子女之間製造鴻溝。但這種愛好確實將右派與一種文化上的「人民陣線」切割開來，而且該陣線所涵蓋的範圍，從普魯士與柏林的社民黨執政者，一直延伸到最邊緣化的無政府主義者波希米亞人。這種愛好也連結了自由派與左派人士。日後東德之所以在節育及墮胎方面制訂出遠較西德更加自由的法律，主要就是因為德國共產黨在威瑪時代一直將墮胎合法化列為推動的主要議題（德國民法禁止墮胎）。我順手翻閱那本碩果僅存的《校園鬥爭》，看見裡面出現了幾位醫學界人士的會議通告，而那些人向來以鼓吹性解放著稱。

還原我在威瑪共和最後幾個月內的經驗時，應如何辨別什麼是自己當時的記憶、什麼是我身為歷史學者所瞭解的東西，以及什麼是我針對德國左派當時該做或不該做的事情，進行了一輩子的政治省思與辯論之後，現在所抱持的看法？當時從納粹一九三二年七月三十日選舉獲勝，直到希特勒於一九三三年一月三十日被任命為總理之間，我對時事的認知主要來自所閱讀的《福斯日報》。無論如何，我對那些新聞並未真正做出政治性或批判性的反應，反而表現像是一個浪漫的黨派支持者，或彷彿是足球隊的擁護者。共和國舉行最後一次民主選舉之前不久，爆發了一九三二年十一月初的柏林運輸業大罷工。無論在事發當時或從此以後，它始終是激烈論戰的對象。共產黨的「革命工會反對派」成功地號召了那次罷工，旨在對抗正統（社會民主派）的工會，並得到納粹工會組織大力支援——因為國家社會主義者不希望與工運脫節。

不令人驚訝的是，這個由紅褐兩派人馬臨時組成的共同陣線，非但在共和國臨終的最後幾個星期內製造出負面新聞，而且至今仍被引用來攻擊威瑪時代的共產黨。該事件充分展現了一個政黨的非理性作風：它明明曉得希特勒隨時都可能上台組閣，卻繼續將社會民主黨視為主要敵人。這場罷工立即造成的主要效果，或許是幫助共產黨在十一月六日的國會選舉中得票率大增，並使得納粹的票數猛然下滑，然而這兩件事很快都遭人遺忘了。但不管怎麼樣，我不記得曾在罷工期間與任何人談論過相關事宜，或者對此感覺憂心，甚至想到過這方面的問題。這回是「我們自己的」罷工，因此我們當然支持它。我們曉得自己是納粹的主要敵人，而且是他們主要的眼中釘。因此，指控我們向希特勒伸出援手的說法未免荒謬絕倫。那怎麼可能是問題呢？

不過還是有一個問題存在。就連我們這些相信世界革命乃大勢所趨的年輕人，也在一九三二年的最後幾個月內明白——或一定曾經明白過——那時它還不可能發生。我們當然沒意識到，國際共產運動於一九三二年時，幾乎已經衰落到自從共產國際成立以來的最低點。不過我們相當清楚，自己即將於短期間內面臨挫敗。況且正在角逐權力的並非我們，而是另有其人。事實上，德國共產黨無論就文宣用語或實際戰略而言，皆未曾將立刻奪權列入選項。（德共反而正積極準備轉入地下活動，儘管後來的結果顯示他們一點也不夠積極：其領導人恩斯特．台爾曼於新政權上台幾個月後即遭逮捕，並被囚禁於新成立的一所集中營內。）尤有甚者，萬一希特勒上台掌權的話，一切可供幻想的空間都將不復存在。那麼像我這種自詡的青少年好戰派，心中究竟想些什麼呢？

當然，一想起我們實質上是個全球性的運動時，便會讓我們心中得到寬慰。我們背後已有蘇聯第一個「五年計劃」的勝利成功。在更遙遠的東方，中國革命正繼續向前推展。由於知道正進行著一場「亞洲風暴」（套用自普多夫金[14]那部偉大電影的名稱），當時的共產主義者或許比其他人更加重視亞洲。就在那個時候，貝爾托特．布萊希特和安得烈．馬爾羅[15]把中國視為革命的典範地區，以及革命者的試煉場。或許無足為奇的是，我唯一還記得的當時報紙頭條新聞（除了希特勒被任命為總理和國會大廈失火之類的大事之外），就是有關一艘名叫「七省號」的荷蘭戰艦，於希特勒上台幾天後在爪哇外海叛變的報導。但那並非我們所期待見到的戲劇化起義行動，而是一個迫害事件。我們眼前所浮現的景象——至少在我心中如此——就是冒險犯難、遭到拘捕、抗拒偵訊、挑戰逆境。我們為自己虛擬出來的這種理想角色，不到一年以後就由喬吉．季米特洛夫在現實生活上演，那時他在國會失火案的審判中挺身向戈林做出挑戰[16]。縱使在此情況下，我們仍因為馬克思主義而一直充滿自信，以為我們的勝利將記載於未來的歷史書籍當中。

我們想像中的景象講到這裡也就夠了。那麼當時的實際情況又如何呢？直到希特勒被任命為總理幾天以前，我不記得自己除了社會主義學生聯盟小組會議之外，還參與過任何真正的共黨活動。我無疑和我們全體成員一樣，也因為納粹在十一月六日大選遭到重挫，以及我們的驚人進展而精神大振。但令我頗為確定的是，我不瞭解巴本內閣垮台的意義何在；不清楚希特勒登台前最後一任總理——施萊歇爾將軍——領導下的短命新內閣之所做所為；我更不曉得納粹在十二月時所面臨的黨內危機，而希特勒就在那個時候罷黜了該黨第二重要（至少是第二出名）的人物：格雷戈爾．史特拉瑟爾[17]。在另一方面，褐衫隊已日益具有侵略性，並在公權力默許下蓄意採取挑釁策略，則是無可置疑的事情。一九三三年一月二十五日，德國共產黨組織了最後一次的合法示威。天黑以後，群眾在柏林街頭列隊行進了好幾個小時，接著前往比羅廣場（現稱羅莎．盧森堡廣場），聚集於卡爾．李卜克內希大樓的共黨總部之前。此次行動的目的，就是為了反制納粹突擊隊在同一廣場的大規模挑釁遊行。我參加了那天的示威活動，而且應該是跟社會主義學生聯盟其他同志一起過去的，但我對他們並無特別印象。

除了性行為之外，還有一項活動能夠將肉體經驗與強烈情緒結合得淋漓盡致，那就是於群眾高度亢奮之際參加大規模遊行。但性行為屬於個人層面，遊行的本質卻是集體行動，而且遊行時的高潮可長達數小時，這是有異於性高潮之處（至少對男性而言如此）。換個角度來看，遊行和性行為一樣，也意味著某些身體的動作——諸如遊行、呼口號、唱歌——使得個人融入群體，而這正是集體經驗的精髓。那次的經驗令我至今難以忘懷，縱使我對示威活動的細節已經沒有了印象。我只記得一小時接一小時不斷持續下去的遊行。但與其說是遊行，倒不如說是：於嚴寒中——柏林的冬天很冷——在建築物（也許還有警察）的陰影之間，沿著風雪交加的幽暗街道時而緩步移動時而佇立等待。我不記得看見了紅旗和標語，但如果有過任何紅旗和標語的話，而且一定有過，它們已經被灰濛濛的遊行群眾所淹沒。

我還記得的活動只有唱歌，其間穿插著凝重的沈默。我們唱著一些我最喜歡的歌曲，而且我至今仍保留了一本已經破爛不堪的小冊子，裡面就印出了那些歌詞：《國際歌》、歌頌農民戰爭的《蓋耶爾的黑色雜牌軍》、《小喇叭手》那首傷感的墓園打油詩（據說東德領袖埃里希·何內克希望在他的喪禮上演奏此曲）、《迎向朝霞》那首工運歌曲、蘇聯飛行員之歌、漢斯·艾斯勒作曲的《紅色的威丁》[18]，以及節奏緩慢、莊嚴神聖的《兄弟們，走向陽光走向自由》。我們彼此產生了歸屬感。等到我返回位於哈倫湖的家中時，幾乎已處於恍惚狀態。當我兩年以後在英國陷入孤立時，我檢討了自己的共產主義基礎，並在日記中以德文寫道：這種集體亢奮正是其中五個構成要素之一——此外再加上對被剝削者的同情；一個完美而無所不包的知識體系之美學訴求；「辯證唯物主義」；有幾分類似布雷克幻象中的「新耶路撒冷」，兼之以知識上強烈的「反鄙俗主義」[vi][19]。但是在一九三三年一月的時候，我並沒有分析自己的信念。

五天以後，希特勒被任命為總理。我已經描述過自己讀到這則頭條新聞時的觀感，那時我和妹妹正在從學校回家的半路上。我的眼前至今仍浮現那一幕，宛如置身夢境一般。現在我們曉得，希特勒拒絕採納保守派有關立刻查禁共產黨的建議，部分原因在於，這或許會導致共產黨鋌而走險發動群眾抗爭。但主要的原因還是，不立刻查禁共產黨即可強化納粹的論調：唯有其半軍事化的「突擊隊」才能夠幫德國阻擋布爾什維克主義。同時這麼一來，還可以讓政權轉移當天的納粹盛大遊行活動產生全國性的意義，而非只是具有黨派的性質。（德共領導當局宣稱，自己曾在一月三十日發出指令，要求進行總罷工。但包括他們自己在內，都沒有人認真相信那種說法。德共當局很可能只是刻意在紙面留下紀錄，以免給人不戰而降的印象。）事實上，「突擊隊」以及當時地位還沒那麼重要的「黑衫隊」，很快就被賦予了輔助警察的任務。而且他們尚未得到國家正式授權之前，就已經著手創設自己的集中營。

新政權為了不讓任何國會議員有絲毫表達反對意見的機會，於是立即解散國會，並宣布在憲法所允許的最早期限內（三月五日）舉行新一輪大選。幾天之內，政府就頒佈一項很管用的緊急命令來保護德國百姓，藉此限制新聞自由，並為保護性拘留提供法源依據。二月二十四日當天，納粹黨的褐衫隊和黑衫隊等半軍事化組織已被徵召為輔助警察。警方於同日突襲共黨總部，聲稱查獲了大量叛亂物資，儘管實際上並沒有發現任何重要的東西。就在這種情況下，威瑪共和國舉辦了名義上仍然自由，並且由不同政黨進行角逐的最後一場選舉。然而在選前不到一星期的時間內，又冒出一個完全出人意料的事件，使得原已不利於反對黨派的局面更是雪上加霜。二月廿七日晚間，國會大廈遭到焚毀。不管那到底是誰做的好事，納粹立刻大肆利用這個機會。他們所收到的效果至為驚人，以致大多數反法西斯人士都相信那場大火一定出於該黨自己的策劃[vii]。官方第二天就頒佈緊急行政命令，取消了言論自由、集會結社自由、新聞自由，以及個人通信和電話的秘密。那項緊急命令更允許中央政府干預各邦的自治權，藉此重建秩序。戈林進而開始圍捕共產黨員及其他不受歡迎的人物。他們被拖入臨時設

vi 一九三五年三月十七日的日記。

vii 撰寫本書的時候，歷史學界普遍的看法仍為：一名年輕的荷蘭左派人物做出了這個驚人的抗議舉動，希望藉此號召工人大舉起事；國會大廈失火並非納粹自導自演的戲碼。

置的監獄、遭到拷打和虐待，有一些人甚至遇害。到了四月，僅僅在普魯士就有兩萬五千人受到保護性拘留。

社會主義學生聯盟所做出的立即反應，或至少與我有關的部分，就是把複印設備搬進我姨媽的公寓。我很喜歡發揮想像力，認定它就是印出最後幾期《校園鬥爭》的那台機器。反正同志們得出的結論為，因為我是英國國民，所承受的風險應該最小，或許警察比較不可能過來突襲我們的公寓。於是我把東西藏在自己床底下，藏了好幾個星期。那台如今看似來自洪荒時代的機器就擺在一個褐色大木箱內；使用它的時候必須先在特製的油印蠟紙上打字，然後把蠟紙放置於塗滿油墨的滲透性平台，而且每一頁都必須單獨印刷。後來又有人過來把它搬走了。我不認為當我負責保管那台機器的時候，它曾經印出任何資料。理由是，如果真有過任何印刷動作的話，即便我那位不善持家的姨媽也會提出抗議，因為黏膩的油墨一定會在我的臥室內四處噴濺。那台機器就是這副模樣。

據推測當時應該使用了一台更有效率的印刷機，來印製我們準備供選舉造勢使用的傳單。我相信參加選戰就是我真正從事過的第一個政治工作。同時那也是我涉足典型共黨活動的入門經驗：做出一些既無指望又很危險的事情，因為黨要求我們那麼做。我們固然無論如何都的確想為選戰提供助力，但在當時的環境下，我們藉由自己所從事的工作來展現對共產主義的投入，也就是為黨犧牲奉獻。比方說，有一次我發現自己單獨與兩名納粹突擊隊員共乘電車，即便我有充足理由感覺害怕，但依然拒絕遮掩或摘掉共產黨徽章。我們不時走進公寓大樓內，從頂樓開始將傳單塞入每一間公寓，直到我們氣喘吁吁地完成行動，然後走出大門觀察是否出現了任何危險跡象。整個過程簡直像是在玩西部遊戲——我們是印第安人而非美國騎兵隊——但其中蘊涵了足夠的真實危險，讓我們感受到真正的恐懼和冒險時的緊張刺激。大約一年以後，我在日記中把那種狀況描寫成：「一種輕飄飄、乾著急的緊張感覺，就好像站在一個準備揍你的人面前，等待他出拳動手。」萬一某扇打開的門後面冒出一張充滿敵意的臉孔、萬一有身穿褐色制服的傢伙沿著樓梯追趕下來、萬一通往馬路的出口被堵住了，這時又將發生什麼事情？散發德國共產黨的競選傳單，那可不是好玩的事情，更何況是在國會大廈失火以後。投票支持共產黨也非兒戲，儘管還是有超過百分之十三的選民在三月五日這麼做了。我們有充分理由心生畏懼，因為我們不光是自己冒險而已，同時也可能為父母帶來危難。

共產黨隨即正式遭到查禁，非正式的集中營則變成了官方機構。「達豪」是第一座集中營，而它設立的日期，剛好就是新選出的國會（此時已少了被查禁的共產黨）通過《授權法》、自廢武功將控制權完全交到希特勒政權手中的同一天[20]。到了三月下旬，妹妹和我聽說我們即將前往英國——不論悉德尼叔父在巴塞隆納有過什麼樣的計劃，結果都一籌莫展。希特勒則剛剛宣佈將在四月初抵制猶太人的商店；當我向朋友們道別時，我要求其中一人——他很可能就是格哈特·維騰貝格——將與此有關的消息通知我。（他則給了我未來移民巴勒斯坦之後，準備加入的「基布茲」的地址。）然後我們就離開了德國。咪咪姨媽也決定再度遷居。她在柏林的冒險事業並不比以往更為成功，況且一旦妹妹和我離開之後，她勢必將失去很大一部分的收入。我記憶中的模糊印象是，南茜好像先和葛蕾特與小彼得同住——那是在巴塞隆納嗎？——接著他們才共同步上悉德尼與我的後塵來到英國。悉德尼過來接我離開，於是一個流離失所的孩子在失根的生活中，走上了另一段迷航之旅。儘管當時我的主要熱情是在政治方面，但我仍然對那輛骨架彎曲的舊腳踏車做出安排，刻意讓它在霍布斯邦家族打包財物時遺失。它是母親送我的禮物，卻在我青少年時代造成了許多令人不堪的痛苦。

我大約有三十年未曾回過柏林，但我從未忘記柏林，而且永遠忘不了它。

第六章

在英倫島
ON THE ISLAND

一

抵達英國以後最出乎意料的事情，莫過於倫敦市區的遼闊。當時它仍遙遙高居西方世界的最大城市，宛如一個形狀不規則、由街道與建築物所構成的巨型珊瑚蟲，將觸手一直延伸至市郊。縱使我以都會區為家生活了七十年以後，這座城市的散漫無際仍令我詫異不已。待在英國的最初幾年，我不斷驚訝於自己在市區裡所行經過的漫長距離，而且理所當然似地，我用自行車代步。就南北方向而言，我騎車從水晶宮的高地（後來是從艾奇韋爾）前往位於瑪麗勒本的學校；就東西方向而言，我開汽車載著叔父穿梭於依爾福和艾爾沃斯之間[1]，視線卻從未擺脫一排又一排的建築物。

就在這些「天空底下的兩萬條街道」（才華洋溢但嗜酒如命的共黨作家派屈克·漢彌爾頓曾以此做為小說標題，描述了一九三〇年代他自己的倫敦），霍布斯邦家族必須設法於某個角落找到立足之地。我們是英王喬治五世的子民，因而——就像我至今仍必須如此提醒記者和其他詢問者那般——我們絕非難民或國家社會主義下的犧牲者。不過，我們在其他任何方面都是來自中歐的移民，甚至是暫時性的移民（我們遲至一九三五年才取回留在柏林的財物）。我們每個人都對移居國感覺陌生，只有悉德尼叔父是例外，然而他自從大戰結束以後就未曾居住於此。除了親戚之外，我們什麼人也不認識。我們甚至還稱不上是返國定居的英國海外僑民，因為霍布斯邦家族未來的命運，與一九三三年以前的情況同樣晦暗不明。

全體家族成員離開柏林以後，終於在一九三三年春天首度團聚在一起。這回的地點是福克斯東[2]，那是咪咪姨媽投入寄宿公寓這個行業以來的諸多營運站之一。它跟許許多多臨時歇腳處沒有兩樣，可供二十世紀的漂泊者於漫漫旅程中短暫棲身。待在那裡的人包括了一位德國女性難民——她曾在有意無意間，表達出自己對一個十幾歲瑞士男生的魅力與體格之讚賞，而那個男生顯然正準備前往英國某地的學校就讀。此外有一個與我年齡相仿的德國難民，他正在前往猶太復國主義者的農業訓練營途中，並試著教了我一些柔道功夫。還有一位名叫薩羅．弗洛爾[3]，來自東歐喀爾巴阡山區的憂鬱人物。他因為世界西洋棋冠軍阿廖欽[4]拒絕接受其挑戰而進退兩難，只能一邊與悉德尼叔父下棋，一邊等待前往莫斯科迎戰蘇聯的米哈伊爾．博特溫尼克[5]。弗洛爾始終無法登上棋壇的頂峰，但後來還是成為蘇聯西洋棋界的著名角色。他也是少數並沒有因為移居一九三〇年代史達林所統治的俄國而遭到厄運的人。

晴朗的早晨，我就坐在那邊的草地上，透過《金藏集》發現了英國抒情詩，並首次閱讀路易斯．卡羅的《鏡中奇緣》[6]。由於當時我已經在倫敦上學，只跟他們全部的人在福克斯東共處了幾個星期，同時利用那段時間參加「倫敦入學考試」，準備一些從未聽過或者相當陌生的科目——它們所使用的，是我昔日一離開家就難得用到的語言。

事實上，除了我和愈挫愈勇的咪咪姨媽不受影響之外，霍布斯邦-格林家族一九三三年來到英國一事，結果演變成是他們於兩次世界大戰之間的洶湧海洋尋找陸地時，屢試屢敗以後又多出的另一次失敗嘗試。葛蕾特在一九三六年離開人間，活得只比我母親稍微久一點，逝世時也僅有三十幾歲。一九三九年，悉德尼叔父起伏不定好幾年以後，於五十歲時放棄了在英國謀生的念頭，帶著南茜和彼得遷居智利。他在那裡續絃，從此一直以聖地牙哥為家。南茜則隨著戰爭到來，在南美洲展開了真正的生活，然後在一九四六年與丈夫維克多·馬開西返回英國。但她身為海軍軍官的妻子，繼續於許多年內過著環遊四海的日子，最後在梅諾卡島以退休英國移民者的身分結束了漂泊生涯。彼得在加拿大取得化學工程師資格，大半生擔任海外石油公司的主管，後來終老於西班牙。我的前程則因為我決定參加劍橋大學獎學金考試，而在一九三五年永久底定下來。咪咪姨媽也在同年稍後確立了她的未來。當時她看上南唐斯山谷，一個既迷人又受保護的現成地點，而且那裡距離布萊頓[7]只有很短的公車路程。她終於在此地實現了一生的抱負，擁有一個真正屬於自己的場地——實際的做法就是將一些棚架與攤位改建成「老維也納咖啡屋」。一九七五年她以八十二歲高齡在那裡去世，死時留著叛逆的紅髮，並將售價不高的財產遺留給南茜與我。這是我們二人從格林家族或霍布斯邦家族繼承到的唯一一筆金錢。

當時我並不認為自己是打算一輩子當英國學者的那種人，即便我十七歲時就已經期待：「我的未來在於馬克思主義、在於教書，或是二者兼而有之」（我非常清楚，自己的未來不在於詩詞方面，雖然「稍加練習之後，我應可開發出一種相當過得去的散文文體」）[i]。就精神層面而言，我仍然生活於柏林：那個剛陷入孤立的十幾歲男孩，被迫離開了一個無論在文化上或政治上都令他感到快樂、可產生歸屬感的環境。我不斷在日記中回憶起老朋友和同志們、昔日校長的建議，以及我的戲劇化政治經驗。這無疑就是我開始用德文寫日記的主要理由。因為我不想忘記。一九三五年中，有位新近移民過來的德國社會主義者登門造訪。她試圖爭取我加入其團體活動——我猜想該團體的名稱叫做「新開始」。她的來訪，使我驚覺自己的生活是多麼地與世隔絕。「簡言之，她是我夢想中的『現代女性』」，同時「她

i 一九三四年十一月八日至十一日的日記。本章有許多內容是以我的日記為依據——我撰寫日記的時間開始於一九三四年四月十日，結束於一九三六年一月九日。

是我曾經在許多個月內所歸屬過的世界之一環，而且那個世界就活在我的理念背景中，可是現在我幾乎已經忘記了它的存在」[ii]。

經歷過柏林的刺激之後，英國難免顯得乏善可陳。倫敦的一切都無法產生昔日那種情緒動能，但其中以截然不同形式出現的例外就是，學中提琴的丹尼斯表哥引領我入門的那個音樂類型。他母親位於西德納姆的房子[8]，是我們全家在倫敦的第一個落腳處。我們兩個人就待在那邊的閣樓房間，面前擺著熱茶和一罐罐加了很多糖的煉乳（上面寫著「嬰兒不宜」），一邊以青少年的熱情進行討論，一邊用手搖上發條的留聲機播放那種音樂：熱門爵士樂。此際還沒有太多與熱門爵士樂相關的材料，況且我們面臨金錢上的限制，在任何時刻都沒有太多這方面的東西。一九三三年時最可能被爵士音樂俘虜的那種青少年，幾乎都只有能力購買少數幾張唱片，更別說是建立自己的收藏了[iii]。但無論如何，英國還是已經為本地市場發行了數量夠多的唱片：阿姆斯壯、艾靈頓、弗萊卻．韓德森，以及由約翰．哈蒙德製作的貝西．史密斯最新錄音。尤其幸運的是，就在一場貿易糾紛——使得美國爵士樂手在長達二十年的時間內無法進入英國——爆發之前不久，所有樂團當中最偉大的一個來到了倫敦：艾靈頓公爵的樂團（我直到今天仍可將其當時的成員名單倒背如流）。艾薇．安德森也就在同一季唱出了《暴風天》。

丹尼斯與我想必獲得了家中資助，得以連袂前往狂野的史崔漢[9]，欣賞該樂團在當地一家豪華舞廳通宵達旦的演奏會（「早餐之舞」）。我們二人待在樓上走道暢飲一杯杯啤酒，同時嘲笑樓下緩慢波動、來自倫敦南區的跳舞人群。因為他們只全神貫注於身旁的舞伴，卻不去留意那美妙的聲響。我們花完最後的零錢以後，就摸黑在破曉時分將近時步行回家，我們的心思在路面上方飄浮，從此永遠離不開爵士音樂。捷克作家約瑟夫．史考弗瑞奇曾經將這種經驗做最好的描寫[iv]，而我就在和他類似的情況下，於十六、七歲左右的初戀年齡有了這種「音樂啟示錄」。但對我而言，它實際上取代了初戀。由於我對自己的外貌感到羞愧、認定我在外觀上不具吸引力，以致刻意壓抑了肉慾與性衝動。爵士音樂就在此情況下，把無關乎言語、不提出質疑的自然情感，帶入了一個原本幾乎完全被言語和智力活動所壟斷的生活世界。

那時我還料想不到，「爵士音樂愛好者」這個名聲讓我長大成人後，以出乎意外的方式獲益良多。無論在當時還是在我人生大部分的時刻，對爵士音樂的熱情正好標誌出一個規模很小、通常自我封閉的團體，那甚至在小眾文化品味的圈子內也屬於少數派。我生命中有三分之二的時間，這種熱情結合了共享此愛好的少數派人士，使之成為一種彷彿地下化的國際共濟會組織，預備將帶著正確暗號找上他們的人，接納到自己的國度。爵士音樂宛如一把開門鑰匙，而我所知道的美國現實大多即得自於此；同時它也讓我認識了前捷克斯洛伐克、義大利、日本、戰後的奧地利，以及英國迄今不為人知的部分。

我在隨後幾年內之所以變得高度學術化的原因，是因為我與一對法律上的父母同住在一起。他們斷然拒絕讓其充滿激情的十六歲孩子，一頭栽進他心中所渴望的政治戰鬥生涯。他們的看法無疑是：對一個顯然聰明，而且無法依賴家中金錢的男孩來說，集中精力憑真本事進入大學才是當務之急。他們深信，我年紀太小還不適合加入共產黨[v]。基於同樣理由，儘管我們全家與支持工黨的哈利叔叔團結一致，我也不准加入該黨。而我打算加入工黨的目的，是為了要顛覆它——這就是後來托洛茨基派政治世代所熟知的「內部滲透」。我現在可以想像當初他們二人面對我的自負與不成熟時，心中一定

---

ii 一九三五年六月十六日，以及一九三五年八月十七日的日記。

iii 參見本人對英國爵士樂迷的社會分析——《爵士風情》(*The Jazz Scene*)，倫敦，一九五九年；紐約，一九九三年。

iv 參見約瑟夫·史考弗瑞奇，《低音薩克斯風》(Josef Skvorecky, *The Bass Saxophone*)，倫敦，一九七八年。

會出現的感想。當我重新翻閱我一九三四年時的日記，讀到了字裡行間亡命之徒般的言論，我不禁感覺畏縮不前，因為我們的家庭那時正深陷危機之中。無怪乎儘管後來禁令逐漸獲得鬆綁，我在隨後兩年半都過著暫時失去政治激情的生活。如此一來，我專心致志於密集的智力活動和大量的閱讀。這件事回想起來仍讓我驚訝不已。但這並不表示，英國革命因為有了我或沒有了我，而出現很大進展。

由於我們在接下來的三年內緊密生活在一起，現在不妨讓我回憶一下成為妹妹和我的「新父母」的那兩位人士。南茜與我都認為他們不太適合擔任這項工作，可是回顧我一九三四至三五年的日記，我認為我們都低估了兩個難關。一是那兩位成年人被迫不斷在不同的國家之間移民。二是他們與兩個問題孤兒面對面相處時的極度緊張關係。那兩名孤兒的破碎生活尚未真正告一段落，而養父母自己又有一個年僅八歲，必須四處漂泊並且老是生病的小男孩。撫養我們這兩個孩子絕對是一場惡夢。無論如何，他們搞砸了自己兒子的養育問題，也搞砸了我們兄妹的養育問題。這對我造成的傷害，不像對妹妹來得那麼嚴重。她逐漸展現出堅定的決心，要在成年以後過著截然不同的生活，擺脫青少年時期歐陸型、講感情、好爭辯、重知識的家居環境。情況確也如此，我仍然記得妹妹最心滿意足的時候，就是成為傳統英國鄉下已婚婦女，以及一九六〇年代在烏斯特郡成為保守黨活躍人士。

與妹妹不同的地方是，我沒有責怪養父母的真正理由。相反地，他們給我的印象並非專制型的人物，反倒像我在十八歲生日之前不久所寫的，是悲劇型的角色。在我眼中，他們是舊體制崩解後的犧牲者（葛蕾特尤其如此），而該體制曾經規範了不同世代之間的關係。維多利亞時期教育小孩的種種規矩已一去不返。那些規矩主張以嚴厲的方式來管教小孩——雖然多半還沒有嚴厲到令人無法接受的地步。對於做父母的人而言，它們是強有力的後盾，但如今卻已沒有任何東西可用於填補這個空檔。而說來弔詭的是，我的觀點雖然與妹妹相反，卻獲致了相似的結論：未來的社會不應該缺乏約定俗成的規矩，以及固定的「期望結構」。我在日記中表示：「社會主義國家必須，而且將會創造出一種新的社會主義習俗，使之擺脫老舊規矩的缺點，同時維持其原有的優點。」我們甚至可以表示，我發揮了保守派共產黨員的本能，不像那些造反派或革命派分子，是因為受到一個夢想吸引而走向自己的志業——他們夢想著個人的完全自由，亦即一個沒有規矩的社會。

我非常喜歡葛蕾特姨媽，並對她的淵博常識深感敬佩。我喜歡與姨媽談論關於人生的問題，以及我閱讀後的部分心得，就父母與難纏的十幾歲孩子之間的關係而言，這是較不常見的現象。除此以外，我認真看待她的意見，就連諸如性與愛情之類我一無所知的話題也不例外。然而，她顯然無法取代我的母親[vi]。所以，當我穿越街上的人群時，我會不時盯著別人瞧，然後暫時閉上雙眼並對自己說道：「他或她的眼睛像媽媽」[vii]。葛蕾特是格林姐妹當中最年輕、最漂亮、在社會上最成功的一位，她備受兩位姊姊疼愛，而且只有她從來不需要自己賺錢。她在自己的生命與家庭中，屢屢面對命運用槍林彈雨進行的粗暴攻擊；她卻以魅力、同情心和天生的精明做為反擊武器，而且顯然未曾自怨自艾。當她等待動手術，以便將胃內突然發現的一塊如拳頭大的腫瘤取出時，她寫了一封簡函向姊姊表示，「悉德尼絕不會相信此事，因為他永遠是樂觀主義者」——當時是我出發前往劍橋之前的幾個月。葛蕾特

---

v 他們幸運的地方是，我與克羅伊登（Croydon）地區共黨分部的首度接觸失敗了。某天我在《工人日報》發現他們的廣告，於是過去拜訪，但不巧遇見一小群愛挑剔的同志。那些人雖然興致勃勃地聽我講述上次柏林共黨示威的經過，卻一口咬定希特勒的成功標誌出德共的錯誤，甚至意味著「共產國際」的錯誤。我無法反駁他們，但我心中的感想是，如果被一個批評指揮官的單位招募進去，恐非重新加入世界革命大軍的最佳方式。況且英國共產黨員的總人數約在五千人左右，與一九三二年時的德國共產黨相形之下，根本稱不上是一支大軍。

vi 一九三五年六月四日的日記：「今天湊巧讀了媽媽一九二九年寫給我的信。她把我叫做『親愛的』。這讓我感觸良多，並有些心神不寧，因為此後已經很久沒有人這麼稱呼過我了。我甚至試著想像了一下，假如今天有人對我使用這個用語的話，將會是何模樣。」

vii 一九三五年七月十日的日記。

既非樂觀主義者亦非悲觀主義者。她一向就事論事，而且在這件事情上正確地意識到，她可能明天即將面對死亡。悉德尼帶我去當時的漢普斯德綜合醫院瞻仰她病床上的遺容。今天我往返於貝爾賽斯公園時，多半會經過這個地點——現在已變成了皇家自由醫院的停車場。她的遺體也是我所見過的第一具遺體。

我不確定自己是否尊敬悉德尼，但我不想跟他一樣。事實上，他的自怨自艾、喜怒不定讓我感到羞愧和輕蔑。其個性反覆無常，時而暴跳如雷，時而演變嚴重的多愁善感，二者交互出現：前者是無能的表現，後者則是乞求幫助。由於我們兩個人都具備猶太家庭常見的對抗性格（也就是喜歡唱反調），我們在家中的談話往往非常大聲、戲劇性十足而且通常荒謬可笑。我相信對南茜而言，悉德尼叔父絕對像地獄一般恐怖，尤其自從葛蕾特去世之後，他更加失去了穩定性。但幸運的是，當時我年齡已經大了許多，曉得自己即將獨立自主。更何況我對他的印象相當鮮明又充滿樂趣。我們進行對話，尤其當我們在巴黎長途旅行、由我擔任他的司機時更是如此——過了一年以後，我們已經寬裕到足以買一輛汽車的地步，同時我學會了開車，正好及時通過剛剛引進的駕駛執照考試。悉德尼瞭解世上的規矩，於是我認真看待他的相關談話內容並實地進行觀察，其中包括男人對於曾經跟他上過床的女人應該閉口不談。他所提出有關一九三〇年代法國電影界有哪些好片子的資訊，都出自行家之口。他還告訴我一些絕不可能從親生父親那邊學到的東西。就他而言，他則希望我能夠補償他自己生命中不斷受挫的願望。

所羅門·悉德尼·柏克伍德·霍布斯邦叔父身材矮小，在前額下方戴著夾鼻眼鏡，而且是可以垂直折疊的那一種（與我父親戴的不同）。他是我祖父大衛的兒子當中，唯一專職從商的一位，然而賺錢卻非其夢想。他具有推銷員的能力，能夠對所銷售的產品抱有熱忱，而且他身上具有保護罩，得以承受顧客不接電話及取消訂單時所造成的打擊。許多年以後，我在亞瑟．米勒那部精彩的《推銷員之死》當中，多方面地看見了他的個性。許多猶太籍父親智力發達的兒子們想必也曾有過同樣體認。雖然悉德尼有過抱負——拿破崙是他最心儀的歷史人物，薩克萊《浮華世界》書中的羅頓．克羅利則是他最喜歡的小說人物——金錢卻非引發動機的誘因。

當他待在倫敦東區的年輕歲月中，他的抱負是什麼？假如悉德尼晚生了許多年，處於能夠靠棋局賺錢，而且英國人喜歡下棋的年代，那麼他或許得以發揮在西洋棋方面的卓越天賦而有所成。當時對西洋棋高手的需求則使得他前往法國，從西戰場前線進入第一次世界大戰的情報圈（也就是破解密碼）。他似乎對這方面的事情略有所知，而且在一九一九至一九三三年之間，任何像他那般在中歐走動的人，都頗有可能碰到一些涉足情報工作的人。不過他遠離了政治。

他在其他方面雖不具創意，卻擁有貧窮猶太人自我培養出來的文化熱情，並且喜歡待在具創意的人們所構成的氛圍——例如音樂家、劇場演員，特別是電影工作者。他與葛蕾特在維也納收藏了略帶維多利亞風格的留聲機唱片，我透過它們首度聽見（往後也多次聽到）錄音時代肇始之初的偉大古典聲樂家——卡羅素、梅爾巴夫人、泰特拉齊妮——以及主要由威爾第、邁耶貝爾、古諾等人作曲，以義大利語和法語演唱的偉大詠嘆調曲目。在實務上，他所接觸的音樂人都比較現代。例如蘿絲．保利—德麗森是當時最著名的聲樂家，以及克倫培勒在柏林克洛爾歌劇院的首席戲劇女高音，在威瑪時代的音樂界獨領風騷。悉德尼叔父於二〇年代後期參與了她的事業，並曾替她網羅到愛塞爾．史密斯夫人（一八五八—一九四四）。史密斯夫人是愛德華時期的女性主義者，以及她那個年代最著名的女性作曲家，而悉德尼在年輕時就已經和她建立起關係。

但只有電影才永遠抓住了悉德尼的心。他並非以置身於大人物、財大氣粗者、企業冒險家、招搖撞騙者的環境中為滿足，即便他在環球影業上班的時候必須認識那些人。他所喜歡的是製片廠樓層的整體環境——創造出世間景象的巨型攝影棚、大舞台周圍的小個子猶太裔移民、攝影機、燈光、彩妝和布景。那裡在在都沾染了由科技、八卦、波希米亞式的隨性與醜聞所構成的氛圍。

每當悉德尼前往艾爾沃斯和艾斯崔[10]的時候，我就開車載他過去。對他而言，那裡正是人們接觸創意的地方。他返回英國以後重新打入了那個圈子，實際做法就是讓一家英國攝影器材公司相信，他憑著自己在電影界的人脈，可成為協助該公司銷售庫存膠卷的不二人選，以便與「柯達」和「愛克發」等大廠競爭。結果他用不具競爭力的產品連續打了幾年敗仗（我曾在日記中寫道：「悉德尼叔父明天要趕赴布達佩斯。喬・巴斯特納克[11]憤怒地傳來一封電報，表示『塞羅菲林』顯然品質粗劣」），最後終於放棄奮鬥而再度移民出去。這回他想必是在柏克叔叔的介紹下，拿出了為數不多的資金，將之投資於一家生產廚具的智利小公司。大戰接近尾聲時，他離開了那個單調乏味但安全無虞的生意。他那麼做的理由，只不過是因為一個昔日的熟人告訴他：新成立的聯合國將展開影片拍攝行動，這說不定可以讓他發揮所長。然而什麼事情也沒有發生，對創意生活的夢想隨之成為過去。他在五十好幾的時候，因為一個夢想而放棄了原本四平八穩的生活。此後他就再也沒有過成功圓夢的機會。

儘管如此，他在一九三〇年代的某些年頭，仍可於歐洲瀕臨悲劇之際享受幻想，而我也從中獲得了若干益處。因為除了流亡人士和激進分子之類的電影業邊緣人之外，還有誰能夠給他機會呢？於是他在「人民陣線」時代，參與拍攝由法國左派人士資助的政治電影（例如尚・雷諾瓦的《馬賽曲》），以及政治性的新聞影片。這讓我得以坐在掛出黨徽的「社會主義黨」攝影卡車上，觀看一九三六年盛大舉行的「巴士底日」慶典。悉德尼於西班牙內戰時期重新動用自己在西班牙——其實是卡塔隆尼亞——的人脈。一九三七年他從巴塞隆納旅行回來以後，講述了自己與卡塔隆尼亞領袖路易斯・貢巴尼斯（後來被佛朗哥處決），以及一位名叫艾瑞克・布萊爾[12]的英國上層階級人士交談之經過。但那些都是失敗的政治主張。我的叔父雖然與絕大多數出身自貧窮勞工階級家庭的猶太人一樣，比較同情左派，但他一心希望遠離政黨政治。歷史的脈絡迫使他必須在還能夠那麼做的時候，透過正在戰鬥中的反法西斯主義者來謀生。這種狀況卻無法長久持續下去。

二

一九三三年我所來到的英國，與本世紀初（指二〇〇二年）我撰寫這本書時的英國，幾乎在任何方面都截然不同。二十世紀的時候，這座島嶼的歷史清楚地切割成兩半——簡言之，分界線就是蘇伊士危機與搖滾樂共同造成的衝擊。我一九三三年抵達時還適用於這個國家的各種概括性說法，過了一九五六年以後幾乎已全面失效。就連英國以缺乏效率著稱的家庭暖氣系統，以及其後遺症之一——無法穿透的狄更斯式濃霧——也都不復存在，即便直到一九五三年為止，那種濃霧仍然不時讓倫敦陷入癱瘓。英國已不再是大帝國或全球性的強權，而自從蘇伊士事件之後，更不再有人相信它還是世界強權。流行文化則藉由創造自己的二戰抗德英雄來彌補這個挫敗。一九三三年的時候，人們記憶中的一次大戰並非英雄行為，而是一座墓園。不過每個人都曉得，跟從前比較起來，一戰之後，世界地圖有更大的部分是以粉紅色標出，而且我們是唯一的全球帝國——雖然聰明的帝國主義者早已心知肚明，我們的掌控能力已經遠遠小於我們的勢力範圍。但是英國的膚色仍為白色。一九三三年時，在巴黎街頭遠較倫敦更容易找到黑色與褐色的臉孔，而且除了倫敦西區的維拉斯瓦米餐館之外，幾乎還看不見印度餐館的蹤影。其實任何類型的外國人都相當罕見，因為英國並非國際旅遊的中心。至少以目前的標準來看，當時英國觀光業的規模還非常小。

一直要等到希特勒與二戰，才為英國帶來了少數的歐陸中產階級人士。匈牙利籍的喬治・麥克斯曾在《如何當個外國人》那本小書中，很風趣地描述了那批歐陸人士的反應。英國的做法其實剛好與當地百姓的神話相反，實際上是竭盡所能將難民阻擋在外。但不同於麥克斯那個時代的是，下一批匈牙利移民——即一九五六、五七年之交的難民——已不可能再把英國描繪成一個「用熱水瓶取代性行為」的國度。一九五〇年代時，英國年輕人的性道德觀與社會價值感已出現革命性的變化。但在一九三〇年代還無法想像，倫敦將成為一座充滿時尚、樂趣與性濫交的國際都會（不像一九六〇年代所謂的「搖擺倫敦」）。對異性戀男性來說，當時適合活動的地點是巴黎或法國的蔚藍海岸；同性戀男性眼中的理想地點則是柏林——至少是到希特勒上台之前為止。對女性而言，不論她們屬於哪一種類型，在公共領域都受到了更多限制。

一九三三年時，不列顛仍舊是一個自我封閉的島嶼，生活中的依據就是不成文但具有強制性的規矩、儀式和新發明的傳統：多半是階級上或性別上的規範，但也有幾乎到處用得著的原則，而且它們往往與王室成員有關。劇院及電影院在每一場表演結束後都會演奏國歌，要人們於回家前起立致敬。十一月十一號停戰日當天，不論你置身何地，在默哀的那兩分鐘內都不得開口講話。「正確的」口音將上層階級凝聚在一起（但可明確辨識出來的暴發戶除外），並確保較低層的階級做出恭順行為——不論當事者是否具有階級意識，至少在公開的場合必須如此表現。

這些事情在一九三〇年代都到處可見。但理所當然地並沒有人期待它們也適用於海峽另一邊，而那道海峽正好把我們跟外國人區隔開來。不列顛在任何方面都具有島嶼性格。曾有一位出自高等中產階級的猶太裔難民醫生提出申請，希望入境英國擔任僕人（那是唯一可能的選擇），而且他打算成為男管家。英國派駐巴黎負責審核證照的官員卻毫不遲疑地加以拒絕——無論是否基於人道的考量。他所寫下的批註是：「此事甚為荒謬，因為男管家需要一輩子的經驗。」[viii]他根本無法想像，非英籍人士也會有能力擔任家庭總管。

但就歐陸的標準而言，不列顛仍然是個富甲一方、技術先進、經濟發達、制度良好的國家——雖然對一個手頭拮据的十幾歲男生來說，巴黎毫無疑問讓人覺得更有意思。英國火車與地鐵的座椅都設有軟墊，即便三等車廂也是如此。其城市街道難得出現凹凸不平的石鋪路面，就連鄉間小道也都是柏油路。新蓋好的小型家庭住宅都設有浴室及抽水馬桶，每戶並擁有自己的花園。大城市近郊出現了數萬棟這種房子，但當時難得有人知道那正是一波大規模的建築熱潮。除了富人擁有機動車輛之外，就連大多數的窮人也都有收音機。在另一方面，人們對物質的要求很低。當我們短暫居住於艾奇韋爾的砲台園，與擁有汽車、暢飲雞尾酒的中產階級共同生活的時候，我發現了大多數英國人主要仍將收入花費於生活上的一般需求，還沒有往基本所需之外消費。不列顛距離現代消費社會還有很漫長的路程，對該國青少年而言尤其如此。一直要等到一九五〇年代中葉的充分就業時期，工作中的青少年才有錢可花，而且父母親不再需要小孩子幫忙賺錢貼補家用。

幸運的是，對於剛出道的知識分子而言，可立即獲得的享受大多也很便宜：例如規模變得越來越大的戲院所放映的電影，而且開演之前會有風琴伴隨變幻的燈光，從深處向上升起。此外有廉價的二手讀物與平裝書（新登場的六便士「企鵝叢書」），甚至還有各大報社為了率先突破二百萬份的發行量門檻，競相免費贈閱的書籍。我仍然留有蕭伯納的《劇作集》，那是購買六份由工黨發行的《每日前鋒

viii 露易絲・倫敦，《白廳大道與猶太人，一九三三—一九四八：英國的移民政策與大屠殺》（Louise London, *Whitehall and the Jews 1933-1948: British Immigration Policy and the Holocaust*），劍橋，二〇〇一年。引自《紐約書評》（*New York Review of Books*），二〇〇一年三月二十九日，頁44。

報》之後的贈品。當時該報曾一度贏得報業間競賽——但隨後的二十世紀英國歷史發展使得報業盟主變成了《太陽報》，而那份八卦報紙不太可能為了增加自己的銷售量，繼續向讀者提供古典文學名著。

就連讓我們得以自由行動的運輸工具也很便宜。例如我們或我們的父母親都注意到倫敦雙層公車後側張貼的廣告：「下車吧，這輛公車永遠不會歸你所有。只要每天省下兩個便士，就可以買一輛自行車。」事實上，存錢沒幾個星期以後便可以買來一輛腳踏車——以我自己為例，我那輛嶄新的「魯吉－惠特沃思」牌自行車花了五或六英鎊。如果「身體上的行動自如」即為自由之必要條件，那麼自行車或許是繼谷騰堡之後最偉大的單一發明[13]，可用來達到馬克思眼中完全實現「人之所以為人的本質」之境界，同時只有自行車沒有顯而易見的缺點。其原因在於，腳踏車騎士是以人類跟得上的速度行進，乘客沒有被隔絕在玻璃板後面，因此離開了大自然的光線、空氣、聲音與味道。在一九三〇年代，也就是在汽車激增之前，沒有什麼比騎自行車更適用於探索這個面積中等、景色既令人驚豔又變化多端的國度。

隆尼堂哥與我騎著腳踏車，帶著帳篷、可攜式休閒爐和新發明的「馬爾斯巧克力棒」[14]——隆尼刻意用法語發音方式，把「馬爾斯」(Mars)稱作「馬赫」(Marr)——共同探訪了英格蘭南部許多地區的文明之美。在一次值得回憶的冬之旅中，我們更發現了威爾斯北部的野性美。(在將近六十年後，那些吃著馬爾斯巧克力棒騎自行車的遙遠記憶，突然被一個來自拉斯維加斯的驚人提議重新喚醒。提議者名叫佛瑞斯特·馬爾斯，當時已高齡八十好幾，擁有規模居全球之冠的未上市私人獨資公司。他要求我協助他向公眾解釋自己關於世界的理念，但被我敬謝不敏。看來似乎是因為有一位勤奮好學、與他熟識的年輕女性提出了這項獨特構想，讓一家可做為教科書範例、頑固守舊、堅如磐石的私人企業，與一名馬克思派的歷史學者進行合作。)

一九三三年的時候，一個剛移民過來的十幾歲青少年如何適應了這個既陌生又是故鄉的國度？就某些方面而言，我彷彿是以路易斯．卡羅筆下《愛麗絲夢遊仙境》的方式來到這個地方。為我打開那些窄門和通道的人就是我的家人，尤其是我的堂兄弟們，而且他們既是我最要好的朋友，也是唯一與我親近的朋友。

當時在英國的家人減少了幾位。大衛與蘿斯．沃布斯特鮑姆已經去世了——他們在一八七〇年代來到倫敦，而且無疑是因為一名倫敦東區移民局官員的緣故，使得其姓氏開頭的字母變成了H[15]。他們的八名子女當中也有三人過世：路．霍布斯邦（一位鄉下演員）、菲爾（他沿襲了家族的木工行業），以及我的父親。（大衛第一次婚姻所生的女兒——我的蜜莉．郭德堡姑媽——很早即已移民美國，是一個現在分佈於美國和以色列的宗族之母系大家長。）第四位是我的厄尼斯特（亞隆）伯父，當初正是他說服我父親去埃及與他會合。他自己曾服務於埃及的郵政電信局，在我們抵達英國不久以後就過世了，身後留下許多令人回憶起東方生活的銅製飾品與軼事。他還遺留了一位信奉天主教的比利時裔寡婦——她比他更懂得賺錢謀生——以及兩個令堂兄弟們感興趣的迷人女孩。柏克伍德叔叔則有一位威爾斯太太和五個小孩，而且他們早已定居智利，雖然他仍與家族保持聯繫。

最後還剩下希西（莎拉）姑媽與哈利叔叔。前者是小學老師，嫁給一個始終「出差」不在家的丈夫。哈利叔叔則為家中不可或缺的支柱，但那只不過是因為家族成員當中只有他能夠賺取穩定收入。其實他的進帳相當微薄，他在郵局擔任電報員，每週支領四英鎊左右的薪水。除了第一次世界大戰期間之外，那裡是他一輩子的工作地點。他在一戰時服役於比利時伊普爾戰場的突出部，後來幸運被調派至義大利前線，因此保住一命。他也是倫敦佩丁頓區的工黨議員，最後成為該地的第一任工黨區長。霍布斯邦家族初抵英國時，是一個貧窮的工匠家庭。我們家族後來跨出了原先位於白教堂、斯皮特爾菲爾茲、溝岸等地的戶籍登記住址[16]。但他們走出去的距離並不遠，以致總是停留在英國社會的較低階層。

儘管如此，我們家族的社會活動範圍，仍涵蓋了英格蘭既廣大又具有代表性的部分。其中一方面包括了羅莎莉表姐（希西姑媽的女兒）所開設的舞蹈班與「談吐班」，而所謂的「談吐班」指的是學習以資產階級腔調來說話的課程，所招收對象為西德納姆郊區望女成鳳母親的女兒。在另一方面則包括了哈利·霍布斯邦議員在佩丁頓北區的工黨圈子，再加上自學成功的平民知識分子和有志成為藝術家者的天地。後者便是我堂兄弟們出入的場所，那個世界有著供他們舉行聚會的「里昂茶館」或「ＡＢＣ茶館」、討論團體、夜間講習班，還有設備完善的免費公共圖書館與閱覽室。艾倫·雷恩特別針對那個天地，於一九三六年首度發行供人進行自我教育的傑出平裝書系列（「企鵝叢書」），以及學術性的系列（「塘鵝叢書」）。與此同時，維克多·高蘭茲也創立了「左派圖書俱樂部」。我的魯比堂哥（菲爾的兒子）就在那邊推出了我們家族為左翼文學做出的第一個貢獻：由他——魯賓·奧斯本——所撰寫的《弗洛依德與馬克思》。

正是這個天地引領我進入了學校與家庭之外的英國環境。其中有一部分來自於希西姑媽的兒子丹尼斯。他是個既黝黑又在財力所能負擔的範圍內講求時髦的人、過著焦躁不安的生活，而且未能完成學業，從一九三〇年代中葉開始便在缺乏固定工作的情況下，於音樂界、戲劇界和流行娛樂圈的底層討生活。但我對英國的認識主要還是透過哈利叔叔的兒子——隆尼。他身材矮小、削瘦結實、有著標準的猶太人長相，當時仍與父母同住在麥達維爾[17]。他一生熱愛海洋，二戰時服役於海軍得以一償宿願，戰後仍不時在黑水河口區[18]駕駛小船，繼續滿足了這方面的需求。我剛來到英國的時候，隆尼正在自然歷史博物館的某個部門擔任雜工，而該館當時收容了各式各樣的「草根思想家」和默不吭聲的波希米亞人。隆尼晚上則在攝政街綜合技術學院進修，準備參加中等學校學歷考試。後來他以一等成續自倫敦政經學院畢業，這讓他得以出任公職，緩緩從科員晉升至部門主管，最後更在勞工部擔任高階行政官員。

我拒絕與近郊的小資產階級有任何往來，而且我瞧不起那些人是很自然的事情。因為改革派社會民主黨人也擁抱這些小資產階級，所以我免不了也覺得，由哈利叔叔——甚至由他較左傾的兒子——所代表的工黨運動令人失望，同時讓人難以理解。但不同於德國社會民主黨的是，我們不能一古腦兒地也把英國社會民主派判處火刑。因為哈利叔叔雖然是工黨的忠誠擁護者，並捍衛該黨來抵禦英國共產黨的猛烈攻擊，但他也認同英國勞工運動的一般共識（或許只有直接受到天主教會影響的人士除外）：不管你對蘇聯持何看法，它畢竟是一個工人的國家。哈利叔叔與工黨及工會大多數的積極分子一樣，對共產黨員固然不表苟同，但認為共黨基本上與工黨站在同一邊。此外讓我無法否認的是，英國工黨不同於德國的社會民主黨，只有極少數領導人變節投靠了資產階級。例如一九二九年工黨內閣的蘭姆賽．麥克唐納首相與兩名同僚，在一九三一年共同加入保守黨所謂的「國民聯合政府」——該聯合政府繼續統治英國，直到內維爾．張伯倫在一九四〇年垮台為止。我們怎能以同樣方式，將工黨內部堅決反對麥克唐納的主力人士（他們在下議院已淪為五十人左右的殘餘勢力），也視為階級叛徒呢？

在另一方面，若將一九二六年的總罷工做為著眼對象，工黨運動根本就不符合我理想中的革命無產階級觀點。但又令人大惑不解的是，因為就某些方面來說，英國的局勢顯然與德國相近。一九二九年全球危機所造成的經濟恐慌與政治混亂，使德國陷入動盪不安。英國的政局同樣也受到震撼，無論左派與右派均走向激化，甚至還出現了身著黑衫的法西斯運動，一時之間似乎對國家構成嚴重威脅。儘管如此，英國的結構即便已經稍微動搖，但並沒有出現崩潰跡象，而且事實上也從未瀕臨崩潰邊緣。從英國的情況觀之，世界革命所需的時間似乎遠遠超出了我們的假設。況且我認為自己恐怕無法看見世界革命到來，因為按照我日記中的記載，我不預期自己能夠活到四十歲（在十七歲的時候，就連那個歲數也顯得遙不可及）。此時「共產國際」本身也即將發現，除非先擊敗法西斯主義和打贏世界大戰，否則就不會出現世界革命。

三

或許令人覺得奇怪的是，我到現在還難得提起自從我抵達英國，直到我赴劍橋之間就讀了三年的學校。我在該校上學的時間，比我在其他國家的任何學校停留的期限都要來得久。那所學校就是聖瑪麗勒本文法學校。它位於倫敦中區瑪麗勒本路和利森樹林的角落，是隆尼堂哥的母校（我贏得了該校的辯論獎盃，因此步上他的後塵）。與亨利親王中學相同的是，那所文法學校已經不復存在。但它並非毀於敵軍轟炸，而是被一九七〇年代的意識型態所摧毀（當時是中等學校教育的苦難期）。該校拒絕了上級提出的選項——自我轉型為濫收學生的綜合性學校，或變成私立學校——於是遭到關閉。

那所學校為我提供的教育，與一九三〇年代英國所有的學校一樣好，而且我對校內老師滿懷無限的感恩之情。但令我始終不解的是，該校竟然無助於我對英國的瞭解，不過我發現瑪麗勒本所有的老師都具有幽默感，與柏林的「教授先生們」有所不同（我在日記中特別對此做出了註記）。當時我尚未留意到的事情則為，英國的中學老師屬於「大學那一掛教授」，可是就知識上而言則未必如此。假如我是就讀於德國、法國或義大利的中學高年級，教導我的老師將會跟英國老師們很不一樣，因為英國的中學老師難得有人是研究人員、學者或未來的學術工作者，但他們在各自的中學教學領域內自成一套。

更令人驚訝的是，我在那裡念書的三年期間沒有真正交過朋友。而且幾乎可以確定，我的舊國家與新國家之間的歷史鴻溝實在過於寬闊。按照一九三二年柏林的標準，來到倫敦簡直像是重返童稚期。在一九三三至三六年之間的瑪麗勒本學校生活裡，根本無法進行類似一九三一至三三年在亨利親王中學那種層次的對話。除了與隆尼堂哥之外——當時他已經是大學生了——我一直要等到抵達劍橋以後才得以繼續那種對話。這應該可以解釋，為什麼我在進入那所中學的頭兩年內，低估了若干同學雖不顯著，但真實存在的激進政治傾向。從我的日記來判斷，另一個解釋理由只能說是自負。我認為自己在知識上已經達到了老師的程度，而且比其他學生優秀。

我也不喜歡這所學校的社會導向。那是一種誇張版的資產階級「公學」（但不用寄宿）——校內必須穿戴制服和校帽、設有級長、對立的院舍，還有道德說教言論等等。而我都儘可能與之唱反調。校方則不十分清楚應當如何應付這個不完全遵守紀律、來自中歐的學生，而且他既不曉得板球與橄欖球的規則，又對這兩種遊戲不感興趣。但他的年紀太大，遲早必須讓他當上級長，而且他的智力過於發達，不得不讓他擔任校刊——《語文人報》——的編輯。校刊除了報導定期舉行的體育活動外，也登載了我最初白紙黑字印出來的一些作品，但我已經把它們的內容忘得一乾二淨。唯一的例外是一篇探討一九三六年「倫敦超現實主義展覽會」的長篇大論——同年稍後我曾在巴黎與一位參展者共度了幾個社交夜晚。不管怎麼樣，校方很快便注意到，我喜歡考試就如同喜歡冰淇淋一般，並且頗有機會得到大學獎學金。

讓我願意遷就校內這些表面文章的原因，就是老師們的素質，特別是他們對工作的奉獻精神。首先必須一提的是菲利普．韋恩校長（後來他幫「企鵝經典系列」翻譯了歌德的《浮士德》）。他第一次與我對談的時候，就很遺憾地表示學校只能繼續教我拉丁文而非希臘文，並將哲學家康德的一卷著作，以及威廉．哈茲里特[19]的文選集塞進我的手中。

該「語文學校」創立於一七九〇年代，招生對象為瑪麗勒本地區家境平凡，但望子成龍、望女成鳳父母們的子嗣。後來它被倫敦郡議會接管，成為一所文法學校，負責提供倫敦低層中產階級所需的課程——那個階層的人士從未打算接受中學程度以上的教育，也不期待自己能夠在世上揚名立萬。他們後代的子弟卻有幸從一九三〇年代開始上大學，可見該校絕非提供第二流的教育。儘管有時候對我們而言，它看起來宛如那些穩居高層者大發慈悲提供的禮物，送給值得領賞的社會次等階級。

哈洛・盧埃林－史密斯是一位相貌英俊、關係良好、終身未婚的自由黨重要台柱。他是英國愛德華七世與喬治五世時代勞工政策制訂者之子，也是福利國家的代表性人物。他教導我歷史、建議我進入牛津或劍橋，最後自己成為學校的校長。他十分清楚自己出身社會頂尖：先後就讀於溫徹斯特公學和牛津大學新學院、大戰時期服役於「蘇格蘭衛隊」。既然他有辦法選擇在一所不起眼的國立中學教書（該校只有一名老校友為外界所熟悉——倫敦下層中產階級的詩人傑洛姆・傑洛姆[20]，亦即《三人同舟》一書的作者），那麼幾乎可確定的是，同樣的理由也曾促使他任教於倫敦南區的貧民窟。除了與男孩子一起工作時所產生的吸引力之外，那主要是因為他渴望為弱勢者做好事的緣故。他把書借給我看、為了我而動用自己的關係、正確地指點我如何準備牛津劍橋的獎學金考試、告訴我哪些學院適合我就讀（牛津的貝里歐學院、劍橋的國王學院），並告誡我在那裡與紳士們共處時，必須過著像有錢人般的生活。顯然他從來就不覺得，我有潛力成為他那個世界的人。

相似的社會鴻溝也把我們跟一位最有趣的老師區隔開來。他是一位年輕的英國文學系畢業生，從劍橋來到瑪麗勒本，並且為樂意聽從教誨的學生（我當然如此）帶來了理查茲所撰寫的《實用批判》與李維斯[21]等人的偉大著述。我狼吞虎嚥地閱讀了他借給我的《英詩之新平衡》[22]，以及他最仰慕詩人的限量印刷珍藏版。他並敦促我將李維斯任教的學院——劍橋大學唐寧學院——列為我獎學金考試的第三選擇（次於國王學院，以及因為莫里斯・多布[23]而選擇的三一學院）。李維斯「偉大文學評論家」的聲譽未能在二十世紀裡維持下去，而當我進入劍橋大學時，我對李維斯的熱情已經冷卻下來。但在他的那個世紀，沒有任何導師對文學教育產生了比他更深遠的影響。他具有驚人的能力，足以啟迪未來幾代的學校老師，而那些老師也啟迪了他們聰明的學生。

在這位麥克林恩老師眼中，英文是一種必須傳授給人們的神聖志業。假如他後來沒有在戰時陣亡的話，我相信他應該會繼續當老師。可以確定的是，他啟發了我。我覺得他在許多方面與我相同，最起碼是因為他也長著一張外觀醜陋、鼻子很大、五官不甚分明的臉孔，再加上角質框架眼鏡後面侷促不安的褐色眼睛。而且他龐大笨拙的身軀同樣有著不大聽使喚的手腳，並具有敏感的心靈。唉，我真懷疑如果天假以年的話，他是否也會變成馬克思主義者？

在那三年裡面，瑪麗勒本成為我的知識中心——不僅學校如此，同時也包括了幾碼距離之外，當時那個倫敦自治市市政廳裡面美妙的公共圖書館。午休的時候，我大部分時間就待在館內，大量閱讀與借閱各方面的書籍（儘管之後我再也沒有使用過這間圖書館，但婚姻登記處位於同一棟大樓內；過了許多年後，我在一九六二年與瑪蓮在此結為夫妻。）我絕非僅僅從學校接受了教育。事實上，我在校內的最後一年（一九三五至三六年）主要是透過自修學習的。但是，我虧欠聖瑪麗勒本文法學校的地方很多，而且那不光是因為它引領我認識了英國詩篇與散文的精妙之處而已。如果缺乏其教誨與指導，我不曉得一個從未受過英國學校教育、年近十六歲時才來到這個國家的男生，怎麼會有辦法在兩年出頭的時間內贏得劍橋大學獎學金，並且一進入劍橋即可選擇至少三個科目來攻讀。聖瑪麗勒本也幫助了我，走出自從離開柏林之後所來到的無人地帶（除卻家庭之外），重新回到年輕人必不可缺的天地：一個充滿著友情、夥伴關係、團體與私人親密互動的地方。

四

那個年輕人的智力在三年當中到底長進了多少呢？首先，我在那個階段所進行的閱讀，比之前或之後的任何階段更加廣泛而全面，在文學方面尤其如此。由於中學考試對專門知識的要求比大學少了很多，遑論是在研究方面，愛好冒險的學生能夠有較多時間進行探索（在那種年紀幾乎凡事都有待發現）。更何況與歐陸相形之下，英國最高年級的中學生比較不需要花功夫學習——雖然這只是因為學生僅須在人文與科學之間選擇其一，以致比歐陸少了一半的教學科目。等到進入大學以後，認真看待學位的人就不可能像充滿進取心的青少年一般，有那麼多時間，能以快速、狼吞虎嚥、充滿無限好奇心的態度來閱讀各方面的書籍。而我究竟如何處理了所有讀到的東西呢？

簡單的答覆就是：我試著從馬克思主義的角度來做詮釋，亦即主要著眼於歷史方面的解釋。對一個充滿激情、未加入組織、被迫無所作為的青少年共產黨知識分子而言，除此之外沒有太多事情可做。由於我離開柏林之初主要只讀過《共產黨宣言》——坐而言不如起而行——因此我必須先多獲得一些有關馬克思主義的知識。

我的馬克思主義在那個時候——而且於某種程度內繼續如此——汲取自當時唯一能夠在大學圖書館外面輕易取得的文字。那就是由莫斯科「馬克思－恩格斯研究所」贊助出版、有系統地加以分發派送的「古典」著作與選集（並且是在大量津貼下出現的當地譯本）。但說來奇怪的是，直到史達林惡名昭彰的《蘇聯共產黨簡史》於一九三九年問世之前（其核心部分包含了「辨證歷史唯物主義」），還沒有官方手冊來闡明蘇聯共產黨與此有關的正統立場。等到這方面的資料出現以後，我熱情地加以閱讀，並容忍了說教式的簡化內容。它相當符合我個人，以及一九三〇年代大多數英國紅色知識分子對馬克思主義的理解。我們喜歡以十九世紀的概念，將之視為「科學的」社會主義。由於本地中學與歐陸法國式和德國式的中學不同，哲學並非高年級教育的核心部分，我們未曾以歐陸同年齡學生對哲學的興趣來探討馬克思，更遑論是具備與他們一樣的哲學知識。這很快就使得我的思維方式變得英國化。培利・安德森所指稱的「西方馬克思主義」，亦即盧卡奇、「法蘭克福學派」與柯爾施[24]等人的馬克思主義，在一九五〇年代之前從未跨過英倫海峽。我們只愜意於知道馬克思和恩格斯已經導正了黑格爾，卻懶得去查明他們到底在哪裡踩到了痛腳。讓馬克思主義如此難以令人抗拒的原因，就在於其全面性。「唯物辯證主義」縱使並非「適用於一切事物的理論」，至少也提供了「一切事物的架構」；它將無機與有機的自然界，與人類集體或個人的事務連接起來，並在一個持續變遷的世界中，指點出各種互動關係的本質。

我翻閱自己一九三四至三五年的日記時，可以清楚看出日記的作者正預備成為歷史學者。當時我特別努力嘗試的工作，就是於閱讀時運用發揮馬克思主義的歷史詮釋法。假如我是在歐陸繼續接受教育的話，我這麼做的時候八成會採取不同方式。但無論如何，「唯物史觀」當然是馬克思主義的中心思想。儘管條件不利，英國在一九三〇年代還是成為少數孕育出馬克思主義歷史學派的國家之一。我認為其中部分的原因是，由於英國中學第六年級的人文教育缺乏哲學課程，文學因而填補了這個真空。英國馬克思派歷史學者在剛起步的時候，多半是鑽研文學或對文學懷有熱情的年輕知識分子，後來才轉而從事歷史分析，諸如：克里斯多夫・希爾、維克多・柯能、萊斯理・莫頓、EP・湯普森、雷蒙・威廉斯，以及我自己。這或許可以幫助解釋，為何李維斯那位反馬克思主義者對許多日後的共產黨人產生了驚人影響。而劍橋共產黨員所閱讀的，正是他所推崇的英國文學作品。

當我嘗試對文藝產生理解的時候，我自己的馬克思主義也隨之繼續發展下去。那時縈繞在我心中的還不是傳統的宏觀歷史問題，即馬克思主義史觀所指出的歷史發展方向——依次更替出現的「生產模式」。我所關心的反而是藝術家與藝術（實際上是文學）在社會中的地位與本質，或者套用馬克思的術語來說，就是「上層結構與下層結構之間的關係為何？」。在一九三四年秋天的某個時候，我開始辨識出這是問題的癥結，並對此產生憂慮，就彷彿一隻小狗面對一根巨大的骨頭而不知所措。其間我求助於大量雜亂無章的閱讀，涉獵的範圍包括了心理學與人類學，再加上昔日在歐陸閱讀「宇宙：大自然之友協會」的各種出版品，所獲得有關生物學、生態學和進化論等方面的知識。

那個理論非常雄心勃勃。我寫道：「馬克思能夠基於對資本主義體制的精確分析，為社會主義體制做出預測。若我們對資本主義文學進行精確分析，並考量一切的情況、所有的脈絡與關係之後，一定也可以針對未來的無產階級文化得出相似結論。」我很快就不再對這種整體性的預測進行思考，但我在十七歲時向自己提出的這個歷史問題，已經永遠形塑了我成為歷史學者後的工作方向。我仍然試圖「分析各種（社會方面的）影響因素，如何在不同時代決定了詩歌文學（更廣泛而言也包括理念）的形式與內容」。反正我所學會的歷史已經略多於實際所需，再加上一些「致勝撇步」（當時還沒有發明這種用語），便順利通過了劍橋的獎學金考試。

五

一九三六年初，我慎重地做出決定——由於「我活在二十世紀，而且……無論如何我都不沈溺於樂觀主義」——從此停止撰寫已經寫了將近兩年的日記。我在最後的一篇日記寫道：

天曉得理由何在。或許因為我已經贏得劍橋獎學金，而且若一切進行順利的話，至少未來三年內可望過著獨立的日子。或許因為S氏（我在獎學金考試中認識了他，此後他成為我終生的朋友）是我自己結交的第一個朋友，而非從別人那邊附帶認識的對象。……或許因為現在我有一年的時間只需要管好自己的工作，而不必顧慮其他（也就是說，直到前往劍橋之前皆如此）。那是因為各種事情看起來對我更有利了嗎？還是因為（或許只是假設而已）我將過著比較不那麼「二手」的生活？

看來現在該平衡一下我的記述了。我的期望既非情緒用事，亦非自我欺騙。我所採用的是下列方式：

艾瑞克．約翰．厄尼斯特．霍布斯邦是個高大削瘦、搖搖晃晃、樣貌醜陋的金髮傢伙。他現年十八歲半，具有敏捷的領悟力、相當豐富而粗淺的一般常識，以及十足的創意——不論是一般性或理論性的創意皆如此。他是一個無可救藥愛裝模作樣的人，而且由於他說服自己相信所裝出來的模樣，使得其做法更加危險，但有時候收效益彰。他不談戀愛並顯然相當成功地昇華了自己的熱情，這表現於（但不常發生）他對自然與藝術的著迷享受。他缺乏道德感，並且十分自私自利。有些人認為他極度令人厭惡、有人喜歡他，而其他人（那是絕大多數）覺得他很可笑。他想當一個革命分子，但迄今仍未表現出組織方面的天分。他希望成為作家，但是缺乏精力與才華來處理創作題材。他不具備足以移山倒海的信念，只是滿懷希望。他既愛慕虛榮又自以為是。他是個懦夫。他非常喜歡大自然。他已經忘記了德文。

我就以這種精神狀態面對了一九三六年與劍橋大學。

第七章

劍 橋
CAMBRIDGE

在上個世紀前半葉的英國社會，從一個階級環境轉換至另一個階級環境，也算得上是一種移民方式。而我在一九三五年贏得劍橋獎學金，便意味著遷徙到一個陌生的新國度——它甚至比我之前住過的那些國家更加令人不熟悉，以致顯得格外陌生。其中只有一方面除外：我中斷了三年之後，現在終於可以重返政治、繼續進行自從離開柏林以來就被迫放棄的那種對話。我抵達劍橋之際已經下定決心，這回一定要加入共產黨並投身政治。結果證明，我不是唯一那麼打算的人。我所屬的世代，是這所大學有史以來最左傾也最激進的一代，而我正好躬逢其盛。與此同時，即便把該校出過牛頓、達爾文、馬克斯威爾[1]等人的時代一併列入考慮，我抵達的時候很可能正值該校歷史上的鼎盛期。在那幾十年裡面，劍橋幾乎與英國的科學成就畫上了等號。

這兩種現象無法完全分割開來：難得有任何時期像一九三〇年代那般，出現了許多抱持偏激政治立場的著名自然科學家，而且人數多得不成比例。我在此還必須補充說明一下，劍橋大學於一九三〇年代所獲致的科學成就，比劍橋學生的政治激化持續得更久。那些激進學生並未留下許多痕跡，即便在公眾記憶中也一樣。其例外狀況是一九三〇年代共產主義的一段小插曲——「劍橋間諜事件」[2]。

由於我是一九三〇年代後半葉劍橋大學部的共黨學生要角之一，屬於冷戰世代的本書讀者們八成會想提出質疑：我對那些間諜到底知道了多少。我不妨開門見山坦白回答這個問題。是的，我認識其中若干人。不過，直到消息曝光前，我並不曉得他們曾經或已經為蘇聯情報單位工作。「五大寇」[3]（布朗特、柏吉斯、凱恩克羅斯、麥克林恩、菲爾比）來自比我更早的學生世代。我的同輩當中並沒有人把他們跟共產黨聯想到一起，但柏吉斯除外[4]，而且我們把他當成叛徒看待。那是因為他在共產黨員身分洩底後，刻意偽稱自己已經轉向右派觀點的緣故。我在大戰以前跟那些人沒有私交，一九四五年之後也只是與布朗特[5]和柏吉斯二人偶有往來而已。我對他們的認識並非來自政治，而是透過「使徒會」（請參見第十一章）、同性戀的朋友們，或者是兩次大戰之間牛津劍橋的倖存者——例如以撒．柏林，而他老是忍不住想談論與熟人有關的八卦。

我對柏吉斯的記憶只不過來自使徒會的兩次年度晚宴。其中一次由他本人在一九四八年主辦，地點是皇家汽車俱樂部（一個詭異得很適當的場地）；麥克．史垂特曾於回憶錄中記載了那次餐會，而他正是布朗特試圖為蘇聯招募的對象[i][6]。另外一次則是一九五〇年代末期由我主辦的晚宴，地點在蘇活區弗里斯街一家經營不久便關門大吉的葡萄牙餐館。我知道柏吉斯對英國充滿鄉愁，於是特地針對此次晚宴寄給他一封收件人為「莫斯科，蓋伊．柏吉斯」的邀請函。我之所以記得第一次的聚會，是因為柏吉斯要求我們同意，天主教徒由於信奉教條，妨礙了本社團所珍視的思想開明，所以不適合成為使徒會的會員。而我還記得第二次的聚會，則是因為柏吉斯一大清早從莫斯科打電話到布魯姆斯伯里把我叫醒，很遺憾地表示礙難參加晚宴。我猜想（後來也完全確定）我的電話從此以後就遭到竊聽了。但他的來電使得當天晚宴大為成功。

至於安東尼．布朗特，假使我跟他很熟的話，就不至於開出一個無情的玩笑，讓我直到今天還為之抱歉不已。那是另一次舉辦於蘇活區的使徒會晚宴，我在吧台發現他湊巧站在我身旁。當時柏吉斯與麥克林恩剛逃跑不久[7]，於是我隨口說出了相當尖酸刻薄的俏皮話——我完全不知道布朗特與蓋伊．

柏吉斯有著親密的感情關係。我的言詞一定傷到了他，但誰又能夠事先曉得呢？他那張瘦長優雅、略嫌高傲的臉孔，唯有在必要時才會露出表情。依據其蘇方聯絡人的說法，布朗特是那夥人當中最強悍的一個。他自律的功夫已經達到了不近人情的地步，所以才會有辦法在東窗事發那天待在朋友家中，於記者和狗仔隊的重重包圍下靜靜核對事證[8]。

我同輩當中成為蘇聯間諜的那些人，在我剛認識他們的時候都只是學生共黨支部裡面的激進分子，也就是說，那百分之九十九可以證明他們尚未被吸收進行特務工作。因為按照常理來看，那種工作必須與合法政黨的公開活動分開來進行，否則一旦被發現的話，勢必會使得黨的活動名聲敗壞。我們知道有那樣的工作正在進行當中、我們知道最好不要問出相關的問題、我們尊重從事那種工作的人，而且我們大多數的人——我當然也是——每當被問起時都會自己一肩扛起。在一九三〇年代的時候，忠誠度不會因為國界而終止，反而凌駕了國與國之間的界限[ii]。

結束這個短暫插曲之後，現在讓我返回一九三〇年代的劍橋。首先必須曉得的是，該地當時的情況與今日差別很大，縱使二者之間有其延續性存在。

我自從一九三五年參加獎學金考試以來，就已經與劍橋大學建立起關係。說得更明確一點，那指的是國王學院，因為大學本身除了安排我參加學士與博士考試外，一向拒我於千里之外。但在另一方面，我與國王學院的關係始終牢不可破。從一九三五年起，不分白天或晚上、不分一年四季，也無論

i 麥克·史垂特，《長久沉默之後》（*After Long Silence*），倫敦，一九八三年。

ii 「親法西斯與反法西斯勢力之間的界限，切割了所有的社會。……沒有任何時期會像當時那般輕視愛國主義——此即國民自動自發對本國政府的忠誠。第二次世界大戰結束之初（就西班牙而言則為內戰初起時），至少有十個老牌歐洲國家的政府領導者曾經是叛亂分子、政治流亡者，或最起碼是當初認為本國政府不道德、不合法的人。」見：艾瑞克·霍布斯邦，《極端的年代》（倫敦，一九九五年英文平裝版），頁144。

在我人生的任何階段，我都不忘從劍河之上的拱橋，將目光投過綿延不絕的大片後院草坪，欣賞眼前的非凡組合：禮拜堂後側冷峻而令人難窺堂奧的哥德式建築結構，以及同樣有著十八世紀質樸優雅風格的吉布斯樓。而且我總是像首次看見時一般，會驚訝得深深吸一口氣。沒有多少人能夠如此幸運。

對於那些獲得國王學院獎學金、度過了大學部每一個學期的年輕人而言，待在劍橋就彷彿是一直有廣受愛慕的女性公開陪伴，令人嫉妒——你也可以說，那就好像帶著波提切利畫筆下的春神，參加所有的派對一樣。（一九三〇年代學院內部生活的一面，就比較不那麼令人振奮了——例如向「吉普室」[9]的洗滌槽撒尿，因為最靠近的浴室與廁所可能在三個樓層之外，中間還必須穿越天井與地下室。）不過，即便是人數居多的一般大學部學生，他們只需要花一部分時間，在維多利亞式的聯排房屋裡面，某個偏僻的陋室待上幾年，就無法避開劍橋七個世紀的教學生活所形成的龐大力道。一切事物都被設計用於讓我們成為傳統的支柱，而那個傳統可以一直回溯到十三世紀。儘管其中某些看起來最古老的表現形式（例如聖誕夜前一天下午舉行於國王學院的聖經吟唱儀式），其實都是在我進入學院幾年以前才剛剛被發明出來的。（許多年後，這促成了一場專題研討會，以及一本標題為《被發明的傳統》的書籍。）[iii]

大學部學生穿著黑色短袍去聽課及接受指導、前往學院大廳出席必須參加的集體晚餐，而且天黑以後出門上街時也必須如此打扮（還要戴上帽子），由穿戴更寬大長袍和帽子的學監，在「牛頭犬」們的協助下監督其行動。學究們身上罩著飄盪的長袍進入教室，並將四方帽端端正正地放在頭頂[iv]。領獎學金的學生則於晚餐之前和上課前，在古老的禮拜堂內向站立的眾人朗讀拉丁文感恩禱詞。（國王學院禮拜堂司祭長曾以半開玩笑的方式，讓我唸出了〈阿摩司書〉裡面的一段經文，而那也是《舊約聖經》裡面最接近布爾什維克好戰煽動者的文字[10]。）

劍橋的舊傳統跟英國公共儀式當中用華麗服飾所呈現的舊傳統一樣，當然都不是按照時間先後順序呈現出來的，而只是雜亂無章地同時展示出過去的遺物。七個世紀的榮光與傳承則用來激勵我們，讓我們確信自己的優越性，並告誡我們不可在誘惑下輕易接受改變。（但它們在一九三〇年代收效不彰。）一九〇八年時，康福德那位古典學家曾在一本名叫《學院微觀宇宙研究誌》的諷刺小冊子中，生動描繪了劍橋對政治理論與政治實務所做出的重大貢獻，那就是「時機未成熟原則」——不論有人提議該做什麼，時機都尚未成熟。這種原則另外搭配上「順勢而為」的原則以後，更是沛然莫之能禦。與那些原則的操作大師們比較起來，我們大學生並沒有那麼徹底地實踐這些原則，但是我們當中後來也成為學究的人，很快就發現了它們的力量。

劍橋從一九五〇年代開始已出現了急劇的改變，以致很難想像此地於一九三〇年代是多麼狹隘閉塞，而且縱使在學術方面也同樣如此——其中的例外是劍橋在自然科學方面，於國內和國際間享有無與倫比的地位。除了校內世界一流的經濟學之外，劍橋拒絕認同社會科學。其人文科目則充其量只是隨意拼湊出來的。不管情況看起來多麼令人難以置信，但只要一離開自然科學的領域之後，校內人士就多半對研究工作意興闌珊，而且沒有人對博士之類的高等學位感興趣。博士學位頂多只被視為德國的怪癖，而且更可能被看成是低層中產階級的偏好。

即便在第二次世界大戰前夕，劍橋也只有不到四百名研究生[v]。它基本上仍舊是年輕男性的終極

---

iii 霍布斯邦與藍傑（編著），《被發明的傳統》（E. Hobsbawm and T. H. Ranger (eds), *The Invention of Tradition*, Cambridge University Press, in the "Past & Present" Series, 1983）。

iv 我在此引用了自己於一九三七年對知名英國文學教授喬治·萊蘭斯（George Rylands）所做的描述，見：《格蘭塔》（*Granta*），一九三七年十一月十日。

v 見霍華斯《兩次大戰之間的劍橋》（T. E. B. Howarth, *Cambridge Between the Wars*），倫敦，一九七八年，頁172。

學府，校內的年輕女性人數更少。該校運作時採取雙重標準。若想在劍橋獲得一等榮譽學位，或者是為數更少的「星級」一等榮譽學位，那的確非常困難。但難上加難的事情，就是根本拿不到任何學位——因為通過考試，或甚至是等而下之的三等榮譽學位，幾乎都是奉送上門的。我還記得一九五〇年代初期在經濟學學位考試委員會的某次討論中——我有幾年參與了經濟史考試的閱卷工作——並非完全出自於開玩笑的心態，我們決定任何考生只要曉得生產與消費之間的差別何在，便可通過考試。鑑於這種雙重標準的獨特性，那種學位被學究們稱做「三一學院三等榮譽」。這是因為三一學院——也就是牛頓的學院——大量收容了該類型的年輕人；但在另一方面，三一學院與當時全球同等大小的教育機構比較起來，可能擁有更多的諾貝爾獎得主與未來得獎人。我抵達劍橋的時候，一位日後的諾貝爾獎得主辛恩已經是生物化學方面的研究生，而另一位諾貝爾化學獎得主肯德魯才正準備展開他第一年的學業。

當時的大學與學院當局一定會對二〇〇〇年時的劍橋感到訝異與震驚，因為其中充滿了科學園區、與全球企業界的商業談判，同時「劍橋之尖塔所夢想的已非學術，而是利潤」[vi]。他們自己的劍橋，則是一個質樸內斂、位於東安格利亞邊緣的鄉間小鎮。在缺乏工業的情況下，與其表示該小鎮被大學遮住了光彩，倒不如說它已被大學的鋒芒所抹殺，並且以古老的方式依賴大學：它為大學提供雜工和僕役、為無法在校舍內部獲得房間的大多數年輕學子提供女房東，更為五千名被視為相當有錢的大學部學生提供各種誘因，讓他們的花費超出預算。若以日後的標準來衡量，鎮上提供外食的場所少得出奇，雖然藝術劇院（那是凱因斯推動的許多計劃之一）才剛剛開幕，而且劇院內已有一家時髦的餐廳開始營業。然而鎮上卻有十家電影院。（對坐在校內晚餐貴賓席的大人物們來說，看電影已經是相當普遍的事情，以致有一篇名叫《論馬克思兄弟們》[11]的文章曾在一九三八年榮獲某項經典著作獎。）

使得劍橋封閉主義更加嚴重的理由，是因為學究們的生活一直侷限於學院高牆之內（不像大學部學生一年只有二十四個星期待在那裡），他們當中有許多人是單身漢學者，而那在當時還是很常見的現象。第二次世界大戰才使得他們許多人走入更廣闊的世界——即便有時候只不過是去布雷奇利的密碼破解中心服務——但那也是後來的事情。我們感覺得到，其中某些人對於劍橋南方十哩羅伊斯頓小鎮以外世界所發生的事情，都只是透過傳聞來瞭解的。事實上，與牛津大學比較起來，劍橋大學出人意外地遠離了全國生活的中心。這或許可以解釋為何劍橋不同於牛津，其二十世紀的校友沒有任何人成為首相。學究們前往度假的諾福克（更何況是位於紐馬基特的著名賽馬場），都顯得比倫敦近了許多。

這就是我所來到的地方，而我出身的家庭從無任何成員上過大學，我畢業的中學則從未將學生送入劍橋。它跟我想像中的大學不一樣。（我在放寒暑假的時候，很快就發現了一所符合我理想中「真正」大學的學校，並經常去那邊走動，那就是倫敦政經學院）。劍橋奇妙得令人興奮，但是對一個人生地不熟的陌生人而言，必須花功夫才有辦法適應它。相形之下，我覺得其他每個人在那裡都有熟人——可能是兄弟、表兄弟，或者是來自同一所中學的學長。校內的學究們甚至還曾經教導過他們的父親與叔伯輩。我在國王學院結識的終生知交，諾埃爾．安南[12]，將劍橋稱做「知識貴族政治」的中心，亦即一個由相互通婚的專業家族所組成、在英國扮演了核心角色的網絡。起初我還不曉得這一點，不過國王學院的每一個人很快都可以發覺此現象。那裡無論在大學生或學究當中，仍然有許多類似李嘉圖、達爾文、赫胥黎、斯特雷奇、特里維廉之類的人物。另一方面，再明顯也不過的事情就是，英國寄宿學校的「部落習俗」已經深深滲入了劍橋，而主修文科的大學部學生泰半仍來自那些學校。像我這種

vi 見二〇〇〇年三月四日的《金融時報》（*Financial Times*）週末雜誌，頁18。

沒機會去那裡上學的男生，只能閱讀一些專門為我們設計出來的雜誌，藉此對寄宿學校產生認識。例如讓我驚訝的是，他們的學業課程每天下午都會暫停二到三個小時，讓那些大男孩去玩遊戲或做運動。

現在我卻發現，自己身邊到處都是伊頓公學（與國王學院有特殊淵源，因為亨利六世國王在一四四〇年同時創辦了這兩所學校）、拉格比公學、查特豪斯公學、斯托公學的校友，以及一批又一批各大名校的畢業生，但偶爾也有人來自名不見經傳的「公學」[13]。為了滿足那一大群人的需求，賴德爾與阿米斯公司——它仍然位於大學「大聖瑪利教堂」和評議會會議廳正對面的國王儀仗街——陳列出六百五十六種中學、學院、俱樂部與其他團體的領帶（必要時還可以幫忙設計），此外備有各式高帽、運動上衣，以及劍橋大學部學生傳統上所需的各種其他行頭[vii]。那裡沒有級長，但是大學部每週發行的《格蘭塔》會在「當權派」這個大標題下面，定期刊出一些被認為重要的人物之特寫，其對象包括了主要體育俱樂部和社團的主席。（那些不愛出風頭的雜誌編輯們則被列入「無名氏」這個不起眼的標題下。）

對大學部新生來說，自己的學院實際上就等於大學。待在國王學院裡面，則使得一切事情更加便利。獲得獎學金的學生有權住在院內，他們全體被安置於一個綽號為「下水道」的陰暗角落，因而有機會認識彼此，瞭解國王學院的老師與學生以及高年級與低年級交往時所習慣的不拘形式作風。我不敢說自己是非常典型的「國王學院人」（當時該學院的社會地位正如日中天，而且是劍橋的戲劇與音樂中心），也無法表示學院曾經特別對我感興趣。比方說吧，我從未有機會見到該學院最出名的院士——梅納德．凱因斯。但無論如何，國王學院既崇尚自由又具包容性，甚至有辦法容忍熱衷團體遊戲的人、信仰宗教的人、保守分子、革命分子與異性戀者，而且還承受得了那個其貌不揚、來自文法學校的年輕人。

幸運的是，國王學院不受其院長影響，仍然尊重學術、明白自己對資優生所應負起的責任。戰爭結束後，我在退役一年之內就獲得大學講師職務。這完全歸功於我戰前的導師克里斯多福．莫理斯，針對我大學部的表現所寫出的推薦信——他無可否認是這種文學體裁的創作大師。由於當初他曾在我申請獎學金時對我進行面試，我猜想也正是因為他的推薦，才使我得以進入國王學院。他年紀比我大了幾歲，而且不同於學院慣例，是個已經有家室的人。他是典型的舊式學究，主要的身分是老師，或可稱之為個人的家庭教師。其職責就是要幫助「公學」畢業的普通年輕人，在學位考試中獲得像樣的「二等榮譽」。除此之外，他全神貫注於問出他所謂的「蘇格拉底式的問題」。換言之，那就是逼迫他的導生發現，自己在每週報告中所寫的或者想表達的到底是什麼意思。這種做法在我身上非常管用，即便我無法接受他對我撰文風格所做的挑剔評論。我並不十分尊敬他，而且我們彼此交往時保持一定距離，但是他惠我良多。

我與學院內三位認真的歷史學者較少接觸。他們都是教授，其中兩位已不再指導大學部學生。一位是矮小而風趣、學識出眾但極端保守的艾德考克，他是古代史教授；另一位是令人敬畏、瘦骨嶙峋的約翰．克拉彭，他剛從經濟史講座退休下來，是劍橋在兩次大戰之間最難得一見的歷史書籍之作者，而且那還是針對一個大題目寫出來的巨著：三大冊的《英國現代經濟史》（1926-38）。他喜愛登山，這符合國王學院的精神特質；不過其婚姻狀況穩定，同時又嚴格遵從自己所出身的英格蘭北部不信奉英國國教派的傳統，這就跟國王學院格格不入了。（沒有人能夠猜想得到，謝巴德院長[14]與梅納德．凱因斯居然也都來自於鄉下的浸信會教派。）至於第三位教授，曾經指導過我的約翰．梭特馬許，我只能希望當初從他那邊學到了更多東西——因為他難得出版著作，卻又將自己淵博的學識全部傾注到我未曾

vii 這些數據來自我一九三七年五月二十六日發表於《格蘭塔》的文字：〈劍橋特寫：與過去的聯繫：賴德爾與阿米斯〉（Cambridge Cameo: Ties with the Past: Ryder and Amies）。作者為E.J.H. 與J.H.D.（我的朋友傑克．多德）。

現身的課堂之中。

一九三三至一九五四年之間主掌學院命運的人，就是謝巴德院長。（儘管我們還不知道，但國王學院其實成長得相當令人滿意，而且這不得不歸功於他的後盾、賭友以及「使徒會」會友——梅納德·凱因斯——在財務方面的精明幹練。）謝巴德當時年約五十五歲，但由於頭髮在第一次世界大戰期間已經完全變白，早就培養出老紳士的特質。他穿著漿得硬邦邦的深色外衣與直挺挺的翼形領襯衫，在學院周圍蹣跚而行，向沿路遇到（多半是長相好看的）大學部學生說道：「祝福你，親愛的男孩。」他每個星期天晚上在院長宿舍開放門戶，而且與年輕人一起坐在地板上，假裝或果真努力想點燃自己的煙斗，藉此營造出熱絡的談話興致。某天在這樣的場合中，我首次遇見了一位內閣部長。那是一名言辭迂腐、肢體動作誇張的男子，當時內維爾·張伯倫剛剛任命他來協調英國的國防[15]，無怪乎此人完全證實了我對那個由綏靖主義者所組成的政府之一切成見。

大學部學生聽院長講話就好像是欣賞音樂廳明星表演節目，只見他在講台上上下下，直把演講廳當成舞台[viii]。他不受尊敬，但經常令人心生憐憫，而他想必也憐憫自己。事實上，他一輩子都是個被慣壞的孩子，具有相當駭人的性格。隨著年齡增長，那種性格再也無法被他年輕時的魅力、幽默感與自由主義所掩蓋。隨著年齡增長，他變成了更加熱烈的君主主義者。他是古典學的學者，但早就主動放棄了研究工作，而且別人已經不再把他當一回事。身為失敗的學者和學院領導人，他積極仇視對學問的追求——他從未擔任過校長，雖然即使表現再普通的院長通常都能得到這個職務做為酬庸。國王學院在一九三〇年代或許是劍橋上流社會的中心，卻並非一個以學術著稱的學院（只有經濟學是例外，因為謝巴德無法加以掌控）。他反對科學。「劍橋的國王學院？」哈佛的校長曾經問道：「那裡的自然科學不是被層峰所鄙棄嗎？」我們就讀大學部的時候當然還不怎麼能夠體會，在那老邁善意的假面具背後所隱藏的惡意與醜陋。但話要說回來，儘管他是我一生中真正憎恨過的少數人之一，我還是無法不對其悲慘的晚年感到同情。當時他已經不再是院長，但無法想像國王學院已非其個人風格的延伸，以致在智力明顯衰退之際，挑選了在校園舞台上演出的最後角色：就像衣冠不整的李爾王一般站在學院大門口，對自己受到的不公待遇做出無言譴責。

其他與我有所接觸的院士只剩下了導師、學監和歷史系的老師。唐納德．畢福斯導師是一位高大溫和、體型寬闊的先生。他熱愛業餘戲劇（曾演出法斯塔夫[16]一角而膾炙人口），喜歡蒐集斯圖亞特和喬治王朝時代的玻璃製品，並把那些器皿陳列在他舒適的辦公套房內。他就在那裡檢視年輕人的管教問題，並不時留意行政上的細節。其專業領域是法文，而他與法國保持定期接觸的方法，就是在假期與友人開著自己的「勞斯萊斯－本特利」汽車遊遍該國的餐館。他之所以出名，並非因為出版過有關法國語言或文學的書籍。許多年後，由於他和布朗特的姓氏同樣有著五個字母，而且是以B開頭[17]，以致某位記者對一條洩露出來的線索做出錯誤解釋，認為他可能就是那個惡名昭彰、每位報刊主筆都在尋找的第三號或第四號劍橋間諜。但每一個見過唐納德．畢福斯的人都認為，把他當成是蘇聯特務的做法，甚至比另外一種臆測還要來得荒謬。那種臆測在間諜恐慌方興未艾之際也流行了一陣子，認為另一個秘密的布爾什維克黨人就是非常知名的皮古教授——他在國王學院擔任教職長達五十七年之久、是福利經濟學的創始人，而且（與偉大的物理學家湯普森一起）被公認是劍橋穿著最差的人。皮古同樣終生未娶，但他最起碼是一位和平主義者，至少那是當他不探討經濟問題，正在招待聰明、運動型及英俊的年輕學者從他位於湖區的小木屋外出攀岩的時候。

viii　此為我一九三七年對謝巴德授課情形所做的描述，被引用於前述霍華斯的著作，頁162。

事實上，扣除一個穿鑿附會的例外之後，與國王學院學究們有關係的情報圈，是英國而非蘇聯的特勤組織。「國王學院幫」在艾德考克那位個子矮小、身材圓滾、後來成為古代史教授的人領導下，於第一次世界大戰時期成立了英國的破解密碼單位。第二次世界大戰的時候，至少有十七位國王學院的學究被艾德考克招募，替那個更加出名、位於布雷奇利的單位工作。其中包括了我大學時代國王學院唯一的天才，數理邏輯學家艾倫．圖靈，在我印象中他是個外貌笨拙、臉色蒼白的年輕學者，熱衷於今日所謂的「慢跑」。一般認為在劍橋替情報單位找尋人才的那位仁兄——牛津和劍橋大學大多數學院裡面至少都有這麼一號人物——就是派屈克．威京森學監。他是一位彬彬有禮、和藹可親的古典學者，臉上總是掛著淺淺的微笑，長長的頭上沒有幾根頭髮。不知何故，他會讓我聯想起《金銀島》書中的獨腳海盜頭子。讓每個人驚訝不已的是，他在戰後從布雷奇利回來時已經結婚了。他與院長不同，真心誠意為學院及學院成員做出了無私的奉獻。他長年負責編撰學院的年度報導，提供完整但有時不夠詳盡的「國王學院幫」訃聞，報導中毫無例外地列出了每一個人。儘管內容冷僻，這份文件撰寫得非常優雅，曾經（而且繼續）具有難以估量的社會學寶貴價值。

一九三〇年代的劍橋已不再特別關注中世紀的大學課題，此即傳授某些職業——諸如神職、法律及醫藥——所需的特殊技能，儘管該校依舊對此提供初步訓練。劍橋的宗旨並不在於訓練專家（至少在人文科學方面如此），而是要培育出統治階級的成員。在過去，這項工作奠基於透過古希臘——尤其是古羅馬——的經典作品來進行教育；主要的做法則是讓年輕人接受艱澀的訓練，用希臘文和拉丁文來撰寫詩文。這項傳統一點兒也沒有消失。在一九三五年的甄試中，大約有七十五人贏得古典科目的獎學金或助學金（相形之下，歷史科學和自然科學則大約各有五十人獲得獎學金）。他們當然絕大多數來自公學，因為像我們那樣的文法學校通常都不教希臘文。但是從十九世紀末期開始，歷史（著重於英國的政治與憲政發展）已日益成為全方位通識教育的重頭戲。選修歷史課程的大學部學生因而多達數百人，但他們幾乎無人動念要靠歷史來維持生計，大概只有打算在學校當老師的人才是例外。所以歷史在那時不是一門對智力提出高要求標準的學科。

劍橋教育的必要訓練（自然科學除外），就是撰寫用於和導師私下討論的每週報告，以及參加榮譽學位考試。後者分成兩個部分進行，分別舉辦於為期一年和兩年的課程結束之後。上課本身則比較不重要，主要是針對那些需要在所謂「用於謀生的課程」拿到好分數的學生，協助他們通過「榮譽學位考試」。好學生們很快就發現，他們與其去聽為時一小時、要求不高的演講課，倒不如前往優質的學院圖書館、系圖書館和大學圖書館待上一小時，反而可以讀出更多收穫。除了在最後一年所上的「特別科目」之外，我很懷疑自己在第一學期以後，除了去上M M．波斯坦教授開設的經濟史課程之外，是否固定去聽過其他的演講課——我曾撰文表示當時課堂上「瀰漫復古主義的氛圍」[ix]，波斯坦講的課卻頗能激發學術智能，以致可以讓我那一輩最聰明的歷史系學生們在早上九點出門聽講。好學生到了最後可能幾乎根本不去上課，但似乎無人在意此事。我們從閱讀以及與其他好學生的交談當中，學到了更多東西。

劍橋年輕的男男女女們念茲在茲的並非只是獲得學位而已，更遑論是優秀的畢業成績。因為他們發現自己所在的地方充滿了許多有趣的事物，而且比其他的成年人享有更多閒暇來做那些事情。像我自己就遊刃有餘，可以一方面充分準備課業以爭取良好的考試成績，同時又能夠積極投入大學的新聞編輯工作，並全程參加「社會主義俱樂部」和共產黨的活動。而這還沒有包括課外聊天、社交生活、

ix 霍布斯邦，〈特里維廉教授的教學〉（Professor Trevelyan Lectures），《格蘭塔》，一九三七年十月二十七日。

劍河泛舟、建立友誼與追求愛情等方面所花費的時間。那邊彷彿有時間來做幾乎一切事情。或許我只有兩件事半途而廢，一是沒有繼續跟令人畏懼的伊莉莎白．希爾教授修習大學的俄語課程（這使得我日後只能在西方世界四海為家），以及不再參加「劍橋聯合會」[18]，而該社團的辯論會被公認是訓練未來政治家的場所。我已記不得自己為何決定放棄聯合會，雖然我早期的努力曾受到當時會長的鼓勵，而我後來才發現他是身分未曝光的共產黨員，但不參加其活動絕對有助於節省開銷。

一抵達劍橋後，我的政治傾向即已為人所知，於是我立刻應邀加入劍橋的共產黨學生支部。最後我成為其「書記處」的三名成員之一，這也是我所曾擔任過的最高政治職務。雖然一位同輩曾在回憶錄中錯誤地聲稱我在一九三八年成為「黨支部書記」，他卻做出了正確的觀察，表示我天生就不是領袖人物[x]。但無論如何，支黨部兩位最有聲望的領袖都已經不在了。其中一位是黑髮而英俊的約翰．康福德，他的相片出現在劍橋所有前進分子的壁爐架上，他自己則陣亡於西班牙內戰。另一位是詹姆斯．克魯格曼（詳見下文），他已經去了巴黎。支黨部最顯而易見的革命苗圃，就是三一學院「修艾爾庭院」那一排擺滿了海報與傳單的房間，其位置就在路德維希．維根斯坦辦公室的正下方。這些房間的共同使用者是麥克．史垂特那位美國人，以及生物化學家修．戈登。儘管如此，三一學院主要是研究生的共產主義中心。讓人料想不到的是，大學部的共產主義據點位於潘布洛克學院，那裡除了有一位研究員（第一流的德國文學專家羅伊．帕斯卡爾）是學究當中難得一見的共產黨員之外，並收容了一些黨內同志。其中包括兩位主要的組織者——大衛．史班賽、以法蓮．阿弗雷德（「蘭姆」）．那鴻。後者是一位矮胖、黝黑，有著大鼻子的自然科學家，身上散發出力量、精力與權威。他是曼徹斯特一位富裕的「塞法爾迪」猶太紡織商人之子，而且被公認是我那一代共黨學生領袖當中能力最強的人。大戰爆發後，他以物理學研究生的身分留在劍橋，一九四一年被唯一一枚落在城內的德國炸彈炸死。

另一位皮特．丘納曼與「蘭姆」．那鴻截然不同（那鴻只在左派之間享有名氣），是個衝勁十足、說話風趣，而且充滿帥氣的錫蘭人（該島當時還不叫做斯里蘭卡）；他非常闊氣地住在潘布洛克學院，是大學社交圈內的重要角色，還擔任過劍橋聯合會的會長。更甭提的是，他很幸運地娶了那位非常迷人、來自維也納（以及紐南姆學院）的赫蒂．西蒙[19]——我曾經想跟赫蒂談戀愛卻始終徒勞無功。（我們畢業以後，皮特與我一起租了一棟小房子，地點是目前已經不存在的圓教堂街，距離「蘭姆」被炸死在裡面的房子僅有數碼之遙。）儘管我們二人都是忠貞的黨員，但我不認為有任何人能夠預料得到，這位溫文儒雅、當初將約翰．貝傑門的詩作介紹給我的社會名流，竟然下半輩子多半的時間都在擔任斯里蘭卡共黨總書記。

換個角度來看，我們全部都期待那位優雅而迷人的莫漢．庫馬拉曼加拉姆（他來自馬德拉斯、伊頓公學和國王學院，也曾擔任過劍橋聯合會會長，是我們許多人仰慕的朋友），有朝一日將在其印度祖國成為重要人物，而且後來他的確如此[20]。身為印度人，莫漢當然沒有正式入黨。其他的殖民地學生（絕大多數來自印度次大陸），情況也一樣。我自己很快就與他們特別成立的「殖民地小組」攜手合作，而該小組沿襲了故土的傳統，先後由一群愛好第三世界歷史的三一學院歷史學者擔任領導人。這些年輕的「殖民地共產黨員」與其導師不同，並不嚮往學術生活，儘管最後還是有一兩個人走上了那條路。他們期盼在自己的國家效力於解放運動和社會革命，其中又以兩名「國王學院人」表現得最好。除了莫漢之外，與他同輩一個年紀較輕的人——那位謙遜無私的「小老弟」因陀羅耆特．笈多——相繼出任工會與政治領袖之後，最後在老年時期擔任印度共黨總書記，並曾短暫擔任該國的內政部長。

x 參見亨利．芬斯，《從左讀到右：一個人的政治歷史》（H.S. Ferns, *Reading from Left to Right: One man's Political History*），多倫多大學出版社，一九八三年，頁114。

當然，黨是我主要的熱情所在。但即便對一個百分之百的共產黨員來說，在劍橋還是有太多的事情要做，以致無法全心全力從事煽動、宣傳、組織等工作，而且那些事項無論如何皆非我的專長。（最後我心不甘情不願地意識到，我唯一真正渴望的事業——職業革命家的事業，亦即擔任黨的幹部——並不適合由我來進行。於是我退而求其次，以比較妥協的方式來賺取生計。）就某種意義而言，任何事情免不了都與政治有關，不過當時的意義與一九六八年以後有所不同，尚未達到「個人事務就是政治事務」的地步。我們認為，黨並不在意我們的個人需求，只要那不違背黨的路線即可。但我們的職責不僅在於獲得良好的學位考試成績，而且還要將馬克思主義融入我們的工作，其情況正如同政治已經進入了那些登台表演者或大學刊物編輯者的活動當中一樣。縱使如此，我只能誠實地表示，我為《格蘭塔》那份學生週刊撰稿，最後並參與編輯工作，並非出於政治上的目的；更何況那份雜誌從來就沒有太多可讓政治施展的空間。如今重新閱讀昔日的那幾期，我必須悲傷地承認，那稱不上是優良刊物，儘管我前任的編輯——查爾斯·溫圖爾——成功地藉此加入畢佛布魯克勳爵的行列，最後成為倫敦《標準晚報》的主編。事實上，那份刊物相當糟糕，不過我們在它位於市場廣場的辦公室中，一面喝茶、一面談天說地，享受了美好的時光。尤其它給了我們大好機會來獲得免費電影票：投稿者除了希望成為《格蘭塔》的編輯之外，他們的另一個主要目標就是擔任電影版的編輯。電影評論工作甚至提供了一個中立的領域，供政治立場不同的朋友聯手參與。例如我在那裡認識了年輕時代的亞瑟·斯勒辛格[21]，他不論當時或後來都是堅決反共的「新政支持者」。

第八章

反對法西斯主義與戰爭
AGAINST FASCISM AND WAR

那些年頭無論劍橋發生了什麼事情，都讓人意識到我們正生活於危機的年代。在希特勒掌權以前，當時還不嚴重的學生激進化現象，幾乎必定衍生自世界經濟危機、一九二九至三一年之間工黨政府的悲慘崩潰，以及不再冒煙並死寂無聲的工業地區所進行的各種激情示威行動——大規模失業與貧困已讓它們具有「飢餓遊行」[1]的性質。一九三三年以後，學生激進化的現象日益演成一種運動，旨在對抗法西斯專制政權的崛起，以及其崛起所必將導致的下一場世界大戰。換言之，該運動所抗拒的對象就是膽怯的懦夫、資本主義者與帝國主義者，以及未曾做出努力來防堵法西斯主義和戰爭的歷任英國政府。到了一九三〇年代下半葉，尤其是自從西班牙內戰爆發以來，這無疑是促成「社會主義俱樂部」驚人發展的背後主要因素：慕尼黑會議在劍橋所產生的效應，就是使得「劍橋大學社會主義俱樂部」於一星期之內招募了三百名新會員[i]。

在整個一九三〇年代，即將來臨的世界大戰烏雲已經瀰漫天際。戰爭可以避免嗎？若無法避免的話，我們又該如何表現呢？難道我們必須「為國王與國家」而戰，只因為牛津聯合會在一九三三年拒絕那麼做，以致名聲敗壞嗎？當然不可如此。但我們果真有作戰的必要嗎？和平主義撕裂了劍橋的左派，或者較貼切的講法是，它撕裂了雜亂拼湊在一起的反法西斯運動和反戰

i 參見一九三八年十月十八日《劍橋大學俱樂部公報》（*Cambridge University Club Bulletin*）。

運動，因為和平主義涵蓋的範圍遠遠超出了熱衷於黨派政治和政治運動的人士，甚至凌駕於宗教組織之上。一九四〇年法國淪陷後，這種不具政治色彩的和平主義已經消失殆盡，於是它在一九三〇年代的強大力道往往也遭人遺忘。事實上，和平主義乃唯一導致劍橋左派分裂的重要議題，因為在社會主義俱樂部裡面，共產黨廣義的反法西斯團結路線幾乎已得到一致支持。其中只有一位重要成員，三一堂學院的山米．西爾金[2]，支持工黨官方立場。他於是成為寶貴的例證，用於彰顯社會主義俱樂部在意識型態上的包容性。(「俱樂部」的態度與工黨截然不同，因為工黨排斥一切有共產黨員加入的組織。)

絕大多數情況下，劍橋大學社會主義俱樂部意味著一九三〇年代的「紅色劍橋」。但嚴格按照字義來說，這種講法並不正確。理由是即便在一九三九年初，也就是該俱樂部實力臻於巔峰之際，大學部不到五千名學生當中頂多只有一千人成為其會員。而當我在一九三六年秋天入校就讀時，它更只有四百五十名會員[ii]。共產黨員學生的數目則向來僅僅略多於一百人而已。儘管如此，若將家庭出身、社會與政治背景、古老大學的傳統習俗，以及西歐與中歐大學生在兩次大戰之間盛行的右翼政治傾向一併列入考慮，一九三〇年代的牛津與劍橋竟然都受到左派主導，這是相當令人驚訝的現象。更加不可思議的情況是，除了倫敦政經學院之外，左派在其他任何一所英國高等教育中心都沒有那麼聲勢浩大[iii]。

更精確的講法是，劍橋由下而上促成了政治轉型。劍橋學究們典型的政治立場無疑屬於溫和中間路線，而非如同牛津那般極度保守。不過，那裡難得有知名人物擁護工黨，而共產黨學究的人數，更是用一隻手的指頭就數得出來。甚至連名義上由「劍橋和平委員會」舉辦的一項不受爭議的活動——他們在一九三八年秋季成功募集了一千英鎊(當時那是一大筆錢)，以便為西班牙共和派的婦女與孩童購買糧食——也只有少數學究正式出面支持，其中包括兩位院長(聖約翰學院與國王學院)、六位教授(只有波斯坦一人來自歷史系)、一位以和平主義著稱的教會學究，再加上梅納德．凱因斯[iv]。在自然科學方面，讓劍橋染紅的人物就是來自兩大學術重鎮——卡文迪許實驗室與生物化學實驗室——的資淺物理學家和生化學家。但劍橋科學界還是走上了自己的政治路線，由「劍橋科學家反戰團體」來推展活動，而該團體之所以比較廣為人知，主要是因為它彰顯了政府未能做出適當的防護措施，藉以因應下一場戰爭中的空襲與毒氣攻擊。一直要等到一九三八年底，校園內才成立了一個由科學家組成的社會主義俱樂部。離開了自然科學的範疇之後，使得劍橋左傾的原因則無疑出自大學部學生本身的轉變。

哪些人屬於「紅色劍橋」呢？從人數較少的共產黨員那邊找出問題的答案，會比「社會主義俱樂部」更加容易。在反法西斯主義和「人民陣線」的時代以前，偶爾會有貴族人士側身其間，例如那位姓氏非常壯觀的「霍維爾－瑟洛－康明－布魯斯」（他後來成為一位善心的法官；當他還是小孩子的時候曾嬉戲於查茨沃思宅邸，不慎打破了公爵擁有的一隻巨大東方花瓶）。但在大多數情況下，其成員來自生活寬裕的專業人士家庭，也有少部分人士來自商業家族和上層中產階級——也就是說，他們主要出身於「施來格爾家族」而非「威爾考克斯家族」（在此套用了佛斯特《此情可問天》那部小說中的人物以便區分）[3]。諾埃爾．安南筆下的「知識貴族」也名列其中，代表性人物就是那位深具領袖魅力的約翰．康福德（他是達爾文的外曾孫），不過他們並非主流。

ii 「CUSC的會員人數仍未超過四百五十人」。參見劍橋大學社會主義俱樂部的每週公報（一九三六年秋季班第二號公報）。

iii 「倫敦政經學院」的情況比較無需解釋。該校由兩位偉大的「費邊社」成員——悉德尼與碧翠絲．韋布夫婦（Sidney and Beatrice Webb）——所創辦，致力於政治科學與社會科學。其校長是日後英國社會福利體系的建立者，威廉．貝弗利奇（William Beveridge）。校內最優秀和最具領袖魅力的教師，就是拉斯基（H. Laski）與托尼（R.H. Tawney）兩位享譽全國的社會主義者。校方的立場簡直自然而然被設定為左傾，這是它吸引帝國境內與境外的外國人過來之原因。此左傾立場固然未必是爭取英國學生就讀的主要理由（這些男女學生多半為第一代獲得獎學金的倫敦菁英分子，其家庭背景位於工人階級與下層中產階級的交界地帶），不過他們進入該學院之後，很容易就會受到影響。

iv 《西班牙週第一號公報》（*Spain Week Bulletin No.1*），一九三八年十月（無日期）。

在我的年代，來自公學的成員於紅色劍橋所佔的比例明顯偏低，而那時正是西班牙內戰爆發之後，共產黨和劍橋大學社會主義俱樂部的成員數目突然暴增之際。同時幾乎可確定的是，英格蘭與威爾斯的文法學校畢業生（但蘇格蘭性質與之類似的學校則否）在共黨所具有的代表性，要高於劍橋大學部學生的整體人數比例，而他們在黨內領導階層的比例當然就更高了。當時擔任劍橋學生黨部第一常委的人，是一個來自工人階級家庭、清瘦而面有飢色的數學家。他是聖約翰學院的喬治·巴納德，最後當上了皇家統計學會的會長，並曾於艾賽克斯大學擔任教席。我在戰後認識了他的妹妹陶樂絲·韋德伯恩，而她從此成為瑪蓮和我的莫逆之交。稍後同樣卓越的還有芮爾夫·羅素[4]，他是出身工人階級的古典學學生，具有鋼鐵般的布爾什維克舉止——我們因而仿照共產國際總書記喬吉·季米特洛夫的名字，把他稱做「喬吉」。一些「進步學校」（比代爾斯、達廷頓等等）所教導出來的產物，也有可能走上左傾路線，貴格會家庭的年輕子弟亦然。

曾經有人宣稱，猶太人在其中所佔的比例略嫌太高，不過我的印象並非如此。共產主義由於不信仰宗教並反對錫安主義，只能在為數不多的劍橋猶太裔學生裡面吸收到極少數的人，所以他們主要的傾向是自由黨和工黨。我那一代猶太左派學生若有任何人曾經地位顯赫的話，那就是來自南非的奧布里·伊班（阿巴·伊班），他命中注定將成為以色列政壇的風雲人物[5]，而其猶太復國主義使得他免於受到共產主義誘惑。寥寥無幾的猶太裔共產黨員則未曾刻意突顯自己的猶太身分，直到國王街[6]決定我們應該這麼做，並且在倫敦成立「猶太小組」（或委員會）為止——我記得當時是一九三七年。「蘭姆」·那鴻與我很不情願地參加了幾次猶太小組會議，然後做出結論認為它與我們所致力的工作無甚關連。我只記得在那個委員會首度碰面的倫敦東區共產黨員不斷講述一些關於猶太人的笑話（而且非常好笑），但這種做法在劍橋的黨部會議中並不常見。

這種社會文化上的分析，無疑多少闡明了劍橋右派與左派之間的對比，然而它不像另外一個還需要進一步加以說明的現象來得那麼發人深省。應該不止一位旁觀者會同意亨利・芬斯[7]的觀察結果：「我（在劍橋）所遇到的全部共產黨員只有一個共通點，那就是他們都才智過人。」[v]一九三〇年代的時候，左派的確在英國一些頂尖的大學裡面，吸引了那個世代智力最發達的學生。

雖然劍橋大學社會主義俱樂部的規模大了許多，也充分注意到生活中的社會層面，因而開設了舞蹈班，但俱樂部成員同樣具有愛好學問的特質。如此一來它獲得了許多大學部社團所缺乏的主要優勢，即同時在「格登」與「紐南姆」大量擁有會員[8]。那些女生的激進政治理念固然與男生一樣嚴正，但通常比較不那麼沈悶。（我所收到過的第一份情人節禮物，就是由「紐南姆」共黨小組集體贈送的，因為我是她們的政治指導員。）俱樂部的成員都認真於學習。例如俱樂部公報曾於一九三七年大考之前寫道：「委員會預祝全體CUSC會員成功通過榮譽學位考試。讓我們在學術戰線與政治戰線同樣名列前茅。」[vi]俱樂部由研習現代語言學和歷史學的成員首開其端，組成科系小組來辯論與自己專業有關的問題。一九三八年底已經有了十二個小組，其中甚至包括政治上不被看好的領域，諸如農業、工程與法律[vii]。在另一方面，瞧不起那些有組織的體育活動，卻是劍橋大學社會主義俱樂部政治意識當中的一環（但這當然不包括劍橋前進分子傳統上所從事的活動，例如長途健行與登山）。令劍橋大學社會主義俱樂部引以為傲的，就是社會主義者或共產黨員在劍橋聯合會、戲劇活動及新聞工作方面屢獲成功——有一度聯合會的主席、「業餘戲劇社」（校內主要戲劇社團）的社長，以及《格蘭塔》的主編都是黨

v 亨利・芬斯，《從左讀到右：一個人的政治歷史》（*Reading from Left to Right: One Man's Political History*），多倫多大學出版社，一九八三年，頁116。

vi 一九三七年五月二十五日的《劍橋大學社會主義俱樂部每週公報》（*CUSC Weekly Bulletin*）。

vii 一九三九年春季的《CUSC科系與學習小組公報》（*CUSC Faculty and Study Groups Bulletin*, Lent Term, 1939）。

員。但我並不記得，俱樂部曾經試圖改變校內體育明星的信仰（這個工作無疑難如登天），或者對自己成員在體育或登山方面的成就表現出特別的興趣。

在其他方面，劍橋大學社會主義俱樂部無論從事任何工作，都不斷以熱情和充滿希望的自信心來推展活動。當我於耄耋之年回顧自己在劍橋大學部的歲月，禁不住對此深感驚訝，因為當時歐洲（但尚未波及全球）已陷入大災難之中。

將一九三〇年代的歐洲政治頭條新聞略加摘要總結一下，即可明顯發現：從左派的角度來看，它們幾乎是不間斷的一連串災難。固然有〈及時行樂〉那首歌曲告訴我們，大學時代不可憂鬱沮喪[9]，但我們難道不應該多幾分絕望的感覺嗎？但我們並未如此。當時情況不同於一九四五年以後的反核運動，我們不認為自己正在進行一場或許毫無指望的戰鬥，面對著遠非我們力所能敵的對手。我們度過了一個又一個的危機，宛如足球隊那般組織起來，為了一場接一場的比賽而活下去，必須為每一場比賽做出最佳努力。純就劍橋而言，我們正在贏得比賽，每一季都表現得比上一季更好。從某些方面來看，左派大學生與大學一同遠離了國家的核心，更何況他們還有自行其是的傳統。在劍橋黨內同志們的日常實務當中，劍橋學生支部就意味著「黨」與「共產國際」。那是因為在大戰以前，我們與全國領導中心唯一固定進行的接觸，都透過一位平易近人、名叫傑克·科恩的學生組織負責人。我們當然服從他的政治指揮，從不提出質疑。然而他心知肚明，自己身為沒有受過太多正規學校教育的工人，而且從東北部工業地帶的黨務工作轉過來與學生們打交道，必須學習許多跟大學有關的東西[10]。

但是，難道我們果真可以忘記，我們所贏得的最偉大勝利——「西班牙週」——恰好是在西班牙共和政府顯然窮途末路，實際上已經失去指望的時候[11]？此外，雖然我們構思腳本，說明如何可透過堅定的集體對抗希特勒行動來避免戰爭，我們卻並不真正相信那種講法。我們打從心底明白，第二次大戰正在來臨之中，而且我們不期待自己能夠活著度過戰爭。我還記得自己於一個不祥夜晚待在旅舍房間內的情形（那應該是在里昂）。當時一九三八年的慕尼黑危機方興未艾，我剛從法屬北非漫長的假期學習之旅踏上歸途。有關戰爭或許會在近日內爆發的想法突然襲上我的心頭。那意味著我們經常對之提出警告的夢魘——令人無法防備的大規模空襲與漫天毒氣——即將成為事實。一九三九年九月卻未曾出現可與此相提並論的歇斯底里狀態[12]，因為從慕尼黑協定到入侵波蘭的一年時間內，已經讓我們習慣了戰爭的前景。

我認為我們之所以能夠保持樂觀，乃出於三個理由。首先，我們只有一組敵人——法西斯主義以及那些不願意對抗它的人（如英國政府）。其次，當時已有真正的戰場（西班牙），而我們正置身其間。我們自己的英雄——那位深具領袖魅力的約翰・康福德——已在二十一歲生日當天陣亡於哥多華前線。事實上，他與其他一、二位同學在一九三六年出國，成為我們當中僅有的直接參戰者。其中的怪現象為——很少有人注意到這個事實——黨的最高決策層級實際上不鼓勵招募學生加入「國際縱隊」，除非他們具有特殊軍事才能。理由是他們在黨內的首要任務，就是獲得優良的學位考試成績，以便將來可為黨做出更多貢獻。第三，我們自以為已經曉得，一旦舊世界終結之後，新的世界將會是何模樣。就這方面而言，我們跟所有世代的人一樣大錯特錯。

於是對我們來說，一九三〇年代並不像那位希望幻滅的詩人——奧登——筆下所言，是「低俗與不誠實的十年」。在我們眼中，那是以崇高志業對抗敵人的年代。我們樂在其中，縱使對大多數激進派的劍橋人而言，這個事業並沒有佔據我們太多時間。而且我們理所當然地為拯救世界做出了些許努力，因為那是該做的事情。「另一方面，我們避開了不快樂所造成的壓力。那種壓力今天也讓許多人覺得沮喪。他們基於本能，對世事抱持著與我們當時完全相同的觀感，卻無法和我們一樣，把感覺轉化為

行動。」[viii]

那麼做的時候，我們「將自己的情緒與精力，平均分配於大環境內的公領域和私領域」，換個更妥當的說法，我們未曾在公私領域之間做出嚴格劃分。雖然我們確曾以類似柯爾・波特[13]那般的曲調唱出：

讓我們消除愛情
讓我們從今表示
我們所有的情感
都只是為了工人們。
讓我們消除愛情
直到革命來臨時
在此以前愛情就是
與布爾什維克無關之物。

只不過，由於已獲得解放的男性與女性彼此之間的緊密同志情誼，早就是共黨志業的一部分，我們難免不符合上述的期許——縱使劍橋共產黨員的私生活（至少是那些較專業的政治人物）似乎已經不像同時代的牛津黨員那般多彩多姿。劍橋大學社會主義俱樂部和共產黨的精神特質，當然都壓倒性地傾向於異性戀，而且事實上除了戲劇圈與國王學院之外，大學部學生普遍都如此。在一九三〇年代，就連使徒會也已經擺脫了愛德華時代的「高級雞姦」。不過，我們有些人無疑並不像亨利・芬斯那般天真，芬斯曾經宣稱：「我從來沒有遇見過任何同性戀的劍橋共產黨員」。但無可諱言的是，在共產國際裡面，一個人並不會張揚其「同性戀國際」的會員身分（在「劍橋大學社會主義俱樂部」更不會這麼做）。反正雙方都將此事當成私人事務看待。我至少可以聯想起戰前在黨內結交的兩位朋友，而我直到戰後才知道他們終生都是同性戀者。

學期與假日之間並無明顯分野。學生們並不常在假期打工賺錢，例外情況是幫語言學家擔任旅行導遊。不過還是會出現零星的補助，其中之一資助了我在一九三八年前往突尼西亞與阿爾及利亞進行學習之旅。此外我在一九三九年給自己放了長假，所憑藉的就是編輯《格蘭塔》獲得的分紅，其金額高達大約五十英鎊。（拜「五月週」[14]出刊之賜，夏季班是最適合擔任編輯的時候。每當學期結束後，主編就可以把雜誌實際所有人——佛斯特與傑格兩位先生擁有的印刷廠——在支付了印製、發行費用之後剩餘的進帳塞入自己口袋。）

大致說來，我自己的假期平均分配於倫敦政經學院和法國之間。倫敦政經學院，或至少是位於荷頓街（奧德維奇區）的主建築，現在仍可明顯看出六十年前的模樣，甚至連大門左側的一家點心店都還存在。那家點心店當時叫做瑪莉咖啡屋，激進的學生運動分子就在此討論政治或吸收同好。這時通常會有一個孤寂的中歐人士在旁默默觀察。他比我們年長許多，看起來彷彿是那些「永遠的學生」之一，老是在位於市中心的校園游蕩。但他實際上就是那位完全沒沒無聞、尚未受人重視的諾伯特・埃利亞斯[15]，正準備在瑞士出版其巨著——《文明的進程》。英國學界在一九三〇年代，極度漠視中歐猶太裔和反法西斯難民知識分子的傑出學術成就，除非他們恰巧致力於傳統上受到認可的領域，例如古

viii 艾瑞克・霍布斯邦，〈捍衛三〇年代〉（In Defence of the Thirties）。見：吉姆・菲利普、約翰・辛普森及尼可拉斯・史諾曼（編著），《格蘭塔一八八九至一九六六年精選集》（*The Best of Granta 1889-1966*），倫敦，一九六七年，頁119。

典學或物理學。倫敦政經學院很可能是唯一能夠向那些人提供棲身之處的所在。但即便是戰後，埃利亞斯在這個國家的學術生涯依然微不足道。而諸如卡爾．博蘭尼[16]之類的學者，其學術價值要等到他們橫渡大西洋之後才受到承認。

我發現倫敦政經學院氣氛友善，而其圖書館——當時還設在行政大樓裡面——更是個適合工作的地點。校內充滿了來自中歐與殖民地的人士，因此顯而易見不像劍橋那般閉塞，縱使這只是因為該校致力於諸如人口統計學、社會學與社會人類學之類的社會科學的緣故，而這是劍橋所不感興趣的項目。但說來非常奇怪的是，被用於為學校命名的那個專業科目[17]，在當時——而且一向如此——反倒不像在劍橋那般卓然有成。該學系雖然吸引了若干天資非常聰穎的年輕學子，他們畢業後卻無法在荷頓街獲得固定職位。

我在倫敦政經學院的學生環境中一定感覺比較自在，與該校女學生交往時更絕對如此。因為我與當時在那邊認識的兩位女生建立了一輩子的友情，而且後來還娶了另一位該校的女生，只不過婚姻關係維持得沒那麼長久罷了。有三位倫敦政經學院與我同輩的共黨學生則成為我終生的朋友：歷史學者約翰．薩維爾（當時他還名叫「斯塔瑪托普洛斯」[18]，簡稱「斯塔姆」）、其生活伴侶和日後的妻子康斯坦絲．桑德斯，以及令人動容的詹姆斯．傑佛利斯。傑佛利斯以經濟史博士的身分，在戰時改行成為「鄧洛普」公司的工廠工人代表會議召集人——後來他重返研究工作，但結果沒那麼成功，因為他成了冷戰時期箝制共黨學者措施下的犧牲品。透過另外一位倫敦政經學院的同輩，使我得以維持（其實是重新建立）與奧地利的關係：那位喜愛運動、頭髮茂密、魅力十足的人士名叫泰迪．布拉格爾，後來在瓊安．羅賓森的指導下於劍橋獲得經濟學博士學位，因為羅賓森教授的路線比倫敦政經學院的羅賓斯和海耶克更符合泰迪的理念。一九三四年奧地利的內戰結束後，其家人因為抗拒奧地利法西斯政權以致麻煩纏身，於是把他從維也納送出來避難。戰後他拋棄在英國前途大好的事業回到維也納的廢墟，幾乎跟全體奧地利共產黨員一樣，用這種方式結束了流亡英國的生涯。

放暑假時，劍橋學生黨部的好戰派就來到法國，與詹姆斯・克魯格曼[19]一起工作。詹姆斯與瑪歌・海納曼[20]共同成為銜接點，將我與在我之前的劍橋共黨英雄時代結合起來。（他們二人直到去世為止都始終是共產黨員）。瑪歌是我所曾認識過的最不平凡人物之一。她是約翰・康福德最後的真愛；康福德曾在西班牙為她寫出了最後一首詩篇，而這首詩從此被收錄到名詩選集。她後來成為JD・伯納[21]的伴侶。透過一輩子的黨內同志情誼、示範與建議，或許她是我所認識的朋友當中，對我影響最大的人。

詹姆斯與約翰是黨部認可的共同領導者。對大多數劍橋好戰派學生而言，詹姆斯曾經是極具聲望的人物，而且在很長時間內持續如此，甚至多少還具有「古魯大師」（印度教裡的「大師」）般的地位。在我看來，與他同時代的共產黨學生當中，以他和「共產國際」的關係最為密切。因為他畢業後放棄了令人艷羨、非常適合他從事的學術前程，移居巴黎擔任「世界學生大會」的書記。那是一個成員來源廣泛、但受到黨控制的國際學生組織。我記得有次過去和他見面時，曾與雷蒙・吉優[22]不期而遇（吉優是一位法國重量級人士，曾經長年擔任「青年共產國際」的總書記）。該組織的運作地點是一間狹小而灰塵密佈，設於巴爾扎克式樓梯間後面的辦公室，充分表現了二戰前非官方政治的典型特徵。辦公室位於一條命名不當、叫做天堂市的街道——那是巴黎市第十區一條陰暗的死巷——後來才搬到塞納河左岸一個像樣的地點。其最顯著的公開活動，就是定期舉辦世界性的會議，由劍橋與其他地方的學生自願前來協助進行籌備工作。我在一九三七年的會議擔任翻譯，此次會議正好與盛大的巴黎世界博覽會同時舉行。那也是二戰之前最後一次的博覽會，而自從艾伯特親王於一八五一年開始舉辦大型博覽會以來，博覽會就不斷帶來驚喜。

我不記得詹姆斯在一九三八年舉辦的主要活動，因為那年夏天我大多數的時候都在北非旅行。我也無法表示某則報導所說的是事實：依據該報導，詹姆斯曾指派我在一九三九年復活節假期，組織一場阿拉伯與猶太學生之間的會議，藉此建構一個反法西斯聯合陣線，因為墨索里尼當時剛剛佔領了回教國家阿爾巴尼亞[ix]。整個一九三九年夏天我則忙於籌備世界學生會議的實務工作，它後來成為此類會議當中最大型的一次，該會正好在希特勒入侵波蘭幾天以前結束。

除了才智過人和獻身政治之外，詹姆斯．克魯格曼幾乎在任何方面都截然不同於其領導夥伴約翰．康福德，缺乏了浪漫風格、英雄主義和色彩繽紛的形象。他戴著眼鏡、聲音輕柔、拘謹而語帶風趣，看起來永遠像是準備微笑的樣子。他獨自住在一個靠近奧德翁劇院旁邊的旅館房間。據我所知，他持續過著修道士一般的生活，而且終生未婚，但身旁不時圍繞著年輕的仰慕者。有人告訴我，他會在親暱的朋友面前講黃色笑話，但我向來不是其中一員。他曾經就讀於格萊思罕學校，而那裡在他的年代培育出不止一位著名的同性戀者[23]，因此他很可能也有斷袖之癖，不過從未有人將他與任何形式的性活動聯想到一起。他唯一突顯出來的嗜好就是收藏書籍——至少是在戰後如此，而當時我與他見面的次數比較頻繁。其個人的孤僻性格增加了我們，尤其是大多數與他共事過的人對他所懷有的敬意。那麼我們對他所知有多少呢？他從不透露心底話。他唯一讓我們知道的事情就是，有辦法做出既驚人又簡單明瞭的解釋，並散發出權威感——直到他被史達林與狄托之間的決裂所摧毀為止。我不記得曾經與詹姆斯在戰前的巴黎，利用工作空檔進行過許多政治對話。那時我們一群人只是坐在咖啡廳下西洋棋（他很懂得解釋為何能夠打敗我們），否則就是趁著不開會和不操作印刷機的閒暇，在酒吧打幾局桌上足球，由猶太人扮演亞洲人。

幾乎可確定的是，世界學生大會替詹姆斯戰時不同凡響的事業奠定了基礎，使得他成為英國與狄托游擊隊打交道時的關鍵人物。在一九三〇年代，歐陸國家值得一提的左派學生運動相當罕見。當時歐陸學生典型的政治立場（大學教師則未必如此），就是具有法西斯色彩的右翼民族主義。其中最大的例外是南斯拉夫的共黨學生，尤以貝爾格勒大學為然。其領導人之一名叫伊佛（羅羅）·利巴爾[24]，那位日後的游擊隊核心成員當時是世界學生大會所熟悉的人物。或許住在莫斯科以西的人（待在開羅的人當然更是如此[25]），沒有任何人會比詹姆斯更明白南斯拉夫共產黨裡面到底誰是誰，而且曉得該如何與他們取得聯繫。

史達林與狄托決裂後，詹姆斯被迫——幾乎肯定是受到莫斯科直接施壓——做出他自己無法挽回的斷交行動，寫出一本完全不具公信力和不誠實的書：《從托洛茨基到狄托》。他曾被視為黨內領導高層難得一見的優秀知識分子（另一位就是帕爾梅·杜特[26]），這個聲譽從此蕩然無存。他此後不再冒任何風險、不再主動採取任何行動、不再說任何話，而且即便在小小的英國共產黨裡面也不再是受重視的人物。黨部讓他負責教育（由我們那位學生組織工作的老手——傑克·科恩——從旁協助），而他在此表現得非常出色，因為他天生就是當老師的料。他極度聰明而且感觸敏銳，不可能覺察不出那些曾在一九三〇年代仰慕過他的人，心中對這位昔日眾望所歸者的失望與憐憫。他失去了內在的支撐力量。只有在一九七五年，才閃現出舊時詹姆斯·克魯格曼的最後一道光芒。自從一九五一年柏吉斯與麥克林恩逃奔莫斯科以後，英國情報當局便不斷向他示好，暗示他或許終於準備跟別人一樣，做出行動來協助英國情報員。其間說不定還有人喻之以利[x]。他非常熟悉英國情報單位（畢竟他在戰時曾為其中

ix 亨利·芬斯，《從左讀到右》，頁116。

x 尤利·莫京，《我的五位劍橋朋友》（Yuri Modin, *My Five Cambridge Friends*），倫敦，一九九四年，頁100-101。莫京（Yuri Modin）是KGB特工，一九四四至五五年之間擔任「劍橋間諜」的上級指導員。

一員），可是竟有人認為他可以背叛自己的志業，這樣的想法令他大受傷害。他拒絕合作，不久以後去世於倫敦南區一棟不起眼的房子裡面，屋內堆滿了書。

我在一九三九年五月至六月之間的大學最後階段，日子過得相當好。我編輯《格蘭塔》、被遴選進入使徒會，並在學位考試中得到「星級」一等榮譽，這讓我獲得了國王學院的研究生獎學金。當時只有一件事令人沮喪：一九三九年春天，悉德尼叔父——他已經年紀老得不必再入伍參戰——放棄了幾年下來在英國的生存奮鬥，決定與南茜和彼得移民智利，並帶著他能夠籌集到的幾百英鎊去那裡開創新生活。對我而言，在學位考試前幾個星期出遠門是不必列入考慮的問題，而且我並不打算於戰爭迫在眉睫之際離開這個國家，更何況當時智利還是一個離歐洲非常遙遠的地方。我看著他們在利物浦上船，然後再搭乘火車抵達艾奇韋爾，回到韓德爾巷完全空蕩蕩的房子。當初我已經把自己的帆布背包留在那裡，於是得以睡在地板上度過最後一夜。我曾經在屋內擺放一瓶從老家帶過來的上好匈牙利「托凱」葡萄酒，但不知怎地，它在我離開之後已經不知去向。接著我又返回了劍橋。

那年夏天，我利用編輯《格蘭塔》的收入，待在巴黎吉霞路一家陰暗但地點良好的旅館，以便籌備詹姆斯的大型會議。現在我眼前擺著一張當時大會的照片：一群白人（大多來自劍橋）與印度人、印尼人混合在一起，並零星出現中東人、遠東人士以及一位非洲人。我辨認出其中一位心地善良、來自阿姆斯特丹的女孩——她後來參加荷蘭反抗軍而遇難。那群已被遺忘的年輕臉孔當中，出現了一位英俊的爪哇人薩恰吉特．蘇哥諾。戰後他成為重要的印尼工會領袖，直到一九四八年共產黨在茉莉芬起事時，遭到殺害為止。站在詹姆斯旁邊的人是皮特．丘納曼，即日後的斯里蘭卡共黨總書記，以及哈克薩——未來甘地夫人的幕僚長。此外還有一些西班牙難民，例如小米吉．羅布雷斯和與他一同在印刷機旁邊辛勤工作的西班牙共產黨員帕布羅．阿茲卡特。照片中更出現了身材矮小、活力充沛的阿容・伯斯[27]的孟加拉臉孔。那是一場成功的會議，但美中不足的是：會議結束不到兩星期後就爆發了第二次世界大戰。

我需要休息一下，於是搭了幾天便車前往不列塔尼的孔卡爾諾。我在九月一日打道回府。一位服裝體面但有些心神不寧的法國女士開著跑車，在過了昂熱的某個地點順道載我一程。她問我聽說「希特勒已經進軍波蘭！」了嗎？我們開車駛入巴黎，停下來找到一台收音機以便獲得最新訊息，聽廣播電台沒條理地談論即將來臨的戰爭。由於這裡是法國，很難想像我們未曾停下來共用午餐，但在當天那樣人心惶惶的狀況下，我不太記得我們是否一起用餐。有些巴黎人已經坐在擠得滿滿的車子裡面與我們反向而行。她讓我下車的時候與我互祝好運，然後我前往位於凡多姆廣場的西敏寺銀行，跟其他英國人一起排隊。一個有著壞脾氣並帶有明顯凹陷下巴的男子排在我前面，他的護照顯示出他是溫丹・路易斯那位作家兼畫家。最後我前往聖拉扎爾火車站，購買前往倫敦的夜車車票（如果還買得到票的話），之前沒有太多東西需要打包。

火車上坐滿了長腿高挑的金髮女郎：她們是來自「瘋狂牧羊女遊樂廳」以及「巴黎酒店」的英國舞者，正準備返回位於莫克姆或諾丁罕的家中。如果我記憶無誤的話，我在維多利亞火車站下了車，於和平最後一天的早晨[28]睡眼惺忪走入陽光普照的倫敦。我在那裡已經無家可歸，但還記得我是待在蘿娜・海伊所擁有或分租的公寓內，度過了和平最後一天的夜晚。她是來自蘇格蘭的劍橋大學紐南姆學院畢業生，即將在倫敦新聞界覓得一職。莫漢・庫馬拉曼加拉姆剛在返回印度之前告訴她，由於他打算以職業革命家的身分開拓未來，這使得他不可能帶著她一起走。

對我而言，一九三〇年代就這麼結束了。

第九章

身為共產黨員

BEING COMMUNIST

一

我在一九三二年成為共產主義者，卻一直要等到一九三六年秋季，進入劍橋就讀之後才正式入黨。我在黨內待了五十年。它能夠留住我這麼久的理由顯然屬於自傳範疇，並不具有一般歷史意義。就另一方面而言，共產主義為何吸引了我那個世代許許多多最優秀的男女？身為共產黨員一事對我們產生了何種意義？這些問題都是二十世紀歷史的中心課題。我的朋友安東尼歐．波利托[1]曾對那個世紀做出了最傳神的說明：「二十世紀最巨大的惡魔之一，就是政治狂熱。」共產主義即為其中典型的表徵。

共產主義如今已經死亡。蘇聯以及絕大多數依照其模式建立起來的國家與社會——亦即曾為我們帶來鼓舞的一九一七年「十月革命」之產物——都已經徹底崩潰，只留下一片物質上與道德上的廢墟。現在很明顯即可看出，那個志業一開始就已經注定了失敗的命運。然而受到這份信仰激勵的人們，曾秉持「天下沒有布爾什維克攻佔不了的堡壘」之信念，確實做出了非凡的成就。列寧抵達芬蘭火車站[2]不過短短三十多年以後，全人類的三分之一，以及易北河至中國沿海之間所有的政府都生活在共產黨統治下。蘇聯本身則擊敗那個二十世紀最為可怖、當初讓沙皇俄國化成齏粉的戰爭機器，於第二次世界大戰結束後躍居全球兩大超級強國之一。自從伊斯蘭教在紀元七、八世紀進行征服以來（其進展較為緩慢而且比較不全球化），還沒有任何意識形態取得的勝利能夠與共產主義相提並論。

此成就的締造者，就是一些規模很小（往往相對小型或絕對小型）、自行遴選出來的「先鋒黨」。共產主義不同於那些在十九世紀末葉成形、大多也受到卡爾・馬克思理念啟發與鼓舞的工人階級政黨，本來並未被設計成一種群眾運動；共產主義後來之所以變成了群眾運動，完全出於歷史的偶然。就這一點來說，那違反了——而且確確實實地否定了——馬克思主義傳統上的社會民主主義觀點。傳統的立場是期待每一位自視為「工人」的人，都要認同各個本質上屬於工人的政黨，而它們的本質通常已經用黨名（「工黨」）清楚標示出來。對那些人而言，支持工人的政黨與其說是個人的政治選擇，倒不如說是發現個人的「社會定位」，而社會定位必定具有某種「公共」意涵。反過來說，即便最不具政治色彩的活動，也充滿了人們對自己社會定位的認知。例如在「紅色維也納」各家酒館密室裡面聚會的業餘俱樂部（我記得遲至一九七〇年代還在該地看見這種情形），進行休閒活動時不把自己叫做「集郵者」等等，而是自稱為「集郵的工人」或者是「養鴿子的工人」。

有時在共產主義運動內部也能夠看見這樣的黨派，其中又以戰後的義大利最為明顯。該國共產黨紮根於家族和地方社區，不僅將舊有的社會主義運動傳統與列寧主義的組織效率相結合，並且加上了天主教會對俗世產生的道德權威。（義共領導人帕爾米羅・陶里亞蒂即曾於一九四五年如此表示：「每個家庭都在馬克思的照片旁邊掛著耶穌基督的相片」。）在這樣的共產黨裡面，一位住在莫德納的年輕女性，可以理直氣壯地要求她的黨部，向帕多瓦黨部提出詢問，打聽該市一名向她大獻殷勤的年輕警員是否「當真」（老天爺，結果發現他在帕多瓦已有妻室）[i]。公領域與私領域、個人的提升與建設一個更美好的世界，在此都被認為是密不可分的事情。

但是共產國際時代的各國共產黨則屬於一個截然不同的類型，儘管他們宣稱（有時倒也正確），自己根源自工人階級並且為工人的權益代言。他們實際上是列寧式的職業革命家，這表示他們必須是一小群，或者是極小一群被挑選出來的人。參加這樣的組織主要出於個人決定，而且無論是邀請「吸收對象」加入共產黨的人，還是那些入黨的男男女女，都把它看成是一個改變人生的選擇。那是一個雙重的決定，因為繼續留在黨內的人必須不斷做出抉擇，決定不要離開黨（至少是在那些不受共產黨統治的國家），而退黨是很容易就會發生的事情。對絕大多數曾經入黨的人來說，共產黨員的身分只是他們政治生涯當中的一小段插曲。縱使如此，兩次大戰之間的共產黨員還是與「一九六八世代」不同，他們難得有人宛如參加政治上的「地中海俱樂部」[3]一般，以那種態度走上了革命之路。（附帶說明一下：一位曾經是共產黨反抗軍成員的年輕人，於第二次世界大戰結束後創辦了「地中海俱樂部」，以之做為供人度假的小型烏托邦。）

喬吉歐．阿門多拉這位二戰以前的義大利共黨領袖人物，就把他那套文風優美的自傳之第一卷命名為《一個人生的選擇》。對我們這些在戰前——尤其是在一九三五年以前——成為共產黨員的人來說，共產主義的志業確實值得我們奉獻自己的生命，而且有些人果真那麼做了。這些共產黨員彼此之間後來最主要的差別在於，有些人的黨終其一生都是反對黨；有些人的黨則奪得政權，他們因而必須直接或間接為自己政府的所作所為承擔責任。權力未必會讓單獨的個人腐化，但權力本身的腐化則令人難以抗拒。權力的實際作為——尤其是在危機與戰爭的年代——就是要求我們做出當身為單獨「個人」時所不可以做的事情，並千方百計為那些不可以做的事情提出辯解。幸好對於像我這樣的共產黨員而言，我們的黨從來就沒有大權在握，也從未陷入必須決定他人生死的處境（抗暴行動、集中營等等），問

i 亞歷山德羅．貝拉薩伊，〈團結咖啡屋：五〇年代共黨家庭內的公領域與私領域〉，《社會與歷史》（Alessandro Bellassai, Il Caffè Dell' Unità. Pubblico e Privato nella Famiglia Comunista degli Anni 50. *Società e Storia XXII*, No.84），一九九九年，頁327-328。

題就簡單多了。

這些列寧主義先鋒黨的黨員身分，因而意味著深刻的個人選擇。但那並非一個抽象的選擇。對兩次世界大戰之間大多數的共產黨員而言，入黨就是本來已經左傾的人繼續朝這條路跨出的一步——那些人在某些地區也被稱作「反帝國主義者」。若所處的政治環境具有同質性（例如住在紐約的人），跨出這一步當然會比住在德州達拉斯的人來得簡單；像某天我就無意間聽見一位《紐約客》撰稿人意有所指地向別人表示：「其實我們在這裡從來就沒有碰到過共和黨員」。至於那些來自公認的社會邊緣團體、處於國家政治共識之外的人，加入共黨就更簡單了。換個角度來看，我這一代人當中固然有著為數眾多的前共產黨員，卻不常看見他們有人跳槽到極右派政治陣營。政治幻想破滅的共產黨員一般的出路是，如果他們夠年輕的話，就加入其他左派政治團體；否則通常在分成幾個階段進行的情況下，變成了好戰、反共的冷戰自由主義者。但即便在美國，紐約反史達林主義的左派知識分子要等到過了一個世代之後，才拋棄原先對自家人的忠誠度，開門見山宣稱自己是「新保守主義者」。

「不可能跳槽到極右派陣營」的現象在知識分子之間尤其明顯，因為他們對社會抱持的看法，普遍源於十八世紀歐洲啟蒙運動時代的理性主義思想。正如同右派政治人物所不斷抱怨的，這使得知識分子傾向於同情自由、平等、博愛之類的價值。就連我的朋友以撒·柏林也不例外。他雖然基於內心深處對猶太人身分的強烈認同感，努力捍衛（或至少嘗試去理解）那些批評啟蒙運動的論調，但他還是發現自己無法做出不同於啟蒙主義自由派的表現。在德國以外的地區，非宗教範疇內幾乎不存在可供右派發揮的知識傳統。在上個世紀的前半段，左派思想對知識分子產生的吸引力，顯然遠非右派思想所能及。即便在一些比較無關理性思考、主要為藝術創作領域內，照樣流行反法西斯思想。關於這個問題，一位以「西蒙·列斯」為筆名的傑出比利時漢學家（他在解構毛澤東主義神話方面有著無人可及的紀錄），做出了精闢簡潔的結論：「我們每一位學術界人士，都認得一些從前是共產黨員，後來卻改變主意的人。但我們有多少人曾經遇見過前法西斯黨員？」事情的真相是，不論法西斯知識分子是否在戰後改變了自己的觀點，他們的人數從來就沒有那麼多。

這無法表示共產主義吸引了一些類型特殊，具有偏激、獨裁或其他反民主特質的人。儘管冷戰時代有些論述極力指稱，共產主義與法西斯主義之間具有相似性，但此種存有政治偏見的社會心理分析不值得我們多花時間討論。無論如何，自由派對此的看法沒有太多根據——他們認為右派或左派的本質都是喜好極端主義，使之輕而易舉就可以從一個極端跳到另一個極端。就英國共產黨而言，由於其規模甚小，黨內的工人和學生至少在一九三〇年代末期都屬於特例，但他們並無異於常人之處。我在那些入黨的劍橋同學身上，找不到使之有別於未入黨者的共通個人特質，其中的例外或許在於他們的智力活動比較朝氣蓬勃。的確，當我在稍後的年代看見一些昔日同志過著後共產主義時期的生活，成為備受尊敬的中產階級專業人士（雖然他們通常稱不上是保守派），有時我忍不住捫心自問：「想想看，我曾經把他和跟他類似的人一同吸收入黨！」

比較不令人驚訝的是，加入共產黨的工人——至少在英國如此——都非常年輕而且比大多數人更加精力充沛，但他們除此之外都是自己階級與行業內的典型人物，主要來自工業界、建築業，在某些地區則來自採礦業。一九三〇至一九五〇年代之間，當工人階級還無法參加「中學進階教育證書課程」[4]和高等教育的時候，對聰穎而年輕的學徒或工廠激進分子而言，共產黨便成為他們接受政治教育和知識教育的唯一途徑。共產黨孕育出未來英國工會運動的全國性領袖人物，當然同時也為自己提供一批出身工人階級的傑出幹部，而那正是一個具有自我意識的無產階級政黨所堅持的要求。所以，事實上（完全不同於慣有印象），知識分子起初並未在黨的領導階層扮演重要角色，要等到教育革命來臨以後，適齡的青年才有機會通過考試，從工廠進入大學，而且這使得他們得以從政或從事更好的職業，而不光是在共產黨內求發展而已。

因此，共產主義的做法並非從「不走極端」的人群當中，挑選出具有「極端主義」性格的對象。政治光譜的左右兩個極端，某些時候或許有可能將同一類型的人吸引過來——他們通常比較年輕、天生偏好冒險行動或政治暴力，也就是那些容易對恐怖主義或直接暴力行動產生共鳴者。但儘管如此，說不定自從一九六八年學生暴亂掀起了街頭抗爭和小規模武裝組織的風潮，並且宣揚「街頭戰士」的形象之後，才使得藍波之流的人物更容易被爭取到極左派那邊。無論如何，把革命當成一輩子獻身的事業，並不等於透過胡亂進行戰鬥和冒險來尋求生活上的刺激。

話要說回來，地下活動的傳統在各國共產黨內確實非常重要。那是因為除了極少數的例外（例如在英國），共產黨至少在歷史上的某些階段都是非法政黨。像我那個年代的國際共產運動，就明顯具有冒險性十足的生活色彩。不過布爾什維克主義所講求的，是「無情的效率」而非浪漫主義，所以並不崇尚銀行搶匪或敢死隊的文化風格。由於它不信任軍人的莽撞行動，因而發明了由「政委」（意即平民）當家作主的軍中領導方式。它在理論上敵視個人恐怖主義。像列寧自己就針對一個事件做出了典型的反應。他無法理解為何一九一六年時，腓特烈·阿德勒[5]那位社會民主黨員必須公然射殺奧匈帝國總理，以便向第一次世界大戰提出抗議。列寧忍不住問道：假使他以黨書記身分出面動員各地一致進行罷工的話，豈不可以收到更大效果？

我所認識的共產黨員當中，某些人的生涯應該會讓驚悚小說作家大感興趣，而且這樣的案例確實已經發生過。但整體而言，無論他們的秘密活動有多麼危險，其動機並非出於暴虎馮河或愛出風頭。現在讓我比較兩個不同人物的性格。其中之一是亞歷山大·拉多[6]，二戰時曾在瑞士擔任極重要蘇聯間諜網的負責人；他是我唯一認得的大師級間諜，曾與我在布達佩斯共同度過一個有些詭異的聖誕節。另一人則是他的無線電操作員，名叫亞歷山大．富特——如同文獻中所描述的，富特顯然是英方派來臥底的雙重間諜[7]。「富特之所以成為特務，主要並非出於意識型態、金錢收入或愛國主義上的考量。他靠著間諜工作賺不了幾個錢，抽象的政治理念讓他感覺厭煩，而當他終於返回英國之後，『軍情五處』並未把他當成愛國者看待。他是一個天生的冒險家……」[ii]拉多看起來卻不像是渴望有所行動的人，反而比較接近一位安逸的中年商人，天生適合待在中歐的咖啡館裡面享受悠閒。

一九六〇年我遇見他的時候，他已經在史達林的勞改營度過了幾年光陰，受聘至布達佩斯的卡爾．馬克思經濟大學擔任教席，再度從事自己一直夢寐以求的行業，成為地理學者和地圖製圖學家。一九一八年以來，其政治生涯幾度浮沉於地下秘密活動之中，而他總是回歸到同樣的老本行。無論是進行戰鬥任務——他曾經組織了武裝工人隊伍，預備在一九二三年為德國（胎死腹中的）革命打前鋒——或者是經營情報網的時候，他始終不改其志。他毫無疑問享受了自己另一種生活中的驚悚，但他給我的印象卻是，他並非為了這個理由才選擇過那種生活。他只是做出了不得不做的事情。他曾經向我透露：「當我們年輕的時候，拉科西（他是前匈牙利共黨領袖與獨裁者，我們進行對話時該人已被迫退休並流亡蘇聯）老是問我：『山大，你何不投入全部時間來當職業革命家？』現在看見了他的下場和我自己的情況，我只能慶幸自己學有專長，而且一直沒有把它放棄。」[8]共產黨的確不適合浪漫主義者加入。

各國共黨反而專門為有組織的常規工作而設。這是為什麼只有區區幾千名成員的團體——例如第

ii 安東尼．里德與大衛．費雪，《露西行動：二戰最機密的間諜網》（Anthony Read and David Fisher, *Operation Lucy: Most Secret Spy Ring of the Second World War*），倫敦，一九八〇年，頁204-205。

二次世界大戰結束之初的越南共產黨——在機會成熟時有辦法趁勢而起、建立政權的原因。列寧主義政黨的成功秘訣，並不在於夢想自己將站在街頭障礙物後面進行抗爭，甚至不在於馬克思主義學說。那可用兩個用語加以總結：「決策必須貫徹執行」以及「黨的紀律高於一切」。共產黨吸引人之處，在於它能夠完成別人辦不到的事情。黨內的生活則可說是極盡反對修辭文采之能事。這或許協助形塑了那種乏味至極、簡直令人厭煩的文化，而當它由黨的出版品刊登出來時，就成為晦澀不堪、令人難以卒讀的「報告」，而各國共產黨便從蘇聯的實際做法當中把「報告」接收了過來。在歌劇色彩十足的義大利，戰後年輕的「紅色知識分子」也愛嘲諷忠貞黨員堅持在群眾大會上採用的傳統共黨演講風格。

但這並不表示，我們這一代人對鏗鏘有力的演說藝術無動於衷。我們也承認它對公開場合與群眾工作的重要性。即便如此，演說並未在我關於共產黨的各種記憶裡面留下深刻印象。其中的例外是，西班牙內戰爆發幾個月後舉行於巴黎的一場演說，主講人是「熱情之花」[9]。她身穿寬大的黑色寡婦裝，在「冬季自行車賽車場」的室內場地，於情緒緊繃所帶來的沉寂之下發表演說。儘管聽眾當中沒幾個人聽得懂西班牙語，我們都確切明白她所欲傳達的訊息。直到現在，我還記得她透過麥克風緩緩流瀉出來的話語——「那些母親們，還有她們的兒子們」——就像一隻又一隻深色的信天翁，盤旋於我們頭頂。

列寧主義先鋒黨同時結合了紀律、辦事效率、絕對的情感認同，以及完全的獻身。我可以用一個實例說明此點。一九四一年時，我們的黨內女同志芙蕾迪被一根倒下來的樑柱壓得動彈不得。看來二戰期間敵方落在劍橋唯一的一枚炸彈所引發的大火，即將把她燒死。我的朋友泰迪·布拉格爾努力搶救她脫險——他住在我位於圓教堂路的昔日小屋裡面，距火災現場只有幾步之遙。然而他直到消防隊員趕過來之前始終徒勞無功，於是道出了下面這則故事：

芙蕾迪尖叫：我的腳，火燒到我的腳了！我死命地劈砍那根樑柱，可是它毫無動靜。可憐的芙蕾迪……現在情況不妙，她哭個不停而我一籌莫展。接著我因為絕望和濃煙也流起淚來，累得再也無力舉起手中的斧頭。這時她高聲喊出：我們的黨萬歲，史達林萬歲……史達林萬歲。最後又喊道：再見了，男生們；再見了，泰迪。[iii]

芙蕾迪並沒有死，可是兩腿從膝蓋以下截肢，如此度過了餘生。在那個年代，若一位黨員把臨終前的最後一句話獻給共產黨、史達林或同志們，我們都不會對此感到詫異。（當時外國共產黨員對史達林的一致觀點都發自肺腑、未受強迫、因資訊有限而無瑕疵。其真誠的程度，與我們大多數人一九五三年獲悉史達林死訊後的心中哀思不分軒輊。而在他生前，沒有任何蘇聯公民願意——或膽敢——把他暱稱為「喬大叔」，或像義大利人那般稱之為「大鬍子」。）黨就是我們生活的中心。我們為黨獻出自己所擁有的一切。我們所得到的回饋，則是從黨那邊確認自己已經勝利在望，並且感受到同志情誼。

我們提到它的時候，都用大寫字母拼出「黨」（Party）那個字。黨可以對我們的生命優先性地提出要求，甚至提出唯一真正的要求。黨的要求絕對高於一切。我們接受了黨的紀律與層級體系。我們承擔絕對義務來追隨它為我們提出的「路線」，即便在不同意的時候也會這麼做。雖然我們必須先做出英雄般的努力來說服自己，相信其在理性與政治上的正確性，以便符合要求來捍衛路線。那是因為黨的做法與法西斯主義不同。法西斯主義提出的要求是，人們必須自動放棄主體性來效忠領袖的意志

iii 特奧多爾·布拉格爾，《介於倫敦與莫斯科之間，一個修正主義者的告白》（Theodor Prager, *Zwischen London und Moskau: Bekenntnisse eines Revisionisten*），維也納，一九七五年，頁56-57。

(「墨索里尼永遠正確」),並且有義務要無條件服從軍事化的指揮。共產黨則甚至在史達林專制主義的顛峰期,仍將自己的權威建立在理性和「科學社會主義」的說服力上面——至少理論上如此。畢竟,凡事都應該基於「馬克思主義分析問題的方法」,而且每位共產黨員必須學會如何加以運用。無論路線再怎麼先入為主和不容更改,也必須依據這種分析方法來合理化,並且在黨內各個層級加以討論及認可(除非受限於外在環境而無法如此逐步進行)。就在野的共產黨而言,由於黨員們可以放膽遵照古老的左翼傳統來進行爭論,領導人必須按部就班讓自己的論點循序成為官方路線,直到我們再也沒有懷疑的空間,曉得該投票支持誰為止——這種程序的術語叫做「耐心解釋」。投票表決以後,民主集中制便做出要求:爭論必須讓位給團結一致的行動。

於是我們做出了黨命令我們去做的事情。在類似英國這樣的國家,黨不會要求我們採取特別戲劇化的行動。不過黨員們深信自己的所作所為都是為了拯救世界,實際上難免厭煩於黨內的例行公事,以及英國工人運動開會時的繁文縟節(主席同志致詞、宣讀黨支部會議紀錄、財務報告、決議、待吸收對象、書刊銷售……等等)——議事地點則為私宅或乏善可陳的會議室。但不管黨命令什麼,我們都聽命行事。畢竟在史達林的恐怖時代,蘇聯與「共產國際」大多數主要幹部們都心知肚明,萬一奉召返回莫斯科的話,自己將面臨何種命運。假如黨命令你拋棄情人或配偶,你也一概照辦。一九三三年以後,流亡海外的德國共產黨命令瑪格麗特.邁納特——日後英文版《馬克思恩格斯選集》的主編——從巴黎前往英國。倫敦急需人手,但由於知名的德國共產黨員不准入境,因此需要一位持有英國證件的同志過去。她二話不說就離棄畢生的摯愛立刻上路(這是她後來告訴我的大致情形)。她再也沒有見過他(或許那位情人是「她」[10]?)。此外,一位昔日的囚徒在戰後告訴我,本黨在奧許維茨集中營內支付的酬勞,都是以珍貴得令人難以想像的香菸做為代用貨幣。這表示共產黨進行集體反抗行動的能力，厲害到甚至可以變出香菸的地步。

共產黨員跟非黨員、不打算入黨（或重新入黨）的人建立認真的關係，那是不可思議的事情。話要說回來，由於黨員們的性態度往往相當解放，我們可以假設，並非所有的激進派都完全迴避了與政治無關的性行為。但即便是出現於布萊希特那首精彩詩篇《致後生晚輩們》[11]的共產國際特工，其漫不經心的性愛關係（「我對愛情並不講究」）正可做為另一項證據，表明黨的工作優先於任何私事。在此我不得不承認，當我發現自己能夠與不可能入黨的對象建立起認真關係時，我從那一刻才開始意識到，自己已經不再是年輕時代那個全然的共產黨員了。

回顧半個世紀以前我們身為共產黨員的情形，很容易即可描述出當時我們的感受與行為，但想對之做出解釋卻非易事。我無法讓昔日的我重活一遍。那些年頭的時代景觀，早已掩埋在世界歷史的瓦礫堆下面。就連我們夢想中的人類美好生活景象（假如果真有過那種景象的話），也早已隨著西方國家驚人的財富與先進科技，以及今日大多數男女所享有的各種商品、服務、前景和個人選擇，完全遭到淹沒。馬克思與恩格斯採取了聰明的做法，未曾具體描繪出共產社會究竟是何模樣。不過他們針對共產社會下的個人生活所做的少許說明，現在似乎大多已成為事實——但那是在沒有共產主義的情況下。他們對「社會生產關係」做出的預期是，在遙遠的未來將出現幾可無限供應的充裕物資和奇蹟般的科技發展，可是今天那早已被視為理所當然。

與其要我在八十幾歲的時候解釋，當初是什麼原因使得我們變成了共產黨員，倒不如讓我引用一九五六危機之後不久所寫下的一段文字，而當時的我比較接近自己年輕時的信念。我寫道：縱使是最老於世故的革命志士，也認同那種烏托邦主義或「不可能主義」。「這甚至使得現代革命家於體認一項事實之後也感覺到切身之痛，那就是社會主義的來臨並無法撫平所有的煩惱和悲痛、不快樂的愛情關係或哀傷，也無法解決所有的問題或者讓問題變得可以解決。」而我的觀察結論是：「各種革命運動……看來彷彿證明了，幾乎沒有任何改變會發生在革命本身的範圍之外。」

在進行偉大社會革命的過程中，自由、平等，特別是博愛或許一度成真，那是因為參與其中的革命分子，通常是以看待浪漫愛情的方式來面對社會革命。革命志士不僅為自己樹立了宛如聖人一般的超高道德標準，並且在行動中加以身體力行……。從事革命工作的時候，他們的團體就是理想社會的縮影，其中所有的人都是兄弟，都可以為了共同的福祉而犧牲一切，但不至於迷失自我價值。既然這個理想可以在革命運動中得到實現，為何就不能放諸天下而皆準？

這一回我和米洛凡．吉拉斯[12]一樣（他曾經以精彩的文字寫出了革命者的心理），也體會到「那些都是教派式的道德觀」；但正是那種道德觀賦予革命者力量，讓他們成為政治改變的引擎[iv]。於兩次大戰期間和大戰之間的階段，很容易即可在歐洲得出結論，認為只有革命才可以給世界帶來前途；舊世界無論如何都已經注定了失敗的命運。除此之外，還有另外三個因素使得共產黨的烏托邦主義，呈現出不同於其他新社會運動的面貌。首先是馬克思主義，它以科學方法針對我們勝利的必然性提出論證，而這項預測已藉由全球六分之一土地上的無產階級革命勝利[13]，以及一九四〇年代的革命進展得到了驗證。馬克思早已指出，為何之前的人類歷史上絕不可能發生此事，以及它為何得以發生於現在、注定發生於現在，而且那確實已經發生了。雖然時至今日，那種必然性的基礎——我們所確信的歷史發展方向——已經土崩瓦解；崩潰得尤其徹底的信念，就是以為工業工人階級可成為帶來改變的主力[14]。但是在「大災難時期」[15]，那些信念看起來都還穩如泰山。

其次是國際主義。我們的運動適用於全人類，而非只是針對其中任何特定的區塊。它代表了一種凌駕於自我、個人與集體之上的理念。在屢見不鮮的案例中，已有起初為錫安主義者的年輕猶太人轉變成共產黨員，那是因為猶太人所受的苦難儘管歷歷在目，但他們只是全體受迫害者當中的一小部分而已。例如尤利烏斯·布勞恩塔爾[16]曾經撰文敘述，二十世紀初期他如何在維也納轉向了社會主義：「我感到相當遺憾，必須放棄我的錫安主義朋友們，不過我期待有朝一日能夠說服他們，讓他們明白犧牲小我完成大我的必要性。」[v]我在紐約的同僚，阿格尼絲·海勒那位哲學家，則曾用嘲諷來掩飾事後的悔悟，說明她一九四七年時如何以十八歲的年紀，在一個匈牙利錫安主義工作營歸順了共產主義：

我們生活於群體內，感覺彼此相互歸屬。我們既不需要金錢，也不需要財富……。我不喜歡財富，而今日我以財富為恥。我拋棄了黑市商人、美元投機者、貪婪掠奪者。那不成問題！我寧願永遠忠於貧窮者。我就是這樣一個瘋狂的女孩子，我加入共產黨是為了跟窮人在一起。[vi]

在實務上，民族認同感（或其他基於群體關係或歷史背景的認同感）之重要性，遠遠超出了我們當初的想像。共產主義或許在歐洲以外的地區發揮了最大影響力，那是因為當地於反抗國家或帝王高壓統治的戰鬥中，還找不到其他有力的競爭對手。以越南的解放者胡志明為例，他在「共產國際」給自己取了「阮愛國」這個化名。陳平——他曾在馬來亞領導共黨起事並進行叢林游擊戰，但比較不成

iv 霍布斯邦，《原始的叛亂》，曼徹斯特，一九五九年，頁60-62。
v 布勞恩塔爾，《尋找千禧年》（Julius Braunthal, *In Search of the Millenium*），倫敦，一九四五年，頁39。
vi 阿格尼絲·海勒，《腳踏車上的猢猻》（Agnes Heller, *Der Affe auf dem Fahrrad*），柏林－維也納，一九九九年，頁91-92。

功——原本是一位愛國青年。他後來之所以投效共產主義，是因為對國民黨解救中國的能力放棄了希望。當他親口告訴我這件事的時候，已經是一位愛好學術的年邁華裔紳士，樣子完全不像是昔日的叢林游擊隊領袖。而我們會面的場所，是雅典娜俱樂部[17]咖啡廳內顯得格格不入的環境。儘管如此，即使是那些起初只追求有限目標的人，即使是那些因為「小我」的失望而放棄了遠大夢想的人（例如許多受到史達林反猶太運動衝擊而退黨的猶太裔共產黨員），共產主義對他們而言仍然代表著一種超越利己主義、以服務全人類為宗旨的理念。

但共產黨員的革命信念中，還存在著第三樣因素：當他們邁向千禧年的時候，悲劇正在半路上窺伺。第二次世界大戰期間，共產黨員在大多數反抗運動中扮演了特別吃重的角色。那不光是因為他們既有效率又勇敢的緣故，而是因為他們早已隨時準備應付最壞狀況：例如間諜工作、地下活動、審問偵訊和武裝行動。列寧式先鋒黨誕生的時候，正面對著迫害、俄國於戰時爆發的革命、蘇聯的內戰與饑荒。革命成功之前，共產黨員無法期待從自己的社會獲得任何獎勵。職業革命家們所能期待的命運，就是入獄、流放，而且往往是死亡。共產國際的做法有異於無政府主義者、愛爾蘭共和軍以及伊斯蘭自殺炸彈客，並不怎麼崇拜個別的烈士——雖然法國共產黨於國家重獲自由後喜歡標榜一個事實來爭取民心，即他們在反抗德國佔領的時期是一個「被槍斃者的黨」。共產黨員毫無疑問幾乎是所有政府眼中的首要敵人。即便少數幾個允許共產黨合法存在的政府，其態度也沒有兩樣，而我們經常被人提醒，一旦共產黨員入獄或被送進集中營以後，將會受到何種待遇。但我們並不把自己當成是受難者或潛在的傷亡者，反而自視為一場無所不在的戰爭之戰鬥人員。像布萊希特就在《致後生晚輩們》那首了不起的哀歌中，於一九三〇年代道出了共產國際職業革命家的心聲：

我進食於戰役之間，
在謀殺者當中席地而眠。

軍人的特性是剛毅，而我們自己的政治術語正瀰漫著那種味道（「絕不妥協」、「不屈不撓」、「硬如鋼鐵」、「堅如磐石」）。布爾什維克的本質，就是以剛毅——甚至冷酷無情——的態度，於革命之前、之際與之後做出不得不做的事情。那是因應時代狀況而必須出現的反應。正如同布萊希特在詩中所言：

你們將自洪流中浮起
於我們滅頂之處
請勿忘記
——當你們談論我們的軟弱時——
你們倖免陷入的
黑暗年代。

布萊希特那首詩篇最能夠向我們這一代共產黨員產生訴求之處，就在於革命志士被迫做出的剛毅行動：

啊，我們
我們這些希望為仁慈鋪路的人

本身就不可能仁慈。

當然，當我們認同史達林與共產國際的時候，我們並未（而且不可能）想到史達林正強加到蘇聯人民頭上的事物，同時我們不願意相信少數人告訴我們的傳聞或疑點[vii]。那就好比沒有人能夠預料，二戰期間人類所承受的苦難將嚴重至何種地步，直到事情發生了為止。無論如何，若有人認為我們是因為昧於事理或掩耳盜鈴之故，所以否認自己曾做過的不人道行為，那是由於他們不瞭解這都是時代背景所造成的結果。但不管從任何角度來看，我們都不是自由派。自由主義早已失敗，而在我們所涉入的全面戰爭中，沒有人在意是否應該限制犧牲者的數目，對敵方或我方的態度皆無不同。反正由於我們自己沒有權力，看來也不可能掌權，我們只能期待自己成為囚徒而非獄吏。

某些國家的共產黨，以及類似安得烈・馬蒂[18]之流的黨幹部（他是海明威《戰地鐘聲》書中人物之一），則以自己必須採取「硬如鋼鐵」的布爾什維克風格為傲。他們對蘇聯共產黨的崇敬自然不在話下，而蘇共更結合了權力不受限制的專制傳統與俄羅斯日常生活中的殘酷作風，製造出史達林時代的大殺戮。英國共產黨卻跟他們不一樣，似乎以被虐待狂的和平方式呈現出自己的病理症狀。最典型案例就是已故的安德魯・羅特斯坦（1898-1994）。

安德魯是一個相當無趣、圓臉、具有小資產階級作風的人物。他對蘇聯的一切極盡捍衛之能事。他的父親是一名比較戲劇化的俄國資深布爾什維克黨人（特奧多爾・羅特斯坦[19]），曾經擔任蘇聯外交官，並首開先河寫出一本有關馬克思主義工運歷史的書籍。有一回我跟安德魯參加大學教師協會舉辦的會議，兩人被分配到同一間寒氣逼人的臥室。我直到現在還記得他小心翼翼打開盥洗包和拿出拖鞋的模樣。那一次我大概是被指派前往抗議倫敦大學斯拉夫研究中心的不當措施，而安德魯當時在該中心講授蘇聯制度，正在爭取續聘。他是英國共產黨的創黨元老之一，並顯然在俄國享有良好的人際關係。一九二〇年代他在黨內位居要津，可是他對共產國際的極左路線抱持反對立場，再加上其尖酸刻薄的習性和缺乏無產階級意識，於是在一九二九和三〇年之交遭到整肅。他被迫離開妻兒，獨自一人被放逐到莫斯科，黨籍也轉入蘇共。好在他大難不死，很快就被允許重返不列顛，回到英國共產黨，但先決條件是他今生今世只准在黨內擔任地方性的職務。縱使如此，他仍然完全效忠共產黨，始終犧牲奉獻到底。我對此的觀感是，在他以及與他類似的人眼中，這種為了獻身黨的事業而接受的考驗正好顯示出他願意捍衛無法捍衛的事物。但那並非基督教會的「我信，正因其荒謬」，反而是一種不斷的試煉：「對我提出更多考驗吧：身為布爾什維克黨人，我沒有斷裂點。」當英國共產黨於一九九一年壽終正寢之後，他以九十三歲高齡成為後繼死硬派小黨的第一號黨員。

我非常懷疑，我們那一代可有任何人會受到羅特斯坦的事蹟感動，因而決定加入共產黨或繼續留在黨內。但我們確曾有過自己的英雄楷模，那就是喬吉·季米特洛夫。一九三三年「德國國會大廈縱火案」開庭審判時，他獨自一人站在納粹的法庭中力抗赫曼·戈林，以此方式維護了共產主義的名譽，也在意外狀況下捍衛了他那弱小但值得驕傲的保加利亞民族。我之所以未在一九五六年退黨，主要原因之一正在於黨內曾孕育出像他那般的男性和女性。行文至此，我特別想到一位這樣的人物，他在世時幾乎沒沒無聞；今日除了黨內同志和一些朋友之外，已經難得有人還記得他。我仍然能夠回憶起他的模樣：矮小的身材、銳利的目光、憤世嫉俗的神情。那是一個星期日早晨，我們二人在山丘上沿著

vii 在冷戰以前，這方面的真實資訊相當稀少。至於那些資訊受到懷疑的程度，從一位著名中世紀貨幣學專家整理出來的彙編即可窺其一斑。見：菲利普·格利爾森，《一九一七至一九四二年蘇俄相關書籍：參考書目與導讀》(Philip Grierson, *Books on Soivet Russia 1917-1942: A Bibliography and a Guide to Reading*)，倫敦，一九四三年。

規劃井然的步道，穿越陽光斑駁的維也納森林。周遭時而出現一些同樣正在漫遊的熟人，那些白髮男女昔日曾在此森林的某個偏僻角落，舉辦過共產黨員或社會主義者的非法聚會，最後成為了集中營的劫後餘生者。露天場所向來是奧地利革命志士的工作環境，而那位先生或許就是我最欽佩的人。

一九四四年八月中旬他寫下了自己的遺言，地點在巴黎市郊弗倫監獄第二監區一五五號囚室，以及第一監區九十號囚室：

法朗茲・費爾利希，共產黨員
法朗茲・費爾利希，奧地利人
將被處決於一九四四年八月十五日
就在解放前夕？[viii]

幸好以法蓮・費爾利希特——我們都曉得他在黨內的化名，法朗茲・馬瑞克——福星高照。巴黎及時獲得解放而救了他一命。他曾於捷克人亞瑟・倫敦領導下，在法國共產黨「外籍工人組織」扮演重要角色（亞瑟・倫敦後來成為史達林大審判的犧牲者[20]），而外籍工人組織的西班牙人、猶太人、義大利人、波蘭人與其他國籍者，曾經以多得不成比例的方式為法國武裝反抗運動做出了驚人的英雄表現。（只看見猶太人成為法西斯主義受害者的人請勿忘記：在猶太人的戰鬥紀錄中，曾有七千名猶太裔社會主義者或共產黨員參加西班牙內戰、參加外籍工人組織，而且他們在其他被佔領國也從事過類似的抵抗行動。）法朗茲負責進行的各種工作裡面，也包括了對德軍進行反宣傳。他從未談起那段期間的經歷，只有一次例外，當時我年約十歲的兒子安迪想從他那邊曉得，反抗軍到底都做些什麼事情。

他回答說，多半是設法躲開那些想抓你的人，不過他自己有好幾次差一點就遭到逮捕。

他出生於普熱梅希爾（位於今日的烏克蘭）[21]，兩次大戰之間在極度貧困下成長於維也納——法朗茲曾經表示，他成為職業革命家以前從未穿過新的外衣和褲子。十五歲那年，他投身錫安主義開始走上政治，接著參加了最具馬克思主義色彩的猶太復國運動團體「青年衛隊」，轉而傾向共產主義。不過他在一九三四年奧地利內戰爆發後才正式入黨。這並不令人意外，因為他曾經在一九三一至三二年之間，於希特勒上台之前的德國流浪好了幾個月，那是促成他加入共產黨的直接原因。他幾乎打從一開始就非常專業，得以向那些被派來指導奧地利人進行地下工作的同志，展現出自己在秘密行動方面的不凡天賦。儘管他一再堅稱，這種工作的成功秘訣就在於對細節的精確掌握和一絲不苟——簡言之，那就是嚴格的布爾什維克陰謀規則——但他二十歲出頭時還是享受過工作中浪漫的一面。法朗茲很喜歡回想起，他在維也納第九區的工作場地就是季米特洛夫昔日的辦公室（維也納向來是共產國際對巴爾幹半島進行工作的國際活動中心）。他很快就在維也納協助羅馬尼亞共產黨成立辦公室（其黨員總共只有三百人），並籌備該黨參加即將舉辦的第七屆全球大會之相關事宜。接著他受到拔擢，負責掌管非法的奧地利共產黨之黨機器，意即通訊、藏匿、偷渡，以及供應與分發文宣資料。最後他更負責全黨的煽動宣傳活動。無疑正是這個工作，才使得他在德奧合併之後前往巴黎。

戰爭結束後，他返回奧地利成為奧共中央政治局委員，曾針對法國寫出一本簡潔精闢的著作，並主編該黨的理論刊物。他在一九六八年譴責蘇聯入侵捷克斯洛伐克，並暫時促成奧共與蘇共脫鉤，但親莫斯科派很快便重佔上風。馬瑞克被驅逐出黨，不過繼續主編一份名叫《維也納日誌》的獨立左派

viii《歐洲反抗運動的死刑犯遺書》(P. Malvezzi and G. Pirelli [eds.], *Lettere di Condannati a Morte della Resistenza Europea*)，杜林，一九五四年，頁250。書中「費爾利希」(Feuerlich) 這個人名應更正為「費爾利希特」(Feuerlicht)。

月刊，並與我和其他人合作，共同為朱利歐・埃伊瑙迪[22]策劃及編撰一套大部頭的《馬克思主義史》，這成為他唯一的固定收入。一九七九年夏天，在預料之中，他死於心臟病發作。他去世時依舊是共產黨員。義大利共產黨派員參加了他的葬禮。其遺物扣除一些書籍之後，只夠裝滿兩個手提箱。

以他高強敏銳的智力與驚人的學識，大可成為一位思想家、作家或卓越的學者。但他做出的選擇並非詮釋世界的意義，而是要改造世界。假如他生活在一個較大的國家或處於另外一個時代，或許能夠在人性化的共產主義體制下，成為一位重要的政治人物。他由始至終堅持原本的道路，抗拒了政治生涯結束後出現的各種誘惑，未曾藉著文學寫作或指導研究生來尋找避難所。就此而言，他是我們這個時代的英雄，而我們的時代無論在當時或現在都很糟糕。

二

截至目前為止，我只寫出了一些從未嚐到過權力滋味的共產黨員。但我也認識一些生活在共產政權統治下的黨員，他們的情況迥然不同，國家帶給他們的並非迫害而是特權。那麼他們的處境又如何呢？他們是當局者而非旁觀者、是執政黨而非在野黨，而且受其統治國家的人民多半都不喜歡他們。警方不是他們的敵人，而是他們自己的機構。對他們而言，革命帶來的光榮未來並非夢想，而是現實。

他們缺乏那些讓我們維持高昂鬥志的優勢，而我們僅需秉持堅定的信念與乾淨的良心即可迎戰敵人：資本主義、帝國主義、核子毀滅。他們與我們不同，必須為自己國家在共產主義旗號下的所作所為負責，其中包括了不公不義。這正是赫魯雪夫一九五六年的報告特別令他們深受打擊的原因[23]。我的熟人當中，有一位流亡海外的捷克改革派共產黨員曾經寫道：「如果那些暴虐恐怖的行為再也無法用『歷史法則』來當擋箭牌，必須怪罪於史達林個人的話，那麼我們自己是否也難辭其咎呢？」[ix] 那位先生曾在一九五〇年代任職於國家檢察署[24]。

我這一生總共出現過三個曾經跨過門檻、接掌政權的共產黨世代。一是史達林時代之前的「老布爾什維克」，他們難得有人活著撐過了一九三〇年代的大整肅，他們當中我連一個也不認識；二是曾經締造或遭遇大變革的人，亦即曾生活於兩次世界大戰之間，並參加了反抗運動的那一代共產黨員。三是成長於共黨統治下的一代人，而那些共產政權已在一九八九年崩潰。最後一個世代的共產黨員並無值得敘述之處，因為當他們入黨的時候，共產黨已經是執政黨，他們十分清楚自己國家的遊戲規則。對於蘇聯我也無法置評。那一代蘇聯黨員當中只有一人與我有過真正的私交，雖然他並非俄國人，在重返祖國之前是成長於蘇聯的第二代外國共產黨員。他就是已故的匈牙利人提波・薩姆埃利。

他是一位聰穎出眾、身材矮胖、相貌醜陋、機智風趣的歷史學者，是一九一九年「匈牙利蘇維埃共和國」最重要人物之一的姪子。蘇聯是他成長的地方，其父在那裡遭到處決，其母則被驅逐出境。他自己在列寧格勒圍城期間差點餓死，然後——依據他自己的講法——在那位大獨裁者晚年的精神錯亂時期，也依例領教過勞改營的滋味。史達林死後他返回匈牙利，雖憤世嫉俗卻仍為共產黨員，並於他所任教大學的歷史系擔任黨書記。他走的是極端強硬路線，但說來也奇怪，於其任內從未有任何學生或同僚遭到開除或懲罰。然而當我一九五九年前後首度和他在倫敦見面時，他與最反共的團體取得了直接聯繫。就跟許多中歐猶太人一樣，他也是狂熱的英國迷。或許當時他已準備跳船投奔自由。幾年以後他果真那麼做了，搖身一變成為保守反共刊物的發行人，並且是金斯利・艾米思那位作家兼酒

ix 茲德內克・姆里納爾，見：李奧波德・斯皮拉，《告別共產主義：一本意識型態自傳》之跋語（Zdeněk Mlynář, Postscript to Leopold Spira, *Kommunismus Adieu: Eine ideologische Autobiographie*），維也納，一九九二年，頁158。

鬼的膩友。二人反動的程度不分軒輊，他甚至更加滑稽，但顯然不像艾米思那般有智慧。就我們彼此的關係而言，我覺得我們非常投緣、相處甚篤，雖然他一定會認為那是我自己的幻覺。當初透過他的安排，我在一九六〇年首度前往匈牙利。但他身為高幹——我記得他那時應該是大學副校長——對我堅持要求拜訪喬治·盧卡奇那位偉大的馬克思學派哲學家，顯得很不高興。當時俄國人剛剛允許盧卡奇返回布達佩斯；他在一九五六年革命時遭到逮捕和流放，此刻卻坐在俯瞰多瑙河的套房裡，再度像一位地位崇高的古代主教那般，身穿俗人服裝大口吸著哈瓦那雪茄。我曾在提波的公寓渡過一個難忘的聖誕節，與那位間諜大師共進晚餐[25]。我們位於布魯姆斯伯里的公寓，則是他帶著妻小（中間曾於迦納任教）離開倫敦機場以後直接前往的地點。當時他已經做出了最後安排，要讓全家人永遠脫離社會主義。

最後促成他出走的原因並非社會主義恐怖，而是誇張的犬儒主義。薩姆埃利雖然在英國被視為蘇聯迫害下的受難者，他其實根本從未參加過一九五六年的革命。匈牙利革命失敗後，他在大學內重建共黨組織，因而在接下來幾年內大展鴻圖。但那些年頭對他非常不幸的發展是：同情一九五六年運動的人士——亦即大多數共產黨籍的知識分子與學者——在卡達政府的關愛眼神下悄悄捲土重來[26]。一九五六年之後快速竄升的親蘇派因而地位不保。但話要說回來，薩姆埃利無論對一九五六年的革命幻想還是蘇維埃政權，毫無疑問都同樣嗤之以鼻。隨後數年內我繼續遠離了自己年輕時代的共黨世界，並成功抗拒誘惑，未曾公開透露那位「反共義士」一九五六年時的事蹟。那不光是因為我不想讓老朋友名譽掃地的緣故，以致未曾重拾老掉牙的政治話題並做出指責。瑪蓮和我都認為，這涉及一個原則問題：有時必須將個人關係與政治觀點劃分清楚。然而，薩姆埃利儘管是出色的夥伴，而且魅力十足又機智風趣，我們到頭來還是分道揚鑣。說不定私人生活根本就無法與公共生活切割開來。

捷克、東德和匈牙利的學者，是我在蘇聯集團內最常接觸的共產黨員。至於那些政權的主要政治人物，我只跟一、二人有過一面之緣，其中最引人注目的是安德拉斯・赫格居斯——拉科西手下的末代總理[27]。一九五六年之後，他以學院派社會學家的身分讓自己被「回收使用」。他四處旅行、保護與當道意見不合者，而且不多講話，但總會讓別人曉得自己的想法：他卸任後的共黨領導階層已經素質大為低落。我的朋友當中沒有人在共黨政府位居要津，只有伊凡・貝倫德曾被延攬出任匈牙利教育部長，不過他拒絕了。他無論當時或現在都是一位卓越的歷史學家，曾於共黨統治時期擔任匈牙利國家科學院院長。其學術成就於共產主義結束後繼續備受肯定，他因而獲選擔任「國際歷史科學委員會」主席。

我所認得的捷克黨員（有一部分結識於他們戰前流亡英國的時期），則幾乎清一色是一九六八年「布拉格之春」的支持者。其中某些人還跟我的朋友安東寧・黎姆一樣，在其中扮演了重要角色——他是當時最重要的文化政治刊物《文學報》之主編。我們並非因為政治而結緣，反倒是以爵士樂迷的身分，在布拉格的一項慶祝活動上首度見面。但爵士樂就和卡夫卡獲得平反一般，都是反對派為了一九六八年而做出的暖身動作。只不過我還不曉得捷克出版拙作《爵士風情》時的政治背景，而在共黨統治時期我只有那本書被翻譯成捷克文。一九六八年後，捷克共產黨的改革派往往被迫流亡海外，否則就只能擔任窗戶清潔工、搬煤工人之類的工作，假如他們還沒有年邁到可以退休的話。某些人的遭遇則類似愛德華・果德斯提克：他以作家協會主席的身分，成為「布拉格之春」要角之一，此前曾於史達林迫害時期在一九五〇年代初期入獄多年。（一九九六年我們在布拉格與他見面，那是他去世不久前的事情——捷克新政權拒絕承認他曾經遭受共產主義迫害。）當共產主義結束以後，像他那樣的人永遠失去了自己的國家，因為再也沒有人想要他們了。

我最熟識的匈牙利人，例如伊凡・貝倫德及其長年的老搭檔喬治・蘭基，他們都太年輕，沒來得及趕上戰前的政治活動或反抗運動。他們二人於一九四五年從納粹集中營回來就讀高中，成為改革派共產黨員。另一位傑出的歷史學家——彼得・哈納克——的做法則與之不同。一九五五年時他還是匈牙利馬克思主義歷史學派的年輕明星，一九五六年參加革命起事後，變成了強硬的反共人士。但匈牙利在一九五六年之後的作風，實際上是審慎改革和適度寬容，甚至略帶異議色彩。與其他共黨政權比較起來，或許共產主義統治下的匈牙利享有最正常的學術生活。那主要應該歸功於該國大量擁有學術人才，再加上與移居西方的匈牙利人維持良好關係，可以從他們那邊得到奧援。一些不涉足政治的最優秀匈牙利學者，即便在最艱困的處境下也拒絕移民出去。以數學奇才艾狄胥為例，他堅持保留自己的匈牙利護照，同時當他雲遊世界各地的數學研究機構時，在每個地方停留的時間從不超過幾個月，並且將自己全部的家當裝在一個行李箱內隨身攜帶。靠著國際數學界的一致支持，他才有辦法以一介匹夫之身，在冷戰巔峰期做出這種異乎尋常的成就。有一次我和他在劍橋共度一個愉快的晚上，由於我沒辦法與他研討數論，於是問他為何始終想重返布達佩斯。他回答說：「那邊有很好的數學氛圍。」匈牙利理應如此，因為那邊是中歐唯一未曾失去絕大多數猶太人的地方。

在一些「現實社會主義」的國家，例如波蘭，與同事和朋友交往時有可能避開共產黨；在德意志民主共和國則不然，那裡沒有任何事情可以擺脫東德共黨的監控，其國民與外國共產黨員的接觸當然也不例外。更何況異議人士沒有存在的空間，甚至連領導高層所下達的方針也不容懷疑。透過某些管道再加上語言方面的便利，我發現在東德最容易看出，社會主義統治下的共產黨員身分究竟產生了何種意義。

東德共產黨員，至少是我所曉得的那些人，過去皆為共產主義的信仰者，現在多半仍不改其志。

他們或為一九三三年以前入黨的德國共產黨老黨員；或為一九四五年在戰爭廢墟中入黨、立志建設新未來的熱血青年，例如弗里茲．克萊因——他是威瑪共和時代最受推崇的保守派報紙總編輯之子；或為第二代的共產黨員，例如我的朋友西格弗里德．賓格爾是梅克倫堡一位鄉下工人之子；或者他們以和格哈特．希爾佛特一樣，在蘇聯當戰俘時改信了共產主義——像他那種人就只能對威權心悅誠服和矢志效忠，不管那是舊威權還是新威權。（上述人物全部都是歷史學家。）從一個角度來看，他們可謂都進行了自我篩選。凡是「怕廚房熱」的人早就走了出去：一九六一年蓋起柏林圍牆之前，那的確易如反掌。

我跟老一輩的骨幹黨員沒有太多直接接觸，其中的例外是庫欽斯基兄妹等人。此外透過我的畫家朋友格奧爾格．艾斯勒，我認識了他那位備受景仰的父親漢斯．艾斯勒。漢斯是布萊希特的老搭檔，以及東德的官方音樂家，我與他見面的地點卻是缺乏無產階級氣氛的華爾道夫飯店。漢斯曾經拋妻棄子離開維也納遊走四方，結果輾轉經由莫斯科和曼徹斯特又重返維也納。他的第二任妻子露易絲則被另一名去過莫斯科的資深黨員橫刀奪愛，此人就是恩斯特．費雪，那位才高八斗、風流倜儻的浪漫主義者。他是哈布斯堡帝國時代一位將軍的兒子，二戰之後成為奧地利文化界與共產黨的耀眼明星，直到「布拉格之春」結束後被逐出黨外為止[29]。費雪在學術上對我頗有啟發，我曾於拙作《革命的年代》之中著墨於此。他們每個人彼此間始終維持著朋友關係，費雪與自己的前妻也不例外——她是一位風姿綽約的波希米亞貴族女子，後來成為蘇聯特務，其革命事蹟可以一直追溯到一九二一年的德國共黨起事。

艾斯勒家族同時具有萊比錫與維也納背景，幾乎稱得上是典型的共產國際家庭。格奧爾格的姑媽埃爾芙麗德（她以「露絲．費雪」之名走入歷史）年輕時代是崇尚愛情自由的共產黨員，那些人的作風曾導致列寧對亂搞男女關係(「一杯水主義」)做出批判。幾年以後,她躍升為德國共產黨極左派領導人之一,隨即因為在蘇聯和共產國際內部的政爭當中選錯了邊,於是遭到開除黨籍而走上流亡躲藏之路。戰後她在美國重新現身,所做的事情之一就是告密舉發自己的弟弟格哈特·艾斯勒[30]。格哈特也是落敗的德共領導人之一(但表現得沒那麼激進),曾經是共產國際在中國、美國和其他國家的重要特務。他被美國驅逐出境以後,於前往英國途中跳船回到東德。他在史達林主義末期的瘋狂浪潮被扣上「涉嫌叛亂」的帽子——但有人宣稱他是被指派扮演這個角色——但毫無疑問的是,他在公審中適時自我招供。幸好東德雖然遭到蘇聯佔領,東德政權從未染上史達林式的謀殺作風(不過這種自我克制也難贏得認同),格哈特·艾斯勒從此在東德擔任較不重要的政治職務度過餘生。其職位之一包括了廣播電視委員會主席,但每當其姪子問起他的過去經歷時,他只是支吾其詞。他拒絕撰寫回憶錄,但假使他寫了的話,結果會跟大多數外交官的自傳同樣毫無意義,原因是他那一代的人都喜歡三緘其口。格哈特在好萊塢度過了流亡美國的生涯,但那裡更適合他的弟弟漢斯。漢斯這位身材肥胖、機智風趣、憤世嫉俗的作曲家,在好萊塢比他的老搭檔布萊希特更吃得開。儘管如此,他還是回到東德並為那個新國家譜出了國歌。

我們幾乎不忍苛責他們對共產國際的共產主義現實、對蘇聯,尤其是對德意志民主共和國存有許多幻想。他們留了下來,被一個僵硬的政治等級體系所控制、所騷擾,而且不時遭到政敵和野心勃勃的後進告發。縱使他們表面上受到公開推崇,卻無時無刻不受監視,而負責持續監視他們的,就是一個現代國家所曾擁有過最龐大的秘密警察體系——史塔西。可是他們留了下來。

話要說回來,東德的特殊處境使他們比較容易生存下來。東德政權所面臨的最大難題,就是缺乏合法性。它起初幾乎得不到任何支持,而且一輩子也不可能在自由選舉中獲勝。社會主義統一黨之後繼政黨在今日所真正得到的支持，很可能高於以往得票率總是高達九成八的時代[31]。在此情況下，東德共產黨員整體而言都嚴陣以待，更何況他們還受到強鄰的威脅與誘惑——比東德大上許多的德意志聯邦共和國。這讓原本令黨員驚懼不已的措施得到合理化，甚至容許共產黨抗拒自由民主。這不禁教人聯想起布萊希特的苦澀反諷：政府解散了人民，選出新的人民。而就在一九五三年六月十七日當天，我的朋友弗里茲·克萊因——時年二十九歲的忠貞共產黨員——於工人大暴動之際支持蘇聯出兵干預，因為他相信東德與西德相形之下，在社會方面比較公平，在政治方面更真心反對法西斯。基於類似理由，一九六一年他也支持建造柏林圍牆。「我當時的觀點」，他寫道：「就是必須兩害相權取其輕接受那種做法，否則我們不可避免的替代性選擇將是：必須拋棄當時仍合情合理、用於建設新社會的實驗。」[x]他們頂多只能期待，正在建設中的社會主義能夠奏效，而且最後得以將人民爭取過來。無庸置疑的是，最講理性的東德黨員多半一方面批評現有體制，同時直到最後一刻都還是心存希望的改革者。只可惜他們無能為力。入了黨的人當然比較容易放棄自己的判斷力，完全照章行事（對位居要津者而言，那就是向莫斯科做出請示），要不然乾脆做出黨要求他們做的任何事情。而黨的操盤者都是一九三三年以前入黨的老死硬派，否則就是他們下一代的接班人。

冷戰時代的激情，將東歐各國政權呈現為巨型的恐怖體制和古拉格。其實依據哈佛大學一位歷史學者權威性的貼切描述，自從史達林血腥鐵腕的年代消逝之後（史達林心中游移不定，自己到底需不需要東德[32]），東德的司法體制和鎮壓系統——若扣除柏林圍牆死難者的話——「始終很不光彩但比較

x 弗里茲·克萊因，《局內與局外，一個東德歷史學者的回憶錄》（Fritz Klein, *Drinnen und Draussen, Ein Historiker in der DDR – Erinnerungen*），法蘭克福，二〇〇〇年，頁196, 213。

不血腥」[xi]。東德的官僚體制是一個掌控一切的龐然大物，所採用的並非恐怖手段，而是不斷騷擾、獎勵和處罰自己的國民。他們建設中的新社會其實並非一個很糟糕的社會：人人有工作和職業；人人在各個階段都享有均等的受教育機會；人人獲得醫療服務、社會福利與退休保障；善良的百姓在一個結構嚴密的共同體內誠實進行日常工作、歡度假日；最高品質的精緻文化供人民共享；各種戶外休閒與體育活動，而且沒有階級歧視。按照查爾斯·邁爾的講法，那在全盛時期大致介於「社會主義與安居樂業」之間，亦可稱之為「畢德邁爾式的集體主義」[xii][33]。但其不利條件在於——即便除卻了一個無法向百姓隱瞞的事實：東德遠遠比不過西德——它被一個高高在上的威權體系強加於百姓，而其情況正類似十九世紀嚴厲的父母與倔強的孩子，或至少是不聽話的小孩之間的關係。百姓沒有自由，再加上幾乎全東德各地都接收得到西德電視節目，無所不在的強制措施與新聞檢查便更加刺眼和受到怨恨。儘管如此，當那些事情看起來將不斷持續下去的時候，百姓都只好忍耐。

共產黨員因為這一切而受到的影響無異於其他人，或許受害更深。他們的談話內容不但會被對手或無所不在的「史塔西」密報者記上一筆，若一旦被斥為思想不正確的話，那些頑強而無法服人的高幹還會逼迫他們公開自我批判，甚至將他們從國家領導階層養尊處優的小圈子打入冷宮。降伏異議人士的方法，就是讓他們患得患失，而非不斷騷擾。在最惡劣情況下，那些人甚至會被迫流亡或被驅逐到西方國家，像沃爾夫·比爾曼[34]即為其中之一。我還記得有一次曾與格奧爾格·艾斯勒共同前往他位於東柏林一座後院的房間進行拜訪，而比爾曼就在那裡唱出了當時已讓他出名的抗議歌曲。

大多數東德共產黨員，尤其是黨內知識分子，始終都相信某種形式的社會主義。在他們當中難得發現有人會像蘇聯移民國外者那般，從改革派共產黨員變成了百分之百親美的冷戰鬥士。可是他們越來越抑鬱寡歡。那麼共產黨員到底從什麼時候開始懷疑——或者相信——「現實存在的」社會主義經濟非但明顯比不過資本主義經濟，而且根本就行不通呢？

馬庫斯·沃爾夫那位東德諜報工作負責人[35]，讓人一眼即可看出其卓越的能力。某次有一家荷蘭電視台安排他和我一起在節目中針對冷戰進行對談，因此我認識了他。他向我表示，自己在一九七〇年代末期已經做出結論，東德的體制將無法繼續走下去。縱使如此，他在東德的最後一刻仍以改革派共產黨員之姿出現——對一位間諜首腦而言，這種態度實屬罕見。一九八〇年，匈牙利經濟學家雅諾斯·科爾奈已在《短缺經濟學》一書中，針對各個蘇維埃式經濟體的自我矛盾行為做出了經典的剖析。到了一九八〇年代，那些經濟體顯然已經殘破不堪（此為不同於後毛澤東時代的中國經濟之處）。在蘇維埃集團內享有些許自由活動空間的國家——波蘭與匈牙利——其共產黨員很明顯地正預備改弦更張。布拉格與東柏林的死硬派政權卻頓失所依，他們原本只能期待蘇聯於必要時出兵干預，但自從戈巴契夫在蘇聯掌權之後，那種可能性已不復可尋。無論東歐還是西歐，各國共產黨正在朽毀之中。蘇聯自己很快也將解體，一個歷史時代已近尾聲。昔日國際共產運動的殘餘物就彷彿一隻擱淺岸邊的鯨魚，眼睜睜望著海水退潮。

一九八〇年代末期，幾乎就在大限來臨之際，一位東德劇作家寫下一齣名叫《圓桌武士》的劇本。他們的前途何在？蘭斯洛特[36]忍不住表示：「外面的人們已經不想知道關於聖杯和圓桌的事情……他們再也不相信我們的正義與我們的夢想……對人民而言，圓桌武士只是一幫笨蛋、白痴和罪犯。」

那麼他自己還相信有聖杯嗎？「我不曉得」，蘭斯洛特說道：「我無法回答這個問題。我無法說出

---

xi 查爾斯·邁爾，《崩解：共產主義的危機與東德的結束》(Charles S. Maier, *Dissolution: The Crisis of Communism and the End of East Germany*)，普林斯頓，一九九七年，頁20。

xii 同上，頁28-29。

『是』或『不是』……」

他們很可能永遠也找不到聖杯。但亞瑟王的說法——重要的不是聖杯，而是堅持尋覓聖杯的態度——不是很正確嗎？因為「如果我們放棄了尋找聖杯，就等於放棄了我們自己。」

但只是放棄自己了嗎？難道人類可以不為自由與正義的理想而活，或者生活在無人為自由與正義奉獻生命的環境下？還是說，在人類的生活記憶當中，甚至可以不存在那些曾於二十世紀為此理想而奉獻了生命的人們？

第十章

大戰

WAR

一

我抵達英國的時候正好趕上開戰。我們本來就預料會打仗，而且我們（最起碼是我）也害怕戰爭，不過到了一九三九年已經不復如此。因為這回我們曉得，自己早已身陷戰爭之中。首相用他蒼老、乾澀的聲音宣佈開戰一分鐘以後，我們就聽見宛如洶湧波濤般響起的警報聲。那種聲響直到現在，仍讓每位二戰期間的城市居民回想起夜間落下的炸彈。我們周遭甚至環繞著令人無法視而不見的防空設施，例如用波狀鐵皮搭蓋的掩體，以及拴在空中、看起來像是銀色牛群的防空氣球。現在即使害怕也已經來不及了。對我那一代大多數的小伙子而言，戰爭爆發就意味著前程驟然遭到凍結。有幾個星期或好幾個月，我們就在戰前的生涯規劃與穿上軍裝後的不可知命運之間漂泊。當下的生活只具有臨時性質，甚至必須即興發揮。我的情況尤其如此。

直到返回英國以前，我都未曾正視家人移民國外所帶來的複雜後果。現在我才驚覺到，自己非但不知道何時才會有明確的未來，就連眼前都混沌不清，一個人孤零零地無所適從。家人已經離開，於是我無家可歸，一走出劍橋就沒有特定地點可去，即便總是有些黨內同志和朋友能夠提供住宿，而且住在倫敦的親戚——那位永遠可靠的哈利叔叔和家人——始終歡迎我前往造訪。當時我還沒有女朋友。此後三年內每當我來到倫敦時，實際上都過著游牧民族般的生活，時而睡在備用床鋪上，時而在貝爾塞斯公園、布魯姆斯伯里、基爾本等地的不同公寓打地鋪。自從應召入伍以後，我唯一的固定根據地就是國王學院「司鑰長」允許我使用，供我推放一箱箱書籍、文件和其他家當的一個棚子。我一接到召集令就把東西打包，我只能期待它們於戰後再度出現，如果運氣好的話，就彷彿做大夢的李伯一般維持原樣，讓時間靜止在一九三九年。然而現在我卻必須適應一個新的世界，那是個什麼樣的世界呢？

戰爭已經開始清空劍橋。由於《格蘭塔》昔日的工作人員已四散各地，我請印刷廠暫時停掉這份刊物，正式埋葬了戰前劍橋的一個重要成分。我所提議以法屬北非為對象的研究專題，現在也失去了意義——即便我仍然有模有樣地閱讀相關背景資料，並於必要時在那個冷得出奇的冬天，冒著風雪搭便車前往大英博物館的閱覽室。

尤有甚者，自從一九三九年秋季變更路線後[1]，那已非我們原先所期待、準備為黨的事業而進行的戰爭。莫斯科完全修改了原先的方針，而那是共產國際與歐洲各國共黨從一九三五年以來所遵從，並且一直延續至大戰爆發之初的路線，直到莫斯科傳出新的訊號為止。哈利．波立特[2]拒絕接受這種改變，顯示出英國共產黨的領導階層已經為此公開分裂。更何況新路線的說詞——那場戰爭已不再具有反法西斯意涵，而且英法兩國與納粹德國乃一丘之貉——無論在情感上或理智上都毫無意義可言。但我們理所當然地接受了新路線。民主集中制的精髓，不正在於一旦做出了決定，個人無論同意與否都必須停止爭辯嗎？而最高當局顯然已經做出了決定。

不同於一九五六年危機（見第十二章）的地方在於，大多數黨員，甚至包括身為大學生的知識分子黨員，似乎不曾因為莫斯科的決定而立場動搖，縱使有些人於隨後兩年內退黨。我已經不記得，也無法重建自己當時的想法。但一九四〇年我入伍陸軍最初幾個月內的日記明白呈現出來，我對新路線並無異議。幸好那場「虛假戰爭」[3]、法國政府立刻針對共產黨頒布的禁令，以及英法兩國政府於蘇聯對芬蘭展開冬季戰爭後所做出的反應，再再使得我們更容易遷就黨的新路線，認為西方列強只不過是帝國主義者而已，比較熱衷於擊敗共產主義而非打擊希特勒。我還記得在國王學院院長花園的草坪散步時，曾與一位同情西方列強的懷疑論者——數學經濟學家大衛・切姆普諾文[4]——爭論過這個觀點。畢竟西線似乎毫無戰事，甚至寂靜無聲，而英國政府唯一想得出來的行動計劃，就是派遣西方部隊穿越斯堪地納維亞半島幫助芬蘭人打仗。的確，一位綽號叫「耗子」的維克斯同志原本已奉命跟隨部隊開赴芬蘭——他是激進的公學畢業生和大學拳擊隊候補選手，身材削瘦、動作快速敏捷，看起來更像大型黃鼠狼而不像耗子——但他們剛準備出發時，「蘇芬冬季戰爭」已經結束了。對共黨知識分子而言，芬蘭正好是救命符。我曾與雷蒙・威廉斯那位日後的作家、評論家和左派理論大師，共同以該戰爭為主題寫出一本宣傳小冊子——當時他還是新加入的激進分子，以及大學生黨部力爭上游的新成員。只可惜那本宣傳手冊已隨著上個世紀的顛沛流離而不復可尋，現在我連一份拷貝也找不著了。等到寫出那份資料以後，我終於在一九四〇年二月接獲召集令。

總結我二戰個人經驗的最佳方法，就是表示戰爭奪走了我生命中的六年半光陰，其中有六年待在英國陸軍。那場仗我打得既不「漂亮」也不「難看」，只是打了一場空仗。我毫無建樹，而且沒有人期待我有所建樹，反正那是我一生中最窩囊的日子。

雖然我擺明不適合軍旅生活，更絕不是當帶兵官的料，但我之所以在二十多歲的時候浪費了國家和我自己的時間，主要只能歸咎於政治因素。畢竟我擁有一些適用於跟納粹德國作戰的專長，至少我從小使用德語，更何況我是國王學院還算傑出的歷史系學生。曾於一戰時期從事情報工作的學院校友，此際正負責為布雷奇利密碼破解中心招兵買馬，而且國王學院已有十七位學究前往該處任職。假如他們沒想到我的話，那才是怪事一樁。只不過我至少缺乏一項被公認為情報工作必備的才能，那就是填出《泰晤士報》的字謎。身為中歐人士，我從小就沒有養成這種習慣，而且對此不感興趣。我在另一項傳統必備才能方面也表現平平，那就是下西洋棋，而悉德尼叔父當初正憑著它加入了一戰時的密碼破解單位。我固然熱愛下棋，但還遠遠稱不上是高手。儘管如此，要是我念大學時沒有公然成為布爾什維克要角的話，我應該不至於被留在劍橋，枯候東安格利亞地區的徵兵單位做出決定來。

就另一方面而言，官方的看法或許也起了某種作用。在他們眼中，一個具有如此濃厚歐洲大陸出身背景，而且離開歐陸還不久的人，縱使他本人和父親都持有英國護照，仍無法被看成是百分之百「真正的」英國人。（這種情結在一九三〇年代的劍橋十分稀鬆平常，我的導師們大概也那麼想。）畢竟大戰期間還是有不少黨內同志服役於情報單位，其中甚至包括了一些毫不隱瞞自己黨員身分的人。反正可以確定的是，我入伍幾個星期以後就因為上述理由，被取消了參加師部密碼破解訓練課程的資格（學員計有軍官二人、士官七人、其他軍階者三人）。

「這無關個人表現，但你的媽媽不是英國人」，一位命令我從諾里奇[5]搭火車回劍橋的上尉軍官說道：「現在你當然反對他們的體制，不過你一定多少會同情母親的祖國[6]。這是人之常情，你應該也瞭解這一點，對不對？」「是的，長官。」他接著表示：「其實我想說的話是，我並沒有國籍上的偏見。只要行為正常的話，我對任何國家都無所謂，但德國人現在的行為並不正常。」我同意了他的看法，他則答應推薦我擔任翻譯工作。後來卻完全沒有了下文。說來也奇怪，那段時間的遭遇已經完全從我的記憶中抹除，縱使當時我曾對此有所記載。

我在劍橋的時候是否早就上了情治單位的黑名單？這是我始終無從得知的事情。但一九四二年中我鐵定已經登記在案，那時有一位負責戰地安全的士官好心告訴我，我是必須受監視的對象。可能的情況是，我在一九四〇年應召入伍之後即已名列其中。由於身為優良的共產黨員，我得安排與黨部保持聯繫，實際做法是每當前往倫敦的時候，就跟羅比（羅伯森）碰頭。他是個相當膚淺、滿臉皺紋、煙不離手、出身工人階級的全職黨工，在一九二〇年代初期就當上了幹部。我們會面的地點是西中一區，或西中二區[7]一個地方狹小、滿是灰塵，位於陰暗樓梯間的老舊辦公室。像他那樣的人物便出沒於此，而這些地方很可能都遭到安全單位竊聽。

不管從何時開始被建檔列管，我顯然早已被視為可疑人物，不得接近敏感的地帶——例如國外。即便蘇聯成為英國的盟友、共黨組織開始全力獻身於打贏那場仗以後，我照樣不得出國。戰爭期間（實際上是從一九三九年九月三日直到一九四六年我首度於戰後前往巴黎），我從未離開過大不列顛的土地，那也是我一生中連續未曾穿越陸上或海上國界的最長一段時間。一九四〇年五月以後，似乎再也沒有人對我的多重語言能力感興趣了。有一度我還參加面試，地點是「白廳」[8]層峰特勤單位的辦公室，到頭來仍然石沉大海。結果我心不甘情不願地適應了這種想法：我將無緣參與打倒希特勒的行動。

部隊長官們發現自己面對一個頭腦過於發達，卻在軍旅生涯方面極度低能的怪胎時，又該如何是好？因為我會開汽車，於是被徵調為駕駛兵。只可惜我無法操作連上的「十五英擔」車[9]、三噸卡車或摩托車，很快又成為缺乏特殊技能的大頭兵。應該如何處置這樣一號人物呢？我想必被看成是毫無指望的角色。最後五六〇皇家野戰工兵連還是找出一個擺脫我的方法，把我推薦給「陸軍教育團」。由於我們打的是一場全民戰爭，該單位的員額正在不斷急劇擴充。於是我被調遣至韋克菲爾德[10]監獄後面的一棟房子裡面，以便接受相關訓練。不知何故，我直到現在都還印象鮮明地記得，那時我帶了一本湯瑪斯．曼的《綠蒂在威瑪》[11]過去閱讀。我在那邊發現了北方炸魚排和薯條的過人之處，從此習慣了那種口味，並與另一位歷史學者連袂通過考試——他日後將成為倫敦大學副校長。

我下部隊好一陣子以後才被調走，那是一九四一年初秋，我們移防到威爾斯邊界附近「瓦伊河畔的海伊」[12]幾天以後的事情；整整五十年後，我在那一帶的布雷肯郡買來一棟小屋，現在就在裡面寫下了這段文字。調職很可能救了我一命，因為當時部隊已奉命前往海外，同時我們在登船之前把假都休完了。而我就跟往常一樣，在受到炸彈攻擊的倫敦消磨了假日。當然沒有人告訴我們將開拔至何處，但中東似乎是最可能的目的地。只不過第十五東安格利亞師與所屬的五六〇皇家野戰工兵連並未揚帆駛往中東，反而繞過好望角和蒙巴薩[13]來到新加坡。一九四二年二月，他們在當地被日軍俘虜。隨後三年內，凡是保住一條命的人都在緬甸修築鐵路[14]。他們大約有三分之一無法活著回來，而我再也沒有見過昔日袍澤。假如我跟他們一起出發的話，也能夠死裡逃生嗎？沒人曉得。但不管怎麼樣，我要過了很久以後才發現自己有多麼幸運。

二

我的軍中生涯因而可分成兩個截然不同的部分。前一階段是待在皇家工兵部隊的日子，過得有意思多了。其間不出所料，野戰工兵連是純粹由工人階級組成的單位，只有少數軍官除外。我是當中唯一的知識分子，而且幾乎可確定的是，只有我和另一名士兵在閱讀報紙的賽馬消息之前，會先閱讀新聞版面，或者根本不看有關賽馬的那幾版。這種不尋常的習慣，使我在法國剛崩潰的那幾個星期得到一個綽號，叫做「外交山姆」。我這輩子首度發現自己成為無產階級的一員，而其解放行動將意味著給全世界帶來自由，即便我是很不典型的無產階級者。說得更精確一點，我發現自己所生活的國度是這樣的：大多數英國人活在自己的世界裡面，很少跟自己頭頂上的階級有所交集。在劍橋應召入伍後，更加深了其中的戲劇化對比，因為我在兩三個月的時間內同時生活於那兩個世界。值勤完畢以後（主要就是在「帕克公共用地」[15]的綠色草坪出完基本教練後），我就從一個世界移動到另外一個世界，從工人階級的街道步行走向劍橋大學的中心地帶。

軍方已安排我跟另一人住在工人區一位老寡婦（班斯達太太）的房子裡面。那位同袍叫做伯特·瑟投，是來自洛斯托夫特[16]的理髮師傅助手，之前擔任過旅館行李搬運工。我們兩個人一起睡在班斯達夫婦從前的大床上，幸好那張床相當寬闊。這並非認識無產階級世界的理想入門方式，因為瑟投缺乏我在其他袍澤身上發現的那種社會直覺——他們的社會直覺雖然非常敏銳，在政治方面的表現卻令人失望，或許這正好解釋了英國工會制度的許多現象。我的軍中夥伴多半覺得，自己和父執輩在一九一四到一九一八年之間的處境沒有兩樣，也是穿上了軍裝的老百姓。他們不認為軍旅生涯有何引人之處，也別無所求，一心只希望能夠儘快解甲歸田。瑟投一直以來的夢想卻是穿上軍裝，縱使軍裝並不能幫他追到自己在廚師巷[17]看中的女子（我們的黑話把女孩子都叫做「騷貨」）。他已經訂婚，其未婚妻是一個十七歲的廚娘，每天都寫信給他並寄包裹過來，裡面裝的是當地報紙、《魔法術士》、《漫畫剪輯》和美國的連環漫畫。

回想起來讓我深感驚訝的是，那群年輕工人對集體行動竟具有如此強烈的直覺或傳統。他們大多來自營造業，從一般粗工到專業學徒都有，現在因為應召入伍的機緣，聚集在海陸空軍衛生福利機構所管轄的同一間餐廳或康樂室裡面。當時我還不怎麼在乎其傳統，所留意的反而是他們徬徨不定的心情——那也是我自己的處境。因為我們都不曉得，在需要做出行動的時候應該如何是好，而且我們普遍對威權出現了無力感。雖然如此，每當重新讀起那時候的日記，令我印象深刻之處就是他們十分熟悉集體行動的程序，以及那種持續不斷、幾乎出自本能的戰鬥精神。他們在英國工人階級的「公領域」表現得非常熟練。當時不是曾有人在某次抗議行動中提議，我們應該去「火車頭酒館」召集一場像樣的會議，就跟真正的工會一般，擺出一張桌子，上面放著一個議事鈴和一杯水？

從其他方面來看，無產階級的經驗都相當新鮮。我敢說一九四〇年的時候，沒幾個「國王學院人」曾有機會操作鑽路機。我自己的實際經驗則顯示，那個工作固然非常累人，但也令人精神大振。工兵單位主要是由專業技工或普通工人所組成，他們多半出身一般製造業和營造業（理由是許多金屬工人留在工廠待命，而軍方立刻用得著的人手則已調派至其他更專業化的兵種），其老家分佈於不列顛各地——諸如黑鄉、倫敦、諾丁罕，只有零星數人來自東北部或蘇格蘭——但主要還是東部幾個郡的人，因為我們畢竟是「東安格利亞師」。此外有幾名來自劍橋大學的新兵不搭調地置身其間，例如我自己以及諸如伊恩·瓦特之類比我年長一些的朋友或熟人（瓦特後來成為傑出的文學教授，當時他以英國小說之起源做為主題的著作，已經是馬克思主義派學生討論的對象）。此外也有比我年輕一點的人，例如隆納德·賽爾那位風趣的諷刺畫家和《格蘭塔》的漫畫家。

他們二人都慶獲生還，永遠在心中留下了日本戰俘營的烙印。隆納德跟我待在同一個師的時候，我們偶爾見得到面。他已經被一位令人欽佩的女士，當時擔任《小人國》責任編輯的凱依·韋布所發掘。《小人國》由一位中歐移民所創辦，是一份尺寸袖珍、內容極佳的雜誌，頗受我們那一代人歡迎。韋布女士後來嫁給了隆納德·賽爾（她在大戰期間和戰後也刊登過幾篇我的文章，直到該雜誌停刊為止）。隆納德則成為戰後最成功的卡通畫家之一，這主要必須歸功於他構思出《聖三一女校》漫畫系列[18]——該校學生是一批最駭人聽聞的小女生。不難想像的是，其靈感來自於他所待過的戰俘營內專門製造恐怖的小日本人[19]。

整體來說，我當工兵的日子主要都跟英格蘭工人生活在一起。其間我雖然不時火冒三丈，但也對他們的正直誠實、厭惡謊言，以及其階級感、同志愛與互助心產生了永恆的敬意。他們都是好人。我知道共產黨員本來就應該信賴無產階級的美德，而值得慶幸的是，我有機會同時從實務和理論來做到這一點。

希特勒進攻挪威與丹麥之後，戰爭的確開始了。令人難以置信的是，德軍接著開始橫掃那幾個低地國，五六〇野戰工兵連這回果真馬上有正事待辦。為了預防敵軍入侵，我們每天最多可花上十四小時來拼湊東安格利亞的防禦工事，幾乎完全與周遭諾福克郡的平民生活隔離開來。我們搬運沙包，並強化城周大型反戰車壕的側壁。那是之前已由民間承包商開挖出來的東西，搞得既外行又笨拙，完全令人懷疑這種壕溝能夠擋得住戰車。由於我們缺乏反坦克砲之類的裝備，接下來的主要工作就變成埋設地雷，並在各座橋樑上面裝置炸藥，準備必要時將它們炸毀。時序從春季進入夏季以後，我們有了好得出奇的天氣來進行這項工作。令我記憶猶新的是，自己當時如何以興高采烈、略帶緊張的心情，在大雅爾茅斯城外，爬上橫跨布萊登水域[20]大橋的主樑。我高高懸掛於藍天與鹹水之間，心中洋溢著每日與炸藥、引線和雷管為伍之際出現的虛幻權力感。我也記得自己如何與三、四名弟兄被派遣至偏遠的水閘或橋樑，宛如放假般無事可做、懶洋洋等待入侵者現身。萬一他們真的過來了，我們又該怎麼辦？我們都是沒有作戰經驗的新兵，甚至缺乏像樣的武器。除了笨拙的李－恩菲爾德步槍之外，連上只有六挺路易斯式輕機槍可供對抗敵機[21]。要是果真面對德國陸軍的話，我們恐怕不會表現得像是第一線的勁旅。

德軍進攻丹麥、挪威的時候，弟兄們還信心滿滿，出現了義憤填膺的反應。低地國遭到入侵之後，大家卻心情沮喪、意氣消沈，甚至瀰漫著失敗主義[22]——當時政治危機方興未艾，直到內維爾・張伯倫終於被迫辭職為止。連上唯一的愛爾蘭人邁克・佛萊尼根某天忍不住問道：「你們到底算是哪門子的英國兵？」因為他在營房內聽到的話題，不外乎「德軍顯然比我軍精良太多了」，以及我們在德國政府統治下的生活將是什麼模樣。張伯倫的垮台再度提振了大家的士氣，因為他分明就是讓眾人意氣普遍消沈的主要原因。我們那一連顯然很歡迎邱吉爾的新政府，當時我曾針對這個怪現象做出記載：英國工人心目中的英雄竟然是邱吉爾、達夫．庫伯和艾登[23]，而「那批貴族甚至還稱不上是煽動家」。

過了幾個星期，讓人累斷腰的體力勞動和軍營內完全與外界隔絕的狀況，使得士氣再度低落下去。不論邱吉爾那篇著名的廣播演說——「我們將在海灘作戰」（諾福克的海灘想必也包括在內）——對老百姓產生了何種作用，它發表於我們聽不到的時候。事實上，那時我對同袍心情所做的描述是「糟透了」。我們日以繼夜地構築工事，形同被限制在營區和工地內活動（我寫道：「最大的享受就是每週沖一次澡」），大家得不到解釋、認可或讚賞，更何況我們像次人一等的無名小卒那般任意遭到差遣。出身中產階級的新兵夢想著上前線，如此一來就不必再用亮光劑擦拭帽徽，還可以大家待在一起作戰。大多數的弟兄們卻直截了當做出結論：「這不是人過的日子。如果戰爭結束了，我要馬上脫身回去當老百姓。」他們真的那麼想嗎？從他們六月十七日獲悉法國淪陷後的反應便不難理解，其實並非如此。

我聽見那個消息的時候，剛離開我們所防守那座小橋旁邊的據點，沿著平坦如桌面的馬路朝著大雅爾茅斯方向走進附近的一家酒館。沒有任何人懷疑整個事件的含義——英國從此孤立無援了。現在讓我引述幾個小時以後我在日記中寫下的字句：

> 誰該為此負責？廣播電台宣佈半小時後，英國人已經問出了這個問題。無論在我聽見廣播的小酒館裡面、在讓我搭便車返回橋邊的汽車上，還是在我與兩位弟兄共處的帳篷內，都只有一個答案：那是老張伯倫的錯。大家一致的看法是：作孽的人必須為罪過付出某種代價。這種反應發人深省，縱使它或許只出於一時衝動……

有一輛汽車在我們的橋邊停了下來。駕駛戴著眼鏡、滿嘴假牙，我猜想那是個四處行走的推銷員。他問道：「你們從收音機聽到消息了嗎？」我表示：「我們聽到了。」他邊搖頭邊開口表示：「大事不妙，大事不妙。實在是糟糕透頂，恐怖啊！」他把話講完就駕車離開了。我們朝著他的背影喊出「不管怎樣，多謝了」以後，走回河畔、躺在長草叢中，用既緩慢又驚愕的語氣談論那則消息。另外兩個人怎麼樣也無法相信此事已然發生。

我的袍澤們不明白到底發生了什麼事。他們既不願接受，也無法想像一種情況：此即戰爭可能已經結束，或者就要跟希特勒談和了。（事實上，從我在法國淪陷後寫下的直接反應看來，不管一九三九年九月以後的共黨官方路線如何，我自己也無法接受那種結局。因為我們從來就不打算讓希特勒獲勝。）他們所能夠想像得到的結果，是力戰到底打一場敗仗，而一九四〇年六月正是最容易打敗仗的時刻。當時東安格利亞沿岸每個人都心知肚明，假如希特勒果真不出所料揮軍入侵，將沒有太多東西能夠擋住他的去路。即便每一個對政治現實略有所知者——就連置身東安格利亞沼澤地、只能偶爾讀到《每日電訊報》的人也不例外——都曉得英國已處於生死存亡之秋，但他們也無法想像自己將會停止作戰。邱吉爾正好用言語表達了他們心中的想法：既然英國尚未戰敗，理所當然應該繼續戰鬥下去。但可以確定的是，我的同袍中並沒有人覺得自己具備邱吉爾所說的那種英雄氣概。邱吉爾代表的是一般英國小老百姓（也就是類似五六〇野戰工兵連的那些人），而他們不是瞭解全面時局的人，所以完全無法想像英國會讓步。

我們現在曉得希特勒的陸軍參謀總長——哈爾德上將——曾這麼表示：「元首對英國堅決反對和談的態度困惑不解」，因為他相信自己提出了「合理」條件[i]。當時希特勒看不出入侵和佔領英國會有任何好處，因為（再度引述哈爾德的話）：「那對德國完全無益。德國人流血完成的工作只會讓日本、美國和其他國家獲利。」希特勒實際上已提議讓英國保存自己的帝國，而邱吉爾曾於致函羅斯福時指出，那就是要英國當「希特勒帝國的藩屬國」[ii]。一九九〇年代的時候，曾有一些年輕保守派歷史學者進行論戰，認為英國不難接受那些條件。假如哈利法克斯勳爵[24]及強大的主和派一九四〇年在保守黨佔了上風的話，那麼不無可能（甚至相當可能）出現的情況是，大多數英國人將會追隨他們，就好像大多數法國人追隨了貝當元帥一般。然而今天回想起我們歷史上那個不尋常的時刻，卻無人相信那些失敗主義者確實有過成功的機會。主和派沒有被看成是帶來和平的人，反而被當作讓國家陷入困境的「罪人」。邱吉爾及工黨的內閣成員由於深信可獲得廣大群眾支持，才得以將自己的路線堅持到底。

當時我們對那些事情都一無所知，既不曉得邱吉爾內閣裡面有主和派（雖然左派人士已對此產生懷疑），也不知道希特勒的提議與顧慮。幸好希特勒從一九四〇年八月開始大規模空襲英國，並自九月初演成對倫敦的夜間轟炸，於是我們從一個無計可施只得繼續作戰下去的民族，變成了一個意識到自己英雄行為的民族。我們每一個人，就連未曾直接遭到戰火波及的人，也都與那些每天在炸彈底下過日子的男男女女守望相助。我們自己雖不至於使用邱吉爾那種說法（「這是他們最美好的時刻」），但光是想到能夠挺身抗拒希特勒，就足以讓人心滿意足了。

但我們該如何繼續下去呢？在可預見的未來毫無機會反攻歐洲大陸，更別說是打贏這場仗了。從不列顛戰役直到東安格利亞師被送上毀滅為止，我們曾長途跋涉先後移防於英國的不同地點——從諾福克到伯斯郡[25]，從蘇格蘭邊界到威爾斯的沼澤地。只不過五六〇野戰工兵連在那段期間所做的一切行動，都無法讓連上官兵覺得跟對德作戰有任何關連，只有一九四一年是例外狀況。那時我們駐防於馬西塞特郡[26]，而德軍剛好大舉轟炸利物浦，於是我們在第二天早上出動前往清理廢墟。（有一張我頭戴鋼盔，在利物浦街頭飲用好心婦女所提供茶水的照片，大概讓我第一次出現在報紙上。）希特勒除了轟炸之外，沒有其他辦法可讓英國退出戰圈，但他也不能無所事事。正如同我們現在所曉得的，無法在西方擊敗英國一事，讓他決定轉向東方去攻打蘇聯，這麼一來才使得英國重新有了勝算。

無論如何，自一九四〇年夏季起，即便像我這種熱情奉獻的黨內同志也明白一件事：在部隊裡面不會有任何人聽從共黨官方版的反戰路線。它已經越來越不合情理，而且自從德軍在一九四一年春天橫掃巴爾幹半島之後，我已經清楚地意識到（就連黨部領導階層也泰半如此），那條路線根本失去了意義。如今我們曉得，史達林成為脫離現實路線下的主要受害者，他以死腦筋又系統化的方式，拒絕接受大量詳盡資料所提供的完全可靠證據。他不肯相信希特勒計劃進攻蘇聯，甚至當德軍開始越過蘇聯邊界以後依舊不相信。然而希特勒攻打俄國的可能性早已居高不下，以致就連英國共產黨似乎在一九四一年六月初也已經料及於此，所擔心的只是邱吉爾將會做出何種反應[iii]。

因此，當希特勒於一九四一年六月二十二日入侵蘇聯之後，無論是不是共產黨員，人人都如釋重負覺得有了希望。在我們這個主要由工人階級組成的連級單位，大家更不只是如釋重負而已。成長於冷戰時期的那幾代人很難想像，英國工人甚至工會領袖如何在戰前普遍認為，蘇聯理所當然是「一個工人的國家」，以及一個致力於對抗法西斯主義的強大勢力，而且每個人當然都曉得，蘇聯可為抵抗希特勒的行動提供不可或缺的助力。固然始終有一些觀察家與批評者深懷敵意，但直到冷戰來臨前，英國工人運動對蘇聯的主要觀感無關乎極權主義、大規模恐怖行動和「古拉格」。黨內同志終於在一

---

i　見伊恩．克爾蕭，《希特勒》（Ian Kershaw, *Hitler*），倫敦，二〇〇一年，卷二，頁302。

ii　同上，頁298。

iii　特奧多爾．布拉格爾，《介於倫敦與莫斯科之間，一個修正主義者的告白》，維也納，一九七五年，頁59。

九四一年六月鬆了一口氣，不但恢復使用戰前的說法，而且又回歸到一般英國群眾當中。在我的倡議下，五六〇工兵連從士官長以降的所有弟兄都在一顆足球上面簽名，由我把它送到倫敦的蘇聯大使館，請他們轉交給一個性質類似的紅軍工兵單位。我記得當時已形同軍方報紙的《每日鏡報》還登出了一張相關照片。一九四一年六月二十二日以後，共產黨的宣傳多少又重新管用了。

三

不管我對打垮希特勒或者對世界革命做出了多麼少的貢獻，我待在皇家工兵部隊的日子比待在陸軍教育團的時候要有趣多了。令人難以摸透的是，傳統的陸軍到底如何看待陸軍教育團這麼一個單位——其職責是教導軍人一些在當兵時無需曉得的東西，以及討論一些非軍事或完全與軍事無關的問題。那個單位之所以受到容忍，是因為團長阿奇·懷特上校乃職業軍人，並曾獲得一枚維多利亞十字勳章的緣故。更因為不可否認的是，戰時服役的士兵之前多半是老百姓，將來也還會是老百姓，所以除了向他們灌輸團隊忠誠和團隊榮譽之外，需要有更多東西來維持士氣。但軍方不喜歡看見陸軍教育團與新成立的「陸軍時事局」掛鉤，因為後者每月固定印行小冊子來談論政治話題時，撰稿人看起來很像是工黨的同情者。保守派政治人物後來因而指責陸軍時事局造成三軍士兵立場激化，導致他們在一九四五年的選舉中大量把票投給工黨。

但他們未免高估了軍中男女成員對特定政治刊物的興趣。陸軍時事局顯然只著眼於愛讀書的少數人，並沒有對整體造成影響。若有任何刊物能夠形塑士兵們的政治觀點——至少是在英國境內或英國勢力所及之處——那就是《每日鏡報》。它是一份經過精心製作，而且公開同情工黨的八卦報紙，比其他任何報紙在軍中受到更廣泛的閱讀和討論。此外我也無法宣稱，自己在促成英國陸軍南方司令部政治激化這方面，做出了比打垮希特勒那方面更多的貢獻。一九四一年六月以後，黨的路線更改為：要打贏這場戰爭。這促成共產黨員與其他每個人結為盟友，但也使得他們有異於一些不受共黨約束並缺乏紀律的左翼人士，變得比較不願意批評自己的政府。只有在涉及蘇聯提出的各種事項時才會出現例外狀況——像是逼迫羅斯福以及心不甘情不願的邱吉爾，儘早入侵西歐開闢第二戰場。輿論界則無需共產黨來策動，就已經對紅軍和史達林產生了崇拜與熱愛。以我在大戰期間的岳父為例，他是一位從「冷溪禁衛隊」[27]退休下來的士官長，對政治不感興趣（雖然在一九四五年投了工黨一票），但他喜歡很驕傲地提醒訪客，自己長得非常像維辛斯基——那個惡名昭彰、在一九三〇年代幫史達林搞出司法秀的檢察總長[28]。

由於軍方不十分清楚該如何處置陸軍教育團，像我這樣的「指導士官」（團內最低的軍階）發現自己處於一個古怪的軍中三不管地帶。那簡直跟隨軍牧師沒有兩樣，只不過我們沒有軍官領章，也無需舉行必須由神職人員主持的宗教儀式。我們通常是一個人或兩個人一組，被分派到各個訓練基地或一般營區，要不然就成為缺乏明確功能的野戰部隊附屬人員。我們並不真正隸屬於那些負責向我們配發口糧、提供住宿及支付軍餉的單位，而且難得有人過來打擾。我們雖然也有武器，但它們完全無關緊要，以致當我終於退伍的時候，沒有現成的單位可讓我把步槍繳交回去。另一方面，不論被派往何處，我總能輕易找到地方來擺放打字機和幾本書。我不記得當我暫時附屬於禁衛裝甲師的時候，曾經有人因為我這個士官的外表而批評我，儘管我的穿著和舉止都不符合禁衛旅的嚴格要求。除了指導士官之外，沒有任何人會這麼輕易就被放過。最起碼直到派往國外以前，陸軍當局都允許我們過著半獨立的生活。陸軍教育團將我派遣至英格蘭南部的不同地點，而我已經記不得自己從那邊前往倫敦的次數有多麼頻繁。反正到了後來，尤其是當我在一九四三年春季結婚以後，我幾乎每一個週末都待在倫敦。

所以，實際上我越來越像是週末通勤返家的平民了。有時就連日常生活也過得跟老百姓沒有兩樣，唯一的差別是我身上穿著軍裝。服役的最後十八個月，我就如此住在格洛斯特，寄宿於愛德華茲太太家中。她是一位親切的中產階級女士，始終支持當地的工黨國會議員。其客廳掛出一幅中等品質的馬諦斯畫作，她的理財顧問在一九三九年建議她花九百英鎊把畫買來投資，看來那位顧問相當稱職。一九四五年舉行國會議員選舉的時候，我甚至在當地為工黨拉票，結果跟許多人一樣很驚訝地發現，才走到住戶門口就出人意料地得到熱烈支持。我還曾經代表軍方，前往位於格洛斯特與切爾騰納姆之間，就在馬路旁邊的大型飛機工廠向工人演講。那家工廠是當地共產黨的重要據點，但我發現自己缺乏向群眾演說的天分。

無論如何，倫敦是我成年以後真正的居住地。一九四〇到四一年的空襲時期，我每次休假都從頭到尾待在那裡，並於夜間步行時發現，唯有透過麻木不仁的宿命論（「炸彈上面要寫了你的名字才會炸到你」）才有辦法在轟炸之下維持各種日常活動。但我正因為現在能夠經常前往倫敦，所以得以在那邊過著比較規律和穩定的私人生活。一九四三年五月，我跟茉瑞爾．席曼結了婚。本來我跟她不熟，只曉得她是倫敦政經學院一位非常迷人的共黨女生，當時她卻已經在貿易工業部上班。我跟她結婚以後就可以宣稱，自己曾經名符其實娶了極少數道地倫敦佬當中的一個（「出生於聖瑪利勒波教堂鐘聲所及的範圍內」[29]）。那是因為她誕生在「倫敦塔」裡面的緣故。她的母親是一位倫敦塔守衛的女兒，她的父親則是冷溪禁衛隊士官長，被派去守護倫敦塔內的珍寶。這段婚姻也協助釐清我戰後的前途。由於我娶了一位全職的高級公務員，打完仗以後若不更換研究主題，我就必須讓老婆留在倫敦，獨自一人在法屬北非待上好幾年。我與從前的老師波斯坦教授商量以後（當時他也在倫敦擔任臨時公務員），想到了費邊社的歷史，而有關該社的資料實際上全部都可以在倫敦取得。結果那個題材令人掃興，接著我自己的婚姻也出了問題，其情況就跟許多其他的戰時姻緣並無二致，只不過當時我對此尚無體會而已。幸好我們還沒有小孩。

當時促成我跟茉瑞爾進一步交往的人，是我在倫敦最要好的兩位朋友。其中包括我在倫敦政經學院的舊情人瑪喬麗，以及她的生活伴侶：泰迪．布拉格爾，那位瀟灑的經濟學家。泰迪是另一位資深的倫敦政經學院紅色成員，剛從他一度被流放的地點（曼島、加拿大）回來——英國政府幾乎出於反射動作，把堅決反納粹的年輕奧地利與德國難民大量送去那裡集中管理。他獲得劍橋博士學位以後任職於政治經濟計劃會，若套用今日的講法，那是一個智庫。最後他以忠貞共產黨員的身分，在一九四五年帶著另一位太太返回奧地利。無論從職業生涯甚至政治生涯的角度來看，他留在英國都應該會有比較好的發展。他們伉儷是我那一代學生或同年齡層的人裡面，難得能夠同時生活和工作於倫敦的夫妻檔（我表哥丹尼斯．普勒斯頓的家庭是另一個例外）。那是因為體格強健的男子多半都穿上了軍裝，而能夠留在首都的少數軍人主要都是參謀人員和情報工作者。

在另一方面，城內卻充滿了我在大學時代就認得的女性，因為戰爭為她們提供了許多的重要工作機會。從年齡、健康狀況與性別來看，我們留在倫敦的朋友和同輩是一個非常怪異的組合。男性跟我一樣來去匆匆，只是從外地過來的訪客。城內固定的居民則是女性，以及身體太差或年紀太大而不適合當兵的人。但那邊另有一批較常固定出現的人物：外國人。而純粹就與我有關的外國人而言，他們都是口操德語的人，這是再自然也不過的事情，因為泰迪．布拉格爾把我介紹給「自由奧地利運動」的許多成員認識。由於他自己身為共產黨員，免不了會深深涉入那個組織。

我已經預料自己既然這麼閒散又經常前往倫敦，遲早會打入難民的圈子。果不其然，我才一開始在索爾斯伯里平原服勤，便跟他們打了照面。那是因為最可能在休息間與圖書室看見的人，就是各式各樣來自中歐的音樂家、昔日的檔案管理員、舞台經理和胸懷大志的經濟學家。英國卻把他們當成無特殊技能的勞工安插到工兵部隊。（經過相當時間以後，他們還是有許多人在軍中擔任了比較合理的職務。）縱使我跟德國絕對沒有情感上的瓜葛，跟奧地利的關係也少得可憐，德文畢竟曾經是我自己的語言。自從一九三三年離開德國以後，我就在一個無需使用德文的國家竭盡全力不要把它忘了，德文始終是我私底下的語言。我十幾歲的時候曾用它寫出了好幾本厚厚的日記，甚至在戰時偶爾撰寫日記的時候，我依舊使用德文。英文雖然是我寫作時固定使用的語言，但我的國家拒絕讓我在對抗希特勒的戰爭中發揮雙語專長，這個事實讓我更想證明我還會寫德文。

一九四四年時，我果然成為一份德文流亡者週報的自由撰稿人，為它寫出了不少文學小品。那份印刷不良的刊物就叫做《報紙》，出資者是英國新聞部。無論那份刊物在政治上或宣傳上的目標為何，它都未能達到目的，於是失望的後台老板等到仗一打完就把它停掉了。不論是流亡海外的德國社會民主黨人和社會主義者，或者是共產黨難民，都一致激烈反對那份刊物。據此可以推斷，我事先應該未曾徵詢過黨部的意見，要不然可以換種說法：我認為那份刊物一點也不「政治」。我某次不知為何寫了一封信給《報紙》的文學版主編「彼得．布拉特」先生，結果發現其本名為沃爾夫岡．馮．艾因希德。他是一位文化素養極高、面部線條柔和的同性戀者，還是俾斯麥及許多普魯士將領的親戚，在一九三三年以前擔任《福斯日報》的文學版主編。他以高度的善意、體諒和友誼與我交往，而且一定也改正了我的德文。戰時我們經常在蘇活區的小酒館碰面，但自從他遷回慕尼黑以後我們就失去了聯絡。或許在此適合用這本書來表達個人的謝意：大戰的時候除了家人和共產黨，他是讓我覺得有所虧欠的少數人士之一。

布拉格爾引薦我參加的自由奧地利運動，則無論在政治上或文化上都比較像一回事。雖然其幕後組織者是共產黨（因此運作起來比較有效率），它還是成功動員了一大批並不十分熱衷於政治的奧地利難民，其中也包括我住在曼徹斯特的未來岳父。該運動奠基於一個簡單而有力的口號：「奧地利人不是德國人。」這個口號與奧地利第一共和（一九一八至三八年）的傳統大相逕庭。在那個時期，除了極少數殘餘的哈布斯堡保皇派以及一九三六年以後的共產黨，奧地利各個政黨皆抱持相反立場，強調自己的國家叫做「德意志奧地利」。而且直到希特勒完成那個工作為止，他們都盼望有朝一日終於能夠與德國統一。希特勒一九三八年三月合併奧地利的行動，因而在意識型態上解除了反對派的武裝：卡爾·雷納[30]那位老資格的社會主義陣營領袖（他在一九四五年出任奧地利第二共和的首任總統），甚至對合併表達了歡迎之意。

共產黨員卻已逐漸發展出一套有趣的論述，主張在歷史甚至文化上將奧地利與德國進行切割。我因為是共產黨員和現成的專業歷史學者，最後也被他們動員過來。（從一九四五年四月到一九四六年退伍之間的這段日子，我為「自由奧地利」的期刊撰寫了一系列這方面的歷史論述，這大概也是我最早公開發表的歷史著作。）「不是德國人」這種說法，自然對主要為猶太人的奧地利移民社群產生了訴求，只不過他們儘管非常感激和崇拜英國，卻發現自己似乎比德裔移民更難融入英國社會。那種說辭也符合盟邦的戰後政策，因而使得自由奧地利運動——組織最佳的歐陸難民組織——多少受到官方尊重，免除了難民在政治上通常會公開遭遇的許多紛擾。該運動同時更做出不尋常的成功表現，讓一九三八和三九年「兒童運輸行動」[31]營救出來的奧地利兒童及青少年難民，於附屬其下的「青年奧地利組織」之內產生歸屬感和未來觀。最後他們帶著流亡英國時最溫暖的記憶，重新回到了奧地利。有好幾位我日後的朋友，尤其是埃里希·弗里德那位詩人兼翻譯家以及格奧爾格·艾斯勒那位畫家，都出身自這個環境。

與軍方若即若離的生活固然乏善可陳，但還是可以讓人接受。我在倫敦有了老婆、朋友和一個文化界的圈子，同時結交了倫敦及其他地區人數不多但認真看待爵士樂與藍調的歌迷，並且向他們學習。這必須歸功於我的丹尼斯表哥——他與一份名叫《爵士音樂》的小型期刊有些關連，而那份刊物的讀者都是知識分子，多半還是狂熱的左派。我在軍中實際上比較成功的教育工作之一，就是在多塞特郡鄉下替一個「青年戰士訓練班」安排的爵士音樂課程。為此我經常前往伯恩茅斯借唱片，並且從一位名叫查爾斯·福克斯[32]的學員那邊增加了自己對這方面的知識。此外就我記憶所及，雖然我並未正式隸屬於任何支黨部，仍然有許多政治事務需要討論，原因是一九四三年的時候，莫斯科似乎給整個共產主義運動的未來打上一個大問號。

莫斯科解散了共產國際。史達林、羅斯福與邱吉爾在同一年舉行了德黑蘭會議，史達林於會中宣佈：資本主義與社會主義可望在戰後繼續合作下去。美國共產黨隨即遭到解散。美國共黨領袖厄爾·白勞德[33]進而宣稱：「資本主義與共產主義開始在同一個世界，找到一條和平共存與攜手合作的道路。[iv]」假如沒有事先跟史達林溝通過的話，這種論點是任何共產黨員都不敢公然說出來的。於是英國共產黨誤以為這是「德黑蘭路線」，準備把它做為規劃未來的依據。國王街確實曾經有人（我推測那只可能是當時的「文化政委」埃米爾·伯恩斯），要求我準備一份備忘錄，供他們討論資本主義與共產主義在戰後經濟發展上的各種可能性。但即便像我們這般矢志效忠、嚴守紀律的革命志士，也並非人人都能夠輕易接受這種新展望——縱使我們可以理解，為何解散共產國際或許是明智之舉；而且我們毫不懷疑，任何人都無法在有生之年看見美國實行社會主義。

反正無足為奇的是，每天所處的這種環境都不斷提醒我，我不可能對打贏這場仗做出貢獻。沒有人打算讓我接近任何與打勝仗有關的工作，而且就連再卑微的職務也不例外，即便我的能力與天賦或許可對此目標有所助益。我列入編制的那一師準備跨海出征了，但我不得隨行。我從威特島的峭壁望得見集結中的艦隊，顯然正準備開赴法國。我自己卻只能在維多利亞女王位於島上的奧斯本行宮，當一個穿軍裝的觀光客，並且去書店買來一本二手書——哈茲里特所撰寫的《時代精神》。我自願前往海外，卻沒有人理會此事。結果我被派去格洛斯特[34]。值此世界現代史上最緊要和最具決定性的關頭，看來我也只能缺席了。

然而我還是間接目睹了這場戰爭的一部分，儘管我起先並不曉得。我被調遣至格洛斯特市立總醫院的軍醫部門，扮演類似福利官的角色，並負責聯絡協力的民間醫療機構。軍醫病房專門治療重傷人員，而且來自諾曼地的傷員不斷增加，其中尤以嚴重燒燙傷病患為主。那個地方充斥著盤尼西林、輸血與植皮、包裹在賽璐玢裡面的四肢，以及臉上垂掛像香腸一般的東西走來走去的人。他們都身穿怪異而刺眼的醫院藍色病人服，上面別著辨識軍人身分的紅帶子。病房內什麼樣的人都有，甚至包括了德國人（有一名軍官向我解釋他不是納粹，然而他曾向元首個人宣誓效忠），以及義大利人（其中一人躺在病床上閱讀史特林堡作品的義大利文翻譯，並一直喋喋不休不肯放我離開，雖然我不大聽得懂義大利語：他談的是義大利軍官、英國與義大利、義大利的未來、戰爭，話題無所不包）。但我們當然比較以自己的盟友為傲。我曾在一份雙週刊內報導他們：有一個來自托倫[35]的波蘭人曾經為兩支不同的軍隊作戰，他在諾曼地從德軍那邊開小差，於愛丁堡待了一晚以後又跟波蘭人一同返回諾曼地。病房內的樣板則是一名矮個子的摩洛哥人。他有著削瘦而顴骨高聳的柏柏爾人臉孔、身上穿著過於寬大

iv　約瑟夫・斯塔羅賓，《危機中的美國共產主義，一九四三—一九五七》(Joseph R. Starobin, *American Communism in Crisis, 1943-1957*)，頁55。

的藍色病人服，透過一個名叫柯雷諾的阿爾及利亞籍「自由法國」二等兵的法文翻譯與我們溝通，並一再夫子自道述說「阿莫爾．班．穆罕默德那名年輕的法軍北非騎兵」在西梅瑪特[36]的過人英勇事蹟。

軍醫病房是一個充滿災難的地方。但這個血腥場所最不尋常之處，卻是病患死亡所帶給我們的震驚。因為與其說那裡是一個悲劇性的場所，倒不如說它是一個充滿希望的所在。現在讓我再引述一下當時寫出的文字：

在病房內意外看見只剩下半張臉的傷患，或者是從起火燃燒的坦克車中搶救出來的人，這種日子已成過去。現在不時送入肢體殘缺得更可怕的人；我們面對那些人的時候只能夠憋住呼吸，深怕自己因為驚懼而在臉上露出排斥的神情。我們休息的時候便冥思凝想，或許那正是馬西亞斯[37]被阿波羅處理完畢之後的模樣。否則就思索人類的美貌是多麼不穩定，因為只要失去下顎以後它就會完全失去平衡。

這種麻木不仁的感覺之所以出現，是因為肢體殘缺不再是無法挽回的悲劇。整體而言，來到這裡的人都曉得，等到他們終於出院時應可大致恢復人形。雖然他們或許（其實是一定）要為此花上好幾個月或好幾年的功夫。復元過程等於是精密的活體雕刻，其間必須動幾十次手術，而病患們在過渡時期的樣貌十分荒誕怪異，有時比「看起來很恐怖」還要來得糟糕。但是，他們心中有了希望。他們即將面對的遭遇不再是永遠躲藏在家中，而是過著人性化的生活。現在他們躺在食鹽水裡面，那是因為沒有皮膚的緣故；他們相互取笑，是因為曉得會重新長出皮膚來。他們在病房來回走動時，臉上包紮的繃帶讓他們看起來像斑馬，固定器則彷彿香腸一般垂掛在他們臉頰上。

只有在這樣一所醫院裡面，人們才開始體會了「希望」的意義。

那不只是肉體上的希望而已。由於戰爭已接近尾聲、勝利即將到手，到處都洋溢著對未來的希望。以下是我為軍人病房發行的雙週刊裡面的兩則新聞稿：

我從前務農，但現在缺了兩條腿，不能再下田工作了。皮慈先生問我打算做什麼。我對他說道，既然自己在陸軍當過汽車技工，幹這一行怎麼樣？現在我即將前往布里斯托參加訓練班……加強自己關於內燃機那方面的知識。等我回到老家以後，就一星期工作四十五小時，不必被工作緊緊綁住……我相信這是安排傷殘士兵重新上路的好辦法。

另一篇的內容是：「陸軍時事局星期五舉辦的研討會將由第九病房的歐文士官負責引言，他將針對『我準備如何著手進行重建工作』提出構想。」歐文士官從前是泥水工領班，並曾經為自己的工會擔任「英國勞工聯合會議」代表。他很想知道「其他曾任職於建築業的病友是否還有別的想法。」戰爭即將結束，很快即將舉行大選（有些病房在發出選票以前就已經吵著要票了），凡事都會變得很不一樣。一九四四與四五年的時候，還會有誰心中不出現這種想法呢？縱使我們最關心的戰後問題免不了還是：我們到底什麼時候才會復員？

那也是我最關心的問題。當戰爭持續進行的時候，那個問題就跟我服兵役一樣，根本無須討論。兵役是既正常又必要的事情，我不會提出抱怨。等到戰爭結束以後，在我看來每在軍中多待一天就多浪費了一天的時間。一九四五年，時序已由夏轉秋進而入冬，我穿軍裝的時間眼看即將屆滿六年，但軍方還是沒有打發我走路的意思。一九四六年初，他們竟然出我意料之外要求我下部隊出國。他們什麼單位不好選，偏偏選了空降部隊；什麼地方不好去，偏偏要我去巴勒斯坦。軍方大概覺得派我去打猶太人或阿拉伯人，可用於彌補當初沒有派我去打德國人。

那是壓垮駱駝的最後一根稻草。猶太裔共產黨員基於原則，當然是反錫安主義者。然而不管我同情、厭惡或忠於哪一方，若讓像我這樣一個猶太軍人陷入猶太人、阿拉伯人與英國人的三邊關係之中，情況將充滿太多複雜性。所以我首次走了後門。我打電話給國王學院的導師，唐納德．畢福斯，表示我想離開陸軍，恢復一九三九年時的研究生學籍。他寫了幾封信給重要人物，表示我亟須返回劍橋，而且那些信件收到了預期效果。一九四六年二月八日我交出軍服，不過保留了防毒面具包，後來發現那是一個非常有用的側背包。我取回自己的便服，並且放了五十六天退伍假。我在二十八歲半的時候返回倫敦，重新回到了人間。

第十一章

冷戰
COLD WAR

一

一九四八年時，東方與西方勢力在德國的交界成為冷戰最前線。俄國人在四月初切斷了西柏林對外的陸上交通[1]，「柏林危機」於焉開始。隨後漫長幾個月的「柏林空運」期間內，東西雙方陷入既危險萬分又令人繃緊神經的武力對峙。西方國家的共產黨員無論再怎麼微不足道，畢竟是「站在另一邊」的人。對我個人而言，冷戰開始於一九四八年五月，那是因為英國外交部通知我，他們礙難批准我接受「英軍監管委員會」的邀請，第二度實地參與「再教育」德國人的課程[2]。有種種跡象明白顯示，那出於政治上的理由。

大約就在此時不聲不響地展開了廣泛行動，要將已知的共產黨員一律排除於攸關英國公共生活的職務之外。其做法固然既不像美國那般歇斯底里，又沒有那麼仔細徹底（在一九五〇年代的美國，共產黨員甚或只是自稱的馬克思主義者，差不多都已經從學院和大學講台上消失了），可是對英國學術界的共產黨員來說，那還是一個很糟糕的年代。公共政策鼓勵歧視，而且把我們當作潛在叛徒或真正的賣國賊看待，我們並深受上司與同事懷疑。自由主義者反對共產主義，那絕非新鮮事。然而英美兩國官方大力資助下的冷戰宣傳、對史達林主義的憎惡，以及認為蘇聯正致力於立即征服世界的看法（此觀點未獲英國政府支持[i]），都對歇斯底里的態度起了推波助瀾作用。

在此之前的政治氣氛（至少英國如此），還比較沒有那種熱過頭的現象。

當時英國由工黨執政，而且國內無人——尤其是已遭挫敗的保守黨——嚴重質疑新政府廣泛進行的改革措施。大家已經產生共識，認為重返一九三〇年代的情況實屬不可思議，或至少無庸再議。一九四五年時的英國政府無論就選舉結果或道德基礎而言，均享有無可置疑的正當性。尤其不管它採取什麼行動，都不會比過去六年內由政府主導的各種戰時措施更加具有「革命性」。更何況那些措施為英國百姓帶來了勝利，使之於內心深處覺得那是「他們自己的」勝利。在國際間，由英國、蘇聯與美國共同組成的大同盟打贏了那場戰爭，而且除了外交單位與情報機關之外，昔日戰時盟友之間的磨擦尚未抹除各界對並肩作戰的共同記憶[ii]。從一九四五到四七年，大多數西歐從前的參戰國或被佔領國，以及東歐非由共黨統治的國家，政府裡面都有出身自共產黨的部長。

男男女女已經解甲歸田，或者由戰時崗位返回和平時期的平民生活，重新拾起以往的職業與規劃，要不然就思索下一步該怎麼走。長年未曾見面的朋友，如今也再度相逢。他們大多都還活著，因為跟俄國人、波蘭人、南斯拉夫人，以及特別是德國人比較起來，英國那場仗打得輕鬆多了。一九一四年爆發的戰爭令人記憶猶新，而且那名符其實是一場「大戰」，當時從軍的牛津與劍橋大學生共有四分之一陣亡。這回我所認識或知道的二百多名劍橋學生，只有五個或六個人沒有從二戰歸來。現在是交流經驗的時刻，而且戰前的共產黨員相互問道：「你還待在黨裡面嗎？」許多戰前入過黨的學生已不再是共產黨員了。

我退伍後最初一年左右的時間內，在倫敦過著奇特的雙重生活，每星期有好幾天待在劍橋當研究生。但是從一九四七年二月到一九五〇年九月，我變成了百分之百的倫敦人。我們住在格洛斯特新月街，那是肯頓鎮邊緣的一個中產階級小社區，位於倫敦戰時飽受轟炸、尚未完全改建的東區廣大地帶之最西端。它吸引了許多知識分子過去，因為當時那裡還便宜得出奇，而且交通極為方便——若搭乘大眾交通工具，距離倫敦大學和大英博物館只有十分鐘車程。（在那些日子，我們認得的人都沒有汽車。）它尚未成為一九五〇年代一批才智過人的「牛劍」畢業生（事實上「劍」多於「牛」）聚居之處；但等到中產階級知識分子在一九六〇年代開始主導生活風格以後，那些人變成了報紙用連環漫畫含蓄挖苦的對象。他們當中有許多人是冷戰年代我在劍橋結交的朋友。格洛斯特新月街在一九四六年還不是高級區，不過當我應《小人國》雜誌的凱依．韋布之邀（此刻她已經嫁給剛從日本戰俘營歸來的漫畫家隆納德．賽爾），寫出一篇以肯頓鎮為題材的軟性文章時，卻只能假裝那裡離攝政公園動物園很近，聽得見園內傳來的獅子吼聲。

一九四七年時，我們遷入一棟像樣許多的公寓，其外牆具有十八世紀早期的風格，地點在克拉彭公園北側，坐落於昔日克拉彭教派的禮拜堂（一個設有塔樓的穀倉）正對面。我記得曾在屋外看見我伯貝克學院的新同事尼可勞斯．佩夫斯納，為了撰寫其《英國的建築》那本巨著而在這一帶進行勘察，彷彿主考官正在為「過去」評分一般。我在屋內不斷進行奮戰：與研究員論文兼博士論文的奮戰最後大功告成，但與我第一段婚姻的奮戰則到頭來一敗塗地，雖然當時我還不十分清楚其中問題何在。反正事情就這麼發生了。十五年以後，我與瑪蓮搬家到距該地只有幾分鐘路程的一棟維多利亞式房子——這回我已非房客，而是有生以來首度成為屋主。

知識界的共產黨員或同路人在一九四七年尚未被邊緣化。反之，當英國廣播公司具有前瞻性的「第三套節目」開播時，一位名叫彼得．拉斯列特，戰前畢業於劍橋、當時負責為之求才的歷史學家（他

i 彼得．亨尼西，《秘密國家：白廳與冷戰》（Peter Hennessy, *The Secret State: Whitehall and the Cold War*），倫敦，二〇〇二年，第一章。

ii 無論如何，若有任何這方面的問題曾經立即惹惱英國官方的話，那是因為美國而非蘇聯的緣故。問題出自華盛頓當局於一九四六年同意向英國提供貸款之前，開出了許多冷酷無情的條件。見：史紀德斯基，《凱因斯》，卷三。（R. Skidelsky, *Keynes*, vol. III.）。

不是共產黨員)，將我介紹給已經上了年紀、見多識廣、重視文化的該台俄語談話節目製作人安娜(「紐妲」)・卡林。她協助我向麥克風的世界踏出蹣跚的第一步。(當然那還無關緊要，反正聽眾頂多只有數萬人而已。)我在那一年幫她做了幾集節目，其中包括很可能是廣播電台首度以英語進行的「卡爾・克勞斯」專題討論。

共產黨員仍不難獲得教職，包括我在內的若干歷史學者已開始任教，或已經教書了好一陣子。我在一九四七年成為伯貝克學院的講師，雖然系主任對我的政治立場一清二楚。(當他詢問學生時，學生們再三向他提出保證，我並沒有試著灌輸任何東西。)我曾帶著當時的老婆一同前往布拉格參加「世界青年大會」，她事先向貿易工業部請了假，而她那時的職位是部門主管——也就是說，她是公務體系一小群制定政策的菁英成員之一。她當然也是共產主義者，並於我們結婚時重新入黨。那時我覺得娶一個非共產黨員是無法想像的事情，而且資深公務員支黨部開會的地點，就是我們位於克拉彭的公寓[iii]。就我記憶所及，當時她可沒有告訴我：為了她自己的公職生涯著想，最好還是不要去布拉格。但十年以後，當我打算把位於布魯姆斯伯里的公寓分租一半出去，供一位剛從劍橋轉赴財政部工作的朋友居住時，他卻很難過地表示：基於我的政治立場，他根本不敢冒這個風險。

就我個人而言，大戰的結束甚至令人得以暫時擺脫反共產主義。英國政府在我服役於陸軍的六年期間內，不管基於什麼樣的理由都完全拒絕利用我的德文知識，現在卻發覺那很有用處。一九四七年時，有人大概是透過我任職於外交部的戰前劍橋舊識，要求我協助他們「再教育」德國人，地點是德國北部呂內堡原野的一座昔日皇家狩獵行宮。那裡距離東西方佔領區的交界只有幾公里之遙，火車每天載運數千名旅客和走私者來回穿越該地，而英、俄雙方的邊防人員只是使個眼神就放他們過去[iv]。我們「民主化」團隊的成員，至少有一半的人，第二年即已在政治上，甚或在經濟上難有立錐之地。

學員則五花八門，有來自西方佔領區的人，甚至還有來自東方佔領區的人：那是我首度與留在德國的德國人打交道。我事後記載道，主要成員為猶太人的英國「再教育者」（其實一想到我們從海峽對岸，帶著建設民主未來的專利處方來到這些才智之士身邊，不覺有些汗顏），未曾在心中出現仇視德國的反應。雖然奧許維茨和其他的集中營已經眾所周知，但我們（至少是我個人）並沒有像世人今天所期待的那般抱持敵意。

當然，那整段時間難免令人心生納悶。像我即曾寫道：「這些看起來那麼無辜的人，在一九三三至一九四五年之間到底沒有做過哪些事情？」每一個「阿許肯納吉」猶太人都有親戚死於集中營。就我而言，我失去了維克托．弗里德曼舅舅，以及與他一同被運往東方的艾莎舅媽——她是一位小個子的「塞法爾迪」猶太女士[3]，來自法國某地。我也失去了里夏德．弗里德曼舅舅和茱莉舅媽，因為他們不願離開自己位於景色宜人的馬里安巴德的精品店。此外我還失去了利希斯特恩阿姨等等。（就大多數奧地利與德國的猶太人而言——東歐猶太人則否——老一代人都死了，但年輕的一代能夠及時脫逃。）他們的名字被註記於我所見過唯一真正稱得上是猶太種族滅絕紀念館的地點，寫在布拉格古老的「舊新猶太教堂」[4]雪白的牆壁上。教堂牆壁環繞著空蕩蕩的內部空間，牆上從天花板直到地面以一行又一行工整字跡，按照字母順序寫滿了死於希特勒手中的捷克斯洛伐克猶太人的姓名、生卒日期

iii 黨員中包括了伯納德．佛勞德（Bernard Floud）。情報當局懷疑他是蘇聯間諜或負責為蘇聯招募間諜，以致後來他被逼得自殺。（其子羅德里克最先發現他已經身亡。羅德尼克是一位經濟史家，日後成為我在伯貝克學院的同事，目前擔任倫敦市政廳大學校長。）非常諷刺的是，羅德里克曾經告訴我，一位名叫大衛．斯普林霍爾（David Springhall）的共黨幹部某次想吸收他成為特務，而羅德里克當場告訴該人，他根本沒資格這麼做。總而言之，一位曾於戰後參加支黨部會議的人不大可能是間諜，因為從事間諜活動者通常都必須斷絕與共產黨的聯繫。

iv 我在一九四七年八月來到該地。抵達當天我估計了一下前往那道「綠色邊界」的旅行者人數，出境者大約有五百人，入境者有七至八百人。當時每日行駛三班火車。

及地點。除了數不勝數的人名之外，其他一無所有。一九六八年「布拉格之春」不久以前，我在那裡透過淚光看見了里夏德舅舅和茱莉舅媽的名字。到了一九七〇年代，捷克政府做出驚人決定，以塗油漆抹除所有人名的方式來褻瀆那座紀念堂。據悉官方的藉口是，不應該在許許多多法西斯受難者當中，單獨挑出某個族群特別加以紀念。共產主義結束之後又延宕了一段時間，那些人名才終於恢復原樣。

起初我還沒有遇見集中營的生還者，例如來自布痕瓦爾德和奧許維茨的人。那些生還者當中後來有人成為我的同行與朋友，他們表面上看不出過去經歷所留下的痕跡，過了很久以後甚至願意針對那段日子表示：多活下來的每一天都是用別人的死亡所換取的。但他們和普利摩．李維[5]一樣，身上其實還是留下標記，其中至少有一人如此——那位友善、風趣、熱情的喬治．豪普特[6]。他在羅馬尼亞上中學的時候，被送進了奧許維茨集中營，最後在五十歲時突然崩潰而亡。不過，堅定的信念與務實的作風，讓我們免於從納粹「反閃族主義」的種族偏見適得其反走向「反條頓主義」。甚至到了後來，我們（我更是如此）所責怪的對象並非德國人，而是國家社會主義。那尤其是自從我讀了第一本認真描述與分析「集中營宇宙」[7]的著作以後，即歐根．科貢[8]那本懾人的《SS國家》（一九四六年出版於法蘭克福）。該書的作者為德國人，題材是一座泯滅人性、嚴刑拷打並殺害了許多人的集中營——布痕瓦爾德——但那裡主要針對的對象並非猶太人[9]。除此之外，當我們看見西德各城市的情況——廣袤無垠、幾乎未遭清除的瓦礫堆；於貨幣改革之前顯然已完全崩潰的經濟；臉色蠟黃、過著以物易物的生活、拿著一袋袋馬鈴薯露宿火車站月台的百姓——在在都令人感覺到，不管一般德國人於希特勒統治下做出了什麼事情，他們在一九四七年正為自己做過的事情，或者以他們名義做出的事情付出代價。

如同當時我所寫下的，「想瞭解這些男男女女和小孩子們過去八年內的遭遇……空襲、驅離、飢餓等等，並不因難。」任何從俄國戰俘營歸來，或曾於解放最初幾個星期經歷過「俄軍的行為所造成可怕震撼」的人，都有過可以大書特書的苦日子。但這未必表示俄國人存心拿德國人洩恨，雖然紅軍士兵們無疑有理由那麼做，而且果真那麼做了。（「他們什麼都不怕，而且他們對未來的展望就是要在柏林施暴和劫掠」[v]）。我們有一位剛離開戰俘營的學員（後來他成為最卓越的德國歷史學家之一[vi]）向我解釋道：「他們對待我們的方式並不比對待自己人來得差。那只不過是因為他們身體比我們堅韌許多的緣故。他們更能夠忍受酷寒。當我們待在前線的時候，他們的不畏寒冷令我們驚懼；成為戰俘以後，那讓我們深受其苦。他們會在嚴冬把我們載運至中亞大草原，然後說道：蓋一座營地，現在開始挖。」

無足為奇的是，德國瀰漫著對俄國人的仇恨與畏懼。無論是本地居民或大量的難民（在我們所處的下薩克森，難民人數尤其眾多[10]），都認為俄國必須為他們的大逃難和大規模遭到驅逐負起責任。一九四七年時的狀況，是一種相當奇特，時而宛如精神分裂般的混雜感覺：勝利者心中對戰敗者的排斥感、優越感，以及某種敬意，此外還有東西方之間的對比。西邊的景象是失控之下的社會崩潰，而「對面」（蘇聯佔領區）的紀律卻讓人隱約覺得，不但百姓能夠進行日常工作，而且黑市交易已受控制。「馬歇爾計劃」與一九四八年的貨幣改革即將改變這一切，但在一九四七年夏季，英國佔領區的輿論仍普遍充滿了完全的無力感和對未來的空白感。在漢堡聽得到有人表示：如果不打第三次世界大戰，德國就無法重新建設起來。我自己也能感受那種無助感，我寫道：「老實說，在這裡待得越久，我就越發沮喪。希望？我一點也看不見。」就西德的後來發展而言，這種評斷固然大錯特錯，但一九四七年時

v　這是一位英軍戰俘的講法。他從位於波蘭的戰俘營脫逃以後，伴隨向前挺進的紅軍一路作戰打了回來。謹在此向伍佛漢普頓的喬治・巴恩斯比（George Barnsby）先生表示謝意。

vi　他是萊因哈特・科瑟列克教授（Professor Reinhard Koselleck）。

的德國實在讓人看得興奮不起來。

顯然蘇聯的陰影已讓德國局勢陷入黑暗，那麼一個西方共產黨員對蘇聯又產生了何種觀感呢？戰後立即與蘇聯佔領區進行的接觸，不論直接也好、間接也罷，使得任何幻想都無法存續下去。其情況正如同戰後對國際和睦所懷抱的希望（並非只限於共產黨員之間而已），已因東西雙方在當地的軍事與政治磨擦而難以為繼。戰時流亡倫敦、已遵照共產黨指示返國的年輕奧地利難民，正於冬日電車上飢餓人民的臭味之中，在強制徵收辦公室的挑高天花板之下重建自己的祖國。他們已經預期將出現各種實務上的困難，卻難得有人預料會出現這種普遍的反俄情緒。對曾經生活在蘇聯佔領下的中歐，甚或只是與其實況有過直接接觸的人們而言，共產黨員的身分已不再像戰前那麼簡單了。我們並未失去自己對社會主義優越性的信念與信心，認為它終將勝過資本主義，而且我們依然堅信共產黨的紀律具有改變世界的潛力。但是我們（至少是我）的各種希望，此時已接近瓦爾特．本雅明「歷史的天使[vii][11]」那種不可避免的悲劇感。但說來矛盾的是，讓事情變得比較簡單、使得許多人有辦法維持舊信仰的因素，就是西方於冷戰時期在全球發動的反共產主義十字軍運動，而且那比任何事物還要來得有效。

二

不過還是讓我重新回到柏林空運時期。由於戰時形成的同盟關係已經瓦解，兩大超級強國戰後合作的希望也隨之日益消逝。一九四七年時，西方政府的共產黨籍部長開始逐步被排擠出去，而共黨所統治國家的非共產黨籍部長也面臨同樣下場。一個新的共產國際——所謂的「共產黨情報局」——為了滿足純粹歐洲的需要而被建立起來，並負責發行一份期刊。但縱使以蘇聯時代最寬鬆的標準來看，其

「不可讀性」也淩駕於任何時代的任何刊物之上[viii]。東歐各國政權起初刻意未被設置成共產國家，而是多黨政體、實行混合經濟的「新民主」或「人民民主」；現在那已經被無產階級專政，也就是共產黨的標準專政形式所同化。就西方國家而言，由於對立的態勢日益明顯，共產黨員變成了「第五縱隊」。

英國的情況也開始出現變化，但做法比較低調且更具紳士風格。政府機構未曾公開整肅共產黨員，然而身分曝光者已被迫離開可接觸機密資訊的職務。擔任高政治敏感度「管理層級」職位的人已被私下告知，他們在公家單位將毫無前途可言，但如果他們選擇主動離職的話，事情將不會受到張揚。選擇繼續留下來的人，終其職業生涯只能僻處一隅，被安插到大型機關專門為那些既不能遭到開革，亦無法被賦予任何責任的人所預留的差事。

大學內部則沒有出現真正的整肅。我剛開始任教的伯貝克學院更是特別（至少一九五一年來了一位野心勃勃的新校長之前如此），校內師生皆未出現明顯的反共跡象。該學院的學生必須在白天賺錢維持生計，一貫的政治傳統都偏向左派。在狹小、擁擠但親切的教師休息室內，氛圍可讓人感覺出來，裡面的人絕大多數都是工黨選民。支持保守黨的人在那裡並不常見——我懷疑我的同事和日後的上司道格拉斯·達金即為其中之一。他曾經當過大學教師聯盟的地方分部秘書長，並兼職擔任註冊主任（下設秘書一人），在負責全院學生事務的空檔，不忘打打板球和教教書，同時我一到任以後他就把聯盟的事宜交給我處理。伯貝克學院除了不保守之外，其最負盛名的教師JD·伯納就是一名共產黨員，不但在自己的系上聘用黨員，並且高度認同蘇聯。伯納是一位晶體學家和全方位的天才（但在音樂上

---

vii　見艾瑞克·霍布斯邦，《極端的年代》（英文平裝版），頁189。

viii　那份刊物標題是《為了持久和平與人民民主》（*For a Lasting Peace and a People's Democracy*），通用的簡稱是「為了為了」（"Forfor"）。它在一九五六年即告停刊。

完全空白），結果無法長時間專注於某個領域以爭取諾貝爾獎，即便他教出了幾個成為諾貝爾獎得主的學生。就連那些因為他忠於蘇聯而對之心存懷疑的人，也不得不欽佩這名身材短小、頭髮叢生的男子。他看起來就像是連環漫畫裡面的樣板科學家；走起路來則彷彿剛上岸的水手，或者按照他自己的講法，像是「沒有腳趾頭的帕伯」[12]。他還經常在教師休息室講述自己擔任「聯合作戰指揮部」科學顧問時的非凡經歷，藉著一些趣聞來逗我們開心。

畢卡索有一次橫遭阻撓，不得前往雪菲爾德參加一場由蘇聯贊助的會議，索性就在伯納位於托林頓廣場的寓所牆壁上面，畫出一幅狂放的壁畫，這幅壁畫多年以後在某種程度內變成了伯貝克學院的標誌。那位偉大藝術家不僅認同伯納的共產主義，並且享受著和他同樣具有傳奇性的齊人之樂。但唯一不同之處在於，伯納真誠對待那些受到他吸引的女性，在性別上和智力上都把她們當作平等的伴侶。正是這種崇尚男女平等的聲譽，才會把那位傑出的羅莎琳・富蘭克林[13]從倫敦大學國王學院吸引至伯貝克學院，因為她對其他研究DNA雙螺旋的男同事（那些後來得到諾貝爾獎的人）對待她的方式非常不滿。雖然大家都曉得她對同僚們傲慢的大男人作風極感憤怒，而且認為那種態度不難理解，但至少在我們談話的時候，她對伯納的男性身分和科學家地位都讚譽有加，儘管她還是會取笑系上忠於共黨路線的同事。

我有幸任教於這麼一所學院，在它渾然天成的保護傘下面避開了外界的冷戰壓力。縱使如此，整體的學術環境並不好。據我所知，一九四八年夏天之前被指派擔任教職的共產黨員都還留在原位，而且沒有人試圖解雇他們，除非他們領的是無法續約的短期聘書，不過短期聘書在那些年頭還相當罕見。然而在另一方面，我非常清楚從一九四八年起大約十年內，沒有任何身分曝光的共產黨員在大學獲得職務，已任教的黨員則無法升遷。在那十年當中，比方說吧，我屢次被拒絕前往劍橋擔任經濟史教席

——雖然我曾經是該校的經濟學學位考試委員。一九五九年以前，我在倫敦一直無法升等為高級講師。即便從前只跟共產黨有過幾個月關係的人，像是經濟史家悉德尼．波拉德，也都很不得志。這固然令人沮喪，但還遠遠不及美國的獵巫行動那般過分。（據我所知，取得任何英國學術職務的任用資格以前，沒有人必須出具切結書，與往日的罪過一刀兩斷。但幾年以後柏克萊大學向波拉德提供教職時就要求他那麼做，而波拉德拒絕接受此種條件。）

說來奇怪的是，英國成人教育的範疇內反倒出現了較多政治整肅。這個領域吸引了許多紅色人物，以及其他意識型態的激進分子，其中又以牛津大學的「校外教學組」特別引人注目。湯瑪斯．霍奇金曾經在好幾年的時間內主管那個單位，他是英國學術貴族成員之中特別具有魅力的人物（出身自貴格教會），當初在英國駐巴勒斯坦高級專員署擔任副官時，因為加入共產黨而被逐出境外——共產黨是唯一可讓猶太人和阿拉伯人平起平坐、互相交朋友的地方。不幸的是，那位可怕的厄尼斯特．貝文[14]提出指控（他除了擔任外相之外，當時還是運輸與普通工人工會的負責人），表示校外教學組提供避風港，窩藏了曾在摩里斯汽車公司，位於考利的主要廠房煽動罷工的左派激進分子——牛津在那個年代稱得上是「考利的拉丁區」[ix]。即便如此，牛津也未曾出現對共產黨員的大規模整肅。

我們都承認，「這種彼此心照不宣、類似一九一四年以前德國大學排除社民黨人之方式，但比較

---

ix　約翰遜，「他們還在這裡吃很多人嗎？很少了，已經非常少了」（R.W. Johnson, Do they eat people here much still? Rarement. Très rarement），《倫敦書評》（*London Review of Books*）二〇〇〇年十二月十四日，頁30-31。

霍奇金始終心繫第三世界，後來於前往非洲旅行之際放棄了「校外教學組」的職位，在非洲繼續拓展自己的工作。他在一九六〇年代返回牛津大學，成為巴利奧爾學院的研究員；馬克思派歷史學家克里斯多夫．希爾則同時獲選為該院院長。他的遺孀，諾貝爾化學獎得主陶樂絲．霍奇金（Dorothy Hodgkin），延續了家中的傳統，曾於一九八四年與我一同前往以色列佔領下的約旦河西岸，參加比爾扎依特大學（Bir Zeit University）舉辦的團結活動。

沒那麼系統化的歧視待遇」[x]其實相當溫和，於是集中全力指責美國學術界的麥卡錫主義。當時美國政府甚至拒絕發入境簽證給偉大的物理學家狄拉克——如果美國的模式也傳到英國的話，那就危險了。縱使情況溫和，歷史學家EH．卡爾據說曾在一九五〇年非常正確地描述道：「現在很難……以冷靜客觀的方式來談論俄國，除非是用一種『基督教那般含混其詞的方式』，否則若非飯碗不保，就是升遷無望。」不管怎麼樣都無庸置疑的是，言論自由原則並不及於共產主義或馬克思主義的觀點——至少官方媒體就是這副模樣。

共黨知識分子之所以覺得自己是「不斷受到騷擾的少數人」，主要並非出於官方或半官方的迫害，而是因為所受到的排斥。我們當然心知肚明並時而握有確鑿證據：我們的信件遭到拆閱、我們的電話遭到竊聽，而且假如戰爭果真爆發的話，我們將會遭到拘禁——但願是關在不列顛群島某個宜人的小島上，有許多時間可供閱讀和工作。我們對那些事情感覺憤慨，縱使我們無法否認，這是冷戰時期合乎邏輯的政府措施。畢竟我們是北大西洋公約組織的敵人。冷戰自由主義人士的夸夸其辭之所以令人忍無可忍，就在於他們一口咬定全體共產黨員都是敵國蘇聯的間諜，於是他們拒絕承認任何共產黨員有資格成為知識界的良好成員。

或許友誼可以避開政治紛擾——反正我仍然與莫尼亞．波斯坦保持不錯的關係，雖然我曉得他為我寫出的每一封求職推薦函都像是毒箭。但若想繼續維護友誼，那就不光是必須在社交生活上略做調整而已了。更何況即使是真誠的友誼，也可能因為冷戰造成的猜疑而泛出苦味。當我接獲第一封來自美國的邀請函時，我預期將會面臨一些問題，於是向一位同事兼朋友（當時他是溫和的工黨支持者）提出詢問，是否願意幫忙寫一封信來證明我的學術地位。他說道：「我當然願意。」但他隨即補上一個令我至今難忘的問題，讓我一時之間覺得自己遭到了遺棄：「這當然只是題外話而已，但是你能不能告訴我——我的意思是，這其實一點關係也沒有——你還待在共產黨裡面嗎？」

基於這個緣故，冷戰最讓我憤慨的記憶並非沒有工作，或者信件顯然遭到拆閱，而是我的第一本書。我在一九五三年把那本書建議給哈欽森出版社（現在它早已湮沒於某個橫跨大西洋的出版業集團之中[15]），供其使用於以大學生為對象的簡明圖書系列——那本小書探討「工資勞動者的興起」。我的提議得到了認可，可是當我交稿完畢後，出版社卻在某位或某些匿名審稿人的規勸下拒絕出書，據推測那應該與當局有所關連。其理由是該書言論過於偏頗，無法按照現有的合約加以接受。但他們也沒有建議應如何修改。經我據理力爭之後，出版社終於承認我付出了許多心血，因而提議支付二十五「基尼」[xi][16]安慰金。讓我耿耿於懷的事情，並不只是那筆微不足道的金額，更何況縱使在一九五〇年代中葉，它也相當於二至三篇書評的稿酬。主要還是因為我已獲悉，建議不出版那本書（而且關於那個主題）的高級審稿人，似乎是工黨支持者。我對此完全無計可施，氣得去諮詢我們那位精明的傑克·加斯特律師[17]，準備跟哈欽森對簿公堂。他勸我打消這個念頭：「你或許能夠找到人來證明你的學術地位，但他們有辦法找來更多人證明你心存偏見。」他的看法正確無誤。我始終沒有出那本書，即便我曾於其他著作中使用了它的某些部分。在冷戰最惹人厭的那個階段，該事件之所以顯得特別具有代表性，就是因為過了幾年以後，我當時的出版商喬治·魏登菲德先生[18]徵詢我的意見之後，出版了一本厚度相同、完全探討同一主題的書。依據我的看法，那本書在意識型態上顯然更加引發爭議，卻被納

x 見「學術自由」，《大學新聞通訊》（*University Newsletter*），劍橋，一九五三年十一月，頁2。我主編了那份總共發行十期的通訊，並撰寫了大部分文章。它是由「劍橋共產黨部代表一群劍橋畢業生所發行」（亦即由劍橋畢業生共產黨支部發行），發刊時間是一九五一年十月至一九五四年十一月。

xi 「基尼」（guinea）是虛擬計價單位，相當於一英鎊，卻方便店家哄抬價格。英鎊改成十進位後，「基尼」隨即消失。

入魏登菲德向全球發行的圖書系列。

就在那種大環境下，喬治·魏登菲德（今天他已經是勳爵了）仍於一九五八年時，決定預付五百英鎊委託我寫一本書，以便收入他開始籌備中的一套卷帙浩繁、迄今尚未全部完成的文明史系列——即便冷戰意識型態當時已不再那麼寒氣逼人，此舉依然令人景仰，而且做出這個決定需要相當勇氣。那本書最後變成了《革命的年代：一七八九—一八四八》，也就是我十九、二十世紀四部曲當中的第一部。我因為認同共產黨而相當出名；他則是出版商，對於維持良好的社會與政治關係並非不感興趣。因此我對他一直心存感激。不過到底是誰把我推薦給他的呢？由於魏登菲德勳爵宣稱自己已經記不得了，我只能做出猜測。我懷疑推薦者一定是耶路撒冷希伯萊大學的塔爾蒙教授[19]，他本來是那本書的首選作者，但因故退出了。塔爾蒙曾與我辯論過民主的本質以及法國大革命時期的雅各賓黨人，我們相互敬重，縱使我們在絕大多數事情上意見相左，尤其是在錫安主義那方面。

三

公眾反共的最黑暗時期就是韓戰那幾年。此刻湊巧也是「劍橋間諜事件」那場連續大戲揭開序幕之際（柏吉斯與麥克林恩在一九五一年投奔敵營），以及我一生中最黯淡的時光。一九五〇年夏天，我原已勃谿時起的第一段婚姻，終於在令我深受傷害的情況下宣告破裂，並讓我連續好幾年非常不快活。我離開我們位於克拉彭公園的公寓以後，除了辦理離婚手續之外，就再也沒有見過茉瑞爾[20]。幸好前一年我已經在劍橋取得研究員資格，而且學院才剛交辦下去，就幫我在禮拜堂旁邊那棟美妙的吉布斯樓裡面，找到了套房（當時那還是可能的事情）。隨後五年內，國王學院就是我固定的根據地，不過我繼續留在伯貝克教書。有時我搭乘夜班火車趕回劍橋，否則就待在傑克與芭芭拉．提薩德教授夫婦位於克拉彭的住宅，在他們租給我的房間內停留一、兩個晚上。

無論就政治或個人方面而言，那都是黑暗的年代。但到底什麼事情更教人痛苦呢：是我自己的離婚，還是羅森堡夫婦遭到處決[21]？而後者的遭遇，讓許許多多共產黨員覺得是自己的個人挫敗和悲劇。那兩個難以分割的逆境進而融合成一種共同的心情，激發出一定要撐過難關的決心，所憑藉的是工作、旅行，甚至政治上的反抗。例如我邀請了因為核子間諜事件入獄，剛剛被釋放出來的物理學家艾倫．紐恩．梅伊[22]參加國王學院的晚宴。我必須在此補充說明一下：國王學院就和往常大多數時候一樣，在這方面表現得無懈可擊，而劍橋本身也不例外。那時前任劍橋市長兼當地報紙的發行人提出要求，必須解雇一位在教育局擔任衛生官員的奧地利難民（希爾德．布洛達），因為她於任內嫁給了艾倫．紐恩．梅伊。結果這個要求遭到無異議駁回——英國畢竟不同於美國。

撫今追昔，我對自己戰後在劍橋的歲月有著種種複雜感受。一方面，我並不嚮往鄉村（甚至一個由學究組成的鄉村）內的生活，因為那裡的社會關係範圍有限，並於某種程度內強迫人們彼此交往。無論現在或過去，我的本質都具備都市性格，而在劍橋既不能隱姓埋名，又無法享有私人生活，除非硬要把自己房間的外門關上——所謂的「閉橡木門謝客」[23]。（在那個年代，無論學生或學究都不關閉住所的外門，除非他們剛好不在劍橋或想藉此表示不希望被打擾。）尤有甚者，待在那邊的每一天都提醒我一個事實：這所大學不打算要我。我當時或之後所申請的每一個職位，結果都給別人搶去。但我申請那些職務其實只不過是出於榮譽心而已。不管是我自己還是瑪蓮（那是我再婚以後的事情），都不想一輩子住在劍橋，或者是其他以大學為主體的小城鎮。在我長年擔任訪問學者的生涯中，能夠讓我們真正感覺愉快的地方都是大都會：除了巴黎以外，曼哈頓尤其如此。反正我在劍橋當了六年研究員以後又遷回倫敦，覺得終於重新來到適合自己的天地。

就另一方面而言，學院內的單身漢生涯讓我重溫了大學時代。當然那已經不同於一九三〇年代的大學生活：首先，與我同輩的人成為學究之後早已改變了自己的觀點；再則大學部學生普遍不過問政治，其情況相當令人沮喪。類似我記憶中具有政治意識、讓我相處起來感覺自在的學生，現在只有在南亞和中國學生裡面才找得到了——幸好他們有不少人就讀經濟系，並且曾是接受我指導和口試的學生。其中包括年輕時代的AK．沈恩[24]，他從加爾各答的總統學院畢業以後，來到劍橋三一學院受業於莫里斯．多布與皮耶羅．斯拉法門下，當時就已經充分展現其聰慧。

當上教職人員後免不了會以不同的眼光來看待學生生活，也會被大學部的學生用不同的方式對待，縱使在學風自由的國王學院也是如此。（戰前那種溫文儒雅的同性相吸氛圍，在學院內部仍舊強烈，即便從一九五二年起已明顯轉為異性相吸。那是因為有許多公開對女性感興趣的新生加入了國王學院的主流圈，例如尼爾．阿敘森那位日後的新聞記者和作家即為其中之一，此外就是年輕人自己從舊風格轉向新潮流，例如日後的媒體設計者馬克．柏克瑟。）不管怎麼樣，我具備了一項有利條件，讓我比較容易接近一九五〇年代男性大學生的生活氛圍，但仍與女性有所距離。（雖然我在紐南姆學院指導攻讀歷史與經濟的女生，的確有助於拉近與她們的距離。）

我是「使徒會」的成員，因而得以與一些學生維持較密切關係。現在不妨利用此機會，簡單介紹一下那個奇特的劍橋社團：它今天依舊存在並枝繁葉茂，現任的會員仍然對自己的身分保密，即便其一九三九年以前的歷史目前多半已可公開，而且已退休的成員罕有人繼續對自己的使徒身分保密。它無論在當時或現在都是一個小型群體，主要由聰穎的大學部學生或新進的研究生組成，並接納其他人加入以延續命脈。其存在的目的，是藉由每週一次的固定聚會來閱讀和討論會員所撰寫的文章。大學部學生是使徒會的核心成員，依據該會的定義，他們才真正構成了「社會」。至於那些因為畢業或離開劍橋而走出討論會的「真實世界」、來到外面「現象世界」的人（由於「長了翅膀」所以被稱做「天使」），就必須聽從現在還在會內的兄弟們。

我就讀大學部最後一個學期的時候，於一九三九年被遴選進入「劍橋座談社」[25]。同時中選的還有另一位國王學院學生——日後任職於英國廣播公司的瓦爾特·瓦利希。他是德意志銀行董事之子與該銀行創辦人的後代。其父於一九三八年「帝國水晶之夜」發生以後，先及時將妻子和子女送往國外，接著從柏林搭乘火車前往科隆，自大橋上躍身投入萊茵河中[26]。劍橋大學部學生若能受邀參加那個社團，通常不會有人敬謝不敏，因為就連「革命分子」也喜歡融入那樣的傳統。更何況沒有人不希望自己能夠與較早期使徒的姓名產生關連，而那些人正是十九世紀的劍橋風雲人物，像是詩人丁尼生、了不起的物理學家麥克斯威爾、最偉大的劍橋歷史學家梅特蘭、哲學家羅素，以及愛德華時代劍橋的榮耀——經濟學家凱因斯、數理邏輯學家維根斯坦、經驗主義哲學家摩爾、哲學家懷海德，以及E M·佛斯特、魯伯特·布魯克等文學大師。惟獨十九世紀最偉大的劍橋人未嘗名列其中，此即基督學院的查爾斯·達爾文。事實上，依據一位美國教授既詳盡又深入的研究分析[xii]，維多利亞時代和愛德華時代的使徒會成員，多半不像上述人士那麼偉大。況且想獲得學術上（或其他方面）的成就往往必須冒一個風險，那就是讓志趣與你不盡相同的朋友覺得乏味，但正由於沒有任何使徒打算讓其他的兄弟覺得乏味，以致有許多人在往後的日子裡因為自己辜負了前輩的偉大傳統而深受其苦。

或許值得注意的是，共產主義與我的獲選入會全然無關，即便每一本關於「劍橋間諜事件」的書

xii 魯伯諾，《一八二〇至一九一四年的劍橋使徒會：英國知識生活與職業生活中的想像與友誼》（W.C. Lubenow, *The Cambridge Apostles 1820-1914: Imagination and Friendship in British Intellectual and Professional Life*），劍橋，一九九八年。

上都會刊出一張著名的「六使徒」照片，而其中有四名共產黨員。共產黨在西班牙內戰那些年頭活躍於使徒會內，這是無足為奇的事情。但即便如此，無論約翰·康福德、詹姆斯·克魯格曼，還是我那個時代的任何共黨領袖，都沒有人成為使徒。信仰馬克思主義的學究除了一九三〇年代唯一的一個例外，也無人入會。在那個時候（今日想必亦然），獲選加入使徒會的標準無關乎信仰，甚至連才智上的傑出表現也未曾列入考慮，而在於一個人是否具有「使徒風範」——不管那指的到底是什麼東西，會員們無疑直到今天都還不斷對此進行討論。正因為情況如此，劍橋間諜主要並非透過使徒會招募而來的（安東尼·布朗特的班底除外）：「劍橋五人組」當中，有三個人從未與使徒會產生過關連（菲爾比、麥克林恩、凱恩克羅斯）。

戰爭使得劍橋大學內的「真實世界」暫時中斷，雖然一些擔任教師的資深天使至少還留下來間歇性地繼續活動。如果我沒記錯的話，只有兩名活躍於戰前的兄弟返回劍橋當研究生，那就是我自己和已故的馬修·霍加特。他是一個黑頭髮、月亮臉、愛喝酒、研究文學的蘇格蘭人，或許是我大學時代友人當中最聰明的一個，而那時他已經不再是共產黨員。天使們於一九四六年舉行戰後首次年度晚宴聚會時（地點在蘇活區的凱特納飯店），我們二人被委託重組使徒會——其實是我，因為當天他不在場。我們完成了這項工作，實際做法就是招募重返劍橋的戰前朋友，以及國王學院交給我指導的學生。當我成為研究員以後，又招募了一個學院內的友人，一位名叫哈利·約翰遜的加拿大經濟學家。再加上我負責指導經濟系學生的經濟史課程，戰後的使徒會遂得以延續梅納德·凱因斯時代的傳統。縱使如此，來自歷史系和英文系之類人文科目的學生，從一九五〇年代開始逐漸成為使徒會骨幹，但其中也包括了那位卓爾不群、多才多藝的喬納森·米勒，而他念的是自然科學[27]。一九三九年開戰之前，他們許多人的出路應該是任職於公家機關；從今以後，他們當中不學經濟的人紛紛湧入兩個蓬勃發展的行業：媒體業和大學教職，有些人甚至先後從事這兩個行業。女性則一直要等到一九六〇年代才開始被接納加入使徒會。

小說家ＥＭ．佛斯特這位仍在世的最著名使徒，於戰爭結束後回到了國王學院，一如既往保持對使徒會的忠誠，並提供自己的房舍做為每週六晚上聚會的場所。他只是靜靜坐在角落——或許他自從年輕時代以來就始終難得開口——傾聽年輕兄弟們名符其實「坐在壁爐地毯上」（這是使徒會內部的行話）高談闊論。如此稱呼的理由，是因為燒煤炭的壁爐仍為劍橋用於抵禦東部嚴寒天氣的主要防線。佛斯特從不率爾操觚，當時他實際上已經停止寫作，但每當偶爾撰寫文章時，仍不厭其煩全力避免給人老生常談，或陳腔濫調的感覺。他沒有自己的家庭，唯一的例外就是一位擔任警員的老戀人。我不認為戰後的世界能夠符合他的期待，讓他覺得自在，不過圍繞於其身旁的年輕人仍未改變自己的特質，這多少給他帶來了慰藉。一九六〇年代初期，我一度嘗試把二十世紀下半葉的世界介紹給佛斯特認識，於是帶著他去欣賞美國單口相聲表演者——當時已很難再稱之為「喜劇演員」——藍尼．布魯斯的節目。此人剛好在「創立」（蘇活區一家很快便關門大吉的俱樂部）短暫登台，正準備快速邁向自我毀滅[28]。佛斯特總是表現得彬彬有禮，而且十分體貼，只可惜他們兩個人的氣質截然不同。

曾有一位目光敏銳的觀察者表示，在使徒會成立的第一個世紀，「使徒們特別在乎兩樣事情，而且對此的態度非常固執強硬。若以不友善的目光觀之，那或許顯得非常荒謬；在友善的目光下卻絕對令人欽佩。一則就是友誼，另一則為學術上的誠實。」[xiii]對我那個時代的使徒們而言，這兩件事依舊為核心價值，縱使參加討論會的學究們已經上了年紀，可能會為了人際關係，而不那麼固守學術上的誠

xiii 艾倫．萊恩，「來自壁爐地毯的聲音」，《倫敦書評》（Alan Ryan, "The Voice from the Hearth-Rug", *London Review of Books*），一九九九年十月二十八日，頁19。

實。縱使如此，這兩件事依然超脫了年齡與性情所構成的障礙，而我和我的家人，必須感謝那些五〇年代初期的大學部使徒們（再加上與他們一同結交、透過他們所認識的年輕男女），為我們帶來的許許多多持久友誼。

四

我無法表示，一九五〇年代前半段是我個人生命中的快樂時光。我用工作、撰著、思索和教學來填補生活，大學放假時便四處旅行，此外並恪盡職責從事黨務工作。幸好我已遷離倫敦，擺脫了倫敦地方黨部的工作——為《每日工人報》（一九五六年後改名《晨星報》）進行組織、募款和銷售等業務。我天生對那方面的工作不感興趣，並且與之情不投意不合。其實從那個時候開始，我已經完全活動於學術機構和知識分子團體之中。

就知識生活來說，那些年頭倒還相當不錯。大多數人在二十幾歲的時候，處於心智最敏銳和最具冒險性的階段，而我剛從軍中退役，熱切渴望把戰時荒廢的理想彌補回來，同時剛好還年輕得足以這麼做。沒有任何事情比得上授課前的準備工作，更能夠讓學術人員進行自我教育了。我們在伯貝克學院歷史系的師資只有四、五個人，負責講授從古典時代以降的全部歷史課程，因此我教課的範圍極為廣泛，更何況我還有在劍橋指導學生的額外需求。我個人於學術界的前程或許受到了封鎖，但在歷史學的領域則不然。那些年頭發生於歷史學家們寬闊天地內的事情，將是另外一章的主題。現在值得在此一提的就是，我從一九四九年開始為多種專業歷史期刊撰稿、參加國際會議，並活躍於英國經濟史學會。（我於一九五二年獲選進入其理事會。）

尤其值得一提的就是，我們一群志同道合的朋友們從一九四六到一九五六年，在「共產黨歷史學家小組」裡面持續為自己舉辦馬克思主義研討會。我們拷貝了無數的文件供人進行討論，並定期舉行會議，場地主要是「加里波底餐廳」樓上的房間（位於番紅花山[29]），偶爾則在克拉肯威爾綠地，當時殘破不堪的「馬克思屋」[30]。那些只看見二〇〇〇年人聲鼎沸、整修得煥然一新的克拉肯威爾區的人們，絕對無法想像此處的週末街景在五十年前是多麼空蕩、陰冷與灰暗。而狄更斯筆下的濃霧在一九五三年以前尚未消散，仍彷彿一個浩瀚無垠的黃灰色眼罩那般落到倫敦頭上。不過這裡或許就是讓我們真正成為歷史學家的地點。有些人曾經討論過「這一代馬克思主義派歷史學家帶來的驚人衝擊」，而如果沒有他們的話，「根本無法想像英國歷史學家還會對全球造成這麼大的影響，尤其是從一九六〇年代開始。」[xiv]除此之外，這個團體也在一九五二年孕育出一份相當成功、後來影響深遠的歷史期刊。然而那份《過去與現在》並非誕生於克拉肯威爾，而是在高爾街環境宜人的倫敦大學學院裡面。

「歷史學家小組」在一九五六年，也就是共產主義出現危機的那一年分崩離析。在此之前，我們（我個人絕對如此）始終是忠貞、有紀律的共產黨員，並在政治上配合黨的路線。「自由世界」廣泛推動的反共十字軍宣傳戰，無疑對我們堅定的立場產生了推波助瀾的作用，但想要維持那樣的立場絕非易事。

老天爺曉得，蘇聯如何讓情勢變得越來越困難。知識分子所承受的壓力當然更加沈重，那是因為從一九四七年開始，他們所獻身的信念已淪為基本教義的教條。其中有些只能勉強跟馬克思主義扯上關係，而某些東西（特別是在自然科學方面）則荒謬絕倫。自從「李森科主義」獲得蘇聯官方認可之

---

xiv　漢斯－烏爾里希·魏勒，《二十世紀末的歷史思想（1945-2000）》（Hans-Ulrich Wehler, *Historisches Denken am Ende des 20. Jahrhunderts, 1945-2000.*），哥丁根，二〇〇一年，頁29-30。

後[31]，這便成為劍橋畢業生黨支部主要面臨的問題，更何況黨支部一些（甚至大多數的）資深黨員都是自然科學家。他們是否應該和JBS．霍爾丹那位偉大的遺傳學家一樣，因為無法接受謊言而悄悄退黨呢？或者要像JD．伯納那般，嘗試以無法令人信服的方式來捍衛蘇聯，以致毀壞了自己的公眾形象？還是說他們可以就這麼閉上雙眼，悶不吭聲地一如既往繼續致力於自己的研究工作？不過在其他領域內，史達林式的異類科學反倒沒有造成那麼大的傷害。比方說，莫斯科對巴夫洛夫「條件反射說」的堅持，就不怎麼讓共產黨籍的心理學家覺得受到束縛。這有一部分是因為英國心理學界傾向於經驗主義、實證主義、行為主義，並強烈反對精神分析。但那些都只是知識分子所面臨的特殊問題，而且基於種種因素，並沒有真正影響到身為共產黨員的英國歷史學者，未曾改變其對蘇聯版共產黨史敬而遠之的態度。顯然我們都不相信史達林《蘇聯共產黨史（布爾什維克）：簡明教程》那個版本的蘇共黨史，即便該書的教育方式非常傑出。然而我們必須面對更多一般性的問題，縱使把蘇聯勞改營的恐怖實務撇開不談（共產黨員當時對此所知有限），情況還是一樣。

英國共產黨員，尤其是劍橋的黨員，已於戰時和南斯拉夫游擊隊建立了深厚關係。他們怎麼看待一九四八年史達林與狄托的分道揚鑣呢？我們曾經非常親近南斯拉夫共產黨。曾有數百名英國年輕人結伴前往南斯拉夫修築所謂的「青年鐵路」，其中最知名的人物就是愛德華．湯普森（當時他尚未成為歷史學家，而其兄法蘭克的戰時基地就在馬其頓游擊隊那邊，後來陣亡於協同保加利亞游擊隊作戰之際）。我們怎麼可能會相信蘇聯官方的論調，以致認為狄托必須被驅逐出黨，只因為他「長期以來遷就外國情報單位，處心積慮要背叛無產階級國際主義的利益」？我們能夠理解，詹姆斯．克魯格曼是在逼迫之下出面否定狄托，但我們並不相信他。況且他和新近成立的「共產黨情報局」一直到不久以前還告訴我們完全相反的東西，而共產黨情報局起初就以南斯拉夫首都貝爾格勒做為總部所在地，因此我們曉得克魯格曼自己也不相信那種說辭。總而言之，我們仍然效忠於莫斯科，那是因為世界社會主義的事業可以扣除一個小國的支持（縱使該國具有英雄色彩並令人欽佩），但不能沒有史達林的超級強權來撐腰。

迥異於一九三〇年代所發生的事情是，我不記得曾經有人認真做過嘗試，意圖強迫黨員們為史達林時代末期一連串很難看的司法秀做出辯解。但這可能只是因為像我這般的知識分子早已放棄努力，不打算再讓自己被別人說服了。我們多半對保加利亞全無認識，因此該系列的第一個案例，亦即對特萊伊喬·科斯托夫的公審（他於一九四九年被處決）[32]，雖讓我覺得不舒服，但還不至於過度產生懷疑。匈牙利在一九四九年秋天對拉斯洛·拉依克的公審[33]，則是另外一回事。起訴書中列出了一些所謂挖共產主義牆腳的英國情報組織特務人員（無疑還有合用的自白書可資佐證），其中某些人是我的舊識，例如巴西爾·戴維森那位記者。而我根本就不相信這檔子事。

巴西爾是一個體格強健而心思敏銳的大漢、剛硬的頭髮已經灰白、對女性別具慧眼，而且有一位非常吸引人的妻子。他打過一場所謂「非常精彩」，但很不正統的仗。他曾經與南斯拉夫游擊隊並肩戰鬥，在平坦而肥沃、靠近匈牙利的伏伊伏丁那地區進行了激烈的游擊戰。接著他又前往利古里亞山地，加入義大利游擊隊，並寫出一本標題為《游擊隊寫照》的好書來描述那兩次經驗。（那些經歷為他提供了必要訓練，以便日後在葡屬幾內亞和安哥拉的腹地，與非洲解放戰士一同長途跋涉。）我們變成了朋友，而且一直是朋友。匈牙利方面提出的指控，本身並非完全難以置信。事實上（雖然那時我還不曉得），戴維森當初與其他活動於歐洲大陸的英國記者一樣，也曾被秘密情報單位吸收，然後被派往匈牙利。如果他在戰時就已經認識拉依克的話，我一點也不會對此感覺驚訝。但其中令我心生疑竇之處在於，除了我個人對他所做出的評斷外，還包括了另外一個事實：他的記者生涯隨著冷戰而江河日下。他離開《泰晤士報》之後，又因為共黨同路人的身分，被排擠出《新政治家與國家》那份正處於全盛期的中間偏左刊物。此後再也沒有人想任用他了。而他當時正準備以自由作家的身分開創新局，成為受人景仰的非洲歷史研究先驅，以及南撒哈拉反帝國主義解放運動的專家，因此匈牙利對他的官方指控其實毫無道理可言。

東歐登場最晚、規模最大的一些司法秀上演於捷克斯洛伐克。那些案例看起來更難令人信服，況且它們和臭名遠播、所謂反史達林的一九五二年蘇聯「醫生陰謀案」一樣，明顯具有反猶太色彩[34]。我那一代的學生都認得許多曾經流亡英國的捷克青年。而捷克處決的叛徒當中，至少有一人是我們所熟知的對象：奧圖．斯林。他娶了那位永遠可靠，來自戰前「青年和平運動」的瑪莉安．威爾布蘭姆，然後返國擔任捷克斯洛伐克第二大城——布魯諾——的市委書記[35]。但這一回就連黨部按照慣例替捷克公審提出的官方辯解，也都顯得理屈詞窮了。

可見像我這樣的人之所以留在黨內，並非因為對蘇聯存有許多幻想的緣故，即便我們無疑仍然有著若干幻想。比方說，是我們自己明顯輕忽了蘇聯在史達林統治下的恐怖措施，直到赫魯雪夫於一九五六年對此做出譴責為止。因為關於蘇聯勞改營的資訊在此之前已可大量取得，令人無法輕易忽視，因此類似「就連西方批評家也無法在一九五六年以前道出該體系之全貌」這種說辭[xv]，不足以成為推卸責任的藉口。除此之外，我們當中已有許多人在一九五六年以後脫離共產黨，那麼我們自己為何還是留了下來？

或許羅素的一段人生插曲，最適合用於重溫冷戰高峰期的氛圍——尤其是從廣島到板門店之間的時期。但那位哲學大師晚年變成了積極的反核運動人士以後，卻怎麼樣也不願回憶此事。廣島和長崎被投下原子彈以後不久，羅素已經得出結論，認為美國人壟斷核武只不過是暫時的事情。所以美國應該充分把握機會，必要時先發制人對莫斯科進行核子攻擊。這應可防制在他看來蘇聯處心積慮已久，並即將展開的征服世界行動；同時他希望藉此一舉摧毀他眼中那個可怕至極的政權。簡言之，最起碼針對蘇聯人民而言，他相信了那句當時眾所周知的西方冷戰口號：「寧死勿赤」。其實，這句毫無意義的口號反而只適用於其他國家。不過，倘若赤化的情況真的發生，那麼非但古巴人、越南人，（萬一繼續如此發展下去）就連義大利人也不至於「寧可自殺也不願生活在共黨政府統治下」，他們反而應該會被自由世界動武殺死，藉以預防「赤化」這種可怕事件來臨。（沒有任何頭腦清醒的人能夠期待，英國或美國將會出現集體自殺行動。）

幸運的是，雖然就連「白廳」也惴惴不安於美國可能先發制人進行核子打擊[xvi]，結果並沒有人聽信羅素的講法。等到兩大超級強國都有能力摧毀對方，讓世界大戰變成全球集體自殺以後，羅素也改變了自己的心意。但在此之前，百姓們——甚至包括一些認真的政治人物——言談之間無疑都認為將會有一場帶來大災難的全球階級戰爭。這是一個事關重大的問題，不論對站在哪一邊的人來說，將為此付出的代價都沒有上限。戰爭，尤其是自從廣島與長崎以來，已讓世人習慣於幾十萬、甚至幾百萬條人命的損失；那些反對核子軍備的人，反而被指控有意奪走西方陣營不可或缺的武器。我們也準備讓對方付出沒有上限的慘痛代價。（言及於此，我不免事後感覺懊悔。）雖然我們本身也願意付出代價，但這不足以成為自我緩頰的理由。

就一方面而言，共產主義者認為美國及其盟邦正做出威脅，打算全面摧毀依然遭到圍困、易受傷害的蘇聯，藉此遏阻革命勢力於擊敗希特勒和裕仁之後，在全球各地獲得的進展。同時共產主義者仍

xv　羅伯特・康奎斯特那本首開先河的《大恐怖》一書（Robert Conquest, *The Great Terror*），要等到一九六八年才出版。

xvi　亨尼西，《秘密國家：白廳與冷戰》，頁30。

將蘇聯視為世界革命不可或缺的保證。但從另一方面，對美國及其盟邦而言，蘇聯不但對全世界構成威脅，更是一個必須加以揚棄的體制。如果蘇聯不是超級強國的話，凡事都會變得容易許多；如果蘇聯根本不存在的話，所有的事情還可以更加輕而易舉。在我們看來，蘇聯顯然無力為共產主義征服世界。我們有些人更因為蘇聯無意於此而大失所望。儘管蘇聯是一個存在著許多嚴重缺陷的體制——至少西方共黨知識分子就這麼認為，縱使他們沒有公開表示出來——它還是完成了不少偉大成就，並繼續擁有社會主義的無限潛力。（雖然現在顯得不可思議，但是一九五〇年代的時候，即便在不同情蘇聯人士的眼中，蘇聯仍非一個搖搖欲墜的笨重經濟結構，反倒像是一個生產總值或將超越西方的經濟體。）對大多數世人而言，蘇聯似乎並非各種政體當中最壞的一個，而是對抗西方新舊帝國主義、爭取解放時的盟友，並已成為非歐洲式經濟與社會發展之楷模。無論是共產主義的未來，還是那些已去殖民化或正在擺脫殖民統治的政權與運動之前途，皆有賴於蘇聯的存續。純就共產主義者而言，支持與捍衛蘇聯仍為國際事務的基本主軸。

於是我們嚥下自己的疑問與心中的保留，捍衛了蘇聯。但實際上，我們採取了一種比較容易的做法，那就是攻擊資本主義陣營——因為它偏袒由老納粹來治理的西德、捨棄由昔日納粹集中營囚徒所治理的東德，並迫不及待將西德重新武裝起來對抗蘇聯；因為它偏袒老牌帝國主義勢力，捨棄各地的反帝解放運動；因為美國將佛朗哥的西班牙利用為自己的軍事基地，藉此對抗那些曾經支持西班牙共和國的人。

即使於此情況下，事情還是很不簡單。純粹在西方當一個共產黨員並不成問題；但麻煩出自東方施行共產主義的經驗，而我很快即將親眼看見此點。史達林統治下的蘇聯，已開始在冰帽邊緣出現輕微的解凍跡象。一九五二年，甚至在那個可怕的老頭子過世之前，歷史學家科斯敏斯基已獲准帶著妻子前來英國短暫進行訪問。他於一九二〇年代在倫敦進行研究已經是很久以前的事情了，當時他以「中世紀英國莊園史」這個專題，成為舉世聞名的歷史學者。我陪著他一同前往大英博物館，因為他希望再度使用那裡巨大的圓形閱覽室。我們詢問館員：他能否申請短期閱覽證？一位女館員問他可曾使用過閱覽室——他使用過。「啊」，女館員從檔案中找到了他的姓名，說道：「當然沒有問題。對了，您還住在托林頓廣場嗎？」科斯敏斯基聽到這句話，心情變得格外激動。幾個月以後，在史達林已死、但「後史達林時代」尚未來臨的那個階段，蘇聯國家科學院於科斯敏斯基安排下，邀請了一小批英國馬克思主義歷史學者前往蘇聯訪問。這是我首度，但非唯一的一次，與十月革命之國有了打交道的經驗。我並不怎麼打算再去那裡。那次訪問已讓我做好準備，去迎接所有共產主義知識分子一生中決定性的轉捩點，以及全球共產主義運動的關鍵時刻。這是下一章的主題：一九五六年危機。

第十二章

史達林與後史達林時代
STALIN AND AFTER

一

居住於前蘇聯以外地區的世人當中，我屬於真正見過史達林的少數人之一。只不過我見到的史達林已不復在世，躺在莫斯科紅場巨大陵寢裡面的一口玻璃棺材內。他是一個矮個子的人，但即便死了以後，身旁仍然環繞著專制威權的懾人氣息。這種對比讓他顯得比實際身高（約一百六十公分）還要短小。他和列寧不同的地方在於，列寧仍可供人瞻仰，並且直到現在（二〇〇二年）依舊撐過了蘇聯解體十一年以來不斷要求把他移出去的呼聲；史達林的遺體則只在裡面陳列了相當短的時間——從他過世的一九五三年到一九六一年為止。當我在一九五四年十二月看見史達林的時候，他仍然高高矗立於本國及全球共產主義運動的頂端。此際他還沒有真正的接班人，雖然尼基塔·赫魯雪夫已佔據了總書記職位[1]、正準備排除政治異己，並即將於幾個月後展開「去史達林化」。但我們還完全不清楚莫斯科幕後發生的事情。

「我們」是「英國共產黨歷史學家小組」的四名成員，應蘇聯國家科學院之邀，於一九五四／五五年耶誕假期前往參訪，藉此為蘇聯既艱辛又緩慢的一項工作略盡綿薄之力，協助該國擺脫學術生活上的孤立。同行者計有：克里斯多夫·希爾那位聲名卓著的英國革命史專家、拜占庭學家羅伯特·布朗寧、我本人，以及非學院派學者萊斯理·莫頓——他那本基於馬克思主義觀點的《英國人民史》曾獲蘇聯官方背書。羅伯特·布朗寧是蘇格蘭人，其淵博的學識及語言能力令人讚嘆，並曾發表論文探討不久前剛被破解的克里特島「線形文字B」[2]。我們四人當中，或許只有他完全清楚蘇聯學者與英語著作之間的隔閡。（蘇聯與法國的聯繫則從未如此衰退。）由於我們這些訪客無人專攻俄國歷史，而那理所當然是東道主的真正強項所在，他們在此次交流中的整體獲益或許比我們來得多。

我們期望在蘇聯發現什麼呢？我們不必完全依賴國科院指派的官方導遊和翻譯人員，因為同行者當中有兩個人懂俄文——克里斯多夫・希爾曾於一九三〇年代中期在蘇聯待過一年，在當地並有朋友；羅伯特・布朗寧的俄語則顯然幾乎聽不出外國口音。縱使如此，史達林過世兩年後的蘇聯，甚至再加上此後許多年的時間內，都不是一個可讓本地人以俄語和外國人進行非正式溝通的國度。其原因並不在於，受到國科院——它當時在蘇聯社會享有崇高地位並深具影響力——正式邀請的代表團無暇進行私下溝通或自由活動。而是因為那回甚至連消遣娛樂和文化參訪的行程，都被用於烘托邀請單位的重要性（說不定也打算藉此突顯其外國訪客的身分。）於是我們只要一來到戶外，雙腳就難得有機會真正接觸地面，因為我們多半坐車。

簡言之，當我們扮演「學術貴賓」這種不尋常角色的時候，幾乎可確定比其他來訪的外國人士接受了更多文化洗禮，並在一個明顯陷入貧困的國家，以令人尷尬的方式獲得各種物資與特權。例如我們才剛走下名聞遐邇、夜間從莫斯科駛往列寧格勒的紅箭列車，就被快速接送至基洛夫劇院，坐在包廂內欣賞兒童芭蕾舞團於午後演出的《天鵝湖》。表演結束時，渾身大汗的首席女舞者——我記得她就是艾拉・薛蕾斯特[3]——直接從舞台被引領到包廂介紹給我們認識。我們四個不具特別重要性的外國訪客，便在那裡短暫嚐到了權力的滋味。儘管已經時隔將近半個世紀，我只要一回想起正當列寧格勒的兒童們準備回家、樂團團員們（多為猶太人）列隊步出樂池之際，她卻走過來向我們行屈膝禮的情景，仍會湧現一種奇特的羞愧感。那並非宣揚共產主義的好方法。除此之外，我們難得有機會接觸到俄羅斯人和他們的生活。少數經驗之一，就是看見一些可能為戰士遺孀的中年婦人，在寒冬街頭拖曳石塊和清掃瓦礫。

尤有甚者，就連知識分子最基本的功夫——「查資料」——都英雄無用武之地。沒有電話簿、沒有地圖、沒有公共時刻表、沒有可供日常查閱的基本資訊。當地社會的不切實際令人震撼；其對間諜活動之畏懼已近乎偏執，於是讓每日生活所需的訊息都變成了國家機密。總而言之，一九五四年蘇聯之行時的所見所聞，沒有多少是無法在境外獲得的。

不過，該國仍有可觀之處。它固然有顯而易見的專斷獨行作風，而且凡事安排得不按牌理出牌，但也有莫斯科地鐵的驚人成就。莫斯科地鐵興建於一九三〇年代的鐵腕統治時期，主其事者是一位傳奇性的史達林主義「硬漢」——拉扎爾．卡岡諾維奇[4]。那是一個未來的城市宮殿之夢，出現在饑餓與貧困的當下環境，然而卻成為像鐘錶一般順利運行的現代化地下鐵路系統。而且有人告訴我，它直到現在都還如此運作[5]。需要做決定和不需做決定的俄國人之間存在著根本差異，於是我們彼此開玩笑說道，這從頭髮即可辨識出來。負責決策的人，頭髮直挺挺豎立於頭頂，否則就因為操勞而早已脫落；至於無需做決定的人，從額頭鬆軟下垂的髮絲即可加以辨認。

幾乎在上一個世代才擺脫古老農業社會的知識分子群體，則呈現出非比尋常的特質。我還記得在莫斯科「科學家俱樂部」參加除夕晚宴時的情景：大夥兒依慣例不斷舉杯為和平與友誼敬酒時，有人提議利用舉杯之間的空檔進行諺語記憶比賽——所使用的並非一般成語，而是話中出現尖銳物品的詞組或慣用語，例如「小洞不補，大洞吃苦」（縫衣針），或「化干戈為玉帛」之類的講法。我們四名英國訪客很快便詞窮句絕，俄方參賽者（人人都是著名科學家）卻以農村格言爭相競逐，講出刀具、斧頭、鐮刀、各種尖銳或用於切割的物品，並說明其功能，直到比賽不得不中斷為止。這些都是他們從文盲鄉村帶過來的民間智慧，而那裡畢竟是他們大多數人誕生之處。

對外國共黨知識分子而言，此次旅行固然有趣，但也令人沮喪，因為那邊難得遇見像我們這樣的人物。在施行「人民民主」和「現實社會主義」的其他歐洲國家，反壓迫的共產黨員於戰後才從受迫害者變成了當權者；蘇聯卻與之不同，在我們抵達時早已長年接受蘇共統治，該國的平步青雲者不言而喻都是黨員，否則至少都聽從黨意和官方路線。我們在那兒接觸的人們當中，或許某些人也是信仰堅定的忠貞共產黨員，然而他們所秉持的是對內忠於蘇維埃的信念，並不具普世價值。雖然我們希望晤面的那些人，很可能會與我們更加情投意合，但他們若非「可惜因健康問題無法前來莫斯科」、「暫時置身高爾基」[6]，不然就是尚未離開勞改營。當時很容易即可感覺出來——尤其是在撐過了戰時圍城之苦的列寧格勒——對我們遇見的那些人而言，個人情感因素使得「偉大的祖國保衛戰」所產生的意義凌駕於共產主義之上。無論如何，當我迎著冬日美妙光影站在芬蘭火車站的時候，我已可確定：自己將永遠不會習慣把這座神奇的城市稱做「聖彼得堡」[7]，而且我們對十月革命的觀感不同於國科院列寧格勒分院接待人員的想法。

我從莫斯科返國以後並未改變政治立場，但覺得意氣消沈，而且不打算重遊舊地。後來我雖然還是回去了，但都僅僅稍事停留。一次是在一九七〇年出席世界歷史學大會，此外就是於蘇聯解體之前的幾年內，從赫爾辛基過去進行了幾次短暫的旅遊活動——我曾經在赫爾辛基一所聯合國的機構度過好幾個夏天[i]。

一九五四／五五年的蘇聯之行，讓我第一次有機會接觸到後來被稱作「現實社會主義」的國家。之前我雖參加過一九四七年於布拉格舉辦的「世界青年大會」，但該國的「人民民主」成立不久，捷克共產黨尚未全面掌控政權。該黨才剛剛在捷克斯洛伐克名符其實的多黨選舉中贏得四成選票，成為遙遙領先其他黨派的最大黨。而我除了結交一些來自社會主義國家的歷史學者之外，一直要等到蘇聯共產黨舉行第二十屆全國代表大會以後，才與那些國家展開直接接觸。該屆黨大會導致全球共產運動出現嚴重危機。一九五六年四月至五月當我首度前往德意志民主共和國訪問時，雖然赫魯雪夫對史達林的公開攻訐尚未見諸文字，但那時一切都已經改變了。

二

上個世紀的革命運動史上，曾經兩度出現「震撼世界的十天」：約翰·里德於其《震撼世界的十天》一書當中所描繪的十月革命，以及蘇共第二十屆全國黨代表大會（一九五六年二月十四至二十五日）。二者都驟然將革命運動切割成「之前」與「之後」兩個不可逆轉的階段。就我記憶所及，在主要意識型態運動和政治運動的歷史上，沒有任何事件可與之相提並論。用最簡單的話來說，十月革命創造出一個全球性的共產運動，第二十屆黨大會則摧毀了它。

全球共產主義運動建立於列寧的路線之上，成為一支紀律嚴明、致力於改造世界的大軍。其中央集權、準軍事化的指揮中心則位於唯一由「無產階級」（即共產黨）掌權的國度。它因為與蘇聯相結合，才得以成為具有全球意義的運動，而蘇聯正是那個擊潰納粹德國、於戰後躍升為超級強權的國家。布

i 或許值得在此順便說明一下：共黨統治時期，我從未有任何著作被翻譯成俄文或其他的蘇聯語文。不過在那個時代，我還是有幾本書於柏林圍牆倒塌之前，出現了匈牙利文和斯洛維尼亞文這些「現實社會主義」語言的譯本，那是相當符合現實政治環境的事情。縱然如此，我那本關於爵士樂的作品還是被翻譯成捷克文。

爾什維克主義將一個龐大而落後國家的衰弱政權，轉變成超級強國。共產主義志業在其他國家的勝利、全球殖民地與半殖民地的解放，皆有賴於蘇聯的支持，以及該國往往出於勉強的實際保護行動。姑且不論蘇聯有何缺陷，但該國的存在即已證明社會主義不只是夢想而已。冷戰十字軍出於反共激情，將全體共產黨員視為莫斯科間諜的做法，反而促成他們更緊密地與蘇聯凝聚在一起。

隨著時光消逝，尤其是在對抗法西斯主義的那些年頭，有效組織起來的左派革命勢力差不多都已經認同了各地的共產黨，其餘派系的社會革命人士或者已被併入，或則已遭清除。儘管共產主義「全球教會」的內部不斷出現分裂與異端，但那些反叛團體在遭到整肅、驅逐或誅除之前，都只是偏限一隅的敵對勢力。一九四八年狄托的發難才帶來與眾不同的發展，因為當時他已經是一個革命國家的元首。在一九五六年初，英國三個托洛茨基派反對團體的成員總數，據估計還不到一百人[ii]。自從一九三三年以來，各國共產黨實際上已壟斷了馬克思主義理論，那主要是因為蘇聯積極散發「經典」著作的緣故。對馬克思主義者而言，情況已經變得日益明顯，不論他們居於何處或有何異議，「黨」都享有獨一無二的地位。

例如ＪＰ．費爾農這位偉大的法國古典學家在戰前是共產黨員，但他打從一開始就加入戴高樂的反抗運動，以致背離了當時的共黨路線。他雖以「貝爾蒂埃上校」的化名建立赫赫戰功，並獲頒「法國解放勳章」，卻在戰爭剛結束時就重新加入共產黨，因為他始終是一位革命者。除此之外，他還有什麼別的路可走呢？再以伊薩克．多伊徹這位已故的托洛茨基傳記作者為例。他在內心深處是一位壯志難伸的政治領袖，當我在一九五六／五七年的共黨危機高峰期首度與他見面時，他就告訴我說：「不管你做什麼，千萬都別離開共產黨。我在一九三二年讓人家把我驅逐出黨，從此一直懊悔不已。」但他與我不同，他始終未能甘心接受一個事實：我們自己要等到成為作家之後，才開始具有政治重要性。

畢竟共產主義者的事業剛好在於「改造」世界，而非僅僅對之做出詮釋而已，不是嗎？

三

為什麼赫魯雪夫毫不留情對史達林做出的譴責，會摧毀了全球共產黨員與蘇聯之間的團結基礎？畢竟有系統的去史達林化進程已維持了兩年多，而赫魯雪夫只不過是將之延續下去而已——即便各國共黨難免怨恨蘇聯老是喜歡採取突發行動，而且未經事先告知就給他們來一個措手不及，讓他們必須為相反的政策做出辯護。（例如一九五五年赫魯雪夫與狄托的和解，就令同志們火冒三丈，因為他們七年以前幾乎在完全違反自己意願的情況下，被迫為了托狄被逐出「真正的教會」而大聲喝采。）事實上，直到赫魯雪夫的演說詞滲漏出去，被包括各地共產黨在內的公眾獲悉之前[8]，第二十屆黨大會看起來僅僅像是又朝著遠離史達林時代的方向踏出一步，只不過這回的腳步大一點罷了。

我認為必須在這裡區分一下，此事對各國共黨領導高層（尤其是已獲得政權者），以及一般黨員造成了何種衝擊。二者當然都履行了「民主集中制」的應盡義務，而「民主集中制」原本或曾有過的若干民主作風事實上已暗中遭到拋棄[iii]。況且他們於世界陷入冷戰之際，均將莫斯科視為全球紀律嚴明的共產主義大軍之統帥，或許唯有中國共產黨是其中的例外，但即便中共也承認史達林至高無上的地位。無論領導高層或一般黨員，都異乎尋常地從內心流露出對史達林的真正尊崇，把他看成是共產

ii 肯恩·考特茲，「何不重新評估新左派」，見：芮爾夫·密利本德／約翰·薩維爾（編著），《社會主義紀錄》（Ralph Miliband and John Saville, ed., *The Socialist Register*），倫敦，一九七六年，頁112。

iii 這麼一來，英國共產黨原本由黨員參與「制定決策」的規矩，從此變成黨員僅僅有權參加「討論」而已。

事業的領袖與化身。史達林一九五三年的去世，無疑令共產黨員們悲痛逾恆，覺得那是自己的個人損失。這在一般黨員身上固然是合情合理的現象，因為史達林對他們而言是一個遙遠的偶像，象徵著窮人的勝利與解放——「那個留著大八字鬍的夥伴」說不定哪一天果真會動手，一勞永逸地把富人解決掉。但即便諸如帕爾米羅．陶里亞蒂之類吃過苦頭、近距離認識了那位恐怖獨裁者的共黨領袖，無疑也抱持同樣態度。甚至就連真正的受迫害者或倖免於難者也不例外。像莫洛托夫[9]於史達林過世後繼續對他效忠了三十三年，雖然史達林於晚年的精神偏執時期逼迫他與妻子離異、逮捕其妻並於審訊後加以流放，還擺明也準備對莫洛托夫本人進行公審。共產國際與羅馬尼亞共產黨的安娜．包克爾[10]，則於獲悉史達林死訊後痛哭流涕，雖然她並不喜歡史達林，甚至對他心懷畏懼；當時她被打成是「中產階級民族主義者」、「杜魯門與錫安主義的間諜」，眼看即將大難臨頭。（「哭什麼」，負責審問她的人開口說道：「要是史達林還活著的話，妳早就連命都沒了。」[iv]）無怪乎赫魯雪夫對史達林的事蹟及個人崇拜所進行的猛烈攻擊，會引發貫穿國際共產社會的震撼浪潮。

在另一方面，雖然在朝或在野的共產黨都和自己的領導人一樣，既仰慕史達林又承認蘇共的指導性地位，但那些黨既不符合史達林對「堅如磐石」的定義，又不純粹是蘇共政策的執行代理人。他們最遲從一九四七年以來，即按照莫斯科的指令辦事，但那些事情往往具有政治偏見，而且是他們自己（至少是領導階層大部分的人物）從來都不會想那麼做的。當史達林尚在人間、莫斯科領導階層和權力中樞還堅如磐石的時候，旁人毫無置喙餘地。去史達林化的行動卻重新開啟了之前被關閉的選項，更何況克里姆林宮各領導人的威權顯然已今非昔比，並仍須面對史達林主義舊勢力的強烈反撲——這種局面正是因為莫斯科暫時失去了堅如磐石統治階層的緣故。簡言之，受蘇聯控制地區在結構上出現的許多條罅隙，現在已經綻裂開來。蘇共二十大結束幾個月之後，此事就在眾目睽睽之下發生於波蘭與匈牙利，回頭進一步加深了各個在野共產黨的內部危機。

令各國在野共產黨大多數黨員深感不安的事情，就是針對史達林劣行所做出的粗暴無情攻訐並非來自「中產階級新聞界」。那些報刊登載出來的各種故事——如果有黨員閱讀它們的話——馬上就可以一口咬定是誹謗和謊言，然而攻擊卻來自莫斯科本身。這個事件教人無法不正眼看待，卻又令忠貞的共產主義信仰者不知應如何自處。就連那些「於赫魯雪夫開口之前即已想當然耳……長年累月對此（那些被揭發事項）懷有強烈疑心的人」[v]也深受震驚。因為他們直到那一刻都還無法想像，史達林謀殺共產黨員的規模竟然如此之大。（赫魯雪夫的報告未曾提及其他被殺的人。）任何懂得思考的共產黨員都不可能逃避現實，必須向自己提出一些嚴肅的問題。

縱使情況如此，我認為還是不妨表示：一九五六年剛開始的時候，尚無任何在野共產黨的領導階層曾經認真以為，去史達林化意味著從根本上修正黨的角色、目標與歷史。他們也未能預料黨員即將製造出大麻煩，畢竟那些繼續留在黨內的人，都已經抗拒了冷戰戰士的宣傳長達十年之久。或許正因為那些領導人過於自信，結果這回再也無法讓大多數黨員跟著他們一起走。

事後回顧起來，其理由顯而易見。沒有人告訴我們關於某些事情的真相，而那些事情必將影響到共產黨員信念的本質。況且我們看得出來，領導階層寧可不讓我們曉得真相（直到赫魯雪夫那篇秘密演說的內容被洩漏給反共媒體之前，他們都還把我們蒙在鼓裡），同時他們擺明有意儘快結束相關的

---

iv 參見：阿爾多・阿高斯提，《帕爾米羅・陶里亞蒂》（Aldo Agosti, *Palmiro Togliatti*），米蘭，一九九六年。菲力克斯・丘耶夫，《同莫洛托夫對話：與史達林左右手的一四〇次訪談》（Felix Tchouev, *Conversations avec Molotov; 140 Entretiens avec le Bras Droit de Staline*），巴黎，一九九五年。羅伯特・李維，《安娜・包克爾：一個猶太共產黨員的興衰錄》（Robert Levy, *Anna Pauker: The Rise and Fall of a Jewish Communist*），柏克萊，二〇〇〇年。凱文・摩根，《哈利・波立特》（K. Morgan, *Harry Pollitt*），曼徹斯特，一九九三年。

v 霍布斯邦的信函，《世界新聞》（*World News*），一九五七年一月二十六日，頁62。

討論。波蘭與匈牙利危機爆發之初，他們仍打算繼續否認我們自己的記者所做的相關報導。大家可以理解，為何黨的組織者覺得這麼做會比較方便，然而那既非馬克思主義，也不是真正的政治。等到「矢志不渝忠於黨」那句老掉牙的口號失效之後，他們馬上做出的直覺反應，就是把一切都歸咎給那些著名「不穩分子」與「軟弱分子」的優柔寡斷，而那些人正好是出身小資產階級的知識分子。黨內高層從三月一直蹉跎到十一月，才終於認清了共產黨歷史學家小組早已立即看出的事實：那是「共產黨自建黨以來所面臨最嚴重和最危急的時刻」[vi]。

的確，自從匈牙利爆發革命、蘇聯於同年稍後出兵干預以來，就連最盲從和最死忠的黨員，都再也找不到合情合理的說辭來否定那種看法。等到黨高層終於避開了前所未見的公開反對浪潮，在一九五七年重新站穩腳步之後，英國共產黨已經流失了四分之一的黨員、其機關報《每日工人報》三分之一的員工，從一九三〇、四〇年代殘存至今的共黨知識分子也泰半一去不返。儘管英國共產黨還損失了幾位重要的工會領袖，它仍很快就恢復對國內工業的影響力，並在一九七〇年代和八〇年代初期達到了巔峰。

現在很難重新呈現出那一年飽受創傷下的心境，以及我們對之的記憶。一九五六年起先只出現了一連串較小規模的危機；蘇聯軍隊重新征服匈牙利使得危機以駭人聽聞的方式達到最高潮；緊接著是長達數月的無謂討論；最後事態急轉直下讓我們只能精疲力竭地承認挫敗。阿諾德．韋斯克在《大麥雞湯》那部劇作中，描繪出一個猶太工人階級家庭如何為了自己的共產信仰歷盡艱辛，而這種遭遇最能夠讓人體會一句話的意涵：「食之無味，棄之可惜」[vii]。即使過了將近半個世紀之後，我只要一回想起那種令人難以承受的緊張，仍然會感覺喉頭緊縮。那時我們生活在壓力下，月復一月不斷面臨做出抉擇的時刻，不曉得應該針對那個看似攸關我們未來的發展說什麼話、做什麼事；老朋友們或者唇齒相依，要不然就彼此視如寇讎。此情此景感覺起來就彷彿正沿著山坡碎石堆蹣跚步向致命的岩壁，雖然心不甘情不願，卻已無法回頭。此事發生的時候，我們全部的人——除了一小群專職黨工以外——卻必須假裝若無其事，繼續正常進行黨外的生活與工作，暫時讓那些日以繼夜主宰著我們的重大事件顯得只像是庸人自擾而已。一九五六年是英國政壇極度戲劇化的一年，但在當年英國共產黨員的記憶裡面，其他所有的事件都已經遭到淡忘。我們當然曾經動員起來，空前絕後地同時結合了工黨與自由黨左派，一致對抗「蘇伊士運河危機」時期安東尼・艾登那個說謊的政府[11]。但蘇伊士危機未能阻止我們繼續昏睡下去。當時的情況或許可簡述如下：英國共產黨員在一年多的時間內，於政治生活上處於集體精神崩潰的邊緣。

讓局面變得更糟糕的事情是，規模小得類似一個家族的英國共產黨在許多方面——若套用一句來源不明的共產國際評語——是「一個由好朋友們組成的黨」。它不同於別國的共產黨，在歷史上沒有過鬧翻天的驅逐出黨或開除黨籍等行動。其領導人缺乏那種特殊的「布爾什維克」持家風格，未曾像法國共產黨那般出現過諸如安得烈・馬蒂之流殘酷自大的惡霸。我們有機會見到黨的領導高層並與之攀談；我們喜歡他們大多數的人，部分黨員甚至可體會他們所承受的壓力。批評者當中沒有人打算脫黨，而黨也不希望失去我們。不論日後的政治立場將把我們帶向何方，我們都以堅貞共產黨員的身分撐過了一九五六年危機。就連那些後來主動退黨或被逐出黨外的人，多半仍繼續抱持左派立場。

---

vi 艾瑞克・霍布斯邦，「共產黨歷史學家小組」，見：康福思（編著），《反叛者及其志業：A・L・莫頓紀念文集》（M. Cornforth, ed., *Rebels and their Causes: Essays in Honour of A.L. Morton*），倫敦，一九七八年，頁42。

vii 法蘭西斯・貝克特，《內部敵人：英國共產黨興衰錄》（Francis Becket, *Enemy Within: The Rise and Fall of the British Communist Party*），倫敦，一九九五年，頁139。

我無論在任何情況下都一定會捲入那場危機的漩渦。但我其實早已接近旋渦的中心了，因為我在一九五六年擔任共產黨歷史學家小組的主席——那是我一輩子所曾擁有過的少數幾個主席頭銜之一。歷史學家小組幾乎立刻以中流砥柱之姿，發言反對黨的路線，時間是赫魯雪夫發表演說後不久、國王街的發言人於一九五六年四月八日向我們傳達新路線當天。或許也可以這麼表示，事情發生於英國共產黨隨後召開的黨大會上，而黨部於會議期間徒勞無功地打算迴避一切相關事宜。我們展開了造反行動，歷史學家小組並向黨部做出兩個最戲劇化的挑戰。

就第一項挑戰而言，克里斯多夫．希爾這位最顯赫的小組成員之一，在黨內民主委員會擔任了少數派的報告發言人，也就是說，他實際上已成為一九五七年五月黨大會上的反對派領袖。到了七月中旬，赫爾大學的約翰．薩維爾與當時在里茲大學校外教學組擔任講師的EP．湯普森，共同發行了一份從無先例、完全違反黨規的黨內反對派刊物——《理性者》。（二人離開共產黨以後，那份刊物於包括我在內的許多同情者贊助下，在一九五七年更名為《新理性者》復刊發行。）蘇聯對匈牙利革命的武裝干預，則激起我們許多人進行第二項挑戰，以更加明目張膽的方式違反黨的紀律，而且那實際上足以導致開除黨籍處分：我們聯名發出一封由多數知名歷史學者簽署的抗議函（包括了那位通常默不作聲的莫里斯．多布），由於《每日工人報》拒絕刊出，我們刻意找上非共產黨的報紙加以發表[viii]。唯有那一代黨員才有辦法體會，此種違反黨紀的舉動是多麼罪大惡極。許多年後的一個晚上，當我與阿圖爾．柯斯特勒[12]在奧地利一家酒館進行激辯的時候，這封信幫助我讓他啞口無言。那天他在酩酊大醉、大發雷霆之際提出質疑：像我這種人可曾針對匈牙利革命做出反抗俄國人的舉動？

歷史學者曾經一向是黨內最生氣蓬勃的文化團體，在政治上也特別忠誠。我們為何一開始就站在反對的最前線？因為我們比作家與科學家更承受不住李森科荒謬作風與蘇聯官方路線的衝擊。其中主要原因在於，我們除了以單獨個人和激進共產黨員的身分來面對時局以外，還必須發揮自己的專業能力。在史達林統治下到底發生了什麼事情，以及那些事情為何遭到了隱瞞，這都是名符其實的歷史問題。至於我們自己黨史上一些懸而未決、未受討論的階段性問題，也都與莫斯科在史達林時代做出的各種決定具有直接關連：其中最引人注目之處，就是一九三九至四一年之間放棄了反法西斯路線。有人便在我們第一次造反的當天，明白說出了我們的政治立場：「為什麼我們應該無條件贊同赫魯雪夫？我們不明就理、我們只能為政策背書——可是歷史學者只講證據。」ix

這解釋了我們為何採取空前絕後的集體行動，在一九五六年以小組名義干預黨務。我們要求獲得一部就事論事的黨史著作。事後回顧起來，現在我看得出國王街急於敷衍那群找麻煩的知識分子——黨部仍然把他們當作資產看待——於是同意成立一個委員會來討論此事。黨高層派出的代表是黨主席哈利·波立特（我們終其一生都不質疑他的領導地位）、帕爾梅·杜特那位意識型態大師，以及詹姆斯·

---

viii 該文件之主要內容可在此引述如下：

「我們每個人長年以來，都在自己的專業領域內以及工人運動的政治討論中，致力於宣揚馬克思主義理念。因此吾人認為，必須於國際社會主義陷入當前危機之際，負起責任表達出自己的馬克思主義者觀點。

我們可以感覺出來，英國共產黨對蘇聯在匈牙利所採取行動之無條件支持，正是英國共產黨員於考量政治問題時，經年累月扭曲事實、文過飾非所導致的惡劣後果。我們曾經期盼蘇共『二十大』所進行的揭發，能夠使本黨高層及報刊產生認知：除非馬克思主義理念衍生自我們所居住世界的真相，否則便無法獲得英國工運支持。

蘇聯暴露出來的嚴重犯罪行為和濫權措施，以及邇來波蘭、匈牙利勞動人民與知識分子對冒牌共產主義的官僚集團及政治體制所進行之反擊，再再均顯示出：過去十二年內，我們的政治分析乃奠基於謬誤的事實呈現。但這並不表示理論已經過時，因為我們始終堅信馬克思主義方法的正確性。

左派與馬克思主義之傾向如欲獲得我國工運支持——況且社會主義的成就已使之具有必然性——我們必須斷然否定這種過去。斷然否定的對象也包括此邪惡過去之最新結果：本黨執行委員會對目前蘇聯錯誤政策所做的背書。」

ix 艾瑞克·霍布斯邦，「共產黨歷史學家小組」，見：康福思，頁41。

克魯格曼。歷史學者的發言人則是身為小組主席的我，以及布萊恩・皮爾斯。（布萊恩昔日為研究都鐸王朝歷史的專家，現在則是傑出的法文和俄文翻譯家。他早已對黨史中的迷思與隱晦抱持批判態度，當時正準備脫離共產黨，加入一個托洛茨基派的團體。）

我還記得一些令人沮喪的會議。但那倒不是因為我們這些歷史學者面對了一個協同一致的陣線。哈利・波立特仰慕史達林，而且就跟大多數老派領導人一樣，既不贊同也不尊敬赫魯雪夫。他是一位地位崇高的工人階級領袖，個人魅力凌駕於除了貝萬[13]以外的任何工黨領袖之上，但其鍋爐製造工人的出身背景，使得他比貝萬更加明瞭工會的內涵。哈利憑藉直覺的本能與長年的經驗，對黨史研究者抱持懷疑態度。身為政治人物，他曉得若像驗屍官一般檢視昔日的紛爭——尤其是仍然在世同志之間的私人恩怨——勢必將惹出大麻煩來；身為老資格的共產國際黨工，他明白有許多事情不可說，而且某些東西最好永遠別講出來。

那時我們還沒有人曉得，波立特曾於一九三七年在莫斯科進行干預，替一位共產國際前任駐英代表及其妻做出辯護——該人剛剛遭到逮捕，而且那可能直接出自史達林授意。這個勇敢過人的誠實舉動，在那段偏執恐怖的日子為他造成了嚴重困擾。共產國際考慮撤銷其黨領導人職位，就連公審的腳本也已經草擬妥當。他自己的英國護照和季米特洛夫的援助，才使得他倖免於難，而且那或許也歸功於共產國際昔日的組織部門領導幹部奧西普・皮亞特尼茨基[14]——皮亞特尼茨基在嚴刑拷打之下仍頑抗到底，拒絕遵照官方要求做出「招供」來連累那名已被指定的犧牲者[x]。若有人公開披露黨史上的這段插曲，難道可為共產運動帶來任何好處，即便它無疑能夠反映出共產黨，尤其是波立特自己的可信度？哈利・波立特清楚地表達出自己的觀點：唯一可對本黨產生助益的歷史撰述，就是一部具有戰鬥性的黨史，其中記載著所進行過的戰役、各種英雄行為、為共產事業做出的犧牲奉獻、飄揚的紅旗，藉此讓同志們心中充滿驕傲與希望。

帕爾梅・杜特則是一位印度與北歐混血的才智之士。在孟加拉上流階層人士當中，他的身材高大得極不尋常。他因為母親的緣故而屬於一個顯赫的瑞典家族，例如一九八六年遇刺身亡的社會黨籍瑞典首相奧洛夫・帕爾梅即為其成員之一[xi]。杜特與哈利不同之處在於，他是一個天生的知識分子和強硬派。許多年前，杜特曾於參加一項會議之後，在我劍橋的小房子內過了一夜。其敏銳思路從此令我欽佩不已，但也讓我始終覺得他對真相不感興趣，只是完全把智力用於替當前「黨的路線」做出辯解，並且不在乎那是什麼樣的路線。但今日我認為自己有欠公允，未曾注意到仍然深藏在他內心某處的理性本能。或許我也未能體會出來，他希望自己死後不只是被當作一個為威權服務的天才詭辯家而已。在他眼中，純正的共產黨史實質上就是黨的政策史——換句話說，就是變更路線的歷史。這當然一定會涉及批判性的考量，而且在必要時還必須做出負面評斷。可是這麼做的時刻已經來臨了嗎？他對此表示懷疑。

那麼我們的老英雄詹姆斯・克魯格曼又如何呢？開會時他只是坐在桌子最右邊的角落，默默不發一語。他知道我們是對的。如果我們自己不寫出黨史並列入那些受爭議片段的話，那些問題就不會成為過去。更何況反共學者會把那段歷史寫出來——不到兩年以後，果不其然就出版了這麼一本黨史著作[xii]。但是克魯格曼缺乏了偉大的俾斯麥所稱的那種「道德勇氣」，那是平民的勇氣，截然不同於軍人

---

x 安德魯・索普，《英國共產黨與莫斯科：一九二〇至一九四三》(Andrew Thorpe, *The British Communist Party and Moscow 1920-1943*)，曼徹斯特，二〇〇〇年，頁238-241。

xi 另一位成員是斯德哥爾摩大學的斯文・烏里克・帕爾梅（Sven Ulric Palme）教授。我在他推薦下獲得有生以來的第一個榮譽學位。獲頒學位者頭上還戴著以實物製成的桂冠，只可惜那頂桂冠後來被我們住在克拉彭時的清潔婦順手丟進了垃圾箱。（瑞典學術界「收集」中年學者的儀式極為隆重，於是那些人士身著深色西裝、頭戴桂冠，還一杯接一杯暢飲香檳，宛如現代版的凱撒大帝。）

的勇氣[15]。他曉得應該怎麼做才對，卻不敢把想法公開表達出來。（就此而言，其作風類似一位政治立場不同的人物——以撒·柏林——對以色列的國家政策所抱持之態度。）他二話不說就同意接下任務，撰寫一部可被接受的官方版英國共產黨黨史，儘管他明白那是一個不可能的任務。十二年後，他出版了結束於一九二四年的第一冊。我很不客氣地批評他是在浪費時間，不過這並未破壞我們之間的關係[xiii]。他去世前又發表了結束於一九二七年的第二冊，剛好來不及寫到最受爭議的那些插曲，但他絕不可能再寫出更多東西來。寫書的同時，他還編輯了《今日馬克思主義》，一九五七年創辦的這份刊物是為了拉攏繼續留在黨內的批評者：它既不怎麼鼓勵公開的討論，但也不特別加以勸阻。

四

思及蘇共「二十大」對歷史全局所造成的影響，我不免為了自己斤斤計較於英國茶壺內的風暴而略感汗顏。波蘭工人進行罷工、天主教徒舉行示威之後——那甚至在當時就已經是一股強大的結合力量——波蘭組成了新的共黨政府。其領導人是一九四九年遭到整肅的弗拉迪斯拉夫·戈慕卡，不久前才剛剛被釋放出獄。（幸好波蘭未曾與保加利亞、匈牙利和捷克斯洛伐克一樣，進行那種事先已安排就緒、到頭來讓自己顏面盡失的公審和處決，才能夠「平反」活人而非一具具的屍體。）當時仍為國際共產運動成員的中共成功勸阻蘇聯，避免了俄方採取軍事干預行動。緊隨其後發生的匈牙利革命就沒有那麼幸運了[16]，而且幾乎可確定劫數難逃，因為匈牙利新上台的共黨領導階層做過了頭，已超出蘇聯所能容忍的限度——例如退出「華沙公約組織」那個東歐軍事同盟，並宣佈於冷戰保持中立。其間的任何事件，更何況是赫魯雪夫本人，都無法說服中國共產黨，因此中共與蘇聯的關係開始急劇惡化。不到兩年以後，二大共黨巨頭即已分道揚鑣。從此出現兩個互相敵對的共產運動，但事實上當時幾乎全部現有的共產黨依然效忠於蘇共黨中央。一九六〇年代所謂的「毛澤東主義」未能創建真正的政黨，只製造出一批吵吵鬧鬧的小型激進派系。就連其中表面上最親中共的正式團體，從印度共產黨分裂出來的「印度共產黨（馬）」[17]，也沒有真正走上毛派路線。它與共產主義本身一樣，曾經在印度獲得群眾廣泛支持，尤其喀拉拉邦與西孟加拉邦更是如此。在喀拉拉的鄉間道路，以史達林照片做為飾物的卡車至今仍不時可見；至於西孟加拉，其六千八百萬居民截至目前（二〇〇二年）為止，已接受了「印共（馬）」深得民心的統治長達數十年之久。

在英國，一九五六年大地震的主要影響，就是讓三萬名共產黨員產生了可怕的觀感，並讓原已規模不大的極左派勢力四分五裂。退出共產黨的人士，或許多半從此一聲不響地遠離了政治激情。（像我這般繼續留在黨內者，也有不少人做出相同表現。因為我們確信，既然黨無法進行改革，在國內就不會有長遠的政治未來。）某些人便加入了三個主要的托洛茨基派團體。但那些托派團體之所以聲勢看漲，主要並非由於共產黨員投靠了過來，而是因為堅如磐石的世界共產主義已然全面出現裂痕，同時共產黨實際上已失去對馬克思主義的壟斷權。激進的年輕人現在有了不同左派團體可供選擇。歷史學家小組則未能順利度過危機，而小組內大多尚未因為對史達林的壞印象而受到牽連的批評者，已開始重新組織起來——換言之，就是試圖建立某種「新左派」。

薩維爾與湯普森的《新理性者》（一九五七－五九），變成了前共黨知識分子的歸宿。最後它與《大學與左派評論》合併。後者的創辦人是歷史學家小組昔日最年輕的成員拉斐爾．山繆、另一位前共產黨

xii 亨利．佩林，《英國共產黨：一個歷史側影》（Henry Pelling, *The British Communist Party: A Historical Profile*），倫敦，一九五八年。

xiii 見拙作《革命分子》（*Revolutionaries*）第一章〈共產黨的歷史問題〉，倫敦，一九七三年。

員加百利·皮爾森，以及兩位令人印象深刻的劍橋年輕激進派獨立人士——來自牙買加的文化理論家斯圖亞特·霍爾與加拿大哲學家查爾斯·泰勒。那些編輯人員的平均年齡只有二十四歲。兩份刊物合併成為《新左派評論》的過程並不平順，於是從一九六〇年代初期開始，由一個全新的編輯小組加以接管。其成員為牛津大學已脫離共產黨的年輕馬克思主義者，核心成員則出身自愛爾蘭共和國的英格蘭－愛爾蘭家庭氛圍。其領袖為能力驚人的培利·安德森（時年二十二歲），而且他也是主要的出資者。新編輯群不同於舊《新左派評論》那些英國小朋友之處在於，其興趣顯然更加國際化、更具理論性，而且比較不畫地自限於勞工運動和社會主義政策。雖然該雜誌的運行路線已進入了「第四國際」的軌道，但它仍成功演變為新一代盎格魯－撒克遜馬克思主義者的主要期刊。

就事論事來看，這些「新左派」儘管具備可觀的知識創造力，卻依然無足輕重。他們未能改革工黨（他們對之仍懷有矛盾情結），也無法改革共產黨（如同瑞典的做法）。他們沒有發展出一個新的左派政黨（像丹麥那般），或至少創造出一個能夠持續運作的重要組織，更遑論是全國性的領袖人物。湯普森本人後來成為核子裁軍的代言人而名聞全國。「核裁軍運動」雖為一九四五年以後最重要的英國左派運動，並大致創始於共黨危機時期（一九五八年），可是它與共產黨的黨內危機完全無關。

從某些方面來看，一段名為「黨友咖啡屋」的短暫插曲正好象徵著一九五六年以後，早期新左派融合了意識型態、不切實際以及浪漫夢想的行事風格。就跟其他許多事物一樣，那家咖啡屋也出自拉斐爾·山繆的個人構想。拉斐爾·山繆跟另一位同樣天生浪漫，比他還要富於幻想力的人——愛德華·湯普森——共同成為前共黨知識分子當中最富獨創性的影響力量。

凡是認得拉斐爾的人，都對他那段慷慨激昂、被癌症縮短的人生[18]有著完全相同的印象：一張削瘦而熱情的臉孔、柔和而機靈的眼神、頭頂狀若瀑布的深色髮絲已隨年歲而逐漸稀疏、總是獨自一人四下奔波、不論前往何處都帶著一個卷帙浩繁的檔案夾，並努力從中翻找以便拿出適用的文件。他所曾出版過的著作，全部都是一個浩瀚無垠、無所不包、尚未完成的工作當中之一環。他發現無法在許許多多——主要與英國有關——的美好過去事物之間做出選擇，正因為這個理由，他始終未能寫出那篇原本該由我來指導的博士論文（我記得題目是關於維多利亞時代的倫敦愛爾蘭工人），或者是完成任何其他的工作計劃。幾乎就在自然而然的情況下，這位徹頭徹尾的活躍分子於拉斯金學院[19]覓得一職，在多半冷漠的牛津大學教師還看得起山繆，而願意對他稍微聞問的範圍內，負責教導工會成員。他的歷史研究既無結構亦無限制。那是一個漫無止境、淵博得非比尋常的知識巡禮，其漫遊領域就是芸芸眾生的記憶與生活所構成之美景，並伴隨著路途中令人驚豔的景象所激發出的乍現靈光。

這個滿懷憧憬的人生旅途流浪者，可謂完全缺乏行政效率與執行能力。其體內蓄積了爆炸性十足的能量，能夠自動自發產生各種構想，更何況他還具備相當驚人的本事，有辦法說服別人去實現那些想法。例如《大學與左派評論》即為其中之一；「歷史工作坊」運動——《歷史工作坊雜誌》之起源，以及後馬克思主義左翼歷史學家最重要的據點——為其中之二；「黨友咖啡屋」則是第三個例子。他有兩個世代的東歐猶太裔馬克思主義革命者在背後撐場面，因而夢想以既自由又無拘束的政治創意來取代黨內的史達林極權主義。這麼做的時候，有什麼地點能夠比咖啡屋更適合做為活動中心呢？

不過他心目中的咖啡屋，並非當時林立於倫敦西區小巷內、配備新近流行起來的「佳吉亞義大利蒸汽濃縮咖啡機」的新巴洛克式速食咖啡廳，而是一家真正的蘇活咖啡屋。人們可以在那邊商討理論性的話題、下西洋棋、享用果餡餅，甚至在後面的房間舉行政治會議，彷彿回到了歐洲大陸昔日的純真年代。咖啡屋的收入可用於支付雜誌社的開銷，而且雜誌社的辦公室就設在咖啡屋樓上。如此一來，黨友咖啡屋能夠同時展現出政治上和文藝上的新精神。咖啡屋的設計工作則委由當代頂尖年輕建築師負責進行，而且他們顯然會傾心於這項計劃。我已經不記得爵士樂是否亦為該夢想的一環，或許使用的是民謠音樂也說不定。為了展現誠意（或許也為了爭取老一代人的支持），應該由一些適宜的左翼人士主司其事。結果我違背自己的理性判斷，被說服加入了董事會。一位身穿粗花呢西裝、曾經當過共產黨員、在濟慈樹林區擁有豪宅的著名建築師，則是另外一名董事。至於其他的董事我就實在記不起來了，反正拉斐爾從未真正在意過我們當中的任何人。

那個毛躁草率的計劃居然能夠上路，如今回想起來還真讓人覺得不可思議。咖啡屋固然創辦出來了，但若非英國共產黨所謂的「商業支部」於不久前解散，光憑拉斐爾的推銷員天分，是絕不可能籌集到所需金額的。商業支部曾經是黨的主要收入來源。它直到一九五六年為止始終是忠貞基本教義派的堡壘，並要求從黨部來訪的演說者（其實就是當我過去談話的時候），向他們講解諸如「一八七一年巴黎公社」之類的主題。該支部的成員現在早已發跡，其中某些人甚至非常富裕。他們主要為倫敦東區的猶太人，於反法西斯主義時代入黨，而史達林執政末期對蘇聯猶太人的所作所為已令他們忍無可忍。不管他們當中到底是誰贊助了黨友咖啡屋，都應該早就曉得，那絕非一個可以認真看待的生意案。不過拉斐爾那種年輕人專有的烏托邦理念，顯然打動了那些中年男士，因為他們自己眼中的道德世界早已支離破碎。拉斐爾不知怎地果真拿到了錢，在蘇活區的卡萊爾街買下，或租來一棟房子。黨友咖啡屋便這麼成立了，而且從那裡可以遙望馬克思位於狄恩街的故居。

不過，這個計劃一開始就注定將以災難收場。當時流行簡約的室內裝潢，建築師們喜歡把東西設計成車站候車室的模樣。那種風格吸引了蘇活區許多遊手好閒、白吃白喝的傢伙（反正其他裝潢較精緻的場所既不歡迎他們上門，也無法對之產生吸引力）；他們偏偏喜歡在晚上過來，市內負責查緝毒品的警察也聞風而至。屋內擺設出價格不菲的大桌子和方正厚實的座椅，它們原本被設計用於鼓勵別人在此撰寫著作綱要或針對行動策略進行漫長辯論，結果他們的到來縮減了室內可用於創造收入的空間，並降低了收入。總而言之，黨友咖啡屋的經理人員既不擅長核算現金收入，又不懂得帳目管理。結果不管拉斐爾再怎麼向臉色越來越難看的董事們做出辯解，表示問題並不存在，那個地方還是在兩年以後就關門大吉。我之所以會涉入那個瘋狂的事業，唯一的解釋就是我充滿了懷舊之情，並渴望維持「前一九五六年」與「後一九五六年」不同左派世代之間的聯繫。縱使下場如此，那個事業命中注定將會失敗的程度，未必高於一九五六／五七年脫黨者所從事的其他政治活動。就跟黨友咖啡屋一樣，一九五六年新左派的各種政治方案現在泰半已遭人遺忘。

一九五六年反而在學術方面留下了更多遺產，其中頗值得一提的就是EP．湯普森所造成的可觀衝擊。依據後來《藝術與人文引用文獻索引》（一九七六至八三年）的紀錄，他在該《文獻索引》所涵蓋的全部領域內，名列百大最常被引用的二十世紀作家之林。一九五六年以前，湯普森在共產黨的圈子外面不甚出名。他打完仗回來以後，就長年以黨員的身分，在約克郡成為一位才華洋溢、瀟灑熱情、口才便給的激進主義分子。他在成年教育班的那些學生眼中，則是一個活力充沛的「高大瘦長夥伴」，專精於威廉．布雷克的詩作[xiv]。即便他成為了歷史學家小組的外圍成員，但他起初熱烈喜好的對象與其說是歷史，倒不如說是文學。一九五六年的事件才使得他此後主要以歷史學家的姿態出現。其成名作就是稍後出版於一九六三年的《英國工人階級的形成》，一本厚達八百四十八頁、像火山一般具有爆發力的史學論述。它立刻被視為一部巨著——甚至專業歷史學家亦作此想——並於一夜之間虜獲大西洋兩岸激進青年讀者的心。歐陸的社會學家及社會史家很快亦步上其後塵，儘管該書所涵蓋的年代範圍短

xiv 可參考我對他的回憶，見：《英國學術院會報》（*Proceedings of the British Academy*），卷九十，一九九五年，頁524-5。

暫得出奇，而且主題侷限於英格蘭，甚至並未包含整個大不列顛。湯普森擺脫黨內基本教義保守派的牢籠之後，得以加入迄今失去歸宿的其他左翼思想家所進行的集體辯論。而那些人不分老少，往往也根源於成人教育運動，其中最特出者就是另一位新左派的主要角色——雷蒙·威廉斯那位文學家。

EP·湯普森的確是一位天賦異稟的人物，更何況他還具備極其明顯的「明星氣質」，無論置身任何場合，其皺紋日增的優美長相都會鎖住眾人目光焦點。「其作品同時結合了熱情與智力，以及詩人、說書者和分析家的才華。在我所認識的歷史學家當中，唯有他除了天分、才智、學識和寫作能力之外，還是『傳統意涵上的天才』。」[xv]他的長相、生活與著作都符合浪漫主義時期的天才形象，使得那種氣質顯得益發耀眼——特別是當他背後有適宜的威爾斯山區景色來烘托的時候[20]。

簡言之，湯普森是那種一生下來就有仙女紛紛致贈各種禮物的天之驕子，只不過他短缺了兩樣東西：上天忘記賜給他某種「編輯助理」，以及某種「導向裝置」[21]。於是不論他再怎麼親切、迷人、幽默和狂熱，總是多少會出現不安全感，並且易受傷害。《英國工人階級的形成》就像他的許多其他著作那般，起初只是一本簡明教科書的第一章；該書所欲探討對象其實是一七九〇至一九四五年之間的英國工運史，誰料到他欲罷不能。《形成》一書使得他暫時成為正統學者，但那種身分與其風格不合，幾年以後他便中斷自己對十八世紀社會進行的驚人研究，轉而長年累月與路易·阿圖塞進行論戰——那位已故的法國馬克思主義理論家當時曾啟發了一些最傑出的左派青年，而湯普森試圖削弱其影響力。到了一九七〇年代末期，他又將全副精力轉向反核運動，因而成為全國性的明星級人物。等到他重返歷史領域的時候，已經病得再也無法完成自己的研究計劃。最後他在一九九三年逝世於烏斯特郡的家中花園。

在一九八〇年代初期，一位學者放棄撰述而投身反核運動，這是無可厚非的事情；不過與阿圖塞交手的那段插曲就毫無道理可言了。當時我曾經告訴湯普森，假如放棄自己可望產生劃時代意義的歷史研究工作，去駁斥一個至遲於十年內就會失去影響力的思想家，那將是不可原諒的行為。果不其然，即便在當時法國馬克思主義者的圈子內，阿圖塞的「保鮮期」亦已接近尾聲。儘管那時他配合展開了左派的理論爭辯，但阿圖塞之所以知名至今並非因為他是哲學家的緣故，而是由於他個人的悲劇所致。他患有躁鬱症，後來殺了自己的妻子[22]。此前他每當狂躁症狀發作的時候，行為就已經有些令人困惑，但殺妻之舉還是出乎預料。阿圖塞在那場悲劇發生之前不久來到倫敦，名義上是為了出席倫敦大學學院舉辦的學術研討會，暗地裡卻是希望說服《今日馬克思主義》和我加入某項脫離現實的瘋狂活動。其邀請人招待他一個晚上以後，就把他託付給我，由瑪蓮花了整個早上負責照料他。他待在我家的時候，對我們那台寒酸的鋼琴極感興趣，堅持要在本地的樂器行訂購一台運往巴黎。輪到下一個招待家庭過來接他的時候，他又立刻被梅費爾一家汽車展示間的勞斯萊斯（或者是積架？）所吸引，堅持要登門觀賞。顯然他敏銳的心靈已開始不斷飆車，使得其「精神上的摩托車之旅」在致命的高潮撞牆結束。

湯普森實際所處的情況則是，他為了一九五六年新左派的失敗而耿耿於懷。從前加入過共產黨的那一代人又都對工黨不抱太多期望。新一代年輕知識分子才是湯普森迫切希望保持聯繫的對象，然而他們走上了他所不樂見的新方向。年輕知識分子難道還會和他（以及雷蒙·威廉斯）一樣，也能夠感受得到英國工人階級的道德力量嗎？新出現側重理論的歐陸馬克思主義則不合乎其口味，而且他在新的國際學生運動背後發現了「非理性主義」、「令人作嘔的資產階級作風」等等。他已經置身政治的邊緣地帶，這讓他受到傷害。我相信這就是他將全副熱情投入反核運動的原因之一。

---

xv 同上，頁539。

我雖然選擇繼續留在共產黨，採取了不同於歷史學家小組大多數朋友的做法，但我在政治上失去歸宿的感覺跟他們並沒有基本差異。無論如何，我和他們之間的關係依然維持原樣。黨部曾要求我去改變他們，但是我拒絕了。黨非常明智地未曾把我驅逐出去，不過那出於他們的決定而非我自己的選擇。對我而言，黨員身分已不再具有一九三三年以後的那種意義。我事實上已經把自己循環回收，從激進黨員變成了同情者或同路人。或者換一種方式來說，我從英國共產黨的活躍黨員變成了義大利共產黨的精神黨員，更何況那個黨比較符合我對共產主義的看法。（義大利共產黨則對我的善意做出了回報。）

總而言之，我們大家的個人政治活動已不再具有太大意義。我們發揮影響力的方法，就是擔任教師、學者、政治作家，或者充其量只是「公眾知識分子」。這麼做的時候——至少在英國如此——我們的黨員身分其實無關緊要，除非打交道的對象恰巧對共產黨帶有先入為主的感情。如果我們對左翼青年發揮的影響仍可維持不墜，那是由於我們的左派過去、我們現在的馬克思主義，或者我們所投身的激進學術，都給了我們今日俗稱的「街頭信譽」。此外那也因為我們將重要的事物做為寫作對象，而且他們喜歡我們寫出來的東西。從這些閱讀大眾的角度來看，他們不分老少都認為，湯普森、雷蒙．威廉斯、霍布斯邦等人在政治立場和意識型態上的差異較不重要，重要的是，三人均屬於一個由「人名」——一些在學術上享有聲譽的思想家與作家——所組成的小型少數派團體，而且他們一概被視為左派。

但問題仍然是，為何我跟許多朋友不一樣，儘管心懷異議卻還繼續留在黨內？長時間以來，我必須多次回答這個問題，而且幾乎每一位訪問過我的記者都曾經問及此事。在我們這個媒體飽和的年代，臧否人物最便捷的方式就是抓緊一、兩個獨立特行之處，而我自己的兩項特徵為：一個喜歡爵士樂的教授，並且待在共產黨的時間比大多數人都長。我對此所提出的答案大致相同，只是長短不一罷了[xvi]。那代表我幾十年來對繼續留在黨內所做的辯解，但未必足以表達出自己當時的觀感。儘管現在不可能重建那段時間的感受，但無論是當時或後來，我只要一想像自己或將與若干淪為狂熱反共人士的前共產黨員為伍，心中就會出現強烈反感。其原因是他們唯有藉著刻意把「一個落敗的神明」貶為撒旦，才有辦法不再繼續侍奉祂。那樣的人物在冷戰時期比比皆是。

以歷史學家而非傳記作者的身分來回顧一九五六年時的我，我相信有兩件事情能夠解釋我為何繼續留在共產黨，即便我顯然已考慮退黨。我開始接觸共產主義的時候，並非一個待在英倫三島的年輕英國人，而是一個目睹威瑪共和崩潰的中歐人。等到我入黨之際，共產黨員的身分不僅意謂反抗法西斯主義，同時也表示著世界革命。我仍然屬於第一代共產黨員的尾端，而對那一代人來說，十月革命就是衡量政治宇宙的中心點。

但我們黨員彼此的出身背景與生活歷史都存有真實的差異性。無論對我或對其他黨員來說，那都是顯而易見的事情。在英國出生長大的知識分子，不可能基於和中歐人士相同的那種觀感而變成共產黨員：

> 如今蒼穹已然崩塌，
> 此時地基已經流失。

其原因為，儘管英國也面臨許多問題，然而它在一九三〇年代的情況則是完全不同。但就某些方

xvi 較新說法出現於本人與安東尼歐・波利托合著的《新世紀》（*The New Century*），倫敦，二〇〇〇年，頁158-61。

面而言，我在一九三五年之前就成為共產黨員更加意義十足。

從政治角度來看，我實際入黨的時間是一九三六年，屬於反法西斯聯盟與「人民陣線」的世代。這直到今天都還繼續決定了我政治上的思考路線。但從情感方面來說，身為一九三二年在柏林皈依共產主義的青少年，有一條幾乎切不斷的臍帶拴住我所屬的世代，讓我們對世界革命及其根源——十月革命——產生了憧憬，而不計較自己對蘇聯的懷疑或批評。在我過來的那個地方以及在我所處時代加入此運動的人，比起後來於其他地點入黨者更難斷絕與共產黨的關係。依據最後所做的分析，我猜想這就是我留在黨內的原因。反正沒有人強迫我離開，而主動離開的動機還不夠強烈。

但是，若從自傳作者而非歷史學家的角度來看，我也不能忘懷於個人的情緒因素：自尊心。假若擺脫了共產黨員身分所造成的障礙，我的事業前途肯定可以改善許多，在美國尤其如此。悄悄退黨其實是易如反掌的事情。不過我在冷戰方興未艾之際，公然以共產黨員的身分排除萬難獲得成功——姑且不論「成功」之定義為何——這讓我得以獲得自我肯定。我無意捍衛這種形式的自我主義，但也無法否定它所產生的力量。總之我在黨內留了下來。

第十三章

分水嶺
WATERSHED

歷史上的某些時刻——例如兩次世界大戰的爆發——就宛如地震來襲或火山噴發一般，具有顯而易見的災難性。私人生活當中也有類似情況，像前幾個章節已經表明了，我的私人生活便出現過一些這樣的時刻。如果我們想繼續使用地質學比喻的話，那麼「分水嶺」一詞就是對某些時刻的最佳比擬方式。儘管表面上未必發生了很顯眼或戲劇化的事件，可是當你穿越一個難以言喻的地帶之後，卻驀然發現已將歷史上或人生中的某個階段拋諸背後。一九六〇年之前與之後的那幾年歲月，亦即我四十出頭或四十好幾的時候，便構成了我的人生分水嶺。或許那也是西方社會歷史與文化歷史上的分水嶺，就英國而言更絕對如此[i]。看來現在恰逢其時，適合讓我在邁上漫漫長路、穿越短暫的二十世紀之旅程中暫時歇歇腿，駐足觀賞一下風光。

一九五〇年代下半葉成為我人生中奇特的過渡期。結束了在國王學院的研究員身分以後，我搬回位於布魯姆斯伯里的一個固定住所：一棟空間很大、部分昏暗、堆滿書籍和唱片，並且俯瞰托林頓廣場的公寓。一九六二年我再婚之前，那裡成為我和一些共產黨員或昔日黨友相繼共同居住的地方，其中包括來自歷史學家小組的路易斯．馬可斯與亨利．柯林斯、資深的馬克思派文學評論家艾立克．韋斯特，以及一位名叫文生特．吉爾包的西班牙流亡者。由於地點位於市中心而且相當寬敞，它也吸引了來自外地和倫敦都會

---

i 湯尼．顧爾德，《局內人與局外人：科林．麥克內斯的生平與時代》（Tony Gould, *Insider Outsider: The Life and Times of Colin MacInnes*），倫敦，一九八三年，頁183。

區臨時過夜的訪客，以及其他來賓。老實說來，住在該地比生活於劍橋的學院裡面要有趣多了，縱使我必須撐過最嚴重的共產主義危機期，以及自己在政治上被刨根的時刻。那裡的另一個優點是距離伯貝克學院很近，我得以在必要時利用授課空檔步行回家。倫敦真是個宜室宜家的好地方。它就是我越過分水嶺之際的場景。

我的私人生活與職業生涯於那些年頭出現了改變，那是相當明顯的事情。在當時的世界政治背景下，我認識了一位出生於維也納、穿著豹紋外套的女孩。我們隨即陷入愛河。她剛從聯合國干預剛果的行動中無功而返，而我正準備前往卡斯楚統治下的哈瓦那，接著瑪蓮和我在一九六二年的古巴危機期間結成連理。那是我出版第一批著作三年以後，也是我發表《革命的年代：一七八九—一八四八》幾個星期之前的事情。在職業生涯方面，我剛開始於國際間獲得若干聲譽，因此出國時得以前往其他地點旅行，不再侷限於法國、伊比利半島和義大利之類我在一九五〇年代慣常活動的範圍。一九六〇年代的時候，我開始前往美國和古巴進行學術交流、我發現了拉丁美洲並實地進行考察，而且除了來到以色列與印度之外，還重返童年以後就未曾見過的中歐地區。更重要的是，我開始注意到，我已經不再像自己年幼時期的中歐人那般，隨時預料生活中將出現地震般的大災難。記不得從什麼時候開始，我還突然發現自己以「十年」做為時間框架來進行觀察，而非像一九四五年之前是以「年」，甚至以「月」做為計算單位。

但我在下意識中，仍未放棄像我這種潛在難民——無論身為猶太人還是左派分子——早在兩次世界大戰之間，即已針對突發經濟危機或政治迫害所學會的基本預防措施：備妥一本有效護照；攜帶立即可敷使用的足夠現金，以便隨時購買船票前往已選定的避難國；過著可以快速拋棄的生活，並事先大致規劃好被迫動身時所應攜帶的細軟。事實上，我與瑪蓮新婚之後不久，就已經在一九六二年十月

「古巴飛彈危機」方興未艾時出國，並已按照上述方式完成相關準備工作。我先做好一些財務上的安排、與瑪蓮約定事態緊急時在布宜諾斯艾利斯會面的地點（我正準備於一、二個星期後前往該地），還留給她充足的金錢購買船票。即便古巴飛彈危機顯然攸關全球的生死，我實際上並不認為核子世界大戰將有爆發之虞。因為假如我果真那麼想過的話，我應該立刻帶著瑪蓮一起出發才合乎邏輯，否則至少也應該二人共同遠離直接的火線。況且縱使在最惡劣的情況下，南美洲也幾乎不可能成為戰場。

此時我發現自己的行動已基於一項假設，那就是世界危機並非源自美國在全球的野心與侵略行動（蘇聯則因為太弱而無法具有這種野心），而是由於雙方的政客及將領都喜歡玩一場危險的核子遊戲所致——他們固然明白使用核子武器就意謂自殺，情況卻很容易變得失控。如今我們已經曉得，那正是甘迺迪與赫魯雪夫二人從一九六二年「古巴飛彈危機」所得到的教訓，而且他們都不打算發動戰爭。簡言之，對我個人來說，冷戰雖然並未在一九六〇年代正式宣告結束，但其危險性早已大大降低。

凡是結了婚的人就必須做出長期規劃，即便所面臨的問題縱使想躲也躲不掉。而我早在幾年前就已經被迫面對一個問題，當時我因為之前的一段關係而有了一個小孩——我其他小孩的同父異母哥哥喬休爾。由於他的母親不願放棄自己的丈夫，使得喬休爾遠離了我的生活投入他人懷抱。到了一九六〇年代中葉，我成為安迪和茱莉亞的父親、初次擁有自己的小汽車，並且開車載著他們前往威爾斯北部的度假小屋。此外我在克拉彭一個尚未完全改建開發的地段擁有一棟大房子，首度成為屋主。一位一絲不苟的建築師朋友把房子分割成兩部分以後，由瑪蓮和我，以及那位沈默寡言的艾倫．西利托與他的詩人太太露絲．芬萊特共同購買下來。

「那個人贏了彩券嗎，還是怎麼來著？」當地的報紙經銷商曾經如此向瑪蓮問道，因為他在那個充分就業的年代根本無法理解，為何一位看起來既健康又體面的小伙子不必跟其他男人一樣，早出晚歸地上班工作。其實艾倫是個工作狂，情況正與大多數作家沒有兩樣。然而報紙經銷商的猜測並不算離譜：畢竟他寫出了《週六夜晚與週日早晨》[1]和《長跑者的孤獨》。如潮的佳評兼之以中等教育的蓬勃發展，使得那兩本作品成為當代經典名著，以及「中學普通教育證書課程」與「中學進階教育證書課程」指定用書，持續帶來了可觀的版稅收入。於是艾倫憑靠自己的書本即可度日，不必像其他自由作家那般過著永遠忙不完的生活。我卻只能為了貪圖打字方便而在家中寫作，因為我必須搭乘「北線」地鐵前往伯貝克學院上班，入夜之後才得以從那邊回來[2]。就另一方面而言，我也始終是個怪胎，因為我懶得從事園藝工作；更何況我有異於那些來自加勒比海、住在從我家前門通往旺茲沃思路一條短街上的電氣工人和運輸工人，我不把週日早晨花在清洗汽車一事上面。

顯然我已經順利上路，走向大學教師的日常生活與中產階級的派頭。此際除了旅行之外，再也難得出現值得在自傳裡面大書特書的事情，除非那是發生於作者和其他人腦海中的事件。這也是好幾代人以來撰寫知識分子傳記的作家們，經常會遭遇到的麻煩事。例如不論查爾斯·達爾文的成就有多麼崇高，當他一旦結束「小獵犬號」的旅程並完成終身大事之後，其人生最後四十年內的生活就沒有太多題材值得報導。人們頂多只能表示「他在肯特郡的『唐恩小築』過著鄉紳生活」[ii]，並對其健康之所以不佳的理由做出種種揣測。那位可敬學者所過的生活並未總是上演與其專業相關的戲碼，而他一生中其他各種戲劇化事件就彷彿辦公室內的行政事務一般，是唯有直接涉及者才會感興趣的事情。換言之，儘管家庭生活中不斷上演許多戲碼，而且當父母親與十幾歲的小孩相互起衝突時更加如此，但是對傳記讀者這樣的第三者來說，他們更在乎的通常是自己家庭中而非別人家裡面上演的戲碼，反正那些情節都令人熟悉。從這個角度來看，一九六〇年前後那幾年不僅構成了我生命中的分水嶺，也是這本自傳形式上的分水嶺。

不過，私人生活總是會融入無遠弗屆的各種歷史環境，其中最強有力的歷史環境，就是意想不到在那個年代出現的順境。它躡手躡腳來到我這一代人身邊，令我們猝不及防，我們當中的社會主義者更未做好準備來迎接資本主義獲得驚人成功的時代。然而到了一九六〇年代初期已經很難忽視這個事實。但我無法表示，當時我們已經看出我在《極端的年代》一書中所指稱的「黃金年代」。那要等到一九七三年以後才看得出來，也就是當那個時代已告結束之後。歷史學家跟其他每個人一樣，最厲害的地方就在於事後有先見之明。但不管怎麼樣，情況在一九六〇年代初期就已經相當明顯，我這一代的英國人——也就是那些在大戰結束時未滿三十歲的一般年輕人——發現自己的生活遠遠優於一九三〇年代所期待的水準。如果我們這個社會階層的男性成員寄望於「開創前程」，而非只是「去上班」的話（當時女性還難得有此選擇），我們開始發現自己表現得比父母那一代更好，有時甚至好出許多，那尤其是當我們比他們通過了更多考試的時候。

話要說回來，這個觀點並不適用於我們這一代的兩種人：其一是在戰時即已達到職業生涯高峰的人，於戰後平民生活相對而來的低潮期時，只能緬懷往日時光。其二則為既有上層階級的成員，其父母屬於一個封閉的團體，早已享盡榮華富貴、特權、威望與專業地位，身為子女的人原本僅需坐享其成即可。當然，他們可以自視為既得利益者，如果他們也走入父執輩當初獲得了過人成就的領域的話——政治、科學、傳統行業等等。可是又有誰不同情那些在父親陰影下從政的兒子們（溫斯頓．邱吉爾和藍道夫．邱吉爾即為其中最典型的例子[3]），或者是那些「皇家學會」成員或諾貝爾獎得主資質平庸的後代？而我和任何具有劍橋背景的學術工作者一樣，都曉得不少這樣的例證。

---

ii 見《世界名人傳略》（*Chambers Biographical Dictionary*），一九七四年版，【達爾文】。

但是對我們大多數人來說，戰後的生活宛如一台自動升降梯，我們無需特別努力即可得到高於期望的收獲。就連像我這樣的人，雖然職業生涯因為冷戰而受到異乎尋常的阻礙，仍然跟著那個時代齊頭並進。當然，這也必須歸功於歷史所帶來的好運道，讓我在當時學術圈的規模還不大、學者的地位仍很崇高之際加入這個行業。除此之外，邊沁主義者、自由主義者和費邊社改革者所設立的高標準，使得公務人員自從維多利亞時代與愛德華時代以來，能夠獲得相當不錯的收入。雖然英國的大學教師與歐陸國家不同，並不算是公務員，但他們仍然置身國家的羽翼下；國家則透過大學為期五年的共同發展計劃向他們挹注經費，不過同時也對之進行遙控。因此，只要這個圈子依舊很小、自由市場經濟形態仍被阻擋在外的話，那麼一般大學教師的薪資和地位，理所當然等同於一般管理層級的公務人員：雖不致讓人富裕得能夠滿足貪婪慾望，卻可過著像樣的中產階級生活。物價也還相當低廉，至少對那些思想前進、打算把子女送入公立學校就讀，並且找不到理由不該讓子女就讀公立學校的人來說，情況確實如此。

與工人階級相較之下，中產階級從福利國家那邊獲得了更多好處。和我一樣的人於是在那些年頭拒絕接受醫療保險給付——此做法主要出於原則上的理由，而非像後來那般，是因為對國民保健服務覺得洩氣才不肯投保。一九七〇年代初期的熱潮來臨之前，房價仍維持在可接受的範圍內，而房屋的增值自然為我們帶來了收益。在房價開始飆升的前夕，花不到二萬英鎊總支出便可在漢普斯德[4]買下一棟完全保有地產權的房子；若出售房屋，則可獲得七千英鎊淨利。對年紀輕輕即已結婚並育有子女的人來說，他們無疑必須長年過著相當拮据的生活、租露營車去度假，並藉由諸如在學校監考之類的方式來賺外快。但像我這樣之前沒有小孩、擔任大學中階職位、四十好幾才再婚的學術工作者，想養家活口並不成問題。的確，我根本不記得有過任何入不敷出的時候。當這樣的問題即將來臨之際，與日俱增的版稅收入和來自其他文藝活動的外快已可產生舒緩作用。不過在一九六〇年前後，我本薪以外的收入仍相當有限。

大戰之前已經成年的那幾代人，可以把自己戰後的生活拿來與父母親的生活做比較，也可以把它拿來跟自己戰前的期待對照一下。但他們很難發現——尤其每當面對一成不變的家庭生計壓力時——自己在西方新富裕社會所處的情況與往日有何不同，而且無論從形式上或程度上來看都是如此。畢竟開門七件事的本質並未發生變化，只不過因為新科技而變得比較簡單而已。一旦結婚以後，賺錢養家、照顧小孩、整理庭園、清潔衣物與洗滌碗盤等等，照樣佔滿了一對夫妻大多數的時間與想法。唯有年輕一代和腦筋轉得快的人才有辦法瞭解，這個社會提供各種機會，讓他們首度有足夠金錢來購買想要的東西、有足夠時間來做想做的事情，並且讓他們得以獨立於家庭之外。「青春」就是造成消費社會和西方文化出現革命性轉變的秘密因素。搖滾樂的崛起便是其中最戲劇化的例子，搖滾樂幾乎完全仰仗青少年與年方二十出頭的消費群，或者是那些於此年紀即已投身那種音樂的人。一九五五年搖滾樂剛誕生時，美國的唱片銷售總額為兩億七千七百萬美元，到了一九七三年即已超過二十億美元，其中百分之七十五至八十來自搖滾樂和類似的音樂。

我當然不屬於搖滾樂世代，但很慶幸自己能夠躬逢其盛，目睹英國那一代人的誕生。因為隨後的發展顯示，某種形式的爵士音樂在英國成為老派青年流行音樂與搖滾革命之間的橋樑。我在一九五五年結束了國王學院的研究員身分後，便返回倫敦居住，並以職業化的方式涉足爵士音樂。相較於過去免費住在劍橋，現在我必須在倫敦支付房租，於是想出一個辦法來賺些外快。大約就在此刻，倫敦文化界面臨一九五〇年代所謂「憤怒的青年」之挑戰，覺得應該多留意於爵士音樂，因為那是他們宣洩情緒的管道。像《觀察家報》就聘請了一名憤青——金斯利．艾米思——撰寫爵士樂評。當時他已開始從左翼青年轉變成保守老人，但還沒有定型成為日後那個沈溺於俱樂部吧檯的反動分子。雖然我從一九三〇年代初葉以來，就認為自己比不過那些博學多聞的爵士行家，相當不適合從事爵士樂評工作；不過在我看來，我對這個領域至少瞭解得跟金斯利．艾米思一樣多，更何況我接觸爵士音樂的時間比他久。

於是我毛遂自薦找上了一位出身倫敦政經學院的昔日黨內同志諾曼．麥肯錫。當時他正好任職於《新政治家與國家》，我便向他提出建議，表示他們的雜誌也應該刊出爵士樂評。那份週刊在總編輯金斯利．馬丁的卓越帶領下，正處於全盛時期。他自己雖然既不瞭解爵士音樂又缺乏興趣，但也看得出來有必要迎合新的文化風潮，至少可以透過每月一次的專欄來這麼做。他隨即向我做出說明：我替他們撰稿時必須牢記在心，其理想中的標準讀者是四十歲出頭的公職人員。接著他把我交給該雜誌的文藝版負責人，那位令人欽佩的珍妮特．亞當．史密斯——她幾乎清楚一切與文學和登山有關的事宜，而且對各個藝術領域也不例外，但爵士音樂並不包括在內。而我由於不打算把大學教師和爵士樂評的身分混為一談，於是在之後十年左右的時間內，以法蘭西斯．牛頓做為筆名。那個名字衍生自少數曾加入共產黨的著名爵士樂手之一，法蘭基．牛頓。他是一位非常傑出但未能成為超級巨星的小號手，曾與比莉．哈樂黛一同為柯摩多爾唱片公司，灌錄《奇異的果實》[5]那套了不起的專輯。

爵士音樂不僅僅是「一種特定的音樂類型」，更是「我們所生活社會的一種非凡觀點」[iii]，況且它還是整個娛樂工業的一部分。但除此之外，《新政治家與國家》的讀者難得有人欣賞過爵士演奏會，或者買過瑟隆尼斯．孟克的唱片。不過我還是喜出望外地發現，一九五〇年代下半葉是爵士音樂的新黃金時代。那些美國明星樂手因為工會糾紛被阻擋在門外二十年以後，現在紛紛重返英倫三島。於是我撰寫稿件的時候，並非僅僅自視為演奏會、唱片和相關書籍的評論員而已，同時也具有歷史學者和記者的身分。更幸運的是（或許透過了丹尼斯表哥），我很快就與一家規模雖小，但走在文化尖端的麥吉本與基伊出版社取得接觸。它當時的出資人是一位喜怒無常、支持工黨的百萬富豪——霍華德．山繆，已經出版了幾本由韓福瑞．利特頓以及科林．麥金尼斯撰寫的書籍。前者很可能是唯一出身伊頓公學的爵士樂團團長；後者是一位難以相處、寂寞不堪、深受折磨的一九五〇年代倫敦社會現象發掘者，他十分熟悉並著書介紹了新出現的倫敦黑人移民，以及音樂開始滲入青少年文化之初的情形。他們都希望我能夠寫出一本有關爵士音樂的書。

於是《爵士風情》問世於一九五九年，也就是我發表第一本歷史著作的同一年。那本書頗受歡迎，雖然並未帶來多少收入[iv]，卻鼓勵我更有系統性地進一步探索爵士樂壇。此事並不困難，因為某些在一九三〇年代早期便著迷於爵士音樂的人，已投身音樂事業擔任經紀人或製作人，像丹尼斯表哥即為其中之一，已然在英國爵士音樂及民謠音樂等範疇內成為頂尖的唱片製作人。其財富確也隨著一些在他那邊出唱片的藝人而水漲船高，例如羅尼．多尼根的《岩石島鐵路》（那是一首囚犯之歌，最初由偉大的利德貝利灌錄），就在一九五六年的春天爆紅。同樣幸運的是，當時我還未婚，而且在一所晚上六點鐘以後才上課的夜校教書，這讓我得以融入組成那個演藝事業的夜貓族之生活韻律。更何況我住在布魯姆斯伯里，僅需步行十分鐘即可抵達西區的任何演出場地。於是我毫不費力地投入自己所習慣扮演的角色，成為「實地參與的觀察者」或一個「喜歡多管閒事的人」。

爵士圈內人絕非青少年。但不論是當時我對「傳統爵士」或「史基佛音樂」[6]的側寫，還是羅傑．

---

iii 法蘭西斯．牛頓，《爵士風情》（*The Jazz Scene*），倫敦，一九五九年，導言，頁1。

iv 《爵士風情》於一九六〇年在美國付梓，由一家小型的左派出版社發行。其增訂版則於一九六一年由「企鵝圖書」推出，接著法文譯本被納入由費爾南．布勞岱爾主編的一個系列，此外並被翻譯為義大利文與捷克文。

梅恩為《爵士風情》第一版所拍攝的插圖照片，都清楚地顯示出：他們所創作的音樂主要激發出了一種「老小孩」的運動。他們是青年文化的一環，對我們這些不論出於何種理由而徘徊於其外圍的人來說，那在當時是明顯即可觀察到的現象。但只有像科林．麥金尼斯那般喜好青少年反叛性格與獨立作風的人，才有辦法與他們一拍即合。儘管如此，除了一些音樂家和歌手身邊的女性明顯過著縱慾生活之外，那個運動還沒有發展成為一種反文化。至少在一九六〇年代以前的英國，那種情況尚未發生。

但無論如何，一九六〇年代青年反文化的許多主要特徵，都接收自老一輩爵士樂手——尤其包括了毒品和某些特定生活型態。我曾經將那種生活型態描繪成「一個由黑人（以及白人）職業音樂家所組成的漂泊流浪群體，生活於對外封閉、自給自足，由流行樂手與其他夜間活動者所構成的小小孤島上」，而那些地方亦可讓白日工作者於天黑之後擺脫自己的束縛。這還未必具有日後的反文化意涵，其原因在於爵士音樂家幾乎具有無限的包容力，可忍受各式各樣的人類行為，只不過他們通常不會公開表現出來而已。爵士圈比較接近「反文化」的現象，必須在其周邊地帶、支持者及外圍仰慕者身上才找得到。其中例如爵士樂手現任的女朋友們——她們幾個小時內即可在街頭賺取數百英鎊（那在一九五〇年代是一大筆錢），隨即前往摩洛哥度度假；例如肯尼斯．泰南之類特意抗拒中產階級傳統價值的人物；又如某些出身中產階級的中年人士，他們刻意想展示社會邊緣人的身分，於是在法蘭西斯．培根那位畫家的酒窟狂飲：由茉瑞爾．貝爾徹所開設、位於蘇活區弗里思街的「殖民地俱樂部」[7]。

茉瑞爾那些多半是同性戀者的酒客其實並不特別偏好爵士樂，不過把我引薦到俱樂部一樓邋遢房間裡面的人，卻是一位稱讚《爵士風情》的書評者。此外在那邊頗有機會遇見科林．麥金尼斯，以及喬治．梅利。麥金尼斯雖然盛讚爵士樂，對之並無認識；梅利則是爵士歌手，並且瞭解爵士樂。梅利屬於英國爵士樂壇的外圍分子，其成員往往是從中產階級體面生活脫逃出來的難民，要不然就是一些將自己的音樂與自己在文字世界和圖像世界的工作結合起來的人。例如對樂迷而言，喬治·梅利是一位自我解嘲、風格接近音樂廳演奏家的藍調歌手，瓦利·福克斯則是以演奏單簧管出名。在循規蹈矩的世界，他們二人因為共同創作多格漫畫而出名：那些極受歡迎的漫畫以謔而不虐的方式，諷刺了一些顯然來自另一個世界的人，但那個世界當時還不叫做「媒體世界」。

第三種改變——而且是更容易發現的改變——則為一九五六年之後在政治環境或意識型態上的不同氛圍。現在我看得出來，促成改變的新因素就是帝國的終結，但英國在一九六〇年代以前還無法認清此點。

儘管冷戰依然持續進行，不過在西方政府機關外面，公眾的反共情緒已開始消退。無論柏林圍牆受到多麼大的譴責，它在一九六〇年以後穩固了兩大超級強權帝國在歐洲的疆界，而且雙方都不認真以為對方打算越過圍牆。但我們仍舊生活在核子世界末日的烏雲下。一九六二年的古巴飛彈危機使得那種情況迫在眉睫。到了一九六三年，史坦利·庫伯利克即以此為素材拍攝了《奇愛博士》，但此時它已經變成令人發噱的黑色幽默[8]。英國在一九五九年單方面發起了「核裁軍運動」，這是英國左派所進行過的最大規模群眾運動；然而這個運動既無意也無法對美蘇的核子軍備競賽發揮影響力，縱使許多英國人衷心期盼藉此為世界樹立良好的道德典範。其意圖在於擺脫冷戰，而更精確的說法或許是：要讓英國習慣於自己已不再是一個強權國家和世界帝國。（「英國必須擁有自己的核武能力以嚇阻蘇聯攻擊」這種論點，根本毫無意義可言。更何況現在我們已經曉得，當初英國政府製造原子彈的理由與其說是威懾莫斯科，倒不如說是想保住自己的國際地位，並在美國面前維護自己的獨立性。）

撫今追昔便可清楚發現，去殖民化所產生的附帶效應之一，日益形塑了一九五六年以後的左派政策，而且在英國特別如此，因為有從加勒比海舊帝國殖民地湧入的大量移民。法國第四共和的危機雖與冷戰無甚關連，卻與阿爾及利亞的自由鬥爭密不可分。我依然記得一九五八年舉行於「聚友屋」的一場大規模集會，其宗旨在於抗議軍事政變結束了法國第四共和；保羅·約翰遜那位慷慨激昂的紅髮記者（當時他還是叛逆的左派天主教徒）曾於會中發表演說，把戴高樂將軍斥責為下一名法西斯獨裁者。法國在阿爾吉利亞動用酷刑的駭人聽聞事件被輿論界廣泛披露後，使得「國際特赦組織」（創立於一九六一年）成為一個著眼於西方的跨國行動團體，而且其最初的主要目標並不在於反對東方的侵犯人權行為。

隨著美國民權運動的勃興，再加上有色移民湧進英國，種族主義成為左派人士遠較以往更加重視的中心課題。而我透過爵士音樂，在一九五八年發生所謂的「諾丁丘」——其實是「諾丁谷」——種族騷動之後，與早期的英國反種族主義運動產生了關連，此即所謂的「群星支持國際友誼運動」。雖然它並非一個真正的政治行動（即便科林·麥金尼斯曾走遍那一帶——那裡剛好是他最喜歡落腳之處——在信箱內放置與該活動有關的新聞通報），卻成為現代媒體行動的範例，而且就跟許多性質相近的運動一般，於成功打響名號幾個月之後就虎頭蛇尾地結束了。不過這項運動的確動員了不少「明星」，而且那些人主要來自爵士樂壇，其中包括許多英國最富盛名的人物，諸如強尼·丹克沃斯、克莉歐·蓮恩、韓福瑞·利特頓、克里斯·巴伯，以及一些流行音樂歌星。其有力效果則來自於主事者善於炒作新聞、將之送上電視畫面的能力，例如一九五八年由不同族群兒童在電視上演出的聖誕晚會，就是其中極具創意的構想之一。那個運動持續進行的時候，並從能力過人、令人欽佩的克勞蒂亞·瓊斯[9]那邊獲得了寶貴的協助。她是一位出生於西印度群島的美國共產黨要員，曾在獵巫年代以「非公民」的身分遭到美國驅逐，從此竭盡心力將黨的效率及政治結構引入倫敦西區的加勒比海移民團體，並獲得英國共產黨支援。這位非凡的女性現在已經不公平地遭到遺忘，人們或許只記得，當初她共同創辦了諾丁丘嘉年華會，那個已不再具有政治意味的年度盛事。

一直要等到一九六〇年代，對第三世界的熱情才成為鼓舞左派的主要力量，而且它不經意地削弱了西方自由派及社會民主派冷戰十字軍理論家的聲勢。但古巴革命已在一九五〇年代末期展現威力，即將為世界革命的圖像注入新畫面，以致讓美國顯得像是巨人歌利亞一般，面臨一個留著大鬍子的年輕大衛王所進行的頑強反抗。一九六一年入侵「豬灣」的行動立即招來不滿——其立即的程度，與一九五六年蘇聯入侵匈牙利所引發的反應不相上下——而且不滿情緒已從常見的反對黨派和陳情團體蔓延出去，遠遠超出了傳統抗議者的範疇。消息見報的當天早上，肯尼斯·泰南沮喪地打電話向我表示：「現在該有所動作了，而且越快越好！可是我們該從何下手呢？」他是一個名符其實的左派人物，而瑪蓮和我始終挺身為他的政治真誠做出辯護，來駁斥那些指責他故作姿態的人，況且他絕非那種司空見慣的「在台上亂唱高調者」。倘若他真是那種人物的話，就應該曉得自己該裝出什麼樣的表現才對。那時我們按照慣例成立委員會、召集一些固定露面的「可疑分子」來簽署抗議函，並組織了一個前往海德公園的遊行隊伍。我一輩子唯獨那一次想不起來到底有哪些人發表了演說，但此次的健忘令我驚喜，因為那一回的示威活動至少在表面上已截然不同於往日的左派遊行。捍衛卡斯楚的呼聲則由泰南，或更可能是由他的得力助手克萊夫·古德溫（演員、經紀人和行動主義者）高喊出來，而且這項呼籲動員了許多年輕的男女演員，以及來自時尚經紀公司的年輕女性。就我記憶所及，那是我曾見過最美麗的政治活動。其景象令人賞心悅目，而且最令大家興奮的事情，就是曉得美國的入侵行動當時已遭挫敗。

我自己和整個世界便在幾乎不知不覺的情況下，從一九五〇年代滑入了一九六〇年代的新氛圍。甚至就政治方面而言，儘管我在一九五六年以後既未決定退黨亦未遭開除黨籍，我感覺自己不再像昔日的黨員那般受到孤立了。對支持新政治運動的那些人來說，政黨標籤已不再如此重要，不論那是反核、反帝國主義、反種族主義，還是其他的各種運動。當一些共黨歷史學家在一九五二年——亦即冷戰時期所能想像得到的最惡劣年代——創辦《過去與現在》那份歷史雜誌的時候，我們已費心盡力將之規劃為一份不具馬克思主義色彩的期刊，讓它變成史學界「人民陣線」的通用平台。審稿標準不在於撰寫者的意識型態管窺之見，而是文章的實質內容。我們迫不及待想擴大編輯委員會的組成基礎，但創刊之初的編輯委員當然仍以共產黨員為主，那是因為難得有人膽敢與布爾什維克同桌共坐的緣故。極少數勇於這麼做的人（例如AHM・瓊斯），則通常是已有穩固學術地位的激進英國籍歷史學家。傑出的藝術史家魯道夫・威特考爾實際上遭到警告，不准接受我們的邀請；摩西・芬利那位被劍橋收容的美國麥卡錫主義受難者[10]，則要過了十年以後才改變心意開始為我們寫稿。

我們除了急於擴大編輯小組之外，也同樣非常希望廣邀撰稿者。就第一個目標而言，我們失敗了許多年。但歸功於我們在年輕學者之間的良好聲譽，第二項目標很快就有了較佳的表現。時至一九五八年，我們終於獲得成功。一群即將聲譽鵲起的非馬克思主義派歷史學家，在勞倫斯・史東（正準備前往普林斯頓大學）和約翰・艾略特爵士（日後牛津大學欽定講座教授）之領導下，對我們的目標產生了共鳴。但當時他們仍覺得難以投效一個昔日的紅色機構，因而提議集體加入，但先決條件是我們必須拿掉刊頭會教人產生意識型態聯想的用語：一份科學性歷史雜誌[11]。這個代價可謂惠而不費。他們並不過問我們的政治意見——編輯委員會中實際上已很難再遇見基本教義派的共產黨員——而我們也不過問他們的政治立場。從此以後，委員會內部從未出現過意識型態方面的問題。就連一向堅持拒絕將我們刊物納入館藏的倫敦大學歷史研究所，也終於做出讓步。

於是我的職業生涯與私人生活都在某種程度內變得「正常」，我所處的世界至少看起來已較不危險和較無臨時性質（即便我曾做出相反論述），而且絕對是比較繁榮。其中的第一個觀察結果已經無法否認，儘管我的學術生涯還需要一些時間來拓展。我一直要等到一九七〇年代，也就是我已經五十好幾的時候，才正式獲得教席或得到慣常的官方學術認證——各種院士身分、最初的榮譽學位等等。回首前塵往事，我只能將之視為難得的運氣，因為事業上最糟糕的狀況就是過早登上巔峰，然後在平坦的高原上長途跋涉，或者更加惡劣的情形甚至莫過於，在目前的表現與往昔建立起聲譽的傑作之間苟延殘喘。正因為我起步得比較晚，而且被阻撓了這麼多年，才得以在別人只能期待自己不會江河日下的年齡，繼續向前瞻望許多更美好的事物。

至於這個世界，我們已經相當清楚此種穩定情況只是表象而已，縱使其在經濟與科技上的大躍進顯而易見。但即便如此，對我們這些有幸居住於中歐和西歐的人來說，那些突飛猛進的現象並非幻覺。或許我們尚未充分瞭解自己的好運道，但我們確實生活於一些受祝福的國度：這個地區內沒有戰爭、無須畏懼將出現社會動亂、大多數人過著富裕的日子、在生活及休閒上享有各種選擇，而且在我們父母親的年代，這種社會安全的程度是除了富豪之外人人遙不可及、是窮人連做夢也想像不到的事情。也就是說，我們居住在世界上最美好的地方。

但我很快就會發現，這種論點無法適用於地球上的其他地區。更何況一九六〇年代即將呈現出來，這種生活並無法讓那些受祝福國度的居民感到滿足。

第十四章

克尼赫特山下
UNDER CNICHT

一九六一年，我與伯特蘭．羅素以及其他大約一萬二千人，在特拉法加廣場參加了一場著名的反核靜坐示威活動，僥倖未遭警方逮捕。示威結束後不久，我的老朋友與使徒會兄弟羅賓．甘迪告訴我說：我看起來壓力不小，如果跟著他前往威爾斯北部度幾天假的話，對我應該會有助益。他在當地一座破敗的禮拜堂旁邊，擁有一棟簡樸得近乎原始的小屋，而且他喜歡在那裡一邊漫步山丘、攀爬岩壁，一邊思索有關數理邏輯的問題。在那些年頭，英國美妙的小型鄉間鐵路網尚未毀壞，我們仍可於綠樹掩映下悠然旅行穿越威爾斯中部的心臟地帶。一抵達海岸線以後，先轉乘不算完全命名失當的「威爾斯海岸快速列車」[1]，而後在彭林代德雷斯下車，便來到當時英語人士口中的梅里奧尼思郡[2]。那裡是英倫三島碩果僅存經由公民投票決議，禁止在星期日販售酒類或公開飲酒的地區。

羅賓騎在摩托車上，身著慣常穿戴的整套黑色皮衣過來迎接，讓我省下了好幾英里冤枉路，不必辛苦翻越海岸山脊，接著踏過平坦如桌面的河口沙地——所謂的特雷斯[3]。特雷斯原本是小海灣，直到一位馬多克斯先生在十九世紀初期建造海堤，將海水排出為止；其旁新建成的港口從此以他來命名，就叫做波特馬多克[4]。在馬多克斯時代，講求進步的外來訪客曾極力讚揚那項工程，名詩人雪萊也包括在內。興建海堤之前，船舶可利用克尼赫特山外型顯眼的三角錐[5]，以之做為地標一直航行至山腳下。克尼赫特山（騎士山）這個名字則說明了，其形狀令人聯想起中世紀的武士頭盔。從道路離開特雷斯的地方開始算起，一直緩緩向上延伸至高聳於克尼赫特山麓的克羅伊瑟山谷，這個地帶便屬於克拉夫王國的領域。此後四分之一個世紀內，除了我自己之外，我再婚以後還帶著瑪蓮與孩子們，於此地消磨了大部分的假日時光。

這個王國的統治者與名副其實的締造者，克拉夫・威廉斯－埃利斯，是一位高大、正直、慈祥、有著古羅馬式鼻樑的老先生。他一成不變地穿著粗花呢外套、馬褲與黃色長襪——並且是唯一用這身行頭前往倫敦雅典娜俱樂部進行拜訪活動的人。當時他已年近八十[6]。對新世代的人來說，他出生長大的英國就跟托爾斯泰時代的俄國一樣遙遠陌生。而向新世代介紹克拉夫的最佳方法，就是說明一件事：當他在一戰期間結婚時，其軍官同僚問他想要什麼樣的結婚禮物，他表示希望建造一棟荒誕的裝飾性建築物，亦即一座模仿中世紀風格、可以俯瞰海景的小型城堡。結果他真的把房子蓋了出來。

人們穿越一扇鐵柵門便進入了他的天地。門上漆著克拉夫式的綠色，這也是克拉夫王國各種鐵器與木製品固定採用的顏色[7]。其宅邸布隆當努莊園主入口正對面有一座古意盎然的小山丘，上面佈置出美妙的巴洛克式花園。園中以典型克拉夫風格的瓶甕與拱門構成框架，可讓人從中遠眺斯諾登峰[8]。走出莊園門外之後，有幾百碼緩升坡道供人漫步，兩旁的樹木也是他親手栽種的。（樹木是他熱愛的許多事物之一。當他曉得有人提議把通往雄偉的斯托大院[9]的美麗林蔭大道出售給土地開發商時，不禁怒從中來，於是將該地改建成一所寄宿學校，並將林蔭大道購入以便妥善維護。這或許就是他對建校計劃最重要的貢獻。）

我們家的兒女很喜歡在那裡的塔樓玩耍和攀爬樓梯。樓梯不通往任何地方，但可讓人遙望海景，以及遠眺海面另一邊的荒原沼澤地。荒原後方數英里外，即有大墨優文山和小墨優文山躍然眼前。它們是克拉夫王國之內的另外兩座山頭，而且克拉夫就把自己的兒子命名為墨優文，只可惜他未能從戰爭中生還。一部以中國為主題的電影曾經來這兒取景，使得克拉夫欣喜萬分。但他所喜愛的並非那種類型的怪誕浪漫場面，而是表演活動，更何況還有許多大明星在場。此外幾可確定的是，電影公司之所以前往梅里奧尼思郡取景[10]，並不在於那裡有一小塊地方比英國的任何地點更加適合冒充中國，反而是因為電影明星和攝製人員可以下榻於克拉夫最著名作品的緣故。那就是他最偉大的荒誕建築群——波特梅里恩村。

波特梅里恩村無論在當時和現在都是一座實物大小、準巴洛克式的玩具城，假裝位於義大利的蔚藍海岸。它無論就色彩或其他方面而言都唯妙唯肖，卻驀然浮現於遍佈杜鵑花的山岩之間，矗立在通往卡迪根灣的寬闊灰色河口水道上方。為了支付不斷擴建所需的費用，克拉夫將其中一部分興建成旅館和度假村——此類設施讓那些略具波希米亞性格的演藝界人士難以抗拒（但吸引力來自煙火秀而非高爾夫球場）。最後他還勉為其難向單日來回遊客收取費用，藉以支付擴建開銷。（他們家的朋友則可以免費出入。）波特梅里恩村沒有任何東西顯得完全真實。儘管其中佈滿了貨真價實、由克拉夫從各地廢墟蒐羅過來的雕像和建築裝飾，那裡的一切事物卻都代表著白日夢，甚至不無演成惡夢的可能。後來一部名叫《囚犯》的英國電視偶像劇系列[11]，選擇了波特梅里恩村做為場景。劇中有一名卡夫卡式的受難者，發現自己困處在一個充滿魔法與危險的環境之中，不管怎麼樣都無法脫逃出去。該劇集的製作群也出現了同樣感受，於是拍攝十七集以後便戛然而止。《囚犯》卻爭取到廣大的影迷，直到今天都還不時為他們重播一遍。

克拉夫固然以專業建築師的身分為傲，但就某些方面而言，他也在自己創造出來的天地裡面成為無路可逃的犧牲者。身為一個地主家庭的么子，他必須外出謀生，致力於從小嚮往、符合其出身背景與性格傾向的建築事業。他只接受過一個學期的正式訓練。為了彌補專業技能的不足，他憑藉自己在鄉間的根基、熱烈的求知精神，以及一位英俊而充滿魅力、出身上流家庭的年輕人，在愛德華時代的週末派對上輕易可建立的人脈——畢竟那是他自己的時代。他的朋友或朋友的朋友，讓他先有機會修築馬廄，接著蓋出莊園小屋，而後興建鄉間豪宅的側廳以及寄宿學校，再來甚至是一整座龐大的愛德華式建築群：位於布雷肯郡瓦伊河畔的藍戈依德大宅，而且它至今仍以旅館的形式保存了下來。（其實他造出來的房子多半規模不大。）波特梅里恩村則使得他被冠上「不務正業建築師」的稱號，那是因為柯比意與密斯．凡．德．羅那些建築大師的時代所講求的，是高度發達的清教徒式專業標準。他一直要等到八十七歲高齡才正式獲得官方褒揚，被晉封為克拉夫．威廉斯－埃利斯爵士。

克拉夫其實完全受到了誤解。對他而言，建築物如果沒有樹木、外牆、視野，缺少了通往農莊、小屋或水邊的道路，就不具有真正的意義。他希望創造或形塑的並非建築物，而是一些可供人和諧生活及工作於其中的微型世界。那裡由磚石結構、野性十足或經過馴化的風光、從兩排樹木中間望出去的遠景、各式象徵物和紀念碑共同組成一個整體，而且當然也可以供遊客前來欽羨景仰。由於波特梅里恩村不是供人們進行日常活動的地方，而是一個休憩的場所、一種「心靈的遊戲」——或換種較嚴肅的講法，那是對烏托邦的短暫夢想——它並不符合克拉夫的典型作風。他理想中的人物並非勒琴斯[12]，而是赫德隆老爺，也就是湯瑪斯．勒弗．皮考克《赫德隆大宅》那部諷刺小說當中，威爾斯荒郊野外一座宅邸的擁有者、積極塑造者和嚮導。（皮考克是詩人雪萊的摯友，以及逗趣的威爾斯愛慕者，他所撰寫的小說——其實是浮世繪——乃克拉夫王國內的必備讀物。）

這種莊園的精髓，便在於特色十足地結合了荒野的自然美、貧瘠窮困，以及居民對視覺美學的不在意——就擅長音樂與文字的威爾斯人而言，這毋寧是令人驚訝的現象。儘管克拉夫認為有必要透過適當的象徵性磚石建築與金屬製品來美化莊園，同時吸引人注意其激發浪漫想像的潛力，但他創造出來的環境並不著眼於美麗，而是讓環境呈現自我。其中尤其重要的工作，就是讓它們保持本色。早在一九二〇年代，克拉夫已經發起維護田園景觀的運動，藉以抗拒如章魚般漫無規劃的土地開發。他在兩次世界大戰之間買下了構成其王國的荒涼山坡地、沼澤區與山脈，並儘可能使之保持原貌。雖然他只是手頭寬裕而非十分富有，幸好當時那些地方都缺乏實際商業價值，所以「在倫敦每進帳十基尼，便足以在山區買下許多畝地。」[i]

的確，克拉夫的王國雖然包羅萬象，卻並不合乎傳統上對「美麗」的定義。它又怎能合乎那種定義呢？此地多半是宛如鬼魅一般、毀壞了兩次的鄉間多石地帶，不但向來貧窮，現在更日趨荒蕪。原因是當地一些缺乏經濟效益的小型山地農場已經衰頹；巨型採石場雖曾於維多利亞時代向英國營造業提供屋頂用料，暫時舒緩了山區不毛之地的生活困境，如今亦已永遠沒落。那裡名副其實充滿了後工業社會的廢墟景象。人們從布萊奈費斯蒂尼奧格死寂的巨大板岩礦群向上攀爬，便來到庫摩爾辛荒涼如月球表面的廢棄採石場，以及紅嘴山鴉群聚的簡陋工寮。然後可以沿著棄置的鐵路軌道，穿越光禿禿的克羅伊瑟山谷一直往下走。那條鐵路曾經為現在同樣已關閉的克羅伊瑟採石場提供服務，而附屬於採石場的諸多小屋之一，便在許多年內成為我們全家的住處。舊鐵路從那裡順著一條既荒蕪又漫長的坡道繼續向下延伸，若是在從前的話，滿載石板的車廂就利用重力一路滑行通過特雷斯，最後抵達波特馬多克，將石板裝船運出。克羅伊瑟山谷同時也呈現出後農業時代的廢墟景象，其情況正如同當地大詩人RS．湯瑪斯[13]於其《威爾斯山地》一詩中所吟詠的：

苔蘚與霉斑密布在冰冷煙囪之上

---

i 理查．哈斯蘭（Richard Haslam）一九八三年七月二十一日《鄉間生活》（*Country Life*）的專文，頁131。

蕁麻不斷生長已穿透了屋門裂縫
房舍空蕩蕩地聳立於楠特艾拉村
濃密太陽光束灑入百孔千瘡屋頂
原野已回復至沼澤區的蕭條模樣

即便在一九六〇年代，觀光業也只能緩緩開始帶來生機。那是因為斯諾登峰雖然從當地舉目可見，但斯諾登尼亞國家公園最美麗的主要景點（以及各個登山中心），距此仍有數哩之遙。往昔每天有兩百人從蘭弗羅森和彭林代德雷斯搭乘火車，沿著窄軌的費斯蒂尼奧格鐵路，前往布萊奈費斯蒂尼奧格的巨大採石場上工。但那條鐵路早已廢棄，如今剛剛由一群熱情的業餘愛好者加以整修，讓觀光客心存感激，不必再擔心自己的孩子們無處可去。但我們待在北威爾斯的大多數年頭裡面，鐵軌依舊湮沒於山坡蔓生的雜草之中，要過了很久以後才終於有火車重新駛回波特馬多克。[14]

克拉夫身為自己王國的統治者，花了許多功夫讓那些名副其實的廢墟可以住人，並設法在人口日減的山坡地上，讓空蕩蕩的牆壁內部重現生機。我們的第一座小屋，位於克羅伊瑟石礦村外面已被開挖得光禿禿的山谷，是當地採石場建造於迎風面的四棟工寮之一。那時該地唯一的固定住戶，就是深受我們喜愛的奈莉·瓊斯。她在鄰近的廚房內養育三名生父各異的小孩和一條狗，同時負責替那些幾乎同樣喧鬧的英格蘭外來客看門。（克羅伊瑟的村莊本身——稱之為小聚落還比較恰當——則即將失去村內唯一的商店兼小郵局。只有當地的迷你小學因為居民不斷進行抗爭，再加上克拉夫向未婚或遭遺棄的媽媽們提供空房子的做法，才沒有跟著關門大吉。）

我們的第二棟小屋則是一座十六世紀的廢墟。它原本是安維爾家族大宅院的一部分，後來隨著十八世紀的艱難時光而傾圮。克拉夫於是把舊宅整修起來，提供給一些喜歡浪漫環境而不講究居住舒適的倫敦人使用。其間他發揮自己的典型作風，保留了一段由三英尺高的石塊築成的突出石牆，但荒廢了幾個世紀下來，牆中央已長出一棵高聳的樹木。我們因而堅持在租約內增列保護條款，以便應付萬一大樹被狂風吹倒、將房子大半壓毀以後的狀況。我懷疑克拉夫領地內凡是住了人的房屋，可曾有任何一棟未經他加以新建、修復，或改裝成適合居住。但無論如何，屋內的住戶至少屬於兩個截然不同、罕有共通之處的族群：在此擁有第二個家的人或新移居者，以及威爾斯本地人。

新移居者為各式各樣的英國中產階級知識分子，再加上若干放浪不羈的波希米亞人。在某種程度內，他們大多直接或間接與威廉斯－埃利斯家庭有所關連。那主要是出於劍橋大學的緣故，因為它也是克拉夫及其已故兒子基多的母校。基多在國王學院的朋友們早已成為布隆當努莊園的常客，其中一人甚至變成了克拉夫的女婿。羅賓．甘迪當初正是透過劍橋的關係而來到這個山谷。每位新移居者都傾向於回去找來自己的朋友、同儕、師長與學生，而那些人抵達此地以後，也都逐一被眼前的景觀所征服：先是霍布斯邦夫婦，然後多出兩個小孩；其次是瑪蓮的哥哥瓦爾特．史瓦茲，再加上妻子與五個小孩；接著是EP和陶樂絲．湯普森那一對歷史學家夫婦，住在墨優文山地勢較低的山坡上。此外還有班奈特家族的幾位子女——他們的父執輩都是英語文學導師及劍橋學術圈的支柱。

一些劍橋大人物的姓名，則早已透過不同方式與克拉夫王國聯結在一起：哲學家伯特蘭．羅素住在波特梅里恩半島；諾貝爾物理學獎得主派屈克．布萊克特退休之後，遷居至布隆當努莊園上方不遠的一棟昔日度假小屋，地點就在他女兒位於克羅伊瑟的房子附近；李約瑟那位偉大的中國科學史家每逢假日，便固定帶著自己的兩位女性友人之一前來波特梅里恩村——他的太太想必還留在劍橋家中。長年擔任《自然》雜誌主編的約翰．馬多克斯深深著迷於此地，於是向克拉夫租下一棟位於特雷斯的小屋；我的老師，經濟史學家波斯坦，以及其妻辛西亞（凱佩爾）女勳爵則擁有一棟曾經是學校的房子，地點在費斯蒂尼奧格的周邊地帶。

有人將此氛圍稱做「威爾斯的布魯姆斯伯里團體」[15]——該用語的創造者為魯伯特・克勞謝－威廉斯，他是當地一位富有魅力、深具憂鬱氣息的哲學家，而且正是他把羅素帶來這裡。這個用語雖不無誇大之嫌，以英語為母語的人士的確在波特梅里恩半島、克羅伊瑟山谷與費斯蒂尼奧格等地，逐漸形成一種既緊密又活潑的社會生活。北威爾斯假期最典型的聲響，便是站在門廊上的訪客從防水衣抖落雨水、脫下濕淋淋橡膠靴時所發出的噪音。這時他們正準備進入低矮天花板下的農舍來自得其樂或接受款待。由於其中有許多人是靠舞文弄墨糊口，這使得一種打趣的說法於詩意中蘊涵了幾分實情：每逢無風的克羅伊瑟山谷夜晚，打字機敲擊之聲始終不絕於耳。

雖然劍橋與科學有著密不可分的關係，但我猜想最樂於見到那麼多金頭腦聚集於當地後山的人，莫過於克拉夫的太太——女作家艾瑪蓓爾・威廉斯－埃利斯。艾瑪蓓爾出身自斯特雷奇家族，那個知識分子地主家庭與印度關係久遠、與牛津和劍橋均頗有淵源，並積極涉足政治。她擔任新聞記者的父親聖洛・斯特雷奇已經累積了可觀的政治資源。她的弟弟約翰・斯特雷奇則一再變更路線，起先追隨當時工黨激進派寄予厚望的奧斯華德・莫斯利爵士，直到那個好色之徒變成英國法西斯領袖為止；接著他成為一九三〇年代最出名的共黨知識分子。他在一九四〇年又與共產黨分道揚鑣，一九四五以後在工黨政府成為一名地位突出但不甚成功的閣員。艾瑪蓓爾自己曾經暗中入黨，仍相當懷念共產黨還是一個由兄弟姐妹所組成的半地下化戰鬥組織的日子。她很高興有我來幫她重溫往日回憶、共同閒聊關於同志們的事情。但她歡迎我的最主要理由，或許還是因為把我當作可靠的對談者，可以一起討論知識話題的緣故。

於是她經常滿懷回憶親自開車前往我們的小屋，一路上表現出老邁駕駛人的過度小心，以及十分危險的緩慢動作。幸好除了本地居民以外難得有人使用克羅伊瑟的馬路，所以交通狀況還容許得了像她這樣的駕駛。艾瑪蓓爾對知識的熱情，比克拉夫高出了許多。她從小就夢想成為科學家，只可惜這並非她那種出身背景的女流所該做的事情。事實上，她從未被送入學校就讀。她成為了作家，後來最出名的身分是兒童文學作家，至於她對克拉夫的寫作與思維所做出的重大貢獻，則按照那一代人慣常的做法，統統歸入克拉夫名下。艾瑪蓓爾絕非悲劇性的人物，她確實享受到生活中的甜蜜與新出現的婦女解放，其中也包括了（表面上）不大介意婚姻出軌的態度——但若非其階級出身迫使她面對橫逆時必須「咬緊上嘴唇」的話，她說不定會大吐苦水。假如有機會的話，她大可成為十足專業的科學家，無怪乎她極力促使自己的一個女兒成為海洋生物學家。

我非常喜歡那位老太太，即便有時我會採取規避行動，躲開了她的追求知識啟發之旅。我們談論了許多事情，於克拉夫去世以後尤其如此，她在垂暮之年只是等待訪客登門造訪、一心盼望死亡到來。她未曾提出抱怨，但毫不隱瞞地希望趕快結束獨自纏綿病榻、全身病痛躺在一棟潮溼老房子石牆裡面的日子。畢竟她活得已經夠長久了[16]。我們儘管政治立場團結一致，她卻從未因此而向我透露，該如何找到克拉夫王國某處地下工事的入口——國家藝廊曾於二戰期間將珍寶暗藏於此。反正同為共產黨員的過去是一回事，而國家機密完全是另外一回事。

除了少數人因為熱愛登山而過來之外，到底是什麼因素將我們這些外地人吸引至威爾斯山地呢？那當然並非為了追求安逸的緣故。我們曾一再譴責資本主義將不利的生活條件強加到受剝削的勞動者身上，而我們在自己的威爾斯小屋內，便自願生活於那種條件下。但我們沒有任何人——即便中產階級在一九五〇年代仍過著斯巴達式的簡樸生活——曾經夢想在倫敦或劍橋的家居環境也忍受那樣的生活標準。就連我的內兄瓦爾特．史瓦茲也不例外，雖然他對原始的不舒適生活充滿無限熱情，因為那意味著居住於接近大自然的健康環境。縱使有共同理由吸引我們過來，但唯有諸如陶樂絲．韋德伯恩[17]之類既親密又不畏風雨的朋友們，才有辦法經常在帕克農莊[18]與我們共享此地的生活不便與奇妙景觀。為了保證回來後的第一個晚上大致能夠保持乾爽，我們每次離開帕克時，都必須把毛毯和床單全部塞進一個特大號密閉塑膠袋。下次再回來時，我們通常得花上二到三天的時間把房子烘乾，讓它變得勉強適合居住。縱使經過這番處理，除了幾個角落以外還是幾乎無法保暖，儘管室內有煤油暖爐（這是基本配備，但在戶外廁所並不怎麼管用），以及供壁爐使用的燃料。至於壁爐燃料，那是一些穿著當地風格服裝、狀似野外健行者的都會知識分子自行備妥的——旁人可以不時看見他們在自宅後門外面淋著綿綿細雨劈柴。

或許威爾斯在生活上對肉體造成的種種不便，正是其吸引力當中的一環。那讓我們感覺更親近大自然，否則至少也因為不斷與氣候環境和地質狀況進行的對抗，為我們帶來了滿足感。例如我個人對北威爾斯最鮮明的回憶，便來自於下列對比：帶著我們的兩個小小孩沿著怪石嶙峋、冰雪覆蓋的小徑尋找遮蔽處，然後在山壁岩洞內給他們吃巧克力；與羅賓完成長距離健行後，冒著下個不停的滂沱大雨踏上歸途，並且攀爬陡峭山壁的羊腸小徑——既然羊隻能夠克服它們，一個中年歷史學者怎麼會辦不到呢？尤其美妙的事情，就是漫步、平衡和爬行於克尼赫特山脊西側阿爾迪自然保護區的陡峭岩壁。為此獲得的獎勵，就是悠然遙望那些隱藏於山褶之間，既令人熟悉萬分卻又景象變幻無常的冰冷湖泊。

但那些都只是旅遊者的樂趣而已。我們所處的北威爾斯角落，也吸引不少外地古怪人士永久或半永久地遷入，而且把他們稱作難民也無妨。其中包括自由作家、離開了蘇活區的放浪不羈者、透過低收入或不固定收入來尋求心靈救贖的人，以及詭異的無政府主義文人。身為反核運動導師的伯特蘭．

羅素來到克拉夫王國後，又為這個地區帶來許多激進的核裁軍運動人士，而且他自己那個不正常家庭的諸多成員尚未包括在內[19]。有一個名叫芮爾夫．宣曼的年輕美國激進分子，當時曾對那位老邁哲學家發揮了驚人的影響力。不過他從未成為此地的固定成員，因為他忙於打著羅素的招牌四處呼嘯而過，號稱準備拯救全世界。派特．波托那位活躍的反核武百人委員會秘書長，以及共同將蘇聯間諜喬治．布雷克自布里克斯頓監獄營救出來的人[20]，則採取了不同做法。他從那場戰役退休下來以後便定居在克羅伊瑟，那是因為其昔日的反核戰友與革命同志——畫家湯姆．金西——打動他前來此地（金西後來成為獨一無二因為無政府主義而出名的獵狐犬專家，但受限於斯諾登尼亞地區的山勢，他只能徒步而非騎馬獵狐）。一九六二年古巴飛彈危機結束後，波托曾在波特梅里恩組織一場遊行，藉此感謝羅素拯救了世界——其理由是赫魯雪夫曾致電回覆羅素，公開表示危機已成過去（金西卻宣稱去函是由他所草擬的）。

移入者的社群與當地威爾斯人比鄰而居，卻又與之涇渭分明。非但語言將二者區隔開來，其他的因素甚或還包括了階級、生活方式，以及愈演愈烈的地方分離主義。除了性關係以外，那裡難得出現「跨族群」的親密交情，而且罕有一般鄉村習見的敦親睦鄰精神。那種現象使得我們現在遷居至同樣遙遠、甚至更加農業化，但使用英語的威爾斯中部地區之後，不覺有了如釋重負的感覺。對於天生喜歡社交的瑪蓮而言，自從克羅伊瑟的緊張氣氛日益惡化以來，她的感覺尤其如此。

當地仕紳階級雖具有強烈的威爾斯色彩，但百分之百口操英語（例如威廉斯－埃利斯家族）。外來永久移民的做法與之不同，從一九七〇年代開始學習威爾斯語。那並非出於溝通上的理由，而是為了遷就當地越來越明顯抬頭的民族主義意識。在一九六〇年代的時候，除了年事極高者或偏遠地域的居民，任何威爾斯人都重視雙語能力。即便在最威爾斯化的村落，情況也不例外，因為百姓無論是看電視還是與外地人打交道——包括威爾斯境內不講威爾斯語的百分之八十居民在內——都必需使用英語。那的確是威爾斯語地區的最根本問題，及其民族主義甚囂塵上的緣由，而我們所處的地區正是如此。即便少數一些外來者已在語言上完全被同化，但那種情形與伴隨著現代文明席捲而來的英語浪潮相較之下，還是不值一提。

對大多數山地居民而言，威爾斯語宛如諾亞方舟，可協助他們團結起來抵禦洪水。他們既不想改變也無意溝通，而且瞧不起使用「學校威爾斯語」的南威爾斯人。但與諾亞不同之處為，他們並不期待洪水消退，而只是轉身向內，因為他們覺得自己處於最艱困的境遇，已經陷入重圍、沒有希望、永遠居於少數。不過某些人卻以為找到了解決辦法：透過政治性的民族主義手段來強制推行威爾斯化，同時焚毀外來入侵者的第二個家園，藉此產生嚇阻作用。宣稱自己明白內情的人士表示，某些積極分子來自克拉夫的王國，雖然那裡並非焚屋事件的主要發生地點。因為本地百姓會在自己所認得的夏日固定來此度假的鄰居，以及一般「英格蘭人」之間做出區分。儘管鄉間地區不像大城市，沒有任何事情可以一直保密下去，但警方卻從未偵破恐怖分子焚屋事件。

就某些方面來說，克拉夫王國與北威爾斯山區一般本地居民失根的程度，與來自英格蘭的季節性移民和絕大多數永久移民並無差別——後者遷入的住所，正是遭當地人遺棄的農莊與房舍。就如同一棟蓋在逐漸下陷土地上的房子一般，他們的社會基礎正在不斷破碎之中；但與房子不同的是，社會基礎無法重新支撐起來。與世隔絕的環境，再加上詩歌、清教主義和普遍的貧窮，曾經在過去凝聚了這個以農村為主的社會。但這一切現在都已經消逝無蹤，一棟棟禮拜堂只是空蕩蕩地聳立著。（我不記得當我們待在克羅伊瑟山谷的那些年頭，曾經遇到過任何牧師，除非是出現了特殊情況。例如聖公會牧師RS．湯瑪斯曾經來到此地一個位於陡坡之上的墓園，以英語為我們的鄰居和他的詩人同行湯瑪斯．布萊克本主持葬禮。那裡可以遠眺斯諾登峰，景象令人難以忘懷。）完全禁酒原本是新教清教徒的戒律，但在熱衷婚外情（名義上並無此事）的百姓當中，那種作風已逐漸遭到淡忘。新出現的激進威爾斯民族主義之文化場所已非禮拜堂，而是小酒館——克拉夫創辦了一家名叫「布隆當努徽章」的酒館，其店招是一個加工精緻的美麗金屬花環，但這個圖樣對加瑞格和蘭弗羅森的居民不具任何意義，以致他們稱之為「圈圈酒店」。唯一還剩下來的寬厚作風，就是不對私生子說三道四，即便那些當媽媽的人突然多出了嬰兒而且再也無法隱瞞的時候，還是不會有人講話。山腰地帶逐漸遭人放棄，百姓已紛紛遷居平地，住進了配備中央暖氣系統的國民住宅。現在甚至連金錢也進一步撕裂各個群體——因為從前在使用威爾斯語的社區內，財富並不具有決定性的意義，由於真正的有錢人和當權者都已經英格蘭化或變得英格蘭化，那等於表明他們是外來者，而非貧窮的本地人。

如果從前有過任何身分等級之分的話，那是在宗教或知識方面——牧師（即演說者）、詩人和學者等等——而且任何人都可能享有那些身分。例如一個能夠憑藉天賦，即興掌握威爾斯韻文複雜抑揚頓挫的郵差；或者像是鮑伯．歐文那位偉大的古文物收藏家、學者和克羅伊瑟之傲，其所收藏的古籍現在是位於阿伯里斯特威斯的國立威爾斯圖書館館藏之一部分，而他原本是採石場職員。（歐文的兒子與家人，例如圖杜爾、蓋諾爾，以及他們的孩子鮑伯、艾勒里和剛出生不久的戴揚，從當時到現在都一直是我們在村內的好朋友）。另一種比較不具文化素養，但在當地仍然被人接受而且地位突出的身分，就是非法補魚者。那是一個有許多人致力從事並廣受贊同的活動，甚至在我們那個時代亦然。某天有位來自舊採石場村落的威爾斯友人想帶鮭魚過來給我們當晚餐，於是向每週來此一次的流動魚販詢問價錢，所獲得的答案當然是：「你想買魚呢，還是要賣魚？」我們絕不應該被RS．湯瑪斯的偉大詩句誤導，以致把北威爾斯山區大多數農民當成無知的蠢漢。威爾斯人的閱讀和思考大多進行於低矮屋頂下，祖傳的設計讓屋子結合了最大視野與最佳遮蔽效果，既方便觀察靠近過來的陌生人，又可以抵擋狂風暴雨。我們住在克羅伊瑟厄哈弗的鄰居艾德嘉，並曾多次向我們解釋，當地農民在剪羊毛以前如何配合牧羊犬，集體按照固定程序將山上自由亂竄的羊群驅趕到一起。他們對當地生態環境的瞭解，至少不會輸給那位曾受過大學訓練、擺出威爾斯民族主義者面目、派駐在村內昔日郵局辦公室內的山林管理員。

我無法判定，克拉夫王國是否即為威爾斯山區的典型。但那裡是一個既不穩定又不快樂，並暗藏緊張關係的地方。該地呈現出日益滋長的怨恨、敵意與反英格蘭情緒，使得人際關係日益倒退，而且這種現象在成人之間比小孩子那邊更加自然而然[ii]。同時還有其他徵兆顯示出社會的動盪不安。例如當地百姓口中的「橘衣人」（印度古魯「巴關」的教派門徒）於一九八〇年代初期來到這個山谷後，爭取到一些本地威爾斯人的支持，而且更不令人驚訝的是，他們也吸引了從英格蘭流浪至此的波希米亞人。那顯然不光是因為該教派鼓吹透過大量自由性交來獲得救贖的緣故。克羅伊瑟雖然是一個適合家庭度假的美妙處所，卻不是個快樂的山谷。

等到我一九八二年從伯貝克退休的時候，我們已經每年前往克拉夫的王國長達幾乎二十年之久。怡人的山丘，尤其是帕克農莊加上位於其側的古老宅邸（「大帕克」）、往來的訪客、擠滿史瓦茲家人的小屋，就是我們生活天地與交友環境的一部分，對我們的小孩而言更是如此。由於那裡不受日常生活和職業生涯中的例行公事干擾，在北威爾斯所留下的記憶——甚至連地方上與家庭內的爭吵也不例外——都特別鮮明地映入眼簾：蘇聯在一九六八年入侵布拉格的可怕消息；在沒有電話的小屋內接獲電報（當時還有那種東西），通知我們咪咪姨媽已經去世；當我們剛步出汽車準備沿著用火把照明的道路，走去參加ＥＰ．湯普森舉辦的除夕晚宴時，車門被狂風吹得從轉軸脫落；我們在一個陽光普照的耶誕節與陶樂絲．韋德伯恩一同開車外出野餐之際，途經位於利恩半島末端的亞伯達倫；此外還有一九七六年嚴重乾旱時，帕克農莊那一口繼續向我們供水的古井。除了自然風光之外，那裡並不完美，更何況彷彿童子軍露營那般不舒適的生活已越來越缺乏吸引力（瑪蓮從來就不曾著迷於此），而日益高漲的民族主義更使得我們與威爾斯人的關係變質。縱使如此，而且儘管我即將開始每年花四個月的時間待在紐約，我們仍不無可能繼續待在克羅伊瑟山谷，直到自己的生命結束為止。

然而，自從克拉夫與艾瑪蓓爾相繼於一九七八與一九八四年去世以後，情況也隨之出現改變。克拉夫的外孫接管了莊園，因為其雙親忙於波特梅里恩陶瓷公司的生產與行銷工作。他是一名狂熱的威爾斯民族主義者，對外公和外婆蒐集過來的劍橋老朽已經不感興趣，認為那些人佔據的房子裡面必須重新響起威爾斯語，由振興後的威爾斯家庭來居住。總而言之，外來者租約到期後便不予延長。其冠冕堂皇的理由為：從此僅與永久居民簽訂租賃合同。我們只獲准每年續約一次，直到他們找到適合的威爾斯承租人，或莊園當局籌集了足夠資金來修建帕克農莊為止，而且修建後的農莊將不再租給只想在此擁有第二家園的浪漫人士。我們按照那些條件繼續停留了一兩年的時間，與此同時也在威爾斯尋覓新居，但地點已不再是北威爾斯。反正我們的朋友也陸續失去了自己的小屋，而且當時我已經年過七十，攀登克尼赫特山已不再那麼誘人。最後我們在地理環境與政治氣候比較溫和的波伊斯郡[21]找到了房子。每當天氣晴朗的時候，我站在那邊的山丘上還能夠遠遠望見卡德伊德里斯山[22]。

雖然我的女兒依然不時前往那個山谷，但自從我們一九九一年遷離之後，瑪蓮和我就未曾舊地重遊。儘管我再也無意看見那個地方，可是我永遠忘不了它。

---

ii 我撰寫本章的時候，犬子安迪首度告訴我一個大約發生於一九七〇年代的事件。安迪在克羅伊瑟的朋友於兩名當地男孩離開之後，向他道歉表示：「那兩個人要我狠狠揍你一頓，可是我不想這麼做。等那兩個人重新露面的時候，你能不能假裝被我打過？」縱使如此，他們倆的友情還是因為朋友母親在農場展現的不友善態度而消逝。

第十五章

一九六〇年代

THE SIXTIES

一

一九六八年五月初，我正好待在巴黎。當時聯合國教科文組織旗下的一個分支機構，在那裡舉辦了一場名曰「馬克思與當代科學思想」的大型會議，藉此紀念馬克思誕生一百五十週年。正如同大多數此類的聚會一般，那場會議最顯著的功能，就是讓許多學術界人士前往一個宜人的觀光勝地進行免費之旅。此外它跟大部分以馬克思為主題的會議一般——尤其如果會中出現了一批蘇聯的意識型態官僚，提出極度煩人、枯燥無趣的論文——容易促使參加者走出會議廳，來到大街上閒逛。可是五月八日、九日和十日的巴黎街頭，至少是第五和第六行政區的馬路上，到處都擠滿了示威學生。馬克思週年紀念活動便在純屬巧合的情況下，遇上了大規模巴黎學生反抗運動的最高潮。就在一兩天之內，示威遊行已不再僅僅是學生暴動，而演變成全國性的工人罷工，導致戴高樂將軍的政權陷入重大政治危機[i]。隨後幾個月內即可看出，「五月事件」儼然成為歐美兩大洲學生暴動的「震央」，震波穿透了政治上與意識型態上的疆界，從西方的柏克萊和墨西哥市，一直蔓延至東方的華沙、布拉格與貝爾格勒。

我下筆寫出這些字句的時候，正看著一本攝影集，凝視其中有關一九六

i 關於我當時對五月事件的評斷，請參見〈May 1968〉。該文撰寫於同一年稍後，收錄於拙作《革命分子》（*Revolutionaries*），倫敦，一九九九年以及較早的版本，第二十四章。

八年巴黎那幾天的照片，但它們過了三十年以後才被集結成冊[ii]。某些最令人印象深刻的照片拍攝於馬克思紀念會議閉幕當天——我仍然記得拉丁區發生縱火事件之後，催淚瓦斯所散發的刺鼻氣味。最令我難以忘懷的事件，則被亨利．卡蒂埃－布列松捕捉到一張拍攝日期不詳、呈現出學生大規模遊行示威的照片。那次的行動非常壯觀，參與其事者主要是未打領帶、緊握拳頭的男性年輕學子。他們幾乎清一色還留著前嬉皮時代中產階級風味十足的體面短髮，其浩大的聲勢幾乎淹沒了少數穿插其間的中年人臉孔。但最讓我記憶猶新的，還是那些零星出現的中年面龐，因為他們既代表了我所屬老一代左派人士與新一代之間的團結，同時也突顯出二者的不相容性。

我還回想起阿爾貝．索布爾那位老朋友和老同志。他是索邦大學的法國大革命史講座教授，當時挺直身子、面容肅穆、身穿學界賢達的深色西裝並打著領帶，與年紀小得足以當他孩子的年輕人並肩遊行——雖然那些人高喊出來的口號，是他以忠貞法國共產黨員的身分所無法接受的。但像他那般兼具革命傳統與共和傳統的人，又怎能於面臨此種時機之際不「走上街頭」呢？

我也記得當時仍為資深黨員、一九四四年巴黎起事時曾在拉丁區指揮抗德行動的尚．普宏竇。他告訴我他是多麼激動，因為他在蓋－呂薩克街看見了臨時趕搭的街頭障礙物，而其位置正好就在他一九四四年設置路障的同一個角落。而且毫無疑問的是，一八三〇革命、一八四八革命，以及一八七一年的「巴黎公社」時期，那裡也是路障所在地。若說貴族應負起社會責任，那麼擁有革命傳統的人士也應該當仁不讓。

事實上，當時最讓我震驚的事情，莫過於當我和幾位來此參加聯合國教科文組織「大拜拜」的外籍馬克思主義者，應邀出席另一場會議時的經歷。邀請單位好像是莫里斯．多列士研究所，要不然就是其他附屬於法國共產黨的學術團體。會議主題是有關某些馬克思主義觀點的詮釋方式，而當我們進行討論的時候，大學生們正在街頭遊行示威，顯然沒有人關心外面到底發生了什麼事情。當我針對此點進行發言以後，會場頓時瀰漫一股尷尬氣氛。我向在場者提出質疑：我們過來開會時所途經的同一條馬路現在出了狀況，難道我們果真只能沉默以對嗎？難道我們不該至少表達出一般性的支持立場嗎？唉，事隔三十四年之後，我就是拼了老命也回想不起來，當時觀感和我一致的人是否曾迫使全體與會者產生羞愧之心，而於會議中聯名發表這樣的宣言。那看起來似乎是不大可能的事情。

一九六八年的馬格蘭攝影通訊社影像集裡面，另外有一張照片至少部分封存了我當年的心境。（幾乎無須我贅述即可曉得，它也出自布列松之手——那位善於捕捉歷史瞬間畫面的天才。）照片上出現一名年事已高的中產階級成員，他將雙手交叉於背後，站立凝視巴黎街頭一堵貼滿海報的牆壁和一扇粗糙不堪的木門。牆上的大海報已從頂端剝落了一半，露出底下的空心磚和一些若隱若現的舊電影海報。那扇木門或許通往某個庭院或建築工地，門上貼著各式各樣的政治海報：有張共黨海報貼在一些宣揚學生力量的文字上面，還有一張被撕掉半截的告示呼籲大家為民主社會而奮鬥，藉此走向社會主義道路。那些政治海報上面被塗寫出大大的字樣，所使用的書寫工具是一九六八革命最基本的配備武器——噴漆罐。塗鴉的文字寫著：「Jouissez sans entraves」，圖像集編輯人員語帶含蓄地把它翻譯成「全都發洩出來吧」。（但真正的意思是：「盡情享受性高潮吧」。）

我們無法判定，卡蒂埃－布列松鏡頭中的老市民對巴黎街頭的牆壁持何看法，而那些牆壁就是當時學生暴亂的主要受害者與公開目擊者。我自己對此卻充滿了懷疑。任何歷史學者都曉得，革命活動會製造出宛如洪水般氾濫的各種用語，讓人看出革命的存在：那是口語化的文字，卻出現於有文化

ii《馬格蘭攝影通訊社：一九六八年馬格蘭環球影像集》（*MAGNUM PHOTOS: 1968 Magnum Throughout the World*），撰稿人：艾瑞克·霍布斯邦與馬克·魏茨曼，巴黎，一九九八年。

素養的團體內；而且這些口頭用語還被通常不會用文字來表達自我的男男女女大量書寫出來。從這項標準來看，一九六八年五月發生的事件似乎是一場學生革命；然而其用語卻紀錄出一場類型怪異的革命，這是當時每一位觀察巴黎街頭牆上留言的人皆可發現的情況。

其實一九六八年最具代表性的海報與塗鴉，並不真正具備「政治」一詞傳統上所意味的那種政治性，其中的例外是重覆對共產黨的非難。做出那些斥責的人，想必來自各式各樣的左派好戰團體與派系，幾乎都脫胎自列寧主義派的分離勢力。然而一些那種意識型態大人物的名字——馬克思、列寧、毛澤東，甚至切．格瓦拉——卻難得出現於巴黎的牆壁！[iii]他們稍後才會成為徽章和T恤上面的聖像，被奉為推翻體制的象徵。在那些造反派學生的提醒下，理論家們回憶起早已遭人遺忘的巴枯寧式無政府主義。但那些學生的立場其實最接近「情境主義者」，而情境主義者的訴求，就是要透過個人關係的改變來促成一場「日常生活的革命」[1]。情境主義者的那種革命訴求（再加上其特有的高盧式善於泡製響亮口號之天分），使得那些人成為一個不成熟運動的喉舌——雖然我們幾乎可以確定：直到事件爆發以前，除了一個由左翼畫家組成的小圈子之外，難得有人聽過他們的名字。（像我就不曾聽過。）從另一方面來看，一九六八年的各種口號不只是表現出一種非主流反文化而已，即便它們擺明有意嚇唬中產階級（例如「馬上要LSD！」[2]）。其真正的意圖是「推翻」整個社會，而非僅僅袖手旁觀。

對於像我這樣的中年左派人士而言，一九六八年五月——甚至整個一九六〇年代——不但極度受人歡迎，同時也極度令人困惑。我們使用的字彙似乎與那些學生相同，所說出來的話卻不像是同一種語言。尤有甚者，即便參加的是一些同樣的事件，我們這些老得足以當那些年輕好戰派學生父母的人，所產生的觀感卻與他們明顯不同。戰後二十年來的歲月已經告訴我們這些生活於資本主義民主國度的人，社會革命在這些國家是不切實際的政治議題。反正一個人只要年要過五十之後，就不會期待每一場大規模示威行動的背後都隱藏著革命，不管它再怎麼聲勢浩大和緊張刺激。（於是，一九六八學運不成比例產生的意外政治效應，不免讓我們——以及所有的人——相當吃驚，因為它竟然有辦法把幾位美國總統拉下台，而且讓法國總統於暫時保住面子後也落到同樣下場。[3]）此外，對於我們這些成長於一七七六、一七八九和一九一七年的歷史背景下，同時又年老到親歷了一九三三年之後各種轉變的人而言，任何革命——無論它意味著多麼強烈的情緒反應——都必須具備政治目標。革命分子企圖推翻國內或國外的舊政權，目的在於用新政權來加以取代，藉此創造出一個更新更好的社會，或至少為此項工作奠定基礎。然而，不管那些年輕人到底是在什麼因素的驅使下走上了街頭，他們的目的大都不同於此。

不同情他們的觀察家，例如雷蒙·阿宏（他認為自己所扮演的角色，類似一八四八年在巴黎評論革命的托克維爾），所得出的結論是他們根本缺乏目標：一九六八年的事件僅能被理解為一場「集體街頭行動劇」、「心理劇治療」，或「言語譫妄」，因為它只不過是「大量釋放出久遭壓抑的情緒」[iv]。同情他們的觀察家，例如社會學家亞蘭·杜漢（他率先著書描寫那幾個不尋常的星期，而且其相關著作仍為最具啟發性的書籍之一），則認為他們不言自明的目標，就是要重返一八四八年以前的那種烏托邦意識型態[v]。但是我們從那些具有「反律法主義」色彩的空泛口號（例如「禁止一切禁止」），未必真正看得出烏托邦的主張。它們很可能僅僅大致表達出那些年輕叛亂者的感覺，無論那是針對政府、師

iii 那時我尚未意識到這個現象，但是伊夫·帕杰（Yves Pagès）對此卻有深刻的見解。經過他編輯之後，五位索邦大學教職員當時收集保存的校內塗鴉被完整紀錄下來。見《無版權：一九六八年索邦塗鴉集》（*No Copyright. Sorbonne 1968: Graffiti*），垂直出版社（Editions verticales），一九九八年，頁11。

iv 引自史都華·休斯，《複雜的叛亂者》（H. Stuart Hughes, *Sophisticated Rebels*），劍橋（麻州）與倫敦，一九八八年，頁6。

v 亞蘭·杜漢，《五月學運抑或烏托邦共產主義》（Alain Touraine, *Le Mouvement de Mai ou le Communisme Utopique*），巴黎，一九六八年。

長、父母或者整個宇宙。事實上，他們對「社會」理想似乎並不怎麼感興趣，不管那是共產主義的理想還是其他理想。所表現出來的顯然反而是企圖擺脫一切束縛的個人意願：若有誰宣稱自己有權阻止你隨心所欲——或基於理性或出於本能——做出想做的事情，那麼就必須遭到揚棄。但是當他們尋找共通的徽章來掛到個人衣領上面的時候，所找到的都是左派革命勢力的徽章，其理由只不過是因為左派傳統始終與反對運動脫離不了關係。

老資格左派人士對那個新運動所出現的自然反應是：「這些傢伙還沒有學會該如何實現自己的政治目標。」或許正因為這個緣故，亞蘭・杜漢——他完全同情一九六八年的叛亂者——才會在把他那本書交給我的時候，套用不久前剛在巴黎出版的拙作《原始的叛亂》之法文版書名[vi]，於扉頁題寫道：「這裡是一場新叛亂的原始人」。而我撰寫該書的目的，正是為了把歷史公道還給一些社會鬥爭的參與者，諸如盜匪、信奉千禧年主義的教派，以及前工業時代的城市暴動者。他們或曾受到忽略，甚或遭人蔑視，只因為他們嘗試在新成形的資本主義社會奮力解決窮人問題，卻只能使用一些已經陳舊過時或者並不適當的配備。然而，萬一那些「新原始人」所追尋的根本就不是我們的目標，而是完全不同的東西，又該如何是好呢？自從拙作一九五九年在英國付梓以來，顯然是因為書中那些永遠的輸家引起了熱烈回響，才使得我在以英語為母語的新左派當中，獲得了比一般共產黨員更多的「街頭信譽」。儘管如此，當一位任教於美國學運之震央——加州大學柏克萊分校——的同行告訴我，該地知識水準較高的年輕反叛分子以極大熱情閱讀拙作，因為他們將我筆下的叛亂者視為自己和自己的運動所認同之對象，我還是為此而覺得詫異並略感困惑。

我相繼於一九六七年的反越戰運動高峰期前往美國任教，以及一九六八年現場觀察了巴黎的各種事件之後，在一九六九年以同樣令人費解的方式，寫出一篇探討「革命與性」的文章。我在文中指出，若二者之間存在任何關連的話，那都是負面的：統治者讓奴隸與窮人不鬧事的方法，就是向他們推銷性自由。其實當時我大可參照艾爾德斯・赫胥黎的《美麗新世界》，再補上一句：向他們提供毒品[4]。身為歷史學者，我曉得一切革命都各自有一套喧鬧的「自由意志主義」風貌。但「就事論事觀之，文化上的反叛與文化上的異議都只能算是症狀，而非革命的力量」。「相關的事物聲勢越發浩大」——美國的情況顯然正是如此——「我們就越能確信，真正的大事並未發生」[vii]。但如果那些「大動作」的目的不在於推翻資本主義，甚或並非為了推翻高壓統治以及貪腐政權，反而只是硬行摧毀現有社會中的傳統人際關係模式與個人行為方式，那麼該怎麼辨？如果我們只是犯下了錯誤，以致將一九六〇年代的叛亂者，視為左派運動的另一個階段或另一種模式，那又該如何是好？若情況果真如此，那麼「大動作」就不表示某種拙劣的革命嘗試，反而意味著積極幫另一種革命背書：憑藉「個人事務就是政治事務」這個口號，來進行一場揚棄傳統政治的革命，最後連左派的政治傳統也一併廢除。三十多年後再度回首前塵，很容易就可以看出，當時我誤解了一九六〇年代的歷史意義。

造成誤解的理由之一，是因為我從一九五五年開始沉浸於一個由爵士樂手所組成的小天地，而且它多半在夜間活動。一九五〇年代末半段我在下班之後所生活的那個世界，看似已可預見一九六〇年代的反抗精神。但那只是錯覺而已。實際的情況相當不同。若有任何事物足以象徵一九六〇年代的話，那就是從一九五〇年代下半葉開始征服世界的搖滾樂，而且它立刻在一九五五年「之前」與「之後」的兩個世代之間，開鑿出一道深邃鴻溝。

---

vi 拙作法文版書名為《現代歐洲叛亂活動的原始人》（*Les Primitifs de la Révolte dans l'Europe Moderne*），巴黎，一九六六年。

vii 這篇文章也是拙作《革命分子：現代論文集》（*Revolutionaries: Contemporary Essays*）的第二十二章。（倫敦，一九七三年，後來並陸續出現不同版本。）

當我和妻子在一九六七年——亦即「花之力量」的全盛期——前往柏克萊與舊金山停留的那幾天，便無法對那道代溝視而不見。我們前往亥特－艾許伯里[5]，拜訪了一個曾寄宿我家、幫忙照顧安迪與茱麗亞的荷蘭女孩。當時她正在那裡「發掘自我」。她平常就像我們習見的荷蘭人那般頭腦清醒，卻覺得該地非常美好並讓人看得興味盎然。然而那裡怎麼可能成為適合我們的天地呢？我們被帶往「費爾摩廳」，那裡的巨大跳舞廳瀰漫閃爍燈光和震天聲響。我甚至已記不得聽到了哪些來自舊金山灣區的樂團。當晚唯一讓我覺得還過得去的活動，就是望著「摩城唱片」旗下的女子樂團之一，以習見的黑人R&B方式在舞台上擺動——但那到底是「驚豔合唱團」，還是「至上合唱團」呢[6]？或許這並沒什麼好大驚小怪。那一年若想在舊金山玩得盡興的話，就必須不斷藉著某種東西來維持亢奮狀態，而且最受喜愛的方式便是嗑迷幻藥——但我們可沒那麼做。我們的確是因為年齡的關係，才得以用最經典的方式來印證一句名言：「如果你有辦法記住一九六〇年代的任何事物，那麼你就不屬於那個年代。」

來自爵士世界的人們除了極少數特例外，也都無法理解搖滾音樂。爵士樂壇對搖滾音樂嗤之以鼻，這種反應就彷彿爵士樂壇一向瞧不起老式舞池樂隊和商業樂團所演奏的「米老鼠音樂」。他們蔑視搖滾樂的程度或許尤有過之。因為在其眼中，就連那些演奏最無聊猶太「戒律之子」儀式音樂的人，至少也都還是職業樂手。儘管如此，搖滾樂於短短數年之內就幾乎將爵士音樂置於死地。那道代溝實際上已到了無法逾越的地步：其中一代人將「滾石合唱團」奉若神明，另一代人則認為他們只不過把黑人的藍調唱腔模仿得還不錯罷了——即便雙方或許偶爾會對某些人的才華形成共識。（比方說吧，我就相當欣賞披頭四，並且承認鮑伯．迪倫在部分歌詞中所展現的才華——他原有成為大詩人的潛力，卻因為過於懶散或自我陶醉，結果每次頂多只有兩、三行歌詞能夠得到繆斯女神眷顧。）反正不管表面上看起來如何，我這一代人始終是一九六〇年代的陌生人。

即便一九六〇年代的某幾年內，新搖滾世代的語言、文化和生活方式已變得政治化，情況對我們而言依舊如此。他們所使用的行話，聽得出來衍生自昔日革命左派的用語，不過那當然與莫斯科的基本教義派共產主義無關——它已經因為史達林時代的紀錄，以及各國共黨的政治立場不再那麼左而信譽掃地。我的朋友和從前的學生希拉・羅伯珊姆，曾以《一個夢想的承諾》做為書名，寫出了英國有關一九六〇年代的最佳著作。任何讀過那本書的人皆可理解，對她那個世代的人來說（她出生於一九四三年），在某些年內確實難以區分到底什麼是「個人的」，什麼是「政治的」。例如「立場左傾的的亞歷克西斯・康納」[7]——我還記得他在倫敦貝斯沃特家中的陰鬱沈默模樣——啟發出「藍調樂團色彩鮮明的悸動感[viii]」。受到他啟迪的對象並包括了滾石合唱團。該團的米克・傑格曾於一九六八年一場戲劇化的支持越南團結大遊行後，寫下了〈街頭戰士〉這首名曲，發表於巴基斯坦裔托洛茨基派健將塔里克・阿里新近創辦的《黑侏儒》那份激進刊物（其口號為：「不論巴黎、倫敦、羅馬、柏林，我們將戰鬥，我們將獲勝」）。

在那個時候，平克佛洛伊德樂團、「解放辯證法」會議、切・格瓦拉、「中土世界」與迷幻藥已經揉合在一起。但這並不表示凡事已變得完全無所謂了。例如一位未來的劍橋大學經濟學講座教授曾在當時倡議：講原則的社會主義男性必須公開採取行動，反對脫衣舞俱樂部在蘇活區蔓延開來——實際的做法就是在那些脫衣舞俱樂部門外脫衣抗議。（《新左派評論》的成員之前曾經批評過他，表示他對社會主義的見解「具有食古不化的禁慾主義色彩」。）那些「越來越喜歡穿著灰暗『戰鬥服』的左派分子」則忍不住大搖其頭，因為當他們披掛整齊前往佔領倫敦政經學院的時候，一名懷抱同樣熱忱趕來參加

viii《一個夢想的承諾》(Sheila Rowbotham, *Promise of a Dream*)，倫敦，二〇〇〇年，頁118, 203-4, 208。

行動的好戰派，「身上穿的竟然是橄欖綠喇叭褲套裝，而那是在九月血拼季購買的」[ix]。這一切往往與較年長的左派格格不入，儘管英國的年輕激進分子——或許歸功於我那一代紅色歷史學家們——很可能具有比其他人更加強烈的歷史意識，尤其是在勞動史方面。

重要的激進分子多半都是我們的熟人，他們通常是我們的街頭抗爭夥伴、學生或朋友。但我根本懶得去讀《黑侏儒》，即便他們曾經向我邀稿，而我當然也為他們寫了一篇文章。像我這樣的人還被年輕人找去參加以越南為主題的時事研討會。例如一九六五年的時候，我曾前往牛津大學聯合會參加由塔里克·阿里主辦的會議，攻訐那位極不適任的亨利·卡波特·洛奇——他是昔日美國派駐西貢的老大哥[8]。幸好我任教的學院未曾發生學生佔領校園的激烈事件，避免陷入不同世代之間嚴重的緊張關係。但我倒曾經應邀向佔領劍橋大學行政中心的群眾發表演說，邀請者是他們的領袖之一，我老朋友的兒子。我相信那些學生八成對我的說法感覺失望，因為我告訴他們：天長日久以後，即便劃時代的歷史事件也可能湮沒於時間的迷霧之中，像十九世紀就是很「貼切」的例子（「貼切」是當時的行話）。

當時我們還無法體會「反文化」的效果竟然如此深遠，以致就連極左派政治勢力、武裝革命分子，以及一九六〇年代開始出現的新恐怖分子，也都受其影響並實際上已成為反文化的一環。例如美國「氣象員」地下組織得名的靈感，來自於鮑伯·迪倫的一首歌曲[9]。「紅軍派」（亦即眾所周知的「巴德爾－邁因霍夫幫」[10]）則生活於德國式的反文化之中，而其成員乃出於自願採取了不同行為方式的社會局外人。

我那個年齡層的人還不明瞭，西方學生世代在一九六〇年代的想法，其實接近我們昔日的信念（但他們的方式較難被說成是「政治」），此即大家生活於一切都將被改變的時代，因為周遭所有的事物都由於革命而正在出現變化。我們，或者至少是像我這種天生悲觀的中年紅色分子，早已因為大半生的失望而傷疤累累，無法同意年輕人那種幾乎不可救藥的樂觀主義，不可能像他們那般覺得自己「已捲入一場國際性的叛亂狂潮」[x]。（那場叛亂狂潮的附帶效應之一，就是帶動了一窩蜂全球革命觀光旅遊的流行。例如我們可以看見義大利、法國和英國左派知識分子在一九六七年，也就是切．格瓦拉死時、雷吉斯．德布瑞[11]正在接受審判之際，不約而同前往玻利維亞會合。）

當然，我們每個人都陷入了這場全球性的大規模鬥爭行動。第三世界確實在一九六〇年代將革命的希望帶回第一世界。國際間足以鼓舞人心的兩大案例分別是古巴與越南，它們不僅意謂革命的勝利，同時也表示大衛可以擊敗歌利亞、弱者可以和超級強權相抗衡。「游擊隊」不但是那個時代的關鍵字，更儼然成為改變世界不可或缺的鎖鑰。菲德爾．卡斯楚手下革命分子的標誌是：年輕、長髮、絡腮鬍，以及繼承了一八四八革命精神的用語（切．格瓦拉那張著名的圖像即為其典型），而那一切簡直刻意被設計為全球性的象徵，用於呈現一個政治浪漫主義的新紀元。即使今天回想起來也很難充分理解，一九五九年一月為何幾乎立即震撼了全世界[12]——畢竟在拉丁美洲一個中等大小島嶼的歷史上，那並非特別不尋常的事件。矮小瘦弱的越南人卻在叢林小徑與水稻田中，將了美國巨大的毀滅性武力一軍。自從詹森總統在一九六五年出兵越南以後，就連我這種就事論事的中年人也從未對「到底誰將是最後的勝利者」有所懷疑。

一九六〇年代的時候，沒有任何事物能夠像越南人抗爭時的豪情壯志、英雄色彩與悲劇性格那般，既讓英語世界的左派人士深受感動，更促成其不同世代及平日相互敵對的派系團結一致。我在倫敦格洛維諾廣場與同輩以及學生會合，然後大家一起走到美國大使館前面示威抗議。我與瑪蓮帶著我

ix Sheila Rowbotham，頁203。
x Sheila Rowbotham，頁196。

們的小小孩參加遊行活動，跟其他人一樣也在口中高呼「胡－胡－胡志明」。我曾經公開對格瓦拉的游擊戰略表示懷疑，而且事實已經證明它在各地都造成了災難（參見第二十一章），但越南始終讓我們夫婦二人刻骨銘心。那種感覺縱使於世紀將盡之際依舊存在，而且當瑪蓮與我在河內觀察一群瘦小堅毅的老人穿著正式服裝、身上掛出戰功勳章、穿越樹林前往瞻仰胡志明的故居時，我們更是觸景生情。當初正是他們代表我們，為我們進行了戰鬥。

除了參加支持越南的活動之外，我在越戰時期與該國並無特別關連，甚至我要等到獲勝四分之一個世紀以後才前往越南，並且純粹是為了度假而已。但就另一方面而言，我跟許多受到古巴革命鼓舞的左翼人士一樣，曾於一九六〇年代多次前往古巴，於是意外看見了大批四處遊走、來自世界各地的左派分子。我在一九六〇年首度前往古巴，當時正是革命獲勝不久之後的蜜月期，產生一種讓人無法抗拒的魅力。那時我發現自己湊巧與兩位經濟學家朋友同進同出。他們代表一個罕見的現象：那種既不認同共產黨也不認同反共團體的美國馬克思主義左傾人士。二人分別為身材高大、講話慢條斯理、來自新英格蘭的保羅．史威濟，以及保羅．巴蘭。由於他們那份飽受圍剿的小雜誌——《每月評論》——讓紅旗繼續飄揚於冷戰時代的美國，二人因此受到卡斯楚及其昔日馬埃斯特拉山游擊隊員的歡迎。我自己的接觸管道則是一位傑出的共黨領導人，那就是具有超強政治適應力的卡洛斯．拉斐爾．羅德里格斯。當初他堅持在馬埃斯特拉山區與卡斯楚統一戰線，得以在勝利後獲得回報[13]。

哈瓦那當時的情況，仍然類似《紅男綠女》[14]劇中專門供那些見不得人的觀光客搖擺起舞的天堂，洋溢著倫巴樂聲與文化上的包容。而整座古巴島看起來物產也夠豐饒，似乎足以讓革命政府樂享輕鬆的未來。我們一致認為，該國應可毫不費力餵飽島上的一千萬居民，並有餘裕可供發揮於「自由古巴」（蘭姆酒加可樂）、雪茄，以及街角隨處可見的美妙小咖啡館——但等到經濟陷入困境之後，它們都消失無蹤了。革命獲勝十八個月後，人民與革命政府之間的蜜月關係依然舉目可見。我們在該國旅行的時候，刻意避開手持攝影機的年輕美國激進分子，心中懷抱著一種朦朧的樂觀情緒。

一九六二年我第二次造訪古巴時——途經布拉格、善農與甘德[15]——是陪同一個英國左派代表團一起過去的。該團的組成方式相當典型：包括一名工黨左翼的國會議員；一些主張單方面裁減核武的人士；一名頑固而通常忠於共黨路線、對異國豔遇不無興趣的工會領袖；我這個古怪而激進的顛覆謀反者；一些共產黨幹部等等。一名年紀很輕、講話很快的非洲人，不知怎地也加入了我們的隊伍。他宣稱自己代表西非某地區的某個青年運動，卻說不出個所以然來。他抵達布拉格之後的第一個動作，就是直奔捷克外交部，希望找到有意者透過他來資助第三世界的革命工作。之後，古巴人則一口加以回絕，不願與他產生任何瓜葛。

當時我把他這種人視為那個時代的奇特副產品：一個騙取同情的黑人，正打算利用白人前進分子的無知無識或反帝國主義直覺反應。他是冷戰時代諸多「好兵帥克」[16]或無賴漢之一。左傾自由派人士早已熟悉那些人物，有時還讓自己被他們剝削——在英國那就是令人極度不快的邁可．艾克斯[17]。他在倫敦西區以招搖撞騙者的身分已經有了惡劣開始，當時還處於在未來將慘死於千里達絞架的半路上；他一度成為倫敦各個政黨都熟識的人物，後來被寫入V．S．奈波爾一本辛辣的小說裡[18]。這些案例都涉及一個瓦解中的帝國的流離失所者和漂流者，他們當然不像很快就開始向古巴尋求援助的美國黑人激進團體那麼引人注目。雖然他們的騙術就跟那名年輕非洲人一樣無法取信於人，但其背後卻是一場悲劇——必須在異鄉的白人之間過著漂泊失根的生活，而那是連我自己都不怎麼喜歡的生活。

就代表團本身而言，我只記得一件事：當格瓦拉代表卡斯楚，在昔日的希爾頓飯店招待我們用餐時，我充當了他的翻譯。（他本人的確長得很像那張著名照片上的模樣，是個體面的男子漢，儘管他沒有說出任何有趣的話。）不管怎麼樣，多虧有了阿爾格里埃爾斯．雷翁[19]那位彌足珍貴的人物，我才有機會聆聽哈瓦那黑人社區一些美妙的音樂——他是研究非洲裔古巴人秘密幫會與教派的專家，於新政權剛成立的民族學與民俗學研究所擔任所長一職。

我第三次造訪古巴則是為了出席一個有點奢華的會議，即「哈瓦那文化大會」——有人稱之為「卡斯楚與歐洲知識分子之間的最後一次勾搭事件」。大會舉辦於一九六八年一月，當時正值卡斯楚與莫斯科關係冷淡的時期，他因此刻意不邀請蘇聯集團的文化界人物，以及基本教義派的共黨知識分子（惟獨義大利除外，而且該國文化界仍然與共產黨攜手並進）。他反而找來不同文化領域內特立獨行、喜歡唱反調，以及被視為異端的左派人士，其範圍之廣令人咋舌，當中甚至還包括了巴黎前衛派政治外圍團體大多數老一輩的成員。他們對該屆大會最具紀念價值的貢獻，就是在一場美術展揭幕的時候，製造出一個藝術性與政治性兼具的「事件」——那些老邁的超現實主義者動手對墨西哥藝術家西凱羅斯[20]進行了人身攻擊，因為他曾捲入暗殺托洛茨基的計劃。但那次人身攻擊到底主要是出於藝術上抑或政治上的理由，就不十分清楚了。奇怪之處為，這回由巴黎拉丁區過氣人物所進行的「入侵古巴」行動[21]，與即將橫掃巴黎街頭的學生造反運動竟然罕有共通之處，甚至還算不上是後者的先發事件。

無論如何，那還是一場令人激動的盛典，不過也多少讓人沮喪，因為我們看見古巴顯然已將自己的經濟搞得一團糟。最值得一提的是，這趟古巴之行讓我有機會認識那位卓爾不群、當時處於親卡斯楚階段的漢斯．馬格努斯．恩岑斯貝格[22]，以及他迷人的俄國妻子瑪莎。瑪莎是一個失落的靈魂，最後悲劇性地在倫敦結束了生命[23]。她是蘇聯處於史達林主義黑暗時代的產物，因為她的父親，亞歷山大．法捷耶夫，正是大恐怖時期的蘇聯作家協會總書記。他是個一面喝酒一面完成任務的政府官僚，於一九五五年自殺之前決定了朋友們的生死存亡[24]。

我不曉得卡斯楚對這群一湧而入的歐洲怪胎有何打算。但他想必可以和吉安賈科莫・菲爾特里內利[25]相處得更為融洽。那位留著八字鬍、看起來外向好動的人物，不久前剛剛被玻利維亞和秘魯兩國驅逐出境。他用一口「只有義大利人才聽得懂的西班牙語」告訴古巴人：其歐洲出版商的身分從此結束，而今而後他自視為「全然的反帝國主義鬥士」[xi]。幸好他創辦於一九五五年的出版社依舊欣欣向榮——其所發行的政治類著作與文學類圖書同樣出色，例如巴斯特納克的《齊瓦哥醫生》和蘭佩杜薩的《豹徽》[26]皆初版於此。我不記得是否曾在那次大會上與他見面，但一九五〇年代初期的時候，我已經和那位激進的年輕千萬富翁略有交情，當時他是個慷慨激昂的共黨活躍分子與共黨文化的贊助者。我還記得一個夏天在他米蘭辦公室內的對話情景。此時一九五六／五七年之交的國際共產危機正讓人傷透腦筋，他一面與我討論共產運動應該何去何從，同時不斷打電話跟一個女孩子約時間，以便在亞得里亞海濱的一座古堡共度週末。那一定是他正準備脫離義大利共產黨的時候。其異議立場即將帶著他走入地下從事武裝革命鬥爭活動。他在青少年時代曾與共黨游擊隊並肩為革命而戰，非但對抗法西斯主義，同時也對抗他自己家族和米蘭市布爾喬亞巨富階層所代表的一切事物。切・格瓦拉的精神重新喚醒了那些昔日記憶。過了一九六八年以後，他很快就走入地下——或至少是一個家財萬貫、社會地位顯赫、出現於國際新聞頭條的人物所能走入地下的方式。一九七二年，他在不明不白的情況下死於非命，當時他正準備炸毀米蘭地區塞格拉特市的一座高壓電塔。

那次大會還出現了一批頗具魅力的年輕法裔加拿大知識分子。我不知道卡斯楚是否也認識那批人，但他們的構想無法說服我——其計劃是在魁北克森林地帶建立新的馬埃斯特拉山，認為藉此即可

xi 卡爾羅・菲爾特里內利，《老丘八》(Carlo Feltrinelli, *Senior Service*)，米蘭，一九九九年，頁314。

推動世界革命的事業。我甚至懷疑古巴會有任何人相信那種打算。過了幾年，當我來到蒙特利爾市的時候，我曾試著不斷打電話給那些人當中最聰明、也最令人產生好感的一位。但始終沒有人接電話。這顯示出我對當時的風氣並未進入狀況，因為又過了很久以後我才赫然發現，他想必是民族主義派「魁北克解放陣線」的恐怖分子：那批人曾經綁架英國駐加拿大貿易專員並勒斃魁北克勞工部長，而且他說不定就是為了交換那名英國外交官獲得釋放，獲准自由前往古巴的人士之一。反正那個年代就是這副模樣，就連一些憑藉少數民族語言來推動激進民族主義的團體——例如早期的「巴斯克祖國與自由黨」——都可以祭出「國際革命」的旗號做為掩護。

二

一九六〇年代末期，年輕一代的人（或至少是舊中產階級家庭的子弟，以及伴隨高等教育的爆炸性發展而新近躍升中產階級的群眾）一度都覺得自己生活在革命中。那種感覺時而純粹出於他們打算採取個人的集體行動來擺脫威權、父母和過去的世界；時而源自各種政治行動、表面上的政治行動——或替代實際行動的故作姿態——所帶來的不斷日積月累，已近乎性高潮的刺激快感。在一九六八年那段「鬧哄哄的春季和夏季」，那些政治化年輕人的基調看起來固然革命味十足，卻是我這一代老左派所無法理解的。況且無論從任何實際角度來看，當時的情形根本就不具革命性，並且事態還不止於此而已。不妨讓我在此引述希拉．羅伯珊姆的一段話，因為她以最奇妙的感覺方式描繪了當時狀況：

個人的感覺已經退居幕後。我兩性之間的身體接觸只冷不防出現於各次會議之間，卻不知怎地不會引發慣常的情感反應。那就彷彿可以隨機與人熱絡起來。外在群眾集體活動的能量變得如此強烈，感覺起來簡直像是親密關係的界線已經消融，內在的心醉神迷已經溢滿於街頭。……我因而得以從中窺見，個人的事務如何以一種奇特方式，在一個類似革命的戲劇化事件中遭到泯滅。……撫今追昔，革命雖然貌似具有清教徒作風，但實際經歷革命的時候卻完全不是那麼一回事……我陷入了國際造反行動的漩渦，覺得我們宛如被席捲到已知世界的邊緣。[xii]

儘管如此，一旦夸夸其詞的論調和漫無邊際的期盼所共同構成的濃雲密霧，化作點點雨水落入日常生活以後，瘋狂行為與政治活動、真實力量與「花之力量」、坐而言與起而行之間的差距，再度變得顯而易見。耶利哥畢竟不是因為約書亞號角齊鳴才陷落的[27]。政治化的年輕人必須考量該採取何種實際行動才得以攻佔那座城池。由於老一輩和新生代革命分子都使用同一種語言——主要是某種馬克思主義的「方言」——彼此之間表面上的溝通再度成為可能。那尤其是因為各個激進團體放棄了隨機起意的含混不清理念，往往又回歸至傳統上紀律嚴明的先鋒黨組織。然而老一輩與年輕一代左派分子之間，實際上依然橫隔著一道寬闊的鴻溝。在我們所處的那些國家裡面，革命根本遙遙無期。對我這一輩的革命分子而言，關鍵性的問題依舊是：馬克思主義政黨在不至於發生革命的國家應該何以自處？它們的功能究竟何在？那麼在其他國家呢？若是在起義事件可望成功、游擊隊征服行動仍有實現可能的國度，那麼我們——至少是我——仍然會贊同這種做法。

根深蒂固的舊有本能讓我們站在任何暴動分子與游擊隊員那一邊，只要他們使用了左派的語言，

xii Sheila Rowbotham，同前所引，頁196。

不論其內涵是多麼愚蠢和站不住腳都無所謂。一直要等到一九八〇年代，當我面對了秘魯「光明之路」游擊隊的所作所為之後，我才向自己坦白承認，我根本不希望看見這種左派革命運動獲得成功——因為無可否認的是，即便在馬克思－列寧主義的瘋狂激進邊緣團體眼中，那些人所堅持的意識型態也古怪得偏離常軌。（幸好越南共產黨的善意干涉終結了波布政權的殺戮戰場。）或許此種同情反叛分子的心態，只不過是自古以來貧窮百姓「三緘其口」[28]做法的知識分子版本：亦即做出本能反應，不說出有關被政府及軍警找麻煩者的事情。或許對我這個《原始的叛亂》和《盜匪》的作者而言，那是自然而然的事情，無法不去稱讚那些奮戰不懈的失敗者，即便他們顯然錯得離譜。在美國，我所同情的對象是黑豹黨之成員。我讚賞他們的勇氣和自尊自重。他們想法單純的列寧主義令我感動，但我也可以直截了當看出，他們根本就不可能實現自己的願景。

那些從一九六八年大造反的瓦礫堆中浮現出來的叛亂組織，尤其是一些小型武裝行動團體，則絕大多數都讓我完全無法產生共鳴。拉丁美洲性質與之類似的組織因為所處政治環境截然不同（請參閱第二十一章），還可以讓人用理性的態度表達不同看法，但那些人在歐洲的行動非但毫無道理可言，甚至根本就不具建設性。那種行動當中，唯獨魁北克、巴斯克或愛爾蘭的民族主義分離運動或許還具有某種政治可行性，但我強烈反對其政治方案。因為馬克思主義者絕非民族分離主義者[xiii]。無論如何，「臨時愛爾蘭共和軍」——誕生於該時期兩個最持久的此類分離主義運動之一——根本未曾宣稱自己是左派。他們反而在一九六九年與早已立場左傾的「正規愛爾蘭共和軍」分道揚鑣[29]。

於是我既不同情這些新出現的行動派革命分子，又跟他們沒有接觸，即便那只是因為自己上了年紀的緣故。反正他們的人數不多。在英國，除了曇花一現、效率不彰的無政府主義「憤怒旅」之外，別無其他革命團體可言。西德的武裝行動分子則頂多只有幾十個人而已。他們或許只能依賴大約一千五百名同情者的支持，說不定外加一小撮已經脫離自己國內行動的人——後者轉而與一些第三世界叛亂團體（通常為巴勒斯坦人）聯手在國際間進行反帝國主義活動。那是我所不曉得的世界，但其中的例外是少數幾位當時立場非常激進、與他們有所往來的西德歷史學家。我與「赤軍旅」以及義大利其他的類似團體沒有往來，而他們或許是歐洲除了「巴斯克祖國與自由黨」之外，最令人畏懼的武裝行動團體。我相當懷疑，那些團體的積極成員人數是否能夠維持在一、二百人以上。法國卻出於一些我始終搞不懂的理由，似乎未曾自一九六八年的廢墟中誕生出值得一提的左派武裝革命團體，儘管比利時在若干年內，出現過一個規模雖小卻相當有力的恐怖組織。換個角度來看，假如當年我曾與那些團體有過接觸的話，我也不會去過問其所作所為；他們即便認為我的政治立場與之相同，也不會讓我曉得他們自己做過哪些事情。

那一切將走向何方？在政治方面，那簡直是死路一條。由於革命遙遙無期，一九六八年的歐洲革命分子只得加入主流的左派政治團體，除非他們是非常聰明的年輕知識分子（那樣的人為數頗多），才會有辦法避開政治行動、遁入學術天地——在那個天地中，革命理念無需太多政治實務即可延續下去。一九六八世代在政治上表現得相當不錯。我們若將那些任職於公家機關與各種智庫的人，以及越來越多成為政治人物私人顧問的世代成員也列入觀察，就可以更清楚看出這一點。當我撰寫本書的時候，法國總理里歐奈樂·喬斯潘[30]是昔日的托洛茨基主義者；德國外交部長約序卡·費雪[31]是昔日的街頭戰士；甚至在湯尼·布萊爾首相的「新工黨」內閣中，其次要成員不只一人曾為昔日的滋事者。只有在義大利，由於當地極左派勢力已維持強烈的獨立性，以致主流左派陣營並沒有隨著一九六八年的

xiii 參閱《新左派評論》，一九七七年。

激進青年而被活絡起來。綜觀一八四八革命以降的每一代知識分子，原本參加革命的人最後注定都會逐步從激進轉趨穩健。一九六八世代與他們比較起來，在程度上難道會有多大差別嗎？

一九六〇年代的文化革命才真正使得西方世界改頭換面。與一九六八年比較起來，一九六五年或許更可證明是二十世紀的歷史轉捩點。那一年雖然不具重大政治意義，對法國成衣工業來說，卻是女用長褲產量首度凌駕於裙子之上的時刻；就羅馬天主教會而言，則為接受神職人員訓練者的數目開始明顯下滑之際。我講授「勞動史」課程的時候都會告訴學生們，一八八九年的碼頭工人大罷工雖是每一本歷史教材都強調的重點，但它實際的重要性，或許還不及英國工業工人群眾在一八八〇到一九〇五年之間某個時間點所做出的一個動作——他們默不作聲地把一種頭飾當成屬於自己階級的標誌：大家都熟悉的鴨舌帽。或許我們可以宣稱，二十世紀下半葉歷史上真正重要的里程碑既非意識型態、亦非大學生佔領校園，而是藍色牛仔褲的大行其道。

然而，唉，我不屬於那段歷史的一部分。因為李維牛仔褲就跟搖滾樂一樣，已經大獲全勝，變成了年輕人的標記。那時我卻早已青春不再。我不怎麼認同現代版的「彼得潘」，亦即那些打算一輩子停留在青春期的成年人；同時我不相信自己會有辦法登台演好「最老邁的青少年」這個角色。因此我做出了一項幾乎可謂是原則性的決定，永遠不要穿上這種褲子，而且我確實不曾穿過它。這成為我研究一九六〇年代歷史時的障礙：我是個局外人。我筆下的一九六〇年代，就是一個從未穿過牛仔褲的自傳作者所能夠寫出來的東西。

第十六章

政治觀察家

A WATCHER IN POLICICS

一

回顧前塵往事，我不免驚訝於自己在一九五六年以後的人生當中，是多麼難得直接介入政治活動，儘管我被視為虔誠的馬克思主義者。我未曾像愛德華·湯普森那般成為核裁軍運動的要角，在海德公園向大批群眾發表演說。我未曾像皮耶赫·布迪厄那般，在巴黎帶頭進行抗議示威。我也未曾像諾姆·喬姆斯基在二〇〇二年所做的那般，主動與一位曾經幫自己出書的土耳其編輯共同出庭應訊，使之免受牢獄之災。固然我無法跟那些朋友的卓越地位或明星氣質相提並論，但縱使在比較不需要名流風範的層面，仍有許多事情該做。一九六八年以後，我甚至未曾在英國共產黨那個小黨裡面，積極涉入介於親蘇聯死硬派與歐洲共產主義之間的激烈政治鬥爭（其結局就是在一九九一年摧毀了黨），即便我曾清楚表明自己的立場何在。

整體而言，除了到處講課之外，我的政治活動就是寫書和發表文章，尤其是當保羅·巴克那位最具獨創性的主編任職於《新社會》的時候為他撰稿。我寫作時的身分或為歷史學者，或為進行歷史思考的新聞記者，並帶有馬克思主義色彩。這讓我的作品產生了明顯的政治意涵，更何況我的專業領域是勞工史。縱使如此，我在一九六〇與七〇年代所發表最具政治意味的文字，也都只是間接涉及時事而已。

於是當我有生以來第一次，而且是唯一的一次，在英國全國性的政治場景客串演出時，我並未真正做好準備。從一九七〇年代末期開始，我在大約十年的時間內深深捲入了針對工黨未來所進行的公共辯論。接著我於保守黨政府上台後（結果連續執政了十八年[1]），針砭柴契爾主義的本質。我這段時期大部分的著作，後來都收錄到兩本政論集裡面。

那一切都衍生自一九七八年九月一個無心插柳的事件，起源於英國共產黨的理論探討刊物——《今日馬克思主義》——所發表的幾頁文字。該刊隨即以出人意料的方式，在一九八〇年代的政治辯論中扮演了重要角色。主其事者為該刊新上任的主編，一個聰明、禿頭、喜歡慢跑、愛觀賞摩托車比賽、參加政治活動的知識分子，以及昔日的大學教師：我的朋友馬丁．雅克。《今日馬克思主義》刊載了我在「馬克思年度系列紀念講座」的演講稿，題目為《工黨已停止向前挺進？》。該講詞無意干預政治，而只是說明我這個馬克思派歷史學者，針對近百年來英國工人階級所處狀況做出的觀察結果。我的論點是，英國工人運動在二十世紀上半葉勢不可當地崛起（雖然偶有中斷），看來現在已經停止。目前未必還能夠期待我們曾經為之預測出來的歷史命運，即便其理由只是因為現代經濟發展已使得工業無產階級出現變化、規模相對縮小，並且陷入分裂。如果我那篇演說曾以任何方式涉及政治的話，也只在於向哈羅德．威爾遜手下的工黨領導階層做出抨擊（威爾遜曾於一九六四至七〇年，以及一九七四至七六年之間兩度擔任首相）：他們曾經主導了工人運動在一九六六年的短暫復興，卻未能認清此事。《工黨已停止向前挺進？》一文雖然無關政治，但仍公開提出警告：工運已經在一九七〇年代末期迎頭撞上了大麻煩。

那篇演講稿的部分內容，立即被肯恩．吉爾挑出來嚴詞批判。他是「英國勞工聯合會議」總理事會的成員，或許也是英國共產黨主要的工會領導幹部，而我針對愈演愈烈的工運本位主義所發表的評論，便成為他特別攻訐的對象。因為依據我的看法，工會在一九七〇年代日益明顯呈現出來的好戰性，主要只著眼於己方成員的狹隘經濟利益；縱使工會已經受到左派主導，這也未必表示工運已重新向前挺進。相反的是，「對我來說，我們似乎看見工人正日益分裂成各種派系和團體，並且罔顧他人而各自追尋己身的經濟利益」。在新式的混合經濟體制下，各團體所仰賴的並非罷工對資方造成的潛在損失，而是這些活動可能為公眾帶來的不便，藉此逼迫政府出面解決。就事論事來看，這種做法不僅助長了工人團體之間的潛在摩擦，更可能進而削弱工運的整體凝聚力。

一九七〇年代的英國酷愛罷工，而凡是曾經在那裡生活過的人，都無法不發現工會的好戰成性以及工會與政府之間的緊張關係。一九七八和七九年之交的秋冬兩季，爭端達到了最高點。我由於跟左翼工業工會的政治團體保持相當距離，難免十分驚訝地發現，我那篇演講稿於接下來的一整年當中，在《今日馬克思主義》引發了十分激烈、政治意味十足的論戰。那是因為我在無意間碰觸到若干非常敏感的神經。隨之而來的發展是，我的講詞刊出不過幾個月後，脆弱且紛爭不斷的工黨政府就在國會大選中慘敗，輸給了柴契爾那個強硬派階級鬥士所統率的保守黨，這讓失敗的痛苦更加令人難以承受。等到《今日馬克思主義》終於刊出了最後一篇批評我那篇講稿的文章，柴契爾時代早已正式登場。再等到大選之後針對那篇講詞進行的辯論被集結成冊，由《今日馬克思主義》和「左頁出版社」共同贊助出版的時候[i]，工黨更已因所謂的「社會民主黨」出走而告分裂。該黨的殘餘部分則面臨了生死存亡關頭。

撫今追昔，對左派七拼八湊式大團結的幻想，比工會領袖對權力的妄想更加令人難以理解——前者在一九七八至一九八一年之間幾乎摧毀了工黨，後者則從一九六〇年代末葉開始腐蝕了工會。自從

i 馬丁・雅克與法蘭西斯・穆爾亨（編著），《工黨已停止向前挺進？》（Martin Jacques and Francis Mulhern (eds), *The Forward March of Labour Halted?*），倫敦，一九八一年。艾瑞克・霍布斯邦，《理性左派的政治策略》（Eric Hobsbawm, *Politics for a Rational Left*），倫敦，一九八九年。

一九二六年的大罷工以來，英國統治階級便小心翼翼避免和工會正面對抗，也就是不與自視為勞工的大約百分之七十英國人產生衝突。一九四五年以後的經濟黃金時期，甚至使得工業資本家與生俱來的反工會情結隨之消退。他們在二十年之間對工會要求所做的讓步，並沒有對利潤造成壓力。儘管一九七〇年代的局勢已開始令政治人物與經濟學家憂心忡忡，此際卻是工會領袖們春風得意的年代：他們已經封鎖了工黨政府企圖限制其權力的計劃，並已透過全國性的礦工大罷工兩度擊敗保守黨政府。有些工會領袖雖然瞭解必須對「自由市場式的討價還價」做出約束，但就連他們與政府談工資政策時，也發覺自己享有驚人的強勢地位。

由此形成的現象是，工會運動光榮的七〇年代同時亦為工會左派的繁榮時期。英國共產黨雖然規模不大、日益沒落、在政治上因為領導階層的親莫斯科強硬派和歐洲共產主義派而分裂，並於左派陣營內因為托洛茨基好戰派而不勝其擾，但它在一九七〇年代的全國工會運動中，或許扮演了前所未見的重要角色。其原因是黨內有一位能力驚人的工會組織者，柏特．拉姆森[2]（他令人尊敬的太太瑪麗安原為約克郡的紡織工人，後來成為業餘歷史學家，並且是共產黨歷史學家小組的積極支持者）。共產黨不僅僅是一九七〇年代好戰勢力的一部分而已。英國勞工聯合會議的左翼成員更從該工會組織兩位教父級人物那邊獲得不少助力——工業工人聯合會的休．史堪隆，以及運輸與普通工人工會和前西班牙國際縱隊的傑克．瓊斯——並且主要在拉姆森與肯恩．吉爾的運籌帷幄下，成功協同反擊了威爾遜兩任內閣企圖翦除其羽翼的嘗試。

除此之外，當時勢力仍然極為強大的全國礦工聯合會，終於在一九六〇年代出現了眾人期盼已久的權力平衡傾斜。約克郡開始轉向左傾，並使得一位少壯派共產黨要員（當時他尚未脫黨）——亞瑟．史卡吉爾——成為全國知名的人物[3]。除了一向立場穩固、由共產黨主導的威爾斯與蘇格蘭這兩個堡壘之外，那個位於英格蘭東北部、同樣牢靠但立場較為溫和的堡壘，現在也由左派佔了上風。一九七〇年後的十五年間，遂成為全國礦業大罷工的輝煌時代——礦業大罷工在一九七二與七四年大獲全勝，於一九八四至八五年陷入災難。其失敗的原因同時來自柴契爾夫人務必要摧毀全國礦工聯合會的決心，以及當時其領導人亞瑟．史卡吉爾的錯覺。而我一九七八年秋天的講詞，恰巧就發表於工會與工黨關係最緊張的時刻。

工會在左翼領袖和激進派主導下，對自己的力量產生了幻覺。那種幻覺又激發出一個更大的幻想，以為左翼社會主義者只需要佔領工黨，即可控制日後的工黨政府。工黨左派人士於是跟新入黨的滲透派革命分子組成同盟，為了展開控制工黨的行動而日益合流於極左派卸任部長湯尼．班恩的旗幟下。但他們的實力截然不同於工業界的好戰派。後者有廣大的工會成員做為後盾，而且工會會員的人數當時正處於最高峰。政治界好戰派所反映出來的現象，卻是自己在工人當中的選民和黨員日益減少，而且那些人對政治越來越不感興趣。其奪權策略實際上所仰賴的，就是一些小型激進團體在大多數不活躍黨員之間攫取工黨分支機構的能力，接著透過左派主導之下的工會在黨大會進行全額連記投票來鞏固地盤、決定政治動向，最後即可將更偏激的領袖及政策強加到全黨頭上。那是一個完全可行的策略，而且它幾乎得到了實現。但其中的幻想在於：誤以為工黨被偏執左翼人士拼湊出來的少數派綁架之後，仍可維持團結、凝聚力量進行選戰，並推出有力政策來阻擋柴契爾夫人手下的階級戰士發動攻擊。可是他們從未認清對方的實力。

這種幻想自然帶來了災難。許多傳統上投票支持工黨的人——其中有三分之一自視為工人階級的選民——乾脆拋棄工黨而把票投給保守黨。工黨本身則陷入分裂，新組成的社會民主黨更與自由黨結盟，在許多年內幾乎獲得了比工黨更多的選票。柴契爾夫人領導保守黨獲勝兩年半以後，工黨又失去了五分之一的選民，而且無論在任何工人階級團體都不再獲得多數支持，就連在非技術性工人和失業者之間也不例外。雖然保守黨政府於一九七九年大選中也失去了若干選票，依舊於事無補。正如同我當時所寫出的：「柴契爾的勝利，乃是工黨失敗下的副產品。」接著我描述了一個更糟糕的問題：「有些左派人士根本拒絕正視自己所不樂見的事實。」[ii]

簡言之，工黨的未來前途甚或生死存亡，於柴契爾夫人一九七九年帶領保守黨獲勝後的幾年內，已經到了最危險的時刻。新成立的社會民主黨早已把工黨一筆勾銷，企圖以自己和自由黨組成的聯盟取而代之，更何況社會民主黨與自由黨最後將合併成一個黨。我還記得當時的情形：某天我前往倫敦北區的肯特什鎮，在阿瑪遜亞·森恩與其妻伊娃·科洛爾尼的家中共進晚餐。他們的鄰居比爾·羅傑斯也應邀參加，但因為遲到而致歉。他剛剛與所謂「四人幫」的其他成員舉行會談（羅伊·詹金斯、大衛·歐文、雪莉·威廉斯——他們最後全部都成為上議院議員），並於會中為幾個星期後成立的社會民主黨草擬了創黨宣言[4]。

不少工黨中間派與勞動階層的黨員紛紛加入了社會民主黨，但其中有些人於工黨停止自殺路線之後重返工黨。在另一方面，激進左派和許多社會主義知識分子——例如我的老朋友芮爾夫·密利本德（他的兩個兒子後來在湯尼·布萊爾首相與戈登·布朗財政大臣的官署成為重要角色）——也把工黨一筆勾銷，除非工黨能夠被綁架過來，並準備成為「一個真正的社會主義政黨」（姑且不管那到底是什麼意思）。當時有一些朋友對我相當憤慨，因為我指出他們從未認真嘗試去打敗柴契爾夫人。無論其心中實際想法為何，「他們所表現出來的卻彷彿是，另一個工黨政府，也就是類似我們之前從一九四五年以來不時有過的那種政府，不但無法令人滿意，甚至比非工黨政府來得更糟……也就是說，它甚至還比不上唯一的替代選擇，亦即柴契爾夫人的政府。」[iii]現在最大的問題是，工黨還有救嗎？

最後工黨得到了救贖，縱使只是險勝而已——在一九八一年的黨大會中，出馬競選工黨副黨魁的湯尼・班恩以些微差距被丹尼斯・希利擊敗了。然而工黨的前途依舊懸而未決，直到工黨於一九八三年國會大選慘敗，導致黨魁麥克・富特下台（他曾於一九八〇年黨魁選舉中，以左派代言人的身分擊敗希利），由尼爾・金諾克加以取代為止。金諾克當選黨魁的前一天晚上，我曾在一場由外圍團體舉辦的選前會議發表演說（會議的主辦者若非費邊社，就是《今日馬克思主義》雜誌）。金諾克也出席了那次會議並為自己帶來加分作用，而且以「由衷謝意」在拙作上面簽名。如果我記憶無誤的話，大衛・布隆克特和羅賓・庫克也在場。那時他們亦為「非班恩派」的工黨左翼人士；當我撰寫本書的時候，二人已成為一九九七年以後的工黨政府台柱[5]。就尼爾・金諾克來說，不論他具有何種缺陷，我都熱烈支持他競選黨魁，況且他果真成為把工黨從偏執派手中拯救出來的領導人。一九八五年以後，他將具有好戰傾向的托洛茨基派逐出黨外，工黨的未來隨之轉危為安。

那其實是我唯一的一次和尼爾・金諾克見面，即便稍後我曾經為《今日馬克思主義》訪問過他，並於採訪結束後懷疑他具有擔任首相的潛力。因此，某些政治記者習慣在隨後一、二年內把我跟他的名字扯在一起、稱呼我為「金諾克的古魯大師」之做法，未免十分荒謬。但縱使如此還是有充分的政治理由可以解釋，為何對希望拯救工黨的人來說，一個從未加入該黨的馬克思主義知識分子的名字，竟可在工黨掙脫絕境之際變得相當管用：首先，我是極少數預言工黨即將陷入大麻煩的人士之一，這讓我在整場爭議中獲得立足之地。其次，知名的社會主義知識分子當中難得有人像我這般，公然質疑

ii 我在一九八三年的英國國會大選後寫道：「工黨已失去數百萬人」。見：《理性左派的政治策略》，頁63。

iii 《理性左派的政治策略》，頁65。

那個綁架接管工黨的企圖、與該計劃的擁護者進行激辯，並且（但願如此）收到了若干效果[iv]。再則，反對偏執派的一方在那段艱困時光覺得我特別有用之處，就是可以引用我的論點做為奧援，而黨內的激進派多半都曉得——至少經常閱讀書籍和期刊者如此——此人長年以來的紀錄都明白顯示他是極左派馬克思主義者。更何況一九八〇與八一年修改黨章之後，偏執派看樣子篤定可在黨內獲得多數，亦即工黨的命運已經交到了他們手中。因此工黨的未來端視：是否有辦法讓足夠的左翼積極分子脫離偏執派，藉此化解危機——最起碼要在關鍵性的時刻如此辦到。[6]

這個化解危機的動作必須由左派人物來進行，那尤其因為一九八三年以前，最重要的工黨黨魁替代人選就是丹尼斯·希利的緣故——他擔任過國防大臣與財政大臣、他代表著左派所不喜歡的一切事物、他毫不隱瞞自己對大多數左派分子的蔑視，而且他實至名歸為自己博得了政治打手的稱號。由於湯尼·布萊爾領導下的工黨早已遠離傳統立場而轉向右傾，如果今天希利與我重逢的話，我們二人在意識型態上的差距或許會顯得比較小；兩個老頭子或可一同回憶比較美好的過去，以及自從我們初識於英國共產黨學生黨部以來的不利發展。但就一九七〇年代的標準來看，希利屬於工黨右派。他在私生活方面是個充滿魅力的人物，在兩道註冊商標似的濃眉下面有著高度發達的智力與文化素養。他寫出來的自傳能夠讓人津津有味地當成書來閱讀，這是英國政治人物當中難得一見的現象。但身為公眾人物的希利雖然比較容易受人尊敬，卻不討人喜歡。與其他任何候選人相形之下，他都絕對可以成為傑出許多的政治領袖，可是偏執派卻務必要使盡一切手段來摧毀他。當時的情況就是，或許只有一個左派信得過的領導人，才會有辦法把工黨從危機中解救出來。

麥克·富特雖然在一九八〇年的工黨黨魁選舉中擊敗了希利，卻不具備黨領導人或可能首相人選應有的特質，而且他根本就不應該被選為黨魁。不論在過去或現在，他都是個好人。許多年來，他習慣與我在漢普斯德巴士站碰面，然後一同從那裡乘車出發，我在大學下車，他則前往下議院或《論壇》雜誌社的辦公室。那位日漸駝背、穿著非正式服裝的老先生走起路來一瘸一拐，但側面輪廓相當細緻，而且喜歡激烈晃動滿頭的白髮。他屬於喜歡長途健行的那一代英國知識分子，步行和公共交通工具因而成為他主要的移動方式。由於他只曾在一九七〇年代短暫擔任過部長職務，公務車並不屬於其自我意識的一部分。

富特始終是一位受人真心敬愛的工黨政治人物，其道德操守、聰明才智與文學造詣都同樣令人仰慕。他有著那種屬於電視小螢光幕時代出現以前的滔滔口才，可供發揮於大規模群眾集會，以及下議院的大庭廣眾之間：演說時的閃爍眼神、手勢，再加上能夠傳達到最後一排的音量。他是一位高度專業、辯才無礙的記者，尤其擅長指摘不義與反動的情事。他還是一個貪讀如飢渴的讀者，以及下筆成章、文風不俗的作者，永不吝惜頌揚諸如喬納森·斯威夫特與威廉·哈茲里特之類他所欽羨的作家。說不定正因為洋溢的熱情，或者是不願意傷害別人的性格，使得他過於缺乏批判性。他所撰寫的《安奈林·貝萬》生平傳記（富特繼承了那位偉大工黨左派領袖的南威爾斯下議院席次，後來又傳給金諾克），讀起來宛如「聖徒言行錄」；他所撰寫的無數書評——其中有一些也針對拙作——則評論性不足。總之，我實在想不出到底有誰真的不喜歡他。

但就連與富特同輩分者以及其同僚，都覺得他屬於老一輩的人物，簡直像是一九一四年以前那一

iv「工會主義不管再怎麼受到先天限制，向來都無法忽略群眾因素，那是因為它始終組織著數百萬人，並且必須隨時動員他們的緣故。但如果只是想為左派綁架工黨的話，那麼無須訴諸群眾即可在短時間內加以完成。純就理論而言，這個做法可以執行得非常完美……，只需要幾萬名靠得住的社會主義者與工黨左翼人士，透過參加大會、做出決議和投下選票即已足夠。換言之，一九八〇年代初期的幻想在於，以為能夠用『組織』來取代政治。」見：馬丁·雅克與法蘭西斯·穆爾亨（編著），《工黨已停止向前挺進？》，倫敦，一九八一年，頁173。

代的鄉下中產階級分子。而當初正是那些人率先表達反對立場，放棄了傳統上對自由黨的忠誠轉而支持工人的志業。富特並非為權威而生，反倒是天生的反對派，亦即以護民官的身分出面為人民對抗統治者的濫權行為。他在工黨全部的事業生涯，幾乎都是以左派發言人之姿抗拒黨高層，但黨高層永遠可以信賴他對工黨運動的完全忠誠——尤其一九六四年的時候更加如此：當時左派在哈羅德．威爾遜的第一任工黨內閣中，以三人之差略居多數。他不是一個擅長搞組織的人。他缺乏了諸如陰謀狡詐和暗盤交易之類不幸非常有用的才能（正是那些用語讓「政客」一詞染上污名）。對許多最惡劣政客產生驅動力的自私自利和個人野心，在他身上也付之闕如，因此他擔任黨魁的三年期間成為一場大災難。

湯尼．班恩那個既善良又誠實、幾乎將工黨帶往毀滅的人，則既充滿自我意識又不欠缺個人野心。畢竟他曾耗費許多時間與精力，全力爭取放棄世襲貴族頭銜的權利，以便縮短自己的姓名，並在下議院涉足真正的政治[7]。就某些方面而言，他的確非常適合成為自己擺明最想當的人物，那就是工黨領導人，並於時機成熟之際出任首相。他長相瀟灑、外觀年輕異常、體格十分健壯——其實政治就如同打橄欖球或下西洋棋，是一種極為消耗體力的運動——而且口齒便給。不論過去或現在，他都屬於那種面貌和聲音可立即被公眾辨認出來的少數人物之一。甚至他所表現出來宛如童子軍那般渴望日行一善的風格、做為註冊商標的煙斗、喜歡用馬克杯喝茶的無產階級習性，都是吸引人的本錢。儘管班恩過去在政治上並無特出表現，他從一九七〇年代開始轉向左傾。假如他願意的話，幾乎可確定會有辦法將工黨團結在一起，帶領它走出困頓時光。看樣子他遲早會當上黨魁，而且我跟許多人一樣，一度認為他很可能是那個職務的不二人選——直到他自己前功盡棄為止。我曾經為《今日馬克思主義》對他進行了相當長的專訪，而且深受打動，儘管我並不完全相信班恩所堅稱的事項：在他的眼中，工黨必須繼續當一個「兼容並蓄的大教堂」。

然而幾個月之後即已清楚得無以復加，顯示班恩根本就不適合擔任那個職務——他已經將自己的政治資本完全押寶給偏執派。一九八一年一月的一場黨內特別會議中，工黨實際上已將自己的命運拱手交予左派，至於其細節則已無關緊要。[8]現在事態已經相當明顯，唯有班恩自己的政治愚蠢才阻擋了他於短期之內成為工黨領袖。在那個時候，任何稍具政治敏感度、看得出工黨已經深陷分裂的人，都一定會設法打出「寬大牌」、「和解牌」與「團結牌」。班恩卻不此之圖，反而發出勝利者的訊號，要求勝券在握的左派開始進行接管，並於副黨魁選舉中展現實力，一同擁護他把希利拉下馬。雖然沒有人確定，安撫路線是否能夠阻止社會民主黨出走。但無論如何，班恩全面倒向左翼偏執派的做法，已讓任何不樂見工黨淪為「被邊緣化社會主義小禮拜堂」的人士認清一個事實：為了工黨的前途，就一定要擊敗班恩。這個目標終於得到了實現，即便只是險勝而已。湯尼．班恩從此退居榮譽職位，坐在冷板凳上致力於捍衛憲法、民主與公民自由，並且宣揚社會主義，但他真正的政治生涯已經畫上了句點。

二

當時的情況為，我幾乎完全透過《今日馬克思主義》來參與政治辯論。沒有人料想得到，那份寒酸的月刊——而且它與共產黨有所牽連——竟然在整個一九八〇年代成為媒體業與政治界的重要讀物，同時不光是在左派的圈子內如此而已。就連一些知名的保守黨人士，諸如愛德華．奚斯、麥克．赫塞爾廷、彭定康等人，也紛紛為之撰稿或接受其採訪。一位毫不同情左派、於一九八三年當選國會議員的年輕工黨政治人物，也宣稱自己是那份雜誌的固定讀者，並且接受了訪問：他名叫湯尼．布萊爾。大多數當時已打響名號，日後成為工黨政府要角的人物，也曾在該刊發表言論，例如戈登．布朗、羅賓·庫克、大衛·布隆克特、麥克·米契爾等人。那份雜誌曾受到來自英國共產黨死硬派的猛烈抨擊（英共本身則即將因為內鬥和各國共黨政權的崩潰而遭到毀滅）。但該黨的政治領導乃「布拉格之春」及義大利式共產主義的堅定支持者，於是在力所能及的範圍內，持續向該刊提供政治上與財務上的援助，直到《今日馬克思主義》在一九九一年底與共產黨和蘇聯一同壽終正寢為止。

工黨陷入危機的那個時代，有關其未來的構想竟然來自一份共產黨刊物。而《今日馬克思主義》的成功，主要必須歸功於馬丁·雅克結合了政治才能與新聞專業，同時也在於他決定開放版面，讓明顯偏離共黨路線、並非基本教義派老社會主義者的作家們共襄盛舉。此外英國傳統政治界與知識界於柴契爾時代所陷入近乎全面的混亂，也使得我們從中受惠。中間偏左的一方固然是受到波及的主要對象，但就連保守派也必須探索一個未知的新領域。人們在那個新時代到底必須做什麼，或者能夠做什麼？他們應該如何進行討論，甚至該在哪裡進行討論呢？《今日馬克思主義》提供了一個空間，讓人們從現有的框架外面來思索上述問題。尤其重要的是，該雜誌堅稱自從柴契爾夫人上台以來，「一場向右靠攏的大戲」已讓凡事都變得可能（那是文化理論家斯圖亞特·霍爾在一九七九年的一篇文章中的用語，並藉此創造出「柴契爾主義」一詞）。一場全新的遊戲從此展開，而《今日馬克思主義》率先言及於此。

如今回想起來，那是再明顯也不過的事情。柴契爾時代是二十世紀最接近一場政治、社會與文化革命的現象，但所帶來的並非好事。那場革命憑藉著任何民選政府所能擁有最不受控制和最中央化的權力，在英國動手為一個不神聖的同盟摧毀擋在路上的一切障礙。該同盟之成員乃肆意追逐最大利益的私營企業，以及專斷獨行的政府；換言之，那就是貪婪慾望和沙文主義的結合。其動機不僅僅出於一種合理的信念，希望「從背後踹一腳」來振興英國經濟，還源自階級意識，亦即我所稱的「小中產階級無政府主義」。它以同樣方式反對傳統的統治階級及其統治模式（包括了王室與國家既有體制），以及勞工運動。在這個廣泛獲得成功的努力過程中，傳統的英國價值泰半遭到抹除，國家已經變得面目全非。我這一代大多數人對此的感受應該與一位美國朋友相同——他從麻薩諸塞州的大學教職退休下來以後，決定在新世紀移居英國。當他被問起是否懷念美國的時候，他回答說：「遠不如懷念我當初首次過來時所看見的英國。」

這個理由實際上正足以說明，為何英國學術界與文化界，以及越來越多受過大學教育的中產階級人士，會普遍對柴契爾夫人表達異議，甚至發乎肺腑日益對她痛恨不已。其極致就是牛津大學做出一個象徵意義十足的動作，拒絕向她頒贈榮譽學位。但這些都無法阻止柴契爾的意識型態繼續向前推進，而其信念為：處理國內公共措施與私人事務的不二法門，就是由商人透過商業手段來追逐商業目標。柴契爾主義的勝利之所以讓人覺得那麼苦澀，就是因為其一九七九年之後的成功並非基於國內輿論的大幅轉向，卻主要（儘管不完全如此）源自其對手的深陷分裂。在一九八〇年代的選舉中，柴契爾並未像美國的隆納德．雷根那般，有一股浪潮將之向上托起。柴契爾的支持者在選民中一直屈居少數。然而我向工黨和自由－社會民主黨同盟做出的呼籲，要求他們進行選舉協調工作，否則最起碼也要配合反對保守黨的選民實施有系統的「戰術性投票」[v]，卻都（理所當然）被二者當作耳邊風。反倒是選民們最後有了比各黨更高明的見識，主動大規模進行戰術性投票並收到不錯的效果。但令人扼腕的是，無論工黨或「自由－社會民主黨同盟」都提不出替代策略，以致柴契爾主義繼續成為檯面上唯一的方案。到了最後，我們只能期待它終將嚴重喪失民心，使得任何反對勢力均可將之擊敗——此事果真發

v 我很可能是首先將此名詞運用於選戰辯論的人。

生了，但時間是在十八年後。我們曾經提出警告，柴契爾革命帶來的許多東西恐將證明為無法逆轉。就此而言，我們也正確無誤。

在紙面上很容易即可實事求是分析全局，並拋開那些「將堅持正視真相者斥為叛徒的怒罵之聲」[vi]。但實際上這絕非易事，因為我撰文反對的那些人，有許多是我的黨內同志（或至少為昔日同志）及朋友。除了我和斯圖亞特·霍爾之外，《今日馬克思主義》無法持續獲得任何「老左派」與道地「新左派」（一九五六年加入者）著名知識分子的持續支持。《今日馬克思主義》氛圍之外的社會主義者或馬克思主義知識分子，也大多對之充滿敵意，其中包括了雷蒙·威廉斯、芮爾夫·密利本德等重要角色，以及《新左派評論》的傑出人物。我曾經在工會的大會上遭受嚴厲譴責，但這並不令人意外。因為在他們許多人眼中，《今日馬克思主義》的路線意謂背叛了社會主義者傳統的理念與政策，更遑論是背叛了托洛茨基派依舊殷切期盼的無產階級革命。當政府傾全國之力發動階級戰爭之際，《今日馬克思主義》那條路線看起來甚至像是不忠於橫遭踐踏的勞工階級組織。一九八四／八五年全國礦工大罷工時的情況尤其如此——它已經促成左派（而且並非只有左派而已）動員一切力量來同仇敵愾。我的路線也受到同樣的批評，只不過事態已經十分清楚：工會偏激領導人的妄想、對好戰詞藻的依賴、工會成員拒絕中途停戰講和的傳統做法，都必將使得工會和煤礦社區大禍臨頭。但是就連我們也缺乏免疫力，仍不免受到該運動聲勢浩大的自欺欺人言論感染。於是當《今日馬克思主義》於大罷工收場後檢視殘局時，固然多少還能夠面對現實，卻無法坦然承認所遭受的挫敗有多麼嚴重[vii]。

的確，這就是英國社會主義者自從一九七〇年代中葉以來的整體困境。無論對溫和的社會民主改革派，還是對共產黨或其他的革命派系而言，一切都已經土崩瓦解。不管身為馬克思主義者或非馬克思主義者、革命派或改革派，我們在分析論述時都曾經相信過，資本主義無法為人類創造出良好的生活條件。資本主義既不合乎正義，更不可能長久支撐下去。與之截然不同的社會主義經濟體系——或至少是其前身，一個致力於社會公義與全民福祉的社會——將可望取而代之。此事若不發生於今日，也會在未來得到實現。歷史的移動方向曾經很明顯地讓那一天日益接近，其憑藉就是公營和民營機構為了廣大受薪階級的利益，或明或暗採取的反資本主義行動。第二次世界大戰剛結束的那幾年，或許比任何時刻都更加接近那個理想。當時甚至連歐洲各保守派政黨也都小心翼翼，宣稱自己反對資本主義，而美國的政治人物也讚揚各種公共計劃。然而時至一九七〇年代，上述各種假定看起來都已經缺乏說服力。等到進入一九八〇年代之後，傳統左派在政治界與知識界同時遭到挫敗，早已是不爭的事實。左派刊物變來變去的話題，主要就圍繞著「什麼是左派？」打轉，而我自己也為此做出了貢獻。

說來矛盾的是，這個問題在非共產國家反而更加急迫許多。在幾乎全部的共產國家，自從信譽掃地的「現實社會主義」——即官方所謂唯一真實存在的社會主義——崩盤之後，任何其他類型的社會主義亦已隨之被掃出政治舞台。更何況對那些共產國家的人民而言，他們有合理理由將自己的希望——有時甚至只是烏托邦式的希望——寄托於陌生的西方資本主義，因為它顯然繁榮許多，而且比他們自己的殘破體制來得更有效率。只有在西方和南方，反對資本主義的態度還繼續足以服人，尤其是反對那種日益主宰一切、受到跨國企業厚愛、有經濟理論教父和政府在背後撐腰的極端自由放任式資本主義。

《今日馬克思主義》能夠看得出來，若有誰一味拒絕承認形勢已經急劇改變（「就讓懦夫退縮、就讓叛徒冷笑，我們將讓紅旗繼續在此飄揚」），其做法固然可在情緒上產生不少吸引力，卻完全無濟於事。其實這正是為何在工黨歷史上一直具有輝煌傳統（但難得扮演決定性角色）的工黨左派，會在一

vi 〈走出蠻荒〉（Out of the Wilderness），一九八七年十月，見：《理性左派的政治策略》，頁207。

vii 《今日馬克斯主義》，一九八五年四月，頁21-36及封面。

九八三年以後銷聲匿跡的原因。它如今早已不復存在了。但就另一方面而言，直到一九九四年湯尼．布萊爾成為黨魁之前，我們幾乎還想像不到會出現「新工黨」這種選擇，而且我們拒絕以「新工黨」做為替代方案。那是因為它接受了柴契爾主義的思考邏輯與實際結果，並蓄意放棄了一切能夠讓中產階級主力選民聯想到工人、工會、公營企業、社會正義、平等之類的東西，更遑論是社會主義。我們想要的是一個改革後的工黨，而非穿長褲的柴契爾。但工黨在一九九二年的大選以些微差距未能獲勝，使得那種前景成為泡影。[9]在我的政治經歷當中，就數那個選舉結束之夜最令人悲傷沮喪，而且我不是唯一這麼想的人。

政客們以「不斷當選連任」為宗旨的選舉政治邏輯，以及一九九七年以後出現的政府邏輯[10]，聯手把我們趕出了「真正的」政治。《今日馬克思主義》的某些少壯派分子從此跟著權力走。工黨重新執政十八個月後，馬丁．雅克讓那份雜誌復刊了一期，藉此檢視新登場的布萊爾時代，結果那些少壯派當中的一員以高高在上之姿，從唐寧街十號撰文向我們——特別是本人和斯圖亞特．霍爾——表達輕蔑之意。按照其說法，我們是一批從講堂來看社會的人，「彷彿站在外面冷眼旁觀，缺乏歸屬感與責任心」，不像是「有辦法同時結合批評、願景與實際政策的知識分子」。簡言之，不論我們是否為學界人士，「批評已難敷所需」[viii][11]。政治現實主義者與政府技術官僚的時代已然來臨。二者都必須於市場經濟的範疇內，配合市場經濟的需求來運作。

此說固然正確。但我們的觀點始終是（我自己絕對如此），既然批評「已難敷所需」，其重要性只會更甚於往常。我們之所以批評新工黨，並非因為它接受了資本主義社會的生活現實，而是由於它過度採納自由市場經濟基本教義的各種意識型態假定。其中之一更將一切旨在改善人民生活條件的政治運動連根摧毀，連帶危及了工黨政府的正當性——那個假定認為：追逐個人利益是有效管理各種社會事務的唯一方法，亦即管理者要表現得跟生意人一樣。

確切說來真正亟待批判的對象，就是新自由主義。一則因為它訴諸工商業人士和各級政府，藉此消除他們傳統上對工黨的疑慮，並找到利基點來討好中產階級的搖擺選民。再則因為新自由主義宣稱，自己是一門日益認同全球資本主義利益的「科學」（經濟學）之權威，並於過去將近四分之一世紀的時間內，受到那門科學的最高權威（諾貝爾經濟學獎）無限推崇。結果一直要等到二十世紀將盡之際，諾貝爾經濟學獎才頒發給阿瑪迩亞・森恩，接著再頒給了另一位不屬於正統教義派的經濟學家——大聲疾呼批判「華盛頓共識」的約瑟夫・斯蒂格里茨[12]。他們之所以終於獲獎的理由，據悉是因為諾貝爾自然科學獎項的評選委員忍無可忍，不滿那個原先應該屬於科學方面的最高學術殊榮，持續偏袒了特定意識型態。或許經濟大泡沫在世紀末（一九九七至二〇〇一年）的破裂，才終於打破了市場基本教義的魔咒。新自由主義全球霸權地位之終結已被預告出來，而且這種預告存在的時間已經夠久了——我自己也曾不只一次做出預測。新自由主義所造成的傷害早已罄竹難書。

三

與此同時，蘇聯的社會主義已處於垂死邊緣。

不同於冷戰的結束與蘇維埃帝國的內爆，蘇聯的終結相對是以慢動作進行，它開始於一九八五年戈巴契夫上台，結束於蘇聯在一九九一年底正式解體。其間出現過登上報紙頭條的戲劇化事件，像是

viii 此為傑夫・默根（Geoff Mulgan）之看法，見《今日馬克斯主義》，一九九八年十一月至十二月（特刊），頁15-16。

葉爾欽站上坦克車抗拒一九九一年八月的流產政變。然而最具關鍵性的行動卻發生於蘇聯權力中樞的陰暗角落，例如一九八九年半途放棄五年計劃（一九八六至九二年），便是一個未曾對外公佈但動搖國本的決定。此事發生時，我正在聯合國大學的世界發展經濟研究所觀察蘇聯經濟及其演變過程，地點是在環境宜人、實際上用於監視俄國的赫爾辛基。那裡距離蘇聯只有數小時陸路車程，從空中更只需要花幾分鐘的時間。它成為我在最後一些關鍵年頭內度過了好幾個夏天的地點。假如該地未曾帶給我其他收穫的話，至少也讓我得以領教到西方經濟學家災難性的盲目。他們只是打從那裡經過，很舒適地穿梭於機場、跨國連鎖旅館與豪華大轎車之間，正準備以毫無節制的自由市場運作法則把俄國經濟拉到右邊，表現得就跟任何伊斯蘭神學家一樣篤定，相信自己擁有顛撲不破的真理。

在一九八〇年代，我們這些昔日深受十月革命鼓舞者的想法——認為蘇聯或其跟班所推行的社會主義正是我們想要的東西——早已灰飛煙滅。但蘇聯於特定情況下依舊受到認可，這是因為蘇聯可做為必不可缺的砝碼來平衡另一個超級強國，同時成為被壓迫民族解放運動的援助者（尤其是在南非），藉此產生更大的道德說服力。莫斯科政權支持了「非洲民族議會」的鬥爭，幾十年下來在看不見成功前景、蘇聯無法獲利的情況下，向之提供財務與軍事援助。為殖民地解放運動獻身一事，或許就是世界革命精神的最後遺風。事實上，讓我免於受到毛澤東主義感染的理由，就是儘管中共於蘇中決裂之後發出了國際主義論調，但中國的共產主義和毛澤東的意識型態在我眼中仍具有濃厚國家色彩，甚至是民族主義的色彩。即便我一九八五年前往那個令人欽佩的國家訪問了幾個星期之後，此種印象仍未稍減。例如蘇聯絕不會支援諸如「安哥拉完全獨立民族聯盟」之類偏離社會革命、嗜殺成性的運動。毛澤東主義下的中國卻與之不同，刻意宣傳自己做為全球武裝鬥爭中心的地位，但實際上只是非常選擇性地支援特定游擊隊運動，而且所支持的對象幾乎都反蘇聯或反越南。

我們，或至少是我自己，已經不再抱持太多希望了。我的朋友格奧爾格・艾斯勒還記得，我一九六〇年代從古巴回來後，如何開始擔心哈瓦那很快就會變得跟索非亞一樣[13]。蘇聯入侵捷克的行動令我記憶猶新，其程度就和別人還清楚記得甘迺迪遇刺身亡那一幕不相上下，使得我無法想像自己還會有辦法去布拉格舊地重遊。不過，等到我在西方退休以後，是否願意遷居到類似匈牙利那般相對自由的共產國家呢？答案是否定的。儘管對一個老中歐人而言，匈牙利與其蓬勃繁榮的鄰國奧地利相較之下，在學術上和文化上更加活躍，並且比較不那麼具有鄉土味。

一九八〇年代的老牌共產黨員與一般左派人士，除了希望蘇聯成為制衡美國的力量，並藉由其存在令全球富豪及統治者心生畏懼、讓他們多少必須顧慮到窮人的需求之外，還能夠對蘇聯懷有任何期待嗎？再也沒有值得期待的東西了。但即便如此，當米哈伊爾・戈巴契夫於一九八五年上台後，我們仍出現一種奇特的寬慰感，甚至產生一絲希望。不論發生了什麼事情，他所代表的似乎正是我們那種社會主義。的確，依據我之前的敘述，那就是義大利式的共產主義，或者是布拉格之春時「具有人性面貌的社會主義」，而且我們曾經以為那在蘇聯已是槁木死灰。說來也奇怪的是，雖然戈巴契夫在蘇聯遭遇了一場非常戲劇化，而且幾乎是全面性的挫敗悲劇，我們對他的仰慕並未稍減。他固然比任何單獨的個人更必須為摧毀蘇聯負責，但我們亦可表示，他不啻獨力扛起責任結束了半個世紀以來的核子世界大戰噩夢，並決定讓蘇聯的東歐附庸國自由出走。事實上，正是他拆除了柏林圍牆。而我就跟許多西方世界百姓一般，將繼續對他衷心感激並給予道義認同。一九八〇年代若有任何畫面令我始終難以忘懷的話，那就是紐約西五十七街一家電器行電視展示牆上的許許多多張戈巴契夫面孔。它們讓我突然停下腳步，聆聽戈巴契夫向聯合國發表演說，心中充滿了一種驚訝莫名與如釋重負的感覺。

只可惜很快便可看出戈巴契夫即將在國內失敗，甚至還可以看出，他與麾下的改革家都過於有勇無謀。我們亦可換一種講法：他們的年紀還不夠大或者見識還不夠多，以致無法認清他們所統治世界的本質，因而不完全明白自己到底在做什麼。或許根本沒有人曉得該怎麼做。對蘇聯及其各個民族而言，最好的辦法說不定還是讓國家繼續緩慢地衰敗下去，期待另一位較不雄心勃勃、更加著眼於現實的改革者逐步做出改善。像我就曾經在赫爾辛基，針對一九九一年終結了戈巴契夫時代的那場流產政變做出評論：「他選擇了透過『開放』來促成『改造』，其實應該反其道而行才對。但無論是馬克思主義或西方經濟學家，都既缺乏相關的實務經驗，又無法在理論上提供助力。[ix]」蘇聯就如同一艘滿目瘡痍的巨大郵輪，正朝著礁石撞上前去，於失去船舵的情況下漂向解體[x]。最後她沉入了大海。從短期或中期的角度來看，失敗者不僅僅是前蘇聯的人民而已，更包括了全世界的貧苦群眾。

「資本主義與有錢人，目前暫時停止了恐懼」，我在一九九〇年寫道：

> 有錢人，尤其是那些生活在像我們這樣的國家、於不正義與不公平之下享盡榮華的有錢人，除了關心自己以外又何必費神替其他人著想呢？即便他們現在讓社會福利遭到腐蝕、讓需要社會福利保護的人萎縮下去，他們又有什麼政治懲罰好害怕呢？這根本是一個非常壞的社會主義政權從地球上消失後的主要效應。[xi]

蘇聯解體十年以後，此種恐懼或已驀然重返。那些深信自己乃不可或缺的富人與政府，可能已經再度發現：窮人需要的是讓步而非蔑視。但歸咎於社會民主主義的結構弱化與共產主義的沒落式微，今日的危險來自於理性之敵：此即宗教上與種族上的基本教義派、排外主義——其中也包括法西斯餘孽或受到法西斯主義啟發的政黨，而他們目前正坐在印度、以色列和義大利等國的政府裡面。歷史的反諷之一，就是經歷了半個世紀的反共冷戰之後，華盛頓政府唯一的敵人們（而且他們事實上已在美國領土殺害美國公民），就是美國自己的極右派狂熱，以及遜尼派的基本教義穆斯林好戰分子，而自由世界曾經為了對抗蘇聯刻意向後者提供援助。有鑑於羅莎・盧森堡所列出社會主義與野蠻主義之間的二擇一選項，這個世界或許將後悔自己曾經決定要對抗社會主義。

ix《今日馬克斯主義》的社論，一九九一年九月，頁3。

x 霍布斯邦，《極端的年代》（英國平裝版），頁481, 484。

xi 見「劫後餘生」，布萊克本（編著），《劫後餘生，共產主義的失敗與社會主義的未來》（"After the Fall" in R. Blackburn (ed.), *After the Fall, the Failure of Communism and the Future of Socialism*），倫敦，一九九一年，頁122-3。

第十七章

與歷史學家為伍

AMONG THE HISTORIANS

在我這一生當中，歷史撰述到底發生了些什麼事？讀者諸君若對這個略嫌專門的主題缺乏興趣，不妨跳過這一章。但不幸的是，本章的內容一點也不像乍看之下那般具有學術性。我們無法擺脫過去，也就是說，無法離開那些紀錄、詮釋、議論和編造過去的人。我們每日的生活、我們所居住的國家、我們生活於其統治下的政府，都被我這個行業的產品所圍繞、所淹沒。無論是學校教科書裡面或者政治人物口中所談論的過去，還是小說作家、電視節目及影片製作人所使用的素材，到頭來都得自於歷史學家。更何況大多數歷史學者（其中包括每一位優秀的歷史學家）都曉得，每當研究過去，甚至是研究遙遠過去的時候，他們心中的想法和所表達的意見也都與當下事物有所關連。無論對一般國民或是對專家而言，瞭解歷史都是同樣重要的事情。而英國的幸運之處便在於具備一個強大的傳統，那就是有許多專家撰寫了既專業又適合大眾閱讀的著作，例如：亞當・史密斯、愛德華・吉朋、查爾斯・達爾文、梅納德・凱因斯等人。歷史學家們同樣也不應該只是為其他的歷史學家著書立說而已。

在我那個世代，英國尚未以系統化方式來傳授馬克・布洛赫所稱的「歷史學家的技藝」。我們只得儘可能挑選所需。就讀大學部的時候往往需要碰運氣，看我們遇見了什麼樣的人。當我就讀於劍橋的那些日子，只有一位老師有辦法吸引我固定前往聽課（儘管上課時間是早上九點鐘），而當時大多數優秀的歷史系激進派年輕學子也採取了與我相同的做法[i]。那位令人驚嘆的MM（「莫尼亞」）．波斯坦，剛在不久之前從倫敦政經學院轉赴劍橋任教。他滿頭紅髮，看起來活像一隻生蹦亂跳的大猩猩，要不然就宛如一個倖存下來的尼安德塔人（但這一點也不妨礙他對女性產生非凡魅力），而且他以濃重的俄國口音講授經濟史。劍橋大學當時開設的科目當中，只有經濟史能夠切合馬克思主義者的興趣。但波斯坦的課程因為具有學術復古情懷，甚至還吸引了像亞瑟．史勒辛格[1]那樣的小伙子，儘管史勒辛格坦承自己「缺乏經濟史方面的才華（與愛好）」，並且對馬克思主義不感興趣。他每一堂課都是學術性的知性表演——起先詳細闡明各種歷史論題，隨即一概將之拆解，最後以波斯坦自己的版本加以取代——堪稱為兩次大戰之間英國學術圈「島民心態」的「假期」。然而劍橋大學歷史系本身卻以洋洋自得的方式，為那種故步自封的學術圈島民心態提供了特別明顯的例證。

除了波斯坦之外，還會有哪一位老師在一九三六年要求我們閱讀剛問世的法國《經濟社會史年鑑》（當時它甚至尚未在自己國內成名）、邀請偉大的馬克．布洛赫前來劍橋授課，並言之成理地向我們介紹，他是當代最偉大的中古史專家？（唉，可惜我除了還記得布洛赫的五短身材外，早已將其授課內容忘得一乾二淨。）波斯坦雖然激烈反共，劍橋卻只有他熟悉馬克思、韋伯、宋巴特以及其他的中歐和東歐偉人，同時還能夠相當認真地闡述和批評那些人的著作。他固然曉得自己吸引了年輕的馬克思主義者，而且儘管他駁斥那些人所信奉的俄國布爾什維克主義，照樣歡迎他們成為對抗歷史保守主義的盟友[ii]。然而在冷戰時期，當我仰賴他以博士指導教授的身分為我寫推薦函時，他卻向每一位相關人士指出我是共產黨員，讓我無法獲得職位。我沒辦法真正表示他是我的老師，甚至無法表示他是任何人的老師——他從未創立自己的學派，也沒有自己的門徒——但他是讓我通往更廣闊歷史天地的橋樑。除此之外，他絕對是兩次大戰之間英國資深歷史講座教授當中最令人驚訝的角色，或許在任何領域內也是如此：架勢十足、充滿魅力、荒謬絕倫。

那是因為莫尼亞．波斯坦與一般歷史學家略有不同，一輩子都是幻想曲和傳奇故事的杜撰者。經過查證以前，我們無法相信他講出來的任何一句話。他如果不曉得一個問題的答案——無論是有關中世紀還是他學生們的緋聞——乾脆就自己編故事。由於他在兩次大戰之間的英國很顯然也是外來者，其最高的雄心壯志便是要成為局內人，由此產生的幻想也就非比尋常。此外他喜歡以恬不知恥或厚臉皮的態度，說出令人無可奈何的謊言。例如許多年以後當他必須從劍橋講座退休，卻又不想那麼做的時候，便向校方宣稱自己的實際年齡比證件上的記載少了一歲——但是他原屬俄國現屬羅馬尼亞的老家，現在已經不再有他的出生紀錄。就跟往常一樣，他未能取信於人。而大家就跟往常一樣，只是搖搖頭微笑說道：「那就是莫尼亞。」[2]

就某些方面而言，其最大夢想就是在英國為自己建構一個新的身分——波斯坦於一九二一年時，從蘇俄[3]經由羅馬尼亞輾轉來到了英國。身為沙皇俄國西南邊陲地帶的中產階級猶太青年，其早年經歷並無出人意料之外的發展。他曾經就讀於敖德薩大學直到革命爆發為止。他歡迎革命的來臨，並加入了一個激進的馬克思主義-錫安主義團體。該團體成員在立場上唯一的分歧之處，就是有些人打算立即前往巴勒斯坦建立一個社會主義社會，其他人則希望先把世界革命組織起來。莫尼亞屬於後者。但是等到內戰結束，敵視錫安主義的蘇維埃政權在烏克蘭根基穩固之後，莫尼亞只能鋃鐺入獄（他宣稱自己被囚禁了好幾個月），接著獲得釋放。（在第二次世界大戰期間，上述經歷使得蘇聯官方拒絕他前來擔任英國「經濟作戰部」派駐的代表）。

i 本章隨後的主要內容請參見拙作「經濟史學會七十五週年省思」，摘自：Pat Haudson (ed.), *Living Economic and Social History: Essays to Mark the 75th Anniversary of the Economic History Society* (Glasgow, 2001), pp. 136-40.

ii 相關資訊引自齊維．拉茲（Zvi Razi）教授——波斯坦傳記之作者。無論是他、已故的以撒．柏林，還是席門．阿布拉姆斯基（Chimen Abramsky），都向我提供了關於波斯坦早年的資料。

他抵達英國後起先半工半讀，隨即以中世紀農業史家的身分，在倫敦政經學院開創自己的前程。他未曾真正隱瞞自己的出身背景，反而使用好幾套內容互異的歐陸冒險故事，讓世人自行從中選擇。那些故事多半暗示他並非猶太人，儘管凡是跟他打過照面的猶太人連一秒鐘都不會上當，而且在兩次大戰之間就連一些非猶太裔的英國人也不例外。但不管怎麼樣，他獲得了成功。憑藉過人的才智、荒謬的魅力、外來移民的決心，再加上自己的老師兼第一任妻子所提供的重要助力——她是中世紀經濟史家艾琳．鮑爾（1889–1940）——波斯坦終於在自己的新環境登峰造極。他最後晉身為麥克．波斯坦爵士，還娶來辛西亞．凱佩爾夫人（阿爾伯馬爾伯爵的妹妹）為妻。從這個角度觀之，其成就大於另一位同樣來自東歐的傑出歷史學家，那位學識驚人、充分意識到自己猶太人身分的ＬＢ．納米爾[4]。後者雖然也獲頒爵位，卻無法在自己心儀的牛津大學獲得講座。

二人之間的明顯差異在於，前者是國際級人物並涉足全球性的課題；後者感興趣的歷史專題則主要有關島內事務。我結識費爾南．布勞岱爾之初，他曾經向我問起：「我曉得英國有許多人談論一位名叫納米爾的歷史學家和他的學派。你能告訴我一些關於他的事情嗎？」無論布勞岱爾還是其他的經濟史家，都不可能針對波斯坦提出同樣問題——即便那只是因為他從一九三四年開始，負責編輯該領域內一份著名國際刊物（《經濟史評論》）的緣故。更何況在英國境外除了極少數的專家，沒有人特別在乎納米爾曾以革命性的方式（當時的看法如此），來研究十八世紀英國議會史那個晦澀的主題。所有積極涉入經濟史學術研究的歷史學家，都承認波斯坦有關中世紀農業史的各項專題非常重要。他們關心那些主題，並且願意跨出國家與意識型態的畛域——從哈佛到東京皆不例外——加入那方面的討論。經濟史不同於針對國家昔日政治所進行的研究，在那些日子具有普世共通的討論範疇，甚至還有受到公認的架構，可藉此評斷別人提出的問題是否具有意義，而無需計較自己是否同意別人的答案。

波斯坦與納米爾之間的對比，在某些方面象徵了一個促成史學行業陷入分裂的主要衝突，也呈現出歷史學在一八九〇至一九七〇年代之間的主要發展趨勢。那是一場論戰，參戰的一方基於傳統假定，認為「歷史就是過去的政治」——那可以發生於一國之內，也可以出現於各國之間的互動關係；另一方則認為歷史就是各種社會與文化在結構上的變遷。一方將歷史視為敘事，另一方則將歷史視為綜合分析。一方認為不可能以偏概全掌握人類過去的事務，另一方卻認為觸類旁通乃是必要的工作。那場論戰由德國在一八九〇年代首開其端，但在我的大學生時代，最出類拔萃的造反派除了馬克思主義者之外，全部都來自法國：馬克·布洛赫、呂西安·勒費弗爾，加上他們透過《年鑑》學報所帶動的風潮。

說來矛盾的是，布洛赫與波斯坦所致力的中古史，雖然表面上看來可望對保守派產生訴求，它實際上卻激發出獨創性的想法來面對過去。就連最守舊的歷史學者，也發現無法將中世紀的生活整齊切割成獨立區塊：政治、經濟、宗教或其他任何項目。那幾乎迫使人們對當代的各種假設做出比較，並對之進行再思考，同時無意中直直穿越了現代國家、民族與文化之間的疆界。中古史這個專題就像古代史那般——而且或許出於相似的理由——在我有生之年吸引了一批最優秀或最古板的歷史學者，即便傑出馬克思主義學者鑽研古代史的人數多於中古史。從另一方面來看，中古史的範疇內也出現了許多類似我在伯貝克學院的老板，已故的RR·達靈頓那樣的人物，而他一生的夢想就是要為一名二流的十二世紀編年史家出一套全集。結果有一回他顯然被我這名年輕講師的提議給嚇壞了。那天我建議他，不妨邀請一位當時客座於學院內的南非籍社會人類學家舉辦研討會，這或許可對參與他「盎格魯撒克遜時代的英國」專題的學生們有所助益。他心中一定想著：那個小子到底使用什麼樣的研究材料呢？

涉入新舊歷史學之間的這場論戰後，像我這般剛在史學界開拓職業生涯的年輕馬克思主義者，不免發現自己過於急躁地加入了一個當時規模還很小的專業領域，而且無論就其從業人數或產品數量而言，情況都是如此。一直要等到一九六〇年代，才開始出現舊有大學與新成立大學的急速膨脹，以及「文獻」的大量泛濫。縱使在諸如英國和法國之類的國家，或者像經濟史那般內容包羅萬象的全球性學術領域，幾乎每個從業者都曉得彼此，或者將會認識每一個人。對我來說幸運的是，二戰結束後首度舉辦的國際歷史科學大會，於一九五〇年在巴黎召開。史學機構曾於第二次世界大戰之前權傾一時，因為它們在法西斯主義或其他事物的推波助瀾下，已迫使本國的社會科學菁英移居國外。有意創新者若想尋得落腳處，頂多就只能在「經濟史與社會史」這個定義寬鬆的領域內想辦法，例如法國和英國的情況便是這樣。

不過，戰爭嚴重打亂了舊結構，讓造反派得以短暫進行實際上的接管。例如那次大會的組織者就是一位《年鑑》的成員——查理·莫拉澤（他很快就會被費爾南·布勞岱爾那位不斷躍升的明星很客氣地逐出那份刊物）。大會的籌備工作走上了非正統的路線，主要由法國人負責進行。協辦者包括了幾位義大利人，以及一些來自低地國和斯堪的那維亞半島的人，再加上幾位非典型的英語人士：波斯坦、澳大利亞歷史統計學家科林·克拉克，以及一位馬克思主義派的古代史學家。德國人當然缺席，即便那時還不十分清楚該國傑出歷史學家捲入納粹體系的程度究竟有多深。美國的歷史學家則成群現身——美國人可曾有過不渴望前往巴黎的時候？——但別人擺明就是不怎麼打算向他們徵詢有關會議籌備的意見。除了一篇以古代史為題的報告，以及一篇臨時提出有關德克薩斯的研究（被視為世界史範疇內的邊疆史），那些美國人都被排除於主要議程之外。蘇聯及其附庸國的代表也都缺席——唯一的例外是一名波蘭人。他們要等到史達林死後，才在一九五五年舉辦於義大利的下一屆國際大會全員到齊。當時在韓戰剛爆發的幾個月內，局勢顯得非常緊張。大會的法國籍主席只能以陰鬱口氣表示：「本屆大會將為日後的歷史學家提供重要史料紀錄，呈現出當今歷史學家度過二戰危難之後……等待第三

次世界大戰來臨時的心境。」[iii]

我直接涉及的一項創新之舉，就是有關社會史的專題討論——此類題目或許首度出現於任何歷史學術會議之中。事實上，那方面的資料當時還為數甚少，最多也只不過涵蓋了十九與二十世紀而已，況且就連籌備人員的心中也不完全明白「社會史」所指究竟為何。其所牽涉的範圍，顯然多於工人組織或社會主義組織之類略嫌狹隘的主題，但與此有關的研究之前曾經壟斷了「社會史」一詞（始作俑者是馬克思與恩格斯手稿的擁有者——「阿姆斯特丹國際社會史研究所」）。同樣顯而易見的是，它應該也攸關勞動群眾、社會階級、社會運動，以及經濟與各種社會現象之間的關係，更遑論是「經濟實務與政治、司法、宗教及其他現象之間的交互影響」[iv]。

令我驚訝的是，我只不過剛剛在學術刊物上面發表了自己的第一篇文章，卻赫然發現自己被指派為一場「當代議題」討論會的主席，負責主持一位跛了腳的馬克思主義學者，以十五、十六世紀波蘭為主題的傑出報告。我猜想一定是波斯坦提名了我，因為其他人不可能那麼做。參加我所主持那場討論會的人，是一個由異常人士及未成名者構成的奇特組合，而且他們即將成為史學界的核心人物。其中包括了比森斯．比維斯那位從佛朗哥統治下的巴塞隆納過來的孤獨訪客，他正尋找機會與學術界進行接觸，日後將成為本國歷史學家的啟迪者。此外有自視為馬克．布洛赫與費爾南．布勞岱爾之代言人、擔任《年鑑》秘書的保羅．樂優。另外還有本人，正準備成為《過去與現在》雜誌的共同創辦者。同時也有一些往往非常優秀的法國研究人員——例如皮耶爾．維拉爾，以及尚．莫弗瑞——他們都還

iii 《第九屆國際歷史科學大會：巴黎，一九五〇年八月二十八日至九月三日》（*IX Congrès International des Sciences Historiques: Paris 28 Août-3 Septembre 1950, vol. II, ACTES*），巴黎，一九五一年，頁v。

iv 此為阿姆斯特丹的凡．迪倫（van Dillen）教授之說法，出處同上，頁142。

在撰寫卷帙浩繁的論文，因此尚未融入大學體系。但他們很快就會加入新近由布勞岱爾所創立、與索邦大學打對台的「高等實驗研究院第六部」（現名「社會科學高等學院」）。那些人裡面有馬克思主義者，也有批判馬克思主義的人。簡言之，一九五〇與六〇年代史學界的面貌已開始浮現出來。

須在此注意的關鍵點是，歷史撰述現代派的各路人馬儘管意識型態明顯不同，並處於冷戰所造成的兩極化時代，他們卻走上同一條路、迎擊同樣的對手，而且他們對此了然於心。主要說來，他們反對實證主義（即那種認為如果你把「事實」弄對，結論自然就會出來的觀點），也反對保守派歷史學家傳統上一面倒向國王、大臣、戰役和條約的做法（亦即偏愛政治上與軍事上的決策高層）。換句話說，他們想要一種範圍更廣——或者經過民主化——在方法上更加精密的歷史學科。他們希望史學從各種社會科學那邊得到滋潤（其中特別包括社會人類學）。正基於這個理由，《年鑑》學報的副標題已從「經濟與社會史」擴充為「經濟、社會、文化」[5]。此外，希特勒垮台十五年以後，戰後致力於現代化的一代人也開始在德國史學界留名，在德意志聯邦共和國打出了「歷史社會科學」的旗號。

如同我已經在前面點出的，致力於歷史現代化的人士雖已聯合起來對抗保守派歷史學家，但他們在意識型態上和政治觀點上都缺乏同質性。法國所帶來的啟發絕非在馬克思主義那方面，唯一的例外是法國大革命史，但其牢不可破的根據地是索邦大學，與年鑑學派並無關連。（布勞岱爾有一次很遺憾地告訴我，法國史學界在他一生當中的最大困擾，就是其兩大巨頭——他自己和索邦大學的厄尼斯特·拉布魯斯——雖為兄弟卻無法同心協力。）在另一方面就英國而言，馬克思主義者的地位凸出得非比尋常。而衍生自共產黨歷史學家小組內部討論的《過去與現在》那份刊物，已然成為現代派人士的主要媒體。

戰後一代的德國造反派歷史學家，主要脫胎於他們在英國和美國做研究的時候。他們傾心於馬克斯·韋伯，而非馬克思，此為有異於英國共產黨歷史學家小組土產的馬克思主義之處。但我們承認彼此都是盟友。《過去與現在》並於創刊號中，開宗明義就感謝《年鑑》所帶來的啟發。年鑑學派的雅克·勒高夫，則將《過去與現在》與他自己的學報相提並論（「我一開始就是貴刊的讀者，不但是仰慕者和朋友，而且——如果我可以這麼表示的話——幾乎還是貴刊的秘密情人」[v]）。而新一代德國歷史學家的祭酒顯然認為，「馬克思主義歷史學家做出的驚人努力」，正是「自從一九六〇年代以來，英國歷史學界對世界所造成的衝擊」之主要因素[vi]。

於此階段，美國史學界——截然不同於美國的社會科學——在國際間仍然只扮演了相對次要的角色。事實上，美國史學界與舊大陸並無太多真正的交集，只有美國的歐洲研究者傳統上感興趣的領域除外：例如法國大革命，以及一九三三年以後德國流亡人士從歐洲帶過去的課題。但歐洲研究者在美國僅僅位居少數，更何況他們身為具國際觀的長春藤聯盟成員，不受國內通常只懂一種語言的歷史學家信任。後者專攻美國史，而且他們看待這個主題的態度，與國外歷史學家的研究方式罕有共通之處，唯有黑奴制度是國際間也感興趣的課題。研究這個主題的年輕美國歷史學家雖然即將揚名國際，在五〇和六〇年代卻只是史學界的非主流。他們當中包括一些戰後的美國共產黨青年黨員，諸如赫伯特·古特曼、表現得非常燦爛的尤金·基諾維斯，以及昔日全國「青年共產黨員聯盟」書記和日後的諾貝爾經濟獎得主——天才橫溢的羅伯特·福格爾。

說來奇怪的是，就連經濟史這個明顯具有全球色彩的科目，情況也不例外。這或許解釋了，為何該領域成立國際協會之後，基本上是由布勞岱爾與波斯坦二人進行英法共管。美國在歷史方面的創新

v Jacques Le Goff, *Past & Present 100*, August 1983, p.15.

vi 《二十世紀末的歷史思想：一九四五—二〇〇〇》（Hans-Ulrich Wehler, *Historisches Denken am Ende des 20. Jahrhunderts: 1945-2000*）哥廷根，二〇〇一年，頁29-30。

——諸如一九五〇年代以商人為著眼點的經濟史（「企業家」史）、一九六〇年代的「心理史學」（就是用佛洛伊德的方法來詮釋歷史人物），以及更加戲劇性的「計量歷史學」（將歷史視為回顧過去的，甚至往往是憑空想像出來的經濟計量學）——始終很難橫渡大西洋。一直要等到一九七五年，每五年舉辦一次的「世界歷史科學大會」才終於在美國召開。據推測那應該是出於外交上的理由，以便對一九七〇年舉辦於莫斯科的大會產生平衡作用。

整體而論，第二次世界大戰結束後的三十年間，傳統派歷史學家只能於敗退之際進行殿後部隊作戰，無法在史學自由繁榮發展的大多數西方國家阻擋現代派向前挺進。或許他們本來還能夠進行更有效的抵抗——若非傳統歷史學派位於德國的中央據點，因為曾捲入國家社會主義而被迫停止運作的話。（共產國家歷史學者的處境固然無法與西方相提並論，不過事有湊巧，他們被官方強迫歸順、有些人衷心信仰的馬克思主義，反倒比較契合西方現代派，而不接近自己國內傳統派——主要為民族主義派——的歷史。）一九七〇年的時候，一份名叫《戴達魯斯》的美國期刊舉辦了一場樂觀的會議（若不稱之為「勝利慶祝會」的話），來探討歷史研究的現況。除了一些採取守勢的政治史與軍事史代言人之外，與會人士主要都屬於現代派——英國人、法國人，以及四十歲以下的美國人[vii]。那些創新者的陣線儘管缺乏同質性，當時卻找到了共同的旗幟：「社會史」。同時這面旗幟與一九六〇年代政治立場激化、人數不斷暴增的大學生群體配合得天衣無縫。雖然「社會史」一詞含義不清，有時會造成誤解，但當時我曾針對「該領域繁茂發展的驚人狀況」撰文表示：「目前是成為社會史家的大好時機。就連我們當中從未給自己冠上過這個稱號的人，現在也都無意否認自己是社會史家。[viii]」

當時有一些理由可以讓人心滿意足。其中並包括一個有些出人意料的因素，那就是冷戰大致未曾對史學的發展造成干擾。實際上令人驚訝的是，它滲入史學撰述的程度低得出奇——但諸如俄國史與蘇聯史之類的課題則為明顯例外。海耶克曾於一九四〇年代主編了一套名曰《資本主義與歷史學家》的論文集，其論點為：那些強調工業革命對窮人造成負面影響的歷史學家，其實是以系統化的偏見否定了自由企業體制的益處。這個觀點促成大學生興致勃勃地加入激烈論戰，當左派也介入以後（即由本人代表共產黨歷史系學生發言），便出現了所謂的「生活水準辯論」。但我們無法表示，那場從此或斷或續進行下去的辯論遵循了意識型態路線。反之，一些爆炸性的主題，例如俄國（尤其是二十世紀的俄國）與共產主義的歷史，才當然是意識型態的戰場——縱使相關的辯論只是單邊進行而已，因為蘇維埃帝國強制推行的正統主義，已讓該國歷史學家與歷史詮釋陷入癱瘓。對認真的蘇聯歷史學家而言，最穩當做法就是緊緊抓住古代東方和中世紀的歷史，儘管看起來令人動容的是，該國的現代派史家每當窗子似乎打開了一點的時候——例如在一九五六年以及一九六〇年代初期——就迫不及待（在可允許範圍內）說出自己曉得的真相。我自己則成為一個主要鑽研十九世紀的歷史學者，因為我很快便發現——其實是當我進行一個半途而廢的計劃，為共產黨歷史學家小組撰寫英國工運史的時候——有鑑於共產黨和蘇聯對二十世紀的強烈官方觀點，沒有人能夠寫出任何有關一九一七年以後的東西，而不擔心自己會被打成政治異端。我不反對從政治和公眾的角度來描寫二十世紀，但不打算以職業歷史學者的身分這麼做。於是我的歷史結束於一九一四年六月時的薩拉耶佛。[7]

幸好一直到二十世紀快結束前，我都不研究「二十世紀的歷史」[8]，但是那段歷史的移動方向與

vii 'Historical Studies Today', *Daedalus: Journal of the American Academy of Arts and Sciences* (Winter 1971). 法國的與會者均與布勞岱爾的帝國有關，包括雅克・勒高夫、法蘭斯瓦・菲雷（François Furet）、皮耶爾・古貝爾（Pierre Goubert）。英國的與會者有二人和《過去與現在》有關，即勞倫斯・史東、摩西・芬利，再加上本人。美國的與會者則多半與普林斯頓大學有所淵源，其中包括羅伯特・達恩頓（Robert Darnton），以及唯一研究非西方專題、來自哈佛大學的班傑明・史瓦茲（Benjamin Schwarz）。

viii 出處同上，頁24。

一般歷史撰述不同，反而比較像是離開了遙遠的過去而趨向當下。「真正的」歷史結束於一九四五年過後不久，但至遲從一九一四年開始，「剛剛逝去的過去」都屬於編年記事、新聞報導或當代評論的範疇。事實上，由於英國官方檔案在好幾十年內不對外開放，根本無法以傳統歷史學家的高標準寫出二十世紀歷史。在大多數國家，甚至連十九世紀都尚未完全被歷史學術機構消化吸收（只有經濟史家除外）。大規模的歷史辯論並未以二十世紀為對象，雖然政治激進主義，特別是新出現對工運史的熱衷，此際已開始讓人們注意起那個曾在許多國家被史學界嚴重忽略的時代。但就連在一九六〇年代以前的英國，維多利亞時代名人傳記的撰寫者通常是政治人物、嚴謹的記者、當事人親友及散文家，而非教授們。縱使情況如此，過去與現在之間的裂縫已變得越來越小，那或許是因為許多歷史學家曾經直接涉入第二次世界大戰的緣故。

與此同時，西方式的學院派歷史主要仍侷限於第一世界、第二世界和日本。一般而論，它在那些地區之外並不存在、並不發達，或者只是沿著傳統路線繼續發展。其例外是為數不多的馬克思主義者以及（例如在拉丁美洲部分地區）少數受到巴黎現代派影響的人士。尤有甚者，學院派歷史的主流往往是歐洲中心論，或者——換用美國喜歡的講法——主要有關「西方文明」。整個世界進入劍橋學院派的歷史以後，變成只是「歐洲的擴張」。除了像查爾斯．柏克瑟那樣的少數例外，大部分致力於「非西方」事務的人士並非歷史學家，而是地理學家、人類學家和語言學家，當然還有帝國行政官員。在第二次世界大戰以前，只有少數歷史學家對純粹歐洲以外地區的歷史感興趣，其例外是抱持反帝國主義立場的馬克思主義歷史學家，以及歐洲以外地區的歷史學家——例如當時也強烈受到馬克思主義影響的日本歷史學家。就劍橋大學而言，一些歷史學家相繼於共產黨學生支部召集了所謂的「殖民地小組」（其成員多半來自南亞）。起先由加拿大歷史學家EH．諾曼（1909-1957）負責——他後來成為外交官以及研究日本現代史的先驅，因為承受不住美國「獵巫行動」的壓力而在一九五七年自殺。其繼任者是我的老朋友維克多．柯能（1913-2009），他是一位能夠用魅力來化解敵意的全方位通才，並熟悉各大洲的事務，還寫過有關古羅馬詩人賀拉斯的專論、翻譯過烏爾都語的詩篇。再來的繼任者是加拿大人哈利．芬斯，他專精於阿根廷史，於後來的年頭變得極端保守。另一位繼任者是才智出眾、別出心裁和自我毀滅的傑克．加拉格爾（1913-1992），他從未在中午以前起床，後來同時於牛津和劍橋擔任帝國史講座教授。我之所以對歐洲以外地區的歷史產生興趣，多少也出自我和那個團體的淵源。

隨著舊帝國去殖民化以及美國躍升為世界強權，非西方歷史開始受到應有的重視。世界史在一九六〇年代開始以「全球的歷史」之面貌出現，而這個趨勢與全球化的積極進展關係密切。來自第三世界的歷史學家——特別是一些從當地馬克思主義論戰脫穎而出的優秀印度學者——卻要等到一九九〇年代才開始在全球受到認可。世界性帝國的切身利益，再加上美國大學所能獲得的驚人資源，使得美國成為新形成的「後歐洲中心論」世界史之中樞，並意外改變了美國的歷史教科書與期刊。歷史觀點怎麼還會有辦法維持原樣呢？菲德爾．卡斯楚的上台，更促成英國在一九六〇年代初期有系統地推展拉丁美洲研究。其實依據我們當時的理解，那源自甘迺迪總統當家的華盛頓當局之建議：由於北美專家在那個地區不受信任，讓比較受歡迎的英國專家從旁協助會方便許多。（假若果真如此的話，那個計劃已徹底失敗，因為拉丁美洲史在英國主要吸引的是青年激進分子。）但無論如何，歐洲、美國和世界其餘地方的歷史繼續彼此涇渭分明，其公眾事務雖然並行不悖，卻難得取得交集。唉！歷史仍然主要只是作家與讀者眼中一連串的「利基市場」。在我那一代人裡面，只有極少數歷史學家曾經嘗試將之整合為一部無所不包的世界史。之所以如此的部分理由，就是歷史學幾乎完全無法擺脫民族國家的框架（主要出於制度上和語言上的因素）。撫今追昔，此種本土主義或許正是我這一代史學的主要弱點所在。

即便如此，人們在一九七〇年前後已可做出一個看似合理的假定：從一八九〇年代開始，歷史學現代化之戰早已勝利。主要的鐵道網已經鋪設完畢，從此可供歷史撰述的列車在上面行駛。但這未必表示現代派（至少不把法國的那些反對「事件史」的研究者算進來的話）就一定會宣揚經濟史與社會史的獨霸地位，甚或貶低政治史的地位，更遑論是思想史與文化史。現代派的成員絕非簡化主義者。他們固然相信歷史學必須進行詮釋並做出概括性的論斷，但他們也曉得歷史科學畢竟與自然科學不同。不過他們依舊認為，歷史學蘊涵著一個綜合性的工程，不論那是布勞岱爾的「總體歷史」或「整合人類一切科學貢獻的全球歷史」，還是套用我自己的定義（如果我可以這麼做的話）——「最廣義的歷史所探討之對象為：『智人』如何，以及為何離開舊石器時代來到了核子時代」[ix]。然而不過短短幾年之內，形勢即已全面改觀。

布勞岱爾不再主導《年鑑》以後，曾於一九七〇年代提出抱怨：那份刊物對優先順序失去了感覺，看不出重大事件與瑣碎事物之間的差別何在，《年鑑》昔日的主要精神已經蕩然無存。《過去與現在》的老夥伴們也以同樣方式抱怨道：拉斐爾．山繆新近發行的《歷史工作坊雜誌》（昔日共產黨歷史學家小組的最後餘緒），雖然發現了各式各樣讓狂熱分子感興趣的小角落，卻無意針對它們提出真正的問題。歷史學可以客觀還原過去的功能，當時尚未受到挑戰。那是「後現代主義」風潮出現以後才發生的事情。一九八〇年代以前，英國幾乎還沒有人聽過那個名詞，而且幸運的是，後現代主義在新世紀開始之初也只對正規的歷史撰述造成了輕微傷害。但無論如何，歷史撰述已在一九七〇年代初期改變了潮流方向。那些認為自己從一九三〇年代以來已經打贏大多數戰役的人，現在卻發現戰況轉而對己方不利。「結構」走上了下坡路，「文化」則走上了上坡路。或許總結那種轉變的最佳方法，就是表示：一九四五年以後的青年歷史學家，從布勞岱爾的《地中海史》（一九四九）得到啟發。一九六八年以後青年歷史學家的啟示，則來自美國人類學家克利福德．紀爾茲運用「稠密描述」完成的精心傑作——《深層遊戲：巴里島民鬥雞雜記》（一九七三）[x]。

其間出現了一個遠離「大哉問」式的、不再用歷史模式為架構的歷史研究之轉變，這意味著「從分析模式轉向敘事模式」[xi]、從經濟與社會結構轉向文化、從還原事實轉向還原感覺、從望遠鏡轉向顯微鏡——其代表作就是義大利青年歷史學家卡爾羅．金斯堡一本影響深遠的小部頭微觀論述[xii]，所探討對象是十六世紀一名古怪「弗留利」[9]磨坊主人的世界觀。或許這樣的轉變多少出於知識分子在自己心中，對自然科學的理性主義抱持一種奇特的不信任感，而且此種傾向特別盛行於二十世紀將盡之際。但這並不表示我們可明顯看見，學術界已出現從「結構歷史」重返「敘事歷史」的跡象，或者是重返老式的政治史。至少據我所知，年輕世代的歷史學家在過去三十年內，未曾於非分析性的敘事歷史範疇內，寫出一部堪與史蒂文．倫西曼的《十字軍史》相提並論、能夠被視為傳統派之勝利的傑作。但不管怎麼樣，一九四五年後的半個世紀內，有難以勝數的重要事件遭到隱瞞或無人聞問，於是讓平鋪直敘、依據檔案資料來填補空檔的工作——或「事件史」——得到很大的發揮餘地。我們只需要回想一些案例便不難理解此事：例如始終藏匿於蘇聯資料庫、直到一九九〇年代才對外開放的浩繁卷帙；冷戰的歷史；長期以來令官方三緘其口、讓公眾產生各種迷思的德國佔領下的法國；或者是建國初年的以色列。

一九六〇年代末期以前，現代派史學撰述在對抗守舊派的戰鬥中獲得了很大成功；現代派雖然是

---

ix 關於布勞岱爾，可參考《年鑑》一九八六年第一期登載的訃聞。本人的論點則請參見拙作《論歷史》（*On History*），倫敦，一九九七年，頁64。

x 《文化的詮釋》（Clifford Geertz, *The Interpretation of Cultures*）紐約，一九七三年。

xi 〈敘事體的復興〉《過去與現在》（Lawrence Stone, "The Revival of Narrative", *Past & Present* 85）一九七九年十一月，頁9, 21。

xii 《乳酪與蟲》（Carlo Ginzburg, *Il formaggio ed I vermi*）杜林，一九七六年。說也奇怪，雖然我曾於該書出版十年之前，在《泰晤士報文學副刊》對他另一本更有趣的書——《善行者》（*I Benandanti*），講述一個善心女巫接受審判的經過——寫下了書評，但《善行者》當時反倒並未受人注意。

一個包含馬克思主義者在內的聯盟，但是對現代派霸權的挑戰卻並非來自右派意識型態陣營。我們這幾代形成於一九三三至一九五六年之間的馬克思派歷史學家，其實已經後繼無人——原因並非那些冷戰鬥士已在各級學校及歷史系內取得進展（或許情況恰好相反），而是由於一九六〇年代以後的左派世代多半想要不一樣的東西。在此必須重新強調一次，這並非為了對抗馬克思主義而採取的特別行動。再以法國為例，布勞岱爾和年鑑學派實際上享有的獨霸地位，於一九六八年後已告結束，《年鑑》在國際間的影響力亦已急劇式微。

就某些方面而言，那些改變至少反映出一九六〇年代末期一場特殊的文化革命，其中心點位於各所大學，特別是在藝術與人文方面的科系。但與其稱之為知識上的挑戰，倒不如說它是情緒上的轉變。英國的「歷史工作坊」運動，就是新出現的後一九六八「歷史左派」之最典型表徵。其宗旨已不怎麼在於歷史的發現、詮釋或解說，而是要求靈感、對歷史情境的感同身受與歷史詮釋的民主化。它同時也反映了廣大公眾如何以出乎意料的方式，日益對過去產生濃厚興趣，而這使得歷史在出版界與電影業有了驚人的突出地位。歷史工作坊的各種會議促成業餘者和專業人士、知識分子和工人，以及大批穿著牛仔褲的年輕人齊聚一堂，簇擁在睡袋和臨時搭設的育嬰室旁邊。其場面宛如福音大會，尤其是當一些講台明星以狂熱情緒發表演說的時候——例如格溫．阿爾夫．威廉斯那位神奇的威爾斯歷史學家[10]，他是一名矮小黝黑的男子，以絕佳本事控制住自己的口吃來突顯講台演說技巧。第一屆英國婦女解放運動大會（瑪蓮曾於我們新左派的女性朋友的帶領下，前往共襄盛舉），也以同樣典型的方式，衍生自原本擬舉辦於一九六〇年代末葉的一場歷史工作坊會議。希拉．羅伯珊姆曾在大會結束後寫出了女權主義的歷史宣言，並象徵意味十足地將該書命名為《隱藏於歷史之中》。對這些人而言，與其說歷史是一種解釋世界的方法，倒不如說它是供集體發現自我的工具。或最佳的講法為：它是一種贏得集體認同的途徑。

這種立場的危險之處，無論在過去和現在皆為：它逐漸毀壞了所討論範疇的普遍性，但那正是一切歷史的本質，使歷史成為一個學術上與知識上的科目，成為一門科學——同時符合德文與英文（但含義較狹窄）對「科學」之定義[xiii]。它也逐漸毀壞了守舊派與現代派的共通規矩，此即相信歷史研究必須透過邏輯與證據之類受到公認的準則來進行，藉此判定事實與虛構，分辨什麼站得住腳、什麼站不住腳，看出何者為真相、何者出於我們自己的一廂情願。然而這一切已經日益受到危害。政治向歷史施加的壓力——不論那來自舊國家或新國家、舊政權或新政權、各種認同團體，或者一些曾長期封凍於冷戰冰帽之下的勢力——已在我的一生當中達到前所未見的地步。現代的媒體社會，更已經讓「過去」享有空前的顯赫地位與市場潛力。歷史從未像今日這般遭到人們竄改和發明，但那些人想要的並非真正的過去，而只是一種可以配合其目的的「過去」。今日是歷史迷思的黃金時代。專業人士對抗政治、捍衛歷史的必要性，如今顯得格外迫切。我們責無旁貸。

而且我們還有許多事情待辦。目前人類在實務工作上所採用的主要依據，就是科技人員用來解決問題的標準（這其實是相當沒必要的），於是歷史比從前更加成為吾人認識世界時的核心部分。與此同時，就在人們對客觀存在的過去爭論不休之際，歷史變遷已經不聲不響成為自然科學的主要成分之一，其所涵蓋的範疇從宇宙進化論一直延伸至新達爾文主義。事實上，透過分子生物學和進化生物學、古生物學與考古學，人類歷史的本身正在改變樣貌。它已經被重新置入全球演化，甚或宇宙演化的架構之中。去氧核糖核酸則已經為那個過程帶來革命。現在我們得以明白，「智人」這個物種究竟年輕

xiii 見拙作《論歷史》（*On History*）第二十一章（倫敦，一九九七年）。該書初版時的書名為：「The Historian Between the Quest for the Universal and the Quest for Identity」。

至何種地步：我們在十萬年以前離開了非洲。整體而言，通稱的「歷史」開始於農業和城市被發明出來之後，那只不過是四百個人類世代或一萬年左右的事情，只相當於地質時間裡一眨眼的工夫。有鑑於人類以戲劇化的方式加快腳步，於此短暫時間內——特別是在最近十個或二十個世代——即已控制了大自然，迄今的整部歷史可看成是我們這個物種走向不可知未來的爆炸性發展，亦即一種生物社會學上的「超新星」。但願那不會是一個災難性的發展。不過就另一方面而言，我們首度擁有一個適宜的架構可供寫作一部真正的全球史。而且那部全球史可以回復到恰當的中間位置，既不位於人文科學的一方，亦不位於自然科學與數理科學的那一方，但又不與它們格格不入，反而成為二者共同的要素。我真巴不得自己還夠年輕，有時間配合撰寫這部全球史。

縱使年華不再，但即便在我這個年代擔任歷史學家也都是一件好事。更何況那令人覺得興味盎然。我的朋友，已故的皮耶赫．布迪厄，曾經在一段談話中如此敘述自己的學術發展：

> 我把學術生涯看成是比較接近藝術家的生活，而非學院內的例行公事……於各種形式的學術工作當中，從事社會學家這個行業無疑為我帶來快樂，而且那種快樂符合了「快樂」一字的一切定義[xiv]。

只需要把「社會學家」改成「歷史學家」，我就會表示：善哉斯言！

---

xiv《說過的話》(Pierre Bourdieu, *Choses Dites*) 巴黎，一九八七年，頁38。

在地球村
In the Global Village

當了一輩子學者兼作家的自傳作者，應該如何描繪自己的職業生涯呢？寫作時所發生的事情，基本上就在孤寂中於電腦螢幕或紙張之上進行。而當作家們處理其他事務的時候，他們雖然不動筆，但可能也正在為寫作蒐集資料。就連一些行動派的男性（或女性）從事文學活動時，情況亦無不同。譬如凱撒便是如此。征服高盧的經過有許多值得稱述之處，而正如同昔日中學生所知道的，凱撒把那些事情說明得非常好[1]，但是他寫出《高盧戰記》的過程卻無人知曉。唯一為人所知的是，偉大的凱撒（據推測）曾經利用做其他更重要工作時的空檔，向某個擔任秘書的奴隸口述了該書內容。

的確，學者們將大部分工作時間花在例行公事上，諸如教學、研究、開會和考試。從比較高規格的生活標準觀之，這些事情都不具冒險性，並且缺乏意想不到的狀況。學者們將許多閒暇時間用於和其他的學術界人士交往，但那個物種的單獨個體無論再怎麼有趣，聚在一起後卻總是讓人提不起勁。半個世紀以前可以合情合理地宣稱，歷史學家們的集會——例如各種歷史學會舉行年度大會時出現的景象——與其他大學教師集會相形之下，還比較接近保險公司的行政主管會議。但是自從「一九六八世代」加入學術圈後，情況已經不復如此。

就學生而言，如果他們成群出現的話，無疑會讓喜歡當老師的人覺得更加有趣。但那主要是因為他們年輕，具備了與年輕有關的一切特質——諸如熱忱、激情、希望、天真和不成熟——而非因為一群學生能夠讓人產生許多期望的緣故。不過必須承認的是，在我花了大半輩子擔任教職的兩所學校裡面，情況並非完全如此。它們分別是倫敦大學的伯貝克學院，以及紐約「社會研究新學院」(現名「新學院大學」)的研究所。這兩所學校多少稱得上是學術圈的異類，擁有獨特的學生成員。

伯貝克學院之前身為成立於一八二五年的倫敦技工講習所，它現在仍然是一所夜間部學院，供必須白天賺錢謀生的人們就讀。我在英國的教學生涯完全在此度過，原因之一便在於教導那些求學動機格外強烈的男男女女讓人樂在其中。他們通常比剛剛從中學畢業的一般大學生年長，因而更加成熟。每週與他們見面的老師必須面對嚴苛的專業考驗：該如何讓一群人在晚上八點到九點之間，對自己聽到的東西提起興趣來？因為他們結束了整天的工作以後才趕過來上課、剛剛在自助餐廳匆匆嚥下晚飯、已經上了一兩節課，而且等我講完以後可能還得花一個小時回家。伯貝克是一所好學校，更何況它可以讓人學會如何溝通。

「社會研究新學院」研究所的獨特之處，則在於它同時結合了非正統性與國際主義。該校的大學部成立於第一次世界大戰結束後，其創辦人是一些在教育上、意識型態上和政治上立場激進的改革者，宗旨在於反叛他們眼中的考試暴政。它發掘了紐約市並不罕見的第一流人才，講授任何有人想學的科目，從古典哲學到瑜珈無所不包。研究所創立於一九三三年，向來自希特勒德國的學術難民提供工作機會，隨後又有歐洲其他被佔領地區的難民陸續前來。它首創紀錄成為第一所開設爵士樂課程的學術機構，而且幾乎可確定是第一個舉辦「結構主義」講座的學校(由克勞德·李維－史陀以及羅曼·雅各布森共同負責)——這兩門課都開設於第二次世界大戰期間。離經叛道和激進主義為它帶來的聲譽，吸引了不尋常的美國學生前往就讀，甚至從西方國家與拉丁美洲吸引了更加有趣、能力更強的學生。到了一九八〇年代，它還跟一些即將掙脫共黨政權的國家建立起關係。我的課堂上有波蘭人、俄國人、保加利亞人與中國人，再加上巴西人、西班牙人和土耳其人。我一度還計算出，班上的學生來自二十個不同國家。由於他們比較瞭解自己的國家和一些特殊的領域，我從他們那邊學到的東西，至少跟他們從我這邊學到的東西一樣多。在其他任何地點應該都找不到更加多彩多姿、更能帶來激發的學生成員。

教書與寫作的共同本質就是溝通。喜歡寫作又愛教書的作家非常幸運，因為這可以讓他或她從「熱帶荒島」得到解救——我們通常就宛如坐在荒島上，向不知名地點的不知名收件者撰寫訊息，然後將訊息裝入做成書籍形狀的瓶子漂洋過海傳遞出去。身兼教職的作家卻可以直接與潛在的讀者群對話。在我那個學術世代，講課可能仍然是主要的教學方式。而且就許多方面來說，老師在座無虛席的教室裡演講，正彷彿演員在劇院一張張的臉孔前演戲一樣，但其中的例外是老師不必熄燈。我們和演員都是表演者，而學生和觀眾是我們演出的對象。沒有別的東西能夠像講課那般適時地告訴我們，我們何時正在失去觀眾的注意力。況且老師的任務更加艱辛，因為他或她總是期待觀眾可以滿載特定的資訊與理念而歸、將之牢記在心並加以消化，而非只是在聽課時出現情緒上的滿足感。

儘管如此，優良男女教師的溝通方式，其實也只不過等於任何演員在舞台上的發光發熱，此即投射出個性、氣質、形象、工作時的心境，並且——如果再加上一點運氣的話——或許能夠與台下某些人激發出火花。藉由課堂上的討論，我們才有辦法確定是否已傳達出自己真正想講的東西。這是為何我在擔任大學教師的整個生涯當中，喜歡通識課程而非專業科目的理由之一。事實上，我以歷史通論為主題的各種著作，若非起源於向學生講課時的內容，就是在專業科目課堂上測試後所得出的結果。

老師在工作上的滿足感，主要來自與學生私下個人之間的交流。但相較於一大群帶著筆記本坐在「講堂劇院」的男男女女，以及堆積如山、填滿了大學教師工作時光的考試卷或期末報告，那種滿足感只佔了老師事業生涯的很小比例。況且就連那些滿足感本身，也只是幾乎一成不變的例行公事當中之一環。如果從上課者的角度來看，一門研討課程或許令人難忘，但若從局外人的角度觀之，它看起來卻只像是十幾二十個人於傍晚時分在身旁書本的陪伴下圍桌而坐，討論一份由班上成員或由外來訪客宣讀的報告，接著在下課後步行幾百碼前往酒館喝上一兩杯——這讓我聯想起自己一九七〇和一九八〇年代在倫敦大學歷史研究所授課時的情景。若把它當成製作電影的題材，拍攝出來的結果甚至連在藝術表演廳放映的資格都沒有。

在學院派自傳作家的記憶裡，歲月不斷向過去延伸，彷彿從山丘遠眺一列望不見盡頭的火車，正載運貨櫃穿越美國的原野風光。從事後回顧的角度來看，一節又一節的車廂比較不有趣，有趣的是它們所穿越的變幻無常景色；就我的經歷而言，它們等於穿越了位於三大洲的城市與校園（若把美洲算成兩個的話，則是四大洲）。但我退休以前多半只是在那些地方短暫停留，例外情況是在麻省理工學院擔任了一個學期客座教授（一九六七年），以及有半年的時間在拉丁美洲從事教學與研究（一九七一年），而且兩次都是舉家前往。然而帶著小孩一起四海為家，並非學者眼中理想的生活方式，更何況那種生活最後會因為他們上學的問題而不得不中斷。我從未接受美國大學的長期聘書，以藉此測試美國當局的反共底線。每當我忍受不住一些北美名校客座教職的誘惑時，瑪蓮就會投下否決票，因為小鎮上的學術生活並不適合她。只有一個那樣的地方打破了她的反抗——當時仍位於聖塔莫尼卡的蓋帝中心。對學者來說，那是最類似天堂的地方，一九八九年我們便在那裡待了一段時間。只不過洛杉磯實在很難稱得上是鄉間小鎮。後來我自己也不再那麼著迷於住在校區的生活，那是因為我有過獨自在史丹福大學消磨一個夏季學期的短暫經驗。該校無論當時或現在都是第一流的大學，名列全球六大名校之一，但不幸坐落於帕洛阿爾托那個居住起來無聊透頂的社區。隨後許多年內，我始終無法鼓起勇氣重返那個了無生氣、街頭空蕩蕩的地方，空蕩到那裡的汽車就停在街上與待在美麗房子內的主人相互對望。

對我們夫婦二人最理想的安排方式，就是在越來越頻繁的海外學術之旅中，以不同的大城市為基地，來換換口味。自從一九六〇年代出現空中運輸革命之後，這已經很容易可以辦到了。我們得以穿梭於芬蘭和那不勒斯、加拿大和秘魯、日本和巴西之間。我們的時代讓不斷在各城市遷徙的「流浪教授」加入國外特派員的行列，樂於回想起地點不斷更換，但生活本質大致仍維持原樣的日子所帶來的喜悅、尷尬與荒誕。我有幸在大部分的職業生涯內，教學和居住於二十世紀末全球兩大主要文化都市的中心地帶：其中之一距離大英博物館只有一箭之遙；另一地點則是格林威治村，一間位於「布萊德雷」上方的辦公室，而布萊德雷是曼哈頓最典型的爵士俱樂部。（唉！布萊德雷在一九九六年關門大吉，從此紐約對我來說就變了個樣。）

雖然有幸如此，職業生涯與那列火車卻未曾以絕對穩定的速率駛過大地。戰爭延誤了我事業起步的時間，冷戰嚴重放慢了我事業的腳步，我的職業生涯則持續在憂悶之中進行。但是到了一九六〇年代中期，當來自英國和海外的聘約開始紛至沓來時，之前的狀況未免顯得古怪，以致普遍被視為可恥[i]。儘管如此，我年過四十才開始出書，而等到可以正式在英國自稱為「教授」的時候，我已經五十好幾了。專業人士到達那種年紀之後，多半已像自己和世人所期待的那般，獲得了職業生涯的最大成就。我們大多數人處於此階段時，大有可為的前景和事業成就都已屬前塵往事。更確切來說，面臨這種境地的人勢必將在下半輩子，一直沒完沒了地迎接「不會比今天更好」的明天。其中的例外就是，穿上用於表揚專業成就或公共榮譽的寬衣博帶，但那通常表示得獎者的未來將無法對其過去有所增補了（至少人文學者如此），只能隨著年歲緩慢凋零。世界大戰與冷戰讓我免於落入這一切。由於命運

i 諾埃爾·安南，《我們的時代》（Noel Annan, *Our Age*），倫敦，一九八〇年，頁267。

的歪打正著，大戰與冷戰反而將我年輕有為的時代延後至中年期。與此同時，再婚與子女也讓我的私人生活有了新的開始。

事實上，只有戰爭真正拖累了我的事業，但所造成的延誤未必多於和我同輩的大多數男性。（戰爭其實改善了英國女性畢業生的未來前景）。一九五〇年代的冷戰雖然封鎖了就業機會與出書合約，但是套用「世紀末」風格的用語，我「在街頭」——也就是在活躍的歷史學家之間——打從一開始便以認真著稱，在非主流青年歷史學者的世界更絕對如此。至於在更狹小的馬克思主義派歷史學者的圈子裡面，我顯然是竄升之星。

榮譽心和學術上的自負，讓我擔憂自己的聲譽是否只能靠左派自己人的捧場，抑或我只是因為馬克思主義者的人數相對稀少，才會有資格濫竽充數——自從第二次世界大戰以來，就連傳統歷史學派都替這種公認的「反對派」保留了空缺。那並不表示我在當時或現在，介意自己被認定為「馬克思主義派歷史學家霍布斯邦」，而我直到今天那還把那個標籤掛在自己脖子上，就彷彿劍橋大學交誼廳裡面被傳來傳去的飲料瓶一般，掛上了標籤以免學究們將波特酒跟雪利酒搞混。我所在乎的是，年輕歷史學者有必要對唯物論的歷史詮釋投注更多心力，而且跟它當初被詛咒為「極權主義宣傳伎倆」的時代比較起來，今天或許更必須這麼做，因為在今日就連左派學界也時興將唯物論的歷史詮釋棄如敝屣。畢竟我五十多年來一直試圖說服人們，馬克思主義史觀的內涵多於他們迄今所能想像得到的，若能讓一位歷史學者的名字與之產生關連而有助其推廣，那豈不更好？

讓我的虛榮心深感困擾之處，反倒是畏懼只能在一個隔離區內享有聲譽，以至於像另一個典型二十世紀文化上的隔離區——英國天主教會——裡面的重要角色那般，往往發覺自己很難，甚至不可能擺脫這種困境。像GK．卻斯特頓[2]就是一個很好的例子，他因為與教會關係過於密切，結果自己的高超才華久久遭到遮蓋，無法被非天主教徒賞識。（沒有任何英國作家會像伊塔羅・卡爾維諾那般，夢想自己能夠和卻斯特頓一樣——卡爾維諾曾經表示，自己的志向之一就是要成為「共產黨的卻斯特頓」。）從友好的評論家那邊獲得讚譽並非難事。從立場中立或敵對的評論家那邊得到好評，才是檢驗成功與否的不二法門。

從一九六〇年前後變得日益明顯的事情是，我已開始在小圈子外面建立起名聲。我的第一本書，《原始的叛亂》（1959），無論在美國歷史學者或社會科學家之間都受到歡迎。它在幾年之內已被翻譯成德文、法文和義大利文。我的第二本書，《革命的年代：一七八九——一八四八》（1962），是以廣大公眾做為寫作對象，結果獲得了成功。至少它讓一位卓越的文學經紀人——身軀厚重、白髮蒼蒼、蓄八字鬍、樂享人生的大衛・海姆——在印象深刻之餘詢問我是否有意加入其班底，並定期邀請我前往夏綠蒂街明星餐廳，坐在他靠窗的桌旁共進午餐。當我撰寫本書的時候，明星餐廳（菜單大致相同）與那張桌子都還在原位，但已改由另一位文學經紀人與作家的呵護者來經營——之前已在蘇活區為自己建立「文學餐廳皇太后」聲譽的艾蓮娜[3]。我則在那家依然以大衛・海姆命名的文學經紀公司內，繼續待在老海姆的接任者和我的朋友——布魯斯・杭特——的羽翼下。歷史或許會以飛彈般的速度來移動，但仍然維持了某些連貫性。

由於《革命的年代》屬於喬治・魏登菲德所主導的國際共同圖書系列之一環，於是不管那本書得到的評價怎樣，也一定很快就會翻譯成其他語言。但無論如何，一九六〇年代出現的七個譯本和各種外國版本對我頗有助益，而且該書在各地均受好評。後來我在一九六四年發現一個差勁透頂的西班牙文譯本，它卻廣受西班牙大學內部快速成長的反佛朗哥運動歡迎，那是因為它不同於大多數的馬克思主義出版品，可以合法取得。

我在一九六〇年代發表了不少著作：其中包括早年所完成的工運歷史文選集《勞動人民》（1964）；一本探討十八世紀以來英國經濟史的作品《工業與帝國》（1968）；一篇於蘇聯終結「布拉格之春」之際在威爾斯撰寫的小型研究，其內容有關全球各地「羅賓漢們」的迷思與事實《盜匪》（1969）；同一年我還跟我的朋友喬治·胡代共同寫出一份比較大型的專題研究報告，來探討一八三〇年的英國農莊工人起事《史溫船長》[4]（1969）。時至一九七一年，當我終於正式在倫敦大學獲得教授頭銜的時候，我已經加入了研究院士的行列（至少在美國如此），並開始獲得榮譽學位（至少在瑞典如此）。

於是到了一九七〇年代，我在學術上已成為受到尊重與肯定的人物，即便在政治上並非如此。這種情況在那十年之間有增無減。當時在旁人眼中，我的英國共產黨員身分只不過是一位知名歷史學者的個人怪癖罷了，而且他是「噴射客機學者」[5]那個新物種的成員之一。只有美國拒絕忘記霍布斯邦那名顛覆分子，因此直到一九八〇年代末期廢止「史密斯法案」[6]以前，我始終不具備取得赴美簽證的資格。結果我每次前往美國之前都必須申請特許狀，申請的頻率基本上是每年一次。

我是最著名英語歷史期刊之一的共同創辦者，及其編輯理事會的活躍成員，同時我也是一個專業歷史學會的理事兼委員會成員。在倫敦進行的研討課與研究所課程、國內外的博士班研究生，都讓我這個新教授忙碌不已。各地紛紛邀請我前往講課和參加活動，行程不斷增加並呈倍數成長。我待在伯貝克學院的最後一年，已經同時任教於倫敦、巴黎（「法國學苑」和「社會科學高等學院」）以及美國（在康乃爾大學擔任「榮譽講座教授」）。這更加令人樂在其中，縱使情況有些荒謬，因為此種飛黃騰達的職業生涯是我之前既未追求也不曾期待過的。不管怎麼看，我們在一九七〇年代度過一段光輝燦爛、時而超現實的時光，其中也包括在墨西哥、哥倫比亞、厄瓜多爾和秘魯（與我的年輕家庭同行），以及在日本（無家人相伴）。並非每一位學者的妻子都有機會帶著小小孩和錄音機，坐上裝滿雞隻的巴士趕赴秘魯中央山脈三十哩外的地點，與一位英國人類學家的小孩一起上音樂課。與此同時，她的丈夫卻只能動作慢吞吞地——他正置身海拔超過四千公尺的室內——檢視一座剛收歸國有的大莊園之相關資料，而那些資料即將送往新成立的農業檔案保管處。

或許這也說明了，為何我在那十年內雖然發表學術論文，卻難得撰寫學術書籍。事實上我只寫出了《資本的年代》（1974），同時該書讓我體會到，自己已在無意間致力於一部浩瀚的十九世紀通史。但我那十年內的主要心思，其實是放在規劃和撰寫同樣工程浩大的《馬克思主義史》，並由埃伊瑙迪出版社於一九七八至一九八二年之間在杜林發行。但該書除了義大利文之外並無其他語言的完整版本，理由是公眾對那方面的興趣已於一九七〇年代末期急劇消退。到了一九八〇年代，我的生產速度又重新加快腳步，這主要必須歸功於紐約和洛杉磯的極佳環境條件。我在一九八四年出版了一本新的勞工史文集（《勞動世界》，在美國名叫《工人們》），並於一九八七年出版了十九世紀史的第三部分《帝國的年代：一八七五—一九一四》。此外，我根據應邀講學時的教材寫出了兩本書，分別是《民族與民族主義》（一九八五年在北愛爾蘭首府貝爾法斯特講課時，除此之外還有什麼題材可教的呢？），以及《馬賽曲的回響：法國大革命二世紀後的回顧》——二者均發表於一九九〇年。我還以自己之前幾年為《過去與現在》雜誌社舉辦的一場研討會為基礎，共同編輯並撰稿出版了一本書，後來顯示它發揮了不尋常的影響力：《被發明的傳統》（1983）。當我即將邁入人生第八個十年的時候，我的形象已經是一個既古怪又老邁的史學界聞人——他碰巧堅稱自己是馬克思主義者，但仍然繼續全力創作。

事實上，我在「新學院」的愉快環境下（我從一九八四年以來每年在該校授課一學期），所寫出的二十世紀史——《極端的年代：一九一四—一九九一》（1994）——無論就銷售量或書評反應來看，都是我最成功的一本書。它在全球普受歡迎，橫跨了整個意識型態的光譜（唯有法國除外），並在加拿大和台灣獲獎。它同時被翻譯為希伯萊文與阿拉伯文、繁體與簡體的中文、克羅埃西亞文與塞爾維亞文（我那一代人還稱之為塞爾維亞－克羅埃西亞語[7]），以及阿爾巴尼亞語和馬其頓語。時至新世紀的第二年，此書已經發行或即將推出的版本總共涵蓋了三十七種語言。

然而，對於像歷史寫作這種深深涉及政治的專業來說，不論那是本國的政治還是世界的政治，將二者分開來探討是相當不切實際的做法。我固然和任何處境與我相同的人一般，不喜歡自己被放進馬克思主義者的隔離區，但我的歷史學者聲譽（尤其是我在一九六〇和七〇年代的銷售成績）卻無疑受惠於我的馬克思主義者名號。說來矛盾的是，除了在匈牙利和斯洛維尼亞之外，我寫的書未能出版於「現實社會主義」的世界。當地的「黨義神學家」不知應如何看待這麼一名歷史學者：其作品無法以「不信仰共產主義者」的名目出版（「當然不行，他是馬克思主義者，在某些方面仍值得參考」），但也無法以馬克思主義者的身分推出，因為他們唯一承認的馬克思主義詮釋，是從官方基本教義複述出來的講法。

在西方世界，甚至特別是在當時所稱的「第三世界」，一九六〇年代是我那種歷史撰述的大好時光。或者更精確的說法為，那是歷史現代派進行結盟的良機，而我曾在上一章談論過他們的命運。以企鵝書屋當時委託撰寫的三大冊《英國經濟史》為例，其編輯顧問是後來晉封爵士的歷史學家傑克・普倫——他已不再是當初一九三〇年代的偏激分子，但或許仍無法忘懷那段時光，結果在他推薦之下，該書的作者分別為ＭＭ・波斯坦、克里斯多夫・希爾，以及在下。馬克思主義者除非自己願意，否則就不必繼續待在隔離區，而且他們已暫時成為史學主流的一部分。與此同時，一個新而政治化的知識界左翼派系，正出現於歐洲和美國的大學與各級學校，並積極招募具有激進色彩的人士。這是ＥＰ・湯普森《英國工人階級的形成》那本傑作之所以在一九六〇年代勝出的原因，同時也讓他實至名歸、但卻是出人意料地幾乎在一夜之間享譽國際。老一輩的教師曾在相當長的期間內不斷提出抱怨，表示學生們除了那本書以外簡直什麼書也不讀了。我既缺乏湯普森的天分與魅力，更沒有他那種銷售量，但也寫出有關一些類似主題的書籍，以同樣的熱情吸引了激進的年輕學生讀者。

學術與政治關係最密切的地區，莫過於所謂的第三世界。由於馬克思主義強調反帝國主義，它在那裡當然不僅僅是一小群學院少數派身上的標籤，而為盛行於年輕知識分子之間的意識型態。我們或許可舉巴西為例。該國即便在軍政府掌權時期（一九六四－八五年），幾乎每一個與左派有關的人士都已經被逐出公共生活之際（如果他們尚未鋃鐺入獄或被迫流亡海外的話），都還會為了一所新大學的人事安排而向我這種人徵詢意見。我甚至被邀請過去演講。那是一九七五年的事情，當時我前往那所曾向我徵詢過意見的新大學，參加一場主題不甚明確的「歷史與社會」研討會，而該校的學生成員以並不令人驚訝的方式激烈敵視政府。那一切都不是意外事件。

新聞媒體以相當不成比例的方式報導了那項地方性的學術活動，其內容大致無誤（但《聖保羅州報》將我報導成出生於愛爾蘭），並刻意強調我的馬克思主義者身分。事實上，與我友好的記者曾經告訴我，軍政府在一九七〇年代中葉已開始略微放鬆控制，而那整場校園會議正屬於抗議運動的一環，想藉此測試該政權願意對自由化容忍至何種程度。那麼還有什麼更加有效的測試方法，能夠比得上公開宣佈邀請了一位知名的馬克思主義者，而且他與學術無關的理念同樣應該會受到學生大聲讚揚（此事確實發生了[ii]），並可藉此讓該項活動廣受注意呢？這個典型的例子說明了，巴西人如何以令人敬佩的方式結合道德勇氣與智慧，絕不接受獨裁統治、絕不停止施壓直到剛剛好超出當局所能容忍的上限為止。巴西的將軍們固然不像其他某些拉丁美洲將領那般性好殺戮，但其政權已沾滿足夠的血污，況

ii 當地《州報》的報導是：「演講廳內人潮洶湧……，結束時響起了綿延不絕的熱烈掌聲。」《聖保羅州報》（*Estado de São Paulo*），一九七五年五月二十八日。

且囚禁與刑求的風險確實存在。最後的結果顯示，反對派的計算完全正確：軍政府願意讓步。

或許不令人驚訝的是，我後來進行寫作的時候，很可能從當初自己無意中稍稍參加的反抗巴西軍事獨裁行動中受惠。但真正令我受惠之處，則來自一個未曾被西方自由派普遍認知的特殊事實：一九六〇至一九八〇年代中葉之間的那個階段，美國所號稱的「自由世界」其實經歷了自從法西斯主義崩潰以來最廣泛出現的不民主政府，而其典型的形式就是軍事政權。知識分子們，尤其是學生們，多半堅決反對了那些政府，縱使極度的恐怖措施令他們有時噤若寒蟬——無論是在希臘、西班牙、土耳其，在拉丁美洲那些通常涉有「軍事獨裁」重嫌的國度，或者是像南韓那樣的國家。一旦那些政權稍微釋出空間以後，被人們流傳閱讀的反抗文學作品便明顯成為邁向政治民主化的第一步。由於大學是那些國家非從事商業活動菁英接受教育之處（除了美國以外，商學院和企管碩士要等到後來才大行其道），所以在那幾十年間，注定將走入政治、公職、學術界、新聞業與其他媒體業的人士當中，已有很高比例的人在大學裡熟悉了一些代表著左翼社會思潮與歷史思想的人名。而且因為當代具有這種名聲的人物不多，於是我們的名字在閱讀界變得相當響亮，縱使我們的作品不論是合法流通或盜版發行，數量都頗為有限。民主化以後的發行量當然會高出許多，但沒有任何地方能夠比得上巴西，例如我那本二十世紀史出版時的銷售量就比其他任何國家都要來得多。不過這主要必須歸功於路易斯・史瓦茲那位傑出出版家的鼎力襄助。

如此一來，一位寫作者於西方強硬右派政權崛起、衰頹、倒台之際與之後的職業生涯，或可多方面闡明自由世界知識界於二十世紀下半葉的歷史。換句話說，那就是探討一九六〇年代以降，新一代受教育菁英的發跡過程：他們成長於叛逆精神之中，但很快就受到「吸納」——此為當時的流行用語——或者讓自己被吸納進「體制」內。但我們進行閱讀時，亦不可高估那些寫作者的重要性。因為其中某些人只不過標誌出一時的政治流行風潮或意識型態時尚罷了。例如在一九六〇年代末期學生大暴動的那些年頭，政治哲學家赫伯特．馬庫色的著作被陳列於西方世界每一家大學書店——至少我在美國東西兩岸，在巴黎、斯德哥爾摩、墨西哥市以及布宜諾斯艾利斯都看見了它們的蹤影。（馬庫色本人曬成古銅色，似乎是喜歡戶外活動的類型。那段期間當我在麻州劍橋市的朋友家中遇見他時，其模樣彷彿是退休的滑雪教練而不像哲學家。）但是不過幾年以後，其作品已經乏人問津，只剩下好學的博士班學生渴望從中尋找論題。

那些在某國代表某一政治標籤的作家們不一定知道在他們的名號之下到底發生了什麼事情。像我本來還不曉得自己在一些國家也有讀者，直到一九八七年訪問南韓時才赫然發現，原來我已經有五本書在當地翻譯發行（全部都是盜版）。此外若非一位「新學院」的伊朗朋友告訴我，我根本不可能曉得有一位籍籍無名的阿里－阿克巴．梅赫迪安，已於一九九五年春季在德黑蘭翻譯出版了《革命的年代》——不過他在「一七八九——一八四八」前面加上了「歐洲」一詞，「或許是為了方便獲得出版許可」。至於在巴西以及阿根廷（它們都是我曾實地前往並有本地朋友的國家），我雖然非常清楚這些書名如何在人群間廣為流傳，但我直到過了很久以後，才曉得當地的隱性讀者究竟多到何種地步。

那又讓我這個馬克思主義派的自傳作者，進入了一個頗受歡迎的科技與文化領域，此即影印機的爆炸性發展，而且它與西方高等教育自從一九六〇年代以來的急劇擴張齊頭並進。它使得新近大量出爐的老師和學生們，有辦法在多半免費的情形下，接觸到那些貴得如惡魔般嚇人的進口原文學術書刊。要不然的話，那將遠遠超出他們自己有限財力和圖書館貧乏資源的能力所及範圍。我所敬重的西班牙出版家——評論出版社的鞏札羅．龐頓——位於布宜諾斯艾利斯的分公司曾據此推斷，我的作品若以特製的地方版形式推出，應可在當地有所作為。於是我在一九九八年前往布宜諾斯艾利斯為該版本進行宣傳活動，並發現我的年輕讀者群規模相當不小，至少是對我的姓名具有正面印象者為數不少。情況相反的是，共產世界有計劃地不讓複印機出現，長年藉此對異議人士的著作設下限制，使讀者僅能很費力地透過打字機和複寫紙來拷貝，否則就只能夠依靠背誦了。

有些作者——但我根本不屬於那些人——無疑能夠透過自己作品的銷售命運，來追蹤共產主義之沒落與崩潰在知識層面所產生的意義，並且以類似的方式看出其影響[8]。但有兩個原因會使得追蹤起來較為困難：一是那些政權瓦解之前，異議文學或甚至是異端作品難得被允許搬上檯面。再則無法衡量那些原先不得出版、無法讓多數讀者看到的作品所產生的衝擊（儘管這不表示此類的著作無法以其他方式為人所知）。共產主義的時代結束以後，嚴肅歷史書籍與政治著作的出版工作，則必須仰賴一些善心人士資助，其中包括了可敬的喬治．索羅斯[9]。但這種出版方式不容易讓作者曉得，他們的寫作對象、潛在讀者和實際讀者的情況究竟如何。

索羅斯藉由自己的基金會和各種慈善行為，幾乎獨力支撐起前蘇聯以及許多東歐國家的學術與科學活動，使之免於遭受來自所謂自由市場的森林大火荼毒。歸功於他，我至少有兩本書，《極端的年代》和《民族與民族主義》，已經以較少有人使用的一些東歐語言出版——那些小國寡民原本或許永遠也找不出理由，為何要耗費巨資進行這方面的翻譯工作。更何況那兩本書當中的一本（《民族與民族主義》），旨在批判「族群－語言式的」民族主義，而它正是那些新興小國家的立國基礎。因此在地拉那、普里什提納、斯科普耶[10]等地的書店裡面，恐怕極不可能找到幾個真心想接受那種批評的人。但有鑑於整個世界依舊處於「巴別塔」的陰影下[11]，我又如何能知道實際發生的狀況呢？

即便如此，當我面對巴別塔所造成的問題時，或許會處理得比大多數說英語的同行們要來得好。至少那是因為我的學術生涯讓我不但雲遊四海，同時必須使用多種語言的緣故。歷史學家當然比其他學者更加需要通曉多種語言（唯有語言學家和研究比較文學的學生除外）。其原因是除非鑽研純粹地方性的歷史，否則罕有光憑一種語言即可認真加以研究的歷史題材，而且就連在國別史大部分的範圍內也是如此。我的優勢在於雙語成長環境、透過交談而無需正式學習即可掌握一種語言的本事，再加上我的猶太祖先四處遷移於陌生人之間的經驗。這讓我進行教學的時候，或者偶爾在從事寫作、上廣播或電視節目時，能夠使用許多種不同的語言，縱使並非一直運用裕如。這讓我的職業生涯比一般人更具國際化色彩，況且還可以讓我前往一些國家時更容易得到認同——廣播與電視記者伸出麥克風時，可以放心聽我用該國的普通話說出若干字眼，有時我甚至可以全程使用當地語言公開演講和接受電視訪問。許多年下來，伯貝克學院的系辦公室已逐漸適應一種現象：口音五花八門的外國人登門詢問，想知道霍布斯邦教授的研究室在哪裡；學院餐廳圍繞著我的桌子響起非盎格魯薩克遜的語音；以及秘魯人、墨西哥人、烏拉圭人、孟加拉人，或中東的研究生如何逐漸適應倫敦的生活。縱使那些人未必都是認真的學術工作者。

過去四十年來，英語已然成為全球共同的溝通語言，通曉法語（另一種國際語言）的人數則快速遞減，以致像我這樣的學者已多方面失去了昔日擔任翻譯者及學術仲介者的功能。不過這樣的角色在歐洲依舊重要，至少是當那個了不起的單語法國學術世代仍然在世的時候，因為他們（除了那位傑出而不快樂的雷蒙·阿宏是罕見的例外）都既不會講也看不懂英文。我曾於英國經濟史學會戰後早期的會議中，替史學大師厄尼斯特·拉布魯斯擔任翻譯。（他堅定地告誡我不可喝波爾多白葡萄酒——因為在他眼中波爾多的白葡萄酒配不上任何自尊自重的法國飲者。）況且若不使用法語，我根本不可能與費爾南·布勞岱爾建立起任何關係。縱使在一九六〇年代中葉，已經略通外語的下一個世代開始成氣候之際，他們英語還是講得很不流利。像法國首席歷史學家勒華拉杜里只需要回憶他首度造訪倫敦時的情形，就可以證實此事。來自東歐的學者一度仰仗法文，但他們的學生在一九九〇年代前往「新學院」就讀時，用英文撰寫學期報告已非難事。但即便在今日學者們所居住的地球村裡，我們仍必須繼續依賴多語能力。任何西方知識分子都可以看清這一點——假如他或她在沒有嚮導的情況下置身於南京、名古屋或漢城的街道，便會發現自己其實既聾又啞，而且還是文盲。那邊總該有人至少會說兩種語言吧。

儘管如此，地球村還是真實的，而且由於時間與空間的限制實際上已遭消除，學術專業再度恢復至歐洲中世紀時的模樣。那就是一個由雲遊四方——在今日則為穿梭空中——的學者所居住的世界，我自己生活於其中已有四十年左右的光陰了。此時職業生涯與私人生活的分野變得模糊，或已完全消失。於學術遷徙季節（例如暑期課程結束後）以晚宴招待一些海外訪客時的記憶，早已揉合著對聖誕節晚餐的印象。而在聖誕晚餐時，通常會有國內外的朋友來到我們家，暫時忽略或違反了回自家過節的精神，其中例如：法蘭西斯・哈斯克爾夫婦、阿爾納多・莫米里亞諾、尤蘭達・松阿本德[12]。教授們並非只有在學者之間才找得到朋友，儘管就事情的本質而言，他們的確有許多朋友來自學術界。瑪蓮與我之所以選擇居住在大都會環境的實際理由之一，就是即便倫敦或紐約的大學社區，也不可能大得足以主導當地的社會生活。在另一方面，不論對學術界、媒體業或商業圈而言，與其說地球村是一個生活的地方，倒不如說它是一個進行接觸的場所。其每一位居民都有自己的根，大多數人甚至有永遠的根，不論那是在「這裡」（管它是倫敦、劍橋、曼哈頓），還是在其他的地方。而且經常會出現的新情況是，他們有許多個不同的根，否則至少也在國內或國外有許多依身之處，像我就季節性地穿梭於倫敦與紐約之間。此外還有夫妻雙雙就業的配偶，他們在每週工作的那幾天被大洲與海洋分隔，只有在週末才能夠團圓，甚或更難得見面。

地球村意味著一系列的接觸點，供其成員跨越現代全球各地，不斷進行著「布朗運動」[13]。這也是他們所期待的，例如在參加各種正式會議與座談會的時候，或者是無意間隨機發生於工作日和假日的接觸。而「你在這裡做什麼？」這個問題，就點出了我在智利聖地牙哥、韓國漢城和印度邁索爾所過的生活。但這只是地球村內的相逢類型之一而已。其出現的主要形式，便是來去匆匆、孤立無援、駕駛租車時的意外事故、酒吧台，以及可收視CNN的旅館房間。甚至連經由高度組織化的途徑（可稱之為商業旅行或公務旅行）所前往的地點，也都並非「地球村」真正所在之處：例如舉辦於風光明媚地點的學術研討會——像是科摩湖畔的塞爾貝羅尼別墅、威尼斯水邊的奇尼基金會——或者是舉行於海灘或高爾夫球場附近的豪華商業聚會。

地球村實際上體現於地方性的人際溝通網之中，將本地的家庭、異鄉人與外國人、抵達、預定行程與離開整合在一起。簡言之，它主要透過全球各地好客者的網絡來運作。那是大多數已婚的學術界人士，以及其他已安定下來的專業人士的基本生活型態。那些來到我們家中的男男女女並非「家人」，但就像家人一般親密，不論他們來自新德里或佛羅倫斯，或者是前往赫爾辛基或曼哈頓拜訪我們。他們是我們這個小型每日世界的一部分。我們非常可能聽說過他們，他們也聽說過我們，即便我們是透過朋友的介紹而初次見面，那通常也不會是最後一次相逢。我們有相同的參照標準，並分享同樣的新聞與八卦。我們很可能與他們一同來自外地，在一個新環境建立起永久性或半永久性的新生活——其情況正如同一九八〇年代我們在「新學院」最初幾年的模樣。我們生活在他們當中，他們也生活在我們當中，彼此好像鄰居一般。

就我的案例而言，那是一種令人愉悅無比的生活，讓人感覺舒適、有旅遊做為調劑，並且日漸由瑪蓮與我作伴。其中結合了工作、發現與假日、新事物與老朋友。不過只有當我曉得，生活於貧困中的人民雖然不斷面對災難與死亡，卻仍可開懷大笑或至少還講得出好笑話的時候，我才有勇氣表示：生活中充滿著許多樂趣。那並非一個具有戲劇化情節的職業生涯，裡面缺乏苦難或者是危險與恐懼（除非是在自己心中）。在我所隸屬的那個待遇優渥的小團體中，我和其他人同樣驚訝於：「個人的生活經驗……與二十世紀各種事實之間的明顯矛盾……而那些事實指的正是人類曾經生活於其中的恐怖事件」[iii]。就職業上的成功標準來看，我的生活不能算是無法令人滿意，它帶給我的個人快樂，超出了我當初的預期。

這就是我年輕時心中想要的生活嗎？並非如此。但若後悔事情變成了這個樣子，那是毫無意義，甚至相當愚蠢的事情。然而在我內心某處，卻有一個小精靈輕聲告訴我：「我們不應該為現有的這種世界感到安心愜意。」而當時，身為「人」的我則會說：「重點是，要去改變它。」

---

iii 胡立歐．卡羅．巴洛哈（Julio Caro Baroja）的講法，引自霍布斯邦，《極端的年代》，頁1。

第十九章

馬賽曲

MARSEILLAISE

我從一九三三年開始幾乎每年都前往巴黎，只有第二次世界大戰期間除外。那個國家成為我生命的一環長達將近七十年，但真正的時間其實更久。那是因為我的母親早已在家中使用大仲馬的《三劍客》來教孩子們法文，只不過我們從未讀完那厚厚一本精裝書。母親和她的姐妹們曾於少女時代，被送入比利時的一所寄宿學校精進法文。我自己則屬於歐洲還把法文視為第一外語的最後一代人。縱使度過了漫長的旅遊人生之後，我去巴黎的次數很可能仍多於任何其他的外國城市。對我們所有的人來說，巴黎無論在過去或現在始終都是我們法國經驗的核心。

我首度邂逅巴黎是在一九三三年春天，當我從柏林前往英國途中稍事停留的時候。我與叔父一同旅行。他大概還得在柏林做一些最後的安排，而且在巴黎想必也有生意要談，因為那座城市絕對偏離了前往英國的直接路線，等於是繞道而行[1]。我推測那絕對跟電影生意有關，理由是他後來在巴黎的活動都跟法國電影界有著廣泛的關係——那無疑衍生自他往昔為環球影業工作的日子，更何況他從前在柏林熟識的一些電影技術人員已經移居至此。

來自我這種家庭背景的男孩，已經注定遲早將前往巴黎，所以我雖然興奮，卻不感覺驚訝。讓我興奮的事情不僅僅是巴黎而已，實際上還包括正準備在一個年輕而穿著體面的中產階級共產黨員陪伴下，通過納粹的邊界檢查站。那個人的姓氏好像叫做希爾胥，也為了某些秘而不宣的理由前往法國。我在火車走道上與他結識，並從他那邊學會了第一句法文口語——「他╳

的」。我的叔父在蒙旁希耶旅館為我們訂了房間。那家旅館位於李希留街，地點在法蘭西喜劇院和國家圖書館中間，但當時我還沒注意到國家圖書館的存在。旅館的建築讓我認識了一九三〇年代法國電梯的基本格局，而且那顯然自從「第三共和」初年以來就未曾改變過[2]。（叔父後來前往巴黎洽公時，都下榻於比較沒那麼簡樸的旅館——那是他一生中最樂觀的階段，亦即喬治五世在位的時期[3]。）

那天晚上，也可能是隔天晚上，他帶我沿著大林蔭大道蹓躂。長長的大馬路上排列著咖啡屋，由東邊的共和國廣場延伸至西邊的瑪德蓮教堂。當時那些街道仍為巴黎主要的散步區，與歐斯曼男爵[4]時代以來的情況沒有兩樣。叔父對著路旁的阻街女郎（當時她們被稱做「野鶴」[5]），以及塞瓦斯托波爾大道一帶的紅燈區指指點點——那邊有一家妓院如今被保存下來做為歷史古蹟，以免慘遭房地產開發商的毒手。不過，當時我並未走進其中任何一家。要等到好幾年以後的某個夜晚，當我跟一名匈牙利共產黨員待在城內時，我在一棟那樣的建築裡面、在一群赤條條的女士之間、在一張四面環繞著鏡子的床上失去了自己的童貞，但我再也想不起該處的地址了。那位匈牙利人，喬吉·亞當[6]，強力敦促我去匈牙利參觀，並向我保證當地已婚中產階級婦女前往巴拉頓湖避暑的目的，就是為了等待像我們這樣的小伙子。後來他在史達林進行整肅的年代入獄，但依舊是個信仰堅定的馬克思主義者。許多年以後，唯一可供我和他在巴拉頓湖測試其「假說」的已婚婦女，就是我的妻子。我們夫妻二人在那裡度過短暫的假期，下榻於匈牙利科學院的客房，那是一棟相當迷人的家庭式建築，房客可以將這餐的葡萄酒保留到下一餐飲用。

與叔父蹓躂後的第二天，我獨自前往附近的羅浮宮，當時其旁仍矗立一座非常巨大、狀似結婚蛋糕的甘必大紀念碑——它未能撐過德國佔領時期和戰後的雕像大浩劫（主要是共和時代的雕像遭到拆毀）。《米羅的維納斯》那尊雕像的尺寸令我印象深刻，讓我更肅然起敬的則是《勝利女神像》。我當然也在《蒙娜麗莎》前面駐足，但她並不合乎我的口味。另外一幅畫像卻很對胃口，那就是馬內的《奧林匹亞》。一個十五歲的在室男看見畫中令人驚訝的裸體女性人物時，或許自然而然會變得呆若木雞：她正以冷漠的成年人目光向前凝視，在奢華與寧靜之中炫耀自我，卻顯然暫時無意於感官享樂。與那幅大師名作的初次邂逅之所以如此令我難忘，倒不是因為好色的緣故——畢竟整個羅浮宮充滿了性感的裸體人物——而是由於這位奇妙的畫家對偶發情緒不感興趣，所在意的是「事實」。若套用一個正值青春期的後生晚輩結結巴巴說出來的話語，其興趣在於「呈現事情的原貌」。首次巴黎之行留給我的記憶，就是《奧林匹亞》。假如我還需要人來幫助我皈依法國的話，馬內便是正確的傳教士。

我實際上需要的是資訊而非皈依。於隨後三年內，我首度必須通過法文考試，而我的資訊來自書本與學校老師，其中也包括一位正準備參加高等教師資格甄試或者還在撰寫論文的法國知識分子。他難免會認為自己走在法國文化的尖端，並信誓旦旦地向我表示，只有三位當代法國作家值得認真看待，而且他們姓氏開頭的字母都是G——安得烈．紀德、尚．紀沃諾、尚．季洛度。我不明白他為何選擇了那三人而非另外一個組合，比方說吧，紀德、塞林和馬爾羅。

我認真嘗試過閱讀他們每一個人的作品，那時覺得紀德非常無聊，而且我必須承認現在還是這麼覺得。至於尚．紀沃諾，當初我在柏林就已經透過《福斯日報》認識了他，因為該報翻譯連載了他針對上普羅旺斯農民生活所撰寫的狂想曲之一。其筆下的什錦鍋匯聚了陽光、鄉土、熱情，以及鄉村野獸派風格，深深吸引了我。於是若干年後我搭便車去地中海旅行時，特地繞道前往那位作家在下阿爾卑斯省馬諾斯克的住所，以便當面表達敬意（可惜他不在家），並短暫濯足於迪朗斯河湍急而冰冷的流水[7]，因為那條河川就是他人生戲劇的見證者。我發現至少還有另一名仰慕者步上了相同的朝聖之旅，那是一個長得不特別吸引人、雙親為波蘭移民的年輕女子。她和我一樣著迷於紀沃諾的熾熱言語，於是我們在那個普羅旺斯的夜晚，潔身自愛地交換了自己對他的意見。我至今仍擁有那個年代他的小說的廉價版本，但從此已經缺乏重讀一遍的勇氣了。

另一方面，我直到現在都還不時重新閱讀尚・季洛度的優雅作品。當時他是法國大眾所熟悉的對象，身為一位具有學術傾向的劇作家而廣為人知，由偉大演員兼導演路易・茹維演出他的作品。其《特洛伊戰爭將不會發生》呈現出一種憂鬱的觀點，認為另一場世界大戰終將無法避免；那部作品在一九三〇年代始終是法國大學生的主要讀物之一。他的獨白體小說令我佩服，尤其是《齊格飛與利穆桑》書中燦爛如煙火般的場景。該書完成於第一次世界大戰結束後不久，致力於探討法國人以及德國對德國人的意義——二者固然極不相容，兩國文化卻具有互補作用。或許這足以解釋，為何那本書的作者在法國解放以後，就從該國知識分子的眼中消失了，即便他並非見不得人的維琪政府擁護者，也不是通敵者。他卡在兩種語言和文化之間進退維谷，就彷彿一個情人同時與兩名敵對的愛慕者周旋一般。而我對季洛度產生好感之處，就在於他有辦法當一個熱情、真誠、有才智的法國人，同時又熱愛德國[8]。我尤其喜歡他拿兩國來大開玩笑的時候。

我不需要季洛度告訴我關於德國人的事情，但是在他的作品中，我首次接觸到，並且看見了我的歷史學家朋友——理查・柯布——寫得比任何人都好的「法蘭西第三共和」，它正是季洛度生根的那個法國。我透過季洛度如真似幻的小說所認識的法國，並非高級知識分子的法國，儘管季洛度乃「巴黎高等師範學校」的產物，本身就是很好的樣本（法國高級知識分子對自己的優越性極度自信，唯有英國出身伊頓公學的人可與之相提並論）。他的作品介紹我認識了雅各賓式激進派的法國，而且我不久以後就透過第三共和的喉舌刊物親自發現了它，它從此成為我在一九三〇年代時所認識的法國：《綁鴨報》筆下的共和國[9]。

《綁鴨報》以灰色的四大張版面（情況特殊時則為六大張），刊出評論、笑話和漫畫。它沒有贊助者、沒有補助金、拒絕一切廣告，只是自稱為「一份發行於每週三的諷刺性報刊」。從敦克爾克到佩皮尼昂[10]，每星期有五十萬名大大小小咖啡屋的常客購買這份週報，以致或許只有它真正能夠表達出第三共和的聲音。事實上，對任何並非出生長大於那個環境的人來說，該報的語言風格、表現手法、報導範圍和假設前提都非常晦澀不清，甚至往往難以理解，否則至少也需要有人幫忙做出許多解說。自從《綁鴨報》於每週一次的「朝廷公報」專欄中，以聖西門公爵撰寫《路易十四時代》的那種古典文體來調侃戴高樂將軍以後，它對大學畢業生和政治圈內人所產生的吸引力，或許已經大於其原本的讀者——例如克洛許梅爾樂的激進社會主義者，以及社會主義黨和共產黨的選民。（克洛許梅爾樂是第三共和時代一個典型的社區，但這樣的地方在今日因為手機普及而拆除鄉間公用電話的法國，早已不復可見。[i]）

《綁鴨報》及其傳統讀者的基本信念之一，就是共和國沒有左派的敵人。（其他的信條包括了相信自由、平等、博愛和理性；反對教會干政、厭惡戰爭與軍國主義，以及信賴好酒的高尚價值。）該報對政府抱持完全的懷疑態度。其一九三〇年代的讀者普遍認為，自己對有錢人不懷任何幻想：有錢人剝削他們，並且還收買了政府、大多數的政客和記者，導致政府對他們課稅過重；政客和記者則試圖「把東西塞進大家的腦袋」。儘管《綁鴨報》證實了讀者的想法，但該報就和自己的讀者一樣，實際上並未真正「駁斥」整個體制。其情況類似馬瑟・巴紐當時很著名的喜劇《托帕茲》之劇中景象：一位胸懷理想主義的學校校長赫然發現，事業與財富無法透過對共和國的貢獻來取得——就連他渴望獲頒

i 加布里埃爾・謝瓦里耶（Gabriel Chevallier）撰寫於兩次世界大戰之間的小說——《克洛許梅爾樂》——讓這個布根地小鎮的政局永垂不朽。全書序幕是該鎮準備引進公共小便池，卻引起左右兩派爭執不休（此為第三共和另一個典型的生活特徵）。

的國家教育獎，「法國棕櫚葉學術騎士勳章」，對此亦無助益[ii]——貪污腐敗並非值得人們發動聖戰來打擊的對象，只能供人不抱幻想地加以嘲笑。

安布琳．克瓦桑女士指導我去認識的「法國」，與《綁鴨報》的世界是如此不同。一九三六年夏天我獲得倫敦郡議會獎助金，正準備進入劍橋大學的時候，就借住在她位於凡爾賽門附近的公寓。克瓦桑太太是一位具有諾曼人血統的灰髮女士。她彈豎琴、閱讀古老而保守的《兩個世界評論》[11]，而且不贊同我所做的許多事情，其中包括閱讀普魯斯特的作品——我從位於拉斯帕依大道的伽里瑪租書館將其作品帶進了她的客廳，而我上伽里瑪的次數，幾乎與前往蒙帕那斯區著名的多姆咖啡屋同樣頻繁。（伽里瑪書店今天還位於同一個街角。）在克瓦桑太太眼中，普魯斯特寫出來的法文很糟糕。在另一方面，她教導我法國飲食的顛撲不破真理，例如肉類與蔬菜不可亂七八糟放在同一個盤子上，應該分開來吃，而且魚肉必須搭配酒類食用（「少了飲料的魚是毒藥」）。她的社交生活相當貧乏，而且拘泥形式。儘管她廚藝精湛，但我們恐怕只是互相讓對方失望而已。她的法國不是我的法國。

我這一代的年輕男性知識分子非常幸運，有機會親身經歷一九三〇年代的法國。（但它提供給同一世代年輕女性的機會顯然就狹窄許多。）我在一九三三年春天首度涉足，並於二戰爆發之前消磨了大部分夏日時光的法國，讓歷史學家覺得興味索然。在政治上，第三共和正緩步走向墳墓。在文化上，法國主要依賴大戰之前積聚的老本過活，而且法國人在一九一八年以後增添的新東西不多。巴黎畫派大部分的要角，不論他們來自本國或外國，都是在一九一四年之前即已完全發展成熟並建立起聲譽。誠如一位曾經對拳擊、紐奧良、政治與美食做出最傑出報導的美國記者——A J．李伯齡——所指出的，在兩次世界大戰之間就連法國的烹飪藝術也和巴黎的交際花一樣，早已年華老去。

然而這並非我們眼中的情況。畢竟馬諦斯和畢卡索都還處於全盛期，而畫家雷諾瓦的兒子[12]是法國電影界最優秀的天才，每隔一年就會推出一部巨作。我們所看見的不是衰敗中的法國，更遑論是那個即將陷入既可悲又可恥的第二次世界大戰階段、讓法國人即便過了半個世紀仍難以坦然面對的國家。我們反而看見了象徵著高尚文化與美好生活的法國，而且自從十八世紀的啟蒙運動以來，那種形象即已深深烙印於西方知識界。有個著名的笑話表示「好的美國人死後去巴黎」，至今依舊具有相同的說服力（它首次以印刷的形式出現於一本法國知識成就簡介的手冊特刊，一八六七年的《巴黎指南》[13]）。而美洲人——無論來自北美、中美或南美——繼續將巴黎看成是天堂的時間，的確比其他外國人來得更長。甚至連納粹德國也無法自外於這種看法。例如一些飽經世故的德國平民和軍人，曾經在有關二戰時期佔領法國的回憶錄中顯示出來：儘管他們身為征服者而相信那些戰敗者缺乏道德力量，仍於某種程度內感覺自己彷彿是古代置身雅典人之間的羅馬人。親法的外國人士則接受了法國人顯然仍牢不可破的自信，認為他們的國家的確是世界文明的中心。法國自視為中央國度的心態與中國類似，而且只有中國文化與法國文化同樣相信自己無庸置疑的優越地位。

是什麼讓我們接受了法國的自我評價？是什麼讓我們認為，巴黎就某種意義而言依舊是「二十世紀的首都」，就像它顯然曾經是「十九世紀的首都」一樣？其實除了繪畫與雕刻，以及非凡的法國小說傳統之外，法國的高等文化與知性生活並未明顯地冠絕全球。其他歐洲主要語言的文學，不會讓人覺得比不上法國文學。就連狂熱的親法人士也不至於做出強辯，宣稱拉伯雷或拉辛優於莎士比亞、歌德、但丁或普希金。法國音樂不管再怎麼具有獨創性，還是屈居於奧地利音樂之下。法國哲學擺明就是不如德國哲學（至少在具有中歐背景的年輕人眼中如此）。現代法國科學界做出來的頂尖研究成果，在

ii《托帕茲》從此常在我心，以致多年後法國政府頒贈「棕櫚葉學術騎士勳章」給我時，我只能強忍笑意。

數量上遠遜於英國和一九三三年以前的德國。法國科技似乎還停留在艾菲爾鐵塔與「新藝術風格」地鐵站的時代。就現代化的便利生活而言，除非是為了「坐浴盆」[14]的緣故（盎格魯撒克遜文化當時對它還很陌生），否則美國和英國的年輕人想必不是因為受到法國衛浴設備吸引，才會紛紛前來住進他們多少還負擔得起的那種旅館。

在相對於文學、哲學、音樂的一般層面裡，法國文明的優越性則被視為理所當然。自從伏爾泰以來，法國式的機智已成為西方世界的模範。沒有人會懷疑法國女性的服飾與化妝，以及法國的美酒與食物領先全球。法國（異性戀）的性愛方式被認為是最複雜和最具冒險性的。法國在這些地方和其他方面的風格與品味，成為我們那一代人樂意順從的對象。但就連這個做法也是出於習慣成自然，以致把某些從法國精選出來的長處轉化成普遍的優越性，並假定該國天生如此。我們固然十分清楚法國在許多方面並不優越，但我們對法國的仰慕，基本上並未受到一個事實影響：我這一代來自北美、中歐和北歐的年輕男女都無法不注意到，兩次世界大戰之間法國人的生活方式，在戶外活動那方面簡直乏善可陳。他們並不怎麼打算與大自然融為一體。他們對獨自或團體健行、登山、滑雪、從事體育活動都沒有太大興趣，而且懶得觀賞團體比賽，就連足球賽也不例外。在一九三〇年代，對野外感興趣者似乎仍侷限於保守派的意識型態陣營，其成員從天主教社會主義人士直到一折不扣的反動分子都有。從另一方面來看，該國唯一草根性的運動狂熱——專為腳踏車騎士而設立的「環法自行車賽」——除了在法國周邊少數幾個國家之外，並未廣泛引人注意[iii]。

在另一方面，法國擁有一項主要的有利條件。那就是它顯然願意將自己的文明提供給任何想要的外國人。那個文明可供我們分享，而且我們接受了它。其理由不光是因為希特勒和墨索里尼玷污了德國與義大利文化的緣故——我這一代人可不會夢想前往法西斯統治下的威尼斯或羅馬度假。那同時也因為英國文化太過於島嶼性，而美國文化明顯屬於一個跟我們截然不同的部落。對地球上每一個受過西方教育的人而言，現代歷史的起點就是法國大革命。那場革命將名望最高、最獨一無二的偉大宮廷文化普及於民，同時又讓這個以崇尚大國沙文主義而惡名昭彰的民族，向一切願意概括接受自由、平等、博愛三原則和法國語言的人敞開大門。在十九世紀的時候，法國不僅成為歐洲主要的移民接收國，而且還歡迎全歐各國政治上與文化上的異議分子前往避難，此尤以一八三〇和一八四八年的兩次革命期間為然。巴黎當時是國際文化中心，是必須前往一遊的地點。要不然的話，二十世紀早期又怎麼可能出現「巴黎畫派」，成為西班牙、保加利亞、德國、荷蘭、義大利和俄國藝術家與拉丁美洲人、挪威人，當然還有法國本地人摩肩擦踵之處呢？沒有任何國家於二戰期間的抵抗運動，能夠像法國那般深深依賴外國僑民，其中包括了西班牙共和派難民、五花八門的波蘭人、義大利人、中歐人、亞美尼亞人，以及共產黨外籍工人組織裡面的猶太人。

前往劍橋求學以前，我自己對巴黎的記憶就是左岸藝廊內的美洲人、待在閣樓中的德國超現實主義者，再加上蒙帕那斯區聚集在多姆咖啡屋桌旁，於貧困潦倒之下正等待受到賞識的俄羅斯與中歐藝術天才。我進入劍橋大學並加入共產黨之後對巴黎的記憶，則是在位於豎琴路的巴爾幹餐廳與反法西斯中歐人士聚會，以及參加各種國際會議。那些會議中擠滿了義大利人、德國人，後來又陸續出現西班牙難民、遭到迫害的南斯拉夫人、匈牙利人，以及各種亞洲革命分子。詹姆斯・克魯格曼便針對他們而動員了自己在劍橋的忠誠青年擁護者。

希特勒不僅促成法國的國際中心地位更甚於前，更使之在一九三三至一九三九年之間成為歐洲文

iii 話要說回來，美國與澳洲在一九三〇年代崛起之前，法國曾於國際網球界扮演了主要角色。其靠山為「四劍客」——科謝（Cochet）、拉科斯特（Lacoste）、布律尼翁（Brugnon）和博羅特拉（Borotra）——再加上一位當時相當罕見的女性體育明星：蘇珊・朗格朗（Suzanne Lenglen）。

明的最後一個主要避難所，而且由於法西斯主義大行其道，它還是唯一倖存的歐洲左派大本營。雖然法國並不歡迎難民及尋求政治庇護者，但它不同於慕尼黑會議之前的英國，它早已習慣了大量的外來移民，因而並未有系統地試圖將他們阻擋在外。除了法國以外，難民還有一些別的地方可去，諸如荷比盧三小國、捷克斯洛伐克（在慕尼黑會議之前）、心不甘情不願的瑞士，以及布萊希特所前往的丹麥。對不從事政治活動的猶太人而言，就連義大利也是可前往的地點，直到墨索尼里在一九三八年引進種族主義為止。（但自從大恐怖的年代開始後，史達林的俄國已不包括在內。）那些國家對受迫害者而言，都只是臨時避風港而已。法國卻大不相同，是流亡者即便於承平時期也會自願前往的地方。無論當時或現在看來都理所當的是，四分五裂的歐洲在完全被打入地獄之前的最後一次公開慶典——一九三七年世界博覽會——就應該在巴黎舉行。否則還會有什麼地點可供考慮呢？幾乎可以確定的是，並非只有我還記得它同時是一場國際慶典和純法國的盛會：不只是因為畢卡索《格爾尼卡》那幅畫作，以及德國和蘇聯彼此怒目相視的巨大展示館，同時也因為美好燦爛的法國藝術展的緣故——那是我所曾見過最精彩的藝術展覽。

於隨後短暫期間內，法國不僅成為文明的庇護所，同時也是希望之地。一九三四年，當地百姓發揮對人民共和政體的本能（聯合起來捍衛共和國、共和國沒有左派敵人），並結合了共產國際駐法國共產黨代表——那位來自中歐、狂熱親法的克雷蒙同志——異乎尋常的現實感，共同設計出一個最佳策略來對抗法西斯主義顯然勢不可遏的進展。那個策略就是「人民陣線」[iv]。西班牙的人民陣線已在一九三六年二月贏得大選。時至五月，法國的人民陣線也在國會選舉中獲勝，帶來了法國歷史上的第一個社會主義政府（但共產黨還拿不定主意，並未真正入閣）。一九三六年六月時，法國工人階級的希望與喜悅不自主地強烈爆發出來，於是出現一股靜坐罷工浪潮，但實際上稱之為佔領工廠反而更加精確。等到我抵達巴黎時，那些既不同凡響又歡樂十足的勝利慶祝活動已近尾聲，但隨後還是有好幾個星期的時間，足以讓那一年的七月十四日令人永難忘懷。我非常幸運，能夠以再理想也不過的方式進行觀察：我跟法國社會黨的新聞影片小組一同坐在卡車上繞行巴黎，拍攝那個偉大的日子。毫無疑問的是，所使用的底片是我叔父賣給他們的。

對我這個世代的革命青年而言，群眾（mass）示威所產生的意義，就彷彿教宗親自主持的彌撒（Mass）之於虔誠的天主教徒[15]。但一九三六年舉辦於共和國廣場東側、紀念昔日攻佔巴士底獄的活動，不僅僅是法國左派最大規模的群眾示威行動而已。（那年難得有人關心舉行於中產階級市區的閱兵大典，以及政府正式舉辦的其他國慶紀念活動。）整個「人民的巴黎」幾乎都上街遊行——其實是漫步於無窮無盡的等待之間——否則便一面觀看遊行隊伍一面歡呼，宛如家人於婚禮結束後向離開的新婚夫婦喝采一般。紅旗與三色旗、領袖人物們、雷諾工廠勝利的男性罷工者代表團、春天百貨與拉法葉百貨的女性罷工者、行進於自己旗幟下的獲得解放的布列塔尼人，以及「北非之星」的綠色旗幟，相繼從人行道上密密麻麻的群眾面前通過。路旁窗戶擠滿了人，咖啡店的老板、服務生與顧客親切熱情地揮手致意，甚至還有更加熱情鼓掌叫好的妓院全體工作人員。

我難得有幾天把自己的心思設定成自動駕駛模式，而那天就是其中之一。我完全憑感覺來體驗一切。當晚我們從蒙馬特觀賞市區上空的煙火。接著我離開晚會現場緩緩步行穿越巴黎，宛如飄浮於雲

---

iv 可參見這位非凡人物的傳記——安妮．克里格爾與S．庫圖瓦，《歐根．弗里德：法國共產黨的大秘密》（Annie Kriegel and S. Courtois, *Eugen Fried: Le Grand Secret du PCF*），巴黎，一九九七年。

之前已有許多人探討過莫斯科和巴黎於創建「人民陣線」時的互動關係，但目前看來大致清楚的情況是，「人民陣線」真正的創舉——共產黨願意將所謂的「聯合陣線」之範圍，從社會主義陣營擴充至非社會主義的自由派陣營，最後甚至納入一切反法西斯人士——不但起源自法國，而且違反了「共產國際」的初衷。

端，途中不曉得經過了多少個街角舞會並停下來喝酒和跳舞。結果我在黎明時分才返回寄宿處。

人民陣線簡直專門是為年輕人設計的，因為它在體育與休閒部新任次長利奧・拉格朗治的推動下，立法引進了「帶薪休假」這個全國性的創舉，以及低廉的火車票價。我靠著自己一輩子唯一中過獎的樂透彩券——獎額是一百六十五法郎，按一九三六年的匯率約折合二至三英鎊——花錢在庇里牛斯山區和朗格多克地區進行了為期兩週的背包徒步旅行。於是我成為「拉格朗治法案」的第一批受益者，搭上從奧塞火車站駛往呂松市的夜車。那趟旅行讓我第一次，而且也是唯一的一次，直接接觸到當時已經展開了好幾個星期的西班牙內戰，它將是另外一章的內容（第二十章）。那趟旅行還讓我從路上邂逅的一個捷克年輕人那邊，學會了如何搭便車。這種旅行方式在當時的歐洲幾乎還不為人知，只有少數自由自在的中歐搭便車高手明白箇中奧妙，因此搭便車旅行起來非常容易。尤其當我發現如何轉移話題，讓中產階級的法國車主不表達自己對萊昂・布魯姆[16]和共產黨的憎惡之後，情況變得更加如此——那就是適時詢問他們對拿破崙的看法，而這個話題可以讓他們足足講上二百公里之遠。從那時開始，我每年都長途搭便車進行背包之旅，藉此增廣自己對法國的見聞。

到了二戰爆發前夕，我和同世代的許多人一樣，也認為自己非常熟悉巴黎，在某些方面甚至超出了對倫敦的認識。我在蒙帕那斯、萬神殿、聖米歇爾橋，以及拉斯帕依大道和雷恩街那一大片地帶感覺愜意之程度，凌駕於倫敦市中心任何同樣大小的區塊之上。我法語講得相當流利，已經脫離了法國人講客套話、恭維別人能夠把他們的語言說得那麼好的階段。關於法國的政治，我所曉得或者自以為曉得的，就跟對英國政治瞭解得一樣多；我清楚誰的劇團正在走紅，是茹維、迪蘭，抑或皮托耶夫夫婦；我觀賞了雷諾瓦《遊戲規則》那部經典電影的首演；模仿電影巨星尚・嘉邦把高盧牌香煙斜掛在嘴角吞雲吐霧；我還買來聖茹斯特的著作，以及羅伯斯比爾演說集[17]。其實我們知道或瞭解的東西，遠遠不及我們所想像的那麼多，但那情有可原——因為我們對法國的興趣並非出於學術上、職業上或家庭上的理由，而是由於巴黎讓我們覺得賓至如歸。我們在法國非常自在，而且對法國相當滿意。

然而與法國的關係當中出現一個奇特的現象。法國人——亦即道地的法國百姓，而非外來移民或長居於此的外國人——幾乎都在我們與法國的關係中缺席了。對一九三〇年代旅法的大多數外國人而言，法國人實際扮演的角色主要只是提供服務的人，亦可稱之為法國固定場景內的臨時演員。一直要等到一九五〇年代，我的巴黎才成為一個我有法國朋友的城市，可供我經常與法國友人共度時光，同時一如既往與外國訪客和外來移民所組成的國際社區打交道。

法國人曾經是——事實上仍然是——一個極度拘泥形式的民族，而他們的社會就是一個把個人角色與行事程序規範得非常明確的劇場。我實在無法想像，在一九五〇年代還會有哪個國家出現如此一個惡名昭彰的好色哲學家：他雖已是不折不扣的中年人模樣，卻還沿用老套，跪在地上將一朵玫瑰花獻給特定的女士。法國人除非已正式表明彼此之間可使用親暱的稱呼，否則仍習慣於日常通信時遵照傳統規矩，慎選不同等級的華麗詞藻（如「懇請閣下接受本人『崇高的』／『最崇高的』／『最由衷的』敬意」）。希望獲選進入法蘭西學院或法國學苑的人，仍需採取比其他國度更加儀式化的做法，必須於正式宣佈自己申請候選之後，以候選人的身分禮貌性地遊說拜訪每一位評審委員。評選委員做出貢獻、協助候選人成功獲得學術榮銜之後，便聯袂出席觀禮並欣賞新院士的禮儀佩劍——這是一種榮譽和公認的社會責任。

但即便在非正式場合也有應履行的義務。以立場左傾的知識分子為例，他們固然認為以自己的那種身分，彼此之間有義務使用「貝勒維爾式」的字彙來交談[18]。不過在當時——或許如今亦然——若無人做出某種形式的引薦，旁人還是很難打入他們的生活圈。我只有在法國，才需要像前往史學大師厄尼斯特・拉布魯斯家中拜訪那般，行禮如儀在前廳枯坐十分鐘（其實我們因為「經濟史學會」在英國所舉行會議的緣故，早已相知頗深），然後才被請進他的書房，聽他用「親愛的朋友」或「親愛的同事」之類的用語來向訪客致意。身為索邦大學教授，以及昔日萊昂・布魯姆總理的幕僚長，他十分清楚自己的權益何在。與我見過面的法國學術巨人當中，似乎惟獨尚－保羅・沙特完全缺乏那種對自己公共地位的意識。

「平等」本身也非常拘泥形式。若有較年輕的法國同行主動用「你」這個字眼來稱呼我，如同稱呼巴黎高等師範學校或其他菁英大學的學長和同期校友一般，那麼我才可確定自己已被接納為同一級的知識分子。（共產黨員不論地位與國籍如何，當然也都習慣自動以「你」相稱——或許只有「德意志民主共和國」的黨員除外——可是當我開始與昔日的共產黨籍法國歷史學家熟識時，他們多半已經退黨。）但這種平等方式並不意味著個人的親密感。由於我無法因為親密關係而忽略形式，所以，自從費爾南・布勞岱爾那位比我年長和顯赫許多的偉人正式表示，我們應該用「你」來稱呼彼此以後，我與他之間的私人關係就永遠變得非常尷尬。我們的對話變得過於困難，就彷彿採用了喬治・培瑞克那種方式，在寫小說時不使用「E」這個字母一般[19]——其原因是往日正式的「您」已不得使用，可是「你」這個稱呼又拒絕從嘴唇脫口而出。我實在無法鼓起勇氣，把他當成一個可以不拘小節對待的普通朋友。在我眼中，他是一位和藹可親、紆尊降貴的師父，而這種角色正是我仰慕他和喜歡他之處（布勞岱爾將此角色扮演得盡善盡美）。

在這樣一個國家，不管多麼容易就可以進入其地理空間，但若無人引薦或缺乏了可供辨識的暗號，進入其人際空間卻非常困難。那種暗號就好比打開號碼鎖的通關密碼，由於目前再也沒有傳統的大樓門房於晚上或週末觀察訪客進出，除非曉得了號碼否則便無法進入公寓大樓拜訪巴黎的朋友們。

我自己的通關密碼就是共產黨，以及我和法國歷史學界某一個派系的關連。在一九五〇年的國際歷史科學大會上，以及透過了會後的發展，各扇大門才從此為我敞開。本書第十七章已敘述過那次大會，而我於會中遇見的一些人士，後來在布勞岱爾這位偉大的學術企業家以及他那位了不起的總管——克雷門斯·海勒（1917-2002）——引導之下，共同塑造出「高等實驗研究院第六部」來和索邦大學分庭抗禮。它今天以「社會科學高等學院」的名義繼續運作，位於人文科學之家那棟黑玻璃大樓裡面。布勞岱爾與海勒曾經千方百計，在豪華的魯特提亞大飯店對面成立了這個機構[20]，其原址為歇賀須-米第監獄，蓋世太保不久前還在那裡拷問過犯人。「人文科學之家」這個正式機構的重大創新不僅在於——這必須感謝布勞岱爾，特別是海勒的貢獻——有系統地嘗試讓法國人與外國人共聚一堂。尤其重要的是，它承認了不拘禮節與個人對談的重要性。

這自然有助於我和圍繞在布勞岱爾身邊的歷史學家，以及年鑑學派的成員建立起和睦關係，況且除了我在一九五〇年代中葉結識的布勞岱爾這位偉大領袖之外，其他人都尚未成為大師，甚至還沒有寫出自己的成名作，彼此交往起來自然更加容易。就某種意義而言，我們的事業齊頭並進，我們之間的交情亦然——至少在一九九〇年代之前如此，也就是直到法國學術界於冷戰結束後，以令人不解的方式走回冷戰時期的反共老路為止。但不管怎麼樣，這種由學術促成的友誼在一九六〇年代以前仍未充分發展。而我一直要等到一九七〇年代，才與人文科學之家、社會科學高等學院（後來我每年在該校授課一個月），以及法國學苑建立起密切關係。這主要必須歸功於克雷門斯·海勒那位不凡的人物。

克雷門斯是個身材高大、走路搖晃、看起來心不在焉的男子。他講電話不喜歡超過五十秒，稍不留神就會說出夾雜多種語言的大雜燴，堪稱為戰後歐洲最獨樹一幟的學術經理人。這種戲劇化的描述方式相當貼切。他的父親胡戈·海勒是一位維也納的書商和文化企業家，但不幸招惹來卡爾·克勞斯那位大作家的冷嘲熱諷。克雷門斯起初在馬克斯·萊因哈特[21]的戲劇學校當學生，接著於希特勒合併奧地利之後被送往美國。戰後他以美國官員的身分返回奧地利，成立了聲名遠播的「薩爾茲堡國際高等教育論壇」[22]，但在美國獵巫行動的排擠下，轉赴巴黎開創自己的前程。海勒在巴黎與布勞岱爾締結了異常成功的夥伴關係，並帶來中歐流亡者深厚的國際文化色彩、一些有趣而前景看好的學術人才與構想、國際性的組織網絡，以及動員美國基金會出資贊助其學術計劃。但在法國的那種環境下，他不時被詆毀為美國中央情報局的特務，幸好一切指責都枉費心機。這位既溫暖過人又慷慨異常的先生一輩子熱愛音樂與學術，能夠成為他的朋友，是我漫長人生中最大的報酬之一。

雖然我在一九五〇年代藉由歷史學術會議與許多人建立起友誼，不過知識分子所從事的政治活動才是友誼的仲介者。儘管我所遇見的人們當時多半還留在黨內，但那些友誼與共產黨卻無真正關連。法國共產黨的抗德地下活動紀錄曾經吸引了大量的知識分子，但該黨顯然受到一群政治上的「士官長」領導，於是具備相當離奇的本事，有辦法先對知識分子進行脅迫然後激起他們的敵意。那不免令我們這些習慣於英共和義共比較溫和手段的人士感覺訝異。然而正如同吾友安東寧·黎姆所指出的，法共身為兩次大戰之間真正的群眾政黨，它就像捷克共產黨一般主動將自己史達林化，而非在外來的壓力下被迫「布爾什維克化」。法國共產黨自從一九四七年轉攻為守以後，便撤退到私人的文化天地與政治世界。其負隅抗拒外在誘惑的方式，不禁教我聯想起「第一次梵諦岡大公會議」[23]時期的天主教會少數派，尤其是英國天主教會所處的情況。（法國共黨知識分子既然成長於一個天主教國家，自然會很敏銳地意識到共黨組織與教會組織在結構上的相似性。）法國共產黨表現出無產階級不信任知識分子的態度。於是當英國共產黨歷史學家小組在法國尋找類似的團體時，我們無法從法國共產黨那邊得到任何協助。二戰結束前的共產黨需要戰鬥人員，學術界人士並非它想要的對象。在此前提下，一九五〇年的國際歷史科學大會固然吸引了年輕的馬克思主義者，一些激進派的年輕共產黨員卻並未出席，例如：法蘭斯瓦・菲雷、安妮・克里格爾、亞蘭・柏桑松、勒華拉杜里等人。不過他們後來都成為地位崇高、立場反共的歷史學家。等到我認識他們的時候，他們早已處於後共產主義時期了。

事後回顧起來顯得相當清楚的是，與其說我的朋友圈子是建立於共產黨的基礎上，倒不如說那是基於對抵抗運動的共同經驗與認同。

整個一九五〇年代，我在巴黎的基地，就是亨利・雷蒙與迷人的海倫・貝爾格豪爾位於凱勒曼大道的簡樸工人階級公寓，直到他們的婚姻關係悲劇性地結束為止。放假時我多半會去雷蒙家，並與他們夫婦共同消磨大部分的閒暇時光。我第一次婚姻破裂之後的許多年內，他們等於是我最親密的家人。每當他們離開巴黎的時候，我就坐著他們的小汽車一起旅行，前往我們一致認可的地點——羅亞爾河谷、義大利，或隨便任何地方。他們待在城內時，我就與他們結伴而行共享市區風光、從花神或黎姆利之類眾所共賞的咖啡廳觀看移動的街景，而且坐著等待一些熟識的知識分子上門並與他們在那裡度過一天——例如呂西安・高德曼、羅蘭・巴特（1915-1980）、埃德加・莫蘭等人。他們夫婦不在家的時候，我就獨自待在公寓，把那裡當成私人的孤島使用。公寓的設備雖然簡陋，卻有海倫火光四射的高昂情緒，以及一件華麗的「呂爾薩」織繡掛毯來加以彌補，不過織繡掛毯後來在財務窘迫時賣掉了。亨利曾在非常年輕的時候加入抗德地下活動，而那棟公寓正如同他與放蕩小說家羅傑・衛揚（1907-1965）以及馬克斯主義哲學家兼社會學家亨利・勒費弗爾（1901-1991）等人的友誼一樣，都是抵抗運動時期的遺緒。（我在那棟公寓中被介紹給勒費弗爾認識。最初是一位年輕的女性帶著我進入雷蒙的公寓，她也具有抵抗運動的背景，而我是在史學大會上認識她的。）

亨利比我年輕幾歲，來自奧爾良地區一個他所謂的農民家庭。他曾經發行小冊子來出版自己和朋友的詩作，除了搭配海倫繪製的插圖之外，並要求我為之寫出一篇有關爵士音樂的文章。當時他還任職於剛收歸國有不久的鐵路公司，接著追隨勒費弗爾鑽研社會學與都市生活，最後任教於巴黎藝術學院，於是多少趕上了自己哥哥的表現。其兄安得烈則自始就是一位認真撰寫論文的學者，日後成為名聞全球的研究伊斯蘭團體的專家，以及法國東方學的中流砥柱。

海倫則同時具備更強烈的國際色彩與戲劇化的巴黎風格。她在大戰時期與家人住在巴西，努力使自己成為一位畫家。憑良心說，她的繪畫工夫一向不十分高明。儘管人們不忍心坦白將此事告訴這位非常嫵媚迷人的年輕女性，但我猜想以她的聰明才智，不可能不注意到自己的極限，並為此深感痛苦。除了畫畫之外，她還任職於巴西領事館以賺錢養活自己。她與經商的波蘭裔父親關係非常緊張；她的哥哥是女裝設計界聞人，或者最起碼是一名率先致力於情色多元文化的漂亮日本模特兒之男友[24]。或許這可以幫忙解釋，為何海倫在各百貨公司尚未獲准銷售高級女裝品牌的年代，有辦法穿著皮爾帕門的服飾。她和亨利都是共產黨員，隸屬於無產階級所居住的巴黎第十三區的一個黨小組。但她起先加入了巴勒斯坦猶太恐怖組織「斯特恩幫」的周邊團體，不然至少為其極左派分支的成員。她始終保留了對直接行動的喜好。當「秘密軍隊組織」在阿爾及利亞進行恐怖活動的時候[25]，她曾經來倫敦拜訪我，表示自己正在購買定時器，供左派展開對抗秘密軍隊組織的炸彈攻擊行動。我問她在何處可以弄到那些東西。她回答說：「當然是在哈洛茲百貨了。」當然啦，否則還有哪裡可去呢？

雷蒙家庭往來的人物當中，雖然有些人後來在自己的領域內嶄露頭角，但那個小圈子主要還是活動於較低階的巴黎左派知識界，即便海倫頭頭是道地表示自己熟悉高層的一些醜聞、曉得文學獎的八卦消息，知道共黨領導人當中有誰正在失勢。那些圈內人閱讀《世界報》，有時依舊閱讀共產黨的《人道報》，但我們所認識的人（有別於聊八卦時談到的對象），似乎多半都不會被找去連署知識分子針對公共議題發表的宣言——知名「媒體知識分子」在日報和週刊擁有自己固定專欄的年代出現以前，聯名發表宣言仍為非常典型的做法。那大致說來仍屬於一九六八年以前的環境，但一九五〇和六〇年代已可看出它正在逐漸崩潰。其中的原因是舊左派已經為了史達林與阿爾及利亞等問題而四分五裂，再加上法國共產黨的保守派日益排斥要求做出改革的人士（尤其是那些人裡面的知識分子）。我的共產黨員朋友們傾向於脫黨加入另外一個小團體，所謂的「社會主義團結黨」，等到那條路證明也行不通以後，便全心全意致力於研究或寫作。如果他們還想繼續留在政治圈的話，就加入老牌的社會主義黨。由於當時我還不認識一些即將脫胎換骨直接成為狂熱反共人士的前共產黨員，要不然就只是偶然跟他們碰面而已，所以我無法追蹤其政治旅途中的軌跡。

雷蒙夫婦的婚姻破裂，無可避免地改變了我前往巴黎的模式。但無論如何，我一九六一年以後的人生已在瑪蓮陪伴下完全改觀。跟爵士音樂一樣，巴黎是我永遠的熱愛，然而對一個已有妻室、後來還有小孩的中年男子來說，巴黎已經變得跟從前不同了。瑪蓮在法國也有自己的老朋友或新朋友，更何況我們也有共同的朋友，或者是此後一起認識的朋友。除此以外，我在一九五七年又結交了一對巴黎友人，而且他們直到今天都是我們的莫逆之交：理查與艾麗絲·馬林斯特拉斯。那年雷蒙夫婦與我決定去一個海濱小城度假，而它位於義大利的加爾加諾半島，亦即從義大利「靴子」伸入亞德里亞海的「馬刺」。此事的起因是，亨利於抵抗運動時代即已認識的羅傑·衛揚那位仍為共產黨員的作家（亦可說是當時才剛加入共產黨），不久前發表了一部名叫《法律》的小說，將全書的場景設在該地。

馬林斯特拉斯夫婦就待在那裡的沙灘上。理查是個高大、闊胸的金髮男子，艾麗絲則是個嬌小纖細的黑髮女子；他們正在輪調前往突尼西亞擔任中學老師的半路上。突尼西亞當時雖已獨立，但在教育方面依舊與法國的學校體系結合在一起。法國知識分子從未像在一九五〇年代那般深深捲入北非事務——當時突尼西亞與摩洛哥已經贏得自由，阿爾及利亞人卻還在為爭取自由而戰鬥。所以我們有許多話題可談。但無論如何，從十九世紀早期開始，馬格里布[26]已在法國畫家與作家的想像世界中扮演了重要角色，在思想上也同樣地激發了已取得高等教師資格、即將前往該地任教的年輕人。那些年輕教師就是日後的學者，舉兩個例子來說：在歷史學界有費爾南·布勞岱爾，在社會學界則為皮耶赫·布迪厄。馬林斯特拉斯夫婦的學術興趣無關乎地中海或近東，而是盎格魯撒克遜地區，這在我們之間提供了另一個連結點。理查後來成為法國莎士比亞研究的泰斗，艾麗絲則在美國史研究上建立起自己的聲譽。

二人都出身自波蘭猶太裔家庭，很幸運地在戰時法國未遭佔領的地區倖存下來。理查十六歲時曾在東南部山區參加武裝抵抗行動，他回憶起那段經驗時表示，自己一生中只有當時無人在意他是否為猶太人，甚至沒有人提起這方面的問題。許多年後，他身為仍然在世、已經老邁不堪的昔日抵抗運動同志當中唯一的學者，應邀在舉行於羅亞爾河谷某地的五十週年晚宴上，感動莫名地發表了紀念演說。馬林斯特拉斯夫婦當然立場左傾，但馬克思主義對之不具吸引力，他們反而以自己是世俗化、獲得解放、四海為家的猶太人為傲——錫安主義同樣也不吸引他們。但他們對猶太人身分的看法是同一代法國猶太人當中的異數，或許還越來越是這樣。他們的那一代已有大批猶太人從昔日法屬北非移居過來，使得法國猶太人成為歐洲最大的猶太群體，而且自從蘇聯解體以來，其規模更已超越了舊世界的任何國家。

還有第三種理由，而且是更加學術性的理由，可以說明為何我與巴黎的關係在一九六〇年代出現了改變。法國歷史學家於《年鑑》學報所進行的工作，與我們在《過去與現在》所做的努力已很明顯地匯流在一起。大約從一九六〇年開始，我日益涉入巴黎的學術生活，其中尤以費爾南·布勞岱爾新建立的學術帝國為然。到了一九七〇年代，我進而一度以「副研究主任」的頭銜，每年都花一點時間正式加入有了新校名的社會科學高等學院之陣容。簡言之，從一九六〇年開始，學術行程越來越決定了我——其實是我們——前往巴黎的節奏。

在某種程度上，這些改變是一起發生的。我與瑪蓮婚後首次前往巴黎時，她對學術界的認識根本連談都不必談。布勞岱爾夫婦出於合情合理的因素對她深深著迷，於是邀請我們前往其公寓共進午餐。布勞岱爾在用餐時永遠能爭取得到她的好感，因為他向瑪蓮提出保證：成為優秀歷史學家的先決條件，就是要當一個好丈夫。法國大師們在這種場合講出來的話當然不必當真，但由於他們懂得如何針對不同場合發表適當的言論，而且在態度上既誠懇又不卑不亢，那天我們每個人都非常滿意。瑪蓮在倫敦則反過來擔任女主人，例如招待了應我邀請前來倫敦參加學術會議，然後待在我們家的埃曼紐·勒華拉杜里；或者在幾年後招待了路易·阿圖塞那位哲學家——當時他正處於躁鬱症發作期，過了不久便在另一次低潮期殺死了自己的妻子。就跟其他的學術家庭一樣，私人關係與專業關係無法清楚地切割開來。

不同於法國第三共和，甚至不同於第四共和的地方是，我在戴高樂時代、繼任的戴高樂主義者年代，以及密特朗時期的法國再也不感覺自在了。此時法國新發展出一種誇張的通用俗語，例如政治人物稱呼自己的國家為「六角形」、口口聲聲強調在「法國深處」如何如何，以及為了展現自己的精力而「全方位」趕場。在這個法國裡面，巴黎變成了一個巨大的都市化中產階級隔離區，其規模居歐洲之冠。市內街角的酒館則在週末歇業，因為老巴黎人再也負擔不起住在城區的生活開銷，儘管他們週一到週五都到巴黎上班。除了市中心因為市場遷出而留下一個大洞，然後由羅傑斯的龐畢度中心加以填補之外，整座城市大致尚未面目全非——直到密特朗總統用他龐大如恐龍般的建築群塞滿和包圍了巴黎市區為止。（戴高樂將軍曉得自己在歷史上的地位非常安全，所以不屑於透過紀念建築來設法保存別人對自己的記憶。）巴黎對觀光客而言，始終是一座奇妙的城市，但我身為歷史學者卻很難習慣一個事實：左派在這個「巴黎公社」的發源地已經好景不常，除非右派市政當局的貪污腐敗剛好鬧出了大醜聞，否則左派只有零星幾個人能夠當選議員。但從另一方面來看，任何住在英國的人都無法不欣賞法國戰後現代化的優點，例如利用高速火車及完善的都市與城郊大眾運輸系統，向法國一貫高品質和多元化的食品市場進行運補。

我起初很不情願地學會如何領略戴高樂將軍的偉大，並發展出一種品味來欣賞他的風格。我甚至更加心不甘情不願地學會如何去尊敬密特朗。他們二人都不可能在第三共和發跡。他們所出身的環境，在第三共和時代會（非常正確地）被稱做「反動」。戴高樂是右派分子，但對他這個右派人物而言，共和政體——包括共和國的左派——就是他在戰後重新創造出來的「法國既定理念」裡面不可或缺的一環。一七九三年以後的法國政治人物當中[27]，他率先讓自己的法國同時可供君主政體與革命勢力揮灑自如。事實上，他想必不怎麼介意自己被拿來跟路易十四相提並論。路易十四向臣僕們講話的方式，應該相當類似戴高樂與一位出版商對話時的情形。那位出版商曾經編纂戴高樂的回憶錄，當他坦承自己於一九四〇至一九四四年之間有過一段不很「戴高樂主義者」的過去時，那位偉人接口說道（他八成已檢視過相關檔案）：「那麼，您應該曾經在我的那些監獄裡面待過。」不論是「我」這個人稱代名詞，還是「那些監獄」這個複數形式，二者都非常戴高樂。[v 28]

法蘭斯瓦．密特朗死後，其模糊不清、錯綜複雜的事業生涯招來了許多批判。但不可否認的是，他向左發展的生涯竟然有著毫無斷裂的連續性：他起初是戰前的極右派分子，接著任職於維琪政府、加入抵抗運動，然後在政治上一躍成為改造後的社會主義黨之締造者與領導人。該黨重新獲得了對左派的掌控權，所憑藉的並非冷戰時期孤立共產黨的做法，而是與共產黨結盟來為密特朗贏得政權。在第三共和與第四共和時期，政治人物改變立場的方向都恰好與密特朗相反。他和戴高樂屬於同一個時代——不對，他們是同一個時代的設計者——那個時代的法國政治不再針對法國大革命進行論戰了，當初正是因為對法國革命的不同記憶撕裂了左派與右派。儘管他們二人都打從骨子裡明白，法國大革命對其統治下的法國所產生的重大意義，就好比美國憲法是美國的核心價值一般，但他們還是設計出了那個左右對立的時代。就此而言，他們與那些擁護溫和自由主義、無節制的反共主義及市場社會的意識型態專家比較起來，在做法上要務實多了。後者在法國始終是非典型的少數派，卻在一九八〇年代末期與一九九〇年代初期主導了巴黎知識界的風氣。

然而，即便我在戴高樂和密特朗的法國感覺不自在，我仍可體會出它與我的法國之間的連貫性：一個來自過去的藍白紅三色「記憶中的山丘」[29]。就某些方面而言，《綁鴨報》的法國尚未消逝。戴高樂與密特朗執政末期的各種醜聞，以及日益滋生的貪腐，其實重新為那份週報帶來了好運道。

當時知識界的氛圍也讓我感覺不自在。就跟世上每一位左派人士一樣，一九六八年的造反運動也讓我興奮，但我繼續秉持懷疑態度。我固然與法國歷史學界保持較密切的聯繫——它直到一九七〇年代都是法國社會科學的核心科目，並提供了許多巴黎「學閥」，成為阿蒙與羅特曼二人的寫作素材[vi]——不過我也在某些方面脫節，未曾接觸到一九六〇年代以後法國的許多種文化潮流與理論研討。此外，儘管任何崇拜格諾與培瑞克的人，都無法不對法國知識分子玩語文遊戲的傳統大表敬佩，但由於法國思想家日益朝著「後現代主義」的方向移動，我發現他們已經變得不甚有趣、難以理解，而且

v 法文原文講法為：「那麼，您應該已經熟悉了我的那些監獄。」這段軼事是那位出版商親口告訴我的。

vi 艾爾維·阿蒙與派屈克·羅特曼，《學閥：探討高級知識分子》(Hervé Hamon & Patrick Rotman, *Les Intellocrates: Expédition en Haute Intelligentsia*)，巴黎，一九八一年，頁330。

無論如何都對歷史學家沒有多少用處。就連他們的雙關語也不再有辦法產生吸引力了。

經過一九六八年短暫風起雲湧之後，到了一九七〇與一九八〇年代，不論老一輩或新一輩的左派顯然都已經在法國退潮。雖然我對一九四五年以後的法國共產黨向來評價不高，而且我早已認為喬治·馬歇掌管下的法共領導階層是一場災難，但是眼見昔日法國工人階級的偉大群眾政黨已殘破至此，只能獲得不到百分之四的選民支持，若說我這個老共產黨員不會心痛的話，那是違心之言。然而法國還貼上「馬克思主義」標籤的東西，多半已無法讓人感動，若不承認此點的話，那也是同樣不誠實的行為。另一方面，許多前左派「學閥」的反共主義，在一九八〇和九〇年代變得日益好戰成性與情緒用事，讓我跟他們某些人之間的關係開始變得複雜起來。雖然我們相互尊重，有時還喜歡對方，但其中某些我必須在巴黎打交道的對象，不論見面的地點是學術活動或社交場合，他們都會在政治上令人不快，而他們對我的觀感也一樣。

由於我維持一九五六年以來的自有風格，繼續當一個知名而非正統、甚至從未在蘇聯出書的共產黨員，結果讓一些年輕時代比從前的我更像史達林主義者、甚至還是毛澤東主義者的人士心懷憤恨，以為我蓄意拒絕跟他們走同樣的路。對我來說，更讓我起反感的事情，就是他們當中一些最能幹與最有聲望的人，在一九八〇年代被冷戰的浮誇之詞與自由市場之自由主義所吸引。相形之下，勒華拉杜里（他從任何角度來看都是重要的歷史學家）直截了當重返他諾曼人祖先傳統的保守主義，反倒不會那麼令人氣憤。說來矛盾的是，當共產主義政黨已經式微、冷戰已經結束、蘇聯及其帝國已經崩潰之後，反共產主義與反馬克思主義的論調反而變得益發惡毒，更不用說是歇斯底里了。已故的法蘭斯瓦·菲雷——他是一位才智極高、深具影響力的歷史學家與政論家——則表現得宛如那個新趨勢的「學派大師」，竭盡所能讓法國大革命二百週年紀念改頭換面成為對共產主義的學術攻勢。幾年以後，他在《一個幻想的結束》那本書中所呈現的二十世紀歷史，就是一個從共產主義危險之夢解放出來的過程。一點也不意外的是，我批判了他的觀點[vii]。如今我已是相當知名的馬克思主義歷史學者，結果我發現自己在法國左派分子進行困獸之鬥的時候，一度擔任了他們的急先鋒。

這使得情況更進一步複雜下去，特別是因為我自己以二十世紀為主題的著作《極端的年代》，恰巧發行於菲雷推出那本書之前不久[30]。縱使拙作的價值受到認可，而且在其他國家就連著名的保守派書評家也冷靜地加以肯定，它在法國——至少在那些具有影響力的學閥眼中——卻被看成是一本用於進行政治意識型態論戰的作品，旨在對抗反共的自由主義人士。它雖然在學術期刊上面受到討論（以英文版為對象）但沒有被翻譯成法文，其表面上的理由是銷路必定不廣，所以翻譯的費用相對過高。那種論點根本站不住腳，因為該書的其他每一種西方語言版本都頗為暢銷。的確，法國學術界在那些年頭的自矜自是已經奇怪到了這種地步，結果該書雖已使用歐盟各會員國的文字和各種全球性的文化語言（含中文與阿拉伯文）發行，或正在籌備出版當中，卻只有法文版於許多年的時間內始終付之闕如。最後它總算於一九九九年在法國問世，但那必須歸功於一位比利時出版商的推動，再加上一份死不悔改的法國左派刊物——《世界外交論衡》——之積極協助。或許自從里歐奈樂．喬斯潘於一九九七年出任總理之後，意識型態的氛圍已經有所改變，因為他不像已故的密特朗那般折磨法國左派人士的良心。

書評界對該書的反應相當良好。原有可能在一九九〇年代早期寫出評論的人，此時若不是保持緘默，就是已經化干戈為玉帛。銷售的情況也還令人滿意，至少有一陣子如此。那本書已被翻譯成許多

---

vii 關於法國大革命可參考拙作《馬賽曲的回響：法國大革命二世紀後的回顧》（*Echoes of the Marseillaise: Two Centuries Look Back on the French Revolution*），羅格斯，一九九〇年；以及「歷史與幻想」，《八九年的論戰》（“Histoire et Illusion” in *Le Débat 89*），一九九六年三月－四月，頁128-38。

不同國家的語言，但我從散布於法國版圖各地收到的陌生讀者來函，多於其他任何國家。這使得一個老態龍鍾的親法人士過了六十三年以後（一九三六年的「巴士底日」，他在一輛新聞攝影卡車上面與法國左派傳統展開了愛戀關係），得以在索邦圓形大劇場內，藉由另一個具有強烈象徵意義的經歷讓事情功德圓滿。索邦曾經是巴黎唯一的大學，如今已成為一群大學的鼻祖，而當天該校的大劇場內，擠滿了應邀前來聆聽我新書討論會的巴黎人。那個巨大場地密密麻麻的來賓當中，只有極少數人曾經讀過我的著作，這似乎證明了出版商拒絕我的時候所一再使用的論點——我的書在這個「六角形」的市場只會叫好不叫座。然而有一個事實把觀眾帶進了大禮堂，那就是有某個人——他剛好是我——以坦率、批判、懷疑但不知悔改的方式發表言論，並頗以自己替左派發聲為榮，縱使那個左派早已不在乎昔日的黨名與正統教義。我在那個活動中喜歡這麼想：自己彷彿置身於已突破重圍、再度現身的巴黎左派中間，即便它為時非常短暫。

那段插曲適合拿來結束本章有關我一生情緣的敘述。對我這一代人而言，法國依舊具有非比尋常的意義。伏爾泰的語言遭到擊敗，班哲明．法蘭克林的語言在全球獲勝之後，我能夠對法國人的失落感產生同理心。那不僅是一種語言上的變換，同時也意謂文化上的轉型，因為它標誌著小眾文化的結束。在那個小眾文化之中，唯獨菁英人士才需要國際交流，幾乎無人在意他們的語言並未大量使用於全球，或甚至像已經死亡的古典語言一般，根本無人口頭使用。我可以理解，昔日握有霸權的法國文化如何撤退到一個六角形的少數民族聚集區，只有「後現代」法國理論家們在美國研究生之間所受到的歡迎，才能夠稍稍舒緩窘境，但那些美國研究生並不一直瞭解他們。這絕非巴黎所想要的，而且巴黎根本無法適應現狀，因為世界的其餘部分已不再仰望巴黎、不再追隨巴黎的領導。在兩代人的時間內，法國從全球性的強權淪落到只具有地方色彩，這是殘酷的命運。最令人難以接受的事實，卻是發現全世界大多數地區都對此不以為意。但我這一代的歐洲人、拉丁美洲人和中東人對此耿耿於懷。更年輕的世代也應該在乎此事。法國正頑強地進行最後一役來捍衛其語言和文化的全球性地位。這個努力或許終將徒勞無功，但它同時也意味著一種必要的防衛，而且未必注定會失敗：此即每一種語言、國家和文化維護自己的獨特性，藉此抗拒全球化的進程中，對具有多元本質的人類所強行施加的單一化。

第二十章

從佛朗哥到貝魯斯科尼

FROM FRANCO TO BERLUSCONI

一

積極進取的小說作家永遠不愁缺乏題材，縱使江郎才盡的話，還有家史與自傳可寫。奮發向上的職業歷史學家卻沒有內建系統來導引他們，告訴自己究竟想探索過去的哪一個部分。於是他們在多半情況下，並不曉得自己的聲譽將建立於何處——是都鐸王朝、英國革命、十七世紀的西班牙，或者是其他領域。他們通常在大學得到一個研究主題、給它起一個標題來獲得博士學位（或像是在我那個年代，當牛津劍橋還鄙視那一類頭銜的時候，就撰寫研究員論文），然後大多數人從此固守自己的「領域」或「年代」。第二次世界大戰封鎖了我原先的企圖，讓我無法走上這樣的一條路。結果我成為歷史學者以後的第一本著作——《原始的叛亂》——涉及了之前我未曾多加留意的領域，而且那其實是沒有其他人曾經真正探討過的範疇[i]。該書的主要依據，是我一九五〇年代頻繁前往西班牙與義大利旅行時的經歷，而那兩個國家從此與我的生活和撰述形成了密不可分的關係。

不同於義大利的地方是——有哪一個反法西斯主義者會想去義大利呢？——我在一九五一年已開始前往西班牙旅行，而且它早就是我生活的一環。甚至在西班牙內戰爆發之前情況即已如此，而內戰更使得西班牙成為我那一

i《原始的叛亂：對十九與二十世紀社會運動的古樸形式之研究》(*Primitive Rebels: Studies in Archaic Forms of Social Movement in the Nineteenth and Twentieth Centuries*)，曼徹斯特大學出版社，一九五九年。

代每個人生活當中的一部分。不管實際上發生了什麼事情，它在一九四五年以後仍然被其他歐洲人視為一個陌生的國度。在我們大多數人心目中，西班牙依舊是一個難以理解的天地，那裡的乾旱地貌留下了革命、戰爭與挫敗的殘影，其間瀰漫異國風情——佛拉明哥、響板、鬥牛、卡門、唐．荷西、艾斯卡米羅[1]，以及通稱的西班牙味：唐吉訶德、榮譽、驕傲與寂靜。我的叔父任職於環球影業時，曾經去過西班牙並在當地認識了一些人。我們家中的不同角落擺放著他多次旅行下來的紀念品：一支沾滿乾涸血跡的短標槍、一本關於鬥牛的書籍、一位身穿軍服的老邁卡塔隆尼亞自治運動領袖的簽名照，以及各式各樣的雜物。一九三四年阿斯圖里亞斯地區爆發起義之後[2]，他有位朋友寄了一些附插圖的西班牙報刊過來，於是我得以盯著保皇派《ABC日報》上面聳動的照片來發揮想像力。接著，一九三六年夏天一個由許多歷史事件構成的詭異組合，讓我在佛朗哥將軍起事後的最初幾個星期，有機會短暫進行實地觀察。

當時我已經在巴黎住了三個月，因為倫敦郡議會曾撥出獎助金，供我在進入劍橋大學以前進修法語。七月底某日，我很興奮地發現自己買來的一張彩券中了獎。獎額其實並不太高，我記得應該是一百六十五法郎，約折合二至三英磅而已。幸好法國「人民陣線」新政府不久前引進了「帶薪休假」（那是它難得能夠延續至今的革新措施之一），而且新設立的體育與休閒部還提供超廉價的火車票，讓全民皆可享受火車旅行。於是我使用中獎贏得的金額，從奧塞火車站——它在半個世紀以後才被改建成十九世紀法國藝術展覽館——搭車前往庇里牛斯山脈，花了兩個星期的時間來健行、下榻於青年旅舍和露營地。那次美妙旅行的半路上，有一位逍遙各地、在大西洋此岸成為搭便車旅行先驅的中歐年輕人，用德語把這種更便捷的廉價行動方式傳授給我（「一直走路」，「等車子停下來」）。結果我搭著便車從庇里牛斯山靠近大西洋那一端，來到靠近地中海這端的一家青年旅舍。它離西班牙邊界不遠，對面就是普伊格瑟達那個城鎮[3]。

這未免太引誘人了。於是我朝著邊界走去，卻被一名看守邊界的年輕武警趕了回來，因為我沒有通行文件。接著我步行約莫一英里路來到下一個關卡，那裡的守衛人員未加刁難便放我入境，讓我當天有機會在普伊格瑟達四下觀望。當時該地其實是一個獨立的革命行政區，由無政府主義者當家，其間並夾雜一些「馬克思主義統一工人黨」的成員。（我在當地並未看見共產黨或社會主義黨的標語——那時兩黨已合併成單一政黨，名曰「卡塔隆尼亞社會主義聯合黨」。）當地百姓自然會對一個不請自來、完全陌生的外國人深感興趣，但我已經記不得自己是如何與他們溝通的。反正西班牙跟法國在那個角落攪在一塊兒，更何況卡塔隆尼亞語剛好介於西班牙語和法語中間。於是我想不起來在溝通上有過問題。那難忘的一天留給我最持久印象的，就是停靠在市區主要廣場上的幾輛卡車。每當有誰想去打仗的時候，便走到卡車那邊。而且有人告訴我，卡車一裝滿志願人員就直接開赴前線。許多年以後，我曾經撰文說明此次的經歷如下：

> 「場面固然壯觀，但那並非戰爭」這句名言[4]，或許更適用於當時的狀況。其場面雖令人驚嘆，但此次經歷對我產生的主要影響卻是我要過了二十年以後才願意承認，西班牙的無政府主義並非一齣下場可悲的鬧劇[ii]。

事實上，普伊格瑟達給人的感覺，並不像是一個正準備邁向戰爭的社區。而且在我的印象當中，那也並非一個滿街都是年輕武裝民兵的地方，迥然不同於其後幾場革命的風格。（例如一九三六年時，

---

ii 霍布斯邦，《革命分子：當代文集》（E. J. Hobsbawm, *Revolutionaries: Contemporary Essays*），倫敦，一九七三年，「對無政府主義的省思」，頁84。

西班牙鄉間未曾出現身穿軍服的年輕女性。）較不尋常的場面只是，那座城鎮似乎到處充滿了政治、討論與爭辯，人們或成群站立，或拿著報紙坐在咖啡館的桌子旁邊。

不幸的是，當天結束得糟糕透頂。那名年紀很輕、在第一個檢查站把我趕回去的無政府主義邊防警衛，晚上收班以後看見我在廣場上吃喝聊天，立即向他的政委做出檢舉。我隨即接受了頗有禮貌但態度強硬的訊問，負責偵訊的人面無笑容，身上穿著類似軍裝的服飾。我十分確定，他不曉得該如何處理我這號人物——我在那種情況下也不知應如何自處。但無論如何，工人階級的力量顯然不可任人等閒視之，即便那名不顧勸阻、非法入境的英國青年並未表現出意圖危害革命的跡象。我必須承認自己相當緊張，因為我落在一群喜歡亂扣扳機的烏合之眾手中，況且他們正努力不懈地想揪出反革命分子。當晚稍後，他們要求我沿著黑漆漆的馬路走回法國邊界，並有一名武警將槍管直指著我的背部。於是我對西班牙內戰的驚鴻一瞥，因為西班牙共和國將我驅逐出境而結束了。

那天我到底想在普伊格瑟達做什麼？這是歷史學者面對自傳作者的身分時只能撒手不管的問題。這不光是因為，經過六十多年下來的心靈改寫之後，我對那天的印象幾可確定已經走樣。同時更因為即便在事發當天，我穿越邊界的目的也不清不楚——如果「目的」一詞是正確用語的話。倘若我在當地的停留未曾驟然中斷，我會做出什麼事情來？依據一般人對西班牙內戰的共同記憶來推斷，我想必應該考慮過加入共和國的部隊，來進行對抗法西斯的戰爭，就像其他若干英國年輕人在內戰最初幾星期內所做的那樣。但幾乎可確定的是，當我走過去參觀革命到底是何模樣的時候，心中並無此念頭，儘管我和同輩的左派人士並無二致，馬上熱烈認同了西班牙人民陣線政府的戰鬥。那天我到底有沒有動念參加作戰？我答不上來。即便有辦法重建自己當時的感覺，或許我也會想躲到美國憲法《第五修正案》的保護傘下面[5]。那是因為自從隨即成立了「國際縱隊」之後[iii]，我所提出的任何答案可能都有損自己的信用。假若我未曾考慮參戰，為何我不那麼考慮？假若我考慮過，那麼我為何還是沒有參戰？假若除了我個人的記憶之外還出現其他資料，那麼對此事較不具個人偏見的其他歷史學家，又將對霍布斯邦年輕時代於西班牙革命現場的奇特案例得出何種結論？這是用傳記來寫歷史時會出現的問題，或者還更廣泛地涉及了試圖瞭解人類天性時所面臨的各種問題。

總而言之，那天我在普伊格瑟達的遭遇已顯現出，「假若……將會如何」這種方式的歷史是多麼無謂，今日的術語卻稱之為「反事實推論」。我們無法從那些數不勝數的假設前提來選擇性地做出推斷：假若那名年輕的無政府主義邊界警衛未曾在第一座檢查站拒絕我入境的話，我隨後的生命將會受到何種影響，或者將不會受到何種影響。我那天的遭遇也顯示出，對歷史學家更有用的做法還是張開自己的眼睛和耳朵，尤其是當他們有幸於正確時刻待在正確地點的時候。普伊格瑟達初步介紹我認識了，並讓我永遠著迷於「原始的叛亂」之典型溫床，亦即西班牙的無政府主義。到了一九五〇年代，我已經在該國實地進行「田野調查」。其間最主要的啟發來自傑拉德・布瑞南的一本非凡著作——《西班牙迷宮》。該書的第二版於一九五〇年推出後不久，我想必就已經加以閱讀。但我已經記不得，閱讀的時間究竟是在我首次真正認識西班牙之前，還是之後（比較可能如此）。那一次旅行給我留下的則是：「西班牙對所有曉得她的人所產生的深刻而持久的印象。」[iv] 我歷來的西班牙之行當中，至少有

iii 第一批正式的國際志願軍單位，是由義大利的「正義與自由」團體（Giustizia e Liberta）在八月底招募及組織起來的。共產國際的「國際縱隊」成立得更晚。許多最初的外國單位，則是由一些原本準備在巴塞隆納參加「人民奧運會」的外籍人士，在佛朗哥將軍開始叛亂之際所成立。約翰・康福德（見第八章）抵達巴塞隆納的時間，應該大致就在我來到邊界的時候，接著他於大約一星期後「相當衝動地」決定參軍作戰。見：彼得・史坦斯基與威廉・亞伯拉罕，《邊疆之旅》（Peter Stansky and William Abraham, *Journey to the Frontier*），倫敦，一九六六年，頁328。

iv 傑拉德・布瑞南，《西班牙迷宮：論西班牙內戰之社會與政治背景》（Gerald Brenan, *The Spanish Labyrinth: An Account of the Social and Political Background of the Spanish Civil War*），劍橋，一九四三年，序言。該書的第一版發行於第二次世界大戰期間，以致未能引起注意。

兩次是專門為了探索無政府主義傳統：一次是在一九五六年前往卡薩斯維哈斯，那個村莊曾試圖於一九三三年發動自己的世界革命；另一次是在一九六〇年，當時我感動莫名地探訪了一位新近陣亡的無政府主義游擊鬥士——佛朗西斯科・薩巴特[v][6]——的足跡。

但我已經無法確定，為何會決定利用一九五一年復活節假期前往西班牙旅行。當時我還沒有學會該國語言，只看得懂內戰年代的口號、歌詞，以及一些國際通用的意識型態用語。就跟後來待在義大利的時候一樣，我必須透過談話來學習當地語言，並不時求助於一本袖珍字典——在義大利這麼做起來比較簡單，因為談話對象主要都使用有教養者的義大利語，而西班牙向我提供資訊的人卻難得是學者。（假如他們是學者的話，我們很可能會用法語來溝通。）反正不管怎麼樣，我很快就能夠相當流利但不合文法地說出那兩種語言。我抵達巴塞隆納當天晚上就展開學習，地點是帕拉雷羅大道上的「新咖啡屋」（咖啡外加歌舞，付費五個「比塞塔」）。有一名剛從穆爾西亞過來找工作的泥水匠坐在我隔壁，他對著小小舞台上的二流演員指指點點，教會了我諸如「漂亮」、「難看」、「臃腫」、「苗條」、「金髮」、「棕髮」，以及其他相關的字眼。

我當時寫下的文字[vi]顯示出來，有一則新聞吸引了我的注意：巴塞隆納為了反對提高票價，繼三月初成功進行大規模抵制電車行動之後，緊接著又舉行大罷工。我返回英國後以此為題發表了一篇文章，期望過高地認為那個行動「打破了被動與觀望所構成的硬殼，而那個硬殼——由於西班牙缺乏有效的地下組織——就是佛朗哥今日最大的資產……」[vii]。但那種評斷未免過於樂觀，即便該政權顯然在五〇年代下半葉出現了第一道裂痕。

那時我所認識的反佛朗哥流亡者往往具有共和派的背景，例如歷史學家尼可拉斯・桑切斯－阿爾沃諾斯——其父仍然被流亡人士承認為一個虛擬共和國的總統，他自己則在後佛朗哥時代出任西班牙文化機構的負責人。但也有些人屬於佛朗哥手下當權派家庭的子弟，其中之一是我的好朋友文生特・吉爾包－雷翁。他從自己任職的外交單位直接被關進佛朗哥將軍的牢房，出獄後與我同住在布魯姆斯伯里的公寓，直到他前往巴黎協助創辦「伊比利亞鬥牛場出版社」為止。該出版社偷運入境的各種書籍裡面，也包括了修・湯瑪斯首開先河有關西班牙內戰的著作，曾於一九六〇年代深深影響了年輕不滿分子迅速茁壯的運動。後來我也是透過文生特才跟西班牙無政府主義者取得聯繫。

無論如何，我在一九五一年首次目睹的巴塞隆納，依舊佈滿了身穿野戰灰色制服的武裝警察隊伍，手持有如鬃毛般直挺挺伸出的步槍和衝鋒槍。他們或每隔一百多碼出現於市中心，要不然就站在工廠大門外，或者是看守宏偉如宮殿般的銀行大樓。那些大樓就是佛朗哥時代西班牙城市鬧區街道的標誌，彷彿統治者的堡壘支配著飢餓的人民。我在城內待了幾天以後，便時而坐火車、時而搭便車，沿著海岸南下來到瓦倫西亞，隨即前往穆爾西亞、馬德里、瓜達拉哈拉、薩拉戈薩，然後又返回巴塞隆納。

西班牙在一九五〇年代早期非常貧窮飢餓，或許比在世者記憶中的任何時期都還要來得飢餓。百姓似乎只能夠靠馬鈴薯、花椰菜和橘子維生。當我待在塔拉哥納觀賞位於古羅馬廢墟之間的淡金黃色美麗大教堂時，我忍不住向自己問道：這座城市在整個歷史上可曾有過更艱苦的時刻？西班牙沒有輿論，新聞從巴塞隆納傳播到西班牙其餘部分的途徑，就是透過謠言、像我這樣的旅行者、沿路叫賣的小販、卡車司機，以及一些偶爾收聽國外廣播的人。國內的報刊評論則僅僅做出語焉不詳的報導。

v 兩次旅行的成果分別為《原始的叛亂》第五章，以及《盜匪》第八章（一九六八年）。

vi 當時的記載即為本書報導我首次西班牙之行的主要依據。

vii 「佛朗哥已在退潮」，《新政治家與國家》（"Franco in Retreat", *New Statesman and Nation*），一九五一年四月十四日，頁415。我返國後寫下的這篇文章被描述為「摘錄自一名巴塞隆納英國人的筆記簿」。

由於才智之士多半流亡海外，該國的知識生活似乎已遭扼殺（書店內沒有多少本嚴肅的西班牙文著作——它們通常翻譯自外文，就連西班牙古典作品主要也都是拉丁美洲的版本）。

西班牙很不快樂。無論在咖啡屋、在卡車駕駛室，還是在可怕得難以形容的「郵車」——逐站停靠的廉價慢速火車——人們重覆說出來的話都不外乎：「這是全世界最糟糕的國家」，要不然就是：「這個國家的百姓比任何地方的人更窮」。在馬德里一個招待我住宿的小販家庭，其女家長更向我表示：「自從普里莫·德里維拉走了以後[7]，這個國家凡事都一塌糊塗。」西班牙還沒有忘記內戰，而遭到征服的百姓無論再怎麼無力與絕望，仍然未曾改變初衷。可是一旦談論起這方面的話題時，便屢屢有人表示：「天下沒有比內戰更糟糕的事情——父親對抗兒子、兄弟對抗兄弟。」在一九五〇年代早期，湯瑪斯·霍布斯的一個論點成為佛朗哥西班牙政權的靠山：任何有效的政治秩序勝於沒有秩序。儘管其不公不義昭然若揭，那個廣失民心的政權還是存續了下去（至少在我前往的西班牙東半部如此），主要的理由倒不在於它大權在握並肆意威脅恫嚇，而是因為沒有人想要另一場內戰的緣故。或許佛朗哥根本難以為繼，假若美國人和英國人於二戰末期決定他不該存在下去，並允許主要由西班牙共和派構成的反抗軍從法國南部展開入侵行動的話。但他們沒有這麼做。

尤有甚者，西班牙是一個被孤立的國度。其沾滿血污的政權仍然躲在反現代化勢力、因循守舊的天主教會，以及閉關自守專制政體的硬殼裡面。隨後三、四十年內讓該國改頭換面，甚至改變了西班牙人外觀的非凡工業化成就，當時幾乎尚未起步。除了在同樣自我封閉的葡萄牙之外，歐洲還有什麼地方能夠像穆爾西亞那般，與一九一四年以前哈布斯堡帝國的偏遠城鎮無甚差別：數十名身穿黑白兩色制服的保姆正在軍營士兵注視下，沿著河畔步道看顧身旁的小孩；中產階級的年輕女性仍有伴護人陪同在側；農民與豬販在市場的咖啡館討價還價？觀光客的數目只有千百人，而非日後的千百萬人。

地中海沿岸也還空空如也。當我回憶起一九五〇年代早期的安達露西亞海岸時，心中只會浮現一條塵土飛揚、熾熱難耐的空蕩蕩小徑。它坐落於岩石和大海之間，不時可見禿鷹自四面八方從天而降，加入地面上正在從一具騾子或驢子屍體扯出內臟的粗暴同伴。

或許由於尚未出現讓世風嚴重敗壞的因素——有錢人在窮人土地上大肆進行的觀光活動——才讓當時的西班牙人得以維繫傳統自豪感。那些日子最讓我震撼的現象，莫過於看見貧窮的男男女女如何堅持禮尚往來的對等關係：從別人那邊接受香菸以後就必須回敬一支；由於無力回報而拒絕從一個顯然比較富裕的英國人那邊接受白蘭地酒，但願意喝他請的咖啡，因為他們有能力回請。依據我的經驗，外籍人士還沒有成為當地貧民的主要收入來源，就連我們在一九五二年來到塞維亞[8]的時候也是如此——那年我曾經與一些學生朋友，乘坐一艘標明為英國籍的帆船停泊於市區，位置就在特里亞那那些還不登大雅之堂酒館的正對面。

西班牙似乎冰凍於自己的歷史中，而且看來還將如此繼續下去，於是成為令外界觀察者與分析家覺得異常棘手的國度。一成不變的過去——包括最近的過去——表面上已經壓倒了各種內在與外在的改變力量，但那些力量其實即將於隨後數十年內，讓西班牙幾乎以更甚於任何歐洲國家的方式，出現既戲劇性又不可逆轉的變化。我曾經嘗試瞭解西班牙的歷史，但除了確定佛朗哥主義不可能長久存續下去之外，我找不出線索來判定該國將走向何方。遲至一九六六年我仍然下筆寫道：「資本主義不斷在該國受到挫敗，而社會革命的遭遇也一樣，儘管後者始終具有迫切性並不時爆發出來」。下筆時我還沒注意到，那個句子在當時就已經變得多麼不合時宜[9]。

假如我在一九五〇年代與反佛朗哥勢力，或者與西班牙知識分子有過更密切接觸的話，是否能讓我產生更多現實感呢？我非常懷疑此點，因為唯一有效的反對黨（共產黨），當時仍極力抗拒其地下幹部從西班牙傳出來的訊息：佛朗哥政權突然垮台的前景並不存在。至於昔日身為西班牙工運要角的無政府主義者，在內戰結束後已不再是值得認真看待的勢力。但事後回顧起來仍令我驚訝的是，我在一九五〇年代與西班牙知識分子和熟悉政治內幕者的接觸有多麼貧乏；或者換種講法，我在一九六〇年代以前，與新一代西班牙青年學生和學者之間的來往是多麼不足。那些人曾經來倫敦拜訪我，因為他們聽說我立場左傾，要不然就因為他們讀過我的書——從一九六四年開始，拙作已由一些我不曉得的出版社印行，而且往往是相當差勁的譯本。但那個現象正好意味著：舊政權面對年輕知識分子大規模展開的文化與政治異議行動，正緩緩逐步陷入衰頹。獨裁政權的沒落，曾讓本書作者在某些歷史時刻獲益匪淺，西班牙所處的一九六〇年代已經首開其端。

二

我在一九五二年的義大利發現之旅，幾乎在任何方面都不同於西班牙之行。那主要是因為義大利既不飢餓亦未陷入停滯，甚至生活開銷也很低廉。在一九五〇年代的時候，我的每日總支出往往只相當於一英鎊，而且我不會像在西班牙那般，看見自稱的中產階級人士穿著有補釘的服裝出遠門。雖然直到一九六〇年代以前，經濟奇蹟的年代仍未改變一般義大利百姓的生活，而且就連在北部地區也不例外，但蓬勃發展的初步跡象已不時可見：路旁色彩繽紛的現代化加油站已不再只是賣汽油的地方、全功能的高科技蒸汽濃縮咖啡機即將征服全球、成群結隊的摩托車騎士已在等待廉價汽車湧入市場。但這並不表示整個義大利，尤其是南部地區和各座島嶼，都正在邁向西方式的「現代社會」。《原始的叛亂》若有單一起源的話，那麼全書的濫觴就是一九五二年在安布羅吉歐・多尼尼教授羅馬家中的晚宴。說得更精確一點：由於多尼尼一家人堅持平等原則——主人、僕人與客人同桌用餐——那本書其實誕生於晚宴以後的對談。我的東道主「告訴了我有關托斯卡納地區的拉紮爾教派，以及義大利南部一些宗派的事情」[viii]。

多尼尼教授除了是義大利共產黨中央委員之外（並為相當強硬的史達林主義者），同時也是宗教史專家。因此他大表贊同地說道，托斯卡納鄉下的一名「彌賽亞」在一八七八年遇害之後，其追隨者如何忍氣吞聲苦撐到下一個世紀，終於在一九四八年義大利共黨領袖帕爾米羅・陶里亞蒂遇刺受傷後大舉起事。他還告訴我，某些鄉下黨部如何讓共黨領導當局深感困擾（一九四九至五〇年是義大利南部快速激進化的時期），因為他們堅持要將「基督復臨安息日會」或其他類似教派的信徒遴選為黨支部書記，只可惜那些人通常不被看成是擔任馬克思主義政黨幹部的好材料。那些打算把盛行於中世紀的想法帶入二十世紀中葉的信徒，究竟是一群怎麼樣的人？他們怎麼會把列寧與史達林的時代，看得彷彿好像也是馬丁・路德的時代一般？他們心中到底在想些什麼？他們截然不同於那些有意爭取其支持、藉此壯大自己力量的政治運動，那麼他們自己又是如何看待世界的？為何除了安東尼歐・葛蘭西[10]那位傑出的思想家之外，難得有義大利學者注意過他們？

看來義大利充滿了他們的足跡。於是我在著迷與感動之下，於隨後數年內沿著地中海濱的鄉間道路旅行，希望能夠發現他們的蹤跡。幸運的是，有些人類學家於調查非洲反殖民運動之際，也對類似的問題產生了興趣。曼徹斯特大學的馬克斯・格魯克曼即為其中之一。他具有非比尋常的獨創性，而且是一位令人畏懼的學術領袖，不但每週率領系上學生以合乎人類學的舉止來為「曼聯足球隊」加油，

---

viii 艾瑞克・霍布斯邦，《原始的叛亂》（一九五九年版），序言，頁v。

並安排我過去主持三堂演講討論課。在我主持那幾堂課的過程中，他不但讓我（及其學生們）首度觀賞瑪麗蓮．夢露的《七年之癢》，還規定我必須把授課內容擴充成一本書[11]。

我依然記得自己在一九五三年首度造訪西西里島時，曾受到米開雷．薩拉先生盛情招待。他是阿爾巴尼亞平原[12]的鎮長兼議員，而該地自從一八九三年以來即為左派重鎮。那個小鎮在一八九三年還叫做「希臘人平原」，當時有一位可敬的尼古拉．巴爾巴托醫生於鎮外遙遠山區的金雀花隘口，站在一塊岩石上面向當地居民宣揚社會主義福音——那塊大石頭今天還叫做「巴爾巴托石」。（米開雷．薩拉出生於那一帶附近，年輕時曾經親耳聆聽過從那位使徒口中傳出的美妙話語。）[ix]不論雨淋還是日曬，是戰爭、和平或法西斯主義，不少「平原人」從此固定於每年五月一日遊行前往該處舉辦慶祝活動。一九四七年五月集會時，曾有一個名叫朱里安諾的盜匪進行了大屠殺，此事件後來被佛朗西斯科．羅西加以還原，拍攝成《薩瓦多雷．朱里安諾》那部精彩的電影[13]。

屠殺事件發生之後不久，共產黨指派薩拉先生負責這個西西里島最複雜的地區。薩拉具備了西西里式的務實主義，在年輕時代吸收了不少黨員，其中一位名叫朱賽佩．貝爾蒂的巴勒摩大學學生，後來成為共產國際的要角。由於他運用策略，刻意將社會主義辦公室設置在面對妓院出口的一棟公寓內，因而可以篤定地讓潛在招募對象於心情鬆懈之際，樂意接受紅色宣傳。他並且將這種草根作風與自己在紐約布魯克林的實際政治經驗相結合。他曾於政治流亡時期在布魯克林待上二十年，學會了足夠的英文，因此當我們共乘鎮長座車出遊時，薩拉能夠一面用英語向我介紹他大量興建於郊外的磚石結構（「許多人需要工作」），一面向左右兩側的鎮民招呼致意（「我知道在這個鎮上該向誰問好！」）。

他還向我介紹當地的公墓，但那其實比較像是「史前墳地」，由瑪特朗加、斯基洛、巴爾巴托、洛亞卡諾等阿爾巴尼亞家族所包辦，再加上其他於十五、十六世紀移民至義大利南部及西西里島的阿爾巴尼亞基督徒家庭。每一塊現代的墓碑，不論尺寸大小都陳列出往生者的相片。死者在「平原」始終受到尊敬、不被遺忘。我還看見身穿黑袍的婦女彷彿理所當然一般，默不作聲坐在街頭，但永遠將臉部對準室內的方向。薩拉曾與我一同沿著鎮內廣場漫步，當他看見行走於廣場另一側的反共人士及黑手黨徒時，便停下來以警告的口吻向我說道：「別讓這裡的任何人曉得你來自英國。此地有些人未必喜歡看見你跟我在一起，因此我已經告訴他們你來自波隆那。」那種說詞相當合理：即便在西西里島上，大家也曉得波隆那是一座紅色的城市，而共產黨員相互進行拜訪是再自然也不過的事情。但美中不足的是，我們整天在一起講的都是英語！薩拉非常瞭解當地的居民，並不覺得那構成了問題：「這些傢伙哪裡會曉得波隆那人講的是什麼話呢？」的確，那在九十多年以前——當義大利剛統一後不久——是不爭的事實。新成立的義大利王國於一八六五年派遣第一批教師過來，向西西里兒童傳授但丁時代的義大利語[14]，但當地居民以為他們是英國人。

就這方面而言，直到國家電視台開播為止，西西里島的情況基本上並未出現太大改變。但即便是其他比較不落後的義大利地區，多少也都還帶有第三世界的味道。對大多數該國百姓而言——甚至包括了母語為西西里語、卡拉布里亞語或皮埃蒙特語[15]的雙語人士——義大利文實際上是由兩種語言所構成的：日常使用的口頭語言，以及源自巴洛克時期的書面語言，而後者也就是報紙、書籍以及正式談話時所使用的語言。義大利繼續保留了古代遺風，甚至該國公眾對學者的尊重與依賴亦然。我想不起來在其他歐洲國家，還有誰能夠像布魯諾·特倫汀那般——他出身自一個流亡國外的反法西斯學者

ix 關於這位終生的鬥士（1900-73）以及「巴勒摩共產黨聯盟最受人敬愛的領袖」之生平，請參見【薩拉，米開雷】條目，佛朗哥·安德魯奇與托瑪索·戴蒂（編著），《義大利勞工運動：傳記辭典》（"Sala, Michele" in Franco Andreucci and Tommaso Detti (eds.), *Il movimento operaio italiano: dizionario biografico*），第四冊，羅馬，一九七八年。

家庭——儘管毫不掩飾自己的知識分子身分，卻有資格當上一個主要工業工會的領袖，後來還成為全國性的工會組織負責人。

若從另一個角度來看，我所認識的義大利又不一樣了。一九四五年以後，來此觀光已不會讓人感覺良心不安，可以在這個已於喧鬧中打破自己法西斯過去的國家，重新享受藝術與樂趣。我有幸獲得最佳的嚮導組合：由英國藝術史家法蘭西斯·哈斯克爾負責籌畫；義大利出版家恩佐·柯瑞亞以自己在所有藝術領域內的淵博知識，向其同樣熱情洋溢的朋友們展示義大利的偏遠角落與最馳名的藝術珍寶。況且我難得獨自前往義大利，否則就是抵達之後難得沒有義大利朋友作陪。自從再婚以來，我的義大利友人又包括了瑪蓮的朋友們，因為我們初次相遇前，她曾經在羅馬居住了許多年。此外我還享有一項巨大的優勢，此即有一位重要人物替我引薦，用自己的名號為我打開了每一扇左派的大門，並開闢了通往許多其他方向的路徑。他就是皮耶羅·斯拉法。

斯拉法早已在劍橋大學三一學院的一套頂級房間內功成名就，並與正對面房間的莫里斯·多布共同編纂了經濟學家大衛·李嘉圖的經典名作集。這位個子矮小、彬彬有禮、頭髮斑白的先生沈默寡言而且著作不多，但以具有令人敬畏的批判能力著稱。斯拉法習慣做幕後工作。雖然他就像在其他任何方面一樣，對自己的政治觀點諱莫如深，但我們都曉得他是安東尼歐·葛蘭西的摯友。自從葛蘭西於一九二六年入獄直到一九三七年去世為止，他一直是那位共黨領袖與外界的主要聯絡人，而且他在一位來自銀行界的有力朋友協助下，成為保存葛蘭西獄中遺稿的管道。但不為人知的事實是，假使沒有他來配合，葛蘭西很可能根本無法寫出那些卓越的獄中手稿。其原因是斯拉法（來自杜林市一個富裕的家庭）於葛蘭西被捕後，馬上在米蘭市一家書店替那位獄中人開設了一個無上限的客戶帳號。他與當時的義共領導人陶里亞蒂在大學時代即已是推心置腹的朋友，據悉斯拉法曾於戰後考慮返回義大利定居，但一九四八年的選舉結果使他打消了這個念頭，因為社會黨與共產黨組成的同盟遭到慘敗。

由於他認識反法西斯陣營內的每一個人——杜林市畢竟曾同時為自由派與共產黨反法西斯主義者的首都——斯拉法的名號讓我立即在義大利黨內知識分子之間得到接受。當時外國共產黨員自動被視為兄弟和夥伴，彼此之間的稱呼是「你」而非「您」。於是當我在羅馬打電話給斯拉法名單上的第一號人物時（當時最資深的共黨歷史學家，德里奧．康提莫里），那位行動緩慢、身材矮胖、專門研究十六世紀宗教異端、機智風趣、外貌老於實際年齡的先生，立刻邀請我前往位於特拉斯特維雷區的公寓，與他本人和他正在翻譯馬克思著作的妻子（艾瑪）同居共處。在他的協助下，我從那裡與羅馬的反法西斯知識分子取得聯繫，而他們當時大多還是共產黨員或共黨同情者。大致說來，我對義大利的認識——除了風景與藝術史之外——多半來自義大利共產黨員，或者是那些在一九五〇年代初期仍然親共的義大利人士。我幸運的地方是，我在義大利左翼知識界的朋友們，尤其是他們當中的歷史學家，能夠將實務與理論相結合，而且他們往往兼具觀察者與新聞分析家的身分。

但無論如何，在一九五〇年代的時候，幾乎任何旅行於義大利偏遠鄉間地區的人都會發現，當地居民既喜歡問問題，也願意回答外國人提出的問題。畢竟那依然是一個講究面對面口頭溝通的國度。例如在斯培扎諾－阿爾巴尼斯這樣的地方（位於卡拉布里亞地區，科森扎省），少數流傳到當地的報紙，還必須由專人為咖啡店、工匠作坊，以及共黨「小組」內的文盲大聲朗讀出來。遲至一九五五年，電話機才剛剛在幾個月前來到了「錦繡聖喬凡尼」——中世紀偉大的千禧年主義理論家「弗洛拉的約阿基姆修道院長」的老家。義大利國內和國外的陌生人帶來了消息，而當地百姓不管喜歡與否也只能體認到，新時代無可避免地已然來臨。「事情正在改變」，一九五五年時不只一次有人在西西里島告訴我：「我們的習俗正變得跟北部差不多，比方說女人已開始出門拋頭露面。我相信到頭來我們會變得跟北部人一模一樣了。」

當時義大利共產黨似乎是通往新時代的主要途徑。它有大約二百萬名黨員，得到全國四分之一選民的支持，而且每次大選的得票率都不斷增加，直到於一九七〇年代末期達到巔峰為止——其得票率此刻已逼近百分之三十四，幾乎與基督教民主黨那個永遠的執政黨打成平手，而且樂觀者表示共產黨即將超前領先。在社會方面，義大利共產黨既涵蓋了義大利的各個社會階層，同時又是一個階級政黨，此情況在它位於義大利中北部的大本營尤其如此：艾米利亞-羅馬涅、托斯卡納、翁布里亞，也就是一些文化發達、經濟繁榮、科技與商業蓬勃發展，同時行政機關奉公守法的地區。然而義大利共產主義並不等於整個義大利，共產主義在該國只是處於核心地位、以奇妙方式促成文明發展的推手而已。其情況類似英國的「不服從國教派」，無論在過去和現在都屈居少數。

儘管如此，它仍然是一個規模龐大、根基深厚的運動。黨幹部們口中所稱的「共產黨人民」，並非僅僅意味著支持共黨的選票，或者是每年延長有效期限一次的黨證。義大利共產黨定期舉辦的主要群眾集會，名義上是為該黨發行的《團結日報》募款（共產黨員閱讀該報並不比大多數義大利人閱讀其他報紙來得勤快），實際上則是定期舉行的「金字塔狀」民間慶典。金字塔底部是各個鄉村及市區，其頂端則為一年一度舉辦於某個主要城市的「全國團結日」。我跟義大利政治的關連，在一九五三年開始於波河河畔的一座村落，當時我被描述為「兄弟黨的代表」而必須上台致詞，只有老天才曉得我是如何辦到的。「團結日」基本上就是一個全國性的家庭假日遠足活動，屆時人們為了共同的志業而付出金錢，並與老婆、小孩、朋友和值得信賴的領袖共度好時光。據說當第一屆團結日舉辦於那不勒斯的時候，那座偉大城市的居民曉得，蜂湧而至的訪客並非可以大賺一筆的觀光客，而是一般的平民百姓與「夥伴們」，因而都聽從了當地黨領導人的呼籲，在二十四小時內暫時戒掉了自己名聞遐邇的勾當。

「團結日」當然也是一場政治大會。在沒有電視機的年代，每當明星級人物過來施展政治演說術時，其演說價值與演講長度之間具有等比例關係。其演說技巧來自在露天劇場演戲的本事，而忠貞的黨員很可能會將其表演視為最偉大的公開娛樂活動。由於共產黨人民也是義大利除了中產階級之外，唯一熱衷於提升自我和進行閱讀的階層，一些身為前進人士的出版商必須仰賴其集會活動（特別是全國性的團結日），來創造自己大部分的年銷售額，尤其是為了售出大部頭的百科全書、歷史著作以及其他知識上的消費者耐用品系列。我的出版商——朱利歐．埃伊瑙迪——基於自己往常對全國市場的判斷，選擇於一九七八年大規模舉辦熱那亞團結日之際，推出厚達數冊的《馬克思主義史》（由我和其他人共同編纂）。當時義大利共產黨在恩里科．貝林格領導下，聲勢達到了前所未見的最高潮，但也在同一時期出人意料地開始沒落。不幸的是，正如同義共逐漸走下坡路一般，民眾對馬克思主義也變得越來越不感興趣。雖然《馬克思主義史》的第一冊賣得還不錯，但那整套書也只有該冊被翻譯成英文。即便如此，那一屆團結日依然是令人難忘的演講饗宴：它舉行於藍海上方的寬闊露天圓形劇場；在巨大帳篷內，桌上擺滿了食物，到處都是家庭派對和相互致意的朋友們；躊躇滿志的共黨領袖們（除了沈默寡言的貝林格之外）則在旅館大廳內談笑風生。

我非常幸運，有一群令人印象深刻的戰前共產黨員及抵抗運動人士，引領我進入了義大利。其中我所認識的全職政治人物，傾向於保留自己的學者與作家身分：喬吉歐．納波利塔諾、布魯諾．特倫汀、個子高大的喬吉歐．阿門多拉，以及身材矮小肥胖、博學多才的艾米利歐．塞瑞尼，他來自羅馬最古老的猶太家庭之一（戰時曾在羅馬遭到德國人拘禁），能夠同樣匠心獨運地下筆寫出義大利山水的歷史以及利古里亞的史前史。他們當中的學者也傾向於兼具從政者的身分，有幾個人還是黨的中央委員。其中雷納托．贊蓋里是經濟史學家，曾經在義大利最大的「紅色」都市——既保持了中世紀美妙風味又具有現代感的波隆那——擔任市長時有過傑出成績。朱利安諾·普洛卡奇與羅薩里歐·維拉里兩位歷史學家，則在義大利國會做出魅力十足的表現（維拉里和他的妻子安娜·羅莎是我們最親近的朋友）。

我一開始就發現自己與義大利共產黨員相處甚歡，那或許因為他們有許多人是知識分子，但也可能是因為他們友善得足以化解敵意的緣故。例如並非每一個國家級的領導人物都能夠像喬吉歐·納波利塔諾那般，不聲不響地來到劍橋，只為了能夠在老邁不堪的皮耶羅·斯拉法臨終前緊握其手[16]；或者像他那般於內政部長任內中斷自己的工作長達數小時之久，只為了前往熱那亞參加別人為我舉辦的八十歲生日慶祝會。我初抵義大利不過幾年以後，即已介入義大利共產黨的活動，成為一九五八年一月「葛蘭西研究大會」名義上的贊助人之一和唯一的英國出席者——該項慶典是莫斯科意識型態正統教義的監控者，首度為了正式認可那位義大利共黨理論家而舉辦的活動。那也是我和義共領袖帕爾米羅·陶里亞蒂見面的唯一場合。從此我開始親近義大利共產主義、發現其已故理論大師葛蘭西具有奇妙的啟發性，而且該黨在一九五六年以後的政治立場仍可被接受。截然不同於英國的是，一九五六年後的義大利共產黨仍然值得加入。

為什麼跟義大利人交往起來會這麼容易？義大利人與法國人或英國人大異其趣，每當他們看見外國人對自己國家的事務感興趣時，就會興高采烈、覺得受到恭維，甚至得到鼓舞，即便（或許特別是因為）那些外國人顯然跟他們很不一樣，要不然就是像我這般義大利語能力頗有問題、對義大利的認識相當膚淺。在我看來，這多少出於外界在漫長的歷史上一直認為，義大利人所屬的國家雖令人著迷卻無須認真看待，而且該國自從一八六〇年統一以來，無論於和平年代或戰爭時期都表現欠佳。我認為這促成了一種根深蒂固的被邊緣化與地方化的感覺。義大利人已經認命，相信真正的歷史行動、文明中心與學術權威都在國外。自十七世紀以降，除了在音樂的範疇外，實際上已無人將義大利視為文化與學術成就的楷模；從十九世紀開始，就連義大利歌劇也失去了那種意義。法西斯主義雖然在某種程度內強化了國家認同感，但於嘗試治療義大利人政治上與軍事上的自卑感時，卻失敗得一塌糊塗，更何況未曾做出任何貢獻來讓義大利文化擺脫地方化的窘境。

後法西斯主義時代的義大利有感於自己在文化上必須急起直追，只得從國外想辦法。因此翻譯自外國作者的書籍，在義大利圖書市場上的地位依舊比較崇高，這種情況更甚於地位相似的任何其他國家。除此之外，凡是能夠得到國外青睞的義大利成就，幾乎都會在國內受到頌揚。像朱利歐・埃伊瑙迪便十分清楚該怎麼做，於是他遲至一九七九年都還先在巴黎而非羅馬，推出那一部非常了不起、由傑拉塔納評述的葛蘭西《獄中札記》，其做法與他當初先在牛津推出厚達數大冊的《義大利史》如出一轍。「巴黎認可」或「牛津背書」之類的標籤，依然是在義大利行銷那些書籍的不二法門。話要說回來，十八世紀以後的義大利文化確實多半只具有地方性的意義，從葛蘭西所閱讀的書籍和所撰寫的內容亦可清楚看出此點。縱使在最佳情況下，除了數學、歌劇以及短時間內令人感興趣的未來主義等領域之外，國外沒有人真正在乎義大利的著作。

或許脫胎自反法西斯運動的義大利共和國所做出最引人注目、最出人意料的成就，就是讓這一切完全改觀。該國於如此進行的時候，更向不懷偏見的外籍人士呈現出他們始終深信不疑的事實，此即義大利人並未失去自己在知識、藝術與商業上的天賦，而且正是這些天賦讓義大利在十四至十七世紀之間創造出舉世豔羨的成就。就某些方面而言，戰後的法國文化與義大利文化走上了相反的方向。法國在一九四五年以後喪失此前所擁有、長期以來自視為理所當然的文化霸權，並且事實上已經退居成一個講法語的少數民族聚居處；義大利在藝術、科學、工業、設計和生活方式等領域內的聲望卻不斷上升，義大利的形象已從西方文化的邊緣移動至中央地帶。就連那些在法西斯統治時期已經出名或受到容忍的天縱奇才——例如羅塞里尼、維斯康提、德西卡等義大利電影界的要角——於墨索里尼垮台以前即已開始活躍，更在抵抗運動成功之後獲得解放。一九五〇年代的時候還無人料想得到，國際高級時裝業重視米蘭與佛羅倫斯的程度，有朝一日將凌駕於巴黎之上。

然而一離開數學與自然科學等完全跨國際的領域，義大利人在想法上便很難擺脫從前的本土性格。那多少是因為義大利大學體系長年以來所進行的抗拒，再加上國家官僚與政治人物聯手進行的掌控，以及學術巨頭們強有力的恩寵體制所產生根深蒂固的交互作用。於是一些商業出版社——諸如拉特爾扎、埃伊瑙迪、菲爾特里內利——在戰後三、四十年間對義大利知識生活產生了異乎尋常的重要性。實際上就如同在戰後的聯邦德國一般，那些出版社大規模替代了尚未重建起來的大學，成為知識界與文化界的動力來源。若有人喜歡使用一九八九年以後時興的行話，亦可稱之為「公民社會」的喉舌。

那些後法西斯時代義大利文化建築師當中的王侯，就是我的朋友與出版商，朱利歐·埃伊瑙迪。其父為義大利最卓越的自由市場經濟學家，後來更出任義大利共和國第一任總統。他本人則在一九三三年，也就是二十一歲的時候創辦了自己的出版社，於爾後五十年內擔任負責人。說來不尋常的是，他本身雖然並非才智高超的人物，其領導下的顧問團隊卻以不凡的方式，將知識、學問、機智、國際文化與文藝創作集結於一身。其中有些人延續了共產黨的傳統，有些人則承襲「正義與自由團體」的自由社會主義傳統，但反法西斯主義和積極的抵抗運動將他們聯合起來。他們多半出身自杜林市冷靜而獨立的知識界氛圍，而且幾乎可確定的是，他們在一九四五年以後的十五年內創造出全世界最傑出的出版社。

我刻意使用了「王侯」這個字眼，因為不管朱利歐再怎麼同情共產黨，其行事風格以及在城市與鄉間擺出的華貴威儀，在在都深具王者風範，否則至少也有小諸侯的模樣。他即便在倫敦市漢普斯德的一間起居室作客時，也散發出大人先生般的親民作風。甚至當他穿著游泳褲待在哈瓦那的沙灘上，仍可讓人看出他是大老闆級的人物。這種封建精神連帶影響到他處理生意債務的態度，甚至旗下的作家也成為他積欠債務的對象，最後他因此而破產。（就另一方面而言，作家們往往會收到幾盒來自埃伊瑙迪酒莊的巴羅洛葡萄酒做為新年禮物，那種酒喝起來必須非常講究，因此埃伊瑙迪酒莊建議於飲用前至少要讓它呼吸八個小時。[17]）他像專制君王一般，認為其王國就是自己個人的延伸，到了最後既拒絕聽從財務顧問的勸告，更無意考慮出版社於「後朱利歐時代」的未來方向，以致劫數難逃。由於他的出版社聲譽卓著，已被視為全國的珍寶，一些義大利反法西斯團體於是不只一次聯合出手幫助他免於破產。拯救行動的協調者是了不起的銀行家拉斐爾．馬提奧里——正是此人在一九三七年將葛蘭西的遺稿藏入銀行保險庫，直到它們可以透過皮耶羅．斯拉法傳給義大利共產黨的海外總部為止。但他還是在一九八〇年代失去了控制權，最後朱利歐．埃伊瑙迪出版社於一九九一年出售給席維歐．貝魯斯科尼[18]的媒體帝國。

我已經記不得自己什麼時候最後一次遇見朱利歐。或許那是一九九七年在熱那亞市政府為我舉辦的八十歲生日慶祝會上，當時他已經老邁、憂傷而且不再挺直，他所置身的義大利已經變得和他光榮時代的義大利很不一樣了。昔日他曾與伊塔羅．卡爾維諾共同站在陶里亞蒂的靈柩旁邊擔任榮譽護衛；陶里亞蒂生前則為了表彰其崇高地位以及在政治上的同情立場，親自授權埃伊瑙迪出版社發行安東尼歐·葛蘭西的全部作品。唉！那次與他見面時，就連昔日陶里亞蒂時代的義大利共產黨也已經走入絕境。

一九五二至一九九七年之間的義大利，同時結合了劇烈的社會與文化變遷，以及冰冷的政治僵局。在冷戰結束的時候，那個傳統窮國的人均汽車擁有率，實際上已高於世界其他任何國家。羅馬教宗駐錫的那個國家已將節育與離婚合法化——積極推動節育，但對離婚持明顯的保留態度。該國已經完全改頭換面。然而自從一九四七年東西方開始對立以來，美國擺明無論於任何情況下都不准共產黨在義大利掌權，就連透過選舉來接管政府也不可以。只要還有蘇聯和義大利共產黨存在，甚至當二者消失了好幾年以後，那都一直是華盛頓的基本原則，甚至可稱之為「預設的立場」。但同樣日益顯而易見的情況是，一個擁有群眾基礎的共產主義政黨無法藉由警方鎮壓或憲法手段來消滅，即便義大利南部鄉間的大規模造反行動已在一九五〇年代凋零（讓我注意到這也是一種「原始的叛亂」）。結果務實派的基督教民主黨接受了現狀，允許義大利共產黨活躍於地方政府、文化界和媒體業。畢竟他們當初和共產黨一起創建了義大利共和國。在義大利國內，冷戰並非一場零和遊戲。

因此，我所來到的義大利以類似日本的方式走向了可預見的未來，非但成為一個極度貪腐、在政治上依附於美國的政權，並由單一政黨掌權（基督教民主黨），而美國的否決權更讓該黨得以有恃無恐永續執政下去。我初抵義大利時曾經注意到，西西里黑手黨於二戰結束之初仍然勢單力薄、未受注意並難得被人提起；今日或許比黑手黨更加強大的那不勒斯「卡莫拉」，當時則已近乎絕跡[x]。黑手黨和「卡莫拉」都是冷戰政治體制下的產物。一九五〇年以後的幾十年當中，義大利共和國演變成一個怪模怪樣、錯綜複雜、荒腔走板、時而相當危險的政治機構，已經越來越明顯偏離了國民的生活現實。有一則笑話講到：義大利已顯示一國即使沒有政府也照樣走得下去，因此證明了巴枯寧比馬克思正確。但那種講法嚴格說來並非事實，因為義大利人花了許多時間來閃避一個在理論上來說十分強大、無所不包並採取干涉主義的政府。義大利人曾經對這種遊戲非常在行，而且必須對此非常在行。自從公權力、公共資源與就業機會都已經大規模變質，淪為全國性的恩寵體系和收取保護費之類的行徑，這令人越來越必須想盡辦法，讓「政治體」的血液循環經由千百萬條微血管繞道通過日益栓塞的動脈。「要修理它」於是成為義大利全國的座右銘，主要憑靠的是關係而非純粹的賄賂。

一邊是蓬勃成長、更加自信的公民社會，另一邊是政府令人費解的舉措，「權力場域」便介於這兩樣東西中間，覆蓋在一重又一重緘默與困惑之下。在權力場域既缺乏規章又沒有正式結構。那是一個群龍無首、由許多權力中心所構成的綜合體，必須在地方或全國的層面相互達成協議：私下或公開、合法或非法、正式或暗盤。例如人人都曉得，吉雅尼．阿涅利那位「律師」[19]是全國性的權力中心（他是擁有「飛雅特」和其他許多企業的那個家族之大家長）。而他自己也同樣清楚地知道，儘管沒有任何義大利政府敢不買他的帳，他還是必須設法與羅馬當局取得妥協。他自己的權力場域有一部分隱藏於地下，只有在面臨類似一九七〇和八〇年代的危機時，才會一半浮上檯面。在那個時期，義大利的政治又回歸到歌劇模式或波吉亞[20]模式，其間夾雜著喋喋不休的爭辯。但所討論內容主要並非誰是「精采的屍體」[xi][21]之兇手，而是幕後有哪些人、他們與那些身分不明但勢力龐大的秘密團體有何關連，以及他們如何涉入一個正在暗中醞釀的計劃——務必要把義大利共產黨阻擋在權力核心外面，必要時不惜發動軍事政變來加以遏止。

到了一九九〇年代，這個系統已然崩潰。冷戰的結束剝奪了義大利政權唯一的正當性，同時民意促成一場真正的起義行動，藉此反對社會黨及其總理令人嘆為觀止的貪婪，於是打破了整個體制。一九九四年舉行的大選中，除了義大利共產黨和新法西斯黨之外，戰後義大利的所有政黨都被掃出政壇——義共大致還算誠實的名聲使自己倖免於難，新法西斯黨則同樣是永遠的反對黨。唉！只可惜無論

x「有關黑手黨的嚴肅學術著作大多出現於一八九〇至一九一〇年之間，現代與此有關的分析論述則相當死寂，令人深感遺憾」，《原始的叛亂》頁31，注釋3。

xi 這是佛朗西斯科．羅西（Francesco Rosi）一九七六年一部電影的標題，改編自第一流西西里作家雷歐納爾多．夏俠（Leonardo Sciascia）的一部小說。

在義大利還是在別的國家，一九九〇年代都已經證明：推翻惡劣的舊政權並非難事，但這未必表示已有辦法創造出一個更好的政權。

三

自傳作者應該如何描述一個國家，而那個國家五十多年下來早已成為其夫妻二人生活中的一環？與我們最親近的人裡面，無論過去或現在都有一些是義大利人。當我們不想讓小孩子聽懂的時候，就在家中講義大利語。義大利一直對我們充滿善意，在美麗的地點給予我們友誼、讓我們不斷發現該國昔日和現在的創造力，尤其它讓我們享有生命中罕見的美好時刻，而且那已經超出了任何人在年輕時代的合理想像。義大利為我提供了歷史學家所需的題材，該國的讀者們則對我的著作非常慷慨。

然而，即便我相信歷史學者的身分有助於瞭解一個國家，我還是不得不撫心自問：為何二〇〇二年時貝魯斯科尼先生的義大利，並非我五十年前所期待將會出現的國家？我未能看出義大利將走向何方，那在多大程度內是因為我的觀察有了缺陷、存在偏見？在多大程度內是因為這一路上的曲折還無法讓人看出來？莫非「消費型社會」之內的民主化，已經加深了一道社會上的鴻溝：鴻溝的一方是由受過高等教育者與知識分子構成的少數派（一些老邁的歷史學家站在他們那邊），在另一方則是其餘的百姓——其閱報率和平均每人購買書籍的支出，少於除了兩個最貧窮會員國之外的任何歐盟國家？莫非快速的經濟轉型，以及隨之而來的社會與文化轉型，已經在義大利和其他國家擊敗了深謀遠慮？

可以確定的是，難得有人在一九七〇年代那個飽受政變威脅的階段，於畏懼和緊張之下正確看出大勢所趨——當時義大利共產黨的選民支持率在全國各地和各大城市都達到了巔峰。我們未能看出，急劇的工業轉型已於義大利經濟重心所在的北部地區，對義共的政治影響力造成致命打擊：例如「飛雅特」在杜林市的裝配大廳現在變成了每年舉辦書展的場地。共產黨未能認清，它在一九六八年後已經喪失了自己主要的政治資產，此即之前在義大利左派受到公認的霸主地位，尤其是在整個反對陣營（法西斯主義者除外）所享有的主導性。當時我曾與擔任義大利共黨書記的喬吉歐·納波利塔諾，共同撰寫了一本急就章的小書[xii]。書中還無法預料到，成書那個十年裡的最高潮竟是義大利前總理阿爾多·莫洛[22]遭到赤軍旅綁架殺害，而赤軍旅正是歐洲最可怕的左派恐怖分子組織。

最糟糕的事情卻可能是，義大利共產黨就像其他國家的工人階級運動一樣，已開始失去與共產黨人民的接觸；但對後者而言，共產黨曾經意味著抵抗、解放和社會希望，而且是窮人的捍衛者。早在一九七〇年代時，已有來自杜林市的朋友們告訴我：「我們已經不再是一個運動；我們已經變得跟別人一樣，只是一個坐而言的政黨。」但我們又怎能以同樣的方式，來和那些精明而善用媒體資源、坐在（當時已搖搖欲墜的）共黨《團結日報》辦公室內打電話的年輕記者討論政治，就彷彿他們還是當初打游擊和致力於解放運動的那一代新聞記者呢？隨著幹部的年輕化，義大利共產黨開始發覺自己的性質已出現改變。它在逐步沒落的過程中，隨著更改黨名同時也放棄了太多原有的偉大價值；當它準備穿越一九九〇年代走向不確定未來的時候，已置身於用植物圖案即興拼湊出來的新黨徽之陰影下——橡樹和橄欖樹。

貝林格去世五年後，柏林圍牆即告倒塌。義大利共產黨拋棄了自己的黨徽與傳統、進行改組，並更名為含義不清的「左翼民主黨」（昔日各個親莫斯科老牌共產黨於敗退後習慣貼上的標籤）。黨內憤

xii 喬吉歐·納波利塔諾與艾瑞克·霍布斯邦，《義大利共產黨訪談錄》（Giorgio Napolitano and Eric Hobsbawm, *Intervista sul PCI*），巴里，一九七五年。

恨不平的反對派則脫黨另外創立了「共產重振黨」。

於是久而久之已經證明出來，享受義大利比起瞭解義大利要簡單多了。但說來矛盾的是，當共和國陷入危機的時候，享受義大利反而更加容易。從私人的觀察角度來看，一九八〇年代的義大利意味著一連串的公開慶典與學術對話——它們或舉行於令人百看不厭的美麗地點，或往往是花上幾天功夫與朋友們待在羅薩里歐．維拉里與其妻安娜．羅莎位於托斯卡納的農舍。該地是一個不真實的國度，我們就在那裡和朋友們於用罷午餐後，從陽台上伸出身子向下俯瞰瓦多爾恰山谷地區，一面聆聽樓上房間內唱機傳來卡拉絲所演唱的《聖潔的女神》。

與此同時，一九八〇年代的整個義大利，就是某種公共生活的「歸謬法」，處於略帶血腥味的「馬克思兄弟式」[23]的政治時期。當克拉克西[24]的黨羽正四下收買昔日「前進知識分子」之際，生活糜爛的社會黨籍部長們挽著剛出道的女明星走出夜總會，其帳單則由搖尾乞憐的經理人員代為支付；政府於大地震之後撥出的巨額賑災款項消失得不知去向；梵諦岡的財務陷入混亂，因為其銀行家們勾結黑手黨進行投機，而其中一名銀行家不久前被人吊死在倫敦黑修士橋下面；那不勒斯有一位大學教授因為研究成果斐然，在市內一座華廈建立起自己的學術帝國，其著作不斷受到傑出的同行們推薦，但那些人皆未曾注意到，他的每一本著作都很仔細地逐字翻譯自德國的博士論文。

我對那些年頭最鮮活的印象，得自於一次隔夜來回的羅馬之行，而且它具有雙重的馬克思主義風味。當時義大利國家電視台邀請我參加一個紀念馬克思那位偉人去世一百週年的特別節目，其標題是「與卡爾．馬克思共度一晚」。

那是個超現實的場合，然而我很不幸地從未看過該節目，因此錯過了由著名古典前衛派女歌唱家凱茜．伯貝里揚演唱的《國際歌》。在一座廣闊的義大利國家電視台攝影棚內，有一個精心製作的結構體圍繞著用紙漿做成的巨大馬克思頭像。頭像的上端可以活動打開，節目主持人——一位著名的喜劇演員——便不時從那邊抽出大型卡片，上面分別寫著「階級鬥爭」、「辯證法」之類的文字。攝影棚內還搭出一個契訶夫式的俄國鄉間度假小屋。我和已故的路西歐．科萊蒂（一位出色的前共黨知識分子）一同坐在小屋的露臺上，於小屋從馬克思頭上浮現出來時，用不到五分鐘的時間來闡明勞動價值理論。科萊蒂後來支持了席維歐．貝魯斯科尼，但就連他自己在一九八三年的時候都還不知道，也無法想像將會發生此等情事。

我不曉得「與卡爾．馬克思共度一晚」的其餘部分是何模樣，因為我已經離開了現場，從那個義大利國營單位一名年輕助理手中領取以現金支付的車馬費。她對我做出了這樣的提議：「你也曉得不能攜帶這麼多現金出境。我建議你最好把錢塞入行李箱，跟衣服擺在一起。他們絕對懶得去那裡翻查。」

我回想起一九九〇年代的時候，應可出現某種愉快的感覺。《短暫的世紀》（即《極端的年代》）在義大利獲得了可觀的成功。在公共事務方面，義大利人民則將全歐洲最貪腐的政權轟下台，徹底摧毀了義大利共和國所有的冷戰時期政黨。一九九四年舉行國會大選的時候我們正好待在義大利，這回打出基民黨和社會黨名號的參選者慘遭挫敗，只在總共六百三十個席次中分別獲得了三十二席與十五席。可惜那場百姓的勝利因為貝魯斯科尼的右翼聯盟獲勝而蒙上陰影，即便該聯盟的地位當時就已經不穩。對昔日義大利共產黨的支持者而言，特別令人失望（但早已不出乎意料）的事情卻是，該黨的後繼政黨未能勝選，因為好不容易終於等到了可望出面主導一個進步民主政府的時刻，左翼政黨卻力有未逮。於是當英國、法國和德國都由左派政府治理的時候，義大利邁向新千禧年的方式，卻是準備接受自從法西斯政權崩潰以來首度出現的純右派政府。[25]

對大多數義大利人而言，生活不但繼續進行下去，而且經過半個世紀以來的奇蹟式改善以後，或許比歷史上的任何時期更加令人滿意。然而，我們從伊塔羅．卡爾維諾那本奇妙的《看不見的城市》一書當中，能夠看出這樣的情況嗎？那或許是我一生當中由義大利人寫出來的最偉大書籍（至少在我看來如此），而我依然記得卡爾維諾英年早逝之前不久的模樣，那天他站在位於羅馬市「馬齊歐原野」的自家綠色屋頂陽台，黝黑的臉上掛著一抹神秘微笑，其中充滿了睿智與學識。

馬可．波羅在那本書裡面，向中國皇帝忽必烈汗講述自己旅行經過一些城市時的故事。那些城市或真實存在、或純屬虛構、或兼而有之。他談起了「伊律尼」，但那座城市只能從外面看見。它從裡面看起來是何模樣呢？那並不重要。「伊律尼是一座遙遠城市的名字，一旦你走近之後，其模樣已經變得不同。」他也提及一些尚未被發現，但已出現於忽必烈汗地圖上的樂土城市：烏托邦，太陽之城。但我們不曉得應如何接近或走入那些城市。皇帝最後問道，那些我們亦已耳熟能詳的夢魘城市又如何呢？

> 馬可．波羅：在世者的地獄並非未來的事情；如果它存在的話，它已經在這裡，那是我們日常生活中的地獄，在共同的生活中形成。忍耐它的方式有兩種。第一種方式對許多人來說比較簡單：接受地獄並成為其中的一部分，直到你再也看不見它在那裡為止。第二種方式非常危險，而且需要持續不斷的注意與學習：在地獄之內尋找不屬於地獄的東西、學會如何把它辨識出來、讓它存在下去、給它成長空間。

那可不是我這一代人——包括伊塔羅．卡爾維諾在內——當初看見剛掙脫法西斯主義的義大利時，會在心中出現的想法。

第廿一章

第三世界
THIRD WORLD

一

一九六二年時，我說服洛克斐洛基金會撥款資助我前往南美洲旅行，以便針對新近出版的拙作《原始的叛亂》進行相關課題研究。可以預期的是，就現代歷史上「原始的叛亂」而言，南美洲所扮演的重要角色應該更甚於二十世紀中葉的歐洲。在那個年代，許多基金會仍舊向自己支助的旅行者提供頭等艙機位，所搭乘航空公司的名稱則都標記著已消逝的過去，例如泛美航空、巴西泛航、泛美－基斯航空、環球航空等等，其中碩果僅存者似乎只剩下了老舊的秘魯國營航空公司[1]。結果我在一九六二與六三年之交的三個月內，做出不符合農民叛亂研究者身分的舉動，以頭等艙的奢華方式在南美繞了一圈，前往巴西、阿根廷、智利、秘魯、玻利維亞、哥倫比亞等國。

首度旅行之後，我相繼於許多年內多次前往拉丁美洲的大陸部分，來到墨西哥和其他好幾個南美國家。實際上除了圭亞那和委內瑞拉之外，我已跑遍南美各國。自從一九三三年以來，我在英國境外連續停留的最長時間，應該就是一九七一年花了半年功夫，協同家人在墨西哥和秘魯之間從事教學、研究與寫作的那個階段。我在那個大陸有許多朋友和學生，並與他們交往了四十多年，而且我不明白為何拉丁美洲對我特別友善。全世界也唯有在那裡，我才不會因為老是遇見卸任、現任或未來的總統而大驚小怪。首開先河在辦公室接見我的人，就是精明的玻利維亞總統維克多．帕斯．埃斯登索羅[2]。他曾經從總統府陽台指著拉巴斯市中心廣場的一座街燈柱告訴我，其前任——瓜爾韋托·比利亞羅埃爾——如何在一九四六年被一群叛亂的印第安人吊死在那裡[3]。

自從菲德爾·卡斯楚獲得了勝利，尤其自從一九六一年美國企圖在「豬灣」推翻他的行動失敗以後，歐洲和美國的知識分子無不著迷於拉丁美洲，因為社會革命的岩漿顯然正在那個大陸沸騰翻滾。儘管這也是吸引過我去的因素之一，但我主要的理由卻很現實，是出於語言上的緣故。歷史學家研究尋常百姓的事蹟時，必須有能力與他們進行口頭溝通，況且在所謂的第三世界裡面，只有拉丁美洲大多數百姓使用我能夠掌握的語言。同時我所關心的並非某個特定的地理區域，而是為數眾多的不知名人物，亦即大約佔總人口百分之八十的男性、女性與兒童——他們直到二十世紀的最後三十年以前，都生活在名義上是白皮膚的人所居住的地帶之外。

在我的前半生，這百分之八十的人口對世界一無所知，而外面的世界據估計除了區區數千人之外，對他們幾乎同樣缺乏認識。最讓我這一代人印象深刻的事情，莫過於第三世界在一九七〇年代突然發現了第一世界。由於那些名詞都屬於冷戰時代的用語，我們亦可換一種講法，那就是各地的窮人開始有機會移居富裕的國家，藉此改善自己的生活。但話要說回來，除了極少數的一些例外——例如一九六〇年代以後的美國——我們縱使在需要他們的時候也不希望他們過來。這個世界雖然一方面已經做出決定，要讓一切用於創造利潤的生產要素在全球自由流通，同時卻又致力於阻擋一種無疑受到窮人渴望的全球化形式，那就是在富裕國家覓得待遇較佳的工作。我們對二十世紀的不人道作風習以為常，早就分不清何謂難民，何謂人蛇集團裝進棺材船偷運過來的阿富汗與庫德族移民。而後者其實就跟一八八〇年代的義大利人和俄國猶太人一般，剛發現自己再也不必老死於土生土長的鄉村和小鎮。

我一生的最初四十年卻完全不是這副模樣。當時語言將人們分隔開來，但此處所指的並非「國」

語，而是文盲真正使用的口語，亦即遍佈各地、方圓五十公里以外幾乎就沒有人聽得懂的方言或土話。教育程度不高，再加上收音機和電視機遙不可及，使得他們除了一兩件國際大事外，幾乎接觸不到我們眼中的「新聞」。遲至一九七〇年代，當我告訴一個墨西哥農夫我是英國人時，他問道：「英國在哪裡？」（任何靠口語溝通的社會，就連軍隊也一樣，見到陌生人的第一個問題都是「你從哪裡來？」）我做出的解釋一點也幫不上忙。他大概從未想到還有個大西洋。後來他總算幫我把範圍縮小到自己聽過的地方：「那裡離俄國很近嗎？」我表示「不太遠」以後，他就滿意了。

當時非白人在「高加索人種」的國家相當罕見，只有非洲裔美國人才是極不尋常的例外。一九六〇年代以前，美國來自拉丁美洲的移民很少，以致該國的人口統計數字將南美洲與中美洲移民合在一起計算，不對國別做出區分。就白人而言，只有一些歐洲殖民者——例如法裔阿爾及利亞人（多半實為西班牙裔）和屯墾巴勒斯坦的猶太人——才可能生活於人口主要為當地原住民的國度。因此一般白人在平常的日子裡，極不可能看見像今日西方大城市那般各色人種雜處的街景。除了非典型的少數人士之外，不居住於海外的白人難得會認識膚色不同者，更遑論是與之結為朋友。一九六〇年代以前，那些非典型少數派主要來自兩個群體：基督徒（包括貴格會在內）以及共產黨員。二者分別以不同方式，基於崇尚自由和人人平等的出發點而痛恨種族主義。而且他們，尤其是馬克思主義者，因為反帝國主義的實際需求再加上東方爆發革命的潛在可能性，對非白人的歷史特別感興趣。這促成我在大學時代加入黨內的「殖民地小組」，並吸引我前往北非探索，最後更來到了拉丁美洲。而我們的「殖民地」朋友（我認識的人泰半來自南亞），便成為我們進入那個世界的第一道窗口。

等到過了很久以後，我才發現那些殖民地的朋友在自己的社會是多麼異類。能夠就讀於劍橋、牛津、倫敦政經學院的人，都是殖民地「本土」百姓菁英之中的菁英，而且這種現象於殖民時代結束之後變得益發明顯。他們通常比我們富裕，而且還是尼赫魯家族的世交，其中例如倫敦政經學院的P・N・哈克薩。他曾在倫敦櫻草山掩護英迪拉・尼赫魯與費羅茲・甘地的交往，並於印度獨立後出任公職，當我一九六八年前往新德里拜訪的時候，他已經是該國最有權勢的政治人物[4]。那年前往停機坪迎接我的人，則是我在劍橋國王學院的老朋友莫漢・庫馬拉曼加拉姆；他不久以前還是共產黨員，當時主管印度航空公司，後來當上了部長而成為最接近甘地夫人的人物，直到他不幸於一九七三年墜機身亡為止。莫漢的妹妹帕瓦蒂曾經來劍橋看望過他，現在她已經把頭髮留長，嫁給了印度共產黨總書記並成為國會議員。他的另一個弟弟跟全家的兄弟姐妹一樣，也是伊頓公學畢業生，但那個弟弟不是共產黨員，後來成為印度陸軍總司令。

來自馬德拉斯的庫馬拉曼加拉姆就是這樣的家族。亞美達巴德的薩拉拜家族也與之類似，但實際作風不同。他們是虔誠的耆那教徒，絕不殺生，就連再小的動物也不例外。我透過馬諾拉瑪・薩拉拜認識了他們一家人——她是我第一任太太在倫敦政經學院的好友，後來還請建築大師柯比意為自己設計住宅[5]。他們是古加拉特省支持國大黨的商業豪門之一，從紡織業起家然後拓展至高科技的領域。文化事業或許是他們最能夠讓人看見的公開活動範疇，不過有位薩拉拜家人後來卻成為印度核子計劃的負責人。

就印度獨立後的第一個世代而言，好幾億印度人口的事務，不論於公於私、執政或在野，全部都由一個極度英國化、思想現代化的「統治集團」一手包辦。其人數約莫十萬人，來自受過高等教育（亦即往往非常富裕）的家庭。那些家庭往年曾經替王公效命，也曾經為自由運動而奮鬥。這個怪異的組合於一場聖誕晚宴中展露無遺，地點是在眼如銅鈴的雷努・查克拉瓦提家中。那時他是共產黨籍的國會議員（印度共產黨此際尚未分裂），以及加爾各答權傾一時的人物。當晚的餐點由其擔任「加爾各答俱樂部」秘書長的堂兄弟負責提供，而該俱樂部的菜色，顯然無異於昔日只有印度僕役才可入內（在裡面跑腿）的殖民時代。我們吃完火腿和火雞以後，接著享用俱樂部準備的印度「比爾尼亞菜飯」、聖誕節布丁，以及供人嚼食的檳榔。他們甚至連語言都已經英國化了，有些人在家中使用英語，而且以英文來進行書寫與閱讀會更加流暢。在我的印象中，他們裡面只有孟加拉人，或許再加上某些更重視傳統的穆斯林家庭，才會完全以本地語言來過自己的精神生活。像後者的激進年輕子弟，就喜歡吟詠進步詩人以烏爾都語撰寫的現代詩，而我的老朋友兼老同志維克多・柯能與芮爾夫・羅素也非常欣賞那些作品。

透過這種個人友誼來瞭解一個社會的時候，就只能曉得那麼多東西，而且實際上並沒有多少東西。那些朋友可能已在當地社會紮根太深，反而無法看清當地的奇異特點。反正階級出身對實際經驗造成的隔閡，至少與距離、文化和語言所帶來的影響同樣嚴重。例如其中一人曾接獲黨方指派，先後擔任加爾各答電車工會和西孟加拉黃麻業工會的負責人，但他上任之初就跟任何外國人一樣，必須學習許多有關加爾各答工人階級的事務。那個人就是我在國王學院的老朋友兼黨同志，已故的因陀羅耆特・笈多，最後他當上了印度共產黨總書記，並短暫出任印度內政部長。我和他們之間的友誼，奠基於學生時代的反種族主義共產黨同志關係，而我希望這段友誼為我帶來的平等意識，能夠凌駕於對不同膚色、髮色、外貌與文化的認知之上。

二十一世紀的地球村是由商業、科學、科技與大學共組而成，它具有濃厚的多元色彩，或許可使得平等意識不再成為問題——儘管我對此仍表懷疑。大約在一九六〇年以前，某些不同因素強化了西方白人的種族優越感。一方面那是因為西方除了在少數藝術領域之外，於各方面所獲得的強勢地位與驚人成就；同時也因為那些普遍被視為較次等的民族，於體能方面具有明顯優勢，導致西方人在心理上出現了憤慨、壓抑及過度的補償反應，白人男性表現得尤其如此。像以色列猶太人就毫不隱瞞自己對阿拉伯人的蔑視，特別是一九八七年「因提法達抗暴」之前，當巴勒斯坦人還消極接受以色列佔領其土地的時候。一九八四年我曾前往約旦河西岸訪問，有過相當奇特但發人深省的經驗，我被當成是他們猶太人的一員，讓我平生僅此一次感覺自己生活於外國的軍事統治下。

共產主義極大的優點——尤其經過友誼強化之後——就是大家無法以不平等態度來對待同志。另一個助力，則是少數得天獨厚、戰前已進入英國大學的有色殖民地菁英所展示的明顯自信。就如同馬匹可以感覺到騎士的恐懼那般，人們也可以感覺到對方正預期自己被當成次等人看待。統治階級及征服者便一直充分利用這種預期心理，讓自己高人一等，但我那些戰前的殖民地朋友們並不打算被當成次等人看待。

直到劍橋大學於一九三八年補助我前往法屬北非旅行為止，我自從孩提時代離開埃及以後，便久久未曾重返當時還不叫做「第三世界」的那個地區。我來到突尼西亞，以及阿爾及利亞的東部與中部，從海濱一直走到撒哈拉沙漠，但從未前往阿爾及利亞西部與摩洛哥。途中我在荒郊野地遇見一位孤寂的法國行政官員，而他願意與任何受過教育的訪客開懷暢談，讓我從此一輩子懷疑鄉間的統計數字（他表示：「政府向我索取牲口數目的時候，我就隨便估算一下，趕緊照顧好我的牛羊，避免牠們走失。然後我查詢上一回呈報的數目，再填入一個看起來可信的數字就行了。」）我還對卡比利亞地區的山地和人民，以及法國北非學家和伊斯蘭學家的才智與博學產生了敬意，即便那些學者多半跟那個年代的英國非洲人類學家一樣，分別為自己的帝國服務。我還見到了阿爾及利亞共產黨那個小黨的領袖——他在一九三九年以後被流放至撒哈拉並遇害身亡——但未曾遇見當時最重要的革命領袖，梅薩利・哈吉[6]。

有時我不免心中納悶，假如我在戰後重新研究當初從北非帶回來的題目——「法屬北非的農業問題」——是否可成為更好的歷史學者。我所仰慕的一些人，諸如偉大的歷史學家布勞岱爾、我的朋友皮耶赫·布迪厄和已故的厄尼斯特·蓋爾納，都曾經在法屬北非的工作中獲得許多啟發。我可以理解為何如此。但假使我果真回頭研究那個題目的話，大概難得會有人注意此事。說來相當奇怪的是，反而研究「次撒哈拉」非洲地區可望出現不同的情況，那是因為自從帝國結束以來，已經有一整個世代的人遺忘了該地區的歷史。除此之外，一九五〇年代血腥的阿爾及利亞戰爭，再加上阿爾及利亞獨立之後令人失望的表現，在在都讓相關研究領域遭到邊緣化。我還附帶注意到，一九三八年時的突尼西亞已可預期到，最後必將由哈比布·布爾吉巴擔任總統[7]；但同一年在阿爾及利亞卻絕對沒有人能夠預測出來或想像得到，最後解放該國的竟然是「民族解放陣線」。

二

菲德爾·卡斯楚的一九五九革命，使得一切關於拉丁美洲的事務突然令人興味盎然起來。當時出現了許多有關該地的謠言，可是美洲以外地區的人們對那裡仍然缺乏認識。定居在拉丁美洲的歐洲人（不包括西班牙內戰難民和北美人士在內），除了極少數例外，都生活於自己的世界之中。像我住在智利的親戚就不與當地人通婚，仍然自視為英國海外僑民或是歐洲流亡者。（據我所知，在第二次世界大戰的時候，我當地的五位堂兄弟都穿上了英國軍裝為自己的祖國效命。）這塊大陸由於很早即已掙脫殖民地的地位，以致缺乏帝國行政官員大量提供翔實的文獻資料——因為那些人的工作就是要瞭解國情以便進行有效統治。海外生意人針對所在國留下的文字紀錄則說明了，它們幾乎完全不適合使用為消息來源，即便英國僑商社區在那個時代成立的一些足球會，後來成為南美洲愛國主義者積極發抒情感的管道。

那時拉丁美洲與舊大陸之間的距離，遠遠超過地球上的任何角落——但它離北方那個虎視眈眈的帝國主義強權當然不遠。後者雖承認其獨立地位，實際上卻視之為附庸。兩次世界大戰為拉丁美洲帶來了繁榮。它平安度過了殺戮最慘烈的世紀，在自己境內只爆發過一場短暫的國際戰爭（一九三二至三五年進行於玻利維亞與巴拉圭之間的「查科戰爭」[8]），即便它無法倖免於嚴重的國內流血事件。那個大洲只有單一宗教，所以迄今都躲過了全球各地由語言、種族和信仰所造成的民族主義大瘟疫。

拉丁美洲不是一個容易理解的地方。當我一九六二年首度前往的時候，該大陸正普遍處於充滿經濟自信的週期，而那種信心源自聯合國「拉丁美洲經濟委員會」。它是一個總部設於智利聖地牙哥的智囊團，在一位阿根廷銀行家出面主導下，建議採取按計劃實施、獲政府贊助、主要為國有的工業化行動，透過進口替代政策來促進經濟成長。那個建議看來已經奏效，至少在幅員廣大、通膨肆虐，但欣欣向榮的巴西相當管用。當時捷克裔的久謝力諾．庫比契克總統為了征服巴西廣袤的腹地，在內陸建造了新的首都[9]。新首都的主要設計者是該國最著名的建築大師奧斯卡．尼邁耶爾。尼邁耶爾為身分已曝光的共產黨員，巴西共產黨在當地勢力龐大，但屬非法。他曾經當面告訴我，自己在進行設計的時候滿腦子想的都是恩格斯。

拉丁美洲各主要國家也都處於偶爾出現、由文人政府依據憲法來統治的階段，但那只不過是曇花一現而已。實際上除了加勒比海地區之外，老式的土霸王已經蠢蠢欲動。一些隱身幕後、枯燥乏味的軍官即將集體建立暴虐政權。當時南美洲唯一出現軍事獨裁的國家，就是守舊得非比尋常、始終由史托斯納爾將軍[10]執政的巴拉圭。那是一個對流亡海外的納粹分子十分友善的齷齪政權，在風光嫵媚迷人的國土上主要靠走私為生。格雷安．葛林所撰寫的《名譽領事》那部感人作品，即對此做出了非常傳神的描述。不過，我傾向於委曲求全向該國表達善意，因為巴拉圭是唯一把印第安語言——瓜拉尼語——承認為官方語言的拉丁美洲國家。另一個原因是，當我幾年以後前往該國訪問時，發現《巴拉圭社會學雜誌》的主編竟然對我的名字相當熟悉，曉得我是《原始的叛亂》一書的作者。有哪一個學者能夠抗拒在巴拉圭成名的誘惑呢？

一旦發現了南美洲以後，就沒有人能夠抗拒該地區的吸引力，尤其如果一開始就接觸到巴西人的話。那些國家最顯著的現象並非與日俱增的財富嚴重不均，而是統治階級和知識階層——亦即訪問學者所接觸的對象——與一般百姓之間的巨大隔閡。當地的學術人士多半來自生活優渥或家世良好的白人家庭，不但見多識廣、遍遊各地，而且會說英語並仍然使用法語。他們以第三世界常見的方式（但阿根廷人堅決否認自己屬於第三世界），在自己的大陸共同構成一個最稀薄的社會階層，因為拉丁美洲於其心目中是一個持續存在的實體，不像舊大陸的「歐洲」只是一個人工化的概念。他們若是從政的話，幾乎都一定有過流亡其他拉丁美洲國家的經驗，否則就是去過卡斯楚的古巴；要是繼續留在學術界的話，便輪流成為某些跨國機構的一員，地點可能是聖地牙哥、里約熱內盧或墨西哥市。由於他們是一個稀薄的階層，他們若非彼此熟識，至少也都曉得彼此的姓名。一九六二年時就是那種情況，而像我這樣的訪客打從一開始即已不斷有人轉介紹，很快建立起新的關係。那些新朋友或許在歐洲藉藉無名，在當地卻是學界巨擘或舉足輕重的公眾人物。那些人所遊走的世界，是對巴黎、紐約和五、六個拉丁美洲國家的首都都同樣熟悉的世界，卻與膚色較深、較缺乏良好關係的拉丁美洲人所居住的世界涇渭分明。

在已都市化的「南錐地區」（阿根廷、烏拉圭和智利）境外，平民百姓從鄉下湧進人口爆炸的都市貧民窟，把自己在鄉間的生活習慣也帶了過去。我造訪之前的十年期間內，聖保羅市的人口已經加倍。他們侵入城內的山坡地，如同開墾鄉間大莊園無人使用的角落那般，先搭蓋起遮蔽物和簡陋木屋，最後違章建築變成了正式房舍。其進行的方式就跟在村子裡面一樣，由街坊鄰居、親朋好友相互動手幫忙，接著於完工以後舉行派對表達謝意。聖保羅街頭的市場擠滿來自東北乾旱內陸的大批群眾，他們在新蓋好摩天大樓的陰影下，分期付款購買襯衫和牛仔褲，要不然就買來一些歌頌他們家鄉地區著名盜匪的廉價畫冊——當時我也買了幾本這樣的冊子，一直保存至今。

在秘魯的利馬，每天一大早白人還沒有起床的時候，廣播電台就已經用蓋楚瓦語[11]向來自山區的印第安移居者播出節目。他們雖然很窮，但是人數已經多得足以支撐一個市集了。偉大的作家、民俗學家兼印第安專家荷西．馬利亞．阿格達斯曾帶我參觀當地一座音樂廳，每逢星期天早晨，來自高地的百姓便在此聆聽有關自己鄉下老家的歌曲和笑話（「有人來自安卡什嗎？讓我們幫那些來自瓦努科的小伙子和小姑娘聽一聽！」）。一九六二時簡直難以想像，三十年以後我會在紐約社會研究新學院指導其中一人的兒子攻讀博士學位。這是個不尋常的經驗，能夠與第一代被用文字紀錄下歷史的人共度時光。當時一個來自安地斯山脈高山村落、使用蓋楚瓦語的窮小子娶了不識字的太太，後來學會駕駛卡車並加入工會而成為醫院的司機，於是為自己的孩子開啟新天地。我還保存了當初他寄給我的長信，他以工整筆跡鄭重其事寫出自學成功的卡斯提爾拼字法[12]。他的生活用我們的標準來看固然相當艱苦，但是以打零工者、街頭小販和各式各樣窮人的尺度觀之，他過著上層人士的生活。

遷徙到都市的百姓至少可以讓人在街頭看見。待在鄉下的人民則因為地理上和社會上的距離，與中產階級——那裡面也包括他們自己的革命家，切．格瓦拉——出現了雙重的隔閡。縱使是非常樂意親近他們的人，也會發覺生活方式上的差異，再加上對生活水準的不同期待，都構成了無法克服的障礙。外來的專家難得有人真正和農民生活在一起，即便他們許多人與鄉間維持了不錯的關係，其中通常也包括一些無所不在、來自一些聯合國相關國際組織的研究人員。

最偏離實際情況的人，莫過於那些依賴當地左派學者或國際媒體，來認識拉丁美洲鄉間地區的外國人。當地左派學者往往傾向於將政治文宣和卡斯楚主義的期盼拿來與有用的資訊混為一談；國際媒體則只能仰仗傳送至其各國首都辦事處主任的消息。難怪當我首度前往南美洲時，外面所曉得有關當地「農民」的故事（若有人曉得的話），主要都繞著「巴西農民聯盟」打轉。該運動成立於一九五五年，其領導人是一位名叫佛朗西斯科．茹利奧的律師和東北部的地方性政治人物，靠著公開支持卡斯楚和毛澤東吸引了美國記者的注意。（十年後我遇見了茹利奧，他是一個矮小、哀傷、落魄的流亡者，為了躲避巴西軍政府而待在墨西哥的奎納瓦卡，受到一位不凡的中歐思想家伊凡．伊利奇[13]保護。）一九六二年尾我在他們位於里約的辦公室待了幾小時後，即可確定其影響力並未遍及全國，而且顯然已開始後繼乏力。

在另一方面，兩大南美農民起事或鄉間騷亂事件，在一九六二年底以前卻幾乎無人報導，甚至完全不為外界所知，雖然那是任何觀察者抵達幾天以後便無法視而不見的事實。它們分別為秘魯山地與邊區的大規模農民運動，以及哥倫比亞所處的混亂、內戰與地方無政府狀態——自從哥倫比亞著名的民權領袖霍黑．埃列塞爾．蓋坦一九四八年遭到暗殺、引爆內部動亂以後，該國便陷入一場潛在的社會革命[i]。

然而對外面的世界而言，這些事件並非一直遙不可及。秘魯農民大舉佔領土地的行動，那時在庫斯科達到了最高潮；即便是不閱讀當地報紙的觀光客，於傍晚時分在高山凜冽稀薄的空氣中沿著印加

i 艾瑞克．霍布斯邦，〈哥倫比亞的革命情勢〉，《今日世界》（E. J. Hobsbawm, "The revolutionary Situation in Colombia", *The World Today* [Royal Institute of International Affairs]），一九六三年六月，頁248。

建築群漫步時，也可以觀察到「農民聯盟」辦公室門外大排長龍、默不作聲的印弟安男男女女。當時最富戲劇性的農民暴動成功案例，就發生於馬丘比丘古蹟沿河而下的拉貢文雄省山谷地帶。馬丘比丘當時已經是南美觀光客眾所皆知的名勝，只需要從那座偉大的印加遺址搭乘火車行駛幾十公里抵達鐵路終點站，接著再花幾個小時乘坐卡車，即可來到當地的省會基亞班巴[14]。我是率先對暴亂事件做出書面報導的外地人之一。對一個張開雙眼進行觀察的歷史學者而言——更何況他身為社會史家——縱使那些幾乎稱得上是隨機取樣的第一印象，也讓人頓時眼界大開。其情況頗有幾分類似幾年以後，我帶著八歲的兒子前往波哥大黃金博物館參觀寶藏陳列室時，他所做出的反應。我們又怎能不好好探索一下這個不為人知，在歷史上卻又相當令人眼熟的星球呢？

一、兩個星期以後，我在玻利維亞巨大的街頭市場待在一望無際的山坡攤位之間，其旁蹲踞著裝飾繁複、頭戴圓頂帽的艾馬拉族農婦，我那個信念上的轉變從此大功告成。由於我無法前往波托西，只得跟另一個暫時落單的外地人（一位法國籍的聯合國鄉村開發專家），待在拉巴斯[15]的旅館酒吧共度聖誕佳節。我們二人舉杯對飲交談，他只是不斷開口講話，講得沒完沒了而且情緒激動——他被輪調至阿爾蒂普拉諾高原的寒冷山村工作以後，總算在歸來途中找到一個願意聽他傾訴經驗的對象。那個聖誕節在知識和酒精兩方面都令人收穫良多，但就是少了過節的氣氛。

繼聖誕節而來的一九六三年新年，我是在波哥大度過的。拉丁美洲以外的人似乎都沒有注意到哥倫比亞的存在。這是我的第二大發現。在理論上，該國曾樹立了兩黨代議民主憲政的典範，幾乎可以完全免於軍事政變及獨裁政權。然而一九四八年以後，它卻成為南美洲的殺戮戰場。在我抵達的那個階段，哥倫比亞平均每十萬人就有五十多人被殺，然而即便這種高死亡率，也早已被二十世紀末葉的殺人狂熱比了下去[ii]。我寫到這一段的時候，面前擺放著那時所收集、現在早已泛黃的當地報導。那些剪報讓我回想起西班牙文的「集體屠殺」一字，而哥倫比亞記者就使用這個字眼，描述了發生於農場上和公車乘客之間的一些小規模屠殺事件——這裡死了十六個、那裡死了十八個，另外一個地方死了二十四個人。兇手是誰，被殺的人又是誰？「一位國防部發言人表示……無法提供有關兇手身分的明確資訊，因為該行政區（桑坦德省）的那個地帶（維瑞達斯）經常出現傳統政治派系成員之間的一系列『仇殺』事件。」那些傳統派系指的是自由黨和保守黨，而加西亞·馬奎斯[16]的讀者都曉得，哥倫比亞就連每個嬰兒都因為家庭或地域背景，分別效忠於不同黨派。開始於一九四八年、被稱做「大暴力」的內戰浪潮，若按照官方的說法早就結束了，然而即便在「平靜」的一九六三年仍舊有一萬九千人喪命。哥倫比亞不論在當時或後來都只能證明，自由民主架構內的漸進式改革，並非避免社會革命與政治革命的不二法門（其中也包括那些已失敗或中途夭折的革命），甚至還不是最可行的替代方案。我發現該國由於未能進行社會革命，結果使得公共生活當中充斥著持續進行、普遍肆虐、無所不在的暴力。

「大暴力」到底是怎麼一回事，它究竟所為何來，那其實都很不清楚。好在我非常幸運，抵達的時候剛好出版了第一本重要的相關專論[iii]。該書作者之一——社會學家奧蘭多·法爾斯－博爾達——是我的朋友，我透過其引導開始認識了哥倫比亞的問題。當時我很可能特別注意到一個事實，那就是大暴力的主要研究者是一位天主教神父，而且關於大暴力社會效應的初步研究報告，不久前才剛由那位非常英俊的年輕神父印行發表。他出身自當初建立哥倫比亞的家族之一，據說曾讓許多寡頭家族的年

ii 安德瑞斯·比利亞韋塞斯，〈哥倫比亞殺人率的比較統計〉(Andres Villaveces, “A Comparative Statistical Note on Homicide Rates in Colombia”)，見：伯奎斯特、佩尼亞蘭達／桑切斯（編著），《一九九〇至二〇〇〇年之間的哥倫比亞暴力：交戰狀態與和平談判》(Charles Berquist, Ricardo Peñaranda and Gonzalo Sanchez G. (eds.), *Violence in Colombia 1990-2000: Waging War and Negotiating Peace*)，威明頓，德拉威，二〇〇一年，頁275-80。

iii G·古茲曼主教、奧蘭多·法爾斯－博爾達、E·烏瑪那－路那，《哥倫比亞的大暴力》(Monsignor G. Guzman, Orlando Fals Borda & E. Umana Luna, *La Violencia en Colombia*)，共二冊，波哥大，一九六二、一九六四年。

輕女性心碎，他就是卡米洛·托雷斯神父[17]。一點也不令人意外的是，幾年以後拉丁美洲舉行主教會議、從此啟動社會立場激進的解放神學之地點，就是位於哥倫比亞山區的梅德茵那座城市。但它當時仍然以紡織業而非以毒品著稱[18]。我曾與卡米洛進行過一些對話，從我當時的筆記看來，我非常認真看待其論點，但他在那個時期距離社會激進主義仍很遙遠，要等到三年以後才加入新成立的卡斯楚式游擊隊——直到今天都還存在的「國家解放軍」。

共產黨於大暴力期間成立了一些「武裝自衛區」或「獨立共和國」，收容了主動或被迫逃離保守派——時而也有自由派——殺手集團魔掌的農民。最後它們變成了一個名叫「哥倫比亞革命武裝力量」的游擊隊組織進行恐怖活動的基地。此類解放區當中最出名的地點，諸如特肯達瑪和蘇瑪巴斯，與波哥大的空中直線距離短得驚人[19]。但它們位於高山地帶，必須使用騾馬才可穿越那些難以通行的漫長山路。至於遍佈大型咖啡農莊的維歐大一帶[20]，那裡在一九三〇年代的改革時期已被農民充公，而且地主早就逃之夭夭，所以根本不必打游擊。就連軍方也對該地敬而遠之，於是維歐大在一位共黨派去的政治幹部監督下（他從前是啤酒廠工人），繼續進行一切日常事務，並以和平方式透過一般貿易商將咖啡賣給國際市場。

蘇瑪巴斯的山間地帶遂成為自由男女的化外之地，其統治者是一名土生土長的鄉下領袖。那個天賦異稟的農家子弟躲過了英國詩人格雷於其著名詩篇《墓園輓歌》所預示的命運，沒有成為「某個緘口而沒沒無聞的密爾頓……某個不曾害國家流血的克倫威爾」。其原因是那位胡安·德·拉·克魯斯·瓦列拉先生可既不沉默也不和平。他擔任蘇瑪巴斯領導人的生涯相當多彩多姿，既是著名自由人士蓋坦的追隨者、共產黨員、自家農民運動的領袖，以及革命自由主義者，同時又堅定地永遠站在小老百姓那一邊。發掘他的人是一位不平凡的鄉下老師，而那些鄉下老師就是十九與二十世紀人類解放運動的真正媒介。後來瓦列拉具備了閱讀能力，並成為務實的思考者。他透過雨果的《孤星淚》來學習政治，隨時隨地都帶著這本書，並將看起來適合他自己情況或當下政局的段落特別標記出來。

我的朋友蘿西歐．隆多尼奧在伯貝克學院做研究的時候，曾經寫出瓦列拉的傳記，她還繼承了瓦列拉那本《孤星淚》以及其他一些文件。至於瓦列拉的馬克思主義，或所謂的「馬克思主義」，後來是汲取自一位現已遭人遺忘、生前狂熱支持蘇聯的英國神職人員之著作——那位神職人員名叫休立特．約翰遜，曾擔任坎特伯里大教堂的「首席牧師」，以致國外每個人難免都誤以為他是坎特伯里大主教[21]。瓦列拉顯然是從哥倫比亞共產黨那邊拿到了約翰遜的書，而該黨對於農業革命的信念深得其心。他早就被公認為有權有勢的人物，政府的軍隊來不了他那個地方，他卻坐在國會裡面代表自己的地區。蘇瑪巴斯一直讓首都鞭長莫及，即使在他死後也仍然如此。依據蘿西歐的報導——她曾經參加瓦列拉的告別式——舉行葬禮時曾由他的武裝騎兵擔任儀仗隊。哥倫比亞政府與哥倫比亞革命武裝力量之間的首次停戰談判，就舉行於其地盤。

哥倫比亞革命武裝力量後來成為拉丁美洲最令人畏懼、延續最久的游擊隊組織。我首度前往哥倫比亞時它尚未成立，不過其長年的軍事領袖佩德羅．安東尼歐．馬林（曼努埃爾．馬魯蘭達[22]）——另一個土生土長的鄉下人——早已活躍於托利馬南部山區，地點就在昔日共產黨鼓動農民並展開自衛行動的根據地附近[iv]。該組織之所以會誕生，是因為哥倫比亞政府為了對付共產黨，於是試用了美國軍事專家新開發的反游擊戰術，將其戰士逐出了位於馬奎塔利亞的大本營[23]。

許多年後，我在一九八〇年代中葉來到共黨游擊活動的誕生地（專門種植咖啡的「查帕拉爾」自

iv 埃杜阿多．皮薩羅．雷翁戈梅茲，《哥倫比亞革命武裝力量（1949-66）：結合各種戰鬥形式的自衛行動》（Eduardo Pizarro Leongomez, *Las FARC (1949-1966): De la Autodefensa a la Combinación de Todas las Formas de Lucha*），波哥大，一九九一年，頁57。

治市[24]），於法國歷史學家朋友皮耶爾．吉洛戴的屋內住了幾天——他娶了當地女子並以此為家。哥倫比亞革命武裝力量此時已較往日更加強大，仍然活躍於城外上方的山林地區。從波哥大搭車前往查帕拉爾則很方便，它與外面世界的接觸相當頻繁，城區頗為繁榮，市中心主要廣場上的書報攤甚至還出售《時尚雜誌》。驟道和小徑依舊沿著陡峭的小峽谷通往山區。當地的景象相當寧靜，但謹言慎行的作風免不了仍被奉為金科玉律。查帕拉爾的農民即將發現罌粟種植業的市場潛力，但我相信當時他們還沒有開始種鴉片。

我回國以後寫道，哥倫比亞正面臨「最大型的農民武裝動員行動（不論那是游擊隊、盜匪或自衛團體），其規模乃西半球當代史上所僅見，或許只有墨西哥革命的某些時刻可與之相提並論」[v]。但說來奇怪的是，南美洲內外的當代極左派勢力若非忽略了這個事實，否則就是刻意貶低其重要性（極左派勢力一切的格瓦拉式游擊造反行動都失敗得一塌糊塗）。表面上的理由是，那種農民行動跟共產黨基本教義派關係密切；實際上卻是因為那些從古巴革命獲得靈感的人士既不明白，也不想瞭解為何拉丁美洲的農民會拿起武器來進行抗爭。

三

一九六〇年代初期的時候，想當拉丁美洲專家並不困難。卡斯楚的勝利讓公眾對拉丁美洲深感興趣，但當時除了美國之外，新聞媒體和各所大學對那個地區的探討都乏善可陳。我原本無意專門研究那個地區，儘管我曾在一九六〇年代至一九七〇年代初期講授相關課程、替《紐約書評》和其他刊物撰寫相關論述，並且為《原始的叛亂》西班牙文初版譯本增添有關秘魯農民運動和哥倫比亞「大暴力」

的附錄。此外我曾於一九七一年在家休假的時候，順便較仔細地研究了墨西哥與秘魯的農民問題。我在八〇和九〇年代繼續多次前往拉丁美洲，主要是去秘魯、墨西哥與哥倫比亞，但偶爾也前往智利——那是在阿言德上台之前和執政時，以及皮諾契特時代結束後[25]。當然，我從未抗拒過拉丁美洲較富戲劇性、更加多彩多姿的地區，縱使其中也包含了一些地球上最不利人類生存的地帶（例如安地斯山上幾乎已超出植物生長線的阿爾蒂普拉諾高原、墨西哥北部矗立著仙人掌的半沙漠地帶），以及全球最不適人居的巨大都市（例如墨西哥市與聖保羅）。我這許多年下來結識了一些莫逆之交，例如巴西的加斯帕里揚一家人、秘魯的巴布羅．馬塞拉，以及墨西哥的卡洛斯．富安蒂斯[26]。此外還有一些學生和同事後來也變成了朋友。簡言之，我永遠歸附了拉丁美洲。

不過，我從未嘗試成為拉丁美洲學家，也不曾如此自許。無論是對達爾文那位生物學家，還是對我這個歷史學者而言，拉丁美洲所帶來的啟發並非侷限於某個區域，反倒具有普遍意義。那個大陸是一座歷史變遷的實驗室，其發展往往出人意料，而且存在的目的就是為了要顛覆傳統公認的真理。該地區的歷史進化是以飛快速度推展，實際上在一個人半輩子的時間內即可觀察出結果：從剛剛清除森林以便開闢農莊和牧場，發展到農民階層的覆滅；從全球市場穀物供應者的地位盛極而衰，發展到諸如聖保羅之類巨型超級都會區的爆炸性成長——其外來移民的種類比紐約更加五花八門，有日本人、琉球人、卡拉布里亞人、敘利亞人、阿根廷心理分析師，甚至有一家餐廳的招牌上面很驕傲地寫著「正宗北朝鮮烤肉」。就在十年之內，墨西哥市的規模擴大了一倍，庫斯科街頭的主要景象，也從以往穿著傳統服飾的印第安人，變成了穿著現代「喬洛」[27]服裝的人們。

v 霍布斯邦，《原始的叛亂》（E. J. Hobsbawm, *Rebeldes Primitivos*），巴塞隆納，一九六八年，頁226。

即便只是因為拉丁美洲破除了「已開發世界」與「第三世界」，以及「現在」與「歷史過去」之間的藩籬，但它還是不可避免地改變了我對全球其他地區歷史的觀點。正如同加西亞・馬奎斯《百年孤寂》那部巨著，能夠讓每個曉得哥倫比亞的人從神奇之中同時辨識出真實的一面，拉丁美洲也強迫我們，必須從乍看之下難以置信的事物當中找出道理來。它更做出了「反事實推論」永遠辦不到的事情，為歷史提供了各種不同於過往的結局：鼓舞了勞工運動的右派大老（阿根廷、巴西）；法西斯理論家配合左派礦工聯盟發動革命，並將土地分配給農民（玻利維亞）；全球唯一真正廢除了軍隊的國家（哥斯大黎加）；在一個極度貪腐的一黨國家，其革命制度黨有系統地從最激進的大學生裡面吸收黨員（墨西哥）。在那整個地區，來自第三世界國家的第一代移民可以當上總統，而且阿拉伯人（當地稱之為「土耳其人」）往往比猶太人還要成功。

這個異乎尋常的大陸之所以會讓歐洲人覺得比較容易接近，是因為其氛圍出乎意料地令人感覺熟悉，其情況就彷彿馬丘比丘後側小徑旁的野生草莓一般。那不單單是因為，像我這般年紀並熟悉地中海地區的人，會把浩瀚無垠、水面呈赭紅色的拉普拉塔河河口灣周圍的居民，看成是兩三代以來大塊吃牛肉的義大利人；也不是因為我們在歐洲即已熟悉當地克里奧人的大男人榮譽感、羞恥心、勇氣和對朋友的忠誠；更不是因為我們已經見慣了各地的寡頭社會。（直到年輕的革命菁英在一九七〇年代向軍政府宣戰之前，格雷安・葛林於《哈瓦那特派員》一書中描繪得淋漓盡致的社會分層法，至少在某些國家仍未遭到廢除——分成「可以被酷刑拷打的」下層階級，以及「不可被酷刑拷打的」上層階級。）對歐洲人來說，在距離我們經驗世界最遙遠的那個大陸，其各種面向已融入歷史學家所熟悉的機制，並與之交織在一起。其中包括了天主教會、西班牙殖民體系，以及諸如「烏托邦社會主義」和奧古斯特・孔德「人本宗教觀」之類的十九世紀意識型態派別。這多少同時突顯了，甚至以戲劇化方式呈現出拉丁美洲各種奇特的嬗變，以及它們與世界其他地區的共通之處。拉丁美洲儼然成為比較歷史學家夢寐以求的樂土。

當我首度發現拉丁美洲的時候，它即將陷入自己在二十世紀歷史上最黑暗的一頁，處於軍事獨裁、國家暴力、嚴刑拷打的階段。一九七〇年代的時候，這種現象在所謂的自由世界特別普遍，其嚴重的程度為希特勒佔領歐洲以來所僅見。巴西的將領們在一九六四年即已攫取政權，到了一九七〇年代中葉，軍人已經統治整個南美洲，只有加勒比海沿岸的幾個國家是例外。至於中美洲的各個共和國，除了墨西哥和古巴之外，它們自從一九五〇年代就因為美國中央情報局的介入，以及美國所揚言或真正進行的干預，已被穩穩阻擋在民主外面。拉丁美洲各國的政治難民都集中到西半球少數幾個願意接納流亡者的國家（例如墨西哥與一九七三年以前的智利），要不然就散居北美與歐洲：巴西人去了法國和英國，阿根廷人去了西班牙，智利人則到處都去。（雖然許多拉丁美洲知識分子繼續前往古巴，但難得有人真正選擇那邊做為流亡地點。）

那個「大猩猩的年代」（套用了阿根廷人的講法），主要為三種因素湊在一起以後的結果。其一是當地進行統治的寡頭階層完全不曉得，該如何應付日益動員起來的城鄉下層人口所構成的威脅，以及如何對待那些顯然已成功獲得支持的激進派民粹政治人物。其二是左派中產階級青年受到了卡斯楚鼓舞，認為藉由武裝游擊行動來加速拉丁美洲革命進程的時機已然成熟。其三是華盛頓對共產主義的極度畏懼非但已從古巴革命中得到證實，同時更因為一九七〇年代美國在國際間的挫折而進一步強化：越戰的敗績、石油危機，以及非洲的各種親蘇聯革命。

我以馬克思主義者的身分斷斷續續前往拉丁美洲訪問時，除了同情其革命分子外，自己並涉入那些事務——畢竟這裡跟歐洲很不一樣，革命非但有其必要，而且可能成功。不過我對當地的極左派也做出了不少批評，對一九六〇至六七年之間毫無指望、受到古巴鼓舞的游擊隊美夢更是嚴詞指責[vi]。結果我不顧大學校園暴動者的反對聲浪，為一些不是最好的人選做出辯解。我在當時寫道：

> 拉丁美洲在歷史上充滿各種替換性選擇，可供取代社會革命左派。後者雖然廣受歡迎，卻難得實力強大到足以決定自己國家的歷史發展。而拉丁美洲左派的歷史扣除罕見的例外狀況後……必須不斷做出抉擇：究竟應該選擇固守成效不彰的純正黨派教義呢，抑或從各種惡形惡狀當中找出最佳的替代選擇——無論那是文職或軍職的民粹主義者、民族主義派系的中產階級人士，抑或其他任何人選。那往往也是一部讓左派後悔不已的歷史，因為他們還來不及與那些政府或運動達成共識，就已經有更壞的東西取代了它們。

我所想到的對象，就是在維拉斯科．阿爾瓦拉多將軍主導下，宣佈進行「秘魯革命」的改革派軍事執政團（1969-76）[28]，我還曾經以既同情又懷疑的態度對之做出報導[vii]。該執政團將境內的大莊園收歸國有，而且是第一個正視廣大印第安人口的秘魯政府——那些口操蓋楚瓦語的印第安人，當時正從安地斯山區湧入海濱、城市和現代世界，準備成為國家的公民。在那個貧窮無助的可憐國家，之前的每一個人都失敗了。就連那些在一九五八至六三年之間大規模佔領農地、為寡頭階級大地主敲響喪鐘的農民們也不例外。他們不曉得該如何將大地主埋藏在歷史裡，而且無人願意或者是有能力解決土地問題，於是秘魯的將軍們自告奮勇出面效勞。（我必須在此強調：那些將領也失敗了，但他們的繼任者做得更糟糕）。

我的看法無論在拉丁美洲境內或境外都不受歡迎，因為當時仍流行格瓦拉式的自殺性夢想，以為透過小股游擊隊在熱帶偏遠地區的行動即可促成革命爆發。這或許可以幫忙解釋，為何當我現身於利馬（曾有詩人很正確地稱之為「恐怖的利馬」）聖馬科斯大學時，校內學生做出的反應一點也不好。其原因在於，新近從高原移居過來的「喬洛」（西班牙化的印地安人）中產階級家庭子女所信奉的教條，就是某種形式的毛澤東主義——至少在他們大學畢業以前如此。他們的毛澤東主義便彷彿農民入伍服役，或者像歐洲大學生休學一年那般，都標誌著人生進入新階段時的重大社會事件。

再換智利來看，那個擁有最強大共產黨、與我兼具個人關係和政治聯繫的國家，難道就沒有希望了嗎？我父親的弟弟（柏克伍德叔叔）是一位在第一次世界大戰以後定居智利的礦業專家。他和叔母，來自威爾斯波伊斯郡蘭烏爾素的布麗姬特．喬治小姐，共同建立了霍布斯邦家族現存的最大分支，並與一九三二年短命的「智利社會主義共和國」有過牽連（其領導人是名字很響亮的馬爾馬杜克．葛洛夫上校）。過了許久以後，我透過智利歷史學家克勞迪歐．維利斯的引薦——這回是在倫敦國際事務皇家學院——對拉丁美洲產生了最獨特的認識。我遇見了一位顯然才智甚高而且非常美麗的女士，並帶著她前往劍橋四處參觀：她是智利一位傑出社會主義者的妻子，名叫歐坦西亞．阿言德。我第一次前往聖地牙哥的時候，曾在阿言德家中吃過一頓中飯，那時我覺得其丈夫薩爾瓦多．阿言德的樣子不起眼，是他們伉儷當中較不引人注目的對象。但事後證明我低估了那位滿腦子民主、既勇敢又可敬的人物：他死於捍衛自己辦公室的時候[29]。當其他人都還記得，甘迺迪總統遇刺的時候他們待在哪裡時，

vi 霍布斯邦，〈拉丁美洲的游擊隊〉（*Guerrillas in Latin America*），見：約翰．薩維爾／芮爾夫．密利本德（編著），《社會主義紀錄》（J. Saville and R. Miliband (eds.), *The Socialist Register*），一九七〇年，頁51-63。霍布斯邦，〈游擊隊〉（Guerrillas），見：科林．哈定／克里斯多福．羅普（編著）《拉丁美洲書評》卷一（Colin Harding & Christopher Roper (eds.), *Latin American Review of Books I*），倫敦，一九七三年，頁79-88。

vii 見拙作〈秘魯有何新鮮事〉（What's New in Peru）以及〈秘魯：奇特的「革命」〉（Peru: The Peculiar "Revolution"），見：《紐約書評》（*New York Review of Books*），一九七〇年五月二十一日及一九七一年十二月十六日。

我則記得自己在何處從收音機聽見阿言德總統亡故的消息，當時我正參加一場有關工運史的國際會議，從會場可向下俯瞰奧地利的林茲市與多瑙河。

我上一次去智利是在一九七一年，從秘魯順道前往報導第一個透過民主程序選出來的社會主義政府，那次的選舉結果讓每個人都大吃一驚，阿言德本人也包括在內[viii]。儘管我衷心期盼這個政府能夠成功，但我不得不向自己承認，其前景並不看好。完全不把自己的好惡列入考慮後，我給它訂出的賠率是二比一。此後我一直要等到一九九八年才重返智利，那時我與阿言德的遺孀以及其他的朋友和同志們，一起在聖地牙哥觀賞電視共享美妙時刻，看著智利電視台播出英國「上議院常任上訴法官」做出劃時代的裁決，宣佈採取不利於智利前獨裁者皮諾契特將軍的行動[30]。我未曾和我的智利親戚分享這個喜悅，因為他們——至少是那些繼續住在聖地牙哥的人——都曾經是皮諾契特政權的支持者。

以拉丁美洲左派為主題的辯論，在一九七〇年代因為施暴者獲勝而變得學術化；在一九八〇年代隨著受到美國撐腰的中美洲內戰，兼之以南美洲軍事政權的退潮，變得更加理論化；最後進而由於共產黨式微和蘇聯解體，變得完全不切實際。或許唯一還值得注意的老派武裝游擊隊革命嘗試，就只剩下了「光明之路」。其構想出自秘魯南部阿亞庫喬大學一名偏激的毛派講師。我一九七〇年代晚期前往秘魯的時候，他們還沒有展開武裝鬥爭行動。這個游擊組織後來做出了古巴夢想家在一九六〇年代打算證明，卻失敗得一塌糊塗的舉動，那就是在秘魯鄉間確實可以靠武力來搞政治。但他們同時也呈現出來——至少對我們當中的某些人而言——這種工作絕對不應該獲得成功。事實上，軍方已採取慣用的嚴酷手段把它鎮壓下去，並且從被「光明之路」激怒的農民那邊得到協助。

不管怎麼說，最令人畏懼、最堅不可摧的鄉村游擊隊，還是哥倫比亞革命武裝力量。它繼續繁茂茁壯，但是在那個遍地血腥的國家除了迎戰政府軍之外，還得對付毒梟手下裝備精良的槍手，以及大地主殘暴的「半軍事化組織」。執政於一九八二至八六年之間的哥倫比亞總統，貝利薩里歐·貝坦庫爾，則是一個以社會為念、未受美國操控的文明保守主義學者（至少他與我對話時給了我這種印象）。他主動倡議與游擊隊講和，而且這個政策從此時斷時續一直維持下去。他立意良善，並至少成功招安了一個名叫「M19」、最受知識分子擁護的游擊隊運動。（波哥大每個政黨在過去某一段時間內，都很可能有一、二名年輕專業人士曾在山中與那支游擊隊共處了幾個月的時間。）就連哥倫比亞革命武裝力量也一度準備遵循憲政遊戲規則，於是創造出一個「愛國聯盟」，希望讓它在選戰中發揮左派政黨的功能——之前在自由黨與保守黨的夾縫中，從未有任何左派政黨能夠真正出頭。該聯盟在各大城市的選舉結果不佳，再加上他們放下武器之後，其陣營內共有大約二千五百名鄉鎮長、民意代表和積極成員在鄉間遭到謀害，哥倫比亞革命武裝力量自然就再也不願意用票匭來交換槍械。

我曾經在伯貝克學院的餐廳招待過一位他們的活躍成員。當時他正準備參加一項國際會議或剛開完會回來，遠離了荒郊野外的香蕉農場，以及哥倫比亞革命武裝力量在烏拉瓦地區，與毛派游擊隊和地方上一些半軍事化組織之間的戰鬥。烏拉瓦距離巴拿馬地峽不遠，而那位先生曾經在該地推行過法治。我不久以後向朋友打聽有關他的消息時，他已經死了。

四

自從我首次搭飛機降落於拉丁美洲的機場以來，那裡在四十年左右的時間內發生了多少事情？眾

viii 霍布斯邦，〈智利：元年〉（Chile: Year One），見《紐約書評》，一九七一年九月二十三日。

人所預料將會爆發，而且在許多國家確有必要的革命，並未真正出現。革命已遭到本國軍方和美國聯手夾殺，但其失敗也應該怪罪於當地人民的軟弱、分裂與無能。現在它再也不會爆發了。自從古巴革命以來，我在現場或從遠方觀察過的各種政治實驗，都未能帶來不同的結果。

只有兩項政治實驗看起來或許不同，但它們出現未久，現在下定論還太早。其中的第一項——巴西勞工黨——應可溫暖每一位老左派心中的皺紋。該黨自從一九八〇年創立以來，便不斷在全國成長茁壯，其領導者及總統候選人「魯拉」（路易斯·伊納西奧·達·席爾瓦）[31]，大概是全球各地唯一當上工黨黨魁的工業工人。該黨是古典群眾社會主義工黨及工人運動的現代版範例，類似其一九一四年之前在歐洲出現時的模樣。我的鑰匙圈上面還掛著它的黨徽，藉此喚醒自己昔日與今日對它的認同感，以及回憶起我和巴西勞工黨及魯拉在一起的時光。那些記憶往往相當感人，有時還令人激動，譬如有關聖保羅汽車工廠和偏遠內陸城鎮基層活躍黨員的故事。同時我也藉著黨徽來表彰巴西勞工黨所珍視的一座大都市——正直、繁榮、反全球化的「南大河州」阿雷格里港——對民主和教育之熱忱。他們曾動員市議會來組織一場活動，並由市長親自主持，讓市民於市內高效率有軌電車的隆隆聲響中，在市中心主要廣場與一位來訪的英國歷史學者進行露天問答活動。

另一個更加戲劇化的里程碑，則是墨西哥在二〇〇〇年底結束了七十年來始終牢不可破，由「革命制度黨」進行的一黨統治。但我懷疑這個里程碑所帶來的政治選擇，是否將會優於義大利和日本兩國選民於一九九〇年代初葉為了擺脫僵化的本國冷戰政權所做出的反抗。

顯而易見的是，拉丁美洲的政情保持了一貫以來的風貌，其文化生活亦然（例外情況是拉丁美洲各國也捲入了全球高等教育的爆炸性成長）。就世界經濟大局而言，即便沒有近二十年來各種重大危機所造成的打擊，拉丁美洲也只是扮演著次要角色。在政治方面，它繼續跟往常一樣距上帝遙遠、離美國很近，因而不至於像其他任何地區的國家那般相信，美國之所以受到喜愛是由於「它在全球各地做了許多好事」的緣故[ix]。五十多年來，新聞記者和學術人士都把世紀性的變遷詮釋成一時的政治潮流。但那個地區仍維持了一個世紀以來的狀態，那就是雖擁有許多部憲法和為數眾多的法學專家，政治局勢依然動盪不安。在歷史上，當地各國政府都發覺很難掌控國內的動向，直到現在還是如此。各國統治者試圖規避民主選舉的邏輯，運用各種手段預防百姓投票出來的結果不合上意，其方法包括透過地方大老、利益輸送、大肆賄賂來進行掌控，並不時出現煽惑群眾的「人民之父」或軍事統治。這一切至今依舊大行其道。

即便如此，過去四十年來我還是看見了一個全面改觀的社會。拉丁美洲的人口成長了將近三倍，但那個主要依靠農業為生而且地廣人稀的大陸，已經失去了大多數農民。農民已遷居至大都市，或者從中美洲移民美國。其規模之大，唯有十九世紀愛爾蘭或者是斯堪的那維亞的移民潮，甚或類似厄瓜多爾人漂洋過海前往安達露西亞協助收割的情況能夠相提並論。海外移民的僑匯取代了現代化的偉大夢想。廉價的空中旅行和電話通訊破壞了地方色彩。我在一九九〇年代觀察到的生活模式，在一九六〇年代根本無法想像：例如紐約一名來自瓜亞基爾的計程車司機，一半的時間住在美國、一半的時間待在厄瓜多，而他的太太在厄瓜多經營一家小型印刷廠；例如合法或非法墨西哥移民滿載貨品的小卡車，從加州或德州駛返哈利斯科或瓦哈卡歡度假期；例如洛杉磯已然成為一座由中美洲裔政治人物或工會領袖來當家的城市。

大多數拉丁美洲百姓仍然貧困如昔。相對來說，縱使扣除了過去二十年來經濟危機所造成的傷害，

ix 此為《國際前鋒論壇報》（*International Herald Tribune*）與皮優中心（Pew Center）針對「意見領袖」進行問卷調查的結果。見《國際前鋒論壇報》，二〇〇一年十二月二十日，頁6。

他們在二〇〇一年其實比一九六〇年代早期更加窮苦。這不僅是由於那些國家貧富不均的現象突然出現，而且也因為拉丁美洲的國際地位日益低落。巴西的國內生產毛額或許名列全球第八，而墨西哥排名十六，但兩國的平均國民所得分別位居五十二與六十名。在全球社會不公平程度的排行榜上，巴西始終名列前茅。但如果我們要求拉丁美洲窮人比較一下，自己在新千禧年之初的生活與父母親的生活有何差別（更遑論是與祖父母那一代進行比較），那麼除了少數災區之外，他們的答案或許多半是：我們的日子過得比較好。然而在絕大多數的國家，他們很可能也會表示：現在缺乏確定性，而且更加危險。

我無權同意或不同意他們的講法。畢竟他們的拉丁美洲，是我在四十年前才開始探訪，才發現的地方。那也是智利詩人巴布羅·聶魯達以傑出的巴洛克風格詩篇，於《漫歌集》之中的〈馬丘比丘之巔〉那個章節所描繪的地方。它透過這座死寂綠色印加古城已故的不知名建築工人，道出了詩人的心聲。其結尾是一段祝禱詞：

Juan Cortapiedras, hijo de Wiracocha
Juan Comefrío, hijo de la estrella verde
Juan Piedescalzos, nieto de la turquesa
（石匠胡安乃維拉柯查之子，寒食胡安乃綠星之子，赤腳胡安乃綠松石之孫……）

我從英國出發之前曾有人告訴我：「如果你想瞭解南美洲，就必須去馬丘比丘，在那邊讀這首詩。」那一回我還沒有遇見這位身材渾圓的偉大詩人。其天然的創作素材並非高山而是大海，而且他那棟美妙的房子至今依然俯瞰海洋。當我問他想在倫敦參觀什麼的時候，他只表達一個願望：希望在格林威治看見「卡提薩爾克號」帆船。薩爾瓦多．阿言德遇害不過幾天以後，他就心碎而亡。

一九六二年時，我果真在馬丘比丘讀了他那首詩，於夕陽西下時分在陡峭的山坡階梯上，手持購買於智利書店的一本阿根廷平裝版。那首長詩是否能夠幫助我以歷史學者的身分瞭解南美洲呢？我並不曉得。但是我明白詩人所欲表達的意思，而且知道他心中所牽掛的那些胸膛寬闊、口嚼古柯葉、古銅膚色、沈默無語的男男女女。那些男女必須在安地斯山區的稀薄空氣中討生活，而那裡幾乎是北極和南極之間最不適人居的地方。每當我回想起拉丁美洲的時候，那些人就會浮現於我的心頭。或許除了那位詩人之外，我這個歷史學者也對他們有所虧欠。

第廿二章

從羅斯福到布希
FROM FDR TO BUSH

一

若說我這一代知識分子都有過兩個國度，亦即自己的國家與法國，那麼二十世紀西方世界所有的百姓，再加上全球各地的城市居民，在精神上都生活於兩個國度——自己的國家和美國。第一次世界大戰以後，任何識字的人都見過諸如「好萊塢」和「可口可樂」之類的字眼，而且就連文盲也難得有人沒接觸過他們的產品。美國不再需要被發現：它已經是我們現實人生的一部分了。

不過大多數人所曉得的美國並非該國本身，而是一套主要由美國藝術作品所傳達出來的形象。直到第二次世界大戰結束很久以後，除非是移民美國的人，否則還是只有相當少數的外來客曾經去過美國。更何況一九二〇年代初期到一九七〇年代之間，美國官方的政策對移民非常不利。我自己則一直要等到一九六〇年才登上美國的土地；之前我們是在其他地方遇見北美人士。我首次真正與當時還不叫做「美國中部」的人打照面，應該是一九二八年扶輪社在維也納召開國際年會的時候。我這個具備雙語能力的男童被找去擔任翻譯，但我已經忘記了會中的情形。唯一還記得的就是在環城大道一個旅館大廳內，看見一群衣衫比維也納人光鮮許多的男性，其中有一位是來自美國中西部的麻醉師，後來他還很慷慨地寄了一些郵票過來供我收藏。除此之外，我搞不懂扶輪社究竟是做什麼的，而官方的解釋（「服務精神」）不免讓我覺得過於空泛。

我發現很難重新勾勒出一個講英語的歐洲大陸男童，在一九三〇年代以前為美國畫出的圖像。但說來也奇怪，雖然我的叔父實際上是幫一家好萊塢公司做事，我的美國圖像並非來自好萊塢的電影。我們所觀賞「湯姆．米克斯」之類的西部片不能算數，因為就連小孩子都覺得，美國的生活顯然不應該像是那種樣子。（這也說明了我們的確對美國所知有限。）其實以美國為場景的好萊塢電影並非旨在展示美國本地生活，而是為了呈現出電影觀眾夢想中的一個不真實國度。如果我們對美國的認識還來自其他方面的話，那就是科技與音樂：前者屬於臆測，後者則為經驗。那是因為我們對科技的瞭解也得自於二手資料。我們大多數人都不可能親眼看見過裝配線，大家只曉得福特汽車是用裝配線製造出來的。

在另一方面，美國藝術卻直接來到我們身旁。我的母親和阿姨們跳著「西迷舞」與「狐步舞」，我們聽到的音樂可以明確判定為美國音樂，即便演出者是英國樂團與歌手。收音機和留聲機為我們帶來了傑洛米．克恩與蓋希文的作品。當時一般通稱的「爵士音樂」——以薩克斯風而不用弓弦演奏的切分節奏音樂——已經是一九二〇年代都市中產階級的休閒音樂。它代表了美國，而美國正象徵著現代化、留短髮的女性和機器的時代。無怪乎包浩斯建築學院的員工曾特地跟一支薩克斯風合影留念。於是當我來到英國，在丹尼斯表哥的影響下歸順了爵士音樂以後（而且這回是真刀真槍），那不但為我開啟了新的美學經驗，更開啟了一個新的世界。正彷彿當時剛起步開創事業的阿里斯泰．庫克（他是我的前輩和《格蘭塔》的主編之一），透過了「我聽見美國在歌唱」這個廣播節目成為終身的美國評論家，我也用耳朵發現了美國。

爵士音樂是認識美國很好的入門方式，因為至少就英國的狀況而言，其音樂與社會意涵——這種講法充滿了一九三〇年代風味——具有密不可分的關係。爵士樂迷非但有明確的理由來反對種族歧視並支持黑人（當時他們尚未爭取要別人稱之為「黑色美國人」，以及之後希望被稱做「非洲裔美國人」），同時還狼吞虎嚥地汲取任何與爵士音樂沾得上邊的美國相關資訊：涉及美國的東西難得會跟爵士音樂完全扯不上關係。於是所有的樂迷都收集了各式各樣有關美國的點點滴滴，從美國城市、河流及鐵路的名稱（密爾瓦基、寬闊的密蘇里河、「艾奇遜－托皮卡－聖大非鐵路公司」），一直到幫派首腦和參議員的姓名。在一九三〇年代，人們只需要「曉得」一些有關美國的事物便不難成名。以丹尼斯．布羅甘[1]那位喝酒很兇、後來工作得不很努力的格拉斯哥人為例，他在劍橋大學教授政治學，並且是法、美兩國問題的專家，卻靠著收音機建立起聲譽——他是歐洲最早打入媒體業的教授之一。其成名之處並不在於身為針對法國做出深入觀察的歷史學家，而是因為他說得出美國各州首府的名稱，以及艾文．柏林所譜寫的每一首歌名。

美國的形象是如此強而有力與無所不包，因而很容易便讓人以為，它在我們如今所稱的「美國世紀」幾乎始終一成不變。但是對我們這些在一九三〇年代即已留意於美國的人來說（尤其是政治立場左傾者），那種形象在某些方面可就變化多端了。最起碼的是，我們對美國的觀感並未受到嫉妒心主宰。當我們開始想到美國的時候，美國經濟尚未以其財富與生產潛力成為世界各地的成功楷模。於經濟大蕭條的十年內，我們所看見的不再是《大亨小傳》的天地，而為《憤怒的葡萄》之世界。在一九二〇年代與三〇年代初期，美國已成為恣意追逐利潤、不公不義、肆無忌憚、寡廉鮮恥和殘酷鎮壓的代名詞。然而羅斯福時代的美國不但洗刷了那些惡名，還大幅向左轉。美國很顯然出現了幫助窮人和工會的政府。尤有甚者，羅斯福受到美國大企業的極度憎恨和厲言譴責。也就是說，在我們眼中，那些痛恨他並做出指責的人，比其他任何人更象徵著資本主義的邪惡。

共產國際當時就跟往常一樣，正好深陷於黨同伐異的階段，於是久久未能發現其他每個人早已明顯看出的事實，以致對「新政」做出譴責。但是到了一九三五年的時候，就連共產國際也終於清醒過來。簡言之，我們在一九三〇年代能夠同時認可美國和蘇聯。年輕的共產黨員多半都這麼做了，而且絕大多數的社會主義者與自由派人士也不例外。富蘭克林．羅斯福當然絕非史達林同志，不過假如我們是美國人的話，一定會真心誠意投他一票。我實在想不出來，還有哪一個國家的資產階級政治人物能夠讓我們產生同樣觀感。自從我在英國劍橋結識美國歷史學家亞瑟．史勒辛格二世以後，六十多年來我們很可能無法在任何政治議題上取得共識，但唯一的例外是：我不論當時或現在都跟他一樣欣賞羅斯福。

雖然從劍橋前往大西洋彼岸已是相當普遍的事情，但我在戰前從未有機會這麼做。等到一九四五年以後，冷戰似乎更讓此事變得全無可能。那是因為美國不打算讓自己的土地上出現共產黨員，更遑論是外國共產黨員。身為共產黨員，我自然申請不到簽證，除非有辦法獲得特許狀，得到通融。但除非我能夠符合其先決條件，被接納為自由社會的成員（縱使時間再短也無妨），否則照樣還是拿不到特許狀。實際做法就是公開承認自己的罪過並加以唾棄，即便我知道外籍人士無須被迫揭發其他的共產黨員。那種公開儀式可不是官樣文章。我還記得當初如何與大導演約瑟夫．羅西針對此事進行長談——他是好萊塢「獵巫行動」的受害者，跟我因為同樣熱愛比莉．哈樂黛而成為朋友，可是我們之間的友情在那次對談後便結束了。

他許多年來只能設法在歐洲混口飯吃，儘可能使用假名來拍攝電影，最後終於在一九六〇年代有了突破。不光是他的才華，就連其票房價值也即將受到肯定。然而那個惡名昭彰的問題——「你是否為共產黨員，或曾經是共產黨員？」——始終是他的絆腳石。朋友們和製片家們都建議他，現在不妨回答那個問題。於是他向我問道：該回答嗎？那種提問的方式讓我覺得，他打算回答了。我不能責怪他，但是我過於誠實，或者過於自命清高，以致無法說出他想聽的答案。或許我應該講出他想要的答案才對，畢竟，是否值得為了施展偉大天分而放棄榮譽與自尊，這個問題絕非稀鬆平常。我至今仍感受得到他在那個問題背後的苦惱。

幸運的是，我自己從未面臨這種兩難困境。萬一美國方面向我提出那個問題，而我誠實回答以後將不准入境的話，我會選擇不去美國。但我當然想去美國，而且讓我想去那邊的理由多得很。雖然其中的原因之一，只是由於美國學術界縱使在當時環境下，動作還是比保守頑固的英國人快了許多，願意接納一個異端分子。

就在那個時候，我有了前往美國訪問的機會，能夠來到之前我所認識的那個虛擬實境。我曾於戰後舉行的早期國際社會學大會上（一九五六年在阿姆斯特丹，但更可能是一九五九年在斯特雷薩），認識了經濟學家保羅．巴蘭。他在一九三〇年代從德國逃難到美國，自稱是唯一公開身分以後，還能夠任教於美國大學的馬克思主義者[i]。我跟這位高大、熱情、步履蹣跚、目光柔和的先生想必情投意合，因為他邀請我在一九六〇年夏天前往史丹福大學任教一個學期。我們準備共同撰寫一篇論文來批判沃爾特．羅斯托剛出版的《經濟成長的階段》——那本書自詡為「反共宣言」，當時還受到不少人談論。後來我們就在太浩湖畔的一棟小屋內寫出了那篇文章[ii]。

那一回多虧美國駐倫敦領事館對官僚主義缺乏經驗，讓我很僥倖地避開簽證上的困擾，因為他們

---

i 這種講法相當接近事實，但並非完全正確。我相當確定的事情是，在我後來任教的「紐約社會研究新學院」，其研究所內有些教師也不斷宣揚自己的馬克思主義。

ii 巴蘭、霍布斯邦，〈經濟成長的階段〉（P.A. Baran and E.J. Hobsbawm, "The Stages of Economic Growth"），見：《*KYKLOS*》一九六一年第十四期，卷二，頁234-42。

忘記向我提出那個問題。我前往美國時的身分問題一直要等到一九六七年，也就是麻省理工學院邀請我過去擔任客座教授的時候，才永遠得到解決。幸好該校早就經驗豐富，不但深諳如何協助聯邦調查局和中央情報局眼中的可疑分子申請簽證，並且嫻習華盛頓官方的政治運作方式。麻省理工學院及其校長的聲望，再加上人人曉得該校為國家做出了重大貢獻，使得校方有足夠分量來堅持，自己有權決定哪些外國人值得邀請、哪些外國人不值得邀請。校內的權力政治促使麻省理工學院動用一切資源，為一名其實並不重要的英國共黨學者辦出了特許簽證。我雖然得到特許狀，但附帶條件是每次我打算離開波士頓地區時，都必須向該校負責「照顧」外國人的一位女士事先報備。於是我向那位非常友善但公事公辦的女士問道：「妳的意思是，如果妳不同意的話，我就不能在紐約過夜？」她承認那種做法確實荒唐，也就不再堅持下去。從此再也沒有人干涉我在美國的行動自由了。

過了很久以後我才曉得，當初我的簽證問題曾經多麼讓美國當局頭痛不已。就跟所有的官僚體系一樣，他們起初的反應是沉默與規避。後來經過一連串越來越令人氣急敗壞的大西洋兩岸電話對談，我發現了讓我的案例變得特別棘手的理由。我的邀請人有一回在越洋電話中問道：「你是否介意我提出一個問題？我可以向你保證，這不會影響到我們對你的邀請。你是不是英國共產黨主席，或曾經當過黨主席？」從這個典型的案例可以看出，情報單位的檔案紀錄如何結合了怠惰（那些探員應該不難查出歷任黨主席的名字），以及張冠李戴。據我記憶所及，我從一九三九年開始就未曾擔任黨內行政職務，連地方黨部的層級也不例外。顯然有人無法分辨我在黨內或黨外唯一擔任過的主席——英國共產黨歷史學家小組主席（見第十二章）——與共產黨主席之間的差別。反正麻省理工學院最後擊敗了移民局。我拿到了特許狀。

從那個時刻開始，我的一切問題幾乎都成為過去。既然已有例在先，官僚人員便明白該如何辦理了：按照上一回依樣畫葫蘆即可。此後我去美國就不再碰上真正的麻煩，即便起先還是被領事館負責核發特許狀的官員面試了一兩次。他會翻閱我的檔案，然後漫不經心地說道：「哦，你又去古巴了」，藉此證明山姆大叔仍不忘觀察我的一舉一動，接著便簽發了特許狀。我在美國降落時當然不能沒有簽證，甚至連轉機時也不例外，不過日久天長以後，我的簽證申請變得只是例行公事而已，幾天之內即可核發下來。發展到了最後，共產黨不准入境美國的規定遭到取消，而且英國公民已不再需要赴美簽證。

二

於是對我而言，美國在一九六〇年時，從虛擬實境變成了一個真實的國度。其中的變化如何？在這個國家，我對爵士音樂的愛好——至少是剛開始的時候——比我跟馬克思主義者或學界人士的交往來得更加真實許多。那是因為一九六〇年時的情況為：與我同輩的美國馬克思主義者多半在自己生活的世界中遭到孤立，而我所認識的美國學院派歷史學者又對自己生活的世界所知有限。在紐約，我可以和《科學與社會》的朋友們討論「資本累積」以及「封建制度如何演變成資本主義」等問題。（《科學與社會》是最資深的馬克思主義英文學術刊物，而且我曾為之撰稿。）然而他們能夠教給我有關紐約的知識，不會多過曼哈頓下層中產階級猶太人能夠教給外太空訪客的東西：哪裡買得到好吃的乳製品？哪裡有二手書店（當時尚未侷限於百老匯和十二街交叉口的史川德書店）？何謂「布朗博士的芹菜湯尼」[2]？而且他們無法告訴我，美國的「煙燻牛肉」並不等於英國的「醃牛肉」。

我反而從西岸的保羅·巴蘭那邊曉得了更多東西，主要是因為他認識那些工作於「國際碼頭暨倉儲工會」的學者（我想大概是透過他當時的情人，一位住在加州的日本女性）。那個工會在哈利·布里吉斯領導下，成為灣區左派的中流砥柱。該工會將太平洋沿岸從波特蘭至聖地牙哥之間全部的港口都組織起來，並且順便還組織了夏威夷的各種機構。我非常榮幸能夠被介紹給布里吉斯本人認識。他是一位身材瘦長、有個鷹鉤鼻的英雄人物，曾透過工會迫使太平洋沿岸的雇主一概按照加州條件來雇用工人。他是天生的硬裡子角色，曾經發動兩次總罷工來達到上述目的，並且對工會力量和談判策略都有健全的認識。美國政府視之為「外國危險分子」，好幾次打算把他遞解出境，但都被他成功抵擋下來。當時他正心不甘情不願地領導太平洋沿岸碼頭工人走向「安樂死」，針對使用貨櫃輪與油輪等技術來取代人力一事進行談判，並且為失去工作的工會成員爭取優厚的終身退休金。

這個工會的實力依然強大，布里吉斯大半生擔任難得讓步的美國工會領袖，以澳大利亞口音表達出來的革命信念仍未稍減。他始終夢想發動一場足以令資本主義體制屈服的全球碼頭工人大罷工，因為在岸邊工人的心目中，大洋是各大洲之間的橋樑而非障礙。但這並不表示他對海員有很大的興趣。海員在他眼中都是「爛貨」，因為他們沒有家庭與固定的社區組織來維繫，所以缺乏碼頭工會成員腳踏實地的定力。此外他身為優質的澳大利亞人，對英國佬也無甚好感。他告訴我，自己年輕時代當海員的時候，曾經與倫敦港一名碼頭工人的女兒在一起。這種經驗讓他一輩子瞧不起那些卑躬屈膝、自認為社會地位低人一等的英國工人。

由於那是一九六〇年，所以我們談起了美國總統大選。當時遭到羅伯·甘迺迪和聯邦調查局圍剿的運輸工人工會（卡車司機）領袖——吉米·霍法[3]——正考慮發動整個工會把票投給尼克森，不支持甘迺迪競選總統。貨運卡車司機的向心力，無論對加州的勞方或資方而言都很重要，可是霍法的聲譽非常糟糕。布里吉斯本人則對兩大「資產階級政黨」都不效忠，覺得霍法做出了投機的選擇。我向他問道，霍法是否受到幫派控制？布里吉斯依據自己的經驗正色回答說：「他或許跟黑道合作，卻是一個腰桿很硬的漢子，而且就我所知他從未出賣過自己的工會成員。他只從大老闆那邊撈錢，不會揩工人的油。」

從來就沒有任何人指責過布里吉斯撈錢自肥或出賣工會成員。他和我見面不久以後就去世了，從此舊金山變得越來越不像是布里吉斯和山姆．史貝德[4]的城市。每當回想起他的時候，我心中都充滿了敬意與感動。他的工會當然也認得黑道分子。某天下午，該工會一位後來走入學術界的組織幹部給我上了一課，告訴我國際碼頭暨倉儲工會為了協調業務，於是與黑手黨談判的經過。需要談判的理由是，太平洋沿岸各港口的工會雖然乾淨，大西洋及墨西哥灣沿岸的工會卻受到黑道把持。從其話中看來，與黑手黨打交道時應該秉持兩項基本假定，而且要明白他們並非法力無邊。第一項假定——彼此相互尊重——稱得上是理所當然的事情。雙方位於海邊的活動地點可不是兒童遊樂場，而且大家都知道行規，其中最重要的規矩就是你不可以偷雞摸狗。腰桿很硬的漢子未必彼此信任，但是大家可以好好坐下來談。第二項假定是，絕不接受黑手黨的好處，就連再象徵性的小恩小惠也不可收受，否則會自動被解釋成願意建立依附關係。於是每當對方提議，兩個工會聯盟不妨前往一個宜人地點——例如拉斯維加斯——洽談攸關共同利益的事務時（比方說選定某一天同時中止合約），都會被委婉但堅定地拒絕。

在另一方面，曉得黑手黨並非法力無邊以後，那個熟悉政治內情的紅色工會組織便有機會做出威力展示，讓黑道對自己刮目相看。國際碼頭暨倉儲工會當然並無實權，即便人們可以料想得到，來自夏威夷州的聯邦參眾議員其實都非常認真看待工會的意見。那個工會所擁有的僅僅是戰略、全國性的政治視野、既忠心耿耿又博學多聞的知識分子，並且懂得如何在國會山莊運作。同時國際碼頭暨倉儲工會從實務經驗中得知，黑道的經濟眼光短淺、政治視野侷限於地方。那位工會組織幹部告訴我：「他們只懂得跟市議員和市長辦公室打交道。然而，我們有一回卻帶他們去華盛頓，在國會轉了一圈。他們可以看見我們的熟人、跟來自全美各地的參眾議員打招呼，我們還問他們想不想跟羅斯福的兒子見面。那給了他們非常深刻的印象，此後談判起來就輕鬆多了。」這些資訊都為我打了預防針，讓我不至於輕信美國一般民眾和政治老手所渲染出來的黑手黨強大聲勢，及其無孔不入的影響力。甚至連其經濟實力也遭到誇大，因為按照紐約金融界的標準來看，黑手黨家族的財富淨值其實相當有限，而且遲至一九七〇年代初期才開始出現相關紀錄——義大利裔美國人在那十年內開始自立門戶，美國則受到好萊塢的影響而愛上了那些教父們[iii]。此事也讓我對美國政治有了逼真寫實的初步認識。

這在多大程度內改變了我對美國的觀點？就跟大西洋彼岸所有觀察美國的人士一樣——而且我發現美國知識界某些次文化群體也表現得如此——我深深著迷於幫派分子。幸運的是，一九五〇年代首度大量公開了資料，揭露出美國有組織犯罪的發展情形，而且那些資料當然也提及黑幫與工會之間的互動關係。（青年左派人士心目中的美國工運史卻不強調這一點。）我針對西西里黑手黨所進行的研究，則無論如何都讓我基於職業上的因素，對其美國分支的活動產生了興趣。於是我對它熟悉到足以寫出一篇小型研究報告，來探討「黑幫的政治經濟」，並將之歸類為市場經濟的衍生物。我的弦外之音完全未被察覺，或許部分的原因是，當時我半開玩笑地把那篇文章寄給一家最古意盎然、既老掉牙又幾乎無人閱讀的保守黨期刊——《季評》，而他們二話不說就把文章登了出來[iv]。

等到抵達美國的時候，我對那些題材已經相當進入狀況（但基於某些不言而喻的理由，我並不清楚甘迺迪家族正在研擬計劃，打算透過自己的黑道關係來殺掉卡斯楚）。儘管如此，當時我的某些基本看法仍然無異於小學生或好萊塢式的道德觀，以為「好蛋」（正人君子）會做出好蛋般的表現，因此他們比「壞蛋」（惡棍）要來得好，而且跟壞蛋沒有瓜葛，即便他們必須跟壞蛋一起過日子。我雖然已經在一個非常不完美的世界生活了那麼久，還是寧願相信事情就是這個樣子。一九五〇年代的時候，那種想法在遵守法律、政府管事的英倫三島似乎並非癡人說夢，反而在某種程度內是真實情況。但就美國而言，當地律師人數雖然超過全球其他國家的總和，那裡卻既不遵守法律，同時也不是一個承認政府統治的社會，即便我很驚訝地發現美國各級政府都很熱衷官僚主義。

政治與學術固然將我帶往美國，但我還是靠著爵士音樂才感覺出來，自己對這個不尋常國家的真實情況略有所知。像我這種爵士音樂愛好者，大概很難找到能夠比一九六〇年更適合前往美國的時刻。不論在之前或之後的任何時代，都不可能現場享受全套的爵士音樂，而且其範圍從依然在世的一九二〇年代老歌手，一直延伸至歐涅．柯曼與唐．傑利之類名聲響亮、前衛人士當時已可在格林威治村東郊聽見其演唱的無政府主義者。的確，爵士樂壇人士儘管過著自殺性的生活，但除卻少數著名的案例之外，陪伴我這一代人長大的偉大樂手都還寶刀未老。尤其當我們聆聽孟克匠心獨運的曲調，以及「邁爾斯．戴維斯五重奏」超凡脫俗的《里程碑》和《泛藍調調》等專輯時，禁不住覺得五〇年代後半段正是爵士音樂的黃金時代（結果亦為其最後的黃金時代）。能夠在那些紐約和舊金山的夜晚置身現場，實在是幸福無比的事情，即便對我這個四十來歲的歷史學者而言，享受詩人華茲華斯年輕時代的那種天堂，還是未免太遲了一點。

爵士音樂其實無法跟左派政治分割開來，縱使一九六〇年代它在學術界的地位就彷彿同性戀一般：那只是某些教師的個人癖好，而非其學術活動之一環。正因為如此，雖然人人都知道，紐約不像美國中部那樣可以代表「正宗」的美國，卻可能是說服我這種人的最佳地點，讓人覺得其實還是有辦

iii 參見F．揚尼、E．羅伊斯－揚尼，《家族事業：有組織犯罪中的親屬關係及社會控制》(F. Ianni and E. Reuss-Ianni, *A Family Business: Kinships and Social Control in Organized Crime*)，紐約，一九七二年。

iv 霍布斯邦，「黑幫經濟學」(The Economics of the Gangster)，見《季評》(*The Quarterly Review*)，第六〇四期，一九五五年四月，頁243-56。

法瞭解這個不尋常的國家，而且說不定還可以喜歡上它。整個曼哈頓都鄙視「獵巫行動」，再加上它既是猶太移民的城市，又是學術出版業、戲劇界、流行音樂和唱片業的中心，因而認定不論過去或現在從外面遷居過來的人們當中，理所當然可以出現若干革命馬克思主義者。在「大蘋果」市內，只有聯邦調查局真正擔心某些人士的政治色彩，因為當我來到紐約的時候，那裡就連億萬富翁都很可能是民主黨員。但說來奇怪的是，爵士音樂對專業的美國馬克思主義者產生不了太多吸引力，他們在本能上似乎比較喜歡古典音樂和政治民歌。（我還記得一個災難性的夜晚：那天我帶著保羅．巴蘭前往舊金山「黑鷹俱樂部」，欣賞邁爾斯．戴維斯的演出。）

我在爵士音樂圈的熟人多半是男性，其中少數例外之一，是一位積極致力於贊助神奇鋼琴手艾羅．嘉納的娛樂界專業女經理人。她曾設法幫我一個大忙，安排我和嘉納一起上強尼．卡森電視秀，認為可以讓我趁機宣傳一下自己剛出版的那本爵士專書。（我在一九六〇年與美國出版業之間有相當的隔閡——它比英國出版界進步了三十年——以致我在四分鐘的訪談時間內除了報出書名以外，幾乎沒有談到我的那本新書。）那些圈內人就某些方面而言，多半為從一九五〇年代美國傳統男性生活脫逃出來的難民，意圖遠離那個「人人穿著灰色法蘭絨西裝的年代」，其中只有爵士音樂史上最偉大的星探和製作人約翰．哈蒙德是例外。沒有任何外地訪客在路邊看見了他，例如在前衛村爵士俱樂部門外看見他以後，會動念頭問出一個曾經有人問過我的問題。那時我和一位朋友站在舊金山北灘某個場地的外面，結果有人走過來問道：「對不起，請問你們兩位先生是『比特尼克』嗎？」[5]

約翰．哈蒙德首次帶我前往哈林區「小天堂」夜總會的時候，當然沒有人需要在門口問他究竟是何許人也。他幾乎稱得上是典型出身自長春藤聯盟的盎格魯撒克遜白人新教徒上層階級成員：身材高大、留小平頭、講話腔調教人聯想起伊迪絲．華頓小說中的人物——哈蒙德果真是凡德比爾特家族的一分子[6]——而且於戲謔中流露出堅毅的神情。但正如同在美國所常見的情形，這不表示他具有特別豐富的幽默感。他並非一個不拘形式、輕露笑臉的人，其情況並不比他昔日的妹夫班尼·固德曼好多少，而固德曼出名的地方是：只需要用冷冰冰的目光瞪一眼就能夠讓伴奏者凍結起來。哈德蒙一輩子維持了一九三〇年代死硬激進的左派風格，但聯邦調查局始終無法證明他是擁有黨證的共產黨員。我們若不曉得約翰·哈蒙德的話，便無法瞭解第二次世界大戰之前的美國爵士音樂史，以及美國歷史本身——因為他很可能是一九三〇年代「搖擺音樂」風潮最重要的推手。哈德蒙臨終的時候，我曾經在病榻旁邊問他，自己一輩子最得意的事情是什麼。他回答說：發掘了比莉·哈樂黛。

等到我認識哈蒙德的時候，他已經不再是音樂界的中心人物。但像他那般即將協助鮑伯·迪倫開創偉大前程的人，也很難真正被視為昨日之星。另一位昔日紐約爵士音樂愛好者芮爾夫·葛利森，則成為我最要好的美國朋友。他不但擔任記者，以便與或老或少的各個音樂世代保持接觸，同時更以發乎自然、和藹可親的性情中人作風，俘虜了他們每個人的心。這位先生的事蹟，包括剛發掘了藍尼·布魯斯，以及擔任偉大的「咆勃爵士」小號手迪西·葛雷斯比參選美國總統時的競選經紀人——他們二人都不覺得那完全是開玩笑。葛利森是愛爾蘭裔紐約人，後來離開紐約擔任《舊金山紀事報》的演藝事業及流行樂壇專欄作家。令該報引以為傲的地方是，自己既不屬於威廉·蘭道夫·赫斯特的報業集團，同時在那個富裕、很酷又相當叛逆的都市裡面，擁有對任何事物都不會大驚小怪的專欄作家群。

葛利森住在柏克萊山坡上一棟不起眼的房子裡，屋內到處是他收藏的唱片、錄音帶、音樂企劃案、各種尺寸的出版品，以及通常為年輕人的訪客。一切都被他既態度強硬又充滿關愛的妻子（珍妮）整理得井井有條。我把他家當成是逃離帕洛阿爾托的避難所，經常開著我所擁有的第一輛車子過去。那是一九四八年份的凱瑟牌汽車，我花了一百美元把它買來，然後在夏季學期結束以後，又以五十美元的價錢賣給了一位享譽全球的數理邏輯學家。

對音樂和演藝事業而言，一九六〇年時的舊金山灣區雖然僻處邊陲，卻是一個寶地和好市場。每個人都曾經在城內演奏，但是除了第一波具有自我意識的白人「狄克西蘭」爵士音樂之外，難得有東西從那裡向外傳播出去。舊金山可以讓老資格的音樂大師——例如偉大的爵士鋼琴家厄爾．海因斯——定居下來、在既優質又安穩的俱樂部找到公開場地去表演的地方。就連艾靈頓公爵也寧願接受俱樂部的邀約，而不想在舊金山舉辦大型音樂會。這讓我獲得令人難忘的機會，能夠在一九三三年以後，首度置身於當初專門為爵士音樂而設的環境中聆聽樂團演奏。那是一個飲酒聯誼者的場地，其評鑑樂團震撼力的真正方式並非鼓掌叫好，而是桌邊談話驀然中斷後出現的沈寂。

舊金山當時雖然尚未成為同性戀共和國或矽谷的腹地，卻已具有全國性的能見度，是美國普受認可的地點，更何況那裡還有美得出奇的海灣景觀。它是一座風氣自由的城市，雖然其一九六〇年代時的政治立場還不像隔鄰的柏克萊那般激進，但還是以當地的異議人士為榮（例如哈利．布里吉斯），而且城內即使在那個年代的毒品管制也很鬆散。按照加州的標準來看，其歷史古蹟可謂車載斗量，例如擁有當時最著名的中國城、對《馬爾他之鷹》的記憶，並以身為一九五〇年代前衛文學「敲打運動」的中心而聲名卓著。其時髦高尚的程度，足以令英國劇評家肯尼斯．泰南恭賀我能夠前往該地。「該地」指的是北灘的百老匯大道一帶，而那裡彷彿是太平洋濱的聖傑曼德佩[7]。我常跟芮爾夫．葛利森在城市之光書店對面的花神咖啡館或恩里科餐廳碰面，每當市內名流漫步經過的時候，就從那邊和他們相互打招呼致意。當地的百老匯跟紐約百老匯不一樣，人們只是在街頭悠然漫步。

過了灣區大橋便是柏克萊。一九六〇年代中葉，「美國白人中產階級家庭的子弟」一度把它變成了嬉皮青年和「花之力量」的主要根據地，並如同葛利森所言，意外孕育出「除了鄉村音樂和西部音樂演奏者之外，第一批不打算讓自己聽起來像黑人的美國音樂家」[v]。芮爾夫．葛利森自己則成為「亥特－艾許伯里」音樂的代言人——其中包括諸如「傑佛遜飛機」和「死之華合唱團」之類的樂團——雖然他的性情實在與吸毒團體不合，而且後來還的確戒除吸食大麻。他屬於抽煙斗的那個知識分子世代，而且那時我也吸煙斗。他的健康狀況一直不佳，結果在一九七五年就以五十八歲的年紀與世長辭。

基於三個理由，葛利森成為我通往美國的窗口。首先，他生活於爵士樂這個非主流的音樂天地內，能夠見人所未見，掌握住未來事件的脈動。例如他看出黑人貧民區傳出的樂聲在音調上已有改變、前衛的白人孩子已發現黑人城市藍調在節奏上的勁道，以及預知柏克萊學生即將出現的暴亂——這些暴亂在一九六四和六八年相繼成為全國性與全球性的事件。一九六〇年夏天，這些事情還都沒有引起其他人注意。我在柏克萊大學各個科系的熟人（更遑論在傑出但沉悶的史丹福大學），均未曾向我提及或許我會有興趣參加、由柏克萊左派學生舉辦於那年夏天的週末政治營活動，因為根本無人曉得此事即將發生。葛利森雖然與學術界或政治圈沒有關連，卻對此了然於心，因為學生們願意和他談話。這並不表示葛利森積極涉入激進政治組織，或者親近灣區左派的圈子。「共生解放軍」反而更接近他的風格：那是舊金山灣區一個怪誕荒謬的千禧年主義團體，他們留在人們記憶中的事蹟（若還有人記得的話），就是當初綁架了威廉．蘭道夫．赫斯特二世的女兒，然後吸收她加入行動。葛利森支持並善待了一九六四年「柏克萊自由言論運動」的造反派學生，而且相當欣賞那批學生的領袖在群眾演說方面的才華和漫無章法的純真。於是當那名不大善於交際、名叫馬力歐．薩威歐的物理系學生被逐出校園後，葛利森就把他和他的妻子（或生活伴侶）送來伯貝克學院托付給我，希望我們幫他想想辦法。

v 引自察柏爾、加羅法洛，《為搖滾樂花錢：音樂工業的歷史與政治》（S. Chapple and R. Garofalo, *Rock 'n' Roll is Here to Pay: The History and Politics of the Music Industry*），芝加哥，一九七七年，頁251。

（JD·伯納的物理系幫了很大的忙，可惜學術生活與科學研究顯然皆非其所好，最後薩威歐重返柏克萊電報大街生活於咖啡館與毒品店之間，與自己昔日的榮光長相左右。）

第二個理由是，葛利森在加州最具烏托邦色彩的角落固然也是外來者，卻有辦法瞭解當地年輕人的抱負及其文化革命，因而成為瞭解六〇年代之後美國的最佳入門管道。此外他雖然絕非幼稚型的人物，卻是個永遠長不大的孩子。他洋溢著無限的熱情，甚至對我所不喜歡的搖滾樂團也是如此。這又使得他對未來的時代脈動具有特別敏銳的觸感。例如正是他協助一位年輕的追隨者創辦了搖滾音樂雜誌，而且自己從芝加哥藍調歌手馬帝·瓦特斯的一首錄音獲得靈感，想出了那份雜誌的名稱——《滾石雜誌》。他這個最不會做生意的人，靠著《滾石雜誌》以及一家專門發行爵士音樂和偏激諷刺作品的小公司（「幻想唱片公司」），突然發現賺來的錢多得讓自己難以適應，於是不時購買威士忌和雪茄煙饋贈給老朋友。

最後，但並非最不重要的理由是，葛利森不論就風格或性情而言，都是只會出現於美國的人物。這使得他有本事讓別人更容易理解自己的國家，即便對歐洲人來說，美國文明在某些方面比除了日本文明之外的任何文明都還要來得陌生。他在外國人眼中，具有典型美國式愛憎無常與感情用事兼而有之的作風（但他不會將之表現於口頭用語上）。雖然如此，他似乎對美國文化生活三個與生俱來的危險因子具有免疫力：唯我獨尊、傾向於挖空心思找出「美國」的意涵、理智上的遲鈍。諸如「美國價值」和「美國夢」之類狗屁倒灶的大話，在他的字典裡面都找不到。那是因為美國人的私人對話當中還沒有出現此類用語。他純粹就事論事看待美國人，而冠冕堂皇的用語只展現在公共生活的範疇，表現出官方認可的愛國形式。

假如短少了下列事項的話，我不認為他還會覺得美國式烏托邦完整無缺——例如芝加哥此起彼落的貪腐市議員；一、二名腰纏萬貫、好色成性的電台佈道家；若干抱持激進異議立場、甚至反烏托邦的反文化中心，像我在內華達州雷諾市最大的賭場外面就看見一家名叫「山巒俱樂部」的機構：那裡有馬匹指南以及符合猶太教規的熟食。換個角度來看，葛利森既然居住於全球最大的「平原上的眾城」，想必認為上帝不會毀滅這座「索多瑪」[8]，因為城內永遠找得到足以保護該城不受毀滅的「十個義人」[9]。他自己就是其中之一。

芮爾夫・葛利森屬於那種美國的特產：一個主要由新聞工作者組成的觀察家團體。團體內的成員以愛意、鄙視和皺起的眉頭來報導自己的國家，其中的佼佼者或許來自一九三〇至一九五〇的世代，那剛好也是美國本地歌謠和音樂劇的全盛時期。芮爾夫帶著我認識了一些跟他類似的人，而且沒有人會比他更適合引薦我認識芝加哥——那個凡是喜歡藍調的人都不能不去的城市。

我從太平洋岸邊開著汽車一路東行來到芝加哥；自從敲打運動頌揚這種做法以後，它就被公認為真正美國造反精神的入門儀式。我跟三個作風很不「凱魯亞克」[10]的史丹福大學生同行，共同分攤了路上的開銷。從歐洲的標準來看，那個由山脈和草原構成的廣袤空間相當單調，沒有多少景色可供人欣賞，至少尚未吸毒恍神的人會覺得如此。在這種環境下，四個人整天輪流開車是很辛苦的事情。一望無際的筆直道路讓我昏昏欲睡，幾乎在懷俄明州羅拉米市附近迎面撞上對向來車。芝加哥似乎是我這一輩子所待過最熱的地方，尤其待在基督教青年會沒有任何冷氣設備的窄小旅舍房間時，感覺起來更是如此。那座城市在夏季酷暑難當，在冬季寒風刺骨，正好象徵出美國人獨特的信念，此即外部限制條件之所以存在，就是為了要讓人用科技與金錢來加以克服。但其先決條件是，要有充足理由讓人願意如此大費周章，而芝加哥的理由是貿易與運輸。扣除相助的外力後，很少有大都市會像芝加哥這般不適人居。

但不管再怎麼大費周章，芝加哥頂多也只能躍登全美第二大城。甚至就爵士音樂而言，雖然芝加哥起初能夠將密西西比三角洲的第一流樂手和演唱家網羅過來，因而佔盡優勢，但最後還是輸給了大蘋果紐約。在有組織犯罪那方面，芝加哥自從艾爾．卡彭過氣以後就不再是龍頭老大，即便黑道照樣在城內舉足輕重。它固然還是城市藍調之都，但「芝加哥藍調」的命運截然不同於城內享譽全球的「兒童搖滾樂」，芝加哥藍調只能像福音歌曲一般，屬於城南與城西漫無邊際、單調乏味、殘破不堪的黑人區。它依舊只是南方貧窮移民的音樂藝術，創作於住家附近的酒吧、店鋪前面的教堂，甚或街頭的露天市場。芝加哥出了一位名列全國政治排行榜的人物——達利市長。他是芝加哥最後一位和最偉大的大老級領袖，能夠保證庫克郡投票支持民主黨提名的任何候選人[11]，對甘迺迪當選總統功不可沒。當我撰寫這本書的時候，芝加哥仍然由他的兒子繼續擔任市長。

那種大費周章過的努力畢竟還是凝聚出芝加哥的地方社區意識。像我就不認為，我所欽佩的斯塔茲．特克爾會有辦法在其他城市開創事業。他曾經撰寫許多部非凡作品來紀錄一般百姓的生活，為自己創造了舉世聞名的聲譽，而最具象徵意義的事情是，其第一本著作名叫《分野街：美國》[vi]。那是一部匠心獨運的芝加哥口述歷史織錦，書中出現了七十個人的聲音，全書標題則源自芝加哥近北區一條街道的名稱——那裡是一九六〇年最令人心曠神怡的市區。委託他寫書的人是我的朋友，出版商安得烈．史弗林，並把那本書納入了一個以「世界的村莊」為主題的圖書系列。就某些方面而言，我喜歡這本書的程度，超過了他隨後出版的更具雄心壯志、更加聞名、口述者更多的一些作品，像是《艱難時光：經濟大蕭條時期的口述歷史》、《工作》，以及《好的戰爭：第二次世界大戰口述歷史》等等。

我見到特克爾的時候，他四十八歲，而且就跟往常一樣，每天在一家地方電台主持個人廣播節目。那個節目有關閱讀、音樂評論，以及任何事物，而且特別喜歡進行訪問。他獨特的天賦，就是有辦法讓受訪者忘記自己正在對麥克風講話，忘記除了那個身材矮小、如小丑般打著領結的人物之外，還有其他人正在傾聽他們的聲音。他似乎聽得出別人心中的想法，而且似乎對好時光和壞時光都頗有所知。他確實如此，其演藝事業和電視生涯已被反共獵巫行動徹底摧毀。他起先幫芝加哥黑人音樂家進行公關工作——那些人十分清楚何謂偏見——然後在一家地方廣播電台找到了歸宿。那裡無需大金主，所以比較不必仰人鼻息。但無論如何，芝加哥人共同的自衛意識抗拒了外地想搶攻報紙頭條的人物，自從他建立起自己的地位以後，就不再有人用共產黨的罪名來打壓他了。畢竟，他所隸屬的那種小社群存在於每一座大都市，其成員包括了記者、評論人、城市自傳作家、各式「酒館哲學家」兼觀察家，而且他們曉得誰是自己人。

這是讓外國人發現美國的最佳方式嗎？我跟芮爾夫．葛利森和斯塔茲．特克爾一同認識，或者是透過他們而結交的男男女女，都跟「美國中部」無甚關連。其中包括了深具王者風範的福音歌手瑪哈莉雅．傑克森。她是二十世紀最偉大的歌唱藝術家之一（斯塔茲．特克爾擔任過她的新聞經紀人），而且她不大相信男人，更不怎麼相信白人。對非洲裔美國人而言，宗教不僅是最深刻的信仰、公共的舞台、具有競爭性的藝術，更是可供賺錢的行業。瑪哈莉雅是一位生活優渥的女性，居住於一棟巨大的中產階級洋房內，當時她依然生活安定[12]，不斷應演藝界之邀公開登台演出，同時結合了自己親近耶穌的靜謐心靈與成功專業演唱者的身分。

那些人當中也包括了像「巴克利爵爺」之類的人物，但當時他只剩下幾個月的壽命。他以誇張的聲調結合了維多利亞時代馬戲團表演指導者、爵士樂迷、聖經背誦者和莎士比亞作品朗讀者的風格，

vi 斯塔茲．特克爾，《分野街：美國》（Studs Terkel, *Division Street: America*），紐約，一九六七年。

使用毫無瑕疵的黑人街頭口音[13]，在「號角之門」負責凌晨兩點演出的那一場。此外還有像比爾·藍道這位住在克利夫蘭的先生。他曾經把貓王介紹給北方的聽眾，除了專職擔任電台流行音樂節目主持人，還是研究廣播史、印第安人以及其他美國事務的業餘學者。（至今仍讓我大惑不解的是，為何克利夫蘭那個一望無際、位於伊利湖畔的狹長城市，會在推動搖滾樂這方面扮演了如此重要的角色。）但不管怎麼樣，我透過這些男性和女性所認識的美國絕對不會讓人覺得乏味。

美國學術界雖然形塑了我在該國四十多年的職業經驗，卻不是那麼適合讓人認識美國的地方。即便其中的原因在於，大學教師們（亦即居住於小小的本國村或地球村裡面的村民）在大多數已開發國家所過的日子都相差無幾。大學生們的生活也大致如此。美國學術界人士輕而易舉就可以跟新來乍到者熱絡起來，那是因為地理上的流動性正好是他們生涯結構的一環，而且那也反映於地方上的生活方式。美國男男女女更換居住地點、工作環境與人際關係的頻率遠遠高過其他國家。更何況除了少數幾個顯著的特例之外，各大學都是自給自足的社區，附屬於一些不特別關心學術事務的小型或中型城市。最起碼在二十世紀的最後三分之一以前情況都是這樣，直到人們發現，資訊革命已讓各大學成為經濟富裕和科技進步的主要帶動者。習慣過著大學生活的外來移民，至少在表面上很容易即可融入那些社區——如果他們有辦法掌握足夠英語的話。反正一九七〇年代的時候，英語已在國際間普遍成為人們的第二語言。一位康乃爾大學印度籍物理學家有次告訴我（他的兄弟曾就讀於劍橋大學）：「如果我在英國擔任教席的話，大概會一直覺得自己是外國人。在美國卻不會如此，因為這裡可以說大家都是外國人。」那些長久存在的社區主要是經由短暫社交的發展模式所構成，其中包括了急速發展出來的社交活動、敦親睦鄰作風，以及日常互助關係。但只依附於社區，無法讓人清楚外面發生的許多事情。

回顧四十年來參訪和旅居美國的經驗，我認為自己在當地度過第一個夏天時對美國所產生的認識，就跟往後數十年一樣多。其中唯一的例外是：如果想認識紐約，甚至認識曼哈頓的話，那麼就必須住在那裡。該住多久呢？從一九八四到一九九七年，我每年都在那裡住上四個月。瑪蓮雖然只和我一起度過了整整三個學期，但那已經足以讓我們二人覺得自己是紐約人，而不像是過客。我在美國花了許多時間來從事教學、在那邊美妙的圖書館閱讀、進行寫作或歡度好時光，或者兩人一同待在聖塔莫尼卡「蓋帝中心」。我只花了幾星期或幾個月的時間，透過實地接觸來認識美國，假如我是托克維爾，那就好了，畢竟他在美國旅行九個多月以後，寫出了《美國的民主》一書，而且那是所曾出現過關於美國的最佳著作。只可惜我不是托克維爾，更何況我對美國感興趣的地方跟他不一樣。

三

若在今天，托克維爾的那本書想必會被斥為「反美」，因為他對美國語多批評。美國自從建國以來，就對世界其餘各地產生了吸引力和魅力，但也成為遭人責難與非議的對象。不過一直要等到冷戰開始以後，才變得主要是從「贊成」或「不贊成」的角度來衡量人們對美國的態度。而且那麼做的美國人不僅從自己的同胞當中揪出「非美活動」[14]，在國際間同樣如此行事。該項做法以「你支持美國嗎？」取代了「你覺得美國怎麼樣？」那個問題。然而沒有其他國家會針對自己提出類似的問答題目。美國在冷戰中擊敗蘇聯之後，接著又於二〇〇一年九月十一日做出令人難以置信的決定，宣佈自由的志業已重啟戰端、向另一個邪惡勢力展開了殊死戰。但由於這一回對敵人的定義不清不楚，導致任何對美國及其政策的懷疑，都很可能再度激起憤怒反應。

這種堅持要求獲得認同的態度固然毫無道理可言，甚至非常荒謬！然而在國際間不論用任何標準來衡量，美國都是二十世紀最成功的國家。其經濟規模居全球之冠，並決定了世界經濟發展的腳步與模式；其創造科技成就的能力舉世無雙；其在自然科學與社會科學方面的研究工作，甚至連該國的哲學家們，都日益獨領風騷；其全球消費文化的霸主地位更顯得無人能敵。上個世紀結束時，美國已然成為全球碩果僅存的超級強權與帝國。尤有甚者，「美國於某種程度內代表了二十世紀最好的一面。」[vii] 若透過外國移民而非民意測驗專家來做意見調查，那麼幾乎可以確定的是，對出於被迫或自行決定前往國外的人來說，美國是大多數人類最喜歡的目的地，略通英語者當然更絕對如此。像我選擇在美國工作，就對此做出了說明。但話要說回來，在美國上班或喜歡住在美國——尤其是喜歡住在紐約——並不表示我打算當美國人，雖然許多美國百姓依舊很難明白這一點。如今大多數人已經不必像第二次世界大戰以前，甚或直到一九六〇年代出現航空運輸革命為止那般，必須不斷在自己的國家與另一個國家之間做出選擇，更遑論是一九九〇年代的電話通訊與電子郵件革命時期。在兩個國家或許多個不同國家上班，過著雙元或多元文化的生活，早已變成了非常普遍的現象。

金錢也不是美國唯一的引人之處。因為美國比其他國家更鼓勵才幹、活力與創新。它還讓人重新想起一個古老而沒落的傳統，那就是學術探索上的自由平等。例如巨大的紐約公共圖書館便不同於世上其他的大型圖書館，直到現在仍舊敞開位於第五大道或第四十二街的大門，向任何走進來的人開放館內瑰寶。但另一方面，這個體制讓出局者或「混不下去的人」所付出的代價，在紐約同樣顯而易見——最起碼直到那些人被趕出中產階級的視線為止，也就是被驅離街頭，或者被掃入那個難以言狀、囚犯比例高居全球第一的「集中營宇宙」。當我第一次抵達紐約時，包厘街周圍還是一大片流浪漢集中地或「貧民窟」。到了一九八〇年代，遊民已經更平均地分佈於曼哈頓街頭。今日在不時可聞的街頭手機通話聲背後，我仍然聽得見從紐約人行道上傳來無家可歸者或瘋瘋癲癲者的自言自語聲，而他們都來自那座城市從前既不人道又粗暴的年代。美國資本主義的另一面就是人的廢棄，而「廢棄」在該國的黑話正是「殺掉」的意思。

不同於其他國家的是，在美國人的民族意識型態當中，美國不單單是存在而已，它唯一會達成的事情就是「成功」。美國缺乏集體認同感，其中的例外就是認定自己乃最美好、最偉大的國家，不但凌駕於其他所有國度之上，並且為舉世公認的典範。那就彷彿橄欖球教練口中所說的：「勝利不僅是最重要的事情，它更是事情的全部。」正是這一類的事項，讓外國人覺得美國是個非常陌生的國家。某次在新英格蘭待了一個學期以後，我們於返國途中舉家共度短暫假期，來到一個既貧窮又言語不通的葡萄牙海濱小鎮，而我直到現在都還記得那種回到自己文明的感覺。地理因素完全與此無關。過了幾年以後，我們從南美洲返國途中再度前往葡萄牙度過類似的假期，這回卻未嘗出現擺脫了文化隔閡的感覺。

那些文化差異當中較引人注目之處，就是美國人對自己怪癖的體認（「只有在美國……」），或者至少是他們對自己產生的一種奇特的不確定感。一個讓許多美國歷史學家全心全意想找出答案的問題就是，「何謂美國人？」但我這一代歐洲各國歷史學家卻難得為類似的問題傷神。在旅美的英國人眼中，國家或個人認同感所帶來的困擾，並不像當地學術討論會裡面所講的那麼嚴重。一九六〇年代的情況特別如此，而且就連那些具備複雜中歐出身背景的英國人也不例外。瑪蓮參加了一次那樣的討論會以後，忍不住向我問道：「他們所談論的『認同危機』到底是什麼？」我們一九六七年抵達麻州劍橋之前，她壓根兒就不曾聽過那種用語。

vii 霍布斯邦，《新世紀：與安東尼歐．波利托的對話錄》(*Intervista sul Nuovo Secolo a Cura di Antonio Polito*)，巴里，一九九九年，頁165。

外國學者在一九六〇年代發現美國的時候，或許比今日更容易立即意識到美國的怪異之處。因為那時外國學者有許多人尚未融入全球化消費社會，而那種無所不在的生活方式更加契合了美國文化根深蒂固的自我中心論，甚至是唯我主義。不論托克維爾時代的情況如何，美國的核心價值已非熱愛人人平等，反而變成了反威權、反律法的個人主義，同時卻又很奇特地成為一種墨守法規的無政府主義。平等主義的遺風，主要就只剩下了拒絕自願服從等級式的權威。這或許可以說明為何美國每天都在國內或國外，以按照我們的標準來說相當粗野、甚至非常蠻橫的方式，動用暴力來決定到底誰該指揮誰。

美國人似乎一心一意只想著自己和自己的國家，但在其他上軌道的國家根本不會有人用那種方式來看待自己。美國的真實情況無論在當時或今日，都一直是該國創作藝術的主要題材。縈繞在每一個美國創作者心中的夢想，就是要創造出可以全面涵蓋美國實況的作品。歐洲沒有人動不動就想寫出「偉大的英國小說」或「偉大的法國小說」；但美國作家們仍打算寫出「偉大的美國小說」(而且現在是厚達數冊的大部頭)，即便他們已不再使用那個術語了。但真正最接近實現這種夢想的人並非作家，而是一個看起來膚淺，卻具有驚人持續動能的視覺形象藝術家。一九七〇年代的時候，英國藝術評論家大衛·席維斯特曾在紐約說服我相信該人的重要性。除了美國之外，還有什麼地方能夠孕育出安迪·沃荷那種作品呢？那是極度雄心勃勃、作風獨特，而且無止境以美國生活素材為主題的變奏曲，從濃湯罐頭和可口可樂瓶子一直涵蓋到美國的神話、夢想、夢魘、英雄和英雌們。在舊世界的視覺藝術創作傳統之中，缺乏類似的事物。然而正如同為了掌握自己國家整體性的美國式創造精神，而在其他方面所做的嘗試那般，沃荷的願景並不在於成功地追尋快樂，不在於追尋美國政界的陳腔濫調及心理囈語所指稱的「美國夢」。

在我的一生當中，或者最起碼在我初抵美國的四十多年內，美國到底改變了多少？不斷有人告訴我們，紐約不等於美國，而且正如同詩人奧登所說，即便永遠不可能變成美國人的人也可以自視為紐約人。像我這種做法的人就確實如此：每年前往同一間公寓，從大廈樓群俯瞰聯合廣場如何逐步翻新、跟同一名阿爾巴尼亞裔的門房打招呼，並且和往年一般與同一名西班牙婦女討論在家幫傭的事宜——那位女性已經在紐約住了十二年，卻從來不覺得有必要學英文。瑪蓮和我跟其他紐約人一樣，都會告訴外地過來的訪客，自從他們上一次在甘迺迪機場降落以來紐約有了哪些變化，而且今年該去何處用餐。但我們與定居此地的朋友不同——諸如史弗林、考夫曼、卡茨尼爾森、提利、克拉瑪等家庭——除了偶一舉辦派對之外，從不在家中宴客。

我類似道地的紐約人，要是城內有什麼讓人特別喜歡的場所關門了，就會像失去親友一般難過。我固定在「紐約人文研究所」與當地知識圈的成員共用午餐時，會彼此交換八卦消息。那些人包括了寫作者、出版商、演藝人員、教授以及聯合國的員工，而紐約的一大引人之處，正在於心靈上的生活並非由學院來主導。簡言之，世上沒有其他地方可與「大蘋果」相提並論。然而不管紐約再怎麼非典型，它仍只可能存在於美國。即便最具國際風格的紐約市民，例如我們已故的朋友，約翰·林登邦，也能夠讓人一眼就看出是美國人。他生前是哈林區一所醫院的血液學家兼爵士樂迷，有一回被派去孟加拉參與一項醫學研究計劃，於是帶了許多爵士唱片和一個舀冰淇淋的勺子前往該國。紐約的猶太人特別多，而且不同於美國大多數地區之處為，紐約有更多人意識到其他世界的存在，但是我身為紐約人所學到的事物，與我對中西部和加州的有限認識之間並不會格格不入，因為它們都屬於美國

說來奇怪的是，六〇年代人們所稱的「脈動」給美國帶來的改變，遠遠少於我在過去半個世紀內所認識的其他國家。我小時候住過的巴黎、柏林、倫敦與它們在二〇〇二年時的情況，根本無從比較起。就連維也納也一樣，儘管它刻意把自己裝扮成一個展現昔日榮景的主題公園，打算藉此隱藏社會

上與政治上的轉變。甚至連倫敦的天際線也變得不同於前，那從我所居住的國會山斜坡上即可看出——國會大廈現在幾乎已經看不見了。就巴黎而言，自從龐畢度和密特朗二人分別在那裡留下自己的記號以後，它也早已今非昔比。紐約雖然經歷了與其他城市相同的社會與經濟劇變——諸如去工業化、市區改造、大量從第三世界湧入的移民——卻讓人感覺不到那種變化，甚至讓人看不出來。此事相當令人驚訝，因為每一個紐約人都知道，這座城市年年都在改變。像我自己就曾經目睹紐約生活出現根本上的創新，譬如韓國蔬果店、紐約中下階層人士光顧的金貝爾百貨公司結束營業、布萊頓灘變成了小俄羅斯。然而紐約還是紐約，不像倫敦已經不那麼倫敦了。就連曼哈頓的天際線基本上也跟一九三〇年代大同小異，尤其自從戰後最雄心勃勃的添加物——世貿中心——現在已經消失不見，情況更是如此。這種顯而易見的穩定性難道是幻覺嗎？畢竟美國也是全球人類的一部分，而且人類在一九四五年以後所面臨的變局，比有史以來的任何時刻都更加深遠和快速。美國的變遷之所以在我們眼中顯得不那麼戲劇化，是因為繁榮的高科技大眾消費社會遲至一九五〇年代才現身於西歐，而它在美國卻早非新鮮事。此外我在一九六〇年前後發現，一九五〇年代中葉已形成一道歷史性的鴻溝，將之前與之後英國人的生活習慣與思維方式區隔開來。然而對美國來說，一九五〇年代只不過是（或至少看起來彷彿是）二十世紀更大更好的版本，而且是美國富裕白人公民已經熟悉了兩個世代之久的二十世紀，更何況其信心已從大蕭條的震驚中恢復了過來。從外面的世界觀之，美國繼續沿襲跟從前相同的路線（雖然美國公民已有一部分人——主要為受過大學教育者——開始出現不一樣的想法），而且由於歐盟各成員國變得越來越現代化，歐洲觀光客所接觸到美國生活中的事物開始顯得沒那麼「先進」，甚至還有一點相形見絀了。我在一九七〇、八〇和九〇年代開車經過的加州，與一九六〇年代時的模樣沒有太多差別；但是西班牙與西西里的情況可就大不相同。紐約在我一生當中都是個新移民的大都會，倫敦卻要等到一九五〇年代以後才變得如此。美國這塊大地毯的細部雖然出現了變化，而且還在不斷改變中，不過其基本花色卻一時之間穩定得令人吃驚。

身為歷史學者，我知道在這種表面上穩定變化的背後，正進行著既大規模又長期性的變遷，甚至是根本的轉變。儘管如此，它們卻遭到了隱藏。那是由於人們執意抗拒更改美國的公共機構、官方程序、美國式的生活習慣，以及皮耶赫·布迪厄所泛稱的「習性」或待人接物之道。美國的制度被套上了由一部十八世紀憲法織成的緊身衣，再加上兩個世紀以來由律師們——亦即合眾國的神學家們——宛如注解經典一般所做出的補強解釋，結果在二〇〇二年時幾乎比世上任何國家的制度都要僵化許多。美國迄今甚至未能將憲法略加修改，以便義大利裔、猶太裔公民（更遑論是女性）能夠當選國家領導人。但這套制度也使得美國政府基本上不需要偉人，甚至無需任何人做出重大決定，因為快速而有效的國家決策——包括總統制定的國策在內——幾乎是不可能的事情。美國，至少就其公眾生活而言，是一個被設計成以平庸的固定模式來運作的國家。那是因為它必須如此行事，而且它在二十世紀富裕和強大得足以這麼做。在我一輩子的政治生活當中，只有美國出現過這種情況：三位能幹的總統（羅斯福、甘迺迪、尼克森）任期尚未結束，便驟然由既不具資格又無人期待他們當總統的人手來取代[15]，可是美國歷史和世界歷史的發展並未因此而出現明顯差別。相信高超政治手腕和偉大個別人物的歷史學家，只會覺得美國是個燙手山芋。

這一切都讓華盛頓的真實政府蒙上迷霧，而一些大型企業及壓力團體的驚人財力，再加上選舉程序讓人無法辨明國政的實情與日益受到的限制，讓局面甚至變得更加不透明化。於此情況下，美國一俟蘇聯解體便不聲不響準備成為獨霸全球的超級強權。但美國所面臨的問題是，其所處的地位在歷史上缺乏先例；其政治體系必須遷就「新罕布什爾州初選」[16]所帶來的雄心與反應，以及地方上的保護主義；它不知道該如何運用自己的權力；況且幾乎還可以確定的是，這個世界太大也太複雜，無法在任何時間內任由單一超級強權來主宰，不論其軍事力量與經濟資源有多麼強大。世上的勝利者若缺乏恐懼感來加以約束，就會罹患「自大狂」這種職業病。今天沒有任何國家約束得了美國。基於這個理由，在我撰寫本書的二〇〇二年四月，美國的國力龐大得足以——而且顯然正在——讓世界陷入不安。

我們的問題並非自己正在被美國化。儘管美國化已在文化上與經濟上造成了巨大衝擊，世界的其餘部分，甚至包括資本主義的世界在內，迄今仍堅拒追隨美國的政治模式與社會模式。這或許是因為，美國並不像其愛國主義意識型態與憲法所宣示的，是一個前後一貫（因而可以輸出）、奠基於個人自由的普世原則、可在社會上與政治上成為楷模的資本主義自由民主體制。美國還遠遠稱不上是可供世界各國仿效的典範。美國不論再怎麼強大和影響力十足，仍然在不斷摸索之中，並於巨額金錢和公眾情緒的扭曲下，笨拙地試圖修補各種公私機制，讓它們遷就不得更動的一七八七年憲法條文，來因應立憲時料想不到的現實狀況。美國根本難以讓人複製，而且我們大多數人並不想複製它。自從青春期以來，我在美國度過的時間多於除了英國以外的任何國家。即便如此，我還是慶幸自己的小孩沒有成長於美國，而且我屬於另外一種文化。然而美國也還是我的一部分。

我們的問題其實在於，美利堅帝國不知道自己想做什麼、可以用自己的國力來做什麼，以及自己權力的極限何在。它只是一味地堅持：不擁護美國的人即為反美人士。這正是生活於「美國世紀」全盛時期的問題所在。我已經高齡八十有五（二〇〇二年寫作此書之際），大概沒辦法看見問題解決之日來臨了。

第廿三章

尾聲
CODA

一

各種傳記都隨著主角的死亡而劃上句點，自傳則不會有這樣的結局。但無論如何，這本自傳的有利之處為，它結束於世界史上一個無可否認的戲劇性段落，那就是二〇〇一年九月十一日，世界貿易中心和五角大廈遭受攻擊。或許世界歷史上從未有過這麼多人，直接經歷了一個料想不到的事件。而我是在倫敦一家醫院的電視螢光幕上，看見了此事發生的經過。對一個老邁而抱持懷疑論、出生於俄國革命那一年的歷史學者而言，該事件結合了二十世紀一切的壞東西：大屠殺、高級但不可靠的科技，而且真實世界模仿了好萊塢的壯觀場景，宣佈再度進行一場介於上帝和魔鬼之間的全球殊死戰。輿論界橫飛的口沫淹沒了西方世界，一些御用文人則費心尋覓不該使用的字眼，而且不幸找到了它們。

值此美國主導媒體與政治的年代，美國主導權在全球各地所造成的觀感與異議產生了放大作用，使得美國與其他地區之間突然出現鴻溝，各自以不同方式來解讀那個可怕的日子。世界的其他地方只看見了一場特別戲劇性的恐怖攻擊行動，而它造成慘重傷亡，並使得美國暫時公開受到羞辱。除此之外，整體形勢與冷戰結束以來的情況並無差別，絕不至於令全球唯一的超級強國陷入緊張[i]。華盛頓當局卻聲稱九一一事件已經改變一切，同時還採取果真改變了一切的措施，宣佈自己將獨力捍衛世界秩序，並裁定誰是世界秩序的危害者。任何拒絕接受此種立場的人，就是潛在的敵人或真正的敵人。這倒不出人意外，因為自一九八〇年代末葉以降，美利堅全球軍事帝國的戰略思維已為此做出準備，而當初制定這套戰略的人，現在即為其執行者。然而九一一事件已經證明出來，我們都生活在只有一個超級強權的世界，而且該強權於蘇聯解體後終於做出決定，在可預期時間內不讓自己的力量受到任何約束，並準備無限制施展自己的力量——雖然除了展現唯我獨尊的地位之外，使用此力量的目的並不十分清楚。二十世紀已告結束，二十一世紀於昏暗渾沌之中揭開了序幕。

沒有任何地點比得上醫院病床，更適合讓遭到拘禁的受苦受難者進行思索，回味一些宛如從歐威爾的小說中狂瀉而出的語句和影像。它們就在這個年代裡，泛濫於印刷品和螢光幕之上，悉數被設計用來進行欺騙、隱瞞和蒙混，而且受騙者也包括了製作那些文字和畫面的人。其所涵蓋的範圍，從簡單的謊言一直延伸到強有力的遁詞，而那些東西就被外交大員、政治人物和軍事將領（其實今天我們每個人也不例外），拿來規避我們無意或不敢誠實回答的各種公共問題。其所涵蓋的範圍更從公然撒謊——例如偽稱伊拉克擁有威脅世界的大規模毀滅武器，因此必須打倒海珊[1]（但他無可否認也是咎由自取）——一直延伸到更方便拿來合理化美國官方政策的各種藉口，因為美國從前也曾經趕走了史達林主義。我們只需要聽聽華盛頓的決策者與戰略家們私下或公開的意見，即可明白他們今天都在談論純粹的權力政治，並厚顏無恥地將建立美利堅全球帝國的工作，呈現為一個文明國家的自衛反應：若不摧毀國際恐怖主義的話，那個文明將慘遭難以形容的野蠻暴行蹂躪。反正理所當然的是，在安隆公司[2]與美國政府彼此界線模糊不清的那個世界，自欺欺人（最起碼是在說謊的那一刻）可以讓那些謊話聽起來更加令人信服。

當我躺在病床上，身邊圍繞著各種聲音和紙張的時候，我所得出的結論是：二〇〇二年時的世界比從前更需要歷史學家，尤其是具有懷疑精神的歷史學家。或許閱讀該行業一名老邁成員畢生的報導，能夠幫助年輕人於面對二十一世紀的晦暗前景之際，除了具備不可或缺的悲觀態度，還能擁有較透徹的眼光，以及得自於歷史記憶的見識，而且有能力避開當下的狂熱激情與政治兜售伎倆。

年齡可對此產生助益。我由於年紀的緣故，成為統計學上的珍稀。據估計一九九八年，全球年屆八十以上者共有六千六百萬人，大約只佔世界人口的百分之一。單單憑靠倚老賣老的優勢，別人只能在書本上讀到的歷史，卻是這個少數族群人生記憶的一部分。對於即將接受高等教育——亦即誕生於一九八〇年代初期或中期——的潛在讀者而言，絕大部分的二十世紀都屬於遙遠的過去，沒有多少東西留存在真實的知覺當中，例外情況是出現於電影或錄影帶裡面的歷史古裝劇，再加上一些出於不同理由，已經成為集體神話的二十世紀零碎印象——例如第二次世界大戰各種事件在英國所產生的意義。但那些事情多半與生活無關，反而只是應付學校考試該準備的東西。像我依然鮮明地記得希特勒在柏林上台掌權的那個寒冷冬日，但它在二十歲年輕人的眼中卻遙不可及。我在一九六二年古巴飛彈危機期間結婚，可是那個危機對他們的人生卻不具實質意義，就連對他們的父母也往往如此，因為四十歲以下的人當時尚未誕生。但對我這種年紀的人而言，那些都屬於依時間順序發生的一連串事件，決定了我們在大環境下的私人生活。那些事情對他們的意義卻不一樣：在最佳情況下，是值得進行學術研究的課題；在最壞情況下，只是一些發生於「我的年代之前」、讓人不痛不癢的零星事件。

與我同輩分的歷史學家就是嚮導，可帶人前往一個重要的昔日領域、一個人們行事風格迥異的國度，因為我們曾經生活在那裡。或許我們對自己平生歷史的認識，反而比不上一些專門論述我們那個

---

i 請參見本人於此事件發生八年以前，在《極端的年代》（英文平裝版）對世界局勢做出的總結——第十九章〈邁入千禧年〉，尤其是五五八至五六二頁。

時代的年輕歷史學家，因為他們可以運用當時我們——實際上是任何人——都接觸不到的文獻。即便年歲還沒有將記憶力腐蝕殆盡，我們或許也無法完全依賴記憶。更何況若無書面資料佐證的話，記憶中的事物恐怕會錯誤百出。但是話要說回來，我們曾經置身現場、曉得實際的感覺如何，這種臨場感使得我們具有天然免疫力，避免出現不在現場者的時空錯亂現象。

活過二十世紀的八十多個年頭讓人自然而然地上了一課，明白了政權、帝國及各種體制的變幻無常。我目睹了歐洲各個殖民帝國的徹底消失，尤其是身為其中佼佼者的大英帝國——其疆域之廣、威勢之隆，都在我的童年時期臻於巔峰，而且當時大英帝國曾率先引進空中轟炸這種新戰略，藉此在諸如庫德斯坦和阿富汗等地維持秩序。我目睹了一些世界強權如何裂解成林立的小國，還看見一個有意延續千年之久的德意志帝國，以及一個打算永遠存在下去的革命勢力如何走上末路[3]。我大概沒辦法經歷到「美國世紀」的終結了，但我可以篤篤定定地跟人打賭，本書的某些讀者將會親眼看見此事發生。

我們這些老年人已經見識過各種時尚風潮的大起大落。自從蘇聯解體以來，新形成的政治基本教義和流行觀點就是，「個人主義的資本主義社會」乃唯一選項，「自由主義民主政體」則與那個社會密不可分，而且它幾乎已在世界各地成為標準的政府形式。在一九一四年以前，那也是不少人曾經相信過的事情，即便情況還不像今日這般普遍。然而在二十世紀大多數的時候，那些講法都顯得不大可信，因為資本主義曾看似氣數將盡。今天看起來令人匪夷所思的是，一九三〇至六〇年之間曾有許多頭腦清楚的觀察家宣稱，於歷次五年計劃主導下的蘇聯「國家指令式經濟體制」，已呈現出一個可在全球替代西方「自由企業」的模式——雖然就連最同情蘇聯的外國訪客，也不難看出當地的模式是多麼的原始和缺乏效率。當初真正相信「資本主義」那個字眼的人，就跟今天真正相信「共產主義」這個字眼的人一樣稀少。頭腦清楚的觀察家們還曾經認為，共產主義的生產力可望超越資本主義[4]。現在我再度發現一個不信任資本主義的世代，這並不令人驚訝；然而這個世代的人，再也不相信我們打算拿來替代資本主義的方案了。

對年齡與我相仿的人來說，生活於二十世紀意謂參加過無與倫比的課程，領教了真正的歷史衝擊力。第二次世界大戰結束後的三十年間，全球的生活狀況出現了既快速又徹底的改變，其劇烈之程度更甚於人類歷史上任何可相提並論的時期。人類發射了一艘前所未有的太空船，還得面對當今世界在社會與文化上的劇變。北半球少數幾個國家裡與我同樣年邁的人士，就是在發射這艘太空船之前即已成年的第一代人。我們也是親身經歷過這個歷史時刻的第一代人，眼睜睜看著原本將人們維繫於家庭、社區與社會之中的規矩和習俗如何停止運作。如果你想知道這種轉變到底是怎麼一回事，只有我們能夠告訴你。如果你想走回頭路，我們也可以告訴你「那是辦不到的事情」。

二

年歲促成了這種歷史透視法，但我希望自己的生平能夠幫助我施展另外一種透視法：冷眼旁觀。冷戰時期的歷史撰述——更遑論那些推銷「全球反恐戰爭」的江湖郎中——與十七世紀「三十年戰爭」時期歷史撰述之間的最大差別，就是我們再也不必選擇站在天主教徒或新教徒那一邊（貝爾法斯特除外），甚至無需那麼認真看待他們的理念。而歷史正需要冷眼旁觀，不但必須與我們自己的「宗教戰爭」所帶來的激情、非理性、意識型態與畏懼保持距離，同時還需要擺脫更加危險的「認同感」之誘惑。歷史研究需要機動性和探勘廣大疆域的能力，也就是說，必須具備活動於自己根據地之外的能力。基於這個理由，我們不可像植物一般無法離開自己的本土與棲息地，因為沒有任何單一的棲息地或小環境足以讓我們竭盡所能地發揮。我們的理想不在於要當雄偉的橡樹或紅杉，而是要成為以北極與熱帶為家、飛越半個地球的候鳥。時空錯亂與本土作風就是歷史研究的兩大死罪，由於對外地的情況同樣無知，縱使閱讀的書籍再多、想像的能力再豐富，也很難克服管窺之見。過去的時代始終屬於另外一個國度，只有旅行者能夠跨越其邊界。但除非是過著游牧生活方式的人們，否則「旅行者」的定義就是：離開了自己社區的人。

幸運的是，正如同跟著我來到這裡的讀者們所熟悉的，我這一輩子都隸屬於一些非典型的少數群體。而我打從一開始便享有的巨大優勢，源自於古老哈布斯堡帝國的背景。在各個崩潰於二十世紀的多語言多民族的大帝國當中，明眼人早已預料到法朗茲·約瑟夫皇帝的國度終將衰頹，並不斷對此進行觀察，於是為我們留下了最豐富的文獻與史料記述。奧地利才智之士有充裕時間來探討自己帝國的滅亡與解體，其它的帝國卻崩潰得十分突兀（至少以歷史的時鐘觀之正是如此），甚至連像蘇聯那般顯然已病入膏肓的帝國也不例外。或許奧地利人體認了自己帝國的多語言性、多宗教性、多文化性，比較能夠從多元的觀點來看待歷史。奧匈帝國的子民同時生活於不同的社會氛圍和不同的歷史時代之中。例如十九世紀末葉的摩拉維亞，同時是孟德爾之遺傳學、佛洛伊德之《夢的解析》，以及雅納切克之歌劇《顏如花》的場景。我還記得一九七〇年代的一個場合，那時我在墨西哥市參加以拉丁美洲農民運動為主題的國際圓桌會議，會中我突然注意到一個事實：評議小組的五名專家當中，有四人出生於維也納……

除此之外，我還從E M·佛斯特對一位以英語寫作的希臘詩人——和我一樣也出生於亞歷山大港的卡瓦菲——所做的評語中看見了我自己。福斯持認為卡瓦菲「站在稍微偏斜的角度來面對宇宙」。不論對歷史學家或攝影大師來說，那都是適合站立的好角度。

我一生中面對的情況多半就是這副模樣：出生於埃及而被烙印標籤，可是埃及與我一生的歷史並無實際關連，我就像是來自其他地方的人。我曾經依附於一些國家並覺得賓至如歸，還在其他許多國度實地看見了不少事情。然而在我待過的所有地方，甚至在我生而擁有國籍的那個國家，我雖然未必是外人，卻都並非純正的當地人——置身中歐人之間的英國人、英國來自歐洲大陸的移民、不管到哪裡都是猶太人（而且在以色列特別如此）、專家世界之中的反專家、一個通曉多種語言的世界人、一個將政治撰述與學術著作奉獻給非知識分子的學術人。尤有甚者，我一輩子大多數時候都是共產黨員當中的異數，而共產黨員在我曉得的那些國家又一向是政治上的少數。這一切都讓我的私人生活變得複雜，卻是歷史學家這個行業的寶貴資產。

這一切讓人輕而易舉就可以抗拒巴斯卡所指稱的「心中無法用理智來領悟的理由」，亦即在情感上認同某個明顯的團體或自己中意的團體。認同感是為了排斥其他人而發，意味著黨同伐異。那將會導致災禍。正因為如此，僅僅為了特定團體的圈內人而撰寫的歷史（「身分歷史」）——只為黑人寫出的黑人歷史、為同性戀者寫出的同志歷史、為婦女寫出的女性主義歷史，或者是各式各樣的種族歷史或民族主義史——都無法成為良好的歷史撰述。即便那不僅僅是某個群體之中，一個次級意識型態團體偏頗的政治表達方式，照樣無法令人滿意。規模再大的「身分團體」也無法遺世而獨立，世界不可能僅僅為了遷就它而改變自己，過去的歷史也不可能為了它而讓自己遭到篡改。

新世紀已然開始、短暫的二十世紀仍然餘波蕩漾，以上的認知因而變得益發緊要。值此舊政權解體、舊政治形式淡出、新國家數目暴增之際，製造新的歷史來迎合那些新政權、新國家、新種族運動、新身分團體，儼然已成為全球性的工業活動。在這個刻意被設定為不斷與過去進行切割的時代，人們卻日益渴望與過去的歷史產生連貫性。媒體社會於是發明了自己的版本來投其所好，此即透過售票亭來銷售的國家歷史、「歷代傳承」，以及穿著花俏古代服裝的主題公園。就連在民主社會當中，雖然已不再有專制勢力硬性規定針對過去和現在發表何種言論，各種壓力團體卻仍共同發威，藉由頭條新聞、負面報導、公眾的歇斯底里反應來威脅嚇阻，強迫別人逃避現實、三緘其口，以及公開自我審查「政治正確性」。即便時至今日（二〇〇二年），君特．格拉斯那位一貫反納粹、深具道德勇氣的德國作家仍然造成了很大的震驚。因為他選擇以第二次大戰末期一艘沈船的悲劇做為小說題材，而那艘船上載滿了德國難民，正準備逃避向前挺進的蘇聯紅軍。[5]

三

一位歷史學家的人生考驗在於：當他或她面臨一些對自身和世界具有強烈情感意義的事件時，是否能夠表現得宛如報導遙遠過去事物的記者一般，坦然針對那些事件提出問題和回答問題，尤其是「假若……將會如何」之類的問題——尤其是他們並非局外人，而是深陷其中者。那些問題無關「真實的」歷史，所探討對象未必是我們所喜歡的東西，而是發生了什麼事情，以及什麼事情原本可能以不同方式發生卻並未成真。那些問題影響至今而非僅僅侷限於過去，因此對生活於新世紀之初的老老少少都相當重要。例如第一次世界大戰未能避免，所以有關一戰是否可避免的問題純屬假設。我們若表示那場戰爭的慘重傷亡令人無法忍受（這是大多數人的看法），或者認為假若德皇戰勝的話，受到德國影響的歐洲可能優於《凡爾賽和約》後的世界（這是我的看法），我都可以表現得「宛如報導遙遠過去事物的記者」。然而，要是有人問起關於第二次世界大戰的問題，縱使只是理論上的問題，我也一定無法通過歷史學家的人生考驗。

我能夠勉強自己設想一種論點：假若佛朗哥的政變在一九三六年即獲得成功，西班牙應可躲掉內戰而改善處境。我也準備很懊惱地讓步承認：列寧的共產國際並非那麼好的構想。同時我更可毫不遲疑地承認（因為我從來就不是錫安主義者）：特奧多爾．赫茨爾的猶太民族國家方案同樣不理想，假若他繼續留在《新自由日報》擔任明星專欄作家的話，反而可以做出更佳表現。可是萬一有人要求我接受一個替代性選擇：不值得為了擊敗國家社會主義而犧牲五千萬人、承受第二次世界大戰數之不盡的恐怖事件，那麼我無論如何都無法苟同。至於美利堅世界帝國的前景，長久下去是不看好的。當我思及於此並回顧往日大英帝國的紀錄時，心中的恐懼多於熱烈期待——大英帝國因為本土疆域不大，當初免於陷入妄自尊大的地步。我在這場考驗中得到的分數如何？要是分數太低的話，那麼這本書對讀者的幫助恐怕不大，因為他們已經邁入新的世紀，而且絕大多數還將迎接比我更長久的人生歲月。

但不管怎麼樣，我們千萬別繳械投降，即便在時機不利的年代也不例外。社會的不公不義仍有待我們加以譴責與打擊。世界可不會自動自發變得更好。

譯者的讀書筆記

譯　序

趣味橫生的翻譯時光

本書的封面是一張人物特寫，照片中那位老先生正準備開口表示：「你在看我嗎？讓我跟你說說我的故事。」他就是享譽國際的英國史學大師艾瑞克・霍布斯邦。霍布斯邦出生於一九一七年，於年近九十之際發表了這部自傳。霍老講完故事以後，還會在本書的〈尾聲〉告訴我們「自傳」與「傳記」的差別：「各種傳記都隨著主角的死亡而劃上句點。自傳則缺乏這種自然的結局。」

時序已進入二十一世紀，「我的二十世紀人生」這個副標題的涵義不言自明。全書的英文主標題（*Interesting Times*）卻暗藏玄機。乍看之下，它的意思應該是「有趣的年代」——霍老傳誦一時的「十九世紀三部曲」與二十世紀史，不是分別名曰《革命的年代》、《資本的年代》、《帝國的年代》和《極端的年代》嗎？

只不過四個標題中的「年代」（Age）都是單數形式，我們即將觀賞的「年代」（Times）卻是複數，而且此處的「有趣」其實是反話。有關本書的各種英文評介都一再強調，「Interesting Times」源自「中文裡詛咒別人的話」。更何況我們展卷閱讀以後，很快就會發現：與其說霍老的一生「有趣」，倒不如稱之為「黑色幽默」還比較恰當。顯然這部自傳的書名不宜翻譯成「有趣的年代」，我們必須另闢蹊徑。

全書大約翻譯了一半的時候，譯者突然心生一念：不妨稱之為「趣味橫生的時光」，而且為了掌握書中含義的精髓，我們說出「趣味橫生」的時候必須強調「橫生」二字，藉此產生「橫生枝節」的意味。交稿完畢後，我又查出「Interesting Times」為何是一種詛咒。這個用語的完整講法是：「May you live in interesting times」。據說它翻譯自中文，但無人知曉典出何處，我們只能推測原文的講法或許跟「讓你生不如死」或「寧為太平犬，不做亂世人」有所關聯。

英國外交圈是最先流行使用「interesting times」一詞的地方。一九二五年諾貝爾和平獎得主，英國外交大臣奧斯丁．張伯倫（張伯倫首相之兄），以及一九三七年擔任英國駐華大使的許閣森爵士（其座車曾在上海市郊遭日機掃射），都曾經表示：「一位我國派駐中國的外交官告訴我，中文最惡毒的用語是『願你活在趣味橫生的時光』，看來我們所處的時代正充滿了這種詛咒！」

據悉該詛咒共分成三個部分，「趣味橫生」只是其中之一而已，接下來的兩句甚至更加兇狠。不管這個「三段論」詛咒是否果真源自中文，它正是霍布斯邦大半生的最佳寫照：

願你活在趣味橫生的時光！（「生不如死」）
願官府好好照顧你！（「無處可逃」）
願你找到你想要的東西！（葉公好龍式的「心想事成」，指某人一心追求某樣東西，結果那樣東西果真出現以後，卻讓人驚嚇不已。）

作者的生平充分展現出猶太人四海為家、飄泊異鄉的生活方式。他的祖父，一位名叫「沃布斯特鮑姆」（Obstbaum）的猶太木匠，在一八七〇年代從俄屬波蘭移民至倫敦的貧民區。等到作者出生以後，他自己的姓氏卻因為英國官員先後兩次作業錯誤，變成了霍布斯邦（Hobsbawm）。

霍布斯邦雙親結褵的經過，更是傳奇色彩十足。一九一三年時，作者未來的英國猶太父親在埃及愛上了一位來自奧匈帝國的猶太小姐。等到二人準備成親之際，第一次世界大戰突然爆發。由於英奧兩國處於交戰狀態，他們必須前往位於中立國瑞士的英國領事館辦理婚姻登記，並由英國外交大臣親筆核發特許狀。那對新婚夫婦度完蜜月以後無法一同前往英國或奧匈帝國，只得返回埃及的亞歷山大港，在俄國爆發「十月革命」那年生下了作者。

一九一九年一戰結束後，他們一家三口離開埃及前往維也納定居。作者從此在家說英語、出外講德語，成為一個具有英國背景的中歐男童。按照作者自己的表達方式，他生長在一個「不斷冒煙的火山錐」下面，而那座火山隨時可能在他頭上噴發。也就是說，作者打從有記憶以來，就生活在一個「災難的年代」。

霍布斯邦出生前後，中歐和東歐是由奧匈、德意志、俄羅斯和鄂圖曼四大帝國掌控。等到他來到維也納時，四大帝國已經化為齏粉。舊文化、舊生活方式、舊秩序早已一去不返，舊帝國的殘破廢墟中冒出了許多搖搖欲墜的新國家。凡事都變幻無常，成為「已死亡的過去」和「未誕生的未來」之間的臨時停靠站，等待各種激進勢力和第二次世界大戰過來重新摧毀一切。

不正常的家庭背景，又為這個不正常的生活環境增添更多變數。作者的英國父親德語不佳、身無長技，搞得家境比一般維也納家庭更加貧困，必須不斷搬家。最後他在一九二九年，也就是全球經濟開始陷入危機那年倒斃在家門外。作者的奧地利母親哀痛逾恆，兩年後也跟著撒手人寰，於是霍布斯邦年僅十四歲就成為父母雙亡的孤兒，必須在一九三一年前往德國投靠叔父和姨母，並在柏林繼續中學學業。可惜威瑪共和國氣數已盡，英國叔父又因為經濟大蕭條而失去在德國的工作，轉赴西班牙謀生。作者在柏林再度無家可歸，周遭已看不見任何希望，只能期待一場右派革命或左派革命來另創新局。霍布斯邦身為英國猶太人，不可能支持德國的民族主義和納粹革命，於是他將希望寄托於蘇聯的共產主義和世界革命，成為終身的共產主義者。

一九三三年一月底，作者在放學後聽見了希特勒上台的消息。納粹執政之初，他曾進行過幾次緊張刺激的散發共黨傳單行動，然後就被叔父接往英國而離開德語的世界，卻在返回祖國途中愛上了法國。霍布斯邦在倫敦完成高中學業期間，爵士音樂成為他永遠的熱愛，又衍生出他這個老左派與美國之間一輩子的愛恨情仇。一九三六年他成為劍橋大學國王學院的公費生，入學後正式入黨，從此成為英國共產黨員，直到該黨在一九九一年解散為止。由於霍布斯邦是黨內的知名角色，英蘇雙方都從未有人動念吸收他從事特務工作，即便我們將在書中讀到，他有不少學長後來成為著名的「劍橋間諜」。

到了一九三九年，作者第三度孤立無援。先是他的叔父帶著全家移民智利另謀生計，留下作者獨自待在劍橋。那天夏天他從國王學院畢業以後，前往巴黎參加共產黨舉辦的學生大會，納粹德軍卻在他離法返英當天開入波蘭，引爆了第二次世界大戰。接著霍布斯邦應召入伍，穿上了英軍的制服。然而他的母親和希特勒曾是同一國的人，他自己則在六年前才從德國來到英國，所以沒有人敢運用他的德語長才。於是霍布斯邦在軍中備受歧視、受到監視，而且不得出國離境。

這回作者反而因禍得福，當他的單位即將出發前往東南亞作戰時，他被調派至「陸軍教育團」。結果他昔日的袍澤被日軍押去修築桂河大橋，他卻在國內過著半平民化的日子，還娶來一個「迷人的倫敦政經學院共產黨女生」。但幸福的日子並不長久，他的第一任老婆在一九五一年，也就是韓戰打得如火如荼之際「跟別的男人跑了」。霍老一直要等到一九六二年才再婚，那時卻又爆發「古巴飛彈危機」，全球核子大戰一觸即發！

作者服役六年、「打了一場空仗」以後，總算在一九四六年解甲歸田，回到劍橋繼續完成博士學位，可是全球已深陷冷戰時代。身為共產黨員，他是西方世界潛在的敵人和被監控的對象，非但職業生涯遭到封鎖，一度連出書都有困難。幸好他及時在一所夜間部學院覓得教職，於無法獲得升遷的情況下保住了飯碗，過著大器晚成的日子。霍老一直要等到一九七〇年代（也就是五十好幾的時候），才終於當上了教授，雖然他在一九六〇年代已開始揚名國際。

一九六〇年代是作者一生的分水嶺，自此漸入佳境：他撐過了「趣味橫生」和「官府照顧」那兩個詛咒之後，第三個詛咒（葉公好龍）未能成真。一九五六年赫魯雪夫對史達林的「鞭屍」和出兵鎮壓匈牙利的行動，使得國際共產主義陷入分裂，導致西方共產黨員紛紛退黨。作者選擇繼續留在黨內，但從此不再積極過問政治，不再夢想世界革命，轉而親近義大利式的歐洲共產主義，並且發現自己竟然願意娶非共產黨員為妻。其實際做法則改弦更張，成為「詮釋世界」而不再是致力於「改造世界」。霍布斯邦以一位非典型的馬克思主義者、一位以理服人的左派歷史學家之身分，在冷戰時代的西方力爭上游，終於獲得了成功。

也就從一九六〇年代開始，霍布斯邦成為搭乘噴射客機雲遊四方的「流浪學者」，同時任教於倫敦、巴黎、紐約等地，生活在地球村各種不同的文化氛圍中，過著年輕時代連做夢都想像不到的生活。等到撰寫本書的時候，他一生的信念已是明日黃花，於是在〈身為共產黨員〉一章寫道：

> 共產主義如今已經死亡。蘇聯以及絕大多數依照其模式建立起來的國家與社會——亦即曾為我們帶來鼓舞的一九一七年「十月革命」之產物——都已經徹底崩潰，只留下一片物質上與道德上的廢墟。現在很明顯即可看出，那個志業一開始就已經注定了失敗的命運。

其實作者在一九八〇年代後期即已發現：「昔日國際共產運動……就彷彿一隻擱淺岸邊的鯨魚，眼睜睜望著海水退潮」。這個句子充分道出了霍老心中留存至今的悵惘。

從以上流水帳一般的簡單描述，便不難想像作者的一生是多麼不尋常和多麼「趣味橫生」了。在這部自傳當中，霍布斯邦以維也納兒時玩伴七十多年後寄來的一封信函做為楔子，導出自己漫長的二十世紀人生。其間他親眼看見各個殖民帝國走上末路，還從頭到尾經歷了希特勒的「千年帝國」、蘇維埃帝國和國際共產運動的興亡。各種重大的歷史事件並非旁人眼中的日期和數字，而是他自己的親身遭遇，成為烙印在臉上的歲月痕跡。他告訴我們歷史如何形塑了人生，以及人生如何反映出歷史。

書中的表達方式非常個人化，作者是以精通多國語言、遍遊全球各地者的身分，以「實地參與的觀察者」之姿，帶領我們穿越人類歷史上最凶險、變動最劇烈的世紀。書中出現來自全球五大洲的各種事件、人名、典故、與本文水乳交融的二十多種外語，以及飽經風霜的文字——例如時而以最自然的方式，用德文、拉丁文、法文和其他語言的句型結構寫出的英文，讓各章的內容更加具備臨場感。

《趣味橫生的時光》是一本相當奇特的自傳，而且是一本翻譯不易的著作。以致無論是左岸出版社的編輯部門還是譯者，也都有過十分趣味橫生的時光。為了增加讀者閱覽時的便利，譯者採取類似翻譯《一個德國人的故事》時的做法，寫出許多譯注。但《一個德國人的故事》所涵蓋的時間範圍較短（1914-1933），《趣味橫生的時光》則完全涵蓋了作者所稱的「短暫的二十世紀」（1914-1991），並延伸至十九和二十一世紀，譯注的數目自然更多。

編輯部門採取的排版方式因而不同於《一個德國人的故事》，是把所有的譯注都拿到後面，並且名之為「譯者的讀書筆記」。這種編排形式一則避免讀者於享受霍老人生之際受到隨頁注干擾，同時可供讀者「看看同樣上了年紀的人如何遙遙相望」。畢竟本書最有趣的部分，往往必須要曉得典故的由來之後，才有辦法真正體會。

周全　二〇〇八年五月於台北

譯注

序文

1 霍布斯邦將十九世紀稱作「漫長的十九世紀」(1789-1914)，將二十世紀稱作「短暫的二十世紀」(1914-1991)。前者從法國大革命一直維持至第一次世界大戰爆發，後者則從一戰爆發延續至蘇聯解體。

2 阿格尼絲．海勒（Agnes Heller）一九二九年出生於布達佩斯，為猶太裔匈牙利女哲學家。她從一九八六年開始任教於紐約社會研究新學院。

3 史都華．普洛菲特（Stuart Proffitt）是英國企鵝出版社出版部主任，被視為當代英國最優秀的政論書籍編輯。

第一章　前奏

1 霍布斯邦家族的姓氏原為「Hobsbaum」，但領事館出現手民之誤，害得作者從此名叫「Hobsbawm」。那名領事館職員說不定是威爾斯人——威爾斯語將「U」寫成「W」。

2 湯姆．史托普（Tom Stoppard, 1937-）為出生於捷克的猶太裔英國劇作家，是電影《莎翁情史》編劇人之一。《諧謔劇》（*Travesties*）是史托普模仿王爾德《不可兒戲》的風格，完成於一九七四的喜劇。劇中主角亨利．卡爾（Henry Carr）為第一次世界大戰期間英國駐蘇黎世領事——他晚年於頭腦昏亂之下，回憶起自己在該地與喬伊思、列寧、達達主義的創始者查拉（Tristan Tzara）等人打交道的經過。

3 作者的全名是Eric John Ernest Hobsbawm。

4 佛斯特（Edward Morgan Forster, 1879-1970）為二十世紀英國最傑出的小說家之一。其著作有《最長的旅程》、《窗外有藍天》、《印度之旅》、《墨利斯的情人》、《小說面面觀》等。

5 克勞迪歐·馬格利斯（Claudio Magris）一九三九年出生於的里亞斯特，為義大利作家、翻譯家及德語文學教授。馬格利斯致力於中歐文化研究，因《多瑙河注》（*Danubio*）一書而聞名。

6 「別克」（Buick）這個名稱用德語讀出的話，聽起來好像在開玩笑。

7 當時波斯右鄰的印度次大陸和左鄰的伊拉克都被英國控制。

8 設拉子（Shiraz）是伊朗南部大城，曾為波斯國首都，有「詩歌與玫瑰的城市」之稱。

9 「打破砂鍋問到底」（Trivial Pursuit）或譯為「追根究柢」，是一九七九年出現於加拿大的一款桌遊，遊戲中的問題強調「五W」：何人、何事、何時、何地、為何。「打破砂鍋問到底」在二〇一二年時有十九種語言的版本，已售出九千萬套以上。

第二章　維也納的童年時光

1 奧匈帝國於一戰末期解體後，新成立的「德意志奧地利共和國」依據民族自決原則，在一九一八年十一月宣佈與德國合併，但協約國（戰勝國）加以否決。奧地利被迫獨立並改名「奧地利共和國」，是為「第一共和」，持續到原籍奧地利的希特勒在一九三八年三月將之併入德國為止。二戰結束後的奧地利共和國稱作「第二共和」。

2 當時的奧地利總理伊格納茲·賽珀爾（Ignaz Seipel, 1876-1932）是一位神父（任期：1922-24, 1926-29）。

3 該總理名叫多爾富斯（Engelbert Dollfuß, 1892-1934），是親近天主教會和義大利法西斯黨的農經專家，一九三二年出任總理後極力抗拒國內要求與德國合併的呼聲。他行事專斷，除解散國會、禁止各政黨外，並廢除言論、集會及組黨的自由，使奧地利陷入內戰。最後奧地利納粹發動政變，在一九三四年七月下旬將之殺射於總理府。

4 一八九二年以前，奧匈帝國的貨幣單位是「古爾盾」（Gulden），之後改用金本位的「克朗」（Krone）。「克朗」於帝國解體後急劇貶值，奧地利共和國乃進行貨幣改革，一九二五年引進「先令」（Schilling）和「格羅先」（Groschen）——「格羅先」等於百分之一「先令」，而一「先令」合一萬舊「克朗」。奧地利「先令」一直使用到二〇〇一年（但一九三八至一九四五年之間改用「德意志帝國馬克」），然後被歐元取代。

5 奧匈帝國戰敗後，協約國將原屬奧地利的「波希米亞」、「摩拉維亞」等地，以及原屬匈牙利的「斯洛伐克」、「魯森尼亞」拼湊成「捷克斯洛伐克共和國」。該國始終面臨難以化解的複雜民族糾紛，最後捷克和斯洛伐克在一九九三年一月一日正式分家（「天鵝絨離婚」），成為兩個獨立的共和國。

6 馬里安巴德（Marienbad）位於波希米亞，靠近德國邊界，是歐洲著名的礦泉療養勝地。今日以捷克語稱之為「馬里安斯克泉」（Mariánské Lázně）。

7 宮布利希（Ernst Gombrich, 1909-2001）是出生於維也納、一九三六年移居倫敦的猶太裔藝術史大師。

8 加里西亞（Galicia）位於波蘭南部和烏克蘭西部。布可維納（Bukovina）位於喀爾巴阡山東北部，今日分屬羅馬尼亞和烏克蘭。約瑟夫．羅特（Joseph Roth, 1894-1939）為猶太裔奧地利記者及作家，一九二〇年移居柏林，一九三三年流亡法國，六年後病逝巴黎。羅特的作品洋溢對奧匈帝國懷思之情，於其身後重獲世人重視。

9 魯塞（Russe）位於保加利亞北部。艾里亞斯．卡內提（Elias Canetti, 1905-94）為出生於保加利亞的猶太裔奧地利作家，一九三八年移居英國並取得英國國籍。卡內提終生以德文寫作，一九八一年榮獲諾貝爾文學獎。

10 艾文．柏林（Irving Berlin, 1888-1989）為出生於俄國的猶太裔美國作曲家。其最著名的曲調包括《上帝保祐美國》和《白色聖誕節》。

11 托洛茨基（Trotsky）是烏克蘭猶太人，原名布隆施泰因（Lev Davidovich Bronstein, 1879-1940）。「托洛茨基」其實是一名帝俄獄吏的姓氏，被那位「職業革命家」使用為護照上的假名和革命時的化名。

12 卡爾．克勞斯（Karl Kraus, 1874-1936）為猶太裔奧地利作家兼新聞記者、二十世紀最偉大的德語諷刺文學作家之一，以及十九、二十世紀之交中歐猶太文人「厭棄猶太人身分」的代表性人物。《人類的末日》是克勞斯以一戰為背景，完成於一九一五至一九二二年之間的劇本，以二百多個場景呈現出戰時眾生相。

13 艾斯勒姐弟是出生於德國、成長於維也納的奧地利人，其中：漢斯・艾斯勒（Hanns Eisler, 1898-1962）是支持工運的著名作曲家，在納粹上台後移居美國，一九四八年返回東柏林擔任音樂教授，並為東德國歌的作曲者。格哈特・艾斯勒（Gerhart Eisler, 1897-1968）是左派記者，一九三〇年前後曾被共產國際派往中國，於納粹上台後前往美國。後來他當上東德「社會主義統一黨」中央委員，掌管全國廣電業務。埃爾芙麗德・艾斯勒（Elfriede Eisler, 1895-1961）化名「露絲・費雪」（Ruth Fischer），為奧地利共產黨創黨人，一九二四年擔任德共中央政治局主席，因「極左路線」失寵於史達林而遭開除黨籍。她在納粹上台後流亡法國與托洛茨基合作，被蘇聯判處死刑。二戰爆發後，她逃往美國成為反共人士。美國出現「紅色恐慌」時，她在一九四七年出庭做出不利其弟的證詞，導致漢斯被美國驅逐出境、格哈特在美入獄四年。

14 艾恭・艾文・奇許（Egon Erwin Kisch, 1885-1948）出生於奧匈帝國時代的布拉格，是一位以德文從事撰述的猶太裔捷克記者及報導文學作家，有「憤怒的新聞記者」之稱。

15 利奧・拉尼亞（Leo Lania）原名赫爾曼（Laszar Herrmann, 1896-1961），為烏克蘭猶太裔奧地利左派記者，一九二一年前往德國發展，成為作家、編劇、導演和製片人，在納粹上台後移居巴黎，戰後返回西德。拉尼亞曾於晚年表示，他「經歷了兩次世界大戰、三場革命、四座集中營和五十年的流浪」之後，仍然是樂觀主義者。

16 梅西納位於西西里島東北角，是島上第三大城。一九〇八年十二月二十八日該城發生七級大地震並出現海嘯，市區幾乎完全被毀，居民有六萬人喪生。

17 德、奧的傳統學制通常為十三年，一至四年級為小學，五至十三年級為中學。對小學生的稱呼是「你」（du），中學改稱「您」（Sie）。講德語的時候，只有對小孩子或很熟的人才說「你」，否則以「您」相稱，以免失禮。

18 科岑（Blasius Kozenn, 1821-71）是著名的奧地利地圖學家。其地圖集為奧匈帝國中學標準教材，奧地利至今仍不斷發行增訂版。

19 海琳娜・德慕特（Helene Demuth, 1820-90）十七歲成為馬克思之妻「燕妮」娘家的女傭，於燕妮婚後轉任馬克思的女管家，直到男主人去世為止。她在一八八三年成為恩格斯的女管家並參與整理馬克思遺作，死後葬在倫敦「高門墓園」（Highgate Cemetery）。

20 巴羅因弗內斯（Barrow-in-Furness）是位於英格蘭西北部「蘭開郡」的濱海小城。

21 亞瑟・米依（Arthur Mee, 1875-1943）為英國作家、記者和教育學家，因《兒童百科全書》而著稱。他並發行了第一份以兒童為對象的報紙——《兒童週報》（*Children's Newspaper*）。

22 賴蒙德（Ferdinand Raimund, 1790-1836）為著名的奧地利演員及劇作家，與內斯特羅同為十九世紀上半葉奧地利民間劇場的代表性人物。約翰・內斯特羅（Johann Nestroy, 1801-62）為著名奧地利演員、歌劇演唱家、劇作家和諷刺作家，有「奧地利的莎士比亞」之稱。

23 傑基・庫根（Jackie Coogan, 1914-84）為默片時代最著名的童星，一九二一年與卓別林共同演出《尋子遇仙記》（*The Kid*）而名聞全球。

24 弗里茲・朗（Fritz Lang, 1890-1976）為先後工作於德國和美國的著名奧地利電影導演。

25 塞克斯頓・布雷克（Sexton Blake）是英國連環漫畫中的人物（出現於1893-1978），共有四千則以他為主角的偵探故事。「鯊魚湯姆」（Tom Shark）則為德國《偵探之王》廉價兒童小說系列的主角（出現於1927-51），至二戰爆發時已發行五百五十三集。其創作者是一位德國通俗女作家，筆名為「彼特強」（Pitt Strong）。

26 克里斯多福・伊薛伍德（Christopher Isherwood, 1904-86）為美籍英國作家，曾於威瑪共和時期長住德國。《酒店》這部著名的電影即間接改編自其《柏林故事》短篇小說集。

27 哥德字體即「花體字」（外文報紙標題仍經常使用的字體）。二戰結束之前的德文書籍通常以哥德字體印出（「德意志字體」）。哥德字體的手寫方式與羅馬字體極不相同。

28 阿斯本（Aspern）原為維也納東北市郊的村落（現為維也納市第二十二區）。一八〇九年五月，卡爾大公率領奧軍於「阿斯本戰役」擊敗拿破崙。「瓦格蘭姆」（Wagram）則是維也納北方十公里外的小鎮。一八〇九年七月，拿破崙在此地大敗奧軍，迫使奧地利接受停戰。

29 土耳其大軍曾於一六八三年第二度包圍維也納。土軍敗退之後在營帳內留下咖啡豆五百大袋。一名曾被土軍俘虜的波蘭人隨即於同一年內開設了維也納的第一家咖啡屋。

30 「一〇六六」為決定英國歷史發展的一年（諾曼人征服英國）。《一〇六六與諸如此類的一切》（*1066 and All That*）是一部反諷作品，一九三〇年出版於英國。書中模仿當時英國歷史教科書風格，故意將事實、人物和迷思混為一談，諷刺英國人不清楚自己的歷史。

31 《摩西五書》（*Pentateuch*）是猶太教的《托拉》（*Torah*）——《律法書》——相當於《舊約聖經》的前五章：〈創世記〉、〈出埃及記〉、〈利未記〉、〈民數記〉和〈申命記〉。

32 雅各（Jacob）是聖經人物，後來改名「以色列」（意為「與神打鬥的人」）。雅各共有十二個兒子，衍生出猶太人十二支派。猶大（Judah）為第四子，約瑟（Joseph）為第十一子。「Juden」則是德文的「猶太人」。

33 《聽啊，以色列》是猶太人每天早課、晚禱時必讀的希伯萊語經文：「聽啊，以色列！上主我們的神，是唯一的神……」。其內容包括三段經文，大致相當於〈申命記〉6:4-9、11:13-21，以及〈民數記〉15:37-41。

34 《聽啊，以色列》傳統的拼音為「Shema Yisroel」，猶太復國主義者將之改成「Shema Yisrael」。阿許肯納吉（Ashkenazi）亦稱德系猶太人或中歐猶太人；塞法爾迪（Sephardi）則是強調基本教義的西班牙系猶太人。

35 「逾越節」（Passover）紀念猶太人出埃及前夕的遭遇。猶太家庭過「逾越節」食用特別晚餐時（在三月或四月），長者開口詢問：「為何今夜不同於其他夜晚？」（Manishtana?）。最年幼者須回答：「這是獻給上主的逾越節祭，當上主擊殺埃及人的時候，越過了在埃及的以色列子民的房屋，救了我們的家。」（相當於〈出埃及記〉12:26-27）。

36 神聖羅馬帝國一八〇六年被拿破崙解散前後，其統治者改稱「奧地利皇帝」。拿破崙垮台後，「奧地利帝國」成為德意志邦聯的主角，一八六六年被逐出德境。翌年法朗茲·約瑟夫一世改組「奧匈帝國」，其身分為「奧地利皇帝」兼「匈牙利國王」。匈牙利那部分的種族還比較單純，奧地利那部分則是一個民族大雜燴。

37 布洛迪（Brody）是一個人口二萬左右的城鎮，一九一九年後屬於波蘭，一九四五年後屬於烏克蘭。

38 哈西迪（Hasidim）是一個猶太虔信教派，強調禁慾苦行，充滿神秘主義色彩。

39 卡爾·魯埃格爾（Karl Lueger, 1844-1910）是維也納市長（1897-1910），其反猶太言論影響了希特勒。

40 亞博廷斯基（Vladimir Zeev Jabotinsky, 1880-1940）為來自烏克蘭的猶太記者、作家及猶太復國運動領袖，曾率軍作戰於巴勒斯坦。其「修正錫安主義」影響了日後以色列右派政黨。「利庫德黨」（Likud Party）或稱「聯合黨」，是以色列各民族主義鷹派政黨於一九七三年組成的聯盟。其前身是一九四八年成立的「自由黨」——該黨曾被斥為：「其組織、行為方式、政治哲學及社會訴求與納粹和法西斯政黨非常類似。」

41 赫茨爾（Theodor Herzl, 1860-1904）為出生於布達佩斯、居住於維也納的奧匈帝國猶太記者和作家。他是現代「政治錫安主義」的創始人，一八九六年撰寫《猶太國》一書，號召猶太人重返以色列故土、恢復自己的生活方式，深深影響了日後以色列的建國。

42 「哈科阿」（Hakoah）在希伯萊語意為「力量」，是一九〇九年成立於維也納的猶太體育協會。其足球隊曾榮獲一九二五年奧地利全國冠軍。奧地利與納粹德國合併後，「哈科阿」在一九四一年遭到查禁。

43 伊薩克·多伊徹（Isaac Deutscher, 1907-67）出生於奧匈帝國的加里西亞，為英國猶太裔左派記者及歷史學家。多伊徹曾為波蘭共產黨員，因被打成「托派」而遭開除黨籍。他在一九三九年移居英國，以關於蘇聯人物及東歐問題的論述聞名。多伊徹曾創造「非猶太化猶太人」（non-Jewish Jew）一詞來形容與他志同道合的「猶太人道主義者」（無宗教信仰、反民族主義、同情猶太人，但不滿以色列政府）。

44 歐洲猶太人在中世紀及近代早期被迫居住於隔離區，只准從事基督徒嫌骯髒的行業，因此缺乏傑出表現。猶太人在十八世紀開始獲准走出隔離區、主動融入各地社會之後，才逐漸在全球各國取得驚人成就。作者反對猶太復國主義者和以色列那種畫地自限、反其道而行的做法。

第三章　艱困時期

1 松萊特納爾（Alois Theodor Sonnleitner, 1869-1939）為出生於波希米亞的奧地利教育學家及作家，原名特魯喬爾（Alois Tlučhoř）。《穴居兒童》（*Die Höhlenkinder*）三部曲完成於一九一八至一九二〇年，為松萊特納爾的成名作

（故事背景為「三十年戰爭」後的歐洲）。

2 陶赫尼茨（Tauchnitz）為二戰之前著名的德國出版社，一七九八年成立於萊比錫，自一八四一年起因發行平價版的英美文學作品（「陶赫尼茨版」）而出名，成為現代平裝書的先驅。

3 吉卜林（Joseph R. Kipling, 1865-1936）為出生於印度的英國作家，一九〇七年獲諾貝爾文學獎。他一生宣揚「白種人的負擔」，有「帝國主義詩人」之稱。其作品常以英國殖民者在印度的生活為素材，例如一九〇一年的《金姆》（以英俄在中亞較勁為背景的間諜小說），以及一八九四年的《叢林故事》（森林王子）皆為吉卜林最著名作品。

4 H.G.威爾斯（H. G. Wells, 1866-1946），為英國作家和科幻小說大師。《布萊特林先生看透了》出版於一九一六年，是威爾斯一戰時的代表作。該書具有濃厚戰爭宣傳意味（如「殺死德皇」或「骯髒的匈奴」）——威爾斯熱烈支持一戰，曾負責為英國政府進行反德、反中歐宣傳。

5 丁尼生（Alfred Tennyson, 1809-92）是維多利亞時代英國桂冠詩人。〈復仇號〉為歌頌一艘英國戰艦的詩作：一五九一年時，復仇號（The Revenge）在理查・格蘭維爾爵士（Sir Richard Grenville, 1542-91）指揮下，從亞速群島的弗洛瑞斯島（Flores），單艦出海迎戰五十三艘西班牙軍艦，重創敵艦十五艘之後力竭而降，隨即沈沒於風暴中。

6 窩立克伯爵（Richard Neville, Earl of Warwick, 1428-71）是英國「玫瑰戰爭」前期的重要人物，有「國王製造者」之稱。一四六〇他擊敗並俘虜英王亨利六世，擁立愛德華四世為王。十年後又迫使愛德華四世逃亡，讓亨利六世暫時復位。翌年他與愛德華四世作戰時兵敗被殺。

7 「紅色維也納」（Red Vienna）即一九一八至一九三四年之間的維也納。當時維也納由「社會民主黨」治理，為市民引進了各種社會福利與醫療保險措施（含免費醫藥及療養）。

8 卡爾・萊默爾（Carl Laemmle, 1867-1939）為德國猶太人及美國電影工業巨擘，被視為好萊塢的建立者。萊默爾十七歲時移民美國，一九〇九年創辦了「獨立製片公司」。該公司一九一二年與三家製片公司合併為「環球影業」（Universal Pictures），由萊默爾擔任負責人。

9 哈德斯菲爾德（Huddersfield）位於英格蘭北部的「西約克郡」，曾以紡織業著稱。

10 貝登堡（Robert Baden-Powell, 1857-1941）為英國陸軍中將，在一九〇七年創立了童子軍。

11 米克拉斯（Wilhelm Miklas, 1872-1956）為基督社會黨員，一九二八至三八年之間擔任奧地利總統，直到希特勒合併奧地利為止。

12 第七區在維也納老城區西部，第三區則在老城區東部。

13 威靈（Währing）位於維也納西北市郊，現在是維也納第十八區。

14 從妮莉的角度來看，魯森尼亞士兵是自己人——魯森尼亞在一戰結束前屬於奧匈帝國的匈牙利王國。（一戰後劃歸捷克斯洛伐克、二戰時重屬匈牙利、二戰以後併入烏克蘭。）

15 以撒・柏林（Isaiah Berlin, 1909-97）為猶太裔英國政治哲學家與二十世紀自由主義的代表人物，曾任英國國家學術院院長。他成長於帝俄時代的里加（Riga）和聖彼得堡，一九二一年舉家移居英國、一九三二年成為牛津大學第一位猶太裔教師、一九五七年晉封爵士。

16 霍布斯邦是英國國家學術院（British Academy）的院士。

17 庫登霍佛－卡雷爾基伯爵（Richard Graf Coudenhove-Kalergi, 1894-1972）是奧地利作家，其父為奧匈帝國駐日大使，其母為日本人。哈布斯堡帝國在他眼中就是具體而微的歐洲。帝國解體後，他試圖以泛歐理念取代其多民族國家的傳統，一九二三年出版《泛歐洲》一書，並在維也納組成「泛歐聯盟」。卡雷爾基今日雖被視為歐洲整合之父，但他無法擺脫保守貴族思想而具有反民主意識，曾於一九三〇年代支持墨索里尼及奧地利法西斯政權。

18 艾迪夫人（Mary Baker Eddy, 1821-1910）為美國非正統教會人士，一八七九年創立「基督教科學會」，鼓吹廣受爭議的「信仰療法」，被主流教會視會異端。該教派於一九〇八年創辦了《基督教科學箴言報》。

19 克雷奇默爾（Johann H. Kretzschmer, 1811-90）為德國畫家和蝕刻師，擅長人物畫與風俗畫。

第四章　柏林：威瑪共和滅亡

1 柏林圍牆正好從「萊比錫廣場」和「波茨坦廣場」中間穿過。一九八九年底東德變天之前，那裡是荒無人煙的「死亡地帶」。

2 「史達林大道」為東柏林市中心的樣板街道，東德建國前名曰「法蘭克福大街」，一九六一年改稱「卡爾・馬克思大道」，沿用至兩德統一後。一度考慮改回「法蘭克福大街」，目前仍維持「卡爾・馬克思大道」。

3 「威廉時代」（Wilhelmine）即德意志帝國（1871-1918），但通常指的是威廉二世統治時期（1890-1918）。

4 同盟國在一九四七年二月二十五日宣佈解散普魯士（面積佔德境三分之二的最大邦國）。

5 魯道夫・赫恩施塔特（Rudolf Herrnstadt, 1903-66）是德國左派新聞記者，希特勒上台後工作於蘇聯。他在一九四九年成為東德《新德意志報》總編輯，以及「社會主義統一黨」（共黨）中央委員兼中央政治局候補委員，一九五三年因黨內鬥爭及東柏林工人起義而遭開除黨籍。

6 貝利亞（Lavrenty Beria, 1899-1953）為史達林惡名昭彰的喬治亞（格魯齊亞）同鄉，自一九三八年起擔任「人民內政委員」，掌管全蘇秘密警察。他在史達林死後被蘇共領導階層槍斃。

7 「勝利大道」全長七百五十公尺，由德皇（兼普魯士國王）威廉二世於一八九五年下令興建，當時不少柏林人譏之為「玩偶大道」。路旁的三十二座紀念碑在一九四七年被盟軍拆毀。

8 埃里希・凱斯特納（Erich Kästner, 1899-1974）是二十世紀德國最著名的作家及兒童文學作家之一。

9 《共產黨宣言》為「共產主義者同盟」一八四七年十一月在倫敦舉行的代表大會上，指派馬克思和恩格斯起草的共產主義理論與實踐綱領，一八四八年二月發表於倫敦。

10 露絲・維爾納（Ruth Werner, 1907-2000）為庫欽斯基之女和德共黨員，一九三〇年前往上海為蘇聯進行地下活動。她在一九三三年正式成為蘇聯特工，先後工作於「滿洲國」和波蘭，一九四〇至四九年之間在英國臥底，成為史達林最成功的女間諜（軍階為蘇聯紅軍上校）。她自一九五〇年起定居東德，成為兒童文學作家。

11 克勞斯・富克斯（Klaus Fuchs, 1911-88）為德國物理學家和共產黨員，以「原子彈間諜」之名走入歷史。他一九三三年移民英國，九年後成為英國公民，一九四三年起參加美國「曼哈頓計劃」。他在一九五〇年以前配合露絲把英美原子彈機密洩露給蘇聯，東窗事發之後被英國判刑十四年，一九五九年遭遣返東德繼續進行研究。

12 于爾根・庫欽斯基（Jürgen Kuczynski, 1904-97）為露絲之兄，在納粹時代流亡英國，戰後成為東柏林洪堡大學經濟史教授，有「異議人士與快樂的馬克思主義者」之稱。其家中藏書共七萬冊，是東德最大私人圖書館。

13 維蘇威火山（Vesuvius）位於義大利西南部，西元前七十九年毀滅龐貝城。埃特納火山（Etna）位於西西里島東部，是歐洲最大的活火山。倍雷火山（Mont Pelée）位於法屬馬提尼克島，一九〇二年摧毀該島當時的首府。

14 馬克在二〇〇二年一月一日被歐元取代。

15《福斯日報》（*Vossische Zeitung*）乃普魯士最知名的自由派報紙，發刊於一七二一年。該報於納粹上台後深受打擊，一年之內遭勒令退職的記者多達二千人（含一千三百位猶太人），最後在一九三四年三月底停刊。

16 邁巴赫（Maybach）為德國頂級豪華房車，現屬戴姆勒集團。西斯班諾－瑞士（Hispano-Suiza）原為西班牙第一家汽車廠，由一位西班牙銀行家和一位瑞士工程師所創立；其法國分公司於一九二三年獨立，在二〇和三〇年代生產全球最昂貴轎車（「法國的勞斯萊斯」）。伊速達－弗拉西尼（Isotta-Fraschini）為二〇和三〇年代的義大利高級轎車製造廠。科德（Cord）為美國奧本汽車公司（Auburn Automobile）一九三七年以前生產的豪華轎車系列。

17 德國五至十三年級為中學。德國舊學制（一九六四年之前）以倒數方式計算中學年級，分別為：第六（五年級）、第五、第四、下三、上三（九年級）、下二、上二、下一、上一（十三年級）。其數字名稱皆為拉丁文。

18 君特・馮・哈澤（Günther von Hase, 1917-）自亨利親王中學畢業後成為職業軍官，二戰結束後以少校軍階在蘇聯當了四年戰俘。哈澤最後相繼擔任西德政府發言人、駐英大使（1970-77）、德國第二電視台總監。

19 布萊希特（Bertolt Brecht, 1898-1956）為德國左派劇作大師，一九三三年起流亡海外，十五年後自好萊塢返回東德。魏爾（Kurt Weill, 1900-50）是猶太裔德國作曲家，一九三三年逃往法國，最後活躍於美國百老匯。《三毛錢歌劇》是布萊希特的三幕劇（英譯名為「三便士歌劇」），由魏爾譜曲，一九二八年首演於柏林。恩斯特・布許

（Ernst Busch, 1900-80）為德國左派歌唱家、演員和導演，卒於東德。埃里希・魏納特（Erich Weinert, 1890-1953）為德國左派諷刺作家及威瑪時代「無產階級革命作家聯盟」發起人，二戰時曾負責替蘇聯進行反納粹宣傳工作。

20 布呂寧（Heinrich Brüning, 1885-1970）為經濟學博士，一九三〇年以少數黨黨鞭的身分出任總理，仰賴興登堡總統的特別行政命令來治國，國會則遭架空（「總統內閣制」），一九三二年五月底失勢下台。

21 一九三二年的三次大選分別為：四月十日的第二輪總統選舉、七月三十一日及十一月六日的國會選舉。

22 巴本（Franz von Papen, 1876-1969）為投機取巧的政客，曾在布呂寧下台後擔任總理五個月，希特勒上台後又擔任了一年半的副總理。施萊歇爾（Kurt von Schleicher, 1882-1934）為性好權謀的將領，可影響興登堡總統而決定內閣去留，曾於希特勒上台前當了不到兩個月的總理。

23 馬立克出版社一九一七年成立於柏林，深具左派色彩。其宗旨在於為平民百姓大量出版廉價而高水準的名家著作，一九三四年被納粹政府查禁。「西方百貨公司」（KaDeWe）位於柏林「舍內貝格」，是歐陸最大百貨公司（面積約等於九個足球場）。該公司於一九〇七年開幕、毀於二戰時期，一九五〇年重新開幕至今。

24 特拉文（B. Traven, 約1890-1969）是一位在墨西哥以德文寫作的謎樣作家（本尊可能是一名從威瑪德國脫逃的左派死刑犯）。特拉文的作品多為具社會批判性的冒險小說，電影《碧血金沙》（*The Treasure of the Sierra Madre*）即改編自其作品。依利亞・愛倫堡（Ilya Ehrenburg, 1891-1967）為著名蘇聯作家及新聞記者。阿諾德・茨威格（Arnold Zweig, 1887-1968）為猶太裔德國左派作家，於納粹上台後輾轉流亡至巴勒斯坦，一九四八年返回東德。

25 里翁・福伊希特萬格（Lion Feuchtwanger, 1884-1958）為德國作家，以歷史小說著稱，經常以猶太人為寫作主題。他在納粹上台後流亡法國和美國，卒於洛杉磯。

26 路易斯・邁爾斯東（Lewis Milestone, 1895-1980）為出生於俄國的猶太裔美國電影導演大師和製片家，一九三〇年執導了經典名片《西線無戰事》。

27 路易斯・特倫克（Luis Trenker, 1892-1990）為奧地利登山家、演員、導演和作家。恩斯特・烏德特（Ernst Udet, 1896-1941）為一戰時德國排名第二的空戰英雄（擊墜六十二架），以及戰後名聞全球的特技飛行家。他在一九三六年出任納粹德國空軍技術總監，因對高層不滿和不堪「不列顛戰役」負荷，於一九四一年十一月舉槍自盡。當時官方公告為：「烏德特上將於試飛新機種時失事殉職，元首已下令舉行國葬。」

28 阿爾弗雷德．韋格納（Alfred Wegener, 1880-1930）為德國氣象學家與地球物理學家，是現代大陸漂移說的創立者，一九三〇年第三度率團前往格陵蘭探險時不幸喪生。

29 巴路克（Boruch 或 Baruch）是一個猶太名字。波里斯．卡洛夫（Boris Karloff, 1887-1969）原姓「Pratt」，為英國籍巨星，以扮演恐怖角色著稱（如木乃伊和《科學怪人》片中的怪物）。

30 柏林位於斯普瑞河（Spree）河畔，斯普瑞森林（Spreewald）則是柏林市東南方的「桃花源」，一九九一年被聯合國教科文組織列為「生物圈保留區」（Biosphere Reserve）。

31 褐色為代表納粹的顏色，褐衫隊則是納粹的街頭打手部隊，即「突擊隊」（或譯為「衝鋒隊」）。

32 那個笨同學的爸爸名叫威廉．庫柏（Wilhelm Kube, 1887-1943），一九三六年以前擔任納粹布蘭登堡省黨部頭目，因貪瀆無度而遭撤職。納粹德國入侵蘇聯後，他重獲重用成為白俄羅斯督察長，一九四三年在明斯克被其俄國清潔婦兼情婦安裝於床下的炸彈炸死。

33 法朗茲．馬爾克（Franz Marc, 1880-1916）為德國「立體派表現主義」畫家與「藍騎士社」大將，喜以動物為創作主體，希望透過牠們找回人類失去已久的純真。馬爾克在一九一六年陣亡於凡爾登，《藍馬塔》創作於他陣亡三年前，為其最重要作品及德國現代藝術指標。納粹政府在一九三六／三七年將馬爾克貶為「頹廢藝術家」並沒收其作品。《藍馬塔》之原作遂成為「帝國元帥」赫曼．戈林的私藏，戰後下落不明。

34 該次專車於一九四三年三月十二日自柏林出發，翌日抵達奧許維茨。車上計有猶太男子三四四人、猶太婦女及兒童六二〇人。其中二一八名男子與一四七名女子被留置於集中營，其餘五九九人立刻進了毒氣室。

35 布蘭登堡邊區（Mark Brandenburg）即柏林周圍的廣大地帶，原為「神聖羅馬帝國」之邊陲。梅克倫堡（Mecklenburg）位於「布蘭登堡邊區」西北側，相當於前東德波羅的海沿岸地帶的西半部。

36 《丁丁歷險記》為最著名的歐洲漫畫系列，曾連載於比利時報紙（1929-76），已售出二億冊以上。

37 新即物主義（Neue Sachlichkeit）或稱「新客觀主義」，乃源自德國、盛行於一九二〇年代的藝術流派，主張以精確客觀方式來掌握對象的具體性。它迥異於表現主義，並深深影響了共產國家的「社會主義現實主義」風格。

38 路德維希・雷恩（Ludwig Renn, 1889-1979）原名馮・戈爾森瑙（Arnold von Golßenau），為出身貴族家庭的德國左派作家，一戰時期曾在前線擔任軍官，戰後發表了許多反戰小說。

39 格奧爾格・格羅斯（George Grosz, 1893-1959）為德國新即物主義派和達達主義派的諷刺畫家，對現代政治漫畫影響頗深。他曾經是德國共產黨員，一九二二年在莫斯科拜訪列寧和托落茨基之後，立刻決定退黨。格羅斯於一九三三年正式移居美國並成為美國公民，去世前一年返回西德定居。

40 維拉莫維茨（Ulrich von Wilamowitz-Moellendorff, 1848-1931）為德國古典語言學大師及荷馬研究權威。他曾與哲學家尼采一同在波昂大學修習古典語言學，並與之進行論戰。

41 「契卡」是早期蘇維埃政府的秘密警察，成立於一九一七年十二月，為KGB之始祖。「拉脫維亞步槍兵團」原為一九一五年成立的帝俄戰時單位。那些拉脫維亞士兵在一九一七年投靠布爾什維克，成為俄國內戰時的紅軍主力部隊，協助列寧打下江山。「紅色拉脫維亞步槍兵團」今日成為拉脫維亞政府的燙手山芋，不知應如何褒貶。

42 斯巴達克斯（Spartacus, ?-71 B.C.）為古羅馬最大規模奴隸抗暴行動的領導人，被馬克思視為「古羅馬無產階級的真正代言人」。就德國而言，「斯巴達克斯同盟」成立於一九一七年，衍生自極左派的「獨立社會民主黨」（USPD），在一九一八年十二月底改組成德國共產黨。

43 魯班松（Otto Rubensohn, 1867-1964）為猶太裔德國考古學家和紙草文書學專家，曾於一九〇〇年代在埃及進行田野工作，一九三九年移居瑞士。

44 「捕鳥者亨利」（Henry the Fowler）即薩克森公爵亨利一世（Heinrich I., 876-936），後來成為東法蘭克國王（919-936），建立了薩克森王朝。傳說他被推舉為王時正在野外捕鳥，故得此外號。其子奧圖一世於西元九六二年建立了帝國（日後的「神聖羅馬帝國」）。

45 克里斯提安・摩根斯特恩（Christian Morgenstern, 1871-1914）為德國「無厘頭」詩人，其名作包括《絞架之歌》

和《鼻行獸》。《鼻行獸》（*Nasobem*）將出現於本章結尾；它曾讓一位德國動物學教授童心大發，以假名發表虛構的「鼻行動物」學術專論，以致有人相信世上確有一種用鼻子走路的哺乳動物（老鼠與章魚的結合體）。

46 二十世紀中葉以前，德國學校教育強調普魯士國王腓特烈二世（大帝）的戰功，但他最值得尊敬之處其實在於「開明專制」（其名言為：「統治者是國家的第一公僕」）。

47 弗瑞德・烏爾曼（Fred Uhlman, 1901-85）為猶太裔德國律師，一九三三年移居法國，一九三六年定居英國，從此以繪畫維持生計。他在一九七七年撰寫了《重逢》（*Reunion*）這部小說，一九八九年拍攝成電影。

48 此處記憶不盡正確。總統大選日期為三月十三日，因為無人過半數（興登堡的支持率為49.6%），四月十日接著舉行第二輪大選，由興登堡獲勝（53%），然後布呂寧內閣於五月三十日垮台。

49 巴本內閣（一九三二年六月一日至十二月三日）的十一名部長有七人為貴族，時人譏之為「男爵內閣」。

50 普魯士自一九二〇年起由社民黨執政，成為威瑪共和的民主堡壘，但被極右派保守勢力視為「赤色堡壘」。一九三二年七月，興登堡與巴本派出一個連的部隊解散普魯士政府，納粹向北德奪權的最大障礙於焉排除。

51 柯萊特（Sidonie-Gabrielle Colette, 1873-1954）是二十世紀初巴黎最具影響力的女作家，以特立獨行著稱。

第五章　柏林：褐色與紅色

1 基布茲（Kibbutz）是以色列的共同屯墾區，結合了錫安主義和社會主義，與共產國家的集體農場有幾分相似。第一個基布茲出現於一九一〇年，今日以色列境內仍有二百六十多個基布茲，每個基布茲的成員在一千人以內。

2 約翰・哈特菲爾德（John Heartfield, 1891-1968）為德國達達主義藝術家和共產黨員，原名赫茲菲爾特（Helmut Herzfeld），一戰時刻意改用英式姓名，藉此向國內高張的民族主義提出抗議。他是政治性「攝影蒙太奇」的創始者，於希特勒上台後移居捷克和英國，二戰後返回東德。

3 此處記憶有誤，魯道夫・雷德爾（Rudolf Leder, 1915-97）去世於一九九七年四月六日。關於其生平請參閱以下

4 本文關於斯提凡·赫爾姆林（Stephan Hermlin）的說明。赫爾姆林曾在東德作家協會位居要津，並擔任國際筆會副會長。

5 何內克（Erich Honecker, 1912-94）自一九七一年起擔任東德「社會主義統一黨」總書記，並兼任「國務委員會」主席，集黨政大權於一身。他在一九八九年十月十八日（柏林圍牆倒塌三星期前）被迫下台、兩德統一前後逃亡至莫斯科、蘇聯解體後被遣返德國接受審判，因健康不佳在一九九三年獲准流亡智利以至於終。

6 卡爾·柯林諾（Karl Corino, 1942-）為德國文學博士，曾擔任西德「黑森廣播電視台」（HR）文學部門主管。柯林諾因揭發歷代文學作品竄改事實之處而聞名，有「文學偵探」之稱。他在一九九六年發表《金玉其外、敗絮其中：論斯提凡·赫爾姆林的神話》一書，引起極大回響。

7 馬克斯·李伯曼（Max Liebermann, 1847-1935）和洛維斯·柯林特（Lovis Corinth, 1858-1925）均為十九、二十世紀之交最著名的德國畫家。

8 雷德爾又被「亨利親王中學」開除後，於一九三三至一九三六年之間在印刷廠擔任學徒，接著先後移居巴勒斯坦、法國和瑞士，直到返回東德為止。

9 奧爾佳·貝納里歐（Olga Benario, 1908-42）為猶太裔德國共產主義革命者，一九二八年從柏林法院武裝劫囚之後潛逃捷克，輾轉前往莫斯科。她在一九三四年與前巴西陸軍上尉普雷斯特斯（Luis Carlos Prestes, 1898-1990）共赴巴西發動革命，一九三五年因行動失敗轉入地下，翌年遭巴西政府逮捕，於身懷六甲之際遭遣返納粹德國。她在獄中產下一女後，於一九四二年被送入毒氣室。

10 奧圖·布勞恩（Otto Braun, 1900-74）為德共幹部及蘇聯特工，一九二六至二八年入獄，越獄後潛逃至莫斯科。他曾於「伏龍芝軍事學院」進修，一九三二年起以共產國際顧問身分任職於中共中央委員會（中文名字為「李德」），指揮共軍第五次「反圍剿」行動。「李德」因作戰失利在一九三五年一月「遵義會議」被剝奪領導權，但仍全程參與「長征」抵達陝北。他在一九三九年返回蘇聯、一九五四年回到東德，曾任東德作家協會第一書記。

11 一九三二年德國兩次國會大選中（七月三十一日、十一月六日），納粹得票率從百分之三十七點四滑落至百分之三十三點一，共產黨則從百分之十四點三上升至百分之十六點九。

12 興登堡總統在一月三十日任命希特勒出任總理——雖然（或許正因為）納粹於十一月大選後已陷入危機。

13 艾伯特（Friedrich Ebert, 1871-1925）為社會民主黨領袖，是興登堡前任的威瑪共和國總統。

14 普多夫金（Vsevolod Pudovkin, 1893-1953）為蘇聯大導演和「人民藝術家」，其作品多以歷史動盪為背景。

15 安得烈・馬爾羅（André Malraux, 1901-76）為法國左派作家、冒險家及政治人物，曾擔任文化部長。

16 喬吉・季米特洛夫（Georgi Dimitrov, 1882-1949）為保加利亞共黨領袖，曾因國會大廈失火案在納粹德國遭到起訴。一九三三年底他在萊比錫出庭受審，戈林則以「普魯士總理」身分擔任原告代表。季米特洛夫除為自己辯護外並向戈林做出反指控，使得戈林不知所措。他獲釋後被遣送莫斯科，成為「共產國際」總書記（1934-43），於是他更改路線不再將社民黨視為主要敵人。季米特洛夫戰後出任保加利亞總理（1946-1949），卒於任內。

17 格雷戈爾・史特拉瑟爾（Gregor Strasser, 1882-1934）是納粹創黨元老，曾擔任宣傳部長及組織部長，為該黨左派（社會主義派）。納粹選舉受挫後，黨內人心不穩。施萊歇爾在十一月中旬說服興登堡讓巴本下台，接著自行擔任總理；十二月初進而打算讓史特拉瑟爾出任副總理，藉此分裂納粹。希特勒立刻強力干預，迫使史特拉瑟爾放棄一切黨內職務。最後希特勒在一九三四年六月底下令「黑衫隊」殺害史特拉瑟爾及施萊歇爾。

18 「威丁」（Wedding）是柏林市中西部市區，原為親共工人聚居之處，一戰以後有「紅色的威丁」之稱。

19 布雷克（William Blake, 1757-1827）為英國神秘主義詩人、畫家及蝕刻家，宣稱天使、先知之類的宗教人物形象經常顯現於他的眼前。

20 一九三三年三月二十三日，德國國會進行唱名表決，以四百四十四票通過希特勒總理提出的臨時修憲案（《授權法》），將立法權無限制交給政府，納粹政權從此得不經國會同意逕行頒佈法律。當天唯有社會民主黨的九十四位議員投下反對票（共黨的八十一席已遭註銷）。

第六章　在英倫島

1 水晶宮（Crystal Palace）在倫敦南部；艾奇韋爾（Edgware）在倫敦西北部；瑪麗勒本（Marylebone）在倫敦中央；依爾福（Ilford）在倫敦東部；艾爾沃斯（Isleworth）在倫敦西部。

2 福克斯東（Folkestone）是英國東南部濱海小鎮，位於法國加萊地區正對面，今日為英法海底隧道起點。

3 薩羅・弗洛爾（Salo Flohr, 1908-83）為一九三〇年代西洋棋大師之一，以及當時捷克的「民族英雄」。他是波蘭猶太人，一戰期間因為當地百姓屠殺猶太人而舉家逃亡至波希米亞。他在希特勒入侵捷克後移居蘇聯，一九四二年成為蘇聯公民，卒於莫斯科。

4 阿廖欽（Alexander Alekhine, 1892-1946）為蘇聯西洋棋大師，以及世界冠軍（1927-35, 1937-46）。

5 米哈伊爾・博特溫尼克（Mikhail Botvinnik, 1911-95）為蘇聯西洋棋國際特級大師和世界冠軍（1948-57, 1958-60, 1961-63），年僅十四歲時即已擊敗當時的世界冠軍。

6 《金藏集》（*Golden Treasury*）為初版於一八六一年的英國抒情詩選。《鏡中奇緣》（*Through the Looking Glass*）是《愛麗絲夢遊仙境》的續集，初版於一八七一年。

7 布萊頓（Brighton）是英國南部的海濱度假勝地。

8 西德納姆（Sydenham）位於倫敦市東南城區。

9 史崔漢（Streatham）是兩次世界大戰之間倫敦南區娛樂業中心所在地。

10 艾爾沃斯（Isleworth）位於倫敦西部，艾斯崔（Elstree）是倫敦北郊的村落，二地都因為攝影棚而出名。

11 喬・巴斯特納克（Joe Pasternak, 1901-91）為出生於匈牙利的猶太裔美國大導演，一九三六年開始為「環球影業」工作。

12 艾瑞克・布萊爾（Eric Blair）是英國作家喬治・歐威爾（George Orwell, 1903-50）的本名。

13 谷騰堡（Johannes Gutenberg, 1400-68）為德國印刷業者，在十五世紀中葉發明西方的活字印刷術。

14 這種巧克力是由Mars, Incorporated 所生產的。這家公司傳到佛瑞斯特・馬爾斯（Forrest Mars）手中時，開發出了最著名的M&M巧克力，據說是因為佛瑞斯特在西班牙內戰期間看到了包裹糖衣「只溶於口，不溶於手」，給軍人方便補充熱量的巧克力後，而有的靈感。

15 大衛與蘿斯是作者的祖父母。其家族從東歐移居英國之前的姓氏為「沃布斯特鮑姆」（Obstbaum，德語意為「果樹」——歐洲猶太人的姓氏多半為德語），因為移民局官員的作業錯誤變成了「霍布斯邦」（Hobsbaum/Hobsbawm）。

16 這三個地點都位於倫敦東區，而倫敦東區傳統上是英國社會底層人士及東歐猶太移民的居住地。「開膛手傑克」懸案即發生於「白教堂」（Whitechapel）一帶。

17 麥達維爾（Maida Vale）是倫敦西北部的市區。

18 黑水河口區（Blackwater estuary）是英格蘭東南部的小海灣。

19 威廉・哈茲里特（William Hazlitt, 1778-1830）是英國散文作家，以諷刺性的文字見長。

20 傑洛姆・傑洛姆（Jerome K. Jerome, 1859-1927）為英國幽默作家和劇作家。其《三人同舟》（*Three Men in a Boat*）已被公認為幽默文學的典範作品。

21 理查茲（I. A. Richards, 1893-1979）和李維斯（F. R. Leavis, 1895-1978）皆為著名的英國文學評論家。

22 《英詩之新平衡》（*New Bearings in English Poetry*）是李維斯發表於一九三二年的著作。

23 莫里斯・多布（Maurice Dobb, 1900-76）為著名的左派經濟史學家，曾長年任教於劍橋大學三一學院。

24 培利・安德森（Perry Anderson, 1938-）是英裔美國馬克思派歷史學和社會學教授，曾擔任英國《新左派評論》總編輯。盧卡奇（Georg Lukács, 1885-1971）為匈牙利馬克思派哲學家及文學評論家。柯爾施（Karl Korsch，1886-1961）為德國馬克思主義理論大師，於希特勒上台後流亡美國。

第七章 劍橋

1 馬克斯威爾（James Clerk Maxwell, 1831-79）為蘇格蘭理論物理學大師，與牛頓和愛因斯坦齊名。他是電磁理論與統計熱力學的奠基者。

2 英國在二〇〇三年將「劍橋間諜事件」（Cambridge Spies）拍攝成長達四集的電視影片——《劍橋風雲》。

3 「五大寇」的正式名稱為「劍橋五人組」（The Cambridge Five），他們都是出身英國上流社會、畢業於劍橋大學三一學院的共產黨員，曾經在一九三〇至五〇年代之間向蘇聯提供情報。

4 蓋伊·柏吉斯（Guy Burgess, 1911-63）曾在一九三四年參加親納粹組織以掩飾共黨身分。他從劍橋畢業後加入英國「軍情五處」（MI5），成為雙面間諜。柏吉斯於戰後派駐美國，一九五一年因身分曝光潛逃莫斯科。

5 安東尼·布朗特（Anthony Blunt，1907-83）為藝術史教授和「劍橋間諜」之一，是柏吉斯的同性戀情人。他於一九三四年加入蘇聯特務組織，二戰時加入英國「軍情五處」，成為雙面間諜。他在戰後兼任英國王室畫作典藏官（1945-72），一九五六年晉封爵士，一九七九年因昔日身分曝光而被剝奪一切榮銜。

6 麥克·史垂特（Michael Straight, 1916-2004）為美國出版人及小說家，一九三〇年代就讀劍橋大學時成為共產黨員及「使徒會」會員，被布朗特吸收為蘇聯間諜。史垂特於一九六三年自首，最後導致布朗特身分曝光。

7 麥克林恩（Donald Duart Maclean, 1913-83）自劍橋畢業後成為英國職業外交官和「軍情五處」特務。他同時向蘇聯傳遞極機密等級的情報，一九五一年因為身分曝光，與柏吉斯連袂潛逃蘇聯。麥克林恩後來在莫斯科成為KGB上校，並獲頒紅旗勳章。

8 麥克·史垂特一九六三年自首後，牽連布朗特身分洩底。但布朗特當時擔任王室畫作典藏官，英國官方只得啞巴吃黃連，將他曾為蘇聯間諜一事列為機密。直到一九七九年才由首相柴契爾夫人公開披露，打破了長年的禁忌。

9 「吉普室」（gyp room）為劍橋大學內部俚語，指的是學生宿舍內共用的小廚房。

10 〈阿摩司書〉（*Amos*）為〈十二小先知書〉之一，天主教版稱之為〈亞毛斯書〉。其內容有關懲罰與殺戮，例如：「你們將是最先被擄去的人，宴樂享受的日子必要消逝。」或：「你妻子必在城中作妓女，你的兒女必倒在刀下；你的土地必被人量度瓜分，你自己必死在不潔之地」。

11 馬克思兄弟（Marx Brothers）是二十世紀上半葉著名的美國無厘頭喜劇團體，曾拍攝許多部鬧劇電影。《論馬克思兄弟們》（*De Fratribus Marx*）那個標題名稱為拉丁文，故意讓它顯得學術味十足。

12 諾埃爾・安南（Noel Annan, 1916-2000）為英國作家與學者，畢業於劍橋大學「國王學院」，曾與「五大寇」一同加入「使徒會」。他在二戰時期服務於英國軍情局，以上校軍階退伍，一九五六年出任「國王學院」院長。

13 英格蘭和威爾斯的「公學」（public school）指的並非「公立中學」，而是私立的貴族寄宿學校。

14 謝巴德（John Tresidder Sheppard, 1881-1968）是國王學院院長，在任時間長達二十一年（1933-54）。

15 一九三六至一九四〇年之間，英國國防部長的頭銜是「國防協調部長」（Minister for Coordination of Defence）。張伯倫內閣下台後，邱吉爾將之更名為「國防部長」。

16 法斯塔夫（Sir John Falstaff）為莎士比亞筆下的人物，是英國文學中最著名的喜劇角色。

17 「布朗特」的英文拼法是「Blunt」，「畢福斯」則為「Beves」。以下「皮古」（Pigou）的情況也很類似。（布朗特的間諜身分在一九六三年已經曝光，但一九七九年才被公開，以致其間出現過許多猜測。）

18 「劍橋聯合會」（Cambridge Union）是一個辯論社，為劍橋大學最大的學生社團，成立於一八一五年。

19 赫蒂・西蒙（Hedi Simon, 1916-2004）為奧地利猶太富商之女，在劍橋大學修習哲學，以「一等榮譽成績」畢業。她在一九三九年嫁給丘納曼（荷蘭裔錫蘭人），二戰時期成為錫蘭共產黨的活躍分子。她在一九四六年返回英國並與丘納曼離婚，嫁給一位奧地利樂評家。

20 莫漢・庫馬拉曼加拉姆（Mohan Kumaramangalam）後來主管印度航空，並成為部長及甘地夫人的首席顧問，一九七三年在德里墜機身亡（參見本書第二十一章）。

21 亞瑟・斯勒辛格（Arthur Schlesinger, 1917-2007）亦稱「小斯勒辛格」，為著名的美國歷史學家。

第八章　反對法西斯主義與戰爭

1 通常是指因為失業而導致的示威遊行，在此指一九二〇年代到一九三〇年代發生於英國的一系列遊行。這一系列的遊行最早發生於一九二二年的Glasgow，最著名的為一九三六年從Jarrow遊行到倫敦的那一次抗議。

2 山米（山繆）・西爾金（Samuel Silkin, 1918-1988）為出身男爵家庭的工黨要員，後來擔任律師和國會議員。

3 在佛斯特《此情可問天》（*Howards End*）——或譯為《霍華德莊園》——那部小說中，「施來格爾」(Schlegel）出身中產階級家庭，「威爾考克斯」(Wilcox）則來自「上流社會」家庭。

4 芮爾夫・羅素（Ralph Russell，1918-2008）後來成為英國著名的烏爾都語（Urdu）大師，任教於倫敦大學。

5 阿巴・伊班（Abba Eban, 1915-2002）為出生於南非開普敦、畢業於劍橋大學皇后學院的中東語言學家。他曾以英軍少校的身分任職於巴勒斯坦，而後成為以色列外交官，並長年擔任以色列外交部長（1966-74）。

6 一九二〇至七〇年代之間，英國共產黨的總部位於倫敦「國王街」十六號。

7 亨利・芬斯（Henry Ferns, 1913-92）為獲得劍橋大學博士學位的加拿大學者，二戰時曾擔任加拿大總理助理。

8 「格登」(Girton）與「紐南姆」(Newnham）都是劍橋大學的女子學院。

9 〈及時行樂〉(*Gaudeamus igitur*）是一首著名的德國大學歌曲，流行於歐洲學府。其歌詞為拉丁文，大意是：「讓我們及時行樂，因為我們還年輕。歡樂的青年時代結束後，就是痛苦的老年期。然後我們將歸塵土所有。」(布拉姆斯曾將之使用於《大學慶典》序曲。)

10 傑克・科恩（Jack Cohen）為科芬特里（Coventry）地區的共黨組織領導人。他是猶太裔專職黨工，與兩位英國聞人同名同姓——生物學家傑克・科恩，以及「特易購」(Tesco）的創辦人傑克・科恩。他在一九三〇年代負責英國共黨學生的政治教育，一九六〇年代曾將若干馬克思和恩格斯的著作翻譯為英文。

11 在此「最偉大的勝利」指的是「小小的」英國共產黨為了「聲援」逐步敗退的西班牙共和派，在其國內所舉辦的「西班牙週」當中，獲得的廣大回響。但其實當時西班牙共和派已經一敗塗地，而且當時正是法西斯主義大獲全勝的階段（德國、義大利、西班牙、中歐等地）。所以英國共產黨也明白，他們自己所提議的各種做法都只是「吹口哨壯膽」而已。

12 這裡指的是，一直到二戰爆發之前，英國人只對空襲警報和毒氣攻擊有著歇斯底里的焦慮。英國人反而對慕尼黑會議沒有產生歇斯底里般的反應，其心情甚至一度和緩下來（故張伯倫還稱之為：「我們這個時代的和平」）。等到戰爭果真還是爆發了，英國人也沒有歇斯底里，因為他們已經「認」了。另外，可參考哈夫納《破解希特勒》一書。該書說明，歐洲百姓在二戰爆發之際做出的反應，完全不同於一戰爆發時。

13 柯爾・波特（Cole Porter, 1891-1964）為著名美國作曲家及歌手，寫過許多情歌。

14 「五月週」（May Week）在劍橋大學指的是六月上旬——每學年結束於此，並伴隨許多慶祝活動。

15 諾伯特・埃利亞斯（Norbert Elias, 1897-1990）是著名的猶太裔德國社會學家。

16 卡爾・博蘭尼（Karl Polanyi, 1886-1964）是出生於維也納的匈牙利經濟學家，因反對傳統經濟學理論而出名。

17 倫敦政經學院的英文簡稱（LSE）意為「倫敦經濟學院」（London School of Economics）。

18 約翰・薩維爾（John Saville, 1916-2009）的父親是希臘人，姓「斯塔瑪托普洛斯」（Stamatopoulos）。其母改嫁後，他改用了繼父的姓氏。

19 詹姆斯・克魯格曼（James Klugmann, 1912-77）為倫敦猶太富商之子，是最活躍的英國共黨要員和左派作家。他曾就讀劍橋大學，一九三三年加入共黨並與「劍橋間諜」關係密切；一九三五年前往巴黎擔任「世界學生大會」的書記；一九四〇年入伍參加英軍情報單位，一九四二年已晉升為「特勤局」（SOE）南斯拉夫部門的少校副主管，於任內偏袒南斯拉夫左派游擊隊。克魯格曼在戰後致力於英國共產黨的理論問題及馬克思主義教育。

20 瑪歌・海納曼（Margot Heinemann, 1913-92）為英國左派作家、戲劇學家及英國共黨領袖之一。

21 伯納（J. D. Bernal, 1901-71）為愛爾蘭裔英國科學家，因「X光晶體繞射學」而著稱。伯納是英國共產黨員，曾於一九五三年獲得「史達林和平獎」。

22 雷蒙・吉優（Raymond Guyot, 1903-86）為法國共黨領袖，於戰後擔任法共中央政治局委員。

23 格萊思罕學校（Greshams' s School）位於英國北諾福克，是具有四百五十年歷史的著名「公學」。克魯格曼與「劍橋間諜」之一的麥克林恩為該校同學，而麥克林恩即以同性戀而出名。

24 伊佛（羅羅）・利巴爾（Ivo [Lolo] Ribar, 1916-43）為克羅埃西亞共產黨員，自一九三九年起擔任南斯拉夫共黨書記。他在納粹德軍入侵後組織游擊隊，於一九四三年陣亡。

25 詹姆斯・克魯格曼於戰時擔任英軍「特勤局」南斯拉夫部門的少校副主管。該單位之基地位於埃及開羅。

26 拉賈尼・帕爾梅・杜特（Rajani Palme Dutt, 1896-1974）為印度父親和瑞典母親之子，是英國共黨理論大師。他曾於二戰爆發之初擔任英共總書記，終生為死硬的史達林主義者，堅決反對英共的「歐洲共產主義」路線。

27 阿容・伯斯（Arun Bose, 1919-2003）為畢業於劍橋的印度經濟學者，曾擔任印度共產黨中央政治局委員。

28 希特勒在一九三九年九月一日入侵波蘭，作者於九月二日抵達倫敦，英法兩國於九月三日向納粹德國宣戰。

第九章　身為共產黨員

1 安東尼歐・波利托（Antonio Polito, 1956-）為著名的義大利記者，曾任《共和報》（*La Repubblica*）副總主筆，及該報駐倫敦特派員。

2 俄國於一戰末期爆發「二月革命」（一九一七年三月八日），推翻了沙皇政權。當時列寧正流亡瑞士，他在德國軍方安排下，與黨內要員搭乘火車穿越德國全境然後繞道北歐，於四月十六日抵達首都彼得格勒的「芬蘭火車站」，重新踏上俄國土地。同年十一月七日夜間就爆發了「十月革命」（蘇聯解體後，俄國人稱之為「十月政變」）。

3 地中海俱樂部（Club Med）是一家總部位於巴黎的國際度假中心，由一位二戰時期參加法國反抗軍的比利時猶太人在一九五〇年所創辦。

4 英國學生在五歲時入學，十六歲中學六年級畢業後如欲繼續升學，必須參加為期兩年的「中學進階教育證書課程」（A-level），藉此取得就讀大學的資格。

5 腓特烈・阿德勒（Friedrich Adler, 1879-1960）乃「奧地利社會民主工人黨」（SDAP）要員，一戰爆發後抗議該黨支持參戰，在一家高級餐廳射殺總理，並於出庭受審時宣揚反戰理念。他被判處十八年徒刑，在戰爭結束前夕獲釋並成為民族英雄，繼續致力社會民主運動。他於希特勒合併奧地利後流亡海外，二戰結束後繼續秉持奧地利人一戰後的心態而自視為德國人，以致無法見容於執政的「奧地利社會民主黨」（SPÖ），最後卒於瑞士。

6 亞歷山大・拉多（Alexander Rado, 1899-1981）為猶太裔匈牙利共產黨員，一戰結束後於奧地利及德國攻讀地理學，在德國成為著名製圖學家。希特勒上台後，他相繼流亡巴黎與日內瓦，並在瑞士建立蘇聯間諜網刺探德國軍情（「露西行動」），一九四四年遭瑞士警方破獲而潛逃巴黎，一九四五年被英軍遣返蘇聯，入「古拉格」勞改十年。史達林死後，他在一九五四年獲得平反，翌年返回匈牙利擔任教職。

7 亞歷山大・富特（Alexander Foote, 1905-50年代）為英國傳奇人物，曾於西班牙內戰時期加入共和軍。內戰結束後繼續為共產黨從事地下工作，成為拉多的無線電操作員，於組織被破獲後遭瑞士警方逮捕。二戰結束後他被遣送蘇聯，一九四七年返回英國，寫出一本《間諜手冊》（*A Handbook for Spies*）。

8 拉科西（Mátyás Rákosi, 1892-1971）為猶太裔匈牙利職業革命家、共黨領袖（1940-56）和大獨裁者，並且是「切香腸策略」（salami tactics）的創始人。他自稱為「史達林在匈牙利最好的學生」，於史達林死後地位動搖，一九五六年被赫魯雪夫流放至吉爾吉斯。拉科西此後未曾重返匈牙利，一九六二年並遭開除黨籍。

9 「熱情之花」（La Pasionaria）即「百香果花」，是西班牙共黨領袖多洛蕾斯・伊巴露麗（Dolores Ibárruri, 1895-1989）的化名。她以此化名透過報紙及親赴前線來激勵共和軍戰士，一九三九年戰敗後流亡蘇聯。她自一九四四年起先後擔任西班牙共黨總書記及黨主席，於一九七五年佛朗哥死後重返故土。她信奉民主價值與社會公義，是歐洲共產主義的要角——西班牙共產黨率先自黨章中移除了列寧主義。

10 瑪格麗特・邁納特（Margaret Mynatt, 1907-77）為「半猶太裔」德國左派新聞記者及文化人，是公開的女同性戀者。

11 《致後生晚輩們》（*An die Nachgeborenen*）是一首不押韻的長詩（政治詩），道出一名老共產黨員的心聲，撰寫於布萊希特一九三四至三九年流亡丹麥時期，收錄在《斯文堡詩集》之中。

12 米洛凡・吉拉斯(Milovan Djilas, 1911-95)是成為異議人士的前南斯拉夫共產黨第二號人物,曾撰寫《新階級》一書抨擊黨內官僚特權階級。

13 「全球六分之一土地」指的是蘇聯。

14 「工業工人階級」原為當時各國共產黨寄予厚望的對象。例如毛澤東曾在一九四〇年表示:「沒有近代工業工人階級,革命就不能勝利,因為他們是……革命的領導者,他們最富於革命性。」

15 作者在《極端的年代》中,將一戰爆發至二戰結束之間的階段稱做「大災難時期」(Age of Catastrophe)。

16 尤利烏斯・布勞恩塔爾(Julius Braunthal, 1891-1972)為猶太裔奧地利左派記者,一九三八年移居英國。他是一九五一年新成立的「社會主義國際」共同發起人之一。

17 「雅典娜俱樂部」(Athenaeum)是一個一八二三年創立於倫敦的紳士俱樂部,會員須為「對科學、文學和藝術發展做出傑出貢獻的紳士」。

18 安得烈・馬蒂(André Marty, 1886-1952)為法國共產黨中央委員及「共產國際」要人。他曾於西班牙內戰時期指揮「國際縱隊」的作戰單位,喜好處決己方戰志動搖或黨性不堅強者,一九五二年被法共開除黨籍。

19 特奧多爾・羅特斯坦(Theodore Rothstein, 1871-1953)為猶太裔俄國革命家及列寧的老友,一八九〇年流亡英國。他於一九二〇年返國,成為蘇聯外交官、世界經濟暨政治研究所所長、蘇聯國科院院士,曾獲頒列寧勳章。

20 亞瑟・倫敦(Artur London, 1915-86)為捷克共產黨員,曾參加西班牙內戰及法國反抗軍,被逮捕後遭囚禁於納粹集中營。一九四八年他返回捷克擔任外交次長,三年後因「叛國」遭判處無期徒刑。他在一九六三年獲得平反並移民法國,寫出《招供》(*L'Aveu*)一書。其經歷在一九七〇年拍攝成一部名叫《大冤獄》的著名法國電影。

21 普熱梅希爾(Przemysl)位於烏克蘭與波蘭交界處,但實際上是在波蘭那一邊。

22 朱利歐・埃伊瑙迪(Giulio Einaudi, 1912-99)是義大利最重要的出版家。

23 蘇聯舉行第二十屆全國黨大會期間,蘇共中央第一書記赫魯雪夫於一九五六年二月二十五日發表秘密報告,揭發了史達林於大整肅期間的殘暴罪行。

24 那位姆里納爾先生（Zdenek Mlynař, 1930-1997）曾留學莫斯科攻讀法律，為戈巴契夫大學時代的好友。他在「布拉格之春」時期擔任捷克共黨中央委員會書記，一九七〇年遭開除黨籍，一九七七年起被迫流亡奧地利。

25 「那位間諜大師」指的是亞歷山大・拉多。

26 卡達（János Kádár, 1912-89）為匈牙利總理（1956-58, 1961-65）及共黨領袖（1956-88）。一九五六年十月二十三日匈牙利革命爆發後，卡達於蘇聯扶植下出任匈牙利領導人。他在外交上追隨蘇聯路線，在內政上則陽奉陰違（「柔性獨裁」），並採行新經濟政策以改善民生（「肉湯共產主義」，亦稱「土豆燒牛肉共產主義」）。

27 安德拉斯・赫格居斯（András Hegedüs, 1922-99）為匈牙利總理（1955-56），被匈牙利的「史達林」拉科西找來將匈牙利「再史達林化」。赫格居斯重新推動強制集體化與秘密警察恐怖統治，導致匈牙利爆發抗暴行動（革命）。他流亡蘇聯兩年後以學者身分返國，一九七三年因「修正主義」（取消了當初的改革開放路線）被開除黨籍。

28 愛德華・果德斯提克（Edward Goldstücker, 1913-2000）為出生於斯洛伐克的猶太人，二戰時期流亡英國，戰後返回捷克成為德語文學專家及外交官。一九五一年因「叛國」及「間諜」等罪名被判處終生監禁，四年後獲得平反，並在一九六八年出任布拉格大學校長，直到蘇聯坦克開入捷克為止。他隨即再度流亡英國，擔任比較文學教授，於一九九〇年捷克共黨政權下台後重返布拉格定居。他在國外備受推崇，晚年卻在捷克備受歧視。

29 恩斯特・費雪（Ernst Fischer, 1899-1972）為奧地利共產黨員及作家，於一九三四年奧地利內戰爆發後流亡莫斯科。費雪在奧地利第二共和成立之初擔任教育部長，下台後繼續追隨史達林主義。他在一九六八改變觀點並嚴詞批判「坦克共產主義」，結果被奧地利共產黨開除黨籍。

30 此事件的來龍去脈可參閱第二章，譯注13。

31 社會主義統一黨（SED）於一九九〇年二月更名為「民主社會主義黨」（PDS），二〇〇五年七月改組成「左派黨」（Die Linke）。二〇〇五年德國國會大選中，該黨獲得百分之八點七的選票（在德東地區為百分之十六點九）。

32 史達林並不反對美蘇英法四國佔領區組成一個國家，但先決條件是統一後的德國須為中立國。一九五四年十月，西德簽署《巴黎條約》正式加入北約及西方陣營之後，蘇聯從此才推動「兩國論」。於是東德在史達林死後兩年（一九五五年九月）自蘇聯手中獲得了自主國的地位。

33 畢德邁爾（Biedermier）是德境十九世紀上半葉「反動復辟時期」（一八一五年拿破崙戰敗至一八四八年革命爆發之間）生活恬靜、不問政治的小市民之泛稱。

34 沃爾夫·比爾曼（Wolf Biermann, 1936-）是歌曲作家及抒情詩人，一九五三年為了追尋共產主義理想自漢堡移居東德，一九六〇年代中葉成為異議人士。他一九七六年赴西德巡迴演唱時遭東德註銷國籍，被迫流亡西德。

35 馬庫斯·沃爾夫（Markus Wolf, 1923-2006）為東德國家安全部（史塔西）國外情報部門負責人，綽號為「沒有臉孔的人」或「間諜中的保羅·紐曼」。沃爾夫為猶太裔德共黨員之子，成長於蘇聯，返回東德後負責情報工作長達三十四年，甚至在西德總理府最高層安插了間諜。沃爾夫是戈巴契夫改革開放路線的支持者，一九八六年以上將軍階主動退休，兩德統一後因「叛國罪」被判刑六年，但他在任時東德為獨立國家，該罪名最後無法成立。

36 蘭斯洛特（Lancelot）是英國古代《圓桌武士》傳說中的第一勇士。

第十章　大戰

1 作者在此的說法比較含蓄——納粹德國與蘇聯在一九三九年八月二十三日簽署《德蘇互不侵犯協定》，然後希特勒於九月一日入侵波蘭西部，史達林則在九月十七日入侵波蘭東部，將之併入白俄羅斯與烏克蘭。

2 哈利·波立特（Harry Pollitt, 1890-1960）為英國共產黨領導人及史達林主義者。他在一九二九年成為英共總書記，一九三九年因支持英國政府對德宣戰被迫下台，一九四一至五六年重新出任總書記，於一九五六年蘇聯出兵鎮壓匈牙利之後改任有名無實的黨主席。

3 英法兩國雖於一九三九年九月三日對德宣戰，但雙方遲至一九四〇年五月才開始交手，那八個月的空檔史稱「虛假戰爭」（Phoney War）。

4 大衛・切姆普諾文（David Champernowne, 1912-2000）後來擔任劍橋大學經濟學與統計學教授。

5 諾里奇（Norwich）位於東安格利亞地區（East Anglia），是諾福克郡的首府和東英格蘭的中心城市。

6 當時奧地利已經與納粹德國合併。

7 西中一區（WC1）和西中二區（WC2）都是倫敦市中心的郵遞區號。此外有「東中」（EC）一至四區。

8 「白廳」（Whitehall）或譯為「懷特霍爾」，是倫敦市中心一條主要街道，為許多英國中央政府機關所在地（含國防部）。

9 十五英擔（15-cwt）等於四分之三噸（二十「英擔」為一噸）。英擔又分成「英制」和「美制」兩種。英制一「英擔」為一一二磅（五十公斤左右），美制一「英擔」則為一〇〇磅（四十五公斤左右）。這使得「噸」的定義出現困擾：一英噸大致等於一公噸，一美噸則只有九〇七公斤，故稱做「短噸」。

10 韋克菲爾德（Wakefield）位於英格蘭北部的「西約克郡」。

11 《綠蒂在威瑪》（*Lotte in Weimar*）是湯瑪斯・曼的小說，撰寫於一九三九年，可視為《少年維特的煩惱》之續集——「綠蒂」（夏綠蒂）為歌德年輕時愛戀的對象，但她已有婚約。書中敘述二人分手四十多年後，綠蒂在威瑪與歌德重逢的故事。

12 「海伊」是一個威爾斯小鎮，位於「瓦伊河」河岸，全名為「瓦伊河畔的海伊」（Hay-on-Wye）。該鎮以二手書聞名，是全球愛書人的聖地。

13 蒙巴薩（Mombasa）是肯亞第二大城和主要海港，當時為英屬東非的首府。

14 泰國西部由英軍戰俘修建的「桂河大橋」屬於「緬甸鐵路」（死亡鐵路）之一環。

15 「帕克公共用地」（Parker's Piece）是劍橋市中心附近的一大片平坦草地（「帕克」是古代一個廚師的名字，他有權在那塊草地上放牧）。

16 洛斯托夫特（Lowestoft）為東安格利亞海濱小城，是全英國最早看見日出的城鎮。

17 廚師巷（Petty Cury）是劍橋市商業區的一條街道（其英文路名源自十四世紀的拉丁文名稱）。

18 《聖三一女校》（*St Trinian's*）漫畫系列具有濃厚暴力色彩，出現於一九四六至一九五三年之間，曾拍攝成四部電影。一九五四年拍攝的那一部，中譯名叫做《烏龍女校》。

19 隆納德·賽爾（Ronald Searle, 1920-2011）在「桂河大橋」當奴工時，曾被日軍以斧頭劈背而一度癱瘓。後來他出版了一本戰時漫畫集：《前往桂河——活著回來》（*To The Kwai – And Back*）。

20 大雅爾茅斯（Great Yarmouth）為東安格利亞的海濱小城，布萊登水域（Breydon Water）則是大雅爾茅斯城外的河口溼地。

21 李－恩菲爾德步槍（Lee-Enfield rifle）和路易斯式輕機槍（Lewis gun）都是英軍在一戰時的主要裝備。

22 比利時、荷蘭等低地國位於東安格利亞正對面。

23 達夫·庫伯（Duff Cooper, 1890-1954）曾先後在張伯倫內閣擔任戰爭大臣和海軍大臣，因反對慕尼黑會議而辭職。艾登（Anthony Eden, 1897-1977）為張伯倫及邱吉爾內閣的外交大臣。

24 哈利法克斯勳爵（Lord Halifax）是綏靖政策的要角，一九三八年二月至一九四〇年十二月之間擔任英國外交大臣，任內發生德奧合併、慕尼黑會議、捷克亡國、二戰爆發……等大事。他下台後被外放為駐美大使。

25 伯斯郡（Perthshire）位於蘇格蘭中部。

26 馬西塞特郡（Merseyside）位於英格蘭西北海岸，主要城市為利物浦。

27 「冷溪禁衛隊」（Coldstream Guards）是英國御林軍（禁衛師）的五個步兵團之一（擲彈兵、冷溪、蘇格蘭、愛爾蘭、威爾斯）。

28 維辛斯基（Andrey Vyshinsky, 1883-1954）是波蘭裔蘇聯檢察總長（1935-39）及外交部長（1949-1953），乃史達林進行大整肅時的要角（上演司法秀並提供法源根據）。該檢察總長曾留下一句名言：「刑法是階級鬥爭的工具」。

29 英國傳統的說法是：在聖瑪利勒波教堂（St Mary-le-Bow）鐘聲所及範圍內出生的人才是道地的倫敦佬。

30 卡爾·雷納（Karl Renner, 1870-1950）為奧地利社會民主黨領袖，於奧匈帝國解體後擔任奧地利第一共和首任總理，並親自撰寫國歌歌詞（「德意志奧地利，壯麗的土地，我們愛妳……」）。他在戰後出任第二共和首任總統。

31 兒童運輸行動（Kindertransport）發生於一九三八年十二月至一九三九年九月一日之間。在英國猶太組織的安排下，計有將近一萬名納粹德國（含奧地利與捷克）的猶太兒童被營救至英國。

32 查爾斯・福克斯（Charles Fox, 1921-91）後來成為英國音樂評論家及作家。

33 厄爾・白勞德（Earl Browder, 1891-1973）為美國共產黨總書記及黨主席（1930-45），有「英語世界最傑出的馬克思主義者」之稱。他曾撰寫《德黑蘭》一書，主張和平共存與階級調和（「白勞德主義」），並於一九四四年將美國共產黨改組成「共產主義政治協會」，結果遭到各國共黨一致撻伐（「現代修正主義的鼻祖」、「國際共運的叛徒」、「投降主義者」、「無產階級公開的敵人」……）。最後他在一九四五年遭到罷黜，翌年被開除黨籍。

34 威特島（Isle of Wight）位於英國南部。格洛斯特則位於英國西南部，離諾曼第更遠。

35 托倫（Torun）德語稱之為托恩（Thorn），今日位於波蘭中北部，是一座命運多舛的城市。「條頓武士團」在十三世紀建立該城，十五世紀被波蘭併吞。十八世紀下半葉波蘭遭瓜分後，該城歸普魯士所有。一戰結束後此地被德國割讓給波蘭、希特勒佔領波蘭後該城併入德國、二戰以後再度併入波蘭。

36 西梅瑪特（Himeimat）位於埃及北部著名的艾爾阿拉敏（El Alamein）二戰戰場附近。

37 馬西亞斯（Marsyas）為半人半獸的古希臘神話人物，曾向阿波羅挑戰吹笛，結果被吊在樹上剝皮而死。

第十一章　冷　戰

1 蘇聯於一九四八年六月二十四日（並非「四月初」）切斷西柏林對外公路與鐵路交通。其導火線為美英法三國佔領區（日後的西德）於六月二十日片面進行貨幣改革，引進新的貨幣（日後的西德馬克）。美英法三國佔領的西柏林深處蘇聯佔領區境內，美國只得以空中運輸來打破封鎖。「柏林空運」一直持續至一九四九年五月，共計出動二十萬架次運輸機（西柏林人將之暱稱為「葡萄乾轟炸機」），運送了一百五十萬公噸物資。

2 一九四五年納粹德國敗亡至一九四九年成立東西兩德之間，德境最高行政機關為美、蘇、英、法四國佔領軍組成的「監管委員會」（Control Commission），但蘇聯抗議美英法準備在德西建國，自一九四八年三月起不再參加會議。「監管委員會」的日常工作之一，就是對德國百姓進行再教育——去納粹化。

3 「阿許肯納吉」是德系（中歐與東歐）猶太人；「塞法爾迪」則為西班牙系猶太人。「阿許肯納吉」的語言——意弟緒語——和德語相當接近，在語言學上屬於西日耳曼語系，而非希伯來語和阿拉伯語所屬的閃米語系。

4 「舊新猶太教堂」（Altneuschul）是意弟緒語，這個不尋常名稱的由來如下：布拉格在一八六〇年代以前有一座「舊猶太教堂」（Altschul）。它被改建以後，叫做「新猶太教堂」（Neuschul）。後來布拉格又新蓋了一座猶太教堂，於是原先的「新猶太教堂」改稱「舊新猶太教堂」。

5 普利摩·李維（Primo Levi, 1919-87）是猶太裔義大利化學家、小說家，和奧許維茨集中營的倖存者。李維曾以《如果這是一個人》（*Se questo è un uomo*）為標題寫出一本回憶錄，與埃利·維瑟爾《夜》那本名著齊名。

6 喬治·豪普特（Georges Haupt, 1928-1978）為出生於羅馬尼亞匈牙利語地區的傑出猶太裔歷史學家，於奧許維茨集中營失去全部家人。他在戰後前往蘇聯列寧格勒大學攻讀歷史，而後成為羅馬尼亞史學界要人，一九五八年移居法國，先後任教於歐美著名大學。

7 「集中營宇宙」（univers concentrationnaire）是普利摩·李維的用語，表明集中營在二戰末期已成為一個全面深入國家日常生活的龐雜體系。

8 歐根·科貢（Eugen Kogon, 1903-87）是著名的德國社會學家與政治學者，因為反納粹而三度入獄，並於一九三九至一九四五年之間遭囚禁於布痕瓦爾德集中營。其《SS國家》（*Der SS-Staat*）一書今日已成為經典著作——「SS」即納粹「黑衫隊」（Schutzstaffel）。

9 布痕瓦爾德（Buchenwald）集中營位於威瑪附近，營內死難者約五萬六千人，其中一萬一千名為猶太人。

10 「下薩克森」（Niedersachsen）位於德國北部，相當於十九世紀中葉併入普魯士的「漢諾威王國」。

二戰結束後，東普魯士、西里西亞、波美拉尼亞、蘇台德區等地的德國百姓悉數遭到波蘭和捷克驅離，總人數約一千萬人（史達林併吞波蘭東半部後，將德國的東普魯士南半部、西里西亞和波美拉尼亞割給波蘭做為補償）。

11 瓦爾特・本雅明（Walter Benjamin, 1892-1940）是猶太裔德國哲學家和文學評論家。其筆下「歷史的天使」（Engel der Geschichte）將臉朝向過去，在我們看到一連串事件的地方，只看見一場場災難、廢墟連著廢墟……

12 《沒有腳趾頭的帕伯》（*The pobble who had no toes*）是一首無厘頭打油詩，「帕伯」則為詩中失去了所有腳趾頭的主角（中古英文將「鵝卵石」稱作「pobble」）。那首詩的作者是十九世紀英國畫家愛德華・李爾。

13 羅莎琳・富蘭克林（Rosalind Franklin, 1920-58）為猶太裔英國物理化學奇才，曾藉由X光晶體繞射法來分析DNA，對發現雙螺旋結構（Double Helix）功不可沒。羅莎琳不幸於一九五八年因癌症去世；利用其X光分析圖得出DNA結構的華生、克里克、威爾金斯三人則在一九六二年獲得諾貝爾生理醫學獎。

14 厄尼斯特・貝文（Ernest Bevin, 1881-1951）是英國碼頭工會要員及工黨領袖，曾擔任外交大臣（1945-51）。

15 「哈欽森出版社」已在一九八〇年代併入「蘭登書屋」（附屬於德國「貝塔斯曼集團」）。

16 「基尼」是一八一六年以前的英國金幣，而後成為與英鎊等值的計價單位（當時一英鎊合二十先令）。但英鎊在一八四四年以前是銀本位，由於金銀價格的變動，導致「基尼」實際上折合二十一先令，因此店家喜歡用「基尼」計算售價。一九七一年英國終於引進十進位，結束了一英鎊合二十先令、一先令合十二便士的怪現象。

17 傑克・加斯特（Jack Gaster, 1907-90）為猶太裔英國律師及人權運動者，是英國共產黨的法律顧問，一九三一年曾在工黨創立「革命政策委員會」（RPC），促成若干工黨左翼人士加入共產黨。

18 喬治・魏登菲德（George Weidenfeld, 1919-）為出生於奧地利的猶太裔英國出版家。他在德奧合併後移民英國成為記者，一九四八年創立出版社、一九六九年成為爵士、一九七六年晉封男爵。

19 塔爾蒙（Jacob Leib Talmon, 1916-80）是出生於波蘭的以色列歷史學家，以反對馬克思主義著稱，曾撰有《極權主義民主的起源》一書。

20 茉瑞爾（Muriel）「跟別的男人跑了」，一九六一年與新任丈夫在葡萄牙駕車出事而雙雙身亡。

21 羅森堡夫婦（Julius & Ethel Rosenberg）為美國猶太裔共產黨人，因為「將原子彈機密交給蘇聯」於一九五一年遭判處死刑。美國法庭的舉措在國際間掀起抗議浪潮，教宗庇護十二世、愛因斯坦、沙特等人皆曾為羅森堡夫婦

22 請命，但二人仍在一九五三年被處決於紐約「辛辛監獄」，成為最著名的麥卡錫主義犧牲者。

23 艾倫・紐恩・梅伊（Alan Nunn May, 1911-2003）為共產黨籍英國物理學家，因二戰末期向蘇聯傳遞英美兩國核子資訊而在一九四六年被判刑十年，一九五二年獲釋。一九六〇及七〇年代在迦納擔任物理教授，卒於劍橋。

24 sported oak，這是劍橋和牛津大學的俚語——校內的老房間通常有兩扇門（「內門」和「外門」），外門叫做「橡木」（oak）；外門打開意謂可以見客，關上則表示不想被打擾。「閉門謝客」在校內俚語也稱做「Sporting the oak」。

25 阿瑪逖亞・森恩（A. K. Sen, 1933-）為出生於西孟加拉的印度經濟學者，曾獲諾貝爾經濟學獎（1998）。

26 「劍橋座談社」（Cambridge Conversazione Society）是「使徒會」的別稱。

27 「帝國水晶之夜」為一九三八年十一月九日納粹大規模迫害猶太人的行動，德國全境的猶太教堂遭到焚毀、猶太墓園被玷污、猶太人的商店和建築物則被搗毀——「水晶」指的是滿地的碎玻璃。瓦爾特・瓦利希的父親保羅・瓦利希（Paul Wallich）在絕望之下於兩日後投河自盡，結束了一個德國猶太銀行家家族的傳奇。

28 喬納森・米勒（Jonathan Miller, 1934-）在劍橋攻讀自然科學和醫學。畢業後成為醫師，以及著名的戲劇和歌劇導演。

29 藍尼・布魯斯（Lenny Bruce, 1925-1966）為廣受爭議的美國脫口秀演員及作家，來自一個破碎的紐約家庭，曾因行為不檢多次入獄，以致從喜劇演員轉型為社會諷刺家，晚年幾乎被禁止在全美各州演出。他一九六六年注射海洛因時死於好萊塢寓所，二〇〇三年獲得紐約州長「平反」。

30 「番紅花山」（Saffron Hill）是倫敦「肯頓鎮」的一條街道，為十九世紀中葉倫敦最惡質的貧民窟之一，以及狄更斯《孤雛淚》一書的重要場景。

31 「克拉肯威爾綠地」位於倫敦市中心，乃英格蘭歷史上激進主義的中心。「馬克思紀念圖書館」便位於此地（地址：37a Clerkenwell Green）。列寧流亡倫敦時，曾於同一棟屋內編輯《火星報》（*Iskra*）。

李森科（Trofim Lysenko, 1898-1976）是惡名昭彰的烏克蘭「生物學家」，將其偽科學運用於蘇聯農業計劃，號稱可使荒漠變成良田（從未成功）。李森科將孟德爾的基因遺傳學斥為「反動學說」，認為只有後天獲得的特徵才可傳給下一代。他在史達林的加持下，以政治手段迫害學術上的反對者。蘇聯直到一九六〇年代中葉才清除其遺毒，但蘇聯生物遺傳學已因「李森科主義」走了三十多年冤枉路。

32 特萊伊喬・科斯托夫（Traicho Kostov, 1897-1949）為保加利亞副總理及共黨第二號人物，於任內消滅反對黨，後來因「帝國主義間諜」及「支持狄托反史達林」等罪名遭到起訴。其律師於開庭時由於自己替該人「辯護」向法官致歉，並主動要求判處被告極刑。科斯托夫於一九四九年十二月被絞死，全國共牽連數千人遭到整肅。

33 拉斯洛・拉依克（Laszlo Rajk, 1909-1949）為匈牙利共黨中央政治局委員，先後擔任內政部長及外交部長，於內政部長任內撲滅反對黨、揭發「叛徒」並開始上演司法秀。一九四九年輪到他自己被打成「狄托分子」和「間諜」而遭公審處決。

34 隨著冷戰爆發和以色列投靠西方，蘇聯陣營於一九四八年展開反猶太運動。一九五二年十一月，捷克當局宣稱：公審中發現「叛徒結合錫安主義者密謀透過醫生毒殺總統」（捷克處決的十三名黨內要員有十一個猶太人）。史達林旋即於十二月向蘇共政治局表示：「猶太復國主義者都是美國特務」。一九五三年一月中旬，蘇聯官方依指示宣佈破獲「醫生陰謀案」：九名克里姆林宮醫生（七名為猶太人）「企圖以破壞性治療法謀害蘇聯黨政軍要員」。此案株連甚廣，受害者多為猶太人。史達林於三月五日死後，蘇聯新政府在一個月內即宣佈「醫生陰謀案」純屬虛構。

35 奧圖（Otto Sling）是捷克猶太人，瑪莉安（Marion Wilbraham）則為英國「青年和平大會」女秘書。一九四一年二人結褵於倫敦，戰後遷居捷克。一九五〇年十月斯林全家在布魯諾被捕，奧圖兩年後遭公審處決（「英國間諜」），瑪莉安繫獄兩年四個月，其子則入少年感化院。奧圖於一九六三年獲得平反，瑪莉安隨即攜二子返回英國。

第十二章　史達林與後史達林時代

1 當時蘇共領導人的頭銜其實叫做「第一書記」，布里茲涅夫在一九六六年才將之改稱「總書記」。

2 「線形文字B」是古希臘「邁錫尼文化」的文字，盛行於西元前十五至十二世紀，乃希臘字母之前身。一八七八年，考古學家在克里特島挖出刻有這種字母的泥版。一九五二年，一位英國建築師破解了「線形文字B」。

3 艾拉．薛蕾斯特（Alla Shelest, 1919-98）為蘇聯芭蕾舞界的奇葩，以完美結合舞技與角色著稱，一九三七至六三年之間擔任列寧格勒「基洛夫劇院芭蕾舞團」首席女舞者。

4 拉扎爾．卡岡諾維奇（Lazar Kaganovich, 1893-1991）為烏克蘭猶太裔鞋匠出身的蘇共政治局委員，一九一一年加入布爾什維克，十月革命後成為史達林的左右手及「最欣賞的學生」，於是快速升遷。赫魯雪夫展開去史達林化之後，卡岡諾維奇於一九五七年被逐出蘇共黨中央，一九六一年遭開除黨籍。

5 譯者一九九〇年代住在莫斯科時，情況確實如此，莫斯科地鐵並未因蘇聯解體而有所改變。

6 「高爾基」現名「下諾夫哥羅德」（Nizhny Novgorod），是蘇聯窩瓦河中游的國防工業中心，在蘇聯時代不對外國人開放，時而有知名異議人士遭流放於此。

7 列寧格勒曾在二戰時期被德軍包圍九百日，市內居民死亡約一百萬人。列寧格勒已於蘇聯末年（一九九一年）恢復一戰爆發前的舊名——聖彼得堡。

8 蘇共「二十大」於一九五六年二月二十四日晚間閉幕後，赫魯雪夫突然在十一點半通知大會代表返回克里姆林宮。接著他從午夜至二十五日凌晨，做出了批判史達林的秘密報告——《關於個人崇拜及其後果》。西方國家於同年五、六月之交已取得拷貝，美國《紐約時報》在七月五日刊出全文，赫魯雪夫的報告內容從此傳遍全球。

9 莫洛托夫（Vyacheslav M. Molotov, 1890-1986）為蘇共要員，曾任蘇聯人民委員會主席（即總理，1930-41），以及「外交人民委員」（1939-49, 1953-56）。一九五七年因「反黨」被赫魯雪夫逐出政治局，一九六四年遭開除黨籍。

10 安娜．包克爾（Anna Pauker, 1893-1960）為猶太裔羅馬尼亞共黨領袖，以毒辣著稱。她一九四七年出任外交部長、一九五二年下台、翌年二月遭到逮捕，即將接受公審時，因史達林三月突然過世逃過一劫（改判軟禁）。

11 「蘇伊士運河危機」是一九五六年介於埃及與英、法、以色列之間的軍事衝突，導火線為埃及在一九五六年七月將運河收歸國有。英國外相艾登先將埃及總統納瑟（Nasser）比擬成「尼羅河的墨索尼里」，藉此挑動國內民族主義以利出兵。以色列於十月底進攻西奈半島後，英法隨即派兵入侵，但因美蘇兩國的干預不得不草草撤軍。

12 阿圖爾・柯斯特勒（Arthur Koestler, 1905-83）是出生於匈牙利、母語為德語的著名猶太作家，曾在維也納大學研習科學與心理學。柯斯特勒早年曾為錫安主義者及共產黨員，二戰時加入英軍並成為英國公民。

13 安奈林・貝萬（Aneurin Bevan, 1897-1960）為出身南威爾斯礦工家庭的英國工黨要人，曾領導威爾斯礦工進行大罷工，於二戰結束後擔任衛生大臣及勞工大臣。

14 奧西普・皮亞特尼茨基（Osip Piatnitsky, 1882-1938）是「老布爾什維克」，一八九八年入黨，曾擔任「共產國際」情報負責人（1923-37）。史達林展開大整肅後，他在一九三七年的蘇共中央全會發言反對恐怖鎮壓及大規模處決，逼得史達林立即宣佈休會並將之逮捕。他基於「共產黨員的良心」堅不退讓，一個多月後即遭秘密處決。

15 俾斯麥於一八四七年在普魯士下議院發言表示：「戰場上的勇氣是我們共通的美德，但許多受尊敬者缺乏了平民的勇氣。」

16 波蘭在一九五六年六月底爆發工人騷動，戈慕卡於十月中旬上台並宣佈進行改革，此際蘇軍已在邊界進行「演習」準備入侵。波蘭危機雖遭化解，卻在十月二十三日引爆匈牙利革命，導致蘇聯坦克於十一月四日開入鎮壓。

17 「印度共產黨（馬）」（CPI(M)）成立於一九六四年。「馬」是「馬克思主義者」的縮寫。

18 著名的猶太裔英國左派歷史學家拉斐爾・山繆得年六十二歲（Raphael Samuel, 1934-96）。

19 拉斯金學院（Ruskin College）為牛津大學的獨立學院，供校外社會人士進修。

20 霍布斯邦和湯普森都在威爾斯西北部山區擁有度假小屋（見本書第十四章）。

21 霍布斯邦指的是湯普森一本簡明的教科書，第一章即寫了八百多頁，其餘部分卻未完成，以及他忙於雜務而荒廢了本業。

22 路易・阿圖塞（Louis Althusser, 1918-90）為一九六〇、七〇年代最著名的歐洲馬克思主義哲學家之一。他一九四〇年戰敗被俘後即罹患躁鬱症，一九八〇年症狀發作時勒死自己的妻子，此後三年被囚禁於法國的精神病院。

第十三章　分水嶺

1 《週六夜晚與週日早晨》（*Saturday Night and Sunday Morning*）或譯為《年少莫輕狂》。

2 倫敦大學伯貝克學院乃「夜間部」。其拉丁文院訓為：「在夜間研討」（*In nocte consilium*）。

3 藍道夫・邱吉爾（Randolph Churchill, 1911-68）為英國記者和首相之子，曾受最佳教育（伊頓公學與牛津大學），但在父親溺愛下一事無成。他二戰時服役於南斯拉夫，幾乎被俘；戰後多次參加國會議員選舉，每次都落選。

4 漢普斯德（Hampstead）是倫敦市中北部「肯頓鎮」（Camden Town）的高級住宅區。

5 《奇異的果實》（*Strange Fruit*）是一首控訴美國南方白人在樹上吊死黑人的歌曲，首唱於一九三九年：「南方的樹木結著奇異的果實，鮮血沾滿枝葉，滲入樹根，黑色軀體擺盪於南方微風中，白楊樹上垂掛奇異的果實……」。作詞作曲者亞伯・米若波爾（Abel Meeropol）為紐約猶太裔教師，於羅森堡夫婦遭處決後主動收養其二名遺孤。

6 史基佛（Skiffle）是流行於一九五〇年代的一種特殊音樂，又名「噪音爵士樂」或「英國山地搖滾」。

7 肯尼斯・泰南（Kenneth Tynan, 1927-80）是廣受爭議的英國劇評家及劇作家。法蘭西斯・培根（Francis Bacon, 1909-92）為英國畫家，被茉瑞爾・貝爾徹「收養為女兒」（培根是男同性戀者），有權在「殖民地俱樂部」免費飲酒。茉瑞爾・貝爾徹（Muriel Belcher, 1908-78）是「殖民地俱樂部」的所有人，以特立獨行著稱。「殖民地俱樂部」（Colony Room Club）則是只有兩個房間的私人俱樂部，為反傳統人士群集之處，男性酒客往往被稱作「她」。

8 史坦利・庫伯利克（Stanley Kubrick, 1928-99）為著名猶太裔美國導演。《奇愛博士》（*Doctor Strangelove*）又名「我如何學會停止憂慮並熱愛炸彈」，改編自一部名叫《紅色警報》的小說。「奇愛博士」（Dr. Merkwürdigliebe）本人為德國核武專家及前納粹黨員，於一名發瘋的美國將領擅自出動B-52轟炸機群準備向蘇聯投擲原子彈時，擔任美國總統的幕僚。著名英國諧星彼得・席勒斯（「粉紅豹」）在片中同時飾演了「奇愛博士」與美國總統。

9 克勞蒂亞・瓊斯（Claudia Jones, 1915-64）為出生於千里達的黑人女記者，八歲時舉家移民至紐約哈林區（但無美國國籍），因從小備受歧視而加入美國共產黨，鼓吹黑人人權及女權。她在麥卡錫主義時期受「非美活動調查委員會」迫害而入獄三次、健康嚴重受損，並於一九五五年被驅逐出境來到英國。一九五八年爆發「諾丁丘暴亂」之後（加勒比海黑人移民在西倫敦遭種族主義者攻擊），她秉持「人們不該被嚇跑或進行反擊，而應彼此分享文化」的理念，創辦英國第一份黑人報紙，並於一九五九年成為「諾丁丘嘉年華會之母」，一九六四年病逝於倫敦。

10 摩西・芬利（Moses Finley, 1912-86）為猶太裔美國古代歷史學家，麥卡錫主義年代因拒絕做出不利於同事的證詞，一九五二年遭「羅格斯大學」（Rutgers University）解聘。芬利從此無法在美國覓得工作，乃移居英國任教於劍橋大學。他在一九六二年成為英國公民、一九七一年出任「英國國家學術院」院士、一九七九年晉封爵士。

11 馬克思將自己的社會主義稱做「科學社會主義」。

第十四章　克尼赫特山下

1 「威爾斯海岸快速列車」（Cambrian Coast Express）行駛於威爾斯中北部沿海，使用蒸汽火車頭並逐站停靠。

2 「梅里奧尼思」是威爾斯舊十三郡之一（英語：Merioneth；威爾斯語：Meirionnydd），一九七四年被裁撤。

3 「特雷斯」（traeth）——或「德雷斯」（draeth）——在威爾斯語是「河灘」的意思。例如「彭林代德雷斯」（Penrhyn-deudraeth）意為「有兩片河口沙灘的海岬」。

4 波特馬多克（Portmadoc）自一九七四年起採用威爾斯語拼法，改稱「波斯馬多格」（Porthmadog）。

5 克尼赫特山的高度為六八九米，位於英國「斯諾登尼亞」國家公園，有「威爾斯的馬特洪峰」之稱。

6 克拉夫・威廉－埃利斯（Clough Williams-Ellis）這位非典型建築大師出生於一八八三年，卒於一九七八年。

7 克拉夫喜歡將自己「王國」內的物件漆成淺粉綠色。

8 斯諾登峰（Snowdon）高一〇八五公尺，是威爾斯第一高峰。

9 斯托大院（House of Stowe）位於白金漢郡，一九二三年改建為著名的「斯托公學」（Stowe School）。

10 那部電影就是著名的《六福客棧》（*The Inn of the Sixth Happiness*），拍攝於一九五八年。

11 《囚犯》（*The Prisoner*）拍攝於一九六七年，在台播出時的譯名為《無敵情報員續集》。

12 勒琴斯（Edwin Lutyens, 1869-1944）為二十世紀最著名的英國建築師，酷愛以奇幻方式結合東西方傳統建築風格，有「新德里的設計者」之稱。

13 R.S．湯瑪斯（R.S. Thomas, 1913-2000）乃聖公會牧師、威爾斯著名詩人及激進民族主義者，以仇視英格蘭、抗拒現代文明著稱。湯瑪斯雖將英文視為外語，卻只能以英文進行寫作，一九九六年曾被提名諾貝爾文學獎。

14 「費斯蒂尼奧格鐵路」行駛於「波特馬多克」海港與「布萊奈費斯蒂尼奧格」山區採石場之間，全長二十一公里。它完成於一八四〇年代，一九四〇年代停駛，一九八〇年代恢復全線通車，成為斯諾登尼亞國家公園的名勝。在維多利亞時代是用馬匹將空車廂拉上山頭，然後讓裝滿石板的無動力車廂從山上沿著鐵軌滑行進入港內。

15 布魯姆斯伯里（Bloomsbury）位於倫敦市中心。一九〇五年至二戰之間，英國自由主義學者曾在此地組成「布魯姆斯伯里文藝圈」，對英國現代主義思潮產生重大影響。

16 艾瑪蓓爾（Amabel）也很長壽：克拉夫活了九十五歲（1883-1978），艾瑪蓓爾活了九十歲（1894-1984）。

17 陶樂絲．韋德伯恩（Dorothy Wedderburn）為英國工業社會學家及霍布斯邦夫婦的莫逆之交，她是英國統計學大師喬治．巴納德的妹妹（參見本書第八章）。

18 帕克（Parc）位於「布萊奈費斯蒂尼奧格」與「波特梅里恩」之間的半山腰上，是作者夏日小屋所在地。

19 羅素（Bertrand Russell, 1872-1970）不斷鼓吹性開放、性自由、試婚……，其家庭關係極為複雜。

20 此事件為英國歷史上最著名與最神秘的越獄案。布雷克（George Blake）乃臥底英國軍情局的蘇聯高級間諜，一九六一年遭判刑四十二年。波托因激進和平運動入獄十八個月，在獄中結識了布雷克。波托出獄後積極策劃營救行動以示抗議，並將無線電對講機送入監獄與布雷克保持聯繫。一九六六年十月二十二日，波托利用囚犯週末晚間觀賞電影的機會，將特製繩梯拋入監獄協助布雷克攀牆脫逃，而後將他偷渡至比利時輾轉前往東柏林與莫斯科。英國官方對布雷克脫逃的經過一直莫測高深。最後波托在一九八八年出面公開謎底，翌年獲判無罪。

21 波伊斯郡（Powys）位於威爾斯東部及中部，其居民約有三分之一使用威爾斯語。作者昔日居住的威爾斯西北地區，使用威爾斯語的人口則超過三分之二。

22 卡德伊德里斯山（Cader Idris）位於北威爾斯「斯諾登尼亞國家公園」南端，高八九三公尺。

第十五章　一九六〇年代

1 「情境主義者」（Situationists）或譯為「境遇主義者」，即存在於一九五七至七二年之間的「情境主義者國際」（SI）。它是歐洲左翼文人組成的小型無政府主義烏托邦團體，主張推翻現代社會結構（如廢除商品、工作、政府組織和等級制度），並喊出諸如「禁止一切禁止」、「絕不工作」……等激進口號。「情境主義者」的實際成員不過數十人，卻因結合了一九六八年巴黎學運而喧騰一時，但其立場不受正統左派政黨支持。

2 LSD是「麥角酸二乙醯胺」（Lysergic Acid Diethylamide）的縮寫，乃強烈中樞神經幻覺劑（二級毒品），俗稱「迷幻藥」、「搖腳丸」、「一粒沙」、「加州陽光」……。嬉皮時代直接將之簡稱為「酸」（Acid）。

3 「幾位美國總統」指的是詹森總統因不得民心而放棄競選連任，替代他參選的韓福瑞副總統則被尼克森擊敗。法國總統指的是戴高樂：一九六八年五月下旬學運和工運達到高潮時，戴高樂曾出奔至西德的法軍基地。他確定軍方依然效忠後，解散國會並於六月選舉中大勝，但隔年五月因為公民複決總統擴權一案未能過關而辭職下台。

4 在《美麗新世界》裡面，統治者透過性自由和一種叫做「索瑪」（Soma）的強力迷幻藥來控制人民。

5 「花之力量」（flower power）是嬉皮運動的口號，以花做為非暴力的象徵。亥特－艾許伯里（Haight-Ashbury）位於舊金山市中心，乃六〇年代嬉皮運動及吸毒文化之發源地。

6 「摩城唱片」（Motown）是芝加哥一家發行靈魂音樂及黑人音樂的唱片公司。「驚豔合唱團」（The Marvelettes）和「至上合唱團」（The Supremes）均為「摩城唱片」旗下著名的黑人女聲三重唱。

7 亞歷克西斯．康納（Alexis Korner, 1928-84）為奧地利與希臘裔英國藍調大師，被譽為「英國藍調之父」。他在一九六一年成立的樂團深深影響了六〇年代搖滾樂的發展，「滾石合唱團」許多主要成員皆出其門下。

8 亨利・卡波特・洛奇（Henry Cabot Lodge, 1902-85）為共和黨政治人物，曾任美國駐南越大使（1963-64, 1965-67）。其任內發生的大事包括：一九六三年南越總統吳廷琰死於政變、一九六五年美國正式出兵越南。

9 氣象員（The Weathermen）是主要活動於一九七〇年代的美國左派地下組織，以進行炸彈攻擊聞名。其組織名稱得自鮑伯・迪倫《地下鄉愁藍調》的歌詞：「你不需要氣象員就可以曉得風向」。

10 紅軍派（Red Army Faction）為西德左派恐怖組織（1968-92）。因其早年的男女領導人巴德爾（Andreas Baader, 1943-77）及邁因霍夫（Ulrike Meinhof, 1934-76）而被稱做「巴德爾－邁因霍夫幫」（Baader-Meinhof Gang）。

11 雷吉斯・德布瑞（Régis Debray, 1941-）為法國作家、左派革命理論家與切・格瓦拉的革命夥伴。他在玻利維亞遭政府軍俘虜、被判刑三十年，入獄三年後提前獲釋，一九八〇年代曾擔任法國總統密特朗的政治顧問。

12 一九五九年一月一日，卡斯楚的游擊隊成功推翻古巴獨裁者巴蒂斯塔（Batista），建立了左派政權。

13 卡洛斯・拉斐爾・羅德里格斯（Carlos Rafael Rodriguez, 1913-97）為古巴作家、新聞記者與經濟學家，曾代表古巴共產黨前往「馬埃斯特拉山」（Sierra Maestra）的游擊隊基地與卡斯楚進行談判，促成共黨與後者的「七月二十六日運動」合流。他在革命成功後歷任黨政要職，最高官拜至副總理並主導了古巴的外交政策。

14 《紅男綠女》（*Guys and Dolls*）為首演於一九五〇年的紐約百老匯歌舞劇，敘述兩名紐約職業賭徒的愛情故事。賭徒之一為了贏得打賭，將一位年輕女傳教員騙去哈瓦那共進晚餐，最後卻墜入情網而改邪歸正。

15 布拉格位於捷克、善農（Shannon）位於愛爾蘭、甘德（Gander）位於加拿大紐芬蘭。作者此次從英國前往古巴的飛行路線十分奇特。

16 《好兵帥克》（*The Good Soldier Schweik*）是捷克詼諧作家哈雪克（Jaroslav Hašek, 1883-1923）的名著，講述一名服役於奧匈帝國陸軍的捷克「兵油子」在一戰時期耍寶的故事。

17 邁可・艾克斯（Michael X）原名邁可・德・弗雷塔斯（Michael de Freitas, 1933-75），出生於千里達，其父為葡萄牙人、其母為黑人。他在一九六〇年代成為倫敦「黑人革命領袖」與「黑人民權運動者」（實則販毒、經營妓院與賭場），一九七一年於暴力犯罪後潛逃千里達；在千里達又於一九七二年犯下謀殺案，三年後被吊死。

18 VS・奈波爾（V. S. Naipaul, 1932），為出生於千里達印度家庭的英國作家，二〇〇一年榮獲諾貝爾文學獎。一九七五年時，他把邁可・艾克斯的生平寫入一本名叫《游擊隊》（*Guerrillas*）的小說。

19 阿爾格里埃爾斯・雷翁（Argeliers León, 1918-91）為古巴音樂學家、作曲家、民俗學家和教育家。

20 西凱羅斯（David Alfaro Siqueiros, 1896-1974）是墨西哥三大油畫家和壁畫家之一，終生為共產黨員。托洛茨基一九三七流亡墨西哥後，西凱羅斯曾涉入暗殺行動（向托洛茨基的住宅射擊數百發子彈，但未造成傷害）。

21 這裡是指，幾年前美國曾在「豬灣」進行過入侵古巴的行動，這回卻是由來自巴黎拉丁區的法國左派人士動粗。

22 漢斯・馬格努斯・恩岑斯貝格（Hans Magnus Enzensberger, 1929-）為著名德國詩人、作家及翻譯家。他不滿美國的外交政策，於一九六八年辭去美國教職移居古巴，一直待到一九七〇年代中葉。他在一九六七年與蘇聯文化歷史學家瑪利亞・馬卡洛娃（Maria A. Makarova, 1943-92）結婚——瑪利亞在俄語暱稱「瑪莎」（Masha）。

23 恩岑斯貝格夫婦在一九八五年離婚。一九九二年時，瑪莎因藥物過量卒於倫敦，遺體運回莫斯科火化。

24 瑪莎的雙親皆為著名蘇聯作家，但其母早已嫁給一位馬卡洛夫先生，所以她冠了別人的姓氏。其生父亞歷山大・法捷耶夫（Alexander A. Fadeyev, 1901-56）長年擔任蘇聯作家協會總書記（1946-54）——該職務為部長級。法捷耶夫是忠實的史達林主義者，逮捕作家的命令通常都經他簽字同意。法捷耶夫晚年嚴重酗酒，於赫魯雪夫「鞭屍」史達林後失意自殺（死於一九五六而非作者所說的一九五五年）。

25 吉安賈科莫・菲爾特里內利（Giangiacomo Feltrinelli, 1926-72），是義大利出版業大亨兼左派恐怖分子，一九七二年死於米蘭郊外一根高壓電塔下。義大利官方的說法為：他隨身攜帶的十管炸藥提前爆炸。

26 蘭佩杜薩（Giuseppe Tomasi di Lampedusa, 1896-1957）是出身西西里島貴族家庭的小說家。《豹徽》（*Il Gattopardo*）為其遺作，出版於一九五八年（亦名《浩氣蓋山河》），講述義大利統一時期的西西里社會變遷。此處的「豹」指的其實是藪貓（Serval）——有豹紋的非洲山貓（作者家族徽章上的動物圖案）。

27 耶利哥（Jericho）位於約旦河西岸，是全球已知最早的城鎮遺址。依據《舊約聖經》，以色列人越過約旦河來到「迦南地」後，在約書亞（Joshua）領導下於耶利哥進行了第一場主要戰役：「於是百姓呼喊、祭司也吹角・百姓

聽見角聲、便大聲呼喊、城牆就塌陷、百姓便上去進城、各人往前直上、將城奪取。」（約6:20）

28 此處的「三緘其口」是義大利南部方言（主要為黑手黨用語，其標誌為三隻分別蒙住眼睛、鼻子、嘴巴的猴子），或譯為「沉默共謀」。實際含義是不得告密，否則有遭滅口或懲罰之虞。

29 正規愛爾蘭共和軍（Official IRA）是溫和派，已在一九七二年宣佈停火。臨時愛爾蘭共和軍（Provisional IRA）則為激進派，繼續在北愛爾蘭和英國本土發動恐怖攻擊。

30 里歐奈樂・喬斯潘（Lionel Jospin, 1937-）為法國社會黨政治人物，曾經擔任總理（1997-2002）。

31 約序卡・費雪（Joschka Fischer, 1948-）為德國綠黨政治人物，出身自匈牙利德裔家庭及西德激進左派學生運動，曾擔任德國外長（1998-2005）。

第十六章　政治觀察家

1 保守黨執政的十八年內共有兩位總理：柴契爾夫人（1979-90）和約翰・梅傑（1990-97）。

2 柏特・拉姆森（Bert Ramelson, 1910-94）是烏克蘭猶太人，原名巴路克・拉米列維奇・孟德爾頌（Baruch Ramilevich Mendelson）。他成長於加拿大並獲得律師資格，於參加西班牙內戰後移居英國。二戰時他曾在北非被德軍俘虜，卻成功安排集體脫逃；戰後在約克郡為英國共產黨組織工運，使得左派於一九六〇和七〇年代成為英國工會主力。

3 亞瑟・史卡吉爾（Arthur Scargill, 1938-）為性格火爆、極具爭議性的英國工會領袖。他出身約克郡共產黨礦工家庭，一九六二年投效工黨。一九七三年成為約克郡礦工工會領袖並組織罷工，導致保守黨奚斯內閣於翌年下台。史卡吉爾後來領導「全國礦工聯合會」（1981-2000），一九八四年發動礦工大罷工而名噪一時。該行動一九八五年被柴契爾夫人化解後，礦工總工會開始一蹶不振。史卡吉爾則於一九九六年脫離工黨另組「社會主義勞工黨」。

4 「四人幫」原為工黨溫和派要員，因不滿「托洛茨基派」綁架工黨走上極左路線，憤而於一九八一年一月下旬脫黨另組「社會民主黨」。該黨在一九八八年與自由黨合併，改稱「自由民主黨」(英國第三大黨)。「四人幫」的成員後來都繼承了貴族頭銜（男爵），因而進入上議院。

5 大衛・布隆克特（David Blunkett, 1947-）來自貧困家庭，天生雙目失明，曾於一九九七年後的布萊爾內閣相繼出任教育大臣、內政大臣等職務。羅賓・庫克（Robin Cook, 1946-2005）於布萊爾上台後相繼擔任外交大臣、下議院工黨黨鞭，二〇〇三年反對入侵伊拉克而辭職。金諾克、布隆克特、庫克三人皆為工人子弟，是理性左派；湯尼・班恩（Tony Benn, 1925-2014）則出身貴族家庭（子爵），其極左路線幾乎把工黨搞垮。

6 富特（Michael Foot, 1913-2010）一九八〇年當選黨魁後（左派），工黨於第二年修改選舉規定，讓工會在黨大會享有投票權。班恩認為自己穩操勝算，在同年九月出馬挑戰現任副黨魁希利（右派）。結果工會於最後一刻突然向右轉，導致班恩以零點八五個百分點落敗，從此大勢已去。

7 湯尼・班恩縮短姓名之前，其全名為：「安東尼・尼爾・威吉伍德・班恩，斯坦斯蓋特子爵」。當時依據英國傳統規矩，可世襲的爵位須由長子繼承，繼承爵位者進入上議院、不得成為下議院議員。湯尼・班恩乃家中次子，原不受此限制，成為最年輕的下議院工黨議員。但其兄陣亡於二戰，三十五歲時其父去世，班恩被迫繼承爵位並必須辭去下院議席。他憤而大力推動修法，促成一九六三年通過法案允許放棄繼承爵位。

8 可參見本章譯注6。

9 一九九二年四月九日舉行國會選舉前，各方均預估由金諾克領軍的工黨可望擊敗梅傑首相領導下的保守黨。結果梅傑意外獲勝，導致金諾克辭去工黨黨魁職務。

10 梅傑首相領軍的保守黨於一九九七年大選中慘敗，由工黨的湯尼・布萊爾接任首相。

11 傑夫・默根（周若剛爵士）當時擔任首相辦公室唐寧街政策研究室主任。

12 阿瑪遜亞・森恩（Amartya Sen, 1933-）在一九九八年獲得諾貝爾經濟學獎，約瑟夫・斯蒂格里茨（Joseph Stiglitz, 1943-）則於三年後獲獎。「華盛頓共識」（Washington Consensus）是一九九〇年為解決拉丁美洲經濟危機而提出的十點方案，被稱做「新自由主義的政策宣言」或「自由市場基本教義」。其施行結果是熱錢湧入、外資得利、本地貧富差距惡化——「市場自由化」與「全球化」讓拉美各國出現「無發展的成長」，更加陷入經濟危機。

13 索非亞是保加利亞首都，而保加利亞為冷戰時期最依附於蘇聯的東歐國家之一。

第十七章　與歷史學家為伍

1 亞瑟·史勒辛格（Arthur M. Schlesinger, 1917-2007），美國當代史學家，也是熱衷政治的自由主義者。二十八歲時以《傑克森年代》（*The Age of Jackson*）獲得普立茲獎。一九五七—一九六〇年推出三大冊的《羅斯福年代》（*The Age of Roosevelt*），史學界認為這是他最重要的成就。最有名的著作為在甘迺迪死後完成的《甘迺迪在白宮的一千天》（*A Thousand Days*）。

2 MM·波斯坦（Michael Moissey Postan, 1899-1981）是來自「比薩拉比亞」的猶太裔英國中世紀經濟史大師。「比薩拉比亞」（Bessarabia）原屬俄羅斯帝國，十月革命後與羅馬尼亞合併，二戰時併入蘇聯，蘇聯解體後成為獨立的「摩爾多瓦共和國」（Moldova）。「莫尼亞」（Mounia）那個綽號可能源自俄語「Molniya」一字，意為「閃電」。

3 當時蘇聯尚未成立（蘇聯存在的時間是一九二二年底至一九九一年底）。

4 LB·納米爾（L.B. Namier, 1888-1960），出生在奧匈帝國，今為波蘭境內，一九〇六年移民至英國，最知名的是其有關十八世紀英國國會的歷史研究，他把國會議員的傳記、書信當作素材，開啟「人群學」（prosopography）的歷史研究新法。

5 那份學術刊物創辦於一九二九年，最初名叫《經濟與社會史年鑑》，一九三九年改稱《社會史年鑑》，一九四六年改稱《年鑑：經濟、社會、文化》，一九九四年再更名為《年鑑：歷史、社會科學》。

6 當時蘇聯在赫魯雪夫領導下，正處於所謂的「解凍期」。

7 一九一四年六月二十八日，奧匈帝國皇儲斐迪南大公及夫人在波士尼亞首府薩拉耶佛（Sarajevo）遇刺身亡。第一次世界大戰於一個多月後爆發，二十世紀歷史從此完全改觀。

8 作者直到一九九四年才寫就了以二十世紀為範圍的《極端的年代》。

9 弗留利（Friuli）即義大利東北部「的里亞斯特」周邊地帶，現為義大利五個自治區之一。

10 格溫（Gwyn）是威爾斯民間傳說中精靈世界的國王，阿爾夫（Alf）則為日耳曼神話中的精靈。

第十八章　在地球村

1 凱撒的《高盧戰記》（*De Bello Gallico*）一書，傳統上是德奧等國文科中學的古典拉丁文教材。

2 GK・卻斯特頓（Gilbert Keith Chesterton, 1874-1936）為著名的英國作家與記者，在一九二二年皈依了天主教。天主教徒在英國是受排斥的非主流團體，例如布萊爾首相等到卸任之後才敢改信天主教（雖然其家人均為天主教徒）。本段稍後提到的伊塔羅・卡爾維諾（Italo Calvino, 1923-85）則為出生於古巴的著名義大利左派作家。

3 那家倫敦的高級法國–義大利餐館現在名叫「艾蓮娜的明星餐廳」（Elena's L'Etoile Restaurant）。

4 「史溫船長」（Captain Swing）是一個虛構人物，為一八三〇年英國東南部「史溫暴亂」名義上的領袖。

5 噴射機學者指的是空中運輸革命出現之後，搭乘噴射客機穿梭各地的「流浪教授」。

6 「史密斯法案」（Smith Act）通過於一九四〇年，攸關美國的「忠誠考核」。

7 南斯拉夫解體之前，塞爾維亞–克羅埃西亞語（Serbo–Croat language）是該國的官方語言。但克羅埃西亞語使用拉丁字母，塞爾維亞語則使用斯拉夫字母。

8 此「類似的方式」指的是複印機的出現。以譯者在莫斯科的經驗為例，戈巴契夫引進改革開放之前，複印機在蘇聯是管制品（此後有條件地開放），等到蘇聯於一九九一年解體前後，複印機的時代才正式來臨。

9 喬治・索羅斯（George Soros, 1930-）是匈牙利猶太裔美國投資大師，同時致力於投機與慈善事業。

10 地拉那（Tirana）是阿爾巴尼亞的首都，普里什提納（Priština）是科索伏的首府，斯科普耶（Skopje）是馬其頓共和國的首都。後二者分離自前南斯拉夫聯邦。

11 依據《創世紀》，天下人的語言原本相同，但於興建一座通天高塔時導致耶和華不悅，耶和華因而「變亂他們的口音，使他們的言語彼此不通」。那座高塔遂半途而廢，高塔所處的城市從此名叫「巴別」(Babel)，就是「變亂」的意思。(見《舊約聖經》，創 11:1–9)。

12 法蘭西斯·哈斯克爾（Francis Haskell, 1928-2000）是英國藝術史家。阿爾納多·莫米里亞諾（Arnaldo Momigliano, 1908-1987）是義大利歷史學家。尤蘭達·松阿本德（Yolanda Sonnabend, 1935-）是英國舞台設計師與藝術家。

13 布朗運動（Brownian movement）意謂水中懸浮粒不斷進行的無規則運動，乃「隨機分析」基本概念之一。

第十九章　馬賽曲

1 當時從柏林到倫敦最短的路線，是直接前往比利時坐船而非繞道巴黎。

2 法國在一八七五至一九四〇年之間使用「第三共和」憲法。

3 英國國王喬治五世駕崩於一九三六年一月。

4 歐斯曼男爵（Baron Georges-Eugène Haussmann, 1809-91）為德裔法國城市規劃師，曾奉拿破崙三世之命推動巴黎新都市計劃（1853-71），決定了現代巴黎的面貌。

5 「野鶴」(grues）隱喻流鶯伸長脖子在找男人。

6 喬吉·亞當（Gyorgy Adam, 1909-1970）後來成為著名的醫師、生物學家、心理學家與哲學家，在布達佩斯大學擔任生理學教授。

7 「下阿爾卑斯省」(Basses Alpes）位於法國東南部，自一九七〇年起更名為「上普羅旺斯阿爾卑斯省」。迪朗斯河（Durance）則是法國阿爾卑斯山區的主要河流。

8 尚·季洛度（Jean Giraudoux, 1882-1944）為法國最著名的德國文學專家。他就讀「巴黎高等師範學校」時攻讀德國文學，以最高分畢業並深受德國浪漫主義影響。一戰以後他既從事寫作又任職於法國外交部。季洛度在一九四〇年退休，於德國佔領法國後專心寫作，一九四四年因食物中毒去世於巴黎。

9 《綁鴨報》（*Le Canard enchaîné*）創刊於一九一五年，是著名的法文諷刺週報。「鴨」在法國俚語有「報紙」之意；「綁」則套用一個法國典故：克里孟梭曾創辦一份名曰《自由人》（*L'homme libre*）的報紙，因故被查禁後憤而更名為《被鐵鍊綁住的人》（*L'homme enchaîné*）。（《綁鴨報》亦有「鴨鳴報」或「偵探鴨」之類的譯名。）

10 敦克爾克（Dunkirk）是法國最北端的城市，佩皮尼昂（Perpignan）則為法國本土最南端的城市。

11 《兩個世界評論》（*Revue des Deux Mondes*）創刊於一八二九年，是歐洲最老資格的雜誌之一。海涅、巴爾扎克、大仲馬、雨果、托克維爾、喬治·桑、屠格涅夫、托爾斯泰、契訶夫、毛姆等人均曾在此發表文章。

12 即尚·雷諾瓦（Jean Renoir, 1894-1979），他是理解一九三〇－五〇年代法國電影的代表性導演。

13 巴黎在一八六七年舉辦了世界博覽會。那則笑話後來出現於王爾德的劇作《無足輕重的女人》：好的美國人死後去巴黎，壞的美國人死後去美國。

14 坐浴盆（bidet）就是安裝於抽水馬桶旁邊、外觀與之相似的盥洗設備。

15 作者在此玩了一個文字遊戲：「群眾」（mass）與「彌撒」（Mass）的英語發音相同。

16 萊昂·布魯姆（Léon Blum, 1872-1950）是猶太裔法國社會黨人，曾三度出任總理（1936-37, 1938, 1946-47）。

17 聖茹斯特（Saint-Just, 1767-94）和羅伯斯比爾（Robespierre, 1758-94）均為激進的法國雅各賓黨人，以及恐怖統治時期的領袖。二人於一七九四年遭到推翻並被送上斷頭台，法國大革命的恐怖階段隨之結束。

18 貝勒維爾（Belleville）意為「美麗城」，原為巴黎東郊採石場工人和酒莊工人居住的村落，一八六〇年併入巴黎分屬該市第十九區和二十區，以治安不佳與髒亂著稱。「美麗城」已在二十世紀末轉型為巴黎第二唐人街。

19 喬治·培瑞克（Georges Perec, 1936-82）是猶太裔法國作家，其父陣亡於二戰，其母死於奧許維茨集中營。一九六九年他寫出一部名叫《消失》（*La Disparition*）的小說，全書三百頁內容完全未出現E這個字母（包括他自己的姓名在內）。三年以後他發表另一部小說，名曰《歸來者們》（*Les Revenentes*），全書使用的母音只有E！

20 古羅馬人將今日巴黎一帶的地方稱作「魯特提亞」（Lutetia）

21 馬克斯・萊因哈特（Max Reinhardt, 1873-1943）為猶太裔奧地利演員及戲劇導演，自一九〇五年起擔任柏林「德意志劇院」負責人，將德國戲劇帶入嶄新境界。萊因哈特並為「薩爾茲堡音樂節」的共同創始人之一。

22 薩爾茲堡國際高等教育論壇（Salzburg Seminar）成立於一九四七年，有「心靈上的馬歇爾計劃」之稱，現為中歐國際學術交流的中心。其創辦人為三位哈佛大學校友，其中之一就是海勒。

23 第一次梵諦岡大公會議（Vatican One）舉行於一八六九至一八七〇年之間，因普法戰爭而中斷。

24 那個日本女裝模特兒名叫松本弘子，或弘子・貝爾格豪爾（Hiroko Berghauer, 1936-2003），一九七〇年擔綱演出了一部法、義兩國合作拍攝的著名喜劇片——《床第風雲》（*Domicile Conjugal*）。

25 「秘密軍隊組織」（Organisation armée secrète）為阿爾及利亞獨立戰爭時的法國極右派民兵和恐怖組織，創立於一九六一年初。

26 馬格里布（Maghreb）主要意謂摩洛哥、突尼西亞和阿爾及利亞三個曾遭法國殖民的北非國家。前二者獨立於一九五六年，後者獨立於一九六二年。前述「秘密軍隊組織」即為法國右派阻止阿爾及利亞獨立的戰鬥團體。

27 法國國王路易十六在一七九三年一月被送上斷頭台。

28 「一九四〇至四四年之間不很『戴高樂主義者』的過去」，意謂該人曾與納粹德國佔領軍或維琪政府合作。

29 英國BBC於一九七九年播出一部名叫《藍色記憶中的山丘》的電視劇。劇中主角為七名扮演七歲小孩的成年人，藉此呈現幼時印象的持久性。霍布斯邦將「藍色」改成「藍白紅三色」以呼應法國國旗的顏色。

30 《極端的年代》英文版初版於一九九四年，《一個幻想的結束》法文版初版於一九九五年。

第二十章　從佛朗哥到貝魯斯科尼

1 唐・荷西（Don José）是歌劇《卡門》的男主角，艾斯卡米羅（Escamillo）是《卡門》劇中的鬥牛士。

2 阿斯圖里亞斯（Asturias）為西班牙北部濱海地區，當地左派工人曾於一九三四年進行革命活動。

3 普伊格瑟達（Puigcerda）位於西班牙東北部卡塔隆尼亞的山區，於內戰時期由無政府主義者接管。

4 「場面固然壯觀，但那並非戰爭」（C'est magnifique, mais ce n'est pas la guerre）是一位法國元帥於克里米亞戰地，目睹一八五四年英軍對俄軍陣地進行「輕騎兵隊的衝鋒」（自殺攻擊）之際所下的評語。

5 美國憲法《第五修正案》通過於一七九一年，其要旨為：不得迫使當事人做出不利於己的證詞。

6 卡薩斯維哈斯（Casas Viejas）位於西班牙最南端的安達露西亞山區，當地居民曾於一九三三年攻佔村內警察局，導致共和國政府派兵進行屠殺。佛朗西斯科·薩巴特（Francisco Sabaté, 1915-1960）為卡塔隆尼亞無政府主義者，自一九三五起進行抗暴及反法西斯游擊活動，一九六〇年遭佛朗哥政府擊斃。

7 普里莫·德里維拉（Miguel Primo de Rivera, 1870-1930）為西班牙將領，以及溫和而高效率的獨裁統治者（1923-30），一九三〇年被迫下台。他的兒子是西班牙法西斯黨（長槍黨）之創始人，以及佛朗哥時代的烈士。

8 塞維亞（Sevilla）是西班牙南部安達露西亞自治區的首府，以及昔日地理大發現時代出航的基地。

9 佛朗哥時代結束於一九七五年。

10 安東尼歐·葛蘭西（Antonio Gramsci, 1891-1937）為出生於薩丁尼亞的義大利政治學者，以及義大利共產黨創黨元老。他在一九二四年出任義共領導人，一九二六年莫索里尼上台後入獄十一年，因病獲釋後，不久即去世。

11 《原始的叛亂》由曼徹斯特大學出版社初版於一九五九年。

12 「阿爾巴尼亞平原」（Piana degli Albanesi）位於西西里島西部的巴勒摩省，其居民為十五、十六世紀阿爾巴尼亞難民之後裔（鄂圖曼帝國於十五世紀攻佔了巴爾幹半島）。

13 薩瓦多雷·朱里安諾（Salvatore Giuliano, 1922-50），為著名的西西里「羅賓漢」及地方分離主義者（主張西西里島加入美國）。一九四七年五月一日，當左派在「金雀花隘口」（Portella della Ginestra）集會慶祝時，朱里安諾的黨羽以機槍掃射十分鐘，導致十餘人死亡（含四名兒童），三十餘人受傷。《薩瓦多雷·朱里安諾》那部電影的中譯名是《龍頭之死》。

14 現代義大利語的標準化，源自十四世紀的但丁。由於但丁的作品被廣泛閱讀，因此他的托斯卡納方言成為現代義大利語的基礎。

15 卡拉布里亞語（Calabrian）是義大利「鞋尖」地區的方言，皮埃蒙特語（Piedmontese）為西北部的方言。

16 皮耶羅．斯拉法（Piero Sraffa, 1893-1983）那位著名的義大利經濟學家去世於一九八三年。喬吉歐．納波利塔諾（Giorgio Napolitano, 1925-）為義大利政治經濟學家及共產黨要員，曾任內政部長、國會終身議員，於二〇〇六年當選義大利共和國第十一任總統。

17 巴羅洛葡萄酒（Barolo wine）是出產於義大利西北部皮埃蒙特地區的紅葡萄酒，有「葡萄酒之王」的稱號。但巴羅洛葡萄酒單寧酸含量甚高，開瓶後必須先放置數小時來「柔化」單寧酸，以免口味苦澀。

18 席維歐．貝魯斯科尼（Silvio Berlusconi, 1936-）是醜聞不斷的義大利財閥及前總理（1994-95, 2001-06, 2008-11）。

19 吉雅尼．阿涅利（Gianni Agnelli, 1921-2003）是義大利工業家，綽號為「律師」（avvocato）——他在大學時代修習法律。阿涅利曾為「飛雅特」（FIAT）集團最大股東，握有義大利國民生產毛額的百分之四點四。

20 波吉亞（Borgia）乃文藝復興時期活躍於義大利的西班牙貴族家庭，以無所不用其極爭權奪利著稱。

21 《精采的屍體》（*Cadaveri eccellenti*）的大致內容為：義大利南部有兩位法官遇害，負責進行調查的警長橫遭上級阻撓，甚至被調職取消任務。他私下探訪後赫然發現幕後黑手就是警方高層，但於繼續追查時遭黑槍射殺。

22 阿爾多．莫洛（Aldo Moro, 1916-78）為義大利基民黨黨魁，曾五度擔任義大利總理（1963-68, 1974-76），在一九七〇年代主張與共產黨和解。但赤軍旅於一九七八年三月綁架莫洛，五月加以殺害，然後將其屍體塞入汽車行李箱棄置於基民黨與共產黨總部中間的半路上。

23 馬克思兄弟（Marx Brothers）是一個由美籍德國猶太裔四兄弟組成的著名劇團，活躍於二十世紀前半期。馬克思兄弟以歌舞諷刺劇見長，為無厘頭喜劇之王。

24 克拉克西（Bettino Craxi, 1934-2000）為腐敗不堪的「社會黨」籍義大利總理（1983-87），曾組成五黨聯合的右派政府以阻止共黨執政。克拉克西下台後醜聞案爆發，義大利百姓驚覺右翼執政聯盟數十年來的嚴重貪腐，導致各傳統政黨於一九九四年大選中悉數遭到唾棄。克拉克西則於法庭在同一年宣判前（共判刑二十八年）潛逃至突尼西亞。

25 自二〇〇六年起情況變得相反——義大利由左派統治，總統甚至是前共產黨員，德法兩國則由右派統治。

第廿一章　第三世界

1 泛美航空（Pan AM）破產於一九九一年；巴西泛航（Panair do Brasil）在一九六五年被巴西軍政府強迫關門；泛美－基斯航空（Panagra）在一九六七年遭到併購；環球航空（TWA）在二〇〇一年倒閉。秘魯航空（Aeroperú）的命運也不佳——該公司債台高築，已在一九九九年結束營業。

2 維克多·帕斯·埃斯登索羅（Victor Paz Estenssoro, 1907-2001）為經濟學教授、溫和左派革命領袖及改革家，曾三度擔任玻利維亞總統（1952-56, 1960-64, 1985-89），一九六四年一度因軍事政變被迫下台。

3 瓜爾韋托·比利亞羅埃爾（Gualberto Villaroel, 1908-46）為玻利維亞陸軍少校，一九四三年發動政變推翻貪腐政權成為總統，但其改革措施同時招致保守勢力反撲與工人反對。不滿群眾於一九四六年包圍總統府並將之殺害，然後將其屍體拋下陽台懸掛於街燈柱。這位時運不濟的改革者今日已被玻利維亞百姓視為英雄和殉道者。

4 費羅茲·甘地（Feroze Gandhi, 1912-60）為印度政治人物及新聞記者，出身波斯裔拜火教家庭。英迪拉·尼赫魯（Indira Nehru, 1917-84）即甘地夫人，為印度首任總理尼赫魯之女，一九四二年與費羅茲·甘地成親，被暗殺之前曾擔任印度總理（1966-77, 1980-84）。P.N.·哈克薩（P.N. Haksar, 1913-98）則是總理甘地夫人的幕僚長。

5 那棟房子——薩拉拜大宅（Villa Sarabhai）——位於印度亞美達巴德（Ahmedabad），是柯比意的名作之一。

6 梅薩利·哈吉（Messali Hadj, 1898-1974）為阿爾及利亞獨立運動的領袖及國旗設計者，曾長年遭法國拘禁。一九六二年阿國獨立後，「民族解放陣線」查禁其他政黨，哈吉被迫流亡法國以至於終。

7 哈比布·布爾吉巴（Habib Bourguiba, 1903-2000）為突尼西亞首位總統，任期長達三十年（1957-87）。

8 查科戰爭（Chaco War）或譯為「廈谷戰爭」，但「查科」並非「谷地」，而是面積六十五萬平方公里的沖積平原。

玻利維亞與巴拉圭為爭奪此地打了三年仗，結果玻利維亞戰敗。

9 久謝力諾·庫比契克（Juscelino Kubitschek, 1902-76）是母親為捷克後裔的巴西總統（1956-61）。巴西於其任內經濟繁榮、政局穩定，並遷都至巴西利亞。一九六四年巴西軍事政變後，庫比契克曾被迫流亡海外。

10 史托斯納爾（Alfredo Stroessner, 1912-2006）為德裔巴拉圭將領，一九四八年成為南美洲最年輕的將軍。他在一九五四年發動政變，從此成為巴拉圭總統，一九八九年於第九屆總統任內被軍事政變推翻下台，卒於巴西。

11 蓋楚瓦語（Quechua）為昔日印加帝國的國語，以及今日秘魯和玻利維亞印第安人的官方語言。

12 卡斯提爾拼字法（Castilian orthography）是標準的西班牙書面文字。

13 伊凡·伊利奇（Ivan Illich, 1926-2002）是無政府主義的奧地利神父及哲學家，其父為克羅埃西亞人，其母為猶太人。他致力於第三世界的事務，曾在墨西哥的奎納瓦卡（Cuernavaca）設立一所跨國文化中心（1961-76）。

14 拉貢文雄（La Convención）地處秘魯南部安地斯山地的庫斯科（Cuzco）行政區，為該區十三省當中的最大省分。基亞班巴（Quillabamba）是拉貢文雄的省會，與「馬丘比丘」遺址均位於烏魯班巴（Urubamba）河畔。

15 波托西（Potosí）位於玻利維亞西南部的安地斯山區，是全球海拔最高的城市之一（四二〇〇公尺）。西班牙人征服南美之初，波托西曾為主要銀礦及南美最大城市。拉巴斯（La Paz）是玻利維亞首都，位於該國西部。

16 加西亞·馬奎斯（Gabriel García Márquez, 1928-2014）是哥倫比亞著名作家，一九八二年榮獲諾貝爾文學獎。

17 卡米洛·托雷斯（Camilo Torres, 1929-66）是國立哥倫比亞大學的神父及講師，一九六〇年與法爾斯－博爾達共同創立該校的社會學系。托雷斯關心貧窮百姓疾苦，乃「解放神學」的先驅之一，希望將馬克思主義與基督教義結合。他後來加入南美洲第一個游擊隊組織——「國家解放軍」，於首度出任務時陣亡，成為該組織的烈士。

18 梅德茵（Medellín）位於哥倫比亞西北山區，離巴拿馬運河不遠，為該國第二大城、工業重鎮及咖啡交易中心。梅德茵在一九八〇和九〇年代更是全球海洛因交易的基地。

19 特肯達瑪（Tequendama）位於哥倫比亞中部，是首都波哥大西南方三十公里外的省分，蘇瑪巴斯（Sumapaz）則為波哥大第二十區（面積超過七百平方公里、最落後的南部市區）。

20 維歐大（Viotá）位於特肯達瑪省，居民約二萬五千人。

21 休立特．約翰遜（Hewlett Johnson, 1874-1966）曾擔任坎特伯里大教堂的「首席牧師」（Dean, 1931-63），積極替蘇聯代言並多次前往蘇聯訪問，獲頒「紅旗勳章」及「史達林國際和平獎」。非英國人往往不清楚其頭銜，誤以為他是坎特伯里「大主教」（Archbishop）。某些文獻甚至稱之為「紅色主教」或「紅色教長」！

22 佩德羅．安東尼歐．馬林（Pedro Antonio Marin, 1930-2008）為南美資深游擊隊領袖，化名「曼努埃爾．馬魯蘭達」（Manuel Marulanda），曾經是一個左派「獨立共和國」的要員。哥倫比亞軍方於一九六四年進行圍剿後，他化明為暗，在一九六六年成立「哥倫比亞革命武裝力量」。美國國務院曾於二〇〇六年懸賞五百萬美元捉拿馬魯蘭達。

23 馬奎塔利亞（Marquetalia）是哥倫比亞中西部安地斯山區的自治市，共產黨曾於「大暴力」期間（1948-58）組織當地農民成立「馬奎塔利亞獨立共和國」進行自衛，一九六四年被政府軍攻佔（參見譯注二十二）。

24 查帕拉爾（Chaparral）位於「托利馬」南部山區，人口約四萬人（托利馬是哥倫比亞中西部的省分）。

25 阿言德（Salvador Allende, 1908-73）為智利總統（1970-73），計劃將智利和平過渡至社會主義。但軍方在美國支持下發動政變，以致阿言德死於總統府內。皮諾契特（Augusto Pinochet, 1915-2006）為智利將領，一九七三年九月十一日發動政變，建立軍事獨裁政權（1974-90），最後因為智利全民公投否決他繼續擔任總統而下台。

26 加斯帕里揚（Fernando Gasparian, 1930-2006）是亞美尼亞裔巴西工業家以及傑出的出版家。巴布羅．馬塞拉（Pablo Macera, 1929-）是著名的秘魯歷史學家。卡洛斯．富安蒂斯（Carlos Fuentes, 1928-2012）是著名的墨西哥小說家。

27 「喬洛」（cholo）意謂西班牙化的南美印地安人，或印地安人與西班牙人共同的後代。

28 維拉斯科．阿爾瓦拉多（Juan Velasco Alvarado, 1910-77）來自秘魯貧困華裔移民家庭，憑著努力從小兵晉升至陸軍總司令。他在一九六八年發動不流血政變推翻無能政府，翌年出任革命政府總統，極力推動改革（如將美國在秘魯的油田收歸國有、全面進行土地改革、削弱寡頭家族勢力）。保守派在一九七五年八月發動政變強迫他從病床上退位。維拉斯科去世後，首都街頭有數十萬群眾護衛其靈柩——他至今仍為最受秘魯百姓敬仰的總統。

29 皮諾契特的叛軍以坦克包圍智利總統府，並出動空軍進行轟炸時，阿言德總統曾親自拿起步槍進行抵抗。
30 一九九八年十月十七日，皮諾契特於赴英國就醫時遭到逮捕，十六個月以後才被英國政府遣返智利。
31 路易斯・伊納西奧・魯拉・達・席爾瓦（Luiz Inácio Lula da Silva, 1945-）已在二〇〇三年（2003-11）出任巴西總統。

第廿二章　從羅斯福到布希

1 丹尼斯・布羅甘（Denis Brogan, 1900-74），為來自蘇格蘭的英國歷史學家，一九三九年出任劍橋大學政治學教授，因為論述美洲的著作而出名，一九六三年晉封爵士。
2 「布朗博士的芹菜湯尼」（Dr. Brown's Celery Tonic）是一種芹菜口味的罐裝蘇打水，主要銷售於紐約市。離開紐約以後，它通常只出現於猶太食品店和猶太餐廳。
3 吉米・霍法（Jimmy Hoffa, 1913-75?）是全美國最大工會——運輸工人工會——的領導人（1957-71），與黑道掛鉤並廣受爭議。霍法曾因收受回扣及行賄等罪名被判刑十三年，但入獄四年多就被尼克森總統特赦。霍法於一九七五年企圖重新奪回工會領袖寶座，結果在密西根州一座停車場從人間蒸發。
4 山姆・史貝德（Sam Spade）是著名小說《馬爾他之鷹》書中的偵探英雄，被視為代表舊金山的人物。
5 比特尼克（Beatnik）為一九五七年十月蘇聯成功發射「斯普特尼克」（Sputnik）人造衛星後，舊金山新聞界發明的字眼，用於嘲諷五〇年代美國「敲打運動」（Beat movement）的成員，表示他們「不美國化」——「敲打運動」的成員主要為一些拒絕接受傳統社會價值的美國作家（或將之翻譯成「失落的一代」、「垮掉的一代」……）。
6 凡德比爾特（Vanderbilt）為荷蘭裔美國鐵路業及航運業大家族，女作家華頓曾經是他們的房客。約翰・哈蒙德（John Hammond, 1910-1987）的母親出身自該家族。
7 聖傑曼德佩（Saint-Germain-des-Prés）是巴黎第六區許多著名咖啡館所在地，曾為存在主義運動的重鎮。
8 索多瑪（Sodom）是《舊約聖經》「平原上的眾城」（Cities of the plain）之一，因「罪惡極重」被上帝以硫磺與火毀滅（見〈創世紀〉第十八與十九章）。

9 上帝曾向亞伯拉罕表示，若在索多瑪找得到十個義人，便赦免城內所有的人（創18: 24-32）。

10 凱魯亞克（Jack Kerouac, 1922-69）是出身法裔加拿大家庭的美國作家，乃「敲打運動」之靈魂人物，曾撰寫《旅途上》（*On The Road*）一書。

11 達利（Richard Daley, 1902-76）來自貧窮愛爾蘭移民家庭，一九五五年出任芝加哥市長，前後長達二十年之久，卒於任內。庫克郡（Cook County）位於伊利諾州東北角，人口超過五百萬，乃僅次於洛杉磯郡的全美第二大郡，其首府就是芝加哥。

12 瑪哈莉雅・傑克森（Mahalia Jackson, 1911-1972）這位美國最著名福音歌手的演唱生涯從一九六〇年代末期開始走下坡，轉而投身黑人民權運動。

13 巴克利「爵爺」（Lord Buckley, 1906-60）這位美國獨腳戲喜劇大師是白人。

14 此「非美活動」指的是麥卡錫主義時期前後的「非美活動調查委員會」（Un-American Activities Committee, 1938-1975）以及當時某些美國人的歇斯底里反應。

15 那三位不夠格的總統分別為杜魯門、詹森和福特。

16 美國民主、共和兩黨決定總統候選人時，新罕布什爾州是最先舉行黨內初選的地點。四年一度的「新罕布什爾州初選」（New Hampshire primary）因而成為參選人受歡迎程度的試金石。其舉行時間通常在一月。

第廿三章 尾 聲

1 伊拉克狂人「海珊」（Saddam Hussein, 1937-2006）的正確讀音其實是薩達姆・胡賽因。

2 安隆（ENRON）原為美國第七大公司，於製造出史上最大商業醜聞後在二〇〇一年十二月倒閉。「安隆」現在已成為重大企業經濟犯罪的代名詞。

3「裂解的世界強權」主要指的是奧匈帝國和蘇聯。「延續千年的德意志帝國」指的是納粹德國——僅僅持續了十二年的希特勒「千年帝國」。「永遠存在下去的革命勢力」指的是國際共產革命運動。

4 史達林在一九二八年引進五年計劃後，俄國很快從落後農業國轉型為工業大國，讓全球左派士氣大振。二戰結束後，蘇聯更一度躍升為全球第二大經濟體，在五〇和六〇年代的年經濟成長率為百分之七左右，是美國的兩倍。曾有不少西方專家預測：蘇聯經濟將於一九七〇年代超越美國經濟。這也是赫魯雪夫說出：「我們將會埋葬你們」的理由（此話受到了誤解，其原意為：共產主義將令資本主義相形失色）。但蘇聯經濟從布里茲涅夫時代開始陷入停滯，逐步走上崩潰。譯者一九九一年一月（蘇聯在同年底解體）前往蘇聯後的第一個疑問就是：為何幾乎凡事都停頓在一九六〇年代末期？

5 該小說的標題為《蟹行》（*Im Krebsgang*）。小說中的德國郵輪名叫「威廉・古斯特羅夫」（Wilhelm Gustloff），於納粹上台十二週年當天（一九四五年一月三十日）載運一萬餘名但澤（Danzig）地區的逃難民眾出海，結果遭到蘇聯潛艇擊沈，演成有史以來最嚴重的船難事件（罹難者約九千人）。

左岸人物222

趣味橫生的時光

我的二十世紀人生

INTERESTING TIMES

A Twentieth-Century Life

作者	艾瑞克・霍布斯邦(Eric Hobsbawm)
譯者	周 全
總編輯	黃秀如
責任編輯	孫德齡
封面設計	蘇品銓
社長	郭重興
發行人暨出版總監	曾大福
出版	左岸文化
發行	遠足文化事業有限公司 231新北市新店區民權路108-2號9樓 電話:(02)2218-1417 傳真:(02)2218-8057 客服專線:0800-221-029 E-Mail:rivegauche2002@gmail.com 網站:facebook.com/RiveGauchePublishingHouse
法律顧問	華洋國際專利商標事務所 蘇文生 律師
印刷	成陽印刷股份有限公司
二版1刷	2015年6月
二版2刷	2019年8月
定價	480元
ISBN	978-986-5727-21-5

趣味橫生的時光：我的二十世紀人生
艾瑞克・霍布斯邦（Eric Hobsbawm）著；周全譯.
－ 新北市：左岸文化出版：遠足文化發行，2015.06
576面；14.8×21公分
譯自：Interesting times
ISBN 978-986-5727-21-5（平裝）
1.霍布斯邦（Hobsbawm, E. J.〔Eric J.〕，1917-2012）
2.傳記 3.史學家
601.9941 104007525